Wilhelm K. Jude

Deutsche Grammatik

Neufassung
Rainer F. Schönhaar

westermann

© Georg Westermann Verlag
Druckerei und Kartographische Anstalt GmbH & Co.
Braunschweig 1975
16. Auflage
Verlagslektor: Eva Kramm M. A.
Layout und Einbandgestaltung: Eilert Focken
Hersteller: Erhard Zische
Gesamtherstellung: Georg Westermann Braunschweig 1977

ISBN 3-14-**160207**-7

Vorwort

Die *Deutsche Grammatik* von Wilhelm K. Jude wird hier in einer Neufassung vorgelegt. Sie tritt an die Stelle der für eine neue Auflage vorgesehenen Bearbeitung, die W. K. Jude noch selbst vorbereitet und fast abgeschlossen hatte, und entspricht seinem Wunsch, die bewährten Prinzipien des Buches beizubehalten, ohne sich Verbesserungen und neuen Erkenntnissen zu verschließen.

Bewährt hat sich vor allem die didaktisch sehr durchdachte und auch optisch einprägsame Anordnung, wie sie hier erstmals in einer Grammatik vorgenommen wurde und in vergleichbaren Werken noch immer ihresgleichen sucht. Jeder Sachverhalt wird überschaubar auf einer Seite oder auf zwei nebeneinander liegenden Seiten dargestellt. Übersichten, Tabellen, zahlreiche Verweise, ein Verzeichnis der Fachausdrücke (jetzt auch mit ihren Abkürzungen), das zugleich als Sachregister dienen kann, und ein Wortregister erleichtern die Orientierung und wirken den Unzulänglichkeiten entgegen, wie sie jede Systematik mit sich bringt.

Als wichtige Verständnishilfe übernommen, aber in jedem Fall überprüft und größtenteils erneuert wurden die vielen erläuternden Beispiele, die nun jeweils unmittelbar an die Darlegung eines Sachverhalts anschließen. Sie richten sich nach dem gegenwärtigen Wort- und Sprachgebrauch. Waren zur Erklärung von Art und Benutzung einer Form seltene oder veraltete Wendungen, Sprichwörter, Redensarten oder Dichterzitate heranzuziehen, so sind sie deutlicher als zuvor gekennzeichnet.

Bei den meisten Beispielen handelt es sich wie bisher um vollständige Sätze, auch in der Wortlehre. Das entspricht ebenfalls einem Prinzip des Buches: Jede Einzelform soll dem Benutzer nicht isoliert, sondern gemäß ihrem Zusammenhang im Satz erkennbar und vertraut werden. Das Überdenken jedes Wortes und jeder Wortart auf ihre Stellung und Wirkung im Satz hin bedeutet zugleich, daß die Wortlehre im ersten Teil des Buches auf die Satzlehre im zweiten hinarbeitet. Diese pragmatische Grundlegung der Satzlehre hat es der vorliegenden Neufassung erleichtert, neben dem vorgegebenen traditionell-grammatischen Grundgerüst auch Überlegungen und Erkenntnisse davon abweichender Sprachtheorien einzubeziehen, die gerade für die Syntax sehr viel Neues erschlossen haben, sich ihrerseits indessen noch kaum didaktisch so umsetzen ließen, daß sie auch für Benutzer dienlich wären, die nicht selber schon Sprachwissenschaftler sind oder werden wollen.

Dabei kommt ein weiteres Prinzip des Buches zur Geltung. Es beschränkt sich auf das für den derzeitigen Sprachgebrauch Wesentliche und wirklich Notwendige und behandelt ausschließlich, was sich durch das Medium Buch vermitteln läßt, also Wort- und Satzlehre, nicht jedoch Lautlehre (abgesehen von den wenigen praktischen Hinweisen im Anhang). Grammatische Grundbegriffe und Fachausdrücke stehen nur, sofern sie unerläßlich sind. Überflüssige Klassifikationen, ebenso die veraltete Paragraphenzählung und der an einigen Stellen spürbare normative Einschlag wurden aufgegeben; bewahrt freilich blieb der eigene Beitrag dieser *Deutschen Grammatik* zur Syntaxdiskussion: die Beschreibung des Komplements im Prädikat. Alle Erklärungen sind so knapp und einfach wie möglich gehalten. Dem Ganzen liegt zwar ein theoretisches Konzept zugrunde, doch wird der Benutzer, dem es auf die praktische Anwendung ankommt, weder mit theoretischen noch mit sprachhistorischen Erörterungen behelligt.

Für solche Benutzer nämlich ist diese *Deutsche Grammatik* als Lehrbuch (nicht Übungsbuch), Orientierungs-, Verständnis- und Nachschlagehilfe gedacht, seien sie Deutsche oder Ausländer, Autodidakten jeder Herkunft und jeden Alters oder Schüler der Sekundarstufe und ihre Lehrer, Studierende der Germanistik, die sich beim Aufbruch ins sprachwissenschaftliche Neuland des bisherigen Bestandes versichern wollen, oder Teilnehmer von Deutschkursen im Rahmen der Erwachsenenbildung oder für Ausländer an Schulen und Hochschulen innerhalb oder außerhalb deutschsprachiger Gebiete. Dem Umgang mit ihnen hat diese Neufassung viel zu danken. Wenn sie ihnen beim täglichen Umgang mit der deutschen Sprache ihrerseits gute Dienste tut und die Wege ebnet, sich in weiterführenden Werken sowie in Texten und Sprachsituationen jeder Art zurechtzufinden, hat sie ihren Zweck erfüllt.

Stuttgart und Frankfurt am Main, August 1974 R.F.S.

Aus dem Vorwort von W. K. Jude zu einer geplanten Neuauflage (1969)

Das vorliegende Buch will das grammatische Grundgerüst der deutschen Sprache schlicht, übersichtlich und einprägsam darstellen – nicht mehr, nicht weniger.

Das heißt zunächst, daß sich das Vorhaben von vornherein selbst klar begrenzt. Zum andern soll der verbreiteten Abneigung gegen Grammatik überhaupt und gegen die deutsche insbesondere begegnet werden. ... Gewiß dürfen und sollen die Besonderheiten der deutschen Grammatik hier nicht übergangen oder – was noch schlimmer wäre – verflacht werden. Also galt es den Versuch, sie methodisch zu bewältigen.

Aus diesen Absichten heraus möchte das Buch eine Hilfe für Lernende und Lehrende sein.

Erstmals erschien es in Bulgarien, 1949 dann auch in Deutschland, und bald hatte es einen großen Kreis von Freunden im In- und Ausland gewonnen. In rascher Aufeinanderfolge kam es zu jeweils verbesserten Neuauflagen. All denen, die durch stille oder tätige Förderung dazu beigetragen haben, sei an dieser Stelle herzlich gedankt. ...

Die innere Einrichtung des Buches erleichtert das Nachschlagen, zahlreiche Verweisungen sollen die Zusammenhänge aufdecken. Davon möge der Leser, nachdem er sich einen ersten Überblick verschafft hat, eifrig Gebrauch machen. Erst dann wird offenkundig, wie verzahnt die Dinge in einer systematischen Grammatik wirklich sind. ...

Der Widerhall, den diese *Deutsche Grammatik* gefunden hat, erlaubt die Feststellung, daß ihre Brauchbarkeit vielfach erprobt und erwiesen ist. ... Möge sie auch weiterhin ein nützliches Hilfsmittel bei dem Bemühen um die deutsche Sprache bleiben und sich so neue Freunde zu den alten erwerben!

Darmstadt, 1969. W.K.J.

Verwendete Abkürzungen und Hinweiszeichen

betr.	= betreffend(e)	franz.	= französisch	süddt.	= süddeutsch
bzw.	= beziehungsweise	insbes.	= insbesondere	u.	= und
dgl.	= dergleichen	jem.	= jemand (en/em)	u. a.	= und andere
egtl.	= eigentlich(e)	mundartl.	= mundartlich	u. ä.	= und ähnliche
einschl.	= einschließlich	norddt.	= norddeutsch	umgangsspr.	= umgangssprachlich
engl.	= englisch	o. ä.	= oder ähnlich(e)		
etw.	= etwas	od.	= oder	usf.	= und so fort
f.	= folgende Seite	S.	= Seite	usw.	= und so weiter
ff.	= folgende Seiten	sog.	= sogenannt(e)	vgl.	= vergleiche

Die Abkürzungen für Fachausdrücke sind in Anhang 7, S. 292 ff. verzeichnet.

▷ kennzeichnet Beispiele.

⁻⁰ kennzeichnet ungebräuchliche oder veraltete, heute seltene Wörter.

„–" kennzeichnen Zitate, Sprichwörter, Redewendungen, seltene Ausdrücke.

↗ verweist auf Stellen, die zum Vergleich heranzuziehen sind; dabei gibt die erste Zahl die Seite an, die Zahl (oder Zahlen, auch Zahlen und Buchstaben) nach dem Schrägstrich / nennt die Nummer auf dieser Seite, also: ↗ 204/2 b = vgl. Seite 204, Nummer 2 b.

Weitere Abkürzungen und Hinweiszeichen sind an Ort und Stelle erklärt.

Inhaltsübersicht

WORTLEHRE 11–214

I.	**Die Wortarten**	11–13
1.	Wortarten und Wortgruppen	11
2.	Wortveränderung und Wortbildung	12–13
II.	**Das Verb (Das Zeitwort)**	14–105
1.	Die Arten der Verben	14–15
2.	Die Konjugation der Verben	16
3.	Die Hilfsverben (Die Grundverben)	17–21
3.1.	Übersicht	17
3.2.	Zur Konjugation der Hilfsverben	18
3.3.	Hinweise zu den folgenden Konjugationstabellen	18
3.4.–3.6.	Die Konjugation der Hilfsverben *haben, sein* und *werden* – Tabellen	19–21
4.	Die Modalverben	22–33
4.1.	Zur Konjugation der Modalverben	23
4.2.–4.7.	Die Konjugation der Modalverben *können, dürfen, mögen, müssen, sollen* und *wollen* – Tabellen	24–29
4.8.	Die Grundbedeutungen der Modalverben	30–31
4.9.	Der modifizierende Gebrauch der Modalverben	32–33
5.	Die Vollverben	34–65
5.1.	Die Bildung der Konjugationsformen	34–35
5.2.	Die Ableitung der Konjugationsformen	36–37
5.3.	Zum Gebrauch der Vorsilbe *ge-* im Partizip II	37
5.4.	Die schwache Konjugation	38–39
5.5.–5.7.	Die Konjugation der schwachen Verben *loben* (Aktiv und Passiv), *reisen* (Aktiv) und *reden* (Aktiv) – Tabellen	40–43
5.8.	Die starke Konjugation	44–46
5.9.	Die Reihen der starken Konjugation (Ablautsreihen)	47–51
5.10.–5.13.	Die Konjugation der starken Verben *werfen* (Aktiv und Passiv), *fahren* (Aktiv und Passiv), *finden* (Aktiv) und *zwingen* (Zustandspassiv) – Tabellen	52–57
5.14.	Verben mit starken und schwachen Formen (Gemischte Konjugation)	58–59
5.15.	Die unregelmäßigen Verben	60
5.16.	Alphabetisches Verzeichnis der starken, gemischten und unregelmäßigen Verben	61–65
6.	Die reflexiven Verben und reflexiver Verbgebrauch	66–67
7.	Die unpersönlichen Verben und unpersönlicher Verbgebrauch ...	68–69
8.	Die Umschreibung mit „haben" und „sein" in der Konjugation ..	70
9.	Der Gebrauch der Tempora (Zeitformen)	71–74
9.1.	Das Präsens	71
9.2.	Präteritum, Perfekt und Plusquamperfekt	72–73
9.3.	Futur I und Futur II	74
10.	Die Aktionsarten und ihr Ausdruck im Deutschen	75
11.	Der Gebrauch der Aktionsrichtungen Aktiv und Passiv	76–77
12.	Der Gebrauch der Aussageweisen (Modi)	78–81
12.1.	Indikativ und Konjunktiv	78–79

12.2.	Der Konditional (Die Umschreibung mit *würde* + Infinitiv)	80
12.3.	Der Imperativ	81
13.	**Der Gebrauch der Nominalformen**	82–85
13.1.	Der Infinitiv (Die Grundform)	82–83
13.2.	Das Partizip (Das Mittelwort)	84–85
14.	**Die Bildung der Verben – Arten der Wortbildung I**	86–94
14.1.	Ursprüngliche (einfache) und abgeleitete Verben	86–87
14.2.	Zusammengesetzte Verben	88–94
14.2.1.	Fest (untrennbar) zusammengesetzte Verben	90–91
14.2.2.	Unfest (trennbar) zusammengesetzte Verben	92–93
14.2.3.	Zusammengesetzte Verben mit wechselndem Gebrauch	94
15.	**Wertigkeit (Valenz) und Rektion der Verben**	95–105
15.1.	Verben mit dem Nominativ	95
15.2.	Verben mit dem Akkusativ	96
15.3.	Verben mit dem doppelten Akkusativ – Akkusativ + Infinitiv	97
15.4.	Verben mit dem Dativ	98
15.5.	Verben mit dem Dativ und Akkusativ	99
15.6.	Verben mit dem Genitiv	100
15.7.	Verben mit dem Akkusativ und dem Genitiv	101
15.8.	Verben mit Präposition nebst zugehörigem Kasus	102–103
15.9.	Verben mit Umstandsbestimmungen (Umstandbezogene Verben)	104–105
III.	**Der Artikel (Das Geschlechtswort)**	106–108
1.	**Arten und Deklination des Artikels**	106
2.	**Der Gebrauch des Artikels**	107
3.	**Nichtgebrauch des Artikels**	108
IV.	**Das Substantiv – Das Nomen (Das Hauptwort – Das Nennwort)**	109–141
1.	**Die Arten der Substantive – Konkreta und Abstrakta**	109
2.	**Das Geschlecht der Substantive**	110–117
2.1.	Natürliches und grammatisches Geschlecht	110
2.2.	Maskulina (männliche Substantive)	110
2.3.	Feminina (weibliche Substantive)	111
2.4.	Neutra (neutrale/‚sächliche' Substantive)	112
2.5.	Substantive mit schwankendem Geschlecht	113
2.6.	Sinn- und lautähnliche Substantive mit verschiedenem Geschlecht	113
2.7.	Substantive mit verschiedenem Geschlecht und verschiedener Bedeutung	114–116
2.8.	Das Geschlecht der Fremdwörter	117
2.9.	Das grammatische Geschlecht zusammengesetzter Substantive	117
3.	**Die Zahlformen (Numeri) der Substantive – Singular und Plural**	118–120
3.1.	Die Pluralbildung der Substantive	118
3.2.	Die Pluralbildung der Fremdwörter	119
3.3.	Besonderheiten der Pluralbildung	120–121
3.4.	Doppelbildungen im Plural	122
4.	**Die Deklination der Substantive**	123–133
4.1.–4.5.	Die fünf Deklinationsgruppen	124–128
4.6.	Volle und kurze Formen im Genitiv und Dativ Singular	129
4.7.–4.8.	Die Deklination der Personennamen (Singular und Plural)	130–131
4.9.	Die Deklination von Namenszusätzen	131
4.10.	Die Deklination geographischer und anderer Namen	132
4.11.	Die Deklination der Maß- und Mengenbezeichnungen	133

5.	**Die Bildung der Substantive – Arten der Wortbildung II**	134–138
5.1.	Substantivbildung mit Nachsilben (Suffixbildungen)	134–136
5.2.	Substantivbildung durch Vorsilben (Präfixbildungen)	137
5.3.	Substantivbildung durch Wortzusammensetzung – Komposita	138
6.	**Die Zuordnung (Rektion) von Substantiven untereinander**	139–141
6.1.	Substantive mit dem Genitiv (genitivische Rektion des Substantivs)	139
6.2.	Substantive mit Präpositionen	140–141

V. Das Adjektiv (Das Eigenschaftswort) — 142–158

1.	**Gebrauch und Veränderungen des Adjektivs**	142–143
2.	**Die Deklination der Adjektive**	144–146
2.1.	Die starke Adjektivdeklination	144
2.2.	Die schwache Adjektivdeklination	145
2.3.	Schwankungen zwischen starker und schwacher Adjektivdeklination	145
2.4.	Die gemischte Adjektivdeklination	146
2.5.	Besonderheiten der Adjektivdeklination	146
3.	**Die Steigerung der Adjektive (Die Komparation)**	147–149
3.1.	Aufgaben, Bildung und Deklination der Steigerungsformen	147
3.2.	Besonderheiten und Gebrauch der Steigerungsformen	148–149
4.	**Die Bildung der Adjektive – Arten der Wortbildung III**	150–152
4.1.	Adjektivbildung durch Nachsilben (Suffixbildungen)	150–151
4.2.	Adjektivbildung durch Vorsilben (Präfixbildungen)	152
4.3.	Adjektivbildung durch Wortzusammensetzung	152
5.	**Wertigkeit (Valenz) und Rektion der Adjektive**	153–158
5.1.	Adjektive mit dem Genitiv und Ersatzformen dafür	153
5.2.	Adjektive mit dem Dativ	154
5.3.	Adjektive mit dem Dativ und einem Präpositionalobjekt	155
5.4.	Adjektive mit dem Akkusativ	155
5.5.	Adjektive mit Präpositionalobjekten	155–157
5.6.	Vertretung der Präposition beim Adjektiv durch ein Pronominaladverb	157
5.7.	Adjektive mit Umstandsbestimmungen (Umstandbezogene Adjektive)	158

VI. Das Pronomen (Das Fürwort) — 159–175

1.	**Aufgaben, Arten und Bildung der Pronomen (Fürwörter)**	159
2.	**Das Personalpronomen (Das persönliche Fürwort)**	160–161
3.	**Das Possessivpronomen (Das besitzanzeigende Fürwort)**	162–165
3.1.	Das adjektivisch gebrauchte Possessivpronomen	162
3.2.	Die (starke) Deklination des attributiv gebrauchten Possessivpronomens	163
3.3.	Das substantivisch gebrauchte Possessivpronomen	164
3.4.	Zum Gebrauch des Possessivpronomens	165
4.	**Das Demonstrativpronomen (Das hinweisende Fürwort)**	166–169
4.1.	Arten, Gebrauch und Deklination der Demonstrativpronomen	166–167
4.2.	Das demonstrative Pronominaladverb (Das hinweisende Umstandsfürwort)	168–169
5.	**Das Relativpronomen (Das bezügliche Fürwort)**	170–171
6.	**Das Interrogativpronomen (Das Fragefürwort)**	172–173
7.	**Das Indefinitpronomen (Das unbestimmte Fürwort)**	174–175

VII. Das Numerale (Das Zahlwort) — 176–180

1.	**Die Grundzahlen**	176–177
2.	**Die Ordnungszahlen – Die Wiederholungszahlen – Die Vervielfältigungszahlen**	178

3.	Die Einteilungs- und Verteilungszahlen – Die Gattungszahlen – Die Bruchzahlen	179
4.	Die Verwendung der Grund- und Bruchzahlen beim Rechnen	180
5.	Die unbestimmten Zahlwörter	180

VIII. Das Adverb (Das Umstandswort) ... 181–187

1.	Aufgaben, Bildung und Besonderheiten der Adverbien	181
2.	Die Arten der Adverbien	182–185
2.1.	Die Adverbien des Ortes	182
2.2.	Die Adverbien der Zeit	183
2.3.	Die Adverbien des Grundes	183
2.4.	Die Adverbien der Art und Weise	184
2.5.	Die Adverbien des Grades	184
2.6.	Die Adverbien der Denk- und Aussageweise – Die Abtönungspartikel	185
3.	Die Steigerung der Adverbien	186
4.	Der Gebrauch der Adverbien im Satz	187

IX. Die Präposition (Das Verhältniswort) ... 188–199

1.	Aufgaben und Arten der Präpositionen	188
2.	Die Rektion der Präpositionen	189–191
2.1.	Präpositionen mit dem Genitiv	189
2.2.	Präpositionen mit dem Dativ (oder Genitiv)	190
2.3.	Präpositionen mit dem Akkusativ	190
2.4.	Präpositionen mit Dativ oder Akkusativ	191
3.	Der Gebrauch der Präpositionen	192–199
3.1.	Die Verschmelzung von Präposition und bestimmtem Artikel	192
3.2.	Die Präposition im Satz und bei der Wortbildung	192
3.3.	Die Anwendung der wichtigsten Präpositionen	193–199

X. Die Konjunktion (Das Bindewort) ... 200–211

1.	Aufgaben und Bildung der Konjunktionen	200
2.	Die Arten der Konjunktionen	201–205
2.1.	Die Einteilung der Konjunktionen nach ihrer Bedeutung und Funktion	201
2.2.	Nebenordnende Konjunktionen zur Anreihung, Erläuterung und Einteilung	202
2.3.	Konjunktionen zur Bezeichnung der Entgegensetzung	202
2.4.	Konjunktionen zur Bezeichnung der Ausschließung (und/oder Wahl)	203
2.5.–2.6.	Konjunktionen zur Ortsbestimmung und zur Zeitbestimmung	203
2.7.	Konjunktionen zur Bezeichnung der Art und Weise	204
2.8.	Konjunktionen zur Kennzeichnung grammatischer Beziehungen	204
2.9.	Konjunktionen zur Angabe ursächlicher Beziehungen	205
3.	Der Gebrauch der Konjunktionen	206–211
3.1.	Die Konjunktionen im Satz und ihr Einfluß auf die Wortfolge	206
3.2.	Die Anwendung der wichtigsten echten und unechten Konjunktionen	207–211

XI. Die Interjektion (Das Empfindungswort, der Naturlaut) ... 212–214

1.	Aufgaben, Stellung und Arten der Interjektionen	212
2.	Die eigentlichen Interjektionen	212–213
3.	Die uneigentlichen Interjektionen	214

SATZLEHRE 215–282

I.		**Wesen und Arten des Satzes**	215
II.		**Die Haupt-Satzglieder**	216–223
1.		Das Prädikat (Die Satzaussage)	216–219
1.1.		Verbale Prädikate	216–217
1.2.		Teilverbale Prädikate mit Prädikativum	218
1.3.		Das Komplement (Die Begleitaussage) als Bestandteil von Prädikaten	219
2.		Das Subjekt (Der Satzgegenstand)	220–221
3.		Die Zuordnung von Prädikat und Subjekt im Satz	222–223
III.		**Der einfache Satz (Hauptsatz)**	224–231
1.		Die Arten des einfachen Hauptsatzes	224–225
2.		Der Aussagesatz	226–227
3.		Der Fragesatz (Entscheidungsfrage und Ergänzungsfrage)	228–229
4.		Der Aufforderungssatz	230
5.		Der Ausrufe- und der Wunschsatz	231
IV.		**Der erweiterte einfache Satz**	232–245
1.		Satzglieder und Syntaktische Einheiten	232
2.		Das Attribut	233–236
2.1.		Das adjektivische Attribut	233
2.2.		Das Genitivattribut	234
2.3.		Präpositionale, adverbiale und verbale Attribute	235
2.4.		Die Apposition (Der Beisatz)	236
3.		Das Objekt (Die Ergänzung)	237–241
3.1.		Einfache Objekte	238
3.2.		Doppelte Objekte	239
3.3.		Der doppelte Akkusativ	240
3.4.		Die Stellung der Objekte im Satz	241
4.		Die adverbiale Bestimmung (Die Umstandsbestimmung) ...	242–245
4.1.		Aufgaben und Arten der adverbialen Bestimmung	242–243
4.2.		Der Ausdruck der adverbialen Bestimmung	244
4.3.		Die Stellung der adverbialen Bestimmung im Satz	245
V.		**Die Satzverbindung (Die Zusammensetzung von Hauptsätzen)**	246–251
1.		Bildung und Arten der Satzverbindung	246–247
2.		Die kopulative Satzverbindung	248–249
3.		Die adversative und die disjunktive Satzverbindung ...	250
4.		Die kausative Satzverbindung	251
VI.		**Das Satzgefüge (Die Zusammensetzung von Haupt- und Nebensätzen)**	252–282
1.		Bildung und Arten der Satzgefüge	252–253
2.		Die Wortstellung im Hauptsatz (Zusammenfassung)	254–255
3.		Die Wortstellung im Gliedsatz (= Nebensatz)	256
4.		Satzrahmen und Einbettung in Haupt- und Gliedsätzen ..	257

5.		Die Arten der Gliedsätze	258–280
5.1.		**Subjektsätze**	258
5.2.		**Attributsätze**	259
5.3.		**Objektsätze** und indirekte Rede	260–266
5.3.1.		Direkte und indirekte Rede – Gedankenbericht (erlebte Rede)	261
5.3.2.		Modus und Tempus in der indirekten Rede	262–263
5.3.3.		Direkte und indirekte (abhängige) Frage	264–265
5.3.4.		Indirekte (abhängige) Aufforderungs- und Wunschsätze	265
5.3.5.		Umsetzung von direkter in indirekte Rede – Zusammenfassung	265
5.3.6.		Beispiele zur Anwendung der indirekten Rede	266
5.4.		**Adverbialsätze**	267–274
5.4.1.		Lokalsätze	267
5.4.2.		Temporalsätze	268–269
5.4.3.		Modalsätze – Komparativsätze – Korrelativsätze – Proportionalsätze	270
5.4.4.		Kausalsätze	271–274
5.4.4.1.		Eigentliche Kausalsätze – Instrumentalsätze – Finalsätze	271
5.4.4.2.		Konditionalsätze	272
5.4.4.3.		Konzessivsätze und Einschränkungssätze	273
5.4.4.4.		Konsekutivsätze	274
5.4.5.		Besonderheiten der Adverbialsätze	274
5.5.		**Relativsätze** und ihre Aufgaben im Satzgefüge	275–277
5.6.		Satzwertige **Infinitiv- und Partizipialgruppen**	278–280
5.6.1.		Bildung und Gebrauch der satzwertigen Infinitivgruppen	279
5.6.2.		Bildung und Gebrauch satzwertiger und anderer Partizipialgruppen	280
6.		**Komplexe Satzgefüge**	281
7.		**Modalität und Qualität des Satzes**	282

ANHANG 283

1.	Das deutsche Alphabet – Namen, Schreibung und Aussprache der Buchstaben	283
2.	Die deutsche Schrift	284–285
3.	Die Angabe der Uhrzeit mit bestimmten Zahlwörtern und Zahlen	285
4.	Die deutsche Druckschrift	286
5.	Die Deklination der Substantive – Übersichtstafeln zu S. 123–129	287–289
6.	Hinweise zur Satzbetonung und zur Zeichensetzung im Deutschen	290–291
7.	Verzeichnis der grammatischen Fachausdrücke und ihrer Abkürzungen, zugleich Sachregister	292
8.	Wortregister	304

WORTLEHRE

I. Die Wortarten

1. Wortarten und Wortgruppen

1. Im Deutschen zählt man gewöhnlich **zehn Wortarten**; es sind dies:
   das **Verb** (das Zeitwort);
   der **Artikel** (das Geschlechtswort),
   das **Substantiv** oder Nomen (das Hauptwort oder Nennwort), } Nomengruppe
   das **Adjektiv** (das Eigenschaftswort),
   das **Pronomen** (das Fürwort);
   das **Numerale** (das Zahlwort);
   das **Adverb** (das Umstandswort),
   die **Präposition** (das Verhältniswort), } Partikel
   die **Konjunktion** (das Bindewort);
   die **Interjektion** (das Empfindungswort, der Naturlaut oder Ausruf).

2. Einige dieser Wortarten stehen **selbständig**, insbes. Verb und Substantiv, andere **unselbständig**, z.B. Artikel, Adjektiv und Adverb; einige werden teils selbständig, teils unselbständig gebraucht, z.B. Pronomen und Numerale.

3. Das Substantiv oder Nomen und seine Begleiter (wie Artikel und Adjektiv) oder Vertreter (wie Pronomen und einige Zahlwörter) bilden die Gruppe der **Nomina** oder Nomengruppe. Ihr steht das **Verb** als eine eigene Gruppe gegenüber. Adverb, Präposition und Konjunktion bilden die Gruppe der **Partikel**. Die Interjektion gehört keiner Gruppe an.

4. Manche Wörter zählen je nach ihrer Aufgabe im Satz zu verschiedenen Wortarten. Das gilt insbes. für die Gruppe der sog. **Beiwörter,** die sowohl **Adjektiv** (also Begleiter des Substantivs) als auch **Adverb** (also Begleiter des Verbs) sein können.
   ▷ Dieser *schöne* Vogel singt auch sehr *schön*. Wer *gut* rechnen kann, ist oft auch ein *guter* Denker. Klaus ist sonst unser *schnellster* Schwimmer, aber heute ist er leider nicht *am schnellsten* geschwommen.

5. Die **Zahlwörter** gelten nur deshalb als eine eigene Wortart, weil sie alle eine Anzahl oder eine Menge angeben. Sonst werden sie meist wie Adjektive behandelt, einige wichtige auch wie Pronomen oder Adverbien, einige wie Substantive (↗ 176).
   ▷ Unser *einer* Sohn ist Lehrer, *der andere* Arzt. Wo waren Sie am *fünften* Mai? Ich habe ihr schon *dreimal* geschrieben, aber *keine* Antwort erhalten. Was kostet die *einfache* Fahrt nach Köln? Ich habe *erstens* kein Geld und *zweitens* keine Zeit. „*Aller* Anfang ist schwer". Danke *vielmals!* „*Jeder* ist sich selbst der Nächste."

6. Wörter jeder Wortart können als **Substantive** gebraucht werden, und umgekehrt können Substantive in eine andere Wortart übertreten.
   ▷ Das *Essen* war gut. Im *Deutschen* unterscheidet man ein *Das* als Artikel und ein *Daß* als Konjunktion. Dieser Film ist nur für *Erwachsene*. Das *Ich* und das *Es* sind wichtige Begriffe der Psychologie. In *Deutsch* hat er eine *Zwei*. Im Weltraum gibt es kein *Unten* und *Oben*. Ich verlange eine Antwort ohne *Wenn* und *Aber*. Er bestand die Prüfung mit *Ach* und *Krach*. – Es ist mir *ernst*. Er ging *weg*.

2. Wortveränderung und Wortbildung

1. **Unveränderlich** sind die **Interjektionen** und die **Partikel,** also Adverbien, Präpositionen und Konjunktionen, außerdem einige Zahlwörter. Je nach ihrer Aufgabe im Satz **verändert** (flektiert) werden **Verb** und **Nomina,** also Artikel, Substantive, Adjektive und Pronomen sowie einige Zahlwörter. Diese Formveränderung von Wörtern im Satz heißt **Flexion.**

2. Beim **Verb** heißt die Formveränderung im Satz **Konjugation.** Zu beachten ist dabei vor allem der **Stamm** eines Verbs, insbes. Stammvokal und Stammauslaut, z. B.:

Verb:	Stamm:	Stammvokal:	Stammauslaut:
denken	*denk-*	*-e-*	*-nk-*
tragen	*trag-*	*-a-*	*-g-*
ziehen	*zieh-*	*-ie-*	*-h-*

   Die Formen der Konjugation richten sich nach **Zahl** (Numerus), **Person,** Aktionsrichtung **(Genus),** Zeit **(Tempus)** und Aussageweise **(Modus);** weiteres dazu ↗ 16.

3. Bei den **Nomina,** also bei Artikel, Substantiv, Adjektiv, Pronomen und Numerale heißt die Formveränderung im Satz **Deklination.** Sie richtet sich nach **Genus** (Geschlecht), **Numerus** (Zahl) und **Kasus** (Fall) eines Wortes, und zwar gibt es:

   a) drei Geschlechter (Genera): **maskulinum** (mask.) = männlich,
      femininum (fem.) = weiblich,
      neutrum (neutr.) = neutral („sächlich"),

   b) zwei Zahlen (Numeri): **Singular** (Einzahl) und **Plural** (Mehrzahl);

   c) vier Fälle (Kasus):
      1. Fall: **Nominativ** (antwortet auf die Frage: *Wer?* oder *Was?*),
      2. Fall: **Genitiv** (antwortet auf die Frage: *Wessen?*),
      3. Fall: **Dativ** (antwortet auf die Frage: *Wem?*),
      4. Fall: **Akkusativ** (antwortet auf die Frage: *Wen?* oder *Was?*);
      hinzu kommen noch die **Präpositionalfälle** (Präposition + Nomen im Akk., Dat. oder Gen., ↗ 188/7).

4. Eine besondere Art der Formveränderung haben die **Beiwörter** (Adjektiv und Adverb): die **Steigerung;** dabei verändert sich nicht nur die Form, sondern auch der Inhalt des Beiwortes (↗ 147 und 186). Das gesteigerte Adjektiv wird dekliniert, das gesteigerte Adverb ist unveränderlich.

   ▷ Klaus ist ein bess*erer* Schwimmer als Werner. Wer von euch läuft schnell*er?* In eurem Garten wachsen die schön*sten* Blumen. Seine Frau war immer am schön*sten* gekleidet.

5. Das wichtigste Mittel zur Formveränderung bei Konjugation, Deklination und Steigerung ist die **Endung.** Als Endungen dienen:

   a) Einzellaute: *ich red-e, er lach-t; der Weg/die Weg-e;*

   b) volle Silben: *du red-est, wir lach-en; der Weg/des Weg-es, das Bild/die Bild-er; schön/schön-er/am schön-sten.*

6. Weitere Mittel zur Wortveränderung sind:
   a) die **Vorsilbe** (das Präfix); häufig ist z. B. *ge-* zur Veränderung von Verbformen (Perfekt und Passiv): *er hat ge-lacht, sie wurde ge-tragen;*
   b) die **Nachsilbe** (das Suffix); dabei handelt es sich um Endungen, die auf ehemals selbständige Wörter zurückgehen. Sie dienen vor allem zur Wortbildung (↗ unten 8 und 9), z. B. *-lich* in *freundlich, -ung* in *Bildung, -lein* in *Fräulein* u. a.;
   c) die **Einfügung,** der Ausfall, die Auswechslung, Stellungsänderung, Verschmelzung und überhaupt Veränderung von Lauten, insbes. im Stammauslaut von Verben. Eine solche Einfügung ist z. B. das *-t- (-et-)* zwischen Verbstamm und Personalendung im Präteritum schwacher Verben (↗ 38): *lachen/er lach-t-e, reden/sie red-et-en*. Änderungen im Stammauslaut sind z. B. auch: *schneiden/er schnitt* (Angleichung von *-d-* an *-t-*), *ziehen/er zog* (Auswechselung von *-h-* durch *-g-*), *sitzen/er saß* (Ausfall eines Lauts, des *-t-* in *-tz-*, dadurch offene Silbe und Länge des vorhergehenden Vokals sowie andere Schreibung des *-s-* Lauts), *denken/er dachte* (Ausfall des *-n-* und Veränderung des *-k-* zu *-ch-*). Einfügungen sind auch die Bindelaute in der Wortfuge zwischen zusammengesetzten Wörtern (↗ unten 8,9 sowie 138/4), z. B.: *der Amtsarzt, der Bundestag, das Taschentuch.*
   d) der **Ablaut:** eine Veränderung des Stammvokals, die nicht durch äußere Umstände bewirkt ist, also spontan erfolgt wie in: *der Bund, die Binde, das Band* und in: *finden/fand/gefunden* u. a. Bei Verben ergeben sich so die Ablautreihen (↗ 46 ff.).
   e) der **Umlaut:** die Aufhellung von *-a-, -o-, -u-, -au-* zu *-ä-, -ö-, -ü-, -äu-* (ursprünglich bewirkt durch einen hellen Vokal, der in der nachfolgenden Silbe steht oder früher einmal stand): *tragen/du trägst, der Bach/die Bäche; stoßen/er stößt, der Boden/die Böden; der Hut/die Hüte; laufen/er läuft, das Haus/die Häuser.*
   f) der **E-Wechsel:** ebenfalls eine Art Aufhellung durch den Wechsel von *-e- (-ä-, -ö-)* zu *-i- (-ie-)* z. B. in: *lesen/lies!, geben/er gibt; gebären/sie gebiert; erlöschen/das Feuer erlischt.*

7. Oft treten mehrere der genannten Veränderungen zugleich auf, z. B. in: *leiden/litt* (Ablaut + Wechsel von *-d-* zu *-tt-*)*/gelitten* (Vorsilbe + Ablaut + Wechsel von *-d-* zu *-tt-* + Endung *-en*), *das Haus/die Häuser* (Umlaut + Endung), *alt/älter/am ältesten* (Umlaut + Endung).

8. Die genannten Mittel der Wortveränderung dienen auch der Bildung neuer Wörter. Hier nur einige Beispiele: *die Binde/das Band/der Bund* (Ablaut), *der Berg/das Gebirge* (Vorsilbe + E-Wechsel + Endung), *die Frau/das Fräulein* (Umlaut + Nachsilbe), *warm/erwärmen* (Vorsilbe + Umlaut + Endung), *lachen/das Gelächter* (Vorsilbe + Umlaut + Einfügung eines *-t-* Lauts + Endung); *das Amt + der Arzt/der Amtsarzt* (Einfügung eines Bindelauts).

9. Bei der **Wortbildung** unterscheidet man:
   a) **ursprüngliche** Bildungen: *fahren, der Bach, klein, hier, dann* u. a.;
   b) **Ableitungen** mit Hilfe von Vorsilben, Nachsilben, Ablaut u. a.: *führen, das Bächlein, der Künstler, die Freundschaft, freundschaftlich, wunderbar, beständig, rechts, ferner.*
   c) **Zusammensetzungen** wie: *verführen, abführen; der Bundestag; hilflos, hilfsbereit; übermorgen; darum* u. a.
   Über Einzelheiten zur Wortbildung ↗ 86–94, 134–138, 150–152, 159/7, 181/4, 188/6, 200.

II. Das Verb (Das Zeitwort)

1. Die Arten der Verben

1. Das Verb sagt von einem Gegenstand (einer Person oder Sache) in irgendeiner **Weise** aus, daß er zu irgendeiner **Zeit** sich entweder
   a) in einem **Zustand** befindet (= Zustandsverb): *ruhen, sitzen;* oder
   b) seinen Zustand verändert, d.h. einen **Vorgang**, eine Bewegung durchläuft (= Vorgangsverb, Bewegungsverb): *laufen, wachsen;* oder
   c) eine **Handlung**, eine Tätigkeit entweder ausführt oder erleidet (= Handlungsverb, Tätigkeitsverb): *helfen, finden, geben, rufen.*

2. Das Verb erscheint im Satz als Prädikat (= Satzaussage ↗216f.) oder als Teil des Prädikats (↗218f.), der Gegenstand als Subjekt (↗220f.). Einige Verben können dabei **absolut**, d.h. allein stehen, andere brauchen eine **Ergänzung**, sind ergänzungsbedürftig.

3. Die **absoluten** Verben, z.B. *schlafen, blühen, glänzen,* bezeichnen Zustände, Zustandsveränderungen oder Tätigkeiten des Gegenstandes, die ihrer Natur nach nicht auf einen anderen Gegenstand einwirken.
   ▷ Das Baby *schläft.* – Diese Pflanze *blüht* nicht, aber ihre Blätter *glänzen.*

4. Die meisten ergänzungsbedürftigen Verben haben als Ergänzung ein Objekt. Sie heißen **objektbezogene** Verben und bezeichnen Tätigkeiten des Gegenstandes (= Subjekts), die ihrer Natur nach auf einen anderen Gegenstand (= Objekt) oder auf mehrere einwirken.
   ▷ Unsere Mannschaft schlägt *jeden Gegner.* – Dieses Buch nützt *mir* viel. – Diese einleuchtende Feststellung bedarf *keiner weiteren Begründung.*

5. Viele objektbezogene Verben stehen mit dem Akkusativ und zielen dabei auf einen Gegenstand, der eine Tätigkeit erleidet, oder auf das Produkt dieser Tätigkeit. Sie heißen **transitive** (zielende) Verben, weil sie ausdrücken, daß eine Handlung oder Tätigkeit von einem Gegenstand direkt auf einen anderen einwirkt (von lat.: *transire* = hinübergehen): *rufen, finden, erfinden, schlagen, bewohnen, besitzen, verbringen.*
   ▷ Wir mußten einen Arzt rufen. – Er fand keinen Ausweg. – Wer hat das Auto erfunden? – Ich besitze keinen Pfennig mehr. – Wo verbringt ihr die Ferien? – Diesen Häuserblock bewohnt noch niemand.

6. Alle anderen (absoluten und ergänzungsbedürftigen) Verben heißen **intransitive** Verben.

absolute Verben: *schlafen, blühen, glänzen*		
objektbezogene Verben:		
a) mit einem Objekt im Genitiv:	*bedürfen, gedenken*	= **intransitive** Verben
b) mit einem Objekt im Dativ:	*helfen, nützen, drohen*	
c) mit präpositionalem Objekt:	*zweifeln an, hoffen auf, klagen über*	
d) mit einem Objekt im Akkusativ:	*rufen, finden, bewohnen*	= **transitive** Verben

7. Einige nicht-absolute intransitive Verben verlangen als Ergänzung eine adverbiale Bestimmung (= Umstandsbestimmung, ↗242ff.) oder ein Komplement (↗219). Sie heißen daher **umstandsbezogene** bzw. **komplementsbezogene** Verben (↗104f.).
   ▷ Köln liegt *am Rhein*. – Er verfuhr *rücksichtslos*. – Er gilt *als Kenner*. – Mach's *gut!* – Das Haus steht *leer*.

8. Zu den meisten Verben können, zu einigen müssen mehrere Ergänzungen hinzutreten (meist zwei oder drei); sie heißen **mehrwertige** Verben, sind zwei- oder dreiwertig (↗95, 97, 99, 101, 103, 105/5 u. 6, 239f., 241/5, 245).
   ▷ In einer Regierungserklärung teilte der Kanzler dem Bundestag die Ergebnisse seiner Außenpolitik in allen Einzelheiten mit. – **zweiwertig:** Er bat mich um Hilfe. – Mir bangt vor der Zukunft. – **dreiwertig:** Nimm dir ein Beispiel an ihm! – Darf ich Sie mit meinem Bruder bekannt machen? – Er drückte dem Bettler eine Münze in die Hand.

9. Viele Verben können sowohl **transitiv** als auch **intransitiv** gebraucht werden, z.B.: *baden, jagen, kochen, speisen, stürzen, ziehen.*
   transitiv: Der Mann stürzte rasch ein paar Gläser Wein hinunter.
   intransitiv: Er stürzte in den Graben, weil er betrunken war.

10. Intransitive Verben können durch die Annahme von Vorsilben transitive werden: intransitiv: *steigen* → transitiv: *besteigen, ersteigen* (↗86/5, 89/8).

11. Nur **transitive** Verben (nicht alle) haben ein **volles Passiv** (↗96/3).
    Aktiv: Der Junge *schlug* den Hund. Darauf *biß* der Hund den Jungen.
    Passiv: Der Hund wurde von dem Jungen *geschlagen*. Darauf *wurde* der Junge von dem Hund *gebissen*.

12. **Intransitive** Verben können entweder gar **kein Passiv** oder nur ein **unpersönliches Passiv** bilden (↗76/4).
    ▷ ich lache; aber nicht: ich werde gelacht; jedoch unpersönlich: es wurde viel gelacht (= man lachte viel). – Jetzt wird getanzt!

13. Wenn das Geschehen, das ein Verb von einem Subjekt aussagt, wieder auf dieses selbst zurückwirkt, also Objekt und Subjekt identisch sind, handelt es sich um reflexive oder reflexiv gebrauchte Verben (↗66f.).
    ▷ Ich kann *mich* nicht *entschließen*. – Wir müssen *uns* danach *erkundigen*. – Gestatten Sie *mir*, daß ... – Er hat *sich* nicht *gewaschen*.

14. Wenn ein Vorgang ohne ein bestimmtes Subjekt gedacht wird, setzt man das indefinite *es* als Subjekt oder Scheinsubjekt und spricht von **unpersönlichen** Verben (↗68f.).

15. Die Verben *haben, sein* und *werden* bezeichnen Grundsituationen oder -aktionen und heißen deshalb manchmal Grundverben. Da man mit ihrer Hilfe insbesondere die umschriebenen Konjugationsformen bildet, heißen sie meist **Hilfsverben** (↗17ff.).

16. Eine Gruppe von Verben dient zur Bezeichnung der Aussageweise (des Modus). Sie heißen daher **Modalverben** (↗22ff.).

17. Alle anderen Verben heißen **Vollverben**. Einige davon, z.B. *brauchen, vermögen, wissen, pflegen, drohen* + Infinitiv mit *zu*, können ebenfalls den Modus oder auch die Aktionsart bezeichnen. Sie heißen dann **modifizierende** Verben (↗32f., 82f., 217/5).

2. Die Konjugation der Verben

1. Man unterscheidet **zwei Numeri** (= Zahlformen): den **Singular** (= die Einzahl): *er lobte,* d.h. *einer lobte,* und den **Plural** (= die Mehrzahl): *wir lobten* (mehrere).

2. Es gibt sechs Personalformen, und zwar **drei Personen** im **Singular**: *ich, du, er (sie, es)* – nur die 3. Pers. Sing. hat drei Geschlechter – und **drei Personen** im **Plural**: *wir, ihr, sie,* alle sechs mit Personalendungen (↗ 35/6).

3. Um zu kennzeichnen, ob die in einem Verb ausgesagte Handlung vom Subjekt ausgeht oder sich auf das Subjekt richtet, d.h. zur Angabe der **Aktionsrichtung** eines Verbs gibt es **zwei Genera** (= Verbgeschlechter):
   a) das **Aktiv** (= Tatform): *ich lobe, ich gehe,* d.h. die Handlung geht vom Subjekt aus; es tut etwas.
   b) das **Passiv** (= Leideform): *ich werde gelobt, es wird gegangen* (nur unpersönlich, ↗ 15/12), d.h. die Handlung richtet sich auf das Subjekt; es erleidet etwas.

   Zur Angabe von Aktionsrichtungen dienen auch das Zustandspassiv: *Der Tisch ist gedeckt,* sowie reflexiver Verbgebrauch: *das läßt sich hören* (↗ 15/13, 66f.).

4. Für die drei Zeitstufen (Gegenwart, Vergangenheit, Zukunft) gibt es **sechs Tempora** (= Zeitformen), und zwar:
   a) nur zwei **einfache** (unmittelbar aus dem Verb-Stamm gebildete):
   das **Präsens**: *er lobt, er geht* (es geschieht jetzt/immer/bald);
   das **Präteritum** (= Imperfekt): *ich lobte, wir gingen* (früher einmal);
   b) mit Hilfsverben **umschriebene** (zusammengesetzte) Tempora:
   das **Perfekt**: *ich habe gelobt, du bist gegangen* (es geschah und ist nun zu Ende);
   das **Plusquamperfekt**: *sie hatte gelobt, es war gegangen* (es geschah und war schon in der Vergangenheit zu Ende);
   das **Futur I**: *ihr werdet loben, sie werden gehen* (später einmal, vermutlich);
   das **Futur II**: *ich werde gelobt haben, er wird gegangen sein*.

5. Zu den umschriebenen Formen kommen als Aussageweise der Bedingung noch die *würde* + Infinitiv-Formen, der sog. Konditional, und zwar:
   der **Konditional I**: *ich würde loben, er würde gehen,* (wenn ...);
   der **Konditional II**: *sie würde gelobt haben, wir würden gegangen sein.*

6. Es gibt **drei Modi** (= Aussageweisen). Es sind dies:
   a) der **Indikativ** (= die Wirklichkeitsform): *er lobt, er ging;*
   b) der **Konjunktiv** (= die Möglichkeitsform): *er lobe! ginge sie doch!*
   c) der **Imperativ** (= die Befehlsform): *lobe! geh! lobt! gehen Sie!*

7. Jede Verbform, die durch eine Personalendung angibt, daß die ausgesagte Handlung von einer Person (oder Sache) ausgeht oder sich auf sie richtet, heißt **Personalform** oder finite Form des Verbs (Prädikats).

8. Keine Angabe der Person, aber oft eine Deklination wie Nomina (Adj. od. Subst.) haben dagegen die infiniten oder **Nominalformen** des Verbs:
   a) **der Infinitiv** (= die Grundform, die Nennform), und zwar:
   der Infinitiv I (= Inf. Präsens): Aktiv: *loben, geh(e)n;*
   Passiv: *gelobt werden,* (keine Form für *gehen*)
   der Infinitiv II (= Inf. Perfekt): Aktiv: *gelobt haben, gegangen sein;*
   Passiv: *gelobt worden sein* (keine Form für *gehen*).
   b) das **Partizip,** und zwar:
   das Partizip I (= Part. Präs.; Verlaufsform): *lobend, gehend* (immer Aktiv!),
   das Partizip II (= Part. Perf.; Vollzugsform): *gelobt, gegangen* (meist Passiv!).

3. Die Hilfsverben (Grundverben)

3.1. Übersicht

1. Die **drei Hilfsverben** *haben, sein* und *werden* dienen in erster Linie zur Bildung der **umschriebenen Konjugationsformen,** und zwar: *haben* zur Bildung aktiver Formen, *sein* und *werden* zur Bildung aktiver und passiver Formen. Es werden gebildet:
   a) mit *haben* oder *sein* im Aktiv: Perfekt und Plusquamperfekt,
   b) mit *werden* im Aktiv: Futur I und Konditional I,
      im Passiv: Präsens, Präteritum, Futur I und Konditional I,
   c) mit *sein* und *werden* im Passiv: Perf., Plusqperf., Futur II, Konditional II;
   d) mit *werden* und *haben* (oder *sein*) im Aktiv: Futur II und Konditional II.

2. *haben, sein* und *werden* stehen aber auch als **Vollverben:**
   a) **haben** = *besitzen; bekommen, erhalten* (+ Akkusativ):
      ▷ Ich habe weder Zeit noch Geld. – Wir haben oft Sprachunterricht. Das Buch ist hier nicht zu haben (= zu bekommen, zu kaufen). Idiomatisch auch: Davon habe ich nichts (= keinen Nutzen). Was hat er denn? (zu ergänzen z.B.: für eine Krankheit? = Was fehlt ihm denn?). Die beiden haben etwas miteinander (entweder: sie sind verliebt, oder: sie sind Feinde).
   b) **sein** = *existieren, bestehen, leben; stattfinden, sich befinden:*
      ▷ „Ich denke, also bin ich". Er ist nicht mehr (= er lebt nicht mehr). – Die nächste Vorstellung ist morgen. Mutter ist oben.
   c) **werden** = *entstehen; anfangen, etwas zu sein:*
      ▷ Daraus wird nichts. Die Sache ist noch im Werden. Es wird schon werden. In diesem Gedicht spricht Goethe vom Prinzip des „Stirb und Werde".

3. Die drei Hilfsverben können auch **modifizierend** gebraucht werden:
   a) **haben** + Infinitiv mit *zu* = *verpflichtet sein, müssen* (immer Aktiv):
      mit einer Negation meist: *nicht dürfen,* seltener: *nicht müssen:*
      ▷ ich habe noch zu arbeiten. Ich habe Ihnen sehr zu danken. Er hat pünktlich zu kommen. – Das hat nichts zu bedeuten. Du hast mir nichts zu befehlen. Mir hat keiner etwas zu sagen.
   b) **sein** + Infinitiv mit *zu* = *verpflichtet sein, müssen, sollen* oder (meist mit einer Negation) *möglich sein, können* (immer Passiv):
      ▷ Die Pflanzen sind vor Frost zu schützen. Den Anordnungen der Polizei ist Folge zu leisten. Das Haus ist zu verkaufen. – Daran ist nichts mehr zu ändern. Das ist nicht zu fassen! Verkehrsprobleme sind nicht immer leicht zu lösen.
   c) **werden** + Infinitiv (ohne *zu!*) zum Ausdruck einer Vermutung (↗ 33/8; 74/6):
      ▷ Das wird schon stimmen. Er wird jetzt noch nicht zu Hause sein. Sie werden wohl zu viel gearbeitet haben.

4. *sein* und *werden* sind auch wichtig als **Kopula** bei einem Prädikativum (↗ 218 f.).
   ▷ Das Wetter ist schön. Der Draht ist aus Kupfer. Dürer war ein großer Maler. Ich bin ganz Ihrer Meinung. Wir waren zu dritt. Das ist zu viel. Das Wetter wird wieder besser. Mein Bruder wird Ingenieur.

3.2. Zur Konjugation der Hilfsverben

1. Die Hilfsverben bilden **kein Passiv**.

2. Das Partizip I (= Part. Präsens) der Hilfsverben ist sehr selten.

3. Das Hilfsverb **haben** wird **schwach** konjugiert (zur schwachen Konjugation ↗38ff.). Unregelmäßig (↗60/1) ist, daß in einigen Formen der Stammauslaut -b- entfällt (2. und 3. Pers. Sing. Ind. Präs.: *du hast, er hat*) oder mit nachfolgendem -t- zu -tt- verschmilzt (Prät.: *ich hatte* usw.) und daß im Konj. II (sog. Konj. Prät.) der Stammvokal -a- zu -ä- umlautet (*ich hätte* usw.).

4. Das Hilfsverb **sein** wird **unregelmäßig** konjugiert (↗60/2). Es hat drei Stämme. Im Präsens wechseln ab: ein -b- Stamm *(ich bin, du bist)* und ein -s- Stamm *(sein, er ist, wir sind)*. Der Stamm -wes- erscheint im Partizip II (= Part. Perfekt): *gewesen* (vgl. auch die Partizip I-Formen *anwesend* und *abwesend*) und wird im Präteritum durch Ablaut (↗13/4) und Änderung des Stammauslauts zu *war*.

5. Das Hilfsverb **werden** wird **stark** konjugiert (Zur starken Konjugation ↗45). Es hat E-Wechsel (↗13/4d) in der 1. und 3. Pers. Ind. Präsens. Im Präteritum erscheint der alte Stamm *ward-* (2. Reihe der starken Verben, ↗48/2c) nur noch in der Dichtersprache; sonst steht der Stamm *wurd-*, an den auch in der 1. und 3. Pers. Sing. Ind. Präteritum die Personalendung -e angefügt wird.

6. Das Partizip II (= Part. Perfekt) von *werden* hat in den mit *sein* umschriebenen Formen

   a) die **Kurzform** *worden*, wenn das Partizip eines Vollverbs dabei steht, d. h., wenn es zur Bildung der passiven Perfektformen dieses Vollverbs dient:
   ▷ Er ist *befördert worden*. Unsere Mannschaft war *geschlagen worden*. Wir wären fast *erwischt worden*.

   b) die **Vollform** *geworden* steht dagegen stets hinter einem Nomen und dann, wenn *werden* als Vollverb gebraucht ist:
   ▷ Mein Bruder ist *Ingenieur geworden*. Sie wird wohl *krank geworden* sein. Was ist eigentlich aus ihren Kindern *geworden*?

3.3. Hinweise zu den folgenden Konjugationstabellen

Zu oberst stehen die einfachen Personalformen (Präsens und Präteritum), links im Indikativ, rechts im Konjunktiv. Es folgen:
die mit *haben* bzw. mit *sein* umschriebenen Personalformen (Perfekt und Plusquamperfekt), links im Indikativ, rechts im Konjunktiv;
die mit *werden* umschriebenen Personalformen (Futur I und Konditional I);
die mit *werden* und *haben* (bzw. *sein*) umschriebenen Personalformen (Futur II und Konditional II) sowie
die Imperative in Singular und Plural.
Formen, die man bilden kann, die jedoch nicht gebraucht werden, sind eingeklammert; es handelt sich dabei meist um Konjunktivformen, die sich nicht von den entsprechenden Indikativformen unterscheiden.
Selten gebrauchte Formen sind durch eine hochgestellte ° gekennzeichnet.
Sofern eine nicht oder selten gebrauchte Form durch eine andere zu ersetzen ist (z. B. Konjunktiv I durch Konjunktiv II), stehen entsprechende Pfeile. Kann eine Form durch eine andere ersetzt werden (z. B. Konjunktiv II durch *würde* + Infinitiv-Formen = Konditional), so stehen entsprechende Verbindungslinien und Hinweispfeile.
Darunter stehen die Nominalformen (Infinitive und Partizipien).

3.4. Die Konjugation des Hilfsverbs „haben"

1. Die **Personalformen**:

Indikativ		Konjunktiv	
Präsens	Präteritum	I (= sog. Präsens)	II (= Präteritum)
ich habe	hatte	(habe)	← hätte
du hast	hattest	habest°	← hättest
er hat	hatte	habe	hätte
wir haben	hatten	(haben)	← hätten
ihr habt	hattet	habet°	← hättet
sie haben	hatten	(haben)	← hätten

Perfekt		Plusquamperfekt		Perfekt I		Perfekt II	
ich habe		hatte		(habe)		hätte	
du hast		hattest		habest°		hättest	
er hat	gehabt	hatte	gehabt	habe	gehabt	hätte	gehabt
wir haben		hatten		(haben)		hätten	
ihr habt		hattet		habet°		hättet	
sie haben		hatten		(haben)		hätten	

Futur I		–	Futur I		Konditional I	
ich werde		–	(werde)		würde	
du wirst		–	werdest°		würdest	
er wird	haben	–	werde	haben	würde	haben
wir werden		–	(werden)		würden	
ihr werdet		–	(werdet)		würdet	
sie werden		–	(werden)		würden	

Futur II (= Futur Perfekt)		–	Futur II			Konditional II	
ich werde		–	(werde)			würde	
du wirst		–	werdest°			würdest	
er wird	gehabt haben	–	werde	gehabt	haben	würde	gehabt haben
wir werden		–	(werden)			würden	
ihr werdet		–	(werdet)			würdet	
sie werden		–	(werden)			würden	

Imperativ Singular: *habe!* – Plural: *hab(e)t!* – Anrede (Sing. u. Plur.): *haben Sie!*

2. Die **Nominalformen**:
Infinitiv I (= Inf. Präsens): *haben*   Partizip I (= Part. Präsens): *habend°*
Infinitiv II (= Inf. Perfekt): *gehabt haben*   Partizip II (= Part. Perfekt): *gehabt*

3. Bemerkungen: Kein Passiv (↗ 18/1).
Die eingeklammerten Konjunktivformen werden nicht gebraucht, da sie sich nicht vom Indikativ unterscheiden. (↗ 78f., 262f.). Selten gebrauchte Formen sind durch eine hochgestellte ° gekennzeichnet. Pfeile geben an, woher die Ersatzformen für nicht oder selten gebrauchte Formen kommen. Der mögliche Austausch von Konjunktivformen durch *würde* + Infinitiv-Formen (= Konditional) ist durch entsprechende Verbindungslinien und Hinweispfeile kenntlich gemacht.

3.5. Die Konjugation des Hilfsverbs „sein"

1. Die **Personalformen**:

	Indikativ		**Konjunktiv**	
	Präsens	Präteritum	I (= sog. Präsens)	II (= Präteritum)
einfache Formen	ich bin du bist er ist wir sind ihr seid sie sind	war warst war waren war(e)t waren	sei sei(e)st sei seien sei(e)t° seien	wäre wär(e)st wäre wären ← wär(e)t wären

	Perfekt	Plusquamperfekt	Perfekt I	Perfekt II ←
mit *sein* umschriebene Formen	ich bin du bist er ist wir sind ihr seid sie sind ⎫ gewesen	war warst war waren war(e)t waren ⎫ gewesen	sei sei(e)st sei seien sei(e)t° seien ⎫ gewesen	wäre wär(e)st wäre wären ← wäret wären ⎫ gewesen

	Futur I	–	Futur I	Konditional I ←
mit *werden* umschriebene Formen	ich werde du wirst er wird wir werden ihr werdet sie werden ⎫ sein	– – – – – –	(werde) werdest° werde (werden) (werdet) (werden) ⎫ sein	← würde ← würdest ← würde ← würden ← würdet ← würden ⎫ sein

	Futur II (= Futur Perfekt)		Futur II	Konditional II
mit *werden* u. *sein* umschriebene Formen	ich werde du wirst er wird wir werden ihr werdet sie werden ⎫ gewesen sein	– – – – – –	(werde) werdest° werde (werden) (werdet) (werden) ⎫ gewesen sein	← würde ← würdest ← würde ← würden ← würdet ← würden ⎫ gewesen sein

Imperativ Singular: *sei!* – Plural: *seid!* – Anrede (Sing. u. Plur.): *seien Sie!*

2. Die **Nominalformen**:

Infinitiv I (= Inf. Präsens): *sein*   Partizip I (= Part. Präsens): *seiend°*, vgl.
                                             ab-
                                             an- *wesend*

Infinitiv II (= Inf. Perfekt): *gewesen sein*   Partizip II (= Part. Perfekt): *gewesen*

3. Bemerkungen: ↗ die Bemerkungen zu Seite 19.

3.6. Die Konjugation des Hilfsverbs „werden"

1. Die **Personalformen**:

Indikativ

Präsens	Präteritum
ich werde	wurde¹
du wirst	wurdest²
er wird	wurde
wir werden	wurden
ihr werdet	wurdet
sie werden	wurden

Konjunktiv

I (= sog. Präsens)	II (= Präteritum)
(werde)	← würde
werdestº	← würdest
werde	würde
(werden)	← würden
(werdet)	← würdet
(werden)	← würden

Perfekt			Plusquamperfekt	
ich bin			war	
du bist			warst	
er ist	(ge-)		war	(ge-)
wir sind	worden³		waren	worden³
ihr seid			war(e)t	
sie sind			waren	

Perfekt I			Perfekt II	
sei			wäre	
sei(e)st)			wär(e)st	
sei	(ge-)		wäre	(ge-)
seien	worden³		wären	worden³
sei(e)tº			← wäret	
seien			wären	

Futur I			–
ich werde			–
du wirst			–
er wird		werden	–
wir werden			–
ihr werdet			–
sie werden			–

Futur I			Konditional I
(werde)			← würde
wedestº			← würdest
werden	werden		würde
(werden)			← würden	werden
(werdet)			← würdet
(werden)			← würden

Futur II			–
(= Futur Perfekt)			
ich werde			–
du wirst			–
er wird	(ge-)		–
wir werden	worden³		–
ihr werdet	sein		–
sie werden			–

Futur II			Konditional II
(werde)			← würde
werdestº			← würdest
werde	(ge-)		würde	(ge-)
(werden)	worden³		← würden	worden³
(werdet)	sein		← würdet	sein
(werden)			← würden

Imperativ Singular: *werde!* – Plural: *werdet!* – Anrede (Sing. u. Plur.): *werden Sie!*

2. Die **Nominalformen**:
    Infinitiv I (= Inf. Präsens): *werden*   Partizip I (= Part. Präsens): *werdend*
    Infinitiv II (= Inf. Perfekt): *(ge)worden³ sein* Partizip II (= Part. Perfekt): *(ge)worden³*

3. Bemerkungen: ↗ die Bemerkungen zu Seite 19. Außerdem gelten:
    ¹alte, nur noch in der Dichtersprache gebrauchte Form für *wurde* = *ward*
    ²alte, nur noch in der Dichtersprache gebrauchte Form für *wurdest* = *wardst*
    ³die Vollform *geworden* steht nach Nomina: *Er ist Arzt geworden;* die Kurzform *worden* steht nach Partizipien (= Passiv eines Vollverbs, ↗ 76f.): *er ist gut behandelt worden* (↗ 18/6).

4. Die Modalverben

1. Es gibt **sechs Modalverben:**
   können, dürfen, mögen, müssen, sollen und *wollen.*
   Als Modalverb gebraucht wird auch das Vollverb *lassen.*
2. Die Modalverben stehen meist in Verbindung mit einem der Infinitive eines Vollverbs. Dabei geben sie die **Aussageweise** (den Modus) an.
3. Der **Infinitiv** des Vollverbs steht beim Gebrauch mit Modalverben immer **ohne zu.**
   ▷ Er kann nicht *lesen.* Sie wollte *abreisen.* Ich möchte lieber *lesen.* Wir hatten *fliehen* müssen. Du hättest dich *schonen* sollen. Das Haus mußte *verkauft werden.* Auch das Grundstück hat *verkauft werden* müssen.
4. Die Modalverben stehen aber auch als **Vollverben,** und zwar:
   a) **können** = *die Kraft, die Erlaubnis, die Fähigkeit haben; wissen:*
   ▷ Klaus *kann* gut Deutsch. Das Abc hat er schon mit vier Jahren *gekonnt.* „Wer nicht *kann,* wie er will, der muß wollen, wie er *kann."* Meine Großmutter *konnte* die ganze Bibel auswendig.
   b) **dürfen** = *die Erlaubnis haben; gestattet sein; nötig haben:*
   ▷ *Darf* man das denn? Das haben wir als Kinder aber nicht *gedurft.* Wenn ich doch ins Freie *dürfte.* Hier *darf* man alles.
   c) **mögen** = *wünschen, lieben, etwas gerne tun:*
   ▷ Ich *mag* lieber Wein als Bier. Sie hat ihn nie *gemocht,* aber er *mochte* sie noch weniger. Wir *möchten* mehr Urlaub. *Möchtest* du noch etwas Kuchen.
   d) **müssen** = *durch Natur oder Gesetz gezwungen sein:*
   ▷ Kein Mensch muß *müssen.* Ich *muß* jetzt fort. Das Auto hätte zur Reparatur *gemußt.* Mami, ich *muß* mal! „Der Mensch muß *müssen* können" (Reklame für ein Abführmittel).
   e) **sollen** = *verpflichtet sein:*
   ▷ Was *soll* das denn? Was *soll* ich damit? Du kannst, denn du *sollst.* „Was *soll* all der Schmerz, die Lust?"
   f) **wollen** = *beabsichtigen; im Begriff sein; bereit sein; begehren:*
   ▷ Was *willst* du denn? Er hat schon immer nach Deutschland *gewollt.* „Wer *will,* wie er kann, fängt nichts vergeblich an." „Was du nicht *willst,* das man dir tu, das füg' auch keinem andern zu".
   g) **lassen** = *loslassen, verlassen, unterlassen.*
   ▷ *Laß* mich los! Er hat den Hund ins Freie *gelassen. Lassen* Sie lieber die Finger davon! „Ach, wie ist's möglich dann, daß ich dich *lassen* kann?" „Die Katze *läßt* das Mausen nicht".
5. Die Modalverben werden oft auch **modifizierend** gebraucht. Sie geben dann eine Stellungnahme des Sprechers zu seiner Aussage an. Weiteres dazu 132f.; hier nur ein Beispiel:
   ▷ Weil der Chef schon seit zwei Tagen unterwegs ist, *kann* er gestern gar nicht hier *gewesen sein.* Wenn er seinen Reiseplan befolgt hat, *muß* er gestern in Köln *übernachtet haben.* Dort *soll* es ein gutes Hotel *geben.* Wer *will* ihn den gestern hier *gesehen haben?*

4.1. Zur Konjugation der Modalverben

1. Die Modalverben bilden (wie die Hilfsverben, ↗ 18) **kein Passiv**.
2. Außer *wollen* (und *lassen*) bilden die Modalverben auch keine Imperative.
3. Das Prinzip I (= Part. Präsens) der Modalverben ist sehr selten.
4. Die 1. und 3. Person Sing. Ind. Präsens der Modalverben sind endungslos und daher formgleich.
5. Die Modalverben bilden ihre **Perfektformen** mit *haben*. Dazu tritt:
   a) eine Ersatzform für das Partizip II (= Part. Perfekt), wenn das Modalverb in Verbindung mit dem Infinitiv eines Vollverbs gebraucht wird. Diese Ersatzform ist formgleich mit dem Infinitiv des Modalverbs und heißt daher **Ersatzinfinitiv**. Im Perfekt stehen hier also zwei Infinitive hintereinander, erst der des Vollverbs, dann der des Modalverbs (sog. doppelter Infinitiv):
   ▷ Niemand hat diesen Vorschlägen *zustimmen wollen*. Jeder Mensch hat schon Unrecht *erleiden müssen*. Du hättest besser *aufpassen sollen*. Der Termin hat nicht mehr *verschoben werden können*. Warum hat der Termin sich nicht *verschieben lassen*?
   b) die regelmäßige Form des Partizips II (= Part. Perfekt) mit Vorsilbe *(ge-)* und Endung *(-t*, bei *lassen: -en)*, wenn das Modalverb als Vollverb gebraucht wird:
   ▷ Das habe ich nicht *gewollt*. Er hätte zum Arzt *gemußt*. Sie hätte es doch nicht *gekonnt;* also hat sie es gleich ganz *gelassen*. Wir alle haben ihn sehr *gemocht*. Bei uns hat nie ein Tier in die Küche *gedurft*.
6. Dieselbe Perfektbildung wie die Modalverben hat auch **brauchen + zu:**
   ▷ Sie hätten nicht extra *zu kommen brauchen;* aber: Für sein Studium hat er sehr viel Zeit *gebraucht*.
7. Ganz wie die Modalverben werden behandelt: **hören, sehen, helfen** und **heißen°**:
   ▷ Niemand *hörte* ihn *kommen*. Das habe ich *kommen sehen*. Ich *helfe* Ihnen gern *tragen*. Er hat mir *aufräumen helfen*. Wer hat Sie das *tun heißen?* aber: Ich habe seit Jahren nicht von ihm *gehört*. Ich habe dich gestern im Kino *gesehen*. Er hätte mir doch nicht *geholfen*. Wer hat dich denn das *geheißen?*
8. Wie *mögen* wird *vermögen°* = fähig sein, imstande sein, können konjugiert. Es ist transitiv und hat oft einen Infinitiv mit *zu* bei sich.
   ▷ Liebe *vermag* viel. Als einzelner *vermochte* er es nicht, das Unglück *zu verhindern*, und wer *vermöchte* das wohl? Niemand hätte etwas daran *zu ändern vermocht*.
9. Wie *dürfen* wird *bedürfen°* = brauchen, nötig haben konjugiert. Es hat ein Substantiv oder ein Pronomen im Genitiv bei sich.
   ▷ Gesunde *bedürfen der Ärzte* nicht. Der Verletzte *bedurfte unser aller Hilfe*. Dessen hätte es nicht *bedurft*. Wenn ich *deiner Hilfe bedürfte*, würde ich es sagen. Die Kranke *bedarf deiner* nicht mehr.

4.2. Die Konjugation des Modalverbs „können"

1. Die **Personalformen**:

	Indikativ		**Konjunktiv**	
	Präsens	Präteritum	I (= sog. Präsens)	II (= Präteritum)
einfache Formen	ich kann	konnte	könne	könnte
	du kannst	konntest	könnest°	← könntest
	er kann	konnte	könne	könnte
	wir können	konnten	(können)	← könnten
	ihr könnt	konntet	könnet°	← könntet
	sie können	konnten	(können)	← könnten

	Perfekt		Plusquamperfekt		Perfekt I		Perfekt II	
mit *haben* umschriebene Formen	ich habe	} gekonnt oder: (−)* können	hatte	} gekonnt oder: (−)* können	(habe)	} gekonnt oder: (−)* können	← hätte	} gekonnt oder: (−)* können
	du hast		hattest		habest°		← hättest	
	er hat		hatte		habe		← hätte	
	wir haben		hatten		(haben)		← hätten	
	ihr habt		hattet		habet°		← hättet	
	sie haben		hatten		(haben)		← hätten	

	Futur I		–	Futur I		Konditional I	
mit *werden* umschriebene Formen	ich werde	} können	–	(werde)	} können	← würde	} können
	du wirst		–	werdest°		← würdest	
	er wird		–	werde		← würde	
	wir werden		–	(werden)		← würden	
	ihr werdet		–	(werdet)		← würdet	
	sie werden		–	(werden)		← würden	

	Futur II (= Futur Perfekt)		–	Futur II		Konditional II	
mit *werden* u. *haben* umschriebene Formen	ich werde	} gekonnt haben oder: (−)* können	–	(werde)	} gekonnt haben oder: (−)* können	← würde	} gekonnt haben oder: (−)* können
	du wirst		–	werdest°		← würdest	
	er wird		–	werde		← würde	
	wir werden		–	(werden)		← würden	
	ihr werdet		–	(werdet)		← würdet	
	sie werden		–	(werden)		← würden	

kein Imperativ (↗ 23/2)

2. Die **Nominalformen**:
   Infinitiv I (= Inf. Präsens): *können*   Partizip I (= Part. Präsens): *könnend°*
   Infinitiv II (= Inf. Perfekt): *gekonnt haben* oder: Partizip II (= Part. Perfekt): *gekonnt haben* (−)* *können*

3. Bemerkungen: Kein Passiv (↗ 23/1).
   Die eingeklammerten Konjunktivformen werden nicht gebraucht, da sie sich nicht vom Indikativ unterscheiden (↗ 78f., 262f.). Selten gebrauchte Formen sind durch eine hochgestellte ° gekennzeichnet. Pfeile geben an, woher die Ersatzformen für nicht oder selten gebrauchte Formen kommen. Der mögliche Austausch von Konjunktivformen durch *würde* + Infinitiv-Formen (= Konditional) ist durch entsprechende Verbindungslinien und Hinweispfeile kenntlich gemacht.

*) Bei allen Perfektformen steht der eingeklammerte Strich (−) für den Infinitiv eines beliebigen Vollverbs (↗ 23/5a).

4.3. Die Konjugation des Modalverbs „dürfen"

1. Die Personalformen

Indikativ		Konjunktiv	
Präsens	Präteritum	I (= sog. Präsens)	II (= Präteritum)
ich darf	durfte	dürfe	dürfte
du darfst	durftest	dürfest°	← dürftest
er darf	durfte	dürfe	dürfte
wir dürfen	durften	(dürfen)	← dürften
ihr dürft	durftet	dürfet°	← dürftet
sie dürfen	durften	(dürfen)	← dürften

Perfekt			Plusquamperfekt			Perfekt I			Perfekt II		
ich habe			hatte			(habe)			← hätte		
du hast	gedurft		hattest	gedurft		habest°	gedurft		← hättest	gedurft	
er hat	oder:		hatte	oder:		habe	oder:		← hätte	oder:	
wir haben	(−)*		hatten	(−)*		(haben)	(−)*		← hätten	(−)*	
ihr habt	dürfen		hattet	dürfen		habet°	dürfen		← hättet	dürfen	
sie haben			hatten			(haben)			← hätten		

Futur I		Futur I		Konditional I	
ich werde	−	(werde)		← würde	
du wirst	−	werdest°		← würdest	
er wird	dürfen	werde	dürfen	← würde	dürfen
wir werden	−	(werden)		← würden	
ihr werdet	−	(werdet)		← würdet	
sie werden	−	(werden)		← würden	

Futur II (= Futur Perfekt)			Futur II			Konditional II		
ich werde	gedurft	−	(werde)	gedurft		← würde	gedurft	
du wirst	haben	−	werdest°	haben		← würdest	haben	
er wird	oder:	−	werde	oder:		← würde	oder:	
wir werden	haben	−	(werden)	haben		← würden	haben	
ihr werdet	(−)*	−	(werdet)	(−)*		← würdet	(−)*	
sie werden	dürfen	−	(werden)	dürfen		← würden	dürfen	

kein Imperativ (↗ 23/2).

2. Die Nominalformen:
Infinitiv I (= Inf. Präsens): *dürfen* Partizip I (= Part. Präsens): *dürfend*°
Infinitiv II (= Inf. Perfekt): *gedurft haben* oder: Partizip II (= Part. Perfekt): *gedurft*
haben (−)* dürfen

3. Bemerkungen: ↗ die Bemerkungen zu Seite 24.

4.4. Die Konjugation des Modalverbs „mögen"

1. Die Personalformen:

	Indikativ			Konjunktiv			
	Präsens	Präteritum		I (= sog. Präsens)		II (= Präteritum)	
einfache Formen	ich mag	mochte		möge		möchte	
	du magst	mochtest		mögest°		← möchtest	
	er mag	mochte		möge		möchte	
	wir mögen	mochten		(mögen)		← möchten	
	ihr mögt	mochtet		möget°		← möchtet	
	sie mögen	mochten		(mögen)		← möchten	

	Perfekt		Plusquamperfekt		Perfekt I		Perfekt II	
mit haben umschriebene Formen	ich habe	gemocht oder: (−)* mögen	hatte	gemocht oder: (−)* mögen	(habe)	gemocht ← oder: (−)* mögen	← hätte	gemocht oder: (−)* mögen
	du hast		hattest		habest°		← hättest	
	er hat		hatte		habe		← hätte	
	wir haben		hatten		(haben)		← hätten	
	ihr habt		hattet		habet°		← hättet	
	sie haben		hatten		(haben)		← hätten	

	Futur I			Futur I		Konditional I	
mit werden umschriebene Formen	ich werde	mögen	−	(werde)	mögen	← würde	mögen
	du wirst		−	werdest°		← würdest	
	er wird		−	werde		← würde	
	wir werden		−	(werden)		← würden	
	ihr werdet		−	(werdet)		← würdet	
	sie werden		−	(werden)		← würden	

	Futur II (= Futur Perfekt)			Futur II		Konditional II	
mit werden u. haben umschriebene Formen	ich werde	gemocht haben oder: (−)* mögen	−	(werde)	gemocht haben oder: (−)* mögen	← würde	gemocht haben oder: (−)* mögen
	du wirst		−	werdest°		← würdest	
	er wird		−	werde		← würde	
	wir werden		−	(werden)		← würden	
	ihr werdet		−	(werdet)		← würdet	
	sie werden		−	(werden)		← würden	

kein Imperativ (↗ 23/2)

2. Die Nominalformen:
Infinitiv I (= Inf. Präsens): *mögen* Partizip I (= Part. Präsens): *mögend°*
Infinitiv II (= Inf. Perfekt): *gemocht haben* oder: Partizip II (= Part. Perfekt): *gemocht*
  haben (−) mögen*

3. Bemerkungen: ↗ die Bemerkungen zu Seite 24.
Zu beachten ist ferner: Am häufigsten gebraucht wird der Konjunktiv II: *ich möchte, du möchtest, er/sie/es möchte, wir möchten, ihr möchtet, sie möchten* zum Ausdruck der höflichen Bitte (↗ 30/3e). Oft wird diese Form wie das Präsens eines eigenen Wortes empfunden; natürlich gibt es dazu keine weiteren Formen.

4.5. Die Konjugation des Modalverbs „müssen"

1. Die **Personalformen**:

Indikativ		**Konjunktiv**	
Präsens	Präteritum	I (= sog. Präsens)	II (= Präteritum)
ich muß	mußte	müsse	müßte
du mußt	mußtest	müssest°	← müßtest
er muß	mußte	müsse	müßte
wir müssen	mußten	(müssen)	← müßten
ihr müßt	mußtet	müsset°	← müßtet
sie müssen	mußten	(müssen)	← müßten

Perfekt		Plusquamperfekt		Perfekt I		Perfekt II	←
ich habe		hatte		(habe)		← hätte	
du hast	gemußt	hattest	gemußt	habest°	gemußt	← hättest	gemußt
er hat	oder:	hatte	oder:	habe	oder:	← hätte	oder:
wir haben	(−)*	hatten	(−)*	(haben)	(−)*	← hätten	(−)*
ihr habt	müssen	hattet	müssen	habet°	müssen	← hättet	müssen
sie haben		hatten		(haben)		← hätten	

Futur I		−	Futur I		Konditional I		←
ich werde		−	(werde)		← würde		
du wirst		−	werdest°		← würdest		
er wird	müssen	−	werde	müssen	würde	müssen	
wir werden		−	(werden)		← würden		
ihr werdet		−	(werdet)		← würdet		
sie werden		−	(werden)		← würden		

Futur II (= Futur Perfekt)		−	Futur II		Konditional II		←
ich werde	gemußt	−	(werde)	gemußt	← würde	gemußt	
du wirst	haben	−	werdest°	haben	← würdest	haben	
er wird	oder:	−	werde	oder:	würde	oder:	
wir werden	haben	−	(werden)	haben	← würden	haben	
ihr werdet	(−)*	−	(werdet)	(−)*	← würdet	(−)*	
sie werden	müssen	−	(werden)	müssen	würden	müssen	

kein Imperativ (↗ 23/2)

2. Die **Nominalformen**:
Infinitiv I (= Inf. Präsens): *müssen*   Partizip I (= Part. Präsens): *müssend°*
Infinitiv II (= Inf. Perfekt): *gemußt haben* oder: Partizip II (= Part. Perfekt): *gemußt*
haben (−)* *müssen*

3. Bemerkungen: ↗ die Bemerkungen zu Seite 24.

4.6. Die Konjugation des Modalverbs „sollen"

1. Die **Personalformen**:

	Indikativ				Konjunktiv			
	Präsens		Präteritum		I (= sog. Präsens)		II (= Präteritum)	
einfache Formen	ich soll du sollst er soll wir sollen ihr sollt sie sollen		sollte solltest sollte sollten solltet sollten		solle sollest° solle (sollen) sollet° (sollen)		sollte ← solltest sollte ← sollten ← solltet ← sollten	
	Perfekt		Plusquamperfekt		Perfekt I		Perfekt II	
mit *haben* umschriebene Formen	ich habe du hast er hat wir haben ihr habt sie haben	gesollt oder: (−)* sollen	hatte hattest hatte hatten hattet hatten	gesollt oder: (−)* sollen	(habe) habest° habe (haben) habet° (haben)	gesollt oder: (−)* sollen	← hätte ← hättest ← hätte ← hätten ← hättet ← hätten	gesollt oder: (−)* sollen
	Futur I		–		Futur I		Konditional I	
mit *werden* umschriebene Formen	ich werde du wirst er wird wir werden ihr werdet sie werden	sollen	– – – – – –		(werde) werdest° werde (werden) (werdet) (werden)	sollen	← würde ← würdest ← würde ← würden ← würdet ← würden	sollen
	Futur II (= Futur Perfekt)		–		Futur II		Konditional II	
mit *werden* u. *haben* umschriebene Formen	ich werde du wirst er wird wir werden ihr werdet sie werden	gesollt haben oder: haben (−)* sollen	– – – – – –		(werde) werdest° werde (werden) (werdet) (werden)	gesollt haben oder: haben (−)* sollen	← würde ← würdest ← würde ← würden ← würdet ← würden	gesollt haben oder: haben (−)* sollen

kein Imperativ (↗ 23/2)

2. Die **Nominalformen**:
   Infinitiv I (= Inf. Präsens): *sollen*   Partizip I (= Part. Präsens): *sollend°*
   Infinitiv II (= Inf. Perfekt): *gesollt haben* oder: Partizip II (= Part. Perfekt): *gesollt*
                                  haben (−) sollen*

3. Bemerkungen: ↗ die Bemerkungen zu Seite 24.

4.7. Die Konjugation des Modalverbs „wollen"

1. Die **Personalformen**:

Indikativ		Konjunktiv	
Präsens	Präteritum	I (= sog. Präsens)	II (= Präteritum)
ich will	wollte	wolle	wollte
du willst	wolltest	wollest°	← wolltest
er will	wollte	wolle	wollte
wir wollen	wollten	(wollen)	← wollten
ihr wollt	wolltet	wollet°	← wolltet
sie wollen	wollten	(wollen)	← wollten

Perfekt		Plusquamperfekt		Perfekt I		Perfekt II	
ich habe	gewollt oder: (−)* wollen	hatte	gewollt oder: (−)* wollen	(habe)	gewollt oder: (−)* wollen	← hätte	gewollt oder: (−)* wollen
du hast		hattest		habest°		← hättest	
er hat		hatte		habe		← hätte	
wir haben		hatten		(haben)		← hätten	
ihr habt		hattet		habet°		← hättet	
sie haben		hatten		(haben)		← hätten	

Futur I				Futur I		Konditional I	
ich werde	wollen	−		(werde)	wollen	← würde	wollen
du wirst		−		werdest°		← würdest	
er wird		−		werde		← würde	
wir werden		−		(werden)		← würden	
ihr werdet		−		(werdet)		← würdet	
sie werden		−		(werden)		← würden	

Futur II (= Futur Perfekt)		−		Futur II		Konditional II	
ich werde	gewollt haben oder: haben (−)* wollen	−		(werde)	gewollt haben oder: haben (−)* wollen	← würde	gewollt haben oder: haben (−)* wollen
du wirst		−		werdest°		← würdest	
er wird		−		werde		← würde	
wir werden		−		(werden)		← würden	
ihr werdet		−		(werdet)		← würdet	
sie werden		−		(werden)		← würden	

Imperativ   Singular: *wolle!* − Plural: *woll(e)t!* − Anrede (Sing. u. Plur.): *wollen Sie!*

2. Die **Nominalformen**:
   Infinitiv I (= Inf. Präsens): *wollen*   Partizip I (= Part. Präsens): *wollend°*
   Infinitiv II (= Inf. Perfekt): *gewollt haben* oder: Partizip II (= Part. Perfekt): *gewollt*
                                  haben (−) wollen*

3. Bemerkungen: ↗ die Bemerkungen zu Seite 24.

4.8. Die Grundbedeutungen der Modalverben

Werden die Modalverben in ihrem **eigentlichen** Sinn, d.h. zur Angabe der **Aussageweise** (des Modus) gebraucht, so haben sie unter mancherlei Abstufungen und Übergängen die folgenden **Grundbedeutungen**:

1. **können**
   a) *fähig sein, imstande sein:*
   ▷ *Kann* er Deutsch? Haben Sie meine Schrift entziffern *können*? Sie *konnte* das Bett nicht verlassen. Sein Violinspiel ist wirklich *gekonnt*. Ja, Kunst kommt eben von *können*. Es muß einer mehr *können*, als er jeweils zeigen kann.
   b) *möglich sein, die Wahl haben:*
   ▷ Wir *können* zu Fuß gehen oder ein Taxi nehmen. Werdet ihr wirklich kommen *können*? Es *kann* sein, daß wir etwas später kommen.
   c) *schuld sein* (in der Verbindung *können für*, meist verneint oder fragend):
   ▷ Für den Unfall *kann* ich nichts. Niemand *konnte* etwas dafür. Wer *könnte* schon dafür? Er hat nichts für seine Armut *gekonnt*.
   d) *erlaubt sein:*
   ▷ Sie *können* den Kranken jetzt nicht stören. Aber morgen *können* Sie ihn besuchen. Kinder, ihr *könnt* jetzt spielen, *könntet* aber auch baden gehen.

2. **dürfen** = erlaubt sein, gestattet sein:
   ▷ Vater, *dürfen* wir jetzt spielen? *Darf* ich Sie/*dürfte* ich Sie um Feuer bitten? Wenn ich bitten *darf*/*dürfte:* Reichen Sie mir doch das Salz herüber. Wir *durften* die Kranke nicht besuchen. Hat er sie denn auch nicht sehen *dürfen*? Hier *darf* man nicht rauchen. *Durfte* man früher, oder hat man es noch nie *gedurft*? „Es *darf* gelacht werden".

3. **mögen**
   a) *vermögen, imstande sein* (nur in gewählter Rede und Dichtersprache):
   ▷ Niemand *mochte* sich dem Zauber dieser Frau entziehen. Wer *mag* dieses liebliche Bild ohne Rührung sehen? „O lieb, solang du lieben *magst!*"
   b) *gestattet sein:*
   ▷ Das *mag* jeder halten, wie er will. Sie *mögen* sich wundern: ich bleibe fest. Susi *mag* nun spielen gehen! – herausfordernd: *Mochte* die Nacht auch noch so dunkel sein, wir hatten keine Angst.
   c) *möglich sein, ungefähr zutreffen:*
   ▷ Wann *mag* sie kommen? Die meisten Gäste *mögen* schon da sein. Er *mag* so um die Zwanzig (20 Jahre alt) sein. Es *mochte* Mitternacht sein, als ...
   d) *geneigt sein, gern haben:*
   ▷ Das Meer *mag* ich gar nicht, aber im Gebirge *möchte* ich immer leben. Pilze hat er nie *gemocht*. Hättest du mit und ins Kino *gemocht*?
   e) im Konjunktiv II zum Ausdruck der höflichen Bitte, Frage oder Aufforderung (↗ 26/3):
   ▷ Ich *möchte* hier aussteigen. *Möchtest* du noch etwas Suppe? Wer *möchte* mit ins Kino gehen? Wir *möchten* lieber zu Hause bleiben. Ihr *möchtet* euch bitte beeilen. Sie *möchten* sofort zum Chef kommen.

4. **müssen**
   a) *unausweichlich sein:*
   ▷ Alle Menschen *müssen* sterben. Das *mußte* ja so enden! *Muß* das denn sein?
   b) *erforderlich sein:*
   ▷ Die Medizin *muß* kühl aufbewahrt werden. Das *müßten* Sie beachten. Das hätte man wissen *müssen!* Er *mußte* zum Arzt. Man wird abwarten *müssen*, was er feststellt.

5. **sollen**
   a) *moralisch verpflichtet sein:*
   ▷ „Du *sollst* nicht töten!" Er *sollte* sich schämen. *Sollte* man dieser armen Frau nicht helfen? Ihr hättet mir früher schreiben *sollen*.
   b) *aufgefordert sein:*
   ▷ Sie *sollen* sofort zum Chef kommen. Helga *sollte* den Brief persönlich abgeben. Du hättest schon um fünf Uhr zu Hause sein *sollen*.
   c) *schicksalhaft sein (nur in den Vergangenheits-Formen):*
   ▷ Er wußte nicht, daß er seine Heimat nie wiedersehen *sollte*. „Es hat nicht *sollen* sein."

6. **wollen**
   a) *entschlossen sein:*
   ▷ Dieses Kleid *will* ich nicht. Was er *wollte*, erreichte er auch. Er hat immer alles allein machen *wollen*. Ernst und Thomas *wollen* Arzt werden.
   b) *wünschen:*
   ▷ So einen Rennwagen hat Benno schon immer *gewollt*. Was *willst* du essen? Diese schöne Reise hätte ich auch machen *wollen*. Wer *wollte* das wohl nicht?
   c) *beabsichtigen, planen (oft zur Umschreibung des Futurs, ↗ 74/4):*
   ▷ Wir *wollen* uns ein Haus bauen. Wann *wollen* Sie denn einziehen?
   b) *bevorstehen (meist unpersönlich, ebenfalls oft zur Umschreibung des Futurs):*
   ▷ Es *will* Frühling werden. Was *will* das werden? Der Lärm *wollte* und *wollte* nicht aufhören. Es sieht aus, als *wollte* es regnen.

7. **lassen**
   a) *bewirken, veranlassen:*
   ▷ *Laß* dir endlich die Haare schneiden. Sie *ließ* ihn rufen. Er hat sich das Buch kommen *lassen* und *läßt* es jetzt binden.
   b) *zulassen, dulden, erlauben:*
   ▷ *Laß* die Kinder doch spielen. Das *lasse* ich mir nicht gefallen. Er *läßt* sich nicht belehren.
   c) *möglich sein, ausführbar sein (reflexiv und unpersönlich):*
   ▷ Das *läßt* sich machen. Eine Schuld hat sich nicht beweisen *lassen*.
   d) *auffordernd: Laß uns gehen! Laßt uns aufbrechen!*
   e) über *lassen* als Vollverb ↗ 22/4 g.

4.9. Modifizierender Gebrauch der Modalverben

1. Die Modalverben können modifizierend gebraucht werden, wenn der Sprecher zusätzlich zu der ausgesagten Wiedergabe eines Vorgangs oder eines Zustands, einer Handlung oder einer Erkenntnis auch noch seine **Stellungnahme** dazu angeben will, also Vermutungen, Ansichten, Zweifel, Gerüchte über die Aussage.

2. Modifizierend gebrauchte Modalverben stehen entweder im **Indikativ Präsens** oder im **Konjunktiv II,** beziehen sich also immer auf die Gegenwart des Sprechers und seinen Sprechakt.

3. Die modifizierte Aussage steht als Vollverb im Infinitiv, und zwar:
   a) im **Infinitiv I** (= Inf. Präsens), wenn sich die Aussage auf Gegenwärtiges oder auf Zukünftiges bezieht.
   ▷ Er *kann* nicht im Haus *sein,* weil es verschlossen ist, aber er *könnte* im Garten *sein.* Morgen *soll* es Regen *geben,* aber schon heute abend *dürfte* es kühler *werden.*
   b) im **Infinitiv II** (= Inf. Perfekt), wenn sich die Aussage auf Vergangenes bezieht.
   ▷ Er *kann* gestern nicht im Haus *gewesen sein,* weil es verschlossen war, aber er *könnte* im Garten *gewesen sein.* Gestern abend *soll* es *geregnet haben,* aber schon vorher *dürfte* es kühler *geworden sein.*

4. Im Fall 3a unterscheiden sich die modifizierend gebrauchten Modalverben nur sinngemäß, aber nicht formal von den entsprechenden Modalverben im eigentlichen Gebrauch. Im Fall 3b gibt es auch einen formalen Unterschied, und zwar:

   Eigentlicher Gebrauch:

   Er **hat**   das Buch **kaufen müssen**   *(so war es)*
   Er **hat**   das Buch **kaufen können**   *(wirklich)*
   Er **hätte** das Buch **kaufen sollen**   *(merkte er)*

   Modifizierender Gebrauch:

   Er **muß**   das Buch **gekauft haben**   *(schließe ich)*
   Er **kann**   das Buch **gekauft haben**   *(meine ich)*
   Er **könnte** das Buch **gekauft haben**   *(vermute ich)*
   Er **soll**   das Buch **gekauft haben**   *(sagt man)*
   Er **will**   das Buch **gekauft haben**   *(sagt er)*
   Es **dürfte** preiswert **gewesen sein**   *(vermute ich)*

5. Die Modifikation der Aussage aus der Sicht des Sprechers wird oft noch durch andere Mittel unterstrichen, entweder durch Betonung und Stimmlage oder durch Einschübe (Abtönungspartikel, ↗ 185) wie: *vermutlich, vielleicht, wohl, wahrscheinlich, heißt es, sagt man, meine ich, denke ich, vermute ich.*

6. Abweichend von Regel 2 steht in erzählender Dichtung statt des Ind. Präsens oft das Präteritum modifizierend gebrauchter Modalverben. Der Erzähler schildert dann die Gedanken einer Figur (sog. innerer Monolog), benutzt dazu aber weder direkte noch indirekte Rede (↗ 261 ff.), sondern er bleibt beim Präteritum und in der 3. Person (sog. erlebte Rede od. Gedankenbericht, ↗ 261/5 u. 6).
   ▷ «Walter war beunruhigt. Wo *mochte* Elvira *sein?* Er hörte sie nirgends im Haus. Aber sie *konnte* auch nicht *ausgegangen sein.* Jedenfalls *wollten* weder das Zimmermädchen noch der Diener sie das Haus *haben verlassen sehen.*»

7. Bei modifizierendem Gebrauch haben die Modalverben die folgenden Grundbedeutungen:
   a) **können:** Ansicht, Vermutung, Meinung aufgrund von glaubhaften Anhaltspunkten; abgeschwächt im Konjunktiv II.
   ▷ Er *kann* der Täter *sein;* einige Anzeichen sprechen dafür. Nur er *kann* die Tat *begangen haben,* behaupte ich aufgrund der Indizien. Abgeschwächt: Aber auch sein Bruder *könnte* es *gewesen sein,* denn beide sehen sich sehr ähnlich. Und selbst ein Fremder *könnte* schuld *sein.*
   b) **dürfen:** nur im Konjunktiv II! Vermutung aufgrund von persönlicher Erfahrung, aber ohne feste Anhaltspunkte.
   ▷ Sie *dürften* sich *irren* (wahrscheinlich, wenn ich mich nicht täusche). Jetzt *dürfte* die Rechnung *stimmen* (wenn ich richtig überschlagen habe). So *dürfte* es sich *abgespielt haben.* So *dürfte* es *gewesen sein.* Gestern *dürfte* es auch bei euch sehr heiß *gewesen sein.*
   c) **mögen:** nicht im Konjunktiv II! Vermutung, die man für unwahrscheinlich oder unwichtig hält.
   ▷ Wo *mag* er das nur *gehört haben?* Wie *mag* es dazu nur *gekommen sein?* Es *mag* auch anders *gewesen sein* (vielleicht; mehr will und kann ich dazu nicht sagen). Sie *mögen* wohl recht *haben* (aber etwas anderes ist wichtiger).
   d) **müssen:** Ansicht, Vermutung, fast Gewißheit aufgrund von zwingenden Anhaltspunkten; abgeschwächt im Konjunktiv II.
   ▷ Er *muß* der Täter *sein;* er hat kein Alibi und zwingende Indizien liegen vor, aus denen sich ergibt: er *muß* die Tat *begangen haben.* Auch die Kriminalbeamten *müssen* davon überzeugt *sein* (schließe ich aus ihren Fragen). Sonst *müßten* sie sich ja auch noch mit anderen Verdächtigen *befassen.*
   e) **sollen:** nicht im Konjunktiv II; der Sprecher beruft sich auf die Aussagen Dritter, die nicht bestätigt oder sogar zweifelhaft sind.
   ▷ Die Polizei *soll* den Mörder *gefaßt haben* (heißt es). Er *soll* die Tat aber *abstreiten* (sagt man). Auch sein Bruder *soll* noch *verhaftet werden* (steht in der Zeitung). Aber gestern *soll* noch jemand anderes *verhaftet worden sein* (dieses Gerücht geht um). In Afrika *sollen* zwei Marsmenschen *gelandet sein* (habe ich gehört, glaube ich aber nicht).
   f) **wollen:** nicht im Konjunktiv II; ein angeblicher Sachverhalt wird vom Sprecher bezweifelt.
   ▷ Er *will* ein großer Sänger *sein,* kann aber überhaupt nicht singen. An dem fraglichen Abend *will* er im Kino *gewesen sein* (angeblich, doch das ist nicht glaubhaft). Sie *will* das Kleid in Paris *gekauft haben* (behauptet sie, aber in Wirklichkeit stammt es aus dem Kaufhaus gegenüber). Sie *wollen* fleißig *gewesen sein!* (behaupten Sie, aber ich glaube es nicht, denn Ihre Arbeit ist nicht gut ausgefallen).
8. Verwandt ist auch der modifizierende Gebrauch von *werden* (↗17/3c) zum Ausdruck einer Vermutung (↗74/6).
   ▷ Das *wird* schon *klappen.* Du *wirst* dich doch wohl nicht *gefürchtet haben?* Das *wird* wohl *erledigt (worden) sein.*

5. Die Vollverben

5.1. Die Bildung der Konjugationsformen

1. Jedes Vollverb ist ein selbständiges Verb und hat einen **Stamm** (↗ 12/2), *lob-/geh-*, aus dem die Personal- und Nominalformen gebildet werden.
2. Die **drei Stammformen** eines Verbs sind der **Infinitiv I** (= Inf. Präsens) Akt.: *loben/gehen*, die **1./3. Pers. Prät.** Sing. Ind.: *lobte/ging*, und das **Partizip II** (= Part. Perf.): *gelobt/gegangen*. Wenn man diese Stammformen eines Verbs kennt, kann man alle übrigen Konjugationsformen bilden.
3. Der **Infinitiv I** (= Inf. Präsens) Akt. heißt auch **Grundform** (oder Nennform) des Verbs. Sie wird gebildet durch Anhängen der Endung **-en** an den Stamm: *lob-en/geh-en*. Nach stammerweiterndem *-el-* oder *-er-* steht nur **-n**: *lach-en*, aber: *läch-el-n*, ebenso: *stottern*. Auch nach Vokal oder Vokal+h im Stammauslaut steht meist nur *-n*: *tun, geh(e)n, steh(e)n, seh(e)n*.
4. Alle übrigen Konjugationsformen des Verbs sind:
    a) **einfache Formen,** die durch Hinzufügen von Endungen, Vorsilben oder eingeschobenen Lauten vom Stamm abgeleitet werden; dabei können Stammvokal und Stammauslaut sich verändern.
    b) mit *haben, sein* oder *werden* **umschriebene Formen,** bei denen das Verb selbst in einer Nominalform (Inf. oder Part.) erscheint.

Stammformen:	Infinitiv I (= Inf. Präsens) Aktiv	1./3. Person Prät. Sing. Indikativ	Partizip II (= Part. Perfekt)
abgeleitete einfache Formen:	Indikativ Präsens, Konjunktiv I (= Konj. Präs.), Imperativ, Partizip I (= Part. Präs.).	Indikativ Präteritum, Konjunktiv II (= Konj. Prät.).	
mit *haben, sein* oder *werden* umschriebene Formen:	Indikativ Futur I, Konjunktiv Futur I, Konditional I.		Indikativ Perfekt, Indikativ Plusquamperfekt, Konjunktiv Perfekt I, Konjunktiv Perfekt II, Indikativ Futur II, Konjunktiv Futur II, Konditional II, Infinitiv II (= Inf. Perfekt), alle Passivformen.

Alle diese Verbformen kann man bilden, doch werden einige nicht oder nur selten gebraucht. Von den meisten deutschen Verben braucht man nur die erste Stammform, den Infinitiv I (= Inf. Präsens) zu wissen; alle anderen Formen lassen sich daraus ableiten. Diese Verben verhalten sich also ganz regelmäßig; ihre Konjugation ist **schwach**. Bei vielen Verben muß man jedoch alle drei Stammformen wissen, um die übrigen Formen ableiten zu können. Auch diese Verben verhalten sich regelmäßig, aber ihre Konjugation ist **stark**. Einige Verben werden teils schwach, teils stark, also **gemischt** konjugiert. Nur wenige sind ganz **unregelmäßig**.

5. Die **Nominalformen** des Verbs werden wie folgt gebildet:
   a) der **Infinitiv I** (= Inf. Präs.) Akt. wie unter 3 angegeben mit *-(e)n;* im Passiv als umschriebene Form aus dem Part. II (= Part. Perf.) des Vollverbs und dem Inf. von *werden: gelobt werden/gefahren werden.*
   b) der **Infinitiv II** (= Inf. Perf.) als umschriebene Form mit dem Part. II (= Part. Perf.) des Vollverbs und, im Aktiv, mit den Infinitiven *haben* oder *sein: gelobt haben/ gegangen sein,* im Passiv mit dem Inf. II (= Inf. Perf.) von *werden* (Kurzform, ↗ 18/6a): *gelobt worden sein/gefahren worden sein.*
   c) das **Partizip I** (= Part. Präs.; Verlaufsform) durch Anhängen der Endung *-d* an den Inf. I (= Inf. Präs.) Akt.: *lobend, lächelnd, gehend.*
   d) das **Partizip II** (= Part. Perf.; Vollzugsform) mit der Endung *-(e)t* oder *-en* und meist auch der Vorsilbe *ge-: gelobt, geredet, gegangen, gefahren.* Zur Bildung ohne *ge-* ↗ 37/5.3.; zum unbetonten *-e-* der Endung ↗ unten 7b.

6. Zur Bildung der (einfachen) **Personalformen** dienen die **Personalendungen**:

Personen	Indikativ		Konjunktiv	
	Präsens	Präteritum	I (= sog. Präsens)	II (= sog. Präteritum)
1. ich	*-e*	–		*-e*
2. du	*-(e)st*	*-(e)st*		*-est*
3. er/sie/es	*-(e)t*	–		*-e*
1./3. wir/sie	*-en*	*-en*		*-en*
2. ihr	*-(e)t*	*-(e)t*		*-et*

Imperativ Singular: *-e!* oder: *-!*, Plural: *-(e)t!*, Anrede (Sing. u. Plur.): *-en Sie!*

Außer im Ind. Präs. Akt. haben die 1. und die 3. Pers. immer dieselbe Endung, im Sing. keine oder *-e,* im Plur. *-en.*

7. Für das unbetonte **-e-** in den Endungen gilt:
   a) Es ist Kennzeichen der Konjunktivendungen.
   b) Im Indikativ steht bei unverändertem Stammvokal unbetontes *-e-* mit den Endungen *-st* (2. Pers. Sing.) und *-t* (3. Pers. Sing. Präs., 2. Pers. Plur., Imperativ Plur., Part. II auf *t*), immer nach den Zahnlauten *-d-* und *-t-,* meist auch nach Konsonant+*-m-* oder *-n-,* nicht jedoch nach *-r-*+*-m-/-n-.* Über das unbetonte *-e-* bei verändertem Stammvokal ↗ 45/5 u. 8.
   ▷ Du redest zu viel. Lobtest du ihn? Fürchtetest du dich? Du reistest ab. Er fürchtet sich. Sie verbindet mich. Findet ihr das gut? Das erratet ihr nie. So wartet doch! Fürchtet euch nicht! Haltet euch fest! Wir haben uns gefürchtet. Hätten sie doch geredet! Du zeichnest gut. Das Tier atmet noch. Rechnet nach! Ich habe mich verrechnet. – aber: Du wärmst dich. Er umarmt sie. Ihr turnt gut. Warnt ihn! Sie sind ganz verarmt.
   c) Der Imperativ Plur. steht sonst meist ohne *-e-,* insbes. nach Zischlauten:
   ▷ Legt die Waffen nieder! Verbergt euch! Grabt tiefer! Nascht nicht so viel! Haßt euch nicht! Setzt euch! Lest lauter! Feixt nicht so!
   d) Nach den Zischlauten *-s/-ss, -ß, -x, -z/-tz,* nicht jedoch nach *-sch,* steht die Endung *-st* (2. Pers. Sing.) mit unbetontem *-e-: du reisest⁰/hassest⁰/spaßest⁰/sitzest⁰; du saßest/lasest/bliesest/rissest;* aber: *du fischst/naschst/duscht/wäschst/wusch(e)st.* Im Indikativ Präs. (nicht Prät.!) wird hier unter Wegfall von *-es-* meist auf *-t* verkürzt: *du reist/haßt/spaßt/sitzt/liest/bläst/weißt.*

35

5.2. Die Ableitung der Konjugationsformen

1. Aus der **1. Stammform**, dem **Infinitiv I** (= Inf. Präs.) **Aktiv,** werden im einzelnen die folgenden Formen des Aktivs abgeleitet:
   a) **Indikativ Präsens, Konjunktiv I** (= sog. Konj. Präs.) und **Imperativ** durch Wegfall der Infinitivendung *-(e)n* und Anhängen der entsprechenden Personalendungen (↗35/6) an den Stamm. In der 2. und 3. Pers. Sing. des Ind. Präs. und im Imperativ ändert sich dabei manchmal der Stammvokal (↗44/4 starke Verben).
   ▷ ich fürcht-e, du lob-st, er/sie/es gib-t, wir/sie geh-en, er/sie/es fähr-t, ihr fahr-t, wir/sie tanz-en; er lob-e/fürcht-e/geb-e/geh-e/fahr-e; fürcht-e!, lob(-e)!, gib!, geb-t! fahr-t!, fahr-en Sie!, tanz-en Sie!
   b) **Indikativ Futur I, Konjunktiv Futur I** und **Konditional I** durch Umschreibung der 1. Stammform mit dem Ind., dem Kon. I (= sog. Konj. Präs.) bzw. dem Konj. II (= sog. Konj. Prät.) von *werden*.
   ▷ ich werde fürchten, du wirst loben, er/sie/es wird geben, wir/sie werden gehen, sie wird fahren, ihr werdet fahren, sie werden tanzen; er werde/loben/fürchten/geben/gehen/fahren; ich würde tanzen, du würdest gehen, er würde fürchten, wir würden geben, ihr würdet lachen, sie würden gehen.
   c) **Partizip I** (= Part. Präsens; Verlaufsform) durch Wegfall der Infinitivendung *-(e)n* und Anhängen von *-(e)nd* an den Stamm (↗35/5c): *lob-end, fürcht-end, geh-end, fahr-end, tanz-end, lach-end, lächel-nd, geb-end*.
   d) bei den meisten, nämlich allen schwachen Verben (↗38ff.) das **Partizip II** (= Part. Perfekt; Vollzugsform) durch Wegfall der Infinitivendung *-(e)n* und Anhängen von *-(e)t* an den Stamm, gewöhnlich auch durch Vorsetzung der Vorsilbe *ge-: ge-lob-t, ge-fürcht-et, ge-lach-t, ge-lächel-t, getanz-t*.
   e) bei den unter d) genannten schwachen Verben auch **Indikativ Präteritum** und **Konjunktiv II** (= sog. Konj. Prät.) durch Wegfall der Infinitivendung *-(e)n*, Einfügung von *-(e)t-* und Anhängen der entsprechenden Personalendungen (↗35/6). Beide Formen stimmen überein (↗38/2):
   ▷ ich lob-t-e, du lob-t-est, du fürcht-et-est, er lach-t-e, sie fürcht-et-e, es lächel-t-e, wir/sie tanz-t-en, ihr lach-t-et/fürcht-et-et.

2. Aus der **2. Stammform**, der **1./3. Person Singular Präteritum Indikativ** werden, wenn nicht 7e) und 7d) gelten, also bei **starken** Verben (↗44ff.) und bei einigen **unregelmäßigen** Verben (↗58f.) **Indikativ Präteritum** und **Konjunktiv II** (= sog. Konj. Prät.) abgeleitet, und zwar durch Anhängen der entsprechenden Personalendungen (↗35/6) an den Stamm. Dabei erscheint in der 1. und 3. Pers. Sing. Prät. Ind. der endungslose Stamm. Im Konj. II zeigen die Stammvokale *a, o, u* Umlaut zu *ä, ö, ü*.
   ▷ ich/er fuhr, du ging-st, wir/sie gab-en, ihr fuhr-t/ging-t;
   ich/er führe, du ging-est, wir/sie gäb-en, ihr führ-et/ging-et/gäb-et.

3. Aus der **3. Stammform**, dem **Partizip II** (= Part. Perf.) werden durch Umschreibung mit Hilfsverben im einzelnen die folgenden Formen abgeleitet:

   a) **Indikativ Perfekt, Indikativ Plusquamperfekt** sowie **Konjunktiv Perfekt I** und **Konjunktiv Perfekt II** mit dem Präs., dem Prät., dem Konj. I (= sog. Konj. Präs.) bzw. dem Konj. II (= sog. Konj. Prät.) von *haben* oder, wenn das Verb eine Bewegung oder Zustandsveränderung ausdrückt (↗70/2), von sein.

   ▷ ich habe gelobt, du hast gefürchtet, er/sie/es hat gegeben, wir/sie sind gegangen, ihr habt gegessen; ich/er/sie/es war gegangen, wir/sie hatten gelobt; du habest gefürchtet, ich/er sei gegangen, er habe gegessen, wir/sie seien gegangen; ich hätte gefürchtet, du hättest gelobt, er wäre gegangen.

   b) **Indikativ Futur II** (= Futur Perf.), **Konjunktiv Futur II** und **Konditional II** mit dem Ind. Futur I, dem Konj. Futur I bzw. dem Konditional I von *haben* oder, wenn das Verb eine Bewegung oder Zustandsveränderung ausdrückt (↗70/2), von *sein*.

   ▷ ich werde gelobt haben, du wirst gegangen sein, er/sie/es wird gegessen haben, ihr werdet gefürchtet haben; er werde gegeben/gelobt/gefürchtet haben, er werde gegangen sein; du würdest gefürchtet haben, wir/sie würden gegangen sein.

   c) **Infinitiv II** (= Inf. Perf.) mit dem Inf. I (= Inf. Präs.) Akt. von *haben* oder, wenn das Verb eine Bewegung oder Zustandsveränderung ausdrückt (↗70/2), von *sein*: *gelobt haben, gefürchtet haben, gegessen haben, gegangen sein*.

   d) **alle Passivformen** mit den Zeitformen von *werden*.

   ▷ er wird gelobt, wurde geschlagen, werde gefürchtet, würde gefürchtet, ist gelobt worden, war geschlagen worden, sei gefürchtet worden, wäre geschlagen worden, wird gelobt werden, werde gefürchtet werden, würde geschlagen werden, wird gelobt worden sein usw.

5.3. Zum Gebrauch der Vorsilbe „ge-" im Partizip II (= Part. Perfekt)

1. **Vor unbetonter Silbe** steht **kein ge-**, d.h. die Vorsilbe *ge-* entfällt:

   a) bei Verben (meist Neubildungen) mit Endbetonung, insbes. auf *-ieren*.

   ▷ posaunen/er hat posaunt, trompeten/er hat trompetet, krakeelen/sie haben krakeelt, rumoren/es hat rumort, miauen/die Katze hat miaut; studieren/er hat studiert, probieren/wir haben probiert.

   b) bei Verben, die mit den unbetonten Vorsilben *be-, emp-, ent-, er-, ge-, ver-, zer-,* auch mit unbetontem *miß-* fest zusammengesetzt sind (↗90/2a u. 3).

   ▷ belohnen/ich habe belohnt, empfehlen/du hast empfohlen, entnehmen/er hat entnommen, erzählen/sie hat erzählt, gehorchen/wir haben gehorcht, versagen/ihr habt versagt, mißhandeln/sie wurden mißhandelt.

   c) bei Verben, die mit unbetontem *voll-* oder einem anderen unbetonten Bestimmungswort fest zusammengesetzt sind (↗90/2b und c).

   ▷ vollbringen/„es ist vollbracht", vollstrecken/ihr habt vollstreckt; unterstützen/ich habe unterstützt, widerrufen/er hat widerrufen.

2. Bei Verben, die mit einem betonten Bestimmungswort trennbar zusammengesetzt sind, steht das *ge-* zwischen Bestimmungswort und Grundverb (↗92/2).

   ▷ herstellen/er hat hergestellt; ausgehen/du bist ausgegangen; abreisen/wir sind abgereist; anfangen/es hat angefangen; heimkehren/ihr seid heimgekehrt.

5.4. Die schwache Konjugation

1. Verben, deren **Stammvokal** in allen Konjugationsformen **unverändert** bleibt, heißen **schwache** Verben, weil sie zu schwach sind, ihre Formen von sich aus zu verändern. Sie brauchen dazu ein eingeschobenes oder angehängtes -t-, manchmal auch -et- (nach -d, -t und Konsonant+-m- oder -n-, nicht jedoch nach -r-+-m-/-n-, ↗ 35/7 b). Dieses -t- ist Kennzeichen der schwachen Konjugation. Es erscheint im Ind. **Präteritum** Aktiv und im gleichlautenden Konjunktiv II (= sog. Konj. Prät.) zwischen dem unveränderten Stamm und den Personalendungen, außerdem als Endung im **Partizip II** (= Part. Perf.).
   ▷ loben/lob-*t*-e/gelob-*t*, reisen/reis-*t*-e/gereis-*t*, fischen/fisch-*t*-e/gefisch-*t*; neben: fürchten/fürcht-*et*-e/gefürcht-*et*, reden/red-*et*-e/gered-*et*, retten/rett-*et*-e/gerett-*et*, leisten/leist-*et*-e/geleist-*et*, zeichnen/zeichn-*et*-e/gezeichn-*et*, atmen/atm-*et*-e/geatm-*et*; aber: wärmen/wärm-*t*-e/gewärmt-*t*, turnen/turn-*t*-e, geturn-*t*.

2. Im **Präteritum** der schwachen Verben hat das eingeschobene -t- zur Folge, daß in der **2. Pers. Sing. u. Plur.** die Endungen -st und -t **immer mit unbetontem -e-** stehen:
   ▷ du   lob-t-est/reis-t-est/fisch-t-est/fürcht-et-est/red-et-est/rett-et-est/leist-et-est/zeichn-et-est/atm-et-est/wärm-t-est/turn-t-est,   ihr   lob-t-et/reis-t-et/fisch-t-et/red-et-et/zeichn-et-et/turn-t-et.
   Außerdem stimmen Indikativ Präteritum und Konjunktiv II (= sog. Konj. Prät.) überein. Die Personalendungen der schwachen Konjugation sind also:

Personen	Indikativ		Konjunktiv	
	Präsens	Präteritum	I (= sog. Präsens)	II (= sog. Präteritum)
1. ich	-e	-(e)te	-e	-(e)te
2. du	-(e)st	-(e)test	-est	-(e)test
3. er/sie/es	-(e)t	-(e)te	-e	-(e)te
1./3. wir/sie	-en	-(e)ten	-en	-(e)ten
2. ihr	-(e)t	-(e)tet	-et	-(e)tet

endungs- und formgleich mit:

Imperativ   Singular: -e! oder: -!, Plural: -(e)t!, Anrede (Sing. u. Plur.): -en Sie!

Weil der Konjunktiv II (= sog. Konj. Prät.) mit dem Indikativ Präteritum übereinstimmt, wird er in der Regel durch die entsprechende würde+Infinitiv-Form, den Konditional I, ersetzt. Also: *ich würde reisen* statt: *ich reiste*.

3. Der **Imperativ Singular** steht heute oft ohne -e am Ende, nicht jedoch bei den Verben auf -*eln* und -*ern* sowie selten bei den Verben auf -*d* und -*t*.
   ▷ *Hol* mir die Zeitung! *Mach* schnell! *Eil* dich! *Mach*'s gut! *Nasch* nicht so viel! *Hasse/haß* deine Gegner nicht! *Schwitz(e)* dich gesund! aber: *Klingle* doch! *Erinnre* dich! *Fürchte* dich nicht! „*Bilde*, Dichter, *rede* nicht!"

4. Abgeleitete schwache Verben mit Stammerweiterung auf **-eln** und **-ern** (↗ 34/3 und 38/3) haben folgende Besonderheiten:
   a) In den Formen auf die Endung *-en* (Inf. I Akt., 1./3. Pers. Plur. Präs. Akt., Imperativ in der Anredeform) und auf die Endung *-end* (Part. I = Part. Präs.) entfällt das unbetonte *-e-* vor dem *-n-/nd* der Endung.
   ▷ lächeln, wir/sie lächeln, lächeln Sie!, lächelnd; handeln, wir/sie klingeln, wickeln Sie!, rüttelnd; stottern, wir/sie klettern, ändern Sie!, plaudernd.
   b) Vor der Endung *-e* (1. Pers. Sing. Präs. Ind. Akt., 1./3. Pers. Sing. Konj. I Akt., Imperativ Sing.) verlieren Verben auf *-eln* fast immer, Verben auf *-ern* häufig das unbetonte *-e-* vor dem stammerweiternden *-l-* bzw. *-r-*.
   ▷ Ich handle immer gleich. Man rüttle kräftig an der Tür. Behandle sie freundlich! – Ich wundre mich über nichts mehr. Man hat mir gesagt, dieser Stoff knittre kaum. Plaudre noch ein bißchen mit mir! *aber auch:* ich bewundere ihn sehr. Ändere dein Leben!

   Solche Verben auf *-eln* und *-ern* sind:

lächeln	*handeln*	*stottern*	*stochern*
klingeln	*rütteln*	*klettern*	*einschläfern*
schütteln	*rasseln*	*plaudern*	*räuchern*
wandeln	*prasseln*	*rudern*	*knittern*
wackeln	*blinzeln*	*erinnern*	*knattern*
trippeln	*wickeln*	*erschüttern*	*stänkern*
tröpfeln	*tänzeln*	*(sich) wundern*	*bewundern*
sammeln	*schwänzeln*	*ändern*	*verwittern*
stückeln	*schaufeln*	*hindern*	*sichern*
häufeln	*hänseln*	*füttern*	*bechern*
bröckeln	*hüsteln*	*futtern*	*entern*
grübeln	*näseln*	*meckern*	*kentern*
häkeln	*schnüffeln*	*bemuttern*	*feuern*
spötteln	*frösteln*	*sickern*	*beteuern*
sticheln	*züngeln*	*schlittern*	*zittern*
witzeln	*frömmeln*	*wittern*	*rattern*
hecheln	*klügeln*	*glitzern*	*sabbern*
vermitteln	*gammeln*	*bessern*	*knabbern*
ermitteln	*trappeln*	*mindern*	*verkleinern*
kitzeln	*turteln*	*lindern*	*verschönern*
tadeln	*veredeln*	*(sich) nähern*	*zögern*

   ferner davon abgeleitete Verben wie: *behandeln, verhandeln, aushandeln, verwandeln, abwandeln, versammeln, zerstückeln, aufhäufeln, zerbröckeln, entwickeln, verwickeln, auswickeln, einwickeln, ausklügeln; verändern, abändern, verhindern, verfüttern, versickern, ausräuchern, einräuchern, verknittern, anfeuern, erzittern, verbessern, vermindern, verzögern* u. a. m.

5. Die **meisten deutschen Verben** werden **schwach** konjugiert, insbesondere alle **Neubildungen,** z. B. *filmen, bomben, vermienen, flirten, haschen,* und **alle abgeleiteten Verben** (↗ 86/3), auf stammerweiterndes *-eln, -ern, -sen, -schen, -zen, -igen, -ieren* und mit umgelautetem Stammvokal, z. B. *lächeln, stottern, hopsen, herrschen, duzen, beizen, ritzen, festigen, studieren, probieren, diktieren; fällen, tränken, drängen, legen, schwemmen, setzen, senken, sprengen, schwenken.*

5.5. Die Konjugation des schwachen Verbs „loben" (Aktiv und Passiv)

1. Die **Personalformen** im **Aktiv**:

	Indikativ		Konjunktiv	
	Präsens	Präteritum	I (= sog. Präsens)	II (= Präteritum)*
einfache Formen	ich lobe	lobte	(lobe)	← lobte
	du lobst	lobtest	lobest°	← lobtest
	er lobt	lobte	lobe	lobte
	wir loben	lobten	(loben)	← lobten
	ihr lobt	lobtet	lobet°	← lobtet
	sie loben	lobten	(loben)	← lobten
	Perfekt	Plusquamperfekt	Perfekt I	Perfekt II
mit *haben* umschriebene Formen	ich habe	hatte	(habe)	← hätte
	du hast	hattest	habest°	← hättest
	er hat } gelobt	hatte } gelobt	habe } gelobt	hätte } gelobt
	wir haben	hatten	(haben)	← hätten
	ihr habt	hattet	habet°	← hättet
	sie haben	hatten	(haben)	← hätten
	Futur I	–	Futur I	Konditional I
mit *werden* umschriebene Formen	ich werde	–	(werde)	← würde
	du wirst	–	werdest°	← würdest
	er wird } loben	–	werde } loben	würde } loben
	wir werden	–	(werden)	← würden
	ihr werdet	–	(werdet)	← würdet
	sie werden	–	(werden)	← würden
	Futur II (= Futur Perfekt)	–	Futur II	Konditional II
mit *werden* u. *haben* umschriebene Formen	ich werde	–	(werde)	← würde
	du wirst	–	werdest°	← würdest
	er wird } gelobt haben	–	werde } gelobt haben	würde } gelobt haben
	wir werden	–	(werden)	← würden
	ihr werdet	–	(werdet)	← würdet
	sie werden	–	(werden)	← würden

Imperativ   Singular: *lobe!* – Plural: *lob(e)t!* – Anrede (Sing. u. Plur.): *loben Sie!*

2. Die **Nominalformen** im **Aktiv**:
   Infinitiv I (= Inf. Präsens): *loben*   Partizip I (= Part. Präsens): *lobend*
   Infinitiv II (= Inf. Perfekt): *gelobt haben*   Partizip II (= Part. Perfekt): –

3. Bemerkungen: *) Wie Ind. Prät., daher meist durch Konditional I ersetzt (↗38/2).
   Die eingeklammerten Konjunktivformen werden nicht gebraucht, da sie sich nicht vom Indikativ unterscheiden (↗78/4). Selten gebrauchte Formen sind durch eine hochgestellte ° gekennzeichnet. Pfeile geben an, woher die Ersatzformen für nicht oder selten gebrauchte Formen kommen. Der mögliche Austausch von Konjunktivformen durch *würde* + Infinitiv-Formen (= Konditional) ist durch entsprechende Verbindungslinien und Hinweispfeile kenntlich gemacht.

4. Das schwache Verb *loben* ist transitiv und bildet daher ein volles Passiv.

5. Die **Personalformen** im **Passiv**:

Indikativ

Präsens		Präteritum	
ich werde		wurde*	
du wirst		wurdest*	
er wird	gelobt	wurde	gelobt
wir werden		wurden	
ihr werdet		wurdet	
sie werden		wurden	

Perfekt		Plusquamperfekt	
ich bin		war	
du bist		warst	
er ist	gelobt	war	gelobt
wir sind	worden	waren	worden
ihr seid		war(e)t	
sie sind		waren	

Futur I		–
ich werde		–
du wirst		–
er wird	gelobt	–
wir werden	werden	–
ihr werdet		–
sie werden		–

Futur II (= Futur Perfekt)		–
ich werde		–
du wirst		–
er wird	gelobt	–
wir werden	worden	–
ihr werdet	sein	–
sie werden		–

Konjunktiv

I (= sog. Präsens)		II (= Präteritum)	
(werde)		← würde	
werdest°		← würdest	
werde	gelobt	würde	gelobt
(werden)		← würden	
(werdet)		← würdet	
(werden)		← würden	

Perfekt I		Perfekt II	
sei		wäre	
sei(e)st		wär(e)st	
sei	gelobt	wäre	gelobt
seien	worden	wären	worden
seiet°		← wär(e)t	
seien		wären	

Futur I		Konditional I	
(werde)		← würde	
werdest°		← würdest	
werde	gelobt	würde	gelobt
(werden)	werden	würden	werden
(werdet)		← würdet	
(werden)		← würden	

Futur II		Konditional II	
(werde)		← würde	
werdest°		← würdest	
werde	gelobt	würde	gelobt
(werden)	worden	← würden	worden
(werdet)	sein	← würdet	sein
(werden)		← würden	

Imperativ

Singular: sei / werde° } gelobt! – Plural: seid / werdet° } gelobt! – Anrede (Sing. u. Plur.): seien Sie gelobt!

6. Die **Nominalformen** im **Passiv**:
   Infinitiv I (= Inf. Präsens): *gelobt werden*   Partizip I (= Part. Präsens): –
   Infinitiv II (= Inf. Perfekt): *gelobt worden sein*   Partizip II (= Part. Perfekt): *gelobt*
   Partizip Futur: *zu lobend* (↗ 85/11)

7. Bemerkungen: *) Veraltet steht auch *ward* für *wurde*, *ward(e)st* für *wurdest* (↗ 18/5 und 21).
   Im übrigen ↗ die Bemerkungen zu Seite 40.

5.6. Die Konjugation des schwachen Verbs „reisen" (Aktiv)

1. Die **Personalformen**:

	Indikativ		**Konjunktiv**	
	Präsens	Präteritum	I (= sog. Präsens)	II (= Präteritum)[1]
einfache Formen	ich reise	reiste	(reise)	← reiste
	du reis(es)t[2]	reistest	(reisest)	← reistest
	er reist	reiste	reise	reiste
	wir reisen	reisten	(reisen)	← reisen
	ihr reist	reistet	(reiset)	← reistet
	sie reisen	reisten	(reisen)	← reisen
	Perfekt	Plusquamperfekt	Perfekt I	Perfekt II ←
mit *sein* umschriebene Formen	ich bin ⎫	war ⎫	sei ⎫	wäre ⎫
	du bist ⎪	warst ⎪	sei(e)st ⎪	wär(e)st ⎪
	er ist ⎬ gereist	war ⎬ gereist	sei ⎬ gereist	wäre ⎬ gereist
	wir sind ⎪	waren ⎪	seien ⎪	wären ⎪
	ihr seid ⎪	war(e)t ⎪	seiet° ⎪	← wär(e)t ⎪
	sie sind ⎭	waren ⎭	seien ⎭	wären ⎭
	Futur I	–	Futur I	Konditional I
mit *werden* umschriebene Formen	ich werde ⎫	–	(werde) ⎫	← würde ⎫
	du wirst ⎪	–	werdest° ⎪	← würdest ⎪
	er wird ⎬ reisen	–	werde ⎬ reisen	würde ⎬ reisen
	wir werden ⎪	–	(werden) ⎪	← würden ⎪
	ihr werdet ⎪	–	(werdet) ⎪	← würdet ⎪
	sie werden ⎭	–	(werden) ⎭	← würden ⎭
	Futur II (= Futur Perfekt)	–	Futur II	Konditional II ←
mit *werden* u. *sein* umschriebene Formen	ich werde ⎫	–	(werde) ⎫	← würde ⎫
	du wirst ⎪	–	werdest° ⎪	← würdest ⎪
	er wird ⎬ gereist	–	werde ⎬ gereist	würde ⎬ gereist
	wir werden ⎬ sein	–	(werden) ⎬ sein	← würden ⎬ sein
	ihr werdet ⎪	–	(werdet) ⎪	← würdet ⎪
	sie werden ⎭	–	(werden) ⎭	← würden ⎭

Imperativ   Singular: *reise!* – Plural: *reis(e)t[3]!* – Anrede (Sing. u. Plur.): *reisen Sie!*

2. Die **Nominalformen**:
Infinitiv I (= Inf. Präsens): *reisen*   Partizip I (= Part. Präsens): *reisend*
Infinitiv II (= Inf. Perfekt): *gereist sein*   Partizip II (= Part. Perfekt): *gereist*[4]

3. Bemerkungen: [1]Wie Ind. Prät., daher meist durch Konditional I ersetzt (↗ 38/2).
                [2]Endung meist auf *-t* verkürzt (↗ 35/7 d).
                [3]Endung meist nur *-t* (↗ 35/7 c).
                [4]Auch aktiv gebraucht: *ein weitgereister Mann* (↗ 85/9).
Im übrigen ↗ die Bemerkungen zu Seite 40.

5.7. Die Konjugation des schwachen Verbs „reden" (Aktiv)

1. Die **Personalformen:**

Indikativ

Präsens	Präteritum
ich rede	redete
du redest	redetest
er redet	redete
wir reden	redeten
ihr redet	redetet
sie reden	redeten

Perfekt		Plusquamperfekt	
ich habe		hatte	
du hast		hattest	
er hat	geredet	hatte	geredet
wir haben		hatten	
ihr habt		hattet	
sie haben		hatten	

Futur I		
ich werde		–
du wirst		–
er wird	reden	–
wir werden		–
ihr werdet		–
sie werden		–

Futur II (= Futur Perfekt)		
ich werde		–
du wirst		–
er wird	geredet haben	–
wir werden		–
ihr werdet		–
sie werden		–

Konjunktiv

I (= sog. Präsens)	II (= Präteritum)[1]
(rede)	← redete
(redest)	redetest
rede	← redete
(reden)	← redeten
(redet)	← redetet
(reden)	← redeten

Perfekt I		Perfekt II	
(habe)		← hätte	
habest[o]		← hättest	
habe	geredet	← hätte	geredet
(haben)		← hätten	
habet[o]		← hättet	
(haben)		← hätten	

Futur I		Konditional I	
(werde)		← würde	
werdest[o]		← würdest	
werde	reden	← würde	reden
(werden)		← würden	
(werdet)		← würdet	
(werden)		← würden	

Futur II		Konditional II	
(werde)		← würde	
werdest[o]		← würdest	
werde	geredet	← würde	geredet
(werden)	haben	← würden	haben
(werdet)		← würdet	
(werden)		← würden	

Imperativ Singular: *rede!* – Plural: *redet!* – Anrede (Sing. u. Plur.): *reden Sie!*

2. Die **Nominalformen:**

Infinitiv I (= Inf. Präsens): *reden*   Partizip I (= Part. Präsens): *redend*
Infinitiv II (= Inf. Perfekt): *geredet haben*   Partizip II[2] (= Part. Perfekt): *geredet*

3. Bemerkungen: [1]Wie Ind. Prät., daher meist durch Konditional I ersetzt (↗ 38,2).
                 [2]Kein persönliches Passiv, aber unpersönlich, z.B.: *es wurde viel geredet,* manchmal auch akt., z. B. in: *ein beredter Politiker* (↗ 85/10).
Im übrigen ↗ die Bemerkungen zu Seite 40.

5.8. Die starke Konjugation

1. Verben, deren Stammvokal sich verändert, heißen **starke** Verben, weil sie imstande, d. h. stark genug sind, ihre Konjugationsformen ohne fremde Hilfe, nur mit diesen **Veränderungen des Stammvokals** (durch Umlaut, E-Wechsel und insbes. Ablaut, ↗ 13/6 d–f) zu bilden.

2. Das **Partizip II** (= Part. Perf.) der starken Verben hat die Endung **-en**: *gehen/(ging)/gegangen, fahren/(fuhr)/gefahren, essen/(aß)/gegessen.*
   Entfällt das *ge-*, weil das Verb mit unbetonter Vorsilbe fest zusammengesetzt ist (↗ 37/1 b u. c), so ist in einigen Fällen das Part. II formgleich mit der ersten Stammform, dem Inf. I (= Inf. Präs.) Akt. *vergessen/(vergaß)/vergessen, verlassen/(verließ)/verlassen, mißfallen/(mißfiel)/mißfallen, widerrufen/(widerrief)/widerrufen.*

3. Im **Präteritum** Ind. Akt. bleiben die **1. und 3. Pers. Sing. endungslos**. Die Personalendungen der starken Konjugation sind also:

Personen	Indikativ		Konjunktiv	
	Präsens	Präteritum	I (= sog. Präsens)	II (= sog. Präteritum)
1. ich	-e	–	-e	
2. du	-(e)st	-(e)st	-est	
3. er, sie, es	-(e)t	–	-e	
1./3. wir/sie	-en	-en	-en	
2. ihr	-(e)t	-(e)t	-et	

Imperativ Singular: *-e!* oder: *-!*, Plural: *-(e)t!*, Anrede (Sing. u. Plur.): *-en Sie!*

4. In der 2. und 3. Pers. Sing. Präs. Ind. ändert sich bei einigen starken Verben der Stammvokal:
   a) Der Stammvokal **-a-** (auch *-au-* und *-o-*) wird umgelautet zu **-ä-** *(-äu-, -ö-).*
   ▷ *ich fahre/du fährst/er fährt, ich wasche/du wäschst/sie wäscht, ich laufe/du läufst/er läuft, ich stoße/du stößt/er stößt.*

   Ausnahmen *schaffen/ich schaffe/du schaffst, hauen/ich haue/er haut, saugen/ich sauge/es saugt, schnauben/ich schnaube/er schnaubt, kommen/ich komme/du kommst/er kommt.*

   b) Der Stammvokal **-e-** *(-ä-, -ö-)* hat E-Wechsel zu **-i-** oder **-ie-**, der bei den meisten Verben auch in den Imperativ Sing. übernommen wird.
   ▷ *ich gebe/du gibst/er gibt/gib!, ich lese/du liest/sie liest/lies!, geschehen/es geschieht, gebären/ich gebäre/du gebierst/sie gebiert, erlöschen/das Feuer erlischt.*

   Ausnahmen *gären/es gärt, bewegen/ich bewege/du bewegst/er bewegt/bewege!, genesen/ich genese/du genes(es)t/er genest, heben/ich hebe/du hebst, pflegen/ich pflege/sie pflegt, stecken/ich stecke/du steckst, weben/ich webe/sie webt;* ebenso das unregelmäßige (↗ 60/2) *gehen/ich gehe/du gehst/er geht/geh!, stehen/ich stehe/sie steht;* die meisten dieser Ausnahmen (außer dem unregelmäßigen *gehen* und *stehen*) haben auch schwache Formen (↗ 59/6); ähnlich auch *kennen/ich kenne/du kennst, senden/ich sende/er sendet, denken/ich denke/sie denkt* (↗ 58/1 u. 2).

5. Bei Verben, die gemäß 4a) und 4b) ihren Stammvokal in der 2. Pers. Sing. Präs. Ind. verändern, stehen auch nach den Zahnlauten *-d-* und *-t-* (sowie nach Konsonant+*-m-/-n-*) die Endungen *-st* und *-t* immer ohne *-e-: du fährst, sie wäscht, er läuft; du gibst, sie liest, es geschieht.*

In der 3. Pers. Sing. verschmilzt dabei das *-t* der Endung mit dem Stamm zu einem Laut (Schreibung: *-t, -dt* oder *-tt): er brät/rät/lädt/tritt.*

Bei Verben, die ihren Stammvokal nicht verändern, gilt 35/7b, also: *du bindest, er findet, sie bietet, du bittest, sie leidet, er reitet.*

6. Der **Imperativ Singular** ist heute meist, bei Verben mit E-Wechsel immer endungslos.
   ▷ Geh doch endlich! Schweig(e) still! Fahr(e) schneller! – Gib mir Geld! Nimm dir Kuchen! Iß doch mit uns! Lies lauter! Tritt ein!

   Ausnahmen   Der Imperativ Sing. von *sehen* wird auch mit *-e* gebraucht: *sieh(e) da!* Der Imperativ Sing. von *werden* steht immer mit *-e* und hat keinen E-Wechsel: *Werde glücklich! „Dieses Stirb und Werde."*

7. Das **Präteritum** der starken Verben wird durch **Ablaut des Stammvokals** gebildet. Bei einigen Verben ändert sich auch der Stammauslaut, z.B. bei *sitzen/saß, ziehen/zog, sieden/sott.*

8. Die Endungen der 2. Pers. (*-st* und *-t*) haben im Prät. unbetontes *-e-*:
   a) im Sing. häufig nach den Zahnlauten *-d* und *-t*, immer nach Zischlauten *(-s/-ss, -ß, -x, -z/-tz)*, manchmal auch nach *-sch:*
   ▷ du bandest/fandest/hieltest/tratest/schritt(e)st; du lasest/saßest/genaßest/genossest/priesest; du wuschest – neben: du wuschst.
   b) im Plur. immer nach Zahnlauten, manchmal nach Zischlauten und *-sch:*
   ▷ ihr bandet/fandet/hieltet/tratet/schrittet/rittet/brietet/botet; ihr las(e)t/saß(e)t/ genas(e)t/genoss(e)t/pries(e)t/wusch(e)t.

9. Der **Konjunktiv II** (= sog. Konj. Prät.) eines starken Verbs wird von der 2. Stammform (Prät. Ind. Akt.) abgeleitet. Dabei haben die Stammvokale *-a-, -o-,* und *-u-* Umlaut zu *-ä-, -ö-* und *-ü-*, einige zweierlei.
   ▷ er las, er läse; es fror, es fröre; sie trug, sie trüge; er begann, er begönne/ begänne; er gewann, er gewönne/gewänne; er stand, er stünde/stände.

10. Das **Partizip II** (= Part. Perf.) starker Verben wird ebenfalls durch Ablaut des Stammvokals gebildet. Er stimmt entweder mit dem Stammvokal der ersten Stammform überein *(fahren/fuhr/gefahren)*, oder mit dem Stammvokal der zweiten Stammform *(schieben/schob/geschoben)*, oder er unterscheidet sich von beiden *(gelingen/gelang/gelungen).*

11. Man ordnet die starken Verben nach ihren Ablauten in Reihen. Geschieht das ohne Rücksicht auf die geschichtliche Lautentwicklung nach äußeren Merkmalen, und zwar alphabetisch nach den heutigen Stammvokalen des Präteritums (und in zweiter Linie des Partizips II), so ergeben sich **zehn Ablautreihen**:

Reihe	Stammvokal		
	im Infinitiv I	im Präteritum Indikativ	im Partizip II
1.	*e (i, ie)*	*a*	*e*
2.	*e (ä, o)*	*a*	*o*
3.	*i*	*a*	*o*
4.	*i*	*a*	*u*
5.	*ei*	*i*	*i*
6.	*ei*	*ie*	*ie*
7.	*a, o, u, au, ei*	*ie, i*	*a, o, u, au, ei*
8.	*ie (au, ü)*	*o*	*o*
9.	*e (ä, ö, i, a)*	*o*	*o*
10.	*a*	*u*	*a*

12. Diese Reihen lassen sich noch in **drei Hauptgruppen** zusammenfassen:
    a) Verben mit anderem Stammvokal in jeder Stammform (Reihen 1, 2, 3, 4):
    bitten/bat/gebeten, sprechen/sprach/gesprochen, beginnen/begann/begonnen, binden/band/gebunden.
    b) Verben mit gleichem Stammvokal in Prät. und Part. II (Reihen 5, 6, 8, 9):
    beißen/biß/gebissen, leihen/lieh/geliehen, biegen/bog/gebogen, heben/hob/gehoben.
    c) Verben mit gleichem Stammvokal in Inf. I und Part. II (Reihen 1, 2, 7, 10):
    lesen/las/gelesen, kommen/kam/gekommen (einziges von Reihe 2), *rufen/rief/gerufen, wachsen/wuchs/gewachsen.*

13. In einigen Reihen der starken Konjugation unterscheidet man je nach **Länge** oder **Kürze** der Stammvokale noch **Untergruppen**. Die Kürze wird meist durch Verdoppelung des Konsonanten im Stammauslaut gekennzeichnet, die Länge durch Aufheben der Verdoppelung, manchmal auch durch ein Dehnungs-h. Ein -d- im Stammauslaut wird bei Verdoppelung zu -tt-.
    wir essen/wir aßen, ich trete/er tritt, ihr sauft/ihr sofft, sie kamen/sie sind gekommen, ich nehme/sie nimmt, wir leiden/wir litten.

14. Die zehn Ablautreihen der starken Verben sind sprachhistorisch aus den sieben Klassen der altdeutschen starken Verben hervorgegangen (sechs ablautende und eine reduplizierende mit zwei Untergruppen). Diese historischen Verbklassen sind aber heute kaum noch erkennbar und spielen daher keine Rolle mehr. Aus der unterschiedlichen Herkunft erklärt sich jedoch, warum einige starke Verben, die in manchen Formen heute sehr ähnlich sind, verschiedenen Reihen zugehören, z.B. *laufen/lief/gelaufen* (Reihe 7) und *saufen/soff/gesoffen* (Reihe 8).

5.9. Die Reihen der starken Konjugation

1. **Erste Reihe: e (i, ie) –a–e**

Gruppe	e, i, ie		a	e
1.	*lesen*	*(er liest)*	*las (ä)*	*(hat) gelesen*
	liegen	*(er liegt)*	*lag (ä)*	*(hat) gelegen*
2.	*messen*	*(er mißt)*	*maß (ä)*	*(hat) gemessen*
	sitzen	*(er sitzt)*	*saß (ä)*	*(hat) gesessen*
	bitten	*(er bittet)*	*bat (ä)*	*(hat) gebeten*

a) **1. Gruppe:** Der Stammvokal ist **überall lang;** wie *lesen* auch: *sehen, geschehen; liegen.* Langes -*i*- auch in der 2. u. 3. Pers. Sing. Präs. Ind. Akt. sowie im Imperativ von *geben (du gibst, er gibt, gib!),* kurzes -*i*- dagegen in den entsprechenden Formen von *treten (du trittst, er tritt, tritt!);* genesen behält im ganzen Präs. -*e*- als Stammvokal (↗ 44/4 b): *ich genese, du genes(es)t* (↗ 35/7 d), *er genest.*

▷ Vater *liest* die Zeitung. Wir *lasen* das Drama vor der Aufführung. Ich habe ihr die Freude aus den Augen *gelesen. Lies* lauter! Im Märchen müssen arme Kinder oft Brennholz *lesen.* – Ich kann vor Müdigkeit kaum aus den Augen *sehen. Siehst* du mich? Was *seht* ihr heute im Theater? Er *sah* den Wald vor lauter Bäumen nicht. ,,Jeder *sehe,* wie er's treibe, jeder *sehe,* wo er bleibe". *Sieh* mal einer an! *Siehe* da, auf einmal geht es! – ,,Sie sprach zu ihm, sie sang zu ihm, da war's um ihn *geschehn.*" Was ist *geschehen?* Hier *geschieht* nie etwas. Das *geschieht* dir recht. – Unsere Preise *liegen* unter den Selbstkosten. Es *lag* mir fern, dich zu beleidigen. Daran *lag* ihm nichts. – Das wird sich *geben.* Sie *gibt* ihrer Tochter Geld. *Gib* mir das Buch, bitte! Was *gibt* es denn? Ein bekannter Schauspieler *gab* den Faust. – Du *trittst* auf der Stelle. *Tritt* näher! Die Versammlung *trat* gestern zusammen. Wer hat dich *vertreten?* – Ich hoffe, daß sie bald *genest.* Sie *genas* eines gesunden Knaben (veraltet für *gebären* + Akk.).

b) **2. Gruppe:** Der Stammvokal ist **nur im Präteritum lang;** wie *messen* auch: *essen* (mit eingefügtem -*g*- im Partizip II: *gegessen), fressen, vergessen,* außerdem *sitzen* sowie *bitten,* das auch im Part. II langen Stammvokal hat *(gebeten);* der Imperativ Sing. von *bitten* dient als Höflichkeitspartikel. Hierher gehört auch das starke, nur intrans. Prät. *stak* zu dem sonst schwachen Verb *stecken.*

▷ Der Tisch *mißt* zwei Meter (ist zwei Meter lang). Er *maß* ihn genau. – ,,Nichts wird so heiß *gegessen,* wie es gekocht wird." *Iß* langsam! Unsere Katze *frißt* nicht genug. Früher *fraß* sie mehr. – Leider *vergaß* sie unsere Verabredung, aber ich habe sie nicht *vergessen.* – Worum du jetzt *bittest, batet* ihr nie. Das hätte ich mir auch *verboten.* Treten Sie *bitte* näher! *Bitte,* laß mich allein! Macht euch *bitte* fertig! – Der Schlüssel *stak. Steckte* er wirklich, oder hat er vielleicht doch nicht *gesteckt.* Jetzt *steckt* er aber.

2. **Zweite Reihe: e (ä, o) – a – o**

Gruppe	e, ä, o	a	o
1.	befehlen (er befiehlt)	befahl (ö)	(hat) befohlen
2.	sprechen (er spricht)	sprach (ä)	(hat) gesprochen
	kommen (er kommt)	kam (ä)	(ist) gekommen
3.	helfen (er hilft)	half (ü)	(hat) geholfen

a) **1. Gruppe**: Der Stammvokal ist **überall lang**; wie *befehlen* auch: *empfehlen, stehlen*, ferner *gebären*, das im Präs. mit, manchmal aber auch ohne E-Wechsel gebraucht wird *(du gebierst/gebärst°, sie gebiert/gebärt°)*.
▷ Was *befahl* er? „Gott *befohlen!*" – Was *empfiehlst* du mir? – Wer *stiehlt*, ist ein Dieb. – Täglich *gebiert* er neue Pläne, ohne sie zu verwirklichen. Sie *gebar* einen kräftigen Jungen. Ich bin am 13. September 1956 *geboren*.

b) **2. Gruppe**: Der Stammvokal ist **nur im Präteritum lang**; wie *sprechen* auch: *brechen, stechen, (er)schrecken* (intrans.); ferner: *treffen, kommen*, wobei die Verdoppelung von *-k-, -f-* und *-m-* im Prät. entfällt.
▷ Mit wem *sprichst* du? Sprachst du mit ihm? Ich habe mich *versprochen*. – Wir *brachen* auf. Was hat er *verbrochen?* – Die Sonne *sticht* heute sehr. Das neue Schiff *stach* gestern in See. – Ich *erschrak* vor ihm. – Aber: Er *erschreckte* mich. Davor sind wir *erschrocken*. Aber: Das hat uns *erschreckt*. – *Trifft* das zu? *Trafst* du sie an? Das Haus wurde vom Blitz *getroffen*. – Wer *kommt* denn da? Er *kam* zu spät. Er ist zu nichts *gekommen. Komm* doch herein! *Kommst* du bald?

c) **3. Gruppe**: Der Stammvokal ist **überall kurz**; wie *helfen* auch: *gelten, schelten; sterben, verderben, werben, werfen, bergen, bersten*, ferner *werden* (↗21); es hat im Prät. statt des alten *-a-* jetzt *-u-* und in der 1./3. Pers. Sing. die Endung *-e* (altes: *ich/er ward* ist selten, ↗18/5), außerdem bleibt es ohne E-Wechsel im Imperativ Sing. (↗45/6).
▷ *Hilfst* du mir? Sie *halfen* uns. Es hat alles nichts *geholfen*. – „Der Prophet *gilt* nichts in seinem Vaterlande." Es *galt* Leben oder Tod. Ihr habt ihm seine Hilfe schlecht *vergolten*. – „Unkraut *verdirbt* nicht." Das Fleisch ist *verdorben*. – Das *wirft* mich um. – Was ist aus ihm *geworden?* Das *wird* schon *werden*. „... und *ward* nicht mehr gesehen." Es *wurde* nacht. *Werde* gesund! Er *verbarg* sich hinter der Tür. Alle Schiffbrüchigen wurden *geborgen*.

d) Zur zweiten Reihe der starken Verben gehört auch *nehmen, er nimmt/nahm/(hat) genommen;* es hat in den Formen mit E-Wechsel und im Part. II kurzen Stammvokal und doppeltes *-mm-*.
▷ *Nimm* noch etwas Kuchen! *Nehmt* euch zusammen! *Nehmen* Sie Platz! Du *nimmst* dir zu viel heraus. Sie *nahm* sich, was sie brauchte. Hast du schon Urlaub *genommen?* Der Zeuge wird heute *vernommen*.

e) Einige Verben der zweiten Reihe bilden den Konj. II (= sog. Konj. Prät.) nicht mit -ä-, sondern mit -ö- oder -ü-; einige haben Doppelformen.
▷ Was *hülfe/hälfe°* das? Und wenn sie nun *stürbe?* Würdest du bitte kommen? Du *vergöltest/vergältest* ihm seine Hilfe wohl gern?

3. **Dritte Reihe: i – a – o**

i	a	o
beginnen	begann (ö)	(hat) begonnen

Wie *beginnen* auch: *gewinnen, rinnen, sinnen, spinnen; schwimmen*, ferner das Part. II *gesonnen* von dem untergegangenen Verb *gesinnen* = beabsichtigen, nicht zu verwechseln mit dem schwachen Part. II *gesinnt* (= eine Gesinnung haben), beide mit dem Hilfsverb *sein* umschrieben.
- ▷ Wer *beginnt*? Sie *begann*. „Wie *gewonnen*, so *zerronnen*." Die Milch war *geronnen*. – Er ist sehr schnell *geschwommen*. – Ich bin nicht *gesonnen*, in dieser Sache nachzugeben; aber: Ist der Richter euch freundlich *gesinnt*?

Der Imperativ Sing. dieser Verben steht mit und ohne *-e*; ihr Konj. II (= sog. Konj. Prät.) wird meist mit *-ö-* statt mit *-ä-* gebildet.
- ▷ *Beginne* du! *Schwimm* gleichmäßig! „*Spinn*, spinn, o Tochter mein!" – Wenn ich doch *gewönne/gewänne*°!

4. **Vierte Reihe: i – a – u**

i	a	u
trinken	trank (ä)	(hat) getrunken

Wie *trinken* auch: *sinken, stinken; dingen* (auch schwach), *dringen, gelingen, mißlingen, klingen, ringen, schlingen, schwingen, singen, springen, wringen, zwingen; binden, finden, schwinden, winden*, ferner mit *-u-* im Prät.: *schinden, schrinden*°.

Der Imperativ Sing. dieser Verben steht gewöhnlich mit der Endung *-e*. Starke Verben der vierten Reihe mit dem Stamm auf *-nd* haben zwischen Stammauslaut und den Endungen *-st* und *-t* ein unbetontes *-e-*.
- ▷ Wie das *stinkt*! Wer hat den Attentäter *gedungen*? Die Diebe *drangen* bei Nacht ins Haus. Der Versuch ist *mißlungen*. Er hat mit sich *gerungen*, aber er *zwang* sich zur Freundlichkeit. – Wie *findest* du das? *Fandet* ihr das gut? Ich habe mich mein Leben lang *geschunden*. „*Windet* zum Kranze die goldenen Ähren!" *Binde* deine Schuhe!

5. **Fünfte Reihe: ei – i – i**

ei	i	i
greifen	griff	(hat) gegriffen

Wie *greifen* auch: *kneifen, pfeifen, schleifen* (auch schwach); *leiden, schneiden; gleiten, reiten schreiten, streiten; beißen, sich befleißen, reißen, scheißen, schmeißen, spleißen, verschleißen; bleichen* (intrans.), *gleichen, schleichen, streichen, weichen*.

Im **Präteritum und Partizip II** (= Part. Perf.) dieser Verben ist der Stammvokal stets **kurz**, daher die **Verdoppelung des Konsonanten** im Stammauslaut (außer *-ch*); *-d* wird dabei zu *-tt*, z. B. in *leiden/litt/gelitten* (↗ 46/13).
Starke Verben der fünften Reihe mit dem Stamm auf *-d* oder *-t* haben vor den Endungen *-st* und *-t* immer ein unbetontes *-e-* (↗ 35/7 b).
- ▷ Das Messer ist frisch *geschliffen*; aber: Er fiel vom Wagen und wurde zu Tode *geschleift*. – Er hat sehr *gelitten*. Worüber *strittest* du mit ihr? Wie *schnittet* ihr ab? – Ihre Kleider waren ganz *verschlissen*.

6. **Sechste Reihe: ei – ie – ie**

ei	ie	ie
schreiben	schrieb	(hat) geschrieben

Wie *schreiben* auch: *bleiben, reiben, treiben; meiden, scheiden* (beide mit unbetontem *-e-* zwischen Stammauslaut und den Endungen *-st* sowie *-t*); *schreien, speien; schweigen, steigen; gedeihen, leihen, verzeihen, zeihen; scheinen; preisen, weisen.*

▷ *Bleibt* doch noch ein wenig! Wie *entschiedest* du in dieser Sache? Wann *scheidet* er aus seiner Firma aus? Die Ehe wurde *geschieden.* – Der Wal *spie* den Propheten Jonas wieder aus. Hat er ihn wirklich *ausgespien*? *Schrei* nicht so laut! – Haben Sie das Buch aus der Universitätsbibliothek *entliehen*? Warum *verzeihst* du ihm den kleinen Fehler nie? – Ich würde mich glücklich *preisen*, wenn jemand mir den rechten Weg zum Glück *wiese*.

7. **Siebente Reihe: a, o, u, au, ei – ie, i – a, o, u, ei**

a	ie	a
schlafen (er schläft)	schlief	(hat) geschlafen
rufen (er ruft)	rief	(hat) gerufen
u	ie	u

Mit **langem** *-ie-* im **Prät.** stehen: *fallen, halten, schlafen, braten, raten, blasen, lassen; stoßen; rufen; laufen, hauen* (auch schwach); *heißen.*
Mit **kurzem** *-i-* im **Prät.** stehen: *fangen* und *hangen°/hängen* (intrans.).
Die Stammvokale *-a-* und *-o-*, ebenso *-au-* in *laufen* (aber nicht in *hauen*) haben im Präs., 2. u. 3. Pers. Sing. Umlaut.
Zum Gebrauch des unbetonten *-e-* ↗ 35/7 und 45/5 u. 8.

▷ *Schläfst* du schon? *Schlaf* gut! Sie *brät* uns ein Schnitzel. Warum *rietet* ihr ihm nicht ab? Das *läßt* sich hören. Du *ließest* uns zu lange warten. Er *läuft* gut. *Lauft* ihm nach! Er *hieb* kräftig zu. Wie *heiß(es)t* du? Wer hat euch kommen *heißen*? – Was *finge* ich ohne dich an? Das Fleisch ist gut *abgehangen*.

8. **Achte Reihe: ie (au, ü) – o – o**

Gruppe	ie	o	o
1.	fliegen	flog (ö)	(ist) geflogen
2.	riechen	roch (ö)	(hat) gerochen

a) **1. Gruppe:** Der Stammvokal ist **überall lang;** wie *fliegen* auch: *biegen, wiegen; schieben, frieren, verlieren; bieten; lügen, trügen;* auch schwach sind: *stieben, schnauben, saugen, küren (kiesen°);* veränderten Stammauslaut im Prät. und Part. II hat *ziehen/zog/gezogen.*

▷ Nach ihrer Krankheit *wog* sie nur noch 90 Pfund. Wenn ich nur nicht immer *verlöre*! Du *botest* ihm zu wenig, aber sie *bietet* jetzt einen guten Preis. Das hast du dir aus den Fingern *gesogen;* aber: Die Pumpe hat gut *gesaugt*.

b) **2. Gruppe:** Der Stammvokal im **Präteritum** und **Partizip II** ist **kurz:** wie *riechen* auch: *schliefen⁰; fließen, genießen, gießen, schießen, schließen, sprießen, verdrießen; saufen* (mit Umlaut im Präs. 2. u. 3. Pers. Sing.); auch schwach sind *triefen* und *sieden*.

Der kurze Stammvokal im Prät. und Part. II bedingt Verdoppelung im Stammauslaut (außer *-ch*); *-d* wird dabei zu *-tt* (↗ 46/13).

▷ Es *goß* in Strömen. Wir *genossen* die Ferien sehr. Er hat sich zu Tode *gesoffen*. Zwei *gesottene* Eier bitte!

9. **Neunte Reihe: e (ä, ö, i, a) – o – o**

Gruppe	e, ä	o	o
1.	heben (er hebt)	hob (ö)	(hat) gehoben
	gären (er gärt)	gor (ö)	(hat, ist) gegoren
2.	quellen (er quillt)	quoll (ö)	(ist) gequollen

a) **1. Gruppe:** Der Stammvokal ist **überall lang;** wie *heben* auch: *pflegen* (intrans.), *weben* (in gehobener Sprache, sonst schwach); *bewegen* (= veranlassen); *scheren* (= abschneiden); wie *gären* auch: *wägen* (beide auch schwach), ferner: *schwören*, auch mit *-u-* im Prät., ebenso, aber seltener: *heben*.

▷ Der neue Direktor *hob* die Leistungen des Betriebs. Ich *bewog* ihn, von seinen Plänen abzustehen; aber: Der Kranke *bewegte* sich heftig. Mit *geschorenen* Haaren siehst du ganz verändert aus. Sie *schworen/schwuren* sich Treue.

b) **2. Gruppe:** Der Stammvokal ist **überall kurz,** im Präs., 2. u. 3. Pers. Sing. (nicht jedoch im Imperativ) Wechsel zu *-i-;* wie *quellen* (intrans.) auch: *dreschen, fechten, flechten, schmelzen* (= flüssig werden, intrans.), *schwellen* (intrans.), *melken* (im Präs. u. Prät. auch schwach), ebenso: *erlöschen,* ferner: *glimmen, klimmen; erschallen* (ohne Umlaut im Präs., auch schwach).

▷ Der Schnee *schmolz* in der Sonne. Die Butter *schmilzt* in der Pfanne; aber: Sie *schmelzte* die Butter in der Pfanne. Das Feuer *erlischt*. Unter der Asche *glomm* es noch weiter. Sein Ruhm *erscholl* überall; aber: Ein lauter Ruf *erschallte*. „Das Wasser rauscht', das Wasser *schwoll*."

10. **Zehnte Reihe: a – u – a**

a	u	a
fahren (er fährt)	fuhr (ü)	(ist, hat) gefahren
schaffen (er schafft)	schuf (ü)	(hat) geschaffen

Mit **langem** Stammvokal wie *fahren* auch: *graben, laden* (in der Bedeutung „zu Gast laden" auch mit schwachen Formen im Präs.), *schlagen, tragen*.

Mit **kurzem** Stammvokal im Präs. und Part. II wie *schaffen*, jedoch mit Umlaut zu *-ä-* im Präs. 2. u. 3. Pers. Sing.: *waschen, wachsen* (= „größer werden"); *backen* und *schaffen* oft auch schwach, *backen* immer in der Bedeutung *zusammenkleben; wachsen* = „mit Wachs einreiben" ist schwach.

▷ Der Beifahrer *lädt* die Kisten auf den Lastwagen. Der Dichter *schuf* ein neues Werk. Aber: Die Arbeiter *schafften* fleißig. „Eine Hand *wäscht* die andere." *Bäckst* du heute Kuchen? aber: Der Schnee ist fest zusammen*gebackt*.

5.10. Die Konjugation des starken Verbs „werfen" (2. Reihe) in Aktiv und Passiv

1. Die **Personalformen** im **Aktiv**:

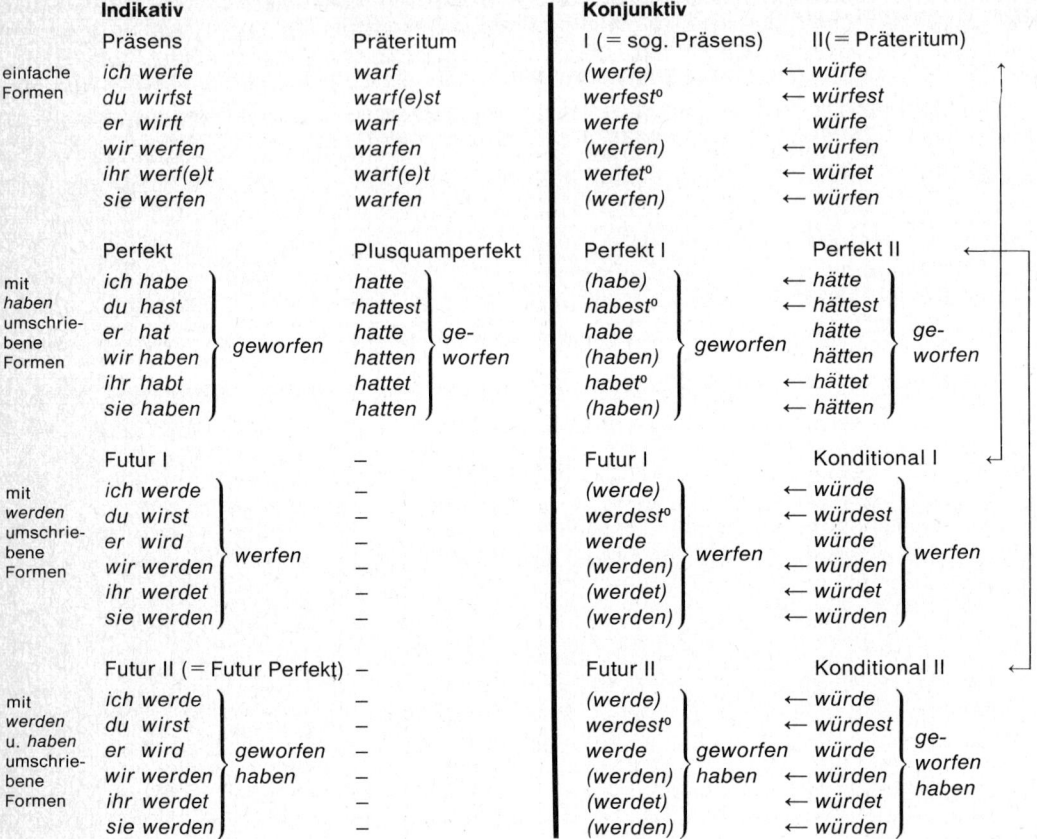

Imperativ   Singular: *wirf!* – Plural: *werf(e)t!* – Anrede (Sing. u. Plur.): *werfen Sie!*

2. Die **Nominalformen** im **Aktiv**:
Infinitiv I (= Inf. Präsens): *werfen*   Partizip I (= Part. Präsens): *werfend*
Infinitiv II (= Inf. Perfekt): *geworfen haben*   Partizip II (= Part. Perfekt): –

3. Bemerkungen:
Die eingeklammerten Konjunktivformen werden nicht gebraucht, da sie sich nicht vom Indikativ unterscheiden (↗78/4). Selten gebrauchte Formen sind durch eine hochgestellte ° gekennzeichnet. Pfeile geben an, woher die Ersatzformen für nicht oder selten gebrauchte Formen kommen. Der mögliche Austausch von Konjunktivformen durch *würde* + Infinitiv-Formen (= Konditional) ist durch entsprechende Verbindungslinien und Hinweispfeile kenntlich gemacht.

4. Das starke Verb *werfen* ist transitiv und bildet daher ein volles Passiv.

5. Die **Personalformen** im **Passiv**:

Indikativ		Konjunktiv	
Präsens	**Präteritum**	**I (= sog. Präsens)**	**II (= Präteritum)**
ich werde ⎫ du wirst ⎪ er wird ⎬ geworfen wir werden ⎪ ihr werdet ⎪ sie werden ⎭	wurde* ⎫ wurdest* ⎪ wurde* ⎬ ge- wurden ⎪ worfen wurdet ⎪ wurden ⎭	(werde) ⎫ werdest° ⎪ werde ⎬ ge- (werden) ⎪ worfen (werdet) ⎪ (werden) ⎭	← würde ⎫ ← würdest ⎪ würde ⎬ ge- ← würden ⎪ worfen ← würdet ⎪ ← würden ⎭
Perfekt	**Plusquamperfekt**	**Perfekt**	**Perfekt II**
ich bin ⎫ du bist ⎪ er ist ⎬ geworfen wir sind ⎪ worden ihr seid ⎪ sie sind ⎭	war ⎫ warst ⎪ war ⎬ ge- waren ⎪ worfen war(e)t ⎪ worden waren ⎭	sei ⎫ sei(e)st ⎪ sei ⎬ geworfen seien ⎪ worden seiet° ⎪ seien ⎭	wäre ⎫ wär(e)st ⎪ wäre ⎬ ge- wären ⎪ worfen ← wär(e)t ⎪ worden wären ⎭
Futur I	–	**Futur I**	**Konditional I**
ich werde ⎫ du wirst ⎪ er wird ⎬ geworfen wir werden ⎪ werden ihr werdet ⎪ sie werden ⎭	– – – – – –	(werde) ⎫ werdest° ⎪ werde ⎬ ge- (werden) ⎪ worfen (werdet) ⎪ werden (werden) ⎭	← würde ⎫ ← würdest ⎪ würde ⎬ ge- ← würden ⎪ worfen ← würdet ⎪ werden ← würden ⎭
Futur II (= Futur Perfekt)	–	**Futur II**	**Konditional II**
ich werde ⎫ du wirst ⎪ er wird ⎬ geworfen wir werden ⎪ worden ihr werdet ⎪ sein sie werden ⎭	– – – – – –	(werde) ⎫ werdest° ⎪ werde ⎬ ge- (werden) ⎪ worfen (werdet) ⎪ worden (werden) ⎭ sein	← würde ⎫ ← würdest ⎪ würde ⎬ ge- ← würden ⎪ worfen ← würdet ⎪ worden ← würden ⎭ sein

Imperativ

Singular: sei / werde° } *geworfen!* – Plural: seid / werdet° } *geworfen!* – Anrede (Sing. u. Plur.): seien Sie geworfen!

6. Die **Nominalformen** im **Passiv**:
   Infinitiv I (= Inf. Präsens): *geworfen werden*   Partizip I (= Part. Präsens): –
   Infinitiv II (= Inf. Perfekt): *geworfen worden sein*   Partizip II (= Part. Perfekt): *geworfen*
   Partizip Futur: *zu werfend* (↗ 85/11)

7. Bemerkungen: *) Veraltet steht auch *ward* für *wurde*, *ward(e)st* für *wurdest* (↗ 18/5; 21; 48/2 c).
   Im übrigen ↗ die Bemerkungen zu Seite 52.

5.11. Die Konjugation des starken Verbs „fahren" (10. Reihe) in Aktiv und Passiv

1. Die **Personalformen** im **Aktiv**:

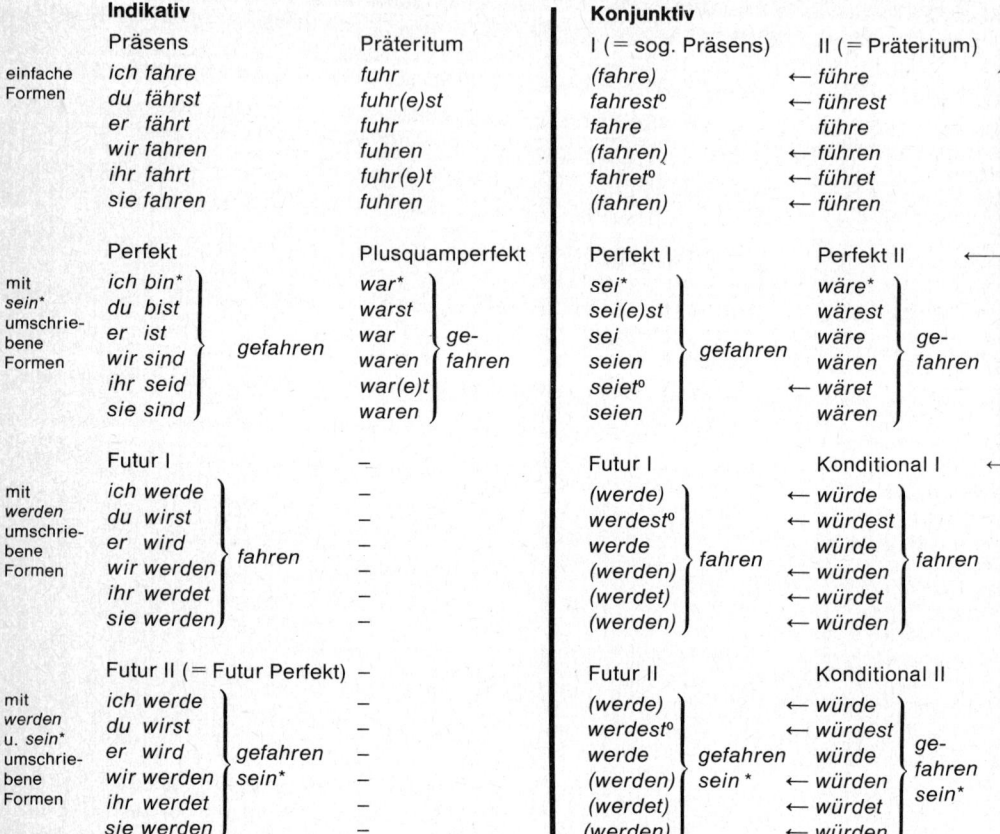

Imperativ   Singular: *fahr(e)!* – Plural: *fahr(e)t!* – Anrede (Sing. u. Plur.): *fahren Sie!*

2. Die **Nominalformen** im **Aktiv**:
   Infinitiv I (= Inf. Präsens): *fahren*   Partizip I (= Part. Präsens): *fahrend*
   Infinitiv II (= Inf. Perfekt): *gefahren sein**   Partizip II (= Part. Perfekt): –

3. Bemerkungen: *) Wenn transitiv gebraucht, werden die Perfektformen von *fahren* mit *haben* umschrieben (↗70/3 b): *Er hat den Wagen in die Garage gefahren.*
   Im übrigen ↗ die Bemerkungen zu Seite 52.

4. Das starke Verb *fahren* hat bei transitivem Gebrauch ein volles Passiv.

5. Die **Personalformen** im **Passiv**:

Indikativ		Konjunktiv	
Präsens	Präteritum	I (= sog. Präsens)	II (= Präteritum)
ich werde ⎫ du wirst ⎪ er wird ⎬ gefahren wir werden ⎪ ihr werdet ⎪ sie werden ⎭	wurde* ⎫ wurdest* ⎪ wurde* ⎬ ge- wurden ⎨ fahren wurdet ⎪ wurden ⎭	(werde) ⎫ werdest° ⎪ werde ⎬ gefahren (werden) ⎪ (werdet) ⎪ (werden) ⎭	← würde ⎫ ← würdest ⎪ ← würde ⎬ ge- ← würden ⎨ fahren ← würdet ⎪ ← würden ⎭
Perfekt	Plusquamperfekt	Perfekt I	Perfekt II
ich bin ⎫ du bist ⎪ er ist ⎬ gefahren wir sind ⎨ worden ihr seid ⎪ sie sind ⎭	war ⎫ warst ⎪ war ⎬ ge- waren ⎨ fahren war(e)t ⎪ worden waren ⎭	sei ⎫ sei(e)st ⎪ sei ⎬ gefahren seien ⎨ worden seiet° ⎪ seien ⎭	wäre ⎫ wärest ⎪ wäre ⎬ ge- wären ⎨ fahren ← wäret ⎪ worden wären ⎭
Futur I	–	Futur I	Konditional I
ich werde ⎫ du wirst ⎪ er wird ⎬ gefahren wir werden ⎨ werden ihr werdet ⎪ sie werden ⎭	– – – – – –	(werde) ⎫ werdest° ⎪ werde ⎬ gefahren (werden) ⎨ werden (werdet) ⎪ (werden) ⎭	← würde ⎫ ← würdest ⎪ ← würde ⎬ ge- ← würden ⎨ fahren ← würdet ⎪ werden ← würden ⎭
Futur II (= Futur Perfekt)	–	Futur II	Konditional II
ich werde ⎫ du wirst ⎪ er wird ⎬ gefahren wir werden ⎨ worden ihr werdet ⎪ sein sie werden ⎭	– – – – – –	(werde) ⎫ werdest° ⎪ ge- werde ⎬ fahren (werden) ⎨ worden (werdet) ⎪ sein (werden) ⎭	← würde ⎫ ← würdest ⎪ ge- ← würde ⎬ fahren ← würden ⎨ worden ← würdet ⎪ sein ← würden ⎭

Imperativ Singular: *werde gefahren!* – Plural: *werdet gefahren!* – Anrede (Sing. u. Plur.): *werden Sie gefahren!*

6. Die **Nominalformen** im **Passiv**:
Infinitiv I (= Inf. Präsens): *gefahren werden*   Partizip I (= Part. Präsens): –
Infinitiv II (= Inf. Perfekt): *gefahren worden sein*   Partizip II (= Part. Perfekt): *gefahren*
   Partizip Futur: *zu fahrend*
   (↗ 85/11)

7. Bemerkungen: *) Veraltet steht auch *ward* für *wurde*, *ward(e)st* für *wurdest* (↗ 18/5; 21; 48/2c).
Im übrigen ↗ die Bemerkungen zu Seite 52.

5.12. Die Konjugation des starken Verbs „finden" (4. Reihe) im Aktiv

1. Die **Personalformen**:

	Indikativ		Konjunktiv	
	Präsens	Präteritum	I (= sog. Präsens)	II (= Präteritum)
einfache Formen	ich finde	fand	(finde)	← fände
	du findest	fandest	(findest)	← fändest
	er findet	fand	finde	fände
	wir finden	fanden	(finden)	← fänden
	ihr findet	fandet	(findet)	← fändet
	sie finden	fanden	(finden)	← fänden
	Perfekt	Plusquamperfekt	Perfekt I	Perfekt II
mit *haben* umschriebene Formen	ich habe ⎫ du hast ⎪ er hat ⎬ gefunden wir haben ⎪ ihr habt ⎪ sie haben ⎭	hatte ⎫ hattest ⎪ hatte ⎬ ge- hatten ⎨ funden hattet ⎪ hatten ⎭	(habe) ⎫ habest° ⎪ habe ⎬ gefunden (haben) ⎪ habet° ⎪ (haben) ⎭	← hätte ⎫ ← hättest ⎪ ← hätte ⎬ ge- ← hätten ⎨ funden ← hättet ⎪ ← hätten ⎭
	Futur I	–	Futur I	Konditional I
mit *werden* umschriebene Formen	ich werde ⎫ du wirst ⎪ er wird ⎬ finden wir werden ⎪ ihr werdet ⎪ sie werden ⎭	– – – – – –	(werde) ⎫ werdest° ⎪ werde ⎬ finden (werden) ⎪ (werdet) ⎪ (werden) ⎭	← würde ⎫ ← würdest ⎪ ← würde ⎬ finden ← würden ⎪ ← würdet ⎪ ← würden ⎭
	Futur II (= Futur Perfekt)	–	Futur II	Konditional II
mit *werden* u. *haben* umschriebene Formen	ich werde ⎫ du wirst ⎪ er wird ⎬ gefunden wir werden ⎨ haben ihr werdet ⎪ sie werden ⎭	– – – – – –	(werde) ⎫ werdest° ⎪ werde ⎬ gefunden (werden) ⎨ haben (werdet) ⎪ (werden) ⎭	← würde ⎫ ← würdest ⎪ ← würde ⎬ ge- ← würden ⎨ funden ← würdet ⎪ haben ← würden ⎭

Imperativ   Singular: *finde!* – Plural: *findet!* – Anrede (Sing. u. Plur.): *finden Sie!*

2. Die **Nominalformen**:
   Infinitiv I (= Inf. Präsens): *finden*   Partizip I (= Part. Präsens): *findend*
   Infinitiv II (= Inf. Perfekt): *gefunden haben*   Partizip II (= Part. Perfekt):   *gefunden*
                                                                                  (Passiv!)

3. Bemerkungen: *finden* ist transitiv und bildet auch ein vollständiges Passiv.
   Im übrigen ↗ die Bemerkungen zu Seite 52.

5.13. Die Konjugation des starken Verbs „zwingen" (4. Reihe) im Zustandspassiv

1. Die **Personalformen**:

Indikativ

Präsens		Präteritum	
ich bin		war	
du bist		warst	
er ist	gezwungen	war	ge-zwun-gen
wir sind		waren	
ihr seid		war(e)t	
sie sind		waren	

Perfekt			Plusquamperfekt		
ich bin			war		
du bist			warst	ge-zwun-gen	
er ist	gezwungen		war		
wir sind		gewesen	waren		ge-wesen
ihr seid			war(e)t		
sie sind			waren		

Futur I			
ich werde			–
du wirst			–
er wird	gezwungen		–
wir werden		sein	–
ihr werdet			–
sie werden			–

Futur II (= Futur Perfekt)° –

ich werde			–
du wirst			–
er wird	gezwungen		–
wir werden		gewesen	–
ihr werdet		sein	–
sie werden			–

Konjunktiv

I (= sog. Präsens)		II (= Präteritum)	
sei		wäre	
sei(e)st		wärest	
sei	gezwungen	wäre	ge-zwun-gen
seien		wären	
seiet°		← wäret	
seien		wären	

Perfekt I			Perfekt II		
sei			wäre		
sei(e)st			wärest		ge-zwun-gen
sei	gezwungen		wäre		
seien		gewesen	wären		ge-wesen
seiet°			← wäret		
seien			wären		

Futur I		Konditional I	
(werde)		← würde	
werdest°		← würdest	ge-zwun-gen
werde	gezwungen	würde	
(werden)	sein	← würden	sein
(werdet)		← würdet	
(werden)		← würden	

Futur II°		Konditional II°	
(werde)		← würde	ge-zwun-gen
werdest°	ge-zwungen	← würdest	
werde		würde	
(werden)	gewesen←	würden	ge-wesen sein
(werdet)	sein	← würdet	
(werden)		← würden	

Imperativ Singular: *sei gezwungen!* – Plural: *seid gezwungen!* – Anrede: *Seien Sie gezwungen!*

2. Die **Nominalformen**:
Infinitiv I (= Inf. Präsens): *gezwungen sein*   Partizip I (= Part. Präsens): –
Infinitiv II (= Inf. Perfekt): *gezwungen gewesen sein°*   Partizip II (= Part. Perfekt): *gezwungen (gewesen)*

3. Bemerkungen: Die Tabelle zeigt die Konjugation eines Verbs im Zustandspassiv (↗ 76/3b) am Beispiel von *zwingen*, das auch ein volles Aktiv und ein volles Vorgangspassiv mit *werden* bildet. Futur II (Ind. u. Konj.), Konditional II und Infinitiv II lassen sich im Zustandspassiv bilden, kommen aber sehr selten vor.
Im übrigen ↗ die Anmerkungen zu Seite 52.

5.14. Verben mit starken und schwachen Formen (Gemischte Konjugation)

1. **Wechsel des Stammvokals,** aber sonst **schwache Formen** mit *-t-* in Prät. und Part. II (= Part. Perf.) haben:

kennen	kannte (e)	(hat) gekannt
senden	sandte (sendete)	(hat) gesandt

Bei diesen Verben der schwachen Konjugation entstand der Stammvokal *-e-* im Präs. durch Umlaut aus ursprünglichem *-a-*. Im Prät. und im Part. II blieb das alte *-a-* erhalten.
Wie *kennen* (mit *-e-* im seltenen Konj. II) auch: *brennen, nennen, rennen*.
Wie *senden* auch *wenden*. Beide haben daneben in Prät. und Part. II auch schwache Formen mit *-e-* als Stammvokal und unbetontem *-e-* zwischen dem Stammauslaut *-d* und dem eingefügten *-t-*: *sendete, gesendet;* diese Formen stehen immer bei *senden* in der Sprache von Rundfunk und Fernsehen, bei *wenden*, wenn es im Sinn von *etwas umwenden* steht.

▷ *Kennen* Sie Herrn Hopf? Vor Jahren *kannte* ich einen Herrn dieses Namens flüchtig. Ich dachte, Sie *kennten* ihn näher. Er hat Ihren Namen *genannt*. Die Fabrik ist *ausgebrannt*. – Mein Bruder studiert *angewandte* Physik. Wurden die Vorschriften richtig *angewandt/angewendet?* Er *wandte* sich dauernd nach dem Mädchen um; aber: Der Schneider hat meinen alten Anzug *gewendet*. – Er *sandte* uns ein Telegramm. Tausend Broschüren wurden *versandt/versendet;* aber: Wann hat Radio Berlin das Hörspiel *gesendet?*

2. Ebenfalls **schwache Formen** sowie altes *-a-* in Prät. und Part. II, dazu aber noch **Veränderungen im Stammauslaut** haben:

bringen	brachte (ä)	(hat) gebracht
denken	dachte (ä)	(hat) gedacht

Ähnlich: *dünken/deuchte°/(hat) gedeucht°*, das jedoch häufiger mit den regelmäßig schwachen Formen *dünken/dünkte/(hat) gedünkt* steht.
Außerdem bildet es eine unpersönliche Form + Dat. od. Akk. (mit *deucht* auch im Präs.) sowie reflexive Formen + Prädikativum (↗ 218). Statt *dünken* steht heute meist: *scheinen, vorkommen* (beide mit Dativ) oder *halten für*.

▷ Das hätte ich nicht *gedacht*. Wir haben die Versandkosten nicht in Anrechnung *gebracht*. Keine zehn Pferde *brächten* mich an den Unfallort zurück. – Dein Entschluß *dünkt* mir richtig (= Er scheint mir richtig/kommt mir richtig vor; ich halte ihn für richtig). Mich *deucht* (= mir scheint), das hätte ich alles schon einmal gehört: Er *dünkte/deuchte* sich sehr klug (= Er hielt sich für sehr klug/kam sich sehr klug vor).

3. Ein **starkes Part. II** auf *-en* haben die sonst **schwachen Verben**:

mahlen	mahlte	(hat) gemahlen
salzen	salzte	(hat) gesalzen
spalten	spaltete	(hat) gespalten

Jedoch bilden *salzen* und *spalten* auch ein schwaches Part. II, insbes. wenn sie in ihrer Grundbedeutung, nicht in übertragenem Sinn gebraucht sind.

▷ Ein Pfund *gemahlenen* Kaffee bitte! Die Suppe ist *versalzen*. Hast du sie auch richtig *gesalzt?;* aber: Das nenne ich eine *gesalzene* Rechnung. Die alte Eiche wurde vom Blitz *gespalten*. Er hat viel Holz *gespaltet;* aber: die Partei hat sich in zwei Flügel *gespalten*. – Regional auch stark: *du frägst, er frägt, ich/er frug* statt: *du fragst, er fragt, ich/er fragte* (schwach).

4. Einige heute meist schwachen Verben bilden folgende Formen **immer stark:**
   gemolkene Milch (von *melken*), *verschollen* (von dem ungebräuchlichen *verschallen* = *verklingen, nicht mehr zu hören sein*), *verschroben* = *seltsam*.
   ▷ Er ist seit Jahren *verschollen*. – Ist die Kiste richtig *verschraubt?*; *aber:* Er ist ein *verschrobener* Junggeselle.

   Dagegen bildet das starke *verderben* = *schlecht werden/machen* in der Bedeutung *moralisch zugrunde richten* ein schwaches Partizip II.
   ▷ Der Fisch ist *verdorben*. Klaus hat einen *verderbten/verdorbenen* Freund.

5. Starke und schwache Verbformen haben oft **Bedeutungsunterschiede:**
   a) Die (älteren) **starken Formen** erscheinen oft nur noch in **gehobener Sprache,** in **Redewendungen** oder in **übertragener Bedeutung,** z. B. bei *dingen, dünken, glimmen, klimmen, küren, salzen, schnauben, saugen, sieden, spalten, stieben, triefen, weben*.
   b) Die **starken Formen** werden nur **intransitiv,** die **schwachen transitiv** gebraucht:

   bleichen: st. (auch schw.) = *bleich werden*
                schw. = *bleich machen*
   hängen: st. hangen⁰ = *befestigt sein*
                schw. = *befestigen*
   quellen: st. = *weich werden*
                schw. = *weich machen*
   (er)schrecken: st. = *in Schreck geraten*
                schw. = *in Schreck versetzen*
   schmelzen: st. = *flüssig werden*
                schw. (auch st.) = *flüssig machen*
   schwellen: st. = *größer werden*
                schw. = *größer machen*

   intrans. auch *stak* = *war befestigt,* während die schwachen Formen von *stecken* transitiv gebraucht werden können.
   ▷ Sie *erblich/erbleichte* vor Schreck. Wir haben die Wäsche *gebleicht*. – Hast du das Bild *abgehängt?* Gestern hat es doch noch dort *gehangen*. – Mein Fuß ist *geschwollen*. Der Sturm *schwellt* die Segel. Der Schlüssel *stak*. Sie *steckte* Bohnen.

   c) Die starken und schwachen Formen haben **verschiedene Bedeutung:**

   bewegen: st. = *veranlassen*
                schw. = *die Lage ändern*
   gären: st. = *gar werden/reifen*
                schw. = *unruhig sein*
   pflegen: st. (auch schw.) = *gewohnt sein/etw. tun*
                schw. = *sorgen für*
   schaffen: st. = *gestalten*
                schw. = *arbeiten*
   scheren: st. = *abschneiden*
                schw. = *kümmern, angehen*
   schleifen: st. = *schärfen*
                schw. = *über den Boden ziehen*
   weichen: st. = *nachgeben, weggehen*
                schw. = *weich machen*
   wiegen: st. = *ein Gewicht haben*
                schw. = *schaukeln, zerkleinern*

   wiegen (st.) steht oft auch für *wägen* (st.) = *ein Gewicht bestimmen*. Schwache Formen im Präs. und Prät. haben *laden* = *zu Gast laden* (st. = *beladen*) und *hauen* = *verprügeln* (st. = *mit einem Gerät schlagen*).
   ▷ Das ist ein *unausgegorener* Gedanke. Es *gärte* unter den Studenten. – Er *schor* sich den Bart. Das *scherte* mich wenig. – Er *wich* dem Auto aus. Sie *weichte* die Wäsche ein. – Wieviel *wogst* du als Baby? Sie *wiegte* die Kräuter. – Er *hieb* mit dem Hammer zu. Er *haute* mit eine (Ohrfeige) herunter.

5.15. Die unregelmäßigen Verben

1. Geringfügig unregelmäßig ist das **überwiegend schwach** konjugierte Hilfsverb **haben** (↗ 17–19 u. 70). Der Stammauslaut -b fällt manchmal aus oder verschmilzt mit nachfolgendem -t zu -tt; in beiden Fällen wird der lange Stammvokal verkürzt: *du hast, er hat, ich/er hatte.* Im Konj. II (= sog. Konj. Prät.) erfolgt Umlaut von -a- zu -ä-: *ich/er hätte.*

2. Sehr **unregelmäßig** ist das Hilfsverb **sein** (↗ 18/4; 20; 70). Mit seinen drei Stämmen (-b-, -s- und wes-/war-Stamm) gehört es zu einer Gruppe von Verben, die ihre Formen nicht von einem einzigen Stamm ableiten, sondern mit mehreren Stämmen bilden. Reste dieser sog. athematischen Konjugation finden sich auch bei den starken Verben:

geh(e)n	*ging*	*(ist) gegangen*
steh(e)n	*stand (ü, ä)*	*(hat) gestanden*
tun	*tat (ä)*	*(hat) getan*

Stehen hat neben dem Prät. *stand* noch die alte Form *stund*, von der der Konj. II (= sog. Konj. Prät.) abgeleitet wird; heute stehen dafür meist die von *stand* abgeleiteten Formen. Auch *tun* hat ein altertümliches Prät.: *tät*°.
Im Imperativ Sing. sind die Verben dieser Gruppe endungslos.

▷ Der Zug *geht* um 12 Uhr. Der Redner *ging* sehr ins einzelne. Ich dachte, dein Urteil *stünde/stände* fest. Du *tust* mir leid. Was *tun* Sie da? *Tut* das weh? Der Arzt *tat* sein Bestes. „Jung gewohnt, alt *getan*." – „Es *stund* ein Maidlein zarte". „Die Augen *täten* ihm sinken." – *Sei* glücklich! *Geh* in die Küche! *Steh* doch still! *Tu* mir den Gefallen!

3. Unregelmäßig sind ferner die **Modalverben** *können, dürfen, mögen, müssen, sollen* und *wollen* (↗ 22–33). Außer *sollen* haben sie im Prät. Plur. einen anderen Stammvokal als im Präs. Sing. Die 1. und 3. Pers. Präs. Ind. dieser Verben ist endungslos (wie sonst nur bei starken Verben im Ind. Prät.!). Prät., Part. II und alle Perfektformen werden schwach konjugiert, die Perfektformen immer mit *haben* umschrieben. Außer bei *sollen* und *wollen* hat der Konj. II (= sog. Konj. Prät.) Umlaut.
Der Konjugation dieser Verben folgt auch das Verb **wissen.** Es hat:

a) die **Personalformen:**

Indikativ		Konjunktiv	
Präsens	Präteritum	I (= sog. Präsens)	II (= sog. Präteritum)
ich weiß	*wußte*	*wisse*	*wüßte*
du weißt	*wußtest*	*wissest*° ←	*wüßtest*
er weiß	*wußte*	*wisse*	*wüßte*
wir wissen	*wußten*	*(wissen)* ←	*wüßten*
ihr wißt	*wußtet*	*wisset*° ←	*wüßtet*
sie wissen	*wußten*	*(wissen)* ←	*wüßten*

außerdem die umschriebenen Formen: *er hat/hatte/habe/hätte gewußt* und: *er wird/werde/würde wissen/gewußt haben.*

Imperativ Singular: *wisse!* – Plural: *wißt (wisset!)* – Anrede (Sing. u. Plur.): *wissen Sie!*

b) die **Nominalformen:**
Infinitiv I: *wissen*   Partizip I: *wissend*
Infinitiv II: *gewußt haben*   Partizip II: *gewußt*

▷ *Weißt* du, wann sie kommt? Ach *wüßtest* du, wie wohl ich mich hier fühle! Das habe ich nicht *gewußt*. „Wer's *weiß*, wird's *wissen*." Er *wußte* sich nicht zu helfen.

5.16. Alphabetisches Verzeichnis der starken, gemischten und unregelmäßigen Verben

1. Häufig gebrauchte Verben sind durch ein vorangestelltes » hervorgehoben.
2. Seltenen Verben oder Verbformen ist eine hochgestellte ° nachgesetzt.
3. Verben mit einem nachgesetzten * haben auch schwache Formen. Bedeutungsunterschiede oder intrans. Gebrauch sind hinter dem Prät. in Klammern angegeben.
4. Besonderheiten (Umlaut od. E-Wechsel) der 3. Pers. Sing. Ind. Präs. stehen in Klammern hinter dem Inf. I; sie gelten auch für die 2. Pers. Sing. Ind. Präs.
5. Ein Ausrufzeichen ! in der ersten Spalte heißt, daß der Imperativ Sing. endungslos ist und E-Wechsel des Stammvokals zu -i- oder -ie- hat.
6. Wenn der Stammvokal des Konj. II von dem des Ind. Prät. abweicht, so steht er in Klammern hinter dem Ind. Prät. in Spalte 2.
7. Wenn die Perfektformen eines Verbs mit den Formen von sein umschrieben werden, steht vor dem Part. II in Spalte 3 ein (ist) in Klammern. Alle anderen Verben umschreiben ihre Perfektformen mit den Formen von haben, viele können jedoch auch ein Zustandspassiv mit sein bilden (↗76/3b).
8. Die letzte Spalte gibt an, zu welcher Reihe ein Verb gehört (eingeklammerte Zahl), ob es gemischt (g) oder unregelmäßig (u) konjugiert wird. Die Zahlen hinter dem Zeichen ↗ verweisen auf die Seite(n), wo das Verb behandelt wird.
9. Zusammengesetzte Verben sind nur in Auswahl verzeichnet. Sie werden wie ihr Grundverb konjugiert (↗91 und 93), aber oft ohne die Vorsilbe ge- im Part. II (↗37/5.3); einige sind nur scheinbar mit einem Verb zusammengesetzt, in Wirklichkeit aber von einem zusammengesetzten Nomen abgeleitet und werden daher schwach konjugiert (↗90/4), z.B. beantragen und beauftragen nicht von tragen, sondern von Antrag bzw. Auftrag u. ä.: Er hat ein Stipendium beantragt.

Infinitiv I (Präs.)	Präteritum	Partizip II	Reihe/Seite	
backen* (bäckt)	backte, buk° (ü)	gebacken	(10)	↗51
befehlen (befiehlt)!	befahl (ö, ä°)	befohlen	(2)	↗48
sich befleißen°	befliß°	beflissen°	(5)	↗49
»beginnen	begann (ö, ä°)	begonnen	(3)	↗49
»beißen	biß	gebissen	(5)	↗49
bergen (birgt)!	barg (ä)	geborgen	(2)	↗48
bersten (birst)!	barst (ä)	(ist) geborsten	(2)	↗48
bewegen*	bewog (ö)	bewogen	(9)	↗51, 59
	(= veranlaßte)			
»biegen	bog (ö)	(ist, hat) gebogen	(8)	↗50
»bieten	bot (ö)	geboten	(8)	↗50
»binden	band (ä)	gebunden	(4)	↗49
»bitten	bat (ä)	gebeten	(1)	↗49
blasen (bläst)	blies	geblasen	(7)	↗50
»bleiben	blieb	(ist) geblieben	(6)	↗50
bleichen*	blich (intrans.)	(ist) geblichen	(5)	↗49, 59
braten (brät)	briet	gebraten	(7)	↗50
brechen (bricht)!	brach (ä)	(ist, hat) gebrochen	(2)	↗48
brennen	brannte (e°)	gebrannt	(g)	↗58
»bringen	brachte (ä)	gebracht	(g)	↗58
»denken	dachte (ä)	gedacht	(g)	↗58
dingen*	dang (ä)	gedungen	(4)	↗49, 59

Infinitiv I (Präs.)	Präteritum		Partizip II	Reihe/Seite
dreschen (drischt)!	drosch, drasch°(ö, ä°)		gedroschen	(9) ↗51
dringen	drang (ä)	(hat, ist)	gedrungen	(4) ↗49
dünken*	deuchte°		gedeucht°	(g) ↗58
»dürfen (ich/er darf)	durfte (ü)		gedurft	(u) ↗25, 29, 33, 60
empfehlen (empfiehlt)!	empfahl (ö, ä°)		empfohlen	(2) ↗48
erlöschen (erlischt)!	erlosch	(ist)	erloschen	(9) ↗51
»essen (ißt)!	aß (ä)		gegessen	(1) ↗47
»fahren (fährt)	fuhr (ü)	(ist, hat)	gefahren	(10) ↗51
»fallen (fällt)	fiel	(ist)	gefallen	(7) ↗50
»fangen (fängt)	fing		gefangen	(7) ↗50
fechten (ficht)!	focht (ö)		gefochten	(9) ↗51
»finden	fand (ä)		gefunden	(4) ↗49
flechten (flicht)!	flocht (ö)		geflochten	(9) ↗51
»fliegen	flog (ö)	(ist, hat)	geflogen	(8) ↗50
fliehen	floh (ö)	(ist, hat)	geflohen	(8) ↗50
»fließen	floß (ö)	(ist)	geflossen	(8) ↗51
fragen* (ä)°	frug°		gefragt	(g) ↗58/3
fressen (frißt)!	fraß (ä)		gefressen	(1) ↗47
»frieren	fror (ö)	(hat, ist)	gefroren	(8) ↗50
gären*	gor (ö)	(ist, hat)	gegoren	(9) ↗51, 59
	(= wurde gar, reif)			
gebären* (gebiert)!	gebar (ä)		geboren	(2) ↗48
»geben (gibt)!	gab (ä)		gegeben	(1) ↗47
gedeihen	gedieh	(ist)	gediehen	(6) ↗49
»geh(e)n	ging	(ist)	gegangen	(u) ↗60
gelingen (es gelingt)	gelang (ä)	(ist)	gelungen	(4) ↗49
gelten (gilt)!	galt (ö, ä)		gegolten	(2) ↗48
genesen	genas (ä)	(ist)	genesen	(1) ↗47
genießen	genoß (ö)		genossen	(8) ↗51
geschehen (es geschieht)	geschah (ä)	(ist)	geschehen	(1) ↗47
gewinnen	gewann (ö, ä°)		gewonnen	(3) ↗49
gießen	goß (ö)		gegossen	(8) ↗51
gleichen	glich		geglichen	(5) ↗49
gleiten	glitt	(ist)	geglitten	(5) ↗49
glimmen*	glomm (ö)		geglommen	(9) ↗51, 59
»graben (gräbt)	grub (ü)		gegraben	(10) ↗51
»greifen	griff		gegriffen	(5) ↗49
»haben (du hast, er hat)	hatte (ä)		gehabt	(u) ↗17–19, 60
»halten (hält)	hielt		gehalten	(7) ↗50
»hängen*, hangen°	hing (intrans.)		gehangen	(7) ↗50, 59
hauen*	hieb		gehauen	(7) ↗50,59
»heben	hob, hub° (ö)		gehoben	(9) ↗51
»heißen	hieß		geheißen	(6) ↗50
»helfen (hilft)!	half (ü, ä°)		geholfen	(2) ↗48

Infinitiv I (Präs.)	Präteritum		Partizip II	Reihe/Seite
kennen	kannte (e°)		gekannt	(g) ↗ 58
klimmen*	klomm (ö)	(ist)	geklommen	(9) ↗ 51, 59
»klingen	klang (ä)		geklungen	(4) ↗ 49
kneifen	kniff		gekniffen	(5) ↗ 49
»kommen	kam (ä)	(ist)	gekommen	(2) ↗ 48
»können (ich/er kann)	konnte(ö)		gekonnt	(u) ↗ 24, 30, 33, 60
kriechen	kroch (ö)	(ist)	gekrochen	(8) ↗ 51
küren* (= kiesen°)	kor° (ö)		gekoren°	(8) ↗ 50, 59
»laden (lädt, ladet°)	lud (ü)		geladen	(10) ↗ 51, 59
»lassen (läßt)!	ließ		gelassen	(7) ↗ 31, 50
»laufen (läuft)	lief	(ist, hat)	gelaufen	(7) ↗ 50
»leiden	litt		gelitten	(5) ↗ 49
leihen	lieh		geliehen	(6) ↗ 50
»lesen (liest)!	las (ä)		gelesen	(1) ↗ 47
»liegen	lag (ä)		gelegen	(1) ↗ 47
»lügen	log (ö)		gelogen	(8) ↗ 50
mahlen	mahlte		gemahlen	(g) ↗ 58
meiden	mied		gemieden	(6) ↗ 50
melken* (milkt°, melkt)!	molk (ö)		gemolken	(9) ↗ 51, 59
messen (mißt)!	maß (ä)		gemessen	(1) ↗ 47
mißlingen (es mißlingt)	mißlang (ä)	(ist)	mißlungen	(4) ↗ 49
»mögen (ich/er mag)	mochte (ö)		gemocht	(u) ↗ 26, 30, 33, 60
»müssen (ich/er muß)	mußte (ü)		gemußt	(u) ↗ 27, 31, 33, 60
»nehmen (nimmt) nimm!	nahm (ä)		genommen	(2) ↗ 48
»nennen	nannte (e°)		genannt	(g) ↗ 58
pfeifen	pfiff		gepfiffen	(5) ↗ 49
pflegen*	pflog° (= war gewohnt)		gepflogen°	(9) ↗ 51, 59
preisen	pries		gepriesen	(6) ↗ 50
quellen (quillt)!	quoll (ö) (intrans.)	(ist)	gequollen	(9) ↗ 51, 59
»raten (rät)	riet		geraten	(7) ↗ 50
reiben	rieb		gerieben	(6) ↗ 50
reißen	riß	(hat, ist)	gerissen	(5) ↗ 49
reiten	ritt	(ist, hat)	geritten	(5) ↗ 49
rennen	rannte (e°)	(ist)	gerannt	(g) ↗ 58
»riechen	roch (ö)		gerochen	(8) ↗ 51
ringen	rang (ä)		gerungen	(4) ↗ 49
rinnen	rann (ä)	(ist, hat)	geronnen	(3) ↗ 49
»rufen	rief		gerufen	(7) ↗ 50
salzen*	salzte		gesalzen	(g) ↗ 58
saufen (säuft)	soff (ö)		gesoffen	(8) ↗ 51
saugen*	sog (ö)		gesogen	(8) ↗ 50, 59

Infinitiv I (Präs.)	Präteritum	Partizip II	Reihe/Seite
schaffen*	schuf (ü)	geschaffen	(10) ↗ 51, 59
	(= gestaltete)		
(er)schallen*	erscholl (ö)	(ist) erschollen	(9) ↗ 51, 59
scheiden	schied	(hat, ist) geschieden	(6) ↗ 50
»scheinen	schien	geschienen	(6) ↗ 50
scheißen	schiß	geschissen	(5) ↗ 49
schelten (schilt)!	schalt (ö, ä)	gescholten	(2) ↗ 48
scheren*	schor (ö)	geschoren	(9) ↗ 51, 59
	(= schnitt ab)		
schieben	schob (ö)	geschoben	(8) ↗ 50
schießen	schoß (ö)	geschossen	(8) ↗ 51
schinden	schund (ü), schindete°	geschunden	(4) ↗ 49
»schlafen (schläft)	schlief	geschlafen	(7) ↗ 50
»schlagen (schlägt)	schlug (ü)	geschlagen	(10) ↗ 51
schleichen	schlich	(ist) geschlichen	(5) ↗ 49
schleifen*	schliff (= schärfte)	geschliffen	(5) ↗ 49, 59
schleißen*	schliß	geschlissen	(5) ↗ 49
»schließen	schloß (ö)	geschlossen	(8) ↗ 51
schlingen	schlang (ä)	geschlungen	(4) ↗ 49
schmeißen	schmiß	geschmissen	(5) ↗ 49
schmelzen* (schmilzt)!	schmolz (ö)	(hat, ist) geschmolzen	(9) ↗ 51, 59
schnauben*	schnob° (ö)	geschnoben°	(8) ↗ 50, 59
»schneiden	schnitt	geschnitten	(5) ↗ 49
(er)schrecken* (schrickt)!	erschrak (ä) (intrans.)	(ist) erschrocken	(2) ↗ 48, 59
»schreiben	schrieb	geschrieben	(6) ↗ 50
»schreien	schrie	geschrie(e)n	(6) ↗ 50
schreiten	schritt	(ist) geschritten	(5) ↗ 49
»schweigen	schwieg	geschwiegen	(6) ↗ 50
schwellen* (schwillt)!	schwoll (ö) (intrans.)	(ist) geschwollen	(9) ↗ 51, 59
schwimmen	schwamm (ö, ä°)	(ist, hat) geschwommen	(5) ↗ 49
schwinden	schwand (ä)	(ist) geschwunden	(4) ↗ 50
schwingen	schwang (ä)	geschwungen	(4) ↗ 50
schwören	schwor, schwur (ö, ü)	geschworen	(9) ↗ 51
»seh(e)n (sieht)! (auch: siehe!)	sah (ä)	gesehen	(1) ↗ 47
»sein (du bist, er ist), sei!	war (ä)	(ist) gewesen	(u) ↗ 17f., 20, 60
senden*	sandte (sendete)	gesandt	(g) ↗ 58
sieden*	sott (ö)	gesotten	(8) ↗ 51, 59
»singen	sang (ä)	gesungen	(4) ↗ 49
sinken	sank (ä)	(ist) gesunken	(4) ↗ 49
sinnen	sann (ä, ö°)	gesonnen	(3) ↗ 49
»sitzen	saß (ä)	gesessen	(1) ↗ 47
»sollen (ich/er soll)	sollte	gesollt	(u) ↗ 28, 31, 33, 60
spalten*	spaltete	gespalten	(g) ↗ 58
speien	spie	gespie(e)n	(6) ↗ 50
spinnen	spann (ö, ä)	gesponnen	(3) ↗ 49
spleißen*	spliß	gesplissen	(5) ↗ 49
»sprechen (spricht)!	sprach (ä)	gesprochen	(2) ↗ 48

Infinitiv I (Präs.)	Präteritum	Partizip II	Reihe/Seite
sprießen*	sproß (ö)	(ist) gesprossen	(8) ↗51
»springen	sprang (ä)	(ist) gesprungen	(4) ↗49
stechen (sticht)!	stach (ä)	gestochen	(2) ↗48
stecken*	stak (ä) (intrans.)	gesteckt	(1) ↗47, 59
»steh(e)n	stand (ä, ü)	gestanden	(u) ↗60
stehlen (stiehlt)!	stahl (ä, ö)	gestohlen	(2) ↗48
»steigen	stieg	(ist) gestiegen	(6) ↗50
»sterben (stirbt)!	starb (ü)	(ist) gestorben	(2) ↗48
stieben*	stob (ö)	gestoben	(8) ↗50, 59
stinken	stank (ä)	gestunken	(4) ↗49
»stoßen (stößt)	stieß	(hat, ist) gestoßen	(7) ↗50
streichen	strich	(hat, ist) gestrichen	(5) ↗49
streiten	stritt	gestritten	(5) ↗49
»tragen (trägt)	trug (ü)	getragen	(10) ↗51
»treffen (trifft)!	traf (ä)	getroffen	(2) ↗48
treiben	trieb	(hat, ist) getrieben	(6) ↗50
»treten (tritt)!	trat (ä)	(hat, ist) getreten	(1) ↗47
triefen*	troff° (ö)	getroffen°	(8) ↗51, 59
»trinken	trank (ä)	getrunken	(4) ↗49
»trügen	trog (ö)	getrogen	(8) ↗50
tun (tut)	tat (ä)	getan	(u) ↗60
verderben (verdirbt)!	verdarb (ü)	(hat, ist) verdorben*	(2) ↗48, 59
verdrießen	verdroß (ö)	verdrossen	(8) ↗51
»vergessen (vergißt)!	vergaß (ä)	vergessen	(1) ↗47
»verlieren	verlor (ö)	verloren	(8) ↗50
wachsen* (wächst)	wuchs (ü) (= wurde größer)	(ist) gewachsen	(10) ↗51
wägen* (= Gewicht bestimmen)	wog (ö)	gewogen	(9) ↗51, 59
»waschen (wäscht)	wusch (ü)	gewaschen	(10) ↗51
weben*	wob (ö)	gewoben	(9) ↗51, 59
weichen*	wich (= gab nach)	(ist) gewichen	(5) ↗49, 59
weisen	wies	gewiesen	(6) ↗50
wenden*	wandte (wendete)	gewandt	(g) ↗58
werben (wirbt)!	warb (ü)	geworben	(2) ↗48
»werden (du wirst, er wird)	wurde (ü), ward°	(ist) geworden	(2) ↗17 f., 21, 48
werfen (wirft)!	warf (ü)	geworfen	(2) ↗48
wiegen*	wog (ö) (= hatte Gewicht)	gewogen	(8) ↗50, 59
winden	wand (ä)	gewunden	(4) ↗49
»wissen (ich/er weiß)	wußte (ü)	gewußt	(u) ↗60
»wollen (ich/er will)	wollte	gewollt	(u) ↗29, 31, 33, 59
wringen°	wrang (ä)	gewrungen	(4) ↗49
zeihen	zieh	geziehen	(6) ↗50
ziehen	zog (ö)	(hat, ist) gezogen	(8) ↗50
zwingen	zwang (ä)	gezwungen	(4) ↗49

6. Die reflexiven Verben und reflexiver Verbgebrauch

1. Verben, bei denen Objekt und Subjekt zusammenfallen (identisch sind), bei denen also der im Verb ausgedrückte Vorgang oder Zustand auf den Gegenstand selbst zurückwirkt, heißen reflexive (rückbezügliche) Verben.

2. Die reflexiven Verben stehen mit dem **Reflexivpronomen** (↗ 160/3), meist im **Akkusativ,** *(mich, dich, sich, uns, euch, sich)*, einige im **Dativ** *(mir, dir,* sonst wie Akk.). Das Reflexivpronomen wird dabei nicht als selbständiges Objekt empfunden, sondern gilt als Bestandteil des Prädikats (↗ 257/4).

3. Manche Reflexiva werden daher wie absolute Verben gebraucht, andere sind ergänzungsbedürftig (↗ 14f.).

4. Eine **erste Gruppe** von reflexiven Verben, sog. **eigentliche** oder echte Reflexiva stehen **immer mit** dem Reflexivpronomen, und zwar:

    a) mit dem **Akkusativ** des Reflexivpronomens:

    sich beeilen, sich begeben, sich begnügen, sich behelfen, sich bemächtigen, sich besinnen, sich bewerben, sich bücken, sich entschließen, sich ereignen, sich erholen, sich erkälten, sich erkühnen, sich erkundigen, sich erstrecken, sich gedulden, sich schämen, sich sehnen, sich sputen, sich verbeugen, sich verneigen, sich weigern, sich widersetzen u. a.

    ▷ Wir *begaben uns* nach Hause. Beeil dich! Es hatte *sich* nichts *ereignet. Erholen* Sie *sich* gut! Sie *schämte sich* sehr.

    b) mit dem **Dativ** des Reflexivpronomens (+ Akk. der Sache):

    sich etw. aneignen, sich etw. anmaßen, sich etw. ausbitten, sich etw. einbilden, sich etw. verbitten u. a.

    ▷ Ich *bitte mir* Ruhe aus. Sie hat *sich* jede Einmischung *verbeten.* Was *bildest* du *dir* eigentlich *ein?*

5. Eine **zweite Gruppe** reflexiver Verben (sog. unechte) wird **auch ohne** Reflexivpronomen gebraucht, dabei meist mit anderer Bedeutung und Rektion:

    a) mit dem **Akkusativ** des Reflexivpronomens:

    sich aufhalten, sich befinden, sich beklagen, sich bemühen, sich beschweren, sich betragen, sich eilen, sich entfernen, sich entscheiden, sich erheben, sich erinnern, sich (er)freuen, sich erübrigen, sich gefährden, sich irren, sich setzen, sich waschen u. a.

    ▷ Wo *hielten* Sie *sich* damals *auf?* Aber: Seine lange Rede *hielt* die Verhandlung *auf.* Wie *befinden/fühlen* Sie *sich* heute. Aber: Wie werden die Richter über ihn *befinden?* Sie *erhob sich* von ihrem Sessel. Aber: Es werden wieder neue Steuern *erhoben.* Wasch dich! Aber: Wasch die Wäsche!

    b) mit dem **Dativ** des Reflexivpronomens (+ Akk. der Sache):

    sich anzünden, sich bestellen, sich erlauben, sich gestatten, sich kaufen, sich vorstellen, sich vornehmen u. a.

    ▷ Gestatten/erlauben Sie (mir), daß ich Ihnen meine Schwester *vorstelle!* Aber: Rauchen ist nicht erlaubt; kannst du *dir* das *vorstellen?*

6. Ein **dritte Gruppe** reflexiver Verben kann bei annähernd gleicher Bedeutung **mit oder ohne** Reflexivpronomen gebraucht werden: *(sich) flüchten, (sich) ausruhen, (sich) nahen, (sich) schleichen* u. a.

    ▷ Er flüchtete (sich) über die Grenze. Habt ihr (euch) gut ausgeruht? Sie schlichen (sich) durch den Garten.

7. Reflexive Verben bilden gewöhnlich **kein Passiv** und umschreiben ihre Perfektformen mit *haben*. Hier ein Beispiel für schwache und starke Konjugation:

Präsens
ich schäme mich/bewerbe mich
Präteritum
du schämtest dich/bewarbst dich
Perfekt
er hat sich geschämt/beworben
Plusquamperfekt
wir hatten uns geschämt/beworben
Futur I
ihr werdet euch/schämen/bewerben
Futur II
sie werden sich geschämt/beworben haben
Konjunktiv I
er schäme sich/bewerbe sich
Konjunktiv II
du schämtest dich/bewürbest dich
Konj. Perf. I
er habe sich geschämt/beworben
Konj. Perf. II
ihr hättet euch geschämt/beworben
Konditional I
ich würde mich schämen/bewerben
Konditional II
wir würden uns geschämt/beworben haben
Imperative:
Schäm(e)/bewirb dich!, Schämt/bewerbt euch!, Schämen/bewerben Sie sich!

8. Dem Reflexivpronomen werden oft **weitere Objekte** im gleichen Fall beigegeben:
   ▷ *Schlechte Autofahrer gefährden sich und andere Verkehrsteilnehmer.*

9. Reflexiver Verbgebrauch dient oft zum **Ausdruck des Passivs** (↗77/9a).
   ▷ *Der Himmel überzieht sich mit Wolken* (= *wird von Wolken überzogen*). *Der Brief hat sich wiedergefunden* (= *ist wiedergefunden worden*). *Unfälle lassen sich vermeiden* (= *können vermieden werden*).

10. Nach einem Subjekt im Plural dient reflexiver Verbgebrauch oft dem Ausdruck der **Wechselwirkung**. Das Reflexivpronomen ersetzt dabei das reziproke Pronomen *einander* (↗161/4), das jedoch in Zweifelsfällen stehen muß.
    ▷ *Die Parteiführer stritten sich* (miteinander) *und machten sich* (einander) *den Vorrang streitig; aber: Die Parteiführer stritten sich nicht nur mit der Gegenpartei, sondern auch untereinander. Wir haben uns* (= *einander*) *wieder versöhnt. Wo traft ihr euch* (= *einander*)?

11. Die **Partizipien** reflexiver Verben, vor allem das Part. II (= Part. Perf.) werden meist nicht verbal, sondern rein **adjektivisch** empfunden und stehen dann **ohne** Reflexivpronomen; dabei ist auch das Part. II aktiv.
    ▷ *Er ist ein zurückhaltender Mensch. Das ist eine anmaßende Behauptung;* aber verbal empfunden: *Die Hauptfigur ist ein sich nach Freiheit sehnender Gefangener;* Part. II Akt.: *‚Der eingebildete Kranke' ist eine Komödie von Molière. Ernst ist ein besonnener Mensch. Dein erkälteter Bruder gehört ins Bett. Das ist aber ein verliebtes Paar. Es sind Verlobte.*

12. Reflexive Verben werden auch **unpersönlich** gebraucht (↗69/7), manchmal auch im Passiv.
    ▷ *Hier wohnt es sich gut. Im Süden lebt sich's angenehm. Auf einem Sessel sitzt es sich besser. Das trifft sich ja gut. Es hat sich nichts ereignet. „Und es begab sich, daß..."Das macht sich gut. – Passivisch: Jetzt wird sich ausgeruht!*

7. Die unpersönlichen Verben und unpersönlicher Verbgebrauch

1. Unpersönliche Verben (Impersonalia) drücken einen Zustand oder Vorgang aus, der nicht von einem bestimmten Subjekt ausgeht oder für den das Subjekt unbekannt ist.

2. Impersonalia stehen mit dem indefiniten **es** als neutralem Subjekt und erscheinen **nur** in der **3. Pers. Sing.** der Konjugationsformen sowie in den Infinitiven und Partizipien. Sie haben gewöhnlich **kein Passiv**. Ihre Perfektformen werden mit *haben* umschrieben.

3. Eine **erste Gruppe** von unpersönlichen Verben, sog. **eigentliche** oder echte Imperonalia, dienen der Bezeichnung des **Wetters** und anderer Naturerscheinungen. In übertragener Bedeutung können sie auch persönlich gebraucht werden:
   es blitzt, es donnert, es regnet, es schneit, es hagelt, es stürmt, es taut, es wetterleuchtet, es friert, es nieselt; es dämmert, es dunkelt, es tagt.
   ▷ *Es blitzte* und *donnerte* die ganze Nacht. Später hat *es gestürmt* und *gehagelt*. Jetzt *regnet es*. Hoffentlich *friert es* nicht heute Nacht. „Die Luft ist kühl, und *es dunkelt*". *Es dämmert* schon. Bald wird *es tagen*. – In übertr. Bedeutung pers.: Ihre Augen *blitzten* zornig. ‚Halt'! *donnerte* er mich an. Der D-Zug *donnerte* vorbei. Er *schneite* unerwartet herein.

4. Eine **zweite Gruppe** bilden Verben, die manchmal persönlich, aber meist nur in der 3. Pers. gebraucht werden und daher unpersönlich wirken. Das **es** steht hier als sog. **Scheinsubjekt**. Die Verben dieser Gruppe bezeichnen:
   a) einen **Mangel**: *es fehlt, es gebricht°, es mangelt*. Dabei steht die Person, die den Mangel empfindet, im Dativ; was dieser Person fehlt, steht mit der Präposition *an* + Dat.
   ▷ Auf diesem Gebiet *mangelt es uns an* Sachverständigen. Es *mangelt/fehlt mir an* Worten; Pers.: Mir mangeln/fehlen die Worte.
   b) Gemütsbewegungen und körperliche **Empfindungen** wie Lust oder Unlust; dabei steht die Person, die diese Empfindungen hat, im Akk. oder Dat. Das *es* entfällt hier im Aussagesatz (nicht im Fragesatz), wenn er nicht mit dem *es*, sondern mit einem anderen Wort oder Satzteil beginnt. Solche Verben sind:
   es ahnt mir, es ärgert mich, behagt mir, freut mich, gefällt mir, friert mich, fröstelt mich, es gelüstet ihn, graut ihm (ihn°), reut ihn, hungert ihn, jammert ihn, liegt ihm, bangt mir, träumte mir, dürstet ihn, wurmt mich, wundert mich u. a.
   ▷ Es hungert mich. Mich dürstet (heute meist: Ich habe Hunger/Durst). Seine Unhöflichkeit *ärgerte/wurmte sie* sehr; pers. reflexiv: Sie ärgerte sich über seine Unhöflichkeit. – *Es fror ihn* in seinem dünnen Anzug; pers.: Er fror in seinem dünnen Anzug. – Daran *liegt mir* nichts. Mir träumte (pers.: ich träumte), ich sei wieder ein kleines Kind.

5. In eine eigene **dritte Gruppe** gehört die Wendung **es gibt** (= ist vorhanden, entsteht), süddt.: *es hat*. Sie steht nur im Sing. und hat ein Objekt im Akk. Sing. oder Plur. bei sich, das als das wirkliche (logische) Subjekt aufzufassen ist. Das *es* ist auch hier Scheinsubjekt; es wird durch ein *das* ersetzt, wenn eine bestimmte Ursache bekannt ist, aus der etwas entsteht.
   ▷ In einem Kaufhaus *gibt (hat) es* Waren aller Art. Bei uns *gab es* gestern Sauerbraten und Klöße. Was *hat es* denn bei euch *gegeben*? *Es gibt (hat)* keine Brötchen mehr. Das *gibt es* doch nicht! – Bei dem Unfall gab es viele Verletzte. Es *wird* Regen *geben*. Nach dem Fest *gab (hatte) es* Streit. – *Das wird* Ärger *geben*. *Das gibt* ein Unglück. *Das gibt* Streit.

6. In Anlehnung an die drei Gruppen der Impersonalia nehmen auch einige persönliche Verben das indefinite *es* als Subjekt zu sich, und zwar:
   a) *sein, werden* und *bleiben* + (nichtverbales) Prädikativum (↗218) entsprechen den Witterungsverben (↗68/3).
   ▷ *Es ist* kalt. *Es bleibt* kühl. *Es wurde* dunkel/hell. *Es wird* Herbst. *Es blieb* mehrere Tage sonnig. *Es war* sehr heiß. *Es ist* vier Uhr.
   b) entsprechend den Mangelverben die seltenen *es bedarf* (↗23/9), *es braucht*, beide + Genitiv, *es braucht* auch mit Akk.
   ▷ Zu dieser Aufgabe bedarf es großen Mutes. Dafür bedarf es vieler Mühe. Pers.: Ich bedarf deiner Hilfe. Diese Arbeit bedurfte vieler Mühe. Dazu braucht es einen Fachmann (= brauchen wir einen Fachmann).
   c) Verben, die eine momentane **Sinneswahrnehmung** ausdrücken können (entsprechend den Empfindungsverben, Gruppe 2b): *es braust, es heult, es klopft, es läutet, es pfeift, es zwitschert, es schlägt, es flimmert, es glänzt, es strahlt, es wimmelt, es duftet, es riecht* u.a.
   ▷ Hat *es* eben *geklopft*? Hier *wimmelt es* von Ameisen. *Es schlägt* gerade vier Uhr. „Da *schlägt's* doch dreizehn!" Mir *flimmert's* vor den Augen. Allmählich *dämmerte es* ihm. Wonach *riecht's* denn hier. *Es duftet* nach Rosen. Hier am Fenster *zieht es* fürchterlich.
   d) **Redewendungen,** die dem *es gibt* der 3. Gruppe entsprechen, sind: *es geht, es geht um, es kommt darauf an, es ist geschehen um, es eilt, es setzt, es geschieht.*
   ▷ Nun, wie *geht es* Ihnen? Hier *geht es um* Millionen. Darauf *kommt es* nicht an. Fast wäre *es um* ihn *geschehen* gewesen. Wenn die Kinder ungehorsam waren, *setzte es* Hiebe. *Es eilt* mir heute sehr. *Es geschieht* dir nichts.

7. Einige **reflexiv** gebrauchte Verben stehen oft auch unpersönlich (↗67/12), z.B. *es bessert sich, es verhält sich, es trifft sich, es lebt sich, es geht/sitzt/fährt/liegt sich* u.a.
   ▷ Hat *es sich* mit deinen Finanzen *gebessert*? Wie *verhält es sich* nun mit dem verlorenen Paket? Auf der Autobahn *fährt es sich* ausgezeichnet.

8. Das unpersönliche *es* steht auch, wenn ein eigentlich bekanntes Subjekt vorerst noch als unbekannt gelten oder noch nicht ausgesprochen werden soll, ebenso, wenn es auf ein späteres Subjekt, auf einen Infinitiv oder Gliedsatz hinweist; dabei entfällt das *es* meist, wenn es nicht an erster Stelle im Satz steht. Hier handelt es sich nur scheinbar um unpersönlichen Gebrauch.
   ▷ *Es kam* auf mich zu, die ganze Arbeit und Mühe. „Und horch! Da *sprudelt es* silberhell, ganz nah ... ein Quell." – Hat *es* Zweck zu warten?" *Es war* einmal ein König." *Es ist* Klaus, der kommt. Sie *mochte es* nicht, wenn er rauchte.

9. Auch beim sog. **unpersönlichen Passiv** (↗76/4) entfällt das *es* immer, wenn es die erste Stelle im Satz aufgibt.
   ▷ *Es wurde* viel *gesungen* und getrunken. Später *wurde* auch *getanzt*. Um eins *wird gegessen*. *Es darf gelacht werden;* auch reflexiv (umgangsspr.): Erst wird sich gewaschen, dann hingelegt.

10. Oft steht das indefinite *es* **als Objekt.** Unpers. Subjekt ist auch *man*.
    ▷ Er *hat es* eilig/gut/leicht/nötig. *Mach dir's* bequem! Er *meint es* gut. Sie hat *es* weit *gebracht*. Sie *trieben es* gar zu toll. Da *haben wir's*. Man *trägt* wieder kürzere Kleider. Man *sagt*, daß ...

8. Die Umschreibung mit »haben« und »sein« in der Konjugation

1. Die meisten deutschen Verben umschreiben ihre **Perfektformen** im **Aktiv** mit **haben**, und zwar alle **transitiven** Verben, alle **reflexiven** Verben, die wirklich **unpersönlichen** Verben (eigentliche Impersonalia), das **Hilfsverb** *haben*, die **Modalverben** sowie intransitive Verben, sofern sie den unvollendeten **Verlauf**, die Dauer eines Geschehens ausdrücken.
   ▷ Er *hat* die Garage geöffnet und das Auto hineingefahren. – *Hat* er sich geirrt? – Es *hat* geschneit. – Ihr *habt* wohl Durst gehabt? – Sie *hat* zum Arzt gemußt. – Die Vorstellung *hat* schon angefangen/begonnen.

2. Einige Verben umschreiben ihre **Perfektformen** im **Aktiv** mit **sein** und zwar:
   a) die intransitiven Verben der **Zustandsveränderung**, sog. Vorgangsverben, z.B.:
   platzen, reifen, scheitern, sterben, wachsen; erkranken, erlöschen, erröten, erschlaffen, erstarren; gedeihen, gefrieren, genesen, geraten, gesunden; verblühen, verfaulen, verwesen; zerfließen, zergehen; einschlafen, aufwachen, anbrennen, abfaulen, zufrieren u.a., ferner unechte unpersönliche Verben wie: *es ist geschehen/gelungen/mißlungen/geglückt/mißglückt/erfolgt* u. ä.;
   ▷ Die Verhandlungen *sind* gescheitert. Er *ist* gestorben. Meine Frau *war* erkrankt. Wann *bist* du heute aufgewacht? Der Versuch *ist* mißglückt.
   b) insbes. die meisten intrans. Verben der **Bewegung.** Solche Bewegungsverben sind z.B.: *begegnen, fallen, fließen, gehen, gelangen, kommen, laufen, schleichen, schwimmen, sinken, springen, steigen, weichen; entfallen, entfliehen; abprallen, absteigen, ankommen, anlangen, eintreffen, einkehren, herbeieilen, heimkehren, niederknien, umziehen, umherirren* u.a.;
   ▷ Ich *bin* ihm begegnet. *Sind* sich die beiden wirklich begegnet? Wir *waren* am Ziel angelangt. Das Schiff *wäre* fast gesunken. Die Briefe *werden* schon eingetroffen *sein*. Wann *sind* sie hier angekommen?
   c) die Hilfsverben **sein** und **werden** sowie das Verb **bleiben**;
   ▷ Wo *bist* du gewesen? Sie *werden* im Kino gewesen *sein*. Er *ist* Arzt geworden. Ich *bin* zu Hause geblieben. *Wärt* ihr doch hier geblieben!
   d) außerdem bildet man mit *sein* und *werden* alle **Passiv**formen.

3. Einige Verben umschreiben ihre Perfektformen mit **haben oder sein**, und zwar:
   a) Verben, die transitiv ebenso wie intransitiv sind, konjugieren in transitiver Bedeutung mit *haben*, jedoch mit *sein*, wenn sie das Ergebnis einer Zustandsveränderung, einen neuen vollendeten Zustand ausdrücken, z.B.: *brechen, heilen, trocknen, ersticken, verderben, zerbrechen, abbrechen* u.a.;
   ▷ Verträge *hat* man schon oft gebrochen. Das Eis *ist* gebrochen. – Ein Arzt *hätte* den Kranken vielleicht noch geheilt. Die Wunde *ist* gut geheilt. – Die Großstadt *hat* schon manchen verdorben. Die Lebensmittel *sind* alle verdorben.
   b) einige Bewegungsverben je nachdem, ob sie den Verlauf (die Dauer) eines Geschehens *(haben)* oder Abschluß und Ergebnis *(sein)* ausdrücken, z.B.: *eilen, fahren, reisen, rudern, schwimmen, springen, rennen* u.a.:
   ▷ *Früher habe ich viel gerudert; aber: Wir sind über den See gerudert.*

4. In gehobener Sprache fallen *haben* und *sein* im Perf. oder Plusqupf. am Schluß von Gliedsätzen manchmal weg: *Er hielt stets, was er versprochen (hatte). Ein Wunder war's, daß ihr entkommen (seid)!*

9. Der Gebrauch der Tempora (Zeitformen)

9.1. Das Präsens

1. Das Präsens bezeichnet **eigentlich** gar keine Zeitstufe, sondern ist **zeitlos.** Es steht daher in allen zeitlich nicht markierten Urteilen, Feststellungen, Sprichwörtern, Sentenzen, allgemeingültigen Aussagen.
   ▷ Zwei mal zwei *ist* vier. Alle Menschen *müssen* sterben. Wasser *fließt* nicht bergauf. Eisen *schmilzt* bei 1528 Grad Celsius. ,,Der kluge Mann *baut* vor". ,,Was sich *liebt,* das *neckt* sich". ,,Reden *ist* Silber, Schweigen *ist* Gold". Die Armut *wird* nicht genügend *bekämpft.*

2. In bestimmten Redesituationen bezeichnet das Präsens die Zeitstufe der **Gegenwart,** die gegenwärtige Dauer eines Geschehens oder Zustandes. Über Anfang und Ende des Geschehens oder Zustands wird dabei nichts ausgesagt; der Beginn kann in der Gegenwart oder in der Vergangenheit liegen.
   ▷ Ich *schreibe* gerade einen Brief. Jetzt *muß* ich wirklich gehn. Es *schellt.* Es *regnet* (d. h.: es beginnt gerade zu regnen, oder: es regnet schon seit einiger Zeit). – Wie lange *lernen* Sie schon Deutsch? Ich *lerne* es erst seit ein paar Monaten. Sie *ist* sehr krank. Er *wohnt* auf dem Land, *arbeitet* aber in der Stadt. Ich *warte* schon eine ganze Stunde. Mein Geschäft *bleibt* vorübergehend geschlossen, weil es *renoviert wird.*

3. In anderen Redesituationen bezeichnet das Präsens die Zeitstufe der **Vergangenheit,** und zwar:
   a) die gerade erst vergangene Zeit, meist auf die 1. Pers. beschränkt, oder (auf dem Theater) Vorgänge hinter der Bühne.
   ▷ Ich *höre,* Sie waren geschäftlich in Schweden. Wie wir *erfahren,* wird der Außenminister einen Besuch in Frankreich machen.
   b) als sog. **historisches Präsens** zur lebhaften, oft aufgeregten Vergegenwärtigung von Vergangenem in der Alltagssprache, in Reportagen, in historischen Darstellungen und in der erzählenden Dichtung, oft neben dem Präteritum.
   ▷ Gestern gehe ich zufällig durch die Stadt, da *steht* doch plötzlich Onkel Robert aus Amerika vor mir. Rühl *holte* gerade zu einem linken Haken aus, da *ertönt* der Gong. Der König von Frankreich *machte* sich Hoffnungen auf die Kaiserkrone, aber schließlich *wird* doch der Habsburger Karl *gewählt.*

4. Häufig bezeichnet das Präsens auch die Zeitstufe der **Zukunft,** insbes. wenn eine Zeitbestimmung ohnehin in die Zukunft weist oder wenn die **Gewißheit** des zukünftigen Geschehens ausgedrückt werden soll.
   ▷ Wann *reisen* Sie ab? Anfang nächster Woche *fahre* ich nach Italien. Diesen Brief *beantworte* ich ausführlich, wenn ich aus den Sommerferien zurück *bin.* Wir *treffen* uns also morgen am Bahnhof. Dabei *bleibt* es ein für allemal. Dahin *kehre* ich bestimmt nicht mehr *zurück.*

5. In diesem Sinn dient es auch zum Ausdruck eines nachdrücklichen **Befehls,** besonders streng im Indikativ, abgemildert im Konjunktiv (↗ 81/6).
   ▷ Sie *verlassen* sofort das Zimmer! Ihr *bleibt* da! *Willst* du wohl still sein! ,,Ihr *schweigt,* bis man euch aufruft!" – Sie *trete* näher! *Möge* dieser Tag uns allen in guter Erinnerung bleiben! Einer *beginne!* Man *nehme* Eigelb und Zucker und *verrühre* beides miteinander!

9.2. Präterium, Perfekt und Plusquamperfekt

1. Von den drei Zeitformen zur Bezeichnung der Zeitstufe **Vergangenheit** sind Prät. und Perf. oft gleich in Bedeutung und Funktion. Umgangssprachlich und in mündlicher Rede (insbes. süddt.) wird dabei das **Perfekt bevorzugt.**
   > Wir waren gestern in der Stadt und *haben* eingekauft. *Seid* ihr auch einkaufen *gewesen*? Früher *hat* er lieber auf dem Land *gewohnt*. Sie *hat* vor Angst *geschrien*. Damals *habe* ich wirklich keine Zeit für euch *gehabt*.

2. Das **Perfekt** ist aber **eigentlich** eine **Vollzugsform,** keine Verlaufsform. Es setzt Vergangenes immer in Bezug zur Gegenwart des Sprechers, und zwar:
   a) als ein in der Gegenwart **vollendetes** Geschehen:
   > Das Kind *ist eingeschlafen* (Es schläft jetzt; zu unterscheiden von: Es schlief = Prät., das ein in der Vergangenheit abgeschlossenes Geschehen ohne Einwirkung auf die Gegenwart bezeichnet). Es *ist aufgewacht*. Es *hat geregnet* (man sieht es an den nassen Straßen). Wir *haben* uns *verspätet*. Das *habe* ich *befürchtet*. Haben Sie das wirklich *getan*?

   b) Gegenwärtiges als **Folge** eines vollzogenen Geschehens:
   > Der Fluß *ist übergetreten*. Ein Schiff *ist gestrandet*. Mein Onkel *hat* sich Ansehen und Reichtum *erworben;* er ist jetzt reich und angesehen.

   c) im Perfekt stehen ferner **allgemeingültige,** auch für die Gegenwart verbindliche Urteile, Feststellungen oder Erkenntnisse über Vorgänge oder Zustände der Vergangenheit.
   > Gutenberg *hat* die Buchdruckerkunst *erfunden*. Wer *hat* die Universität Heidelberg *gegründet*? Im 19. Jahrhundert *ist* viel *erfunden worden*.

   d) überhaupt stehen im Perfekt sachbetonte **Feststellungen:**
   > Neulich *hat* sich hier ein Unfall *ereignet*. Die Polizei *hat festgestellt,* daß er durch Unachtsamkeit *verursacht worden ist*. Sonst *hat* sich nichts *ereignet*. Er *hat* alles falsch *gemacht*. Was *ist* denn *passiert*?

   e) das Perfekt dient auch der **Zusammenfassung** und Überleitung zur Gegenwart am Ende von Erzählungen, die sonst im Präteritum stehen.
   > „So wurde Hochzeit gehalten, und wenn sie nicht *gestorben sind,* so leben sie noch heute". „Der Alte folgte der Leiche...Handwerker trugen ihn. Kein Geistlicher *hat* ihn *begleitet*". „Der Kurfürst von Sachsen kam bald darauf, zerrissen an Leib und Seele, nach Dresden zurück... Vom Kohlhaas aber *haben* noch im vergangenen Jahrhundert...einige...Nachkommen *gelebt*."

3. Wie das Präsens für die Zukunft, so wird das **Perfekt** auch häufig für die **vollendete Zukunft** gebraucht, insbes. wenn ein zukünftiges Geschehen als gewiß vorausgesagt werden soll.
   > Ich bringe dir dieses Buch zurück, wenn ich es *gelesen habe* (und nicht das umständliche: Ich werde es zurückbringen, wenn ich es gelesen haben werde). Warte nur, in fünf Minuten *hat* der Rennfahrer dort seinen Vordermann *überholt*. Lege den Brief vor, und du *hast* den Prozeß *gewonnen!*

4. Das **Präteritum** (Imperfekt) bezeichnet ein Geschehen oder einen Zustand als vergangen ohne Rücksicht auf das Verhältnis zur Gegenwart, d. h. es zeigt den unvollendeten **Verlauf,** die Dauer in der **Vergangenheit** und setzt dabei die bezeichneten Zustände oder Vorgänge zeitlich gleich. In diesem Sinn steht das Präteritum:
   a) zur Bezeichnung einer **einmaligen abgeschlossenen Handlung,** insbes. in Temporalsätzen (= Gliedsätze, die mit *als, sobald, während* o. ä. anfangen und sich auf die Vergangenheit beziehen).
   ▷ Als ich zum Bahnhof *kam, fuhr* der Zug gerade ein. Während ich *telefonierte, fiel* die Tür zu. Wann *wurde* das Schießpulver *erfunden?*
   b) zur **Beschreibung** von Zuständen und Vorgängen und überhaupt als **Erzähltempus,** insbes. in geschichtlichen Darstellungen und in erzählender Dichtung (sog. episches Präteritum).
   ▷ **Beschreibend:** „Es *war* einmal ein König, vor dessen Palast *stand* ein schöner Birnbaum, der *trug* alle Jahre schöne Früchte; wenn sie aber reif *waren,* so *wurden* sie in der Nacht *geholt.*" – „Die Verbindung mit Neapel *setzte* das Reich in unmittelbare Beziehung zum Orient. Auch nach dieser Richtung *hegte* Kaiser Heinrich die kühnsten Pläne. Er *dachte* daran, das griechische Reich zu erobern". **Erzählend:** „Der König *hatte* drei Söhne; da *befahl* er dem ältesten, ein Jahr zu wachen; der *wachte* mit allem Fleiß, wie aber die Früchte reif *waren* in einer Nacht, *schlief* er ein um Mitternacht, und am Morgen *waren* sie alle fort." – „Kaiser Friedrich *entschied* eine streitige Frage über die dänische Krone; der von ihm anerkannte König Sven *erschien* als sein Lehnsmann und *trug* in Merseburg das Schwert vor ihm her."
   c) als Erzähltempus steht das Prät. auch in der sog. erlebten Rede, dem Gedankenbericht, und im sog. inneren Monolog (↗ 32/6; 261/5 u. 6).
   d) in Sonderfällen bezeichnet das Präteritum auch die Gegenwart, z. B. in dem Ausruf: *Die war zu!* statt: *Die ist zu!,* wenn jemand eine Tür besonders heftig zuschlägt.

5. Im Deutschen werden **Perfekt und Präterium** häufig **nebeneinander** gebraucht. Dabei werden sie nicht immer klar als Vollzugsform und Verlaufsform für die Zeitstufe der Vergangenheit unterschieden. Da in deutschen Sätzen das Prädikat oder ein Teil des Prädikats vorzugsweise am Satzende steht (↗ 257), wird das Prät. in Hauptsätzen oft durch das Perf. ersetzt, während es in Gliedsätzen beim Prät. bleibt; auch im Passiv steht häufiger Prät. als Perf., wenn dieses als Vollzugsform nicht erforderlich ist.
   ▷ Während er *schrieb, habe* ich Zeitung *gelesen.* Als ich nach Hause *kam, habe* ich erst einmal meiner Frau in der Küche *geholfen.* Das Mädchen *ist* heute früh nicht von selbst *aufgewacht.* Seine Eltern *haben* es *geweckt;* aber: Es *wurde* von seinen Eltern *geweckt;* seltener: Es *ist* von seinen Eltern *geweckt worden.*

6. Das **Plusquamperfekt** bezeichnet die Zeitstufe der **Vorvergangenheit,** also Vorgänge oder Zustände, die in der Vergangenheit schon **vollendet** sind, und zwar meist in bezug auf ein anderes vergangenes Geschehen. Es ist daher ebenfalls eine Vollzugsform, außerdem meist mit anderen Vergangenheitsformen verbunden, also ein relatives Tempus. Es steht selten in Hauptsätzen, häufig in Gliedsätzen, fast immer in Temporalsätzen mit *nachdem,* und zwar für etwas, was der sonstigen Aussage zeitlich vorausgeht.
   ▷ Ich *hatte* meinen Brief gerade *beendet,* als sie eintrat. Der Fremde, dem der Koffer *gestohlen worden war,* wandte sich an die Polizei. Sie kam zu spät, weil sie *sich verlaufen hatte.* Erst nachdem er seine Geschäfte *erledigt hatte,* fuhr er mit seiner Familie in die Ferien.

9.3. Futur I und Futur II

1. Das Futur und das Futur Perfekt bezeichnen nur **selten** die Zeitstufe der **Zukunft**. Dafür stehen vielmehr meistens das Präsens (↗71/4) bzw. das Perfekt (↗72/3). Beide Futurformen bezeichnen jedoch häufig den **Modus** der **Vermutung** oder Erwartung.

2. Wenn das **Futur I** als **Zeitform** gebraucht wird, bezeichnet es ein Geschehen oder einen Zustand als in der **Zukunft** stattfindend.
   ▷ Ich *werde* meine Maßnahmen ganz nach den seinen *richten*. Diese Politik *wird* mit Sicherheit zu einer Besserung unserer Lage in der Welt *führen*. Das *werden* Sie *sehen*. Ich *werde abwarten*. Er *wird* dir *helfen*, wenn du ihm alles erzählst.

3. Das Futur I kann auch eine nachdrückliche **Aufforderung** bezeichnen (↗81/6).
   ▷ *Werdet* ihr nun endlich *aufhören*. Du *wirst* doch nicht *abreisen*. *Wird's* bald.

4. Zur Bezeichnung der Zukunft dient statt des Futurs I oft die Umschreibung des Verbs mit *wollen*. Umgekehrt dient das Futur I, insbes. in der 1. Pers., häufig zum Ausdruck des **Willens**.
   ▷ Morgen *will* ich mich gern mit dieser Sache *befassen*. Wir *wollen* am 1. Juli *abreisen*. Es scheint *regnen* zu *wollen*. Es *will* Abend *werden*. – Wir *werden* nicht *nachgeben*. Dir *werd'* ich's *zeigen!*

5. Wenn das **Futur II** als **Zeitform** gebraucht wird, bezeichnet es ein Geschehen oder einen Zustand als gegenwärtig noch bevorstehend, aber vor einer anderen zukünftigen Handlung **vollendet.** Es steht meist mit dem Futur I, ist also ein relatives Tempus, und bezieht sich auf einen Vorgang, der schon vorbei ist, wenn der im Futur I genannte Zeitpunkt eintritt. Das Futur II gilt als übertrieben genau und wird meist durch das Perfekt ersetzt (↗72/3).
   ▷ Der Prozeß wird beginnen, sobald die Staatsanwaltschaft das Beweismaterial *zusammengetragen haben wird/zusammengetragen hat*. Bis du zurückkehren wirst, *werde* ich diesen Brief *geschrieben haben* = Bis du zurückkehrst, *habe* ich diesen Brief *geschrieben*.

6. Beim Gebrauch der Futurformen zum Ausdruck der **Vermutung,** geht der Sprecher immer von seiner Gegenwart aus. Das **Futur I** steht, wenn sich die Vermutung auf ein Geschehen oder einen Zustand in der **Gegenwart** oder **Zukunft** bezieht. Das **Futur II** steht, wenn sich die Vermutung auf ein Geschehen oder einen Zustand bezieht, der in der Gegenwart bereits **abgeschlossen** ist. In beiden Fällen stehen oft noch Vermutungswörter wie: *sicher, doch, wohl, vermutlich*.
   ▷ Das kann nicht sein; du *wirst* dich *irren*. Da er mein Klopfen nicht hört, *wird* er wohl noch fest *schlafen*. Unsere Eltern *werden* vermutlich morgen hier *eintreffen*. – Wenn er rechtzeitig aufgebrochen ist, *wird* er jetzt schon in München eingetroffen *sein*. Das glaube ich nicht: Sie *werden* sich wohl *getäuscht haben*. Das Flugzeug ist noch nicht eingetroffen; es *wird* doch wohl nicht *verunglückt sein*. Du *wirst* sicher von dem Unglück *gehört haben*.

9.4. Zeitformen, Zeitstufen und Zeitverhältnisse im Deutschen

1. Wichtig für Gebrauch und Zuordnung der Zeitformen ist die Zeitstufe einer Aussage, also ob sie zeitlich nicht markiert (zeitlos) ist oder sich auf Gegenwart, Vergangenheit oder Zukunft bezieht.

2. Wichtig sind weiter die Zeitverhältnisse der einzelnen Teile der Aussage untereinander, also Gleichzeitigkeit, Vorzeitigkeit oder Nachzeitigkeit.

3. Eine feste Regel für die Folge und Verbindung von Zeitformen gibt es im Deutschen nicht. Maßgebend sind allein Zeitstufen und Zeitverhältnisse.

10. Die Aktionsarten und ihr Ausdruck im Deutschen

1. Außer der Angabe von Zeitstufen und Zeitverhältnissen gibt es in den meisten Sprachen noch die Möglichkeit, bei einem Verb auch die Handlungs- oder **Aktionsart** zu bezeichnen, also auszudrücken, **wie** ein Geschehen in der Zeit **abläuft,** ob es sich z. B. gerade abspielt oder ob es beendet ist usw.

2. Die Aktionsart ist **durativ,** wenn das Geschehen sich gerade vollzieht und ohne Angabe einer zeitlichen Begrenzung andauert (Verlaufsform); sie ist **perfektiv,** wenn das Geschehen vollzogen ist (Vollzugsform), entweder weil es gerade angefangen hat (= inchohativ od. **ingressiv**) oder weil es abgeschlossen ist und ein Ergebnis hat (= **resultativ).** Sie ist **iterativ,** wenn ein Geschehen sich ständig wiederholt, aber **punktuell,** wenn es einmalig ist und keine zeitliche Ausdehnung hat. Inhaltlich gesehen ist die Aktionsart **kausativ,** wenn das Geschehen etwas bewirkt oder veranlaßt, **intensiv,** wenn etwas verstärkt wird, **diminutiv,** wenn der Stärkegrad geringer wird.

3. Im Unterschied zu einigen anderen Sprachen erfolgt die Angabe der Aktionsart im Deutschen **kaum** mit Hilfe von **Konjugationsformen.** Auch die Unterscheidung von Perf. als Vollzugsform und Prät. als Verlaufsform für die Zeitstufe der Vergangenheit (↗72f.) ist nicht voll ausgebildet. Deutlicher ist die Unterscheidung von durativer und perfektiver Aktionsart bei **Bewegungsverben,** die ihre Perfektformen mit *haben* oder mit *sein* umschreiben können (↗70/3b). Klar angeben läßt sich die Aktionsart im Passiv durch die Unterscheidung von **Vorgangspassiv** und **Zustandspassiv** (↗76/3).

4. Die Aktionsart wird im Deutschen **häufiger** durch **Wortwahl** und **Satzbau,** durch idiomatische Satzmuster und **Redewendungen** sowie den Gebrauch von **modifizierenden** Wörtern oder Modalverben ausgedrückt.

   ▷ **durativ:** Bei dem Volksfest tanzte alles *auf der* Straße. Er sprach *immer weiter.* Wir *kamen aus* dem Lachen nicht heraus. Du *bist und bleibst* ein Narr. Er *fuhr fort* zu arbeiten. Da *kommt* er ja gegangen. Er störte mich *beim* Arbeiten. Ich war *am* arbeiten (mundartl.).
   resultativ: Sie rannten *auf die* Straße. Sie *hörte* endlich *auf* zu reden.
   ingressiv: Es *fängt an/beginnt* zu schneien. Es *will* regnen. Eine Schießerei *ging los.* Plötzlich/auf einmal fiel der Strom aus. Er *kam ins* Erzählen.
   iterativ: Er kam *immer wieder.* Sie ist *stets* fröhlich. Es schneite *unablässig. Regen,* nichts als *Regen.* Es regnete *tagaus, tagein.* Wir essen *gewöhnlich* um eins. Sonntags *pflegen* sie länger zu schlafen.

5. Die Aktionsart wird im Deutschen **meist** durch die **Bedeutung der Verben** oder durch ihre Bildung ausgedrückt, wobei die Mittel der **Wortbildung** (Ablaut, Umlaut, E-Wechsel, veränderter Stammauslaut, Stammerweiterung, Vorsilben, Nachsilben) einzeln oder zu mehreren die Aktionsart angeben. Im einzelnen gilt:

   a) Sehr viele **einfache** Verben sind **durativ** *(sein, bleiben, leben, blühen, schlafen, (be)-sitzen, arbeiten* u. a.) oder **punktuell** *(knallen, platzen* u. a.). Andere sind **perfektiv** *(bringen, finden, kommen, treffen).*

   b) Bei der **Wortbildung** wirken die Vorsilben: *ent-, auf-, ein-, los-, weg-,* auch: *er-* und *ge-* **ingressiv** *(entzünden, aufblühen, einschlafen, erröten);* **resultativ** wirken die Vorsilben: *be-, ver-, zer-,* auch: *ent-, er-* und *ge-,* ferner: *voll-, statt-* u. a. *(beenden, verblühen, gefrieren, vollbringen, stattfinden);* **iterativ,** oft auch **diminutiv** wirkt die Stammerweiterung auf *-eln* und *-ern (lächeln, plätschern),* **intensiv** dagegen die Stammerweiterung auf *-igen, -sen, -zen, -chen* und *-ieren (beglaubigen, spendieren).* Veränderungen des Verbstamms wirken oft **kausativ,** aber auch **iterativ** und **intensiv** *(fällen, schädigen, sticken).* Weitere Angaben ↗86–89.

11. Der Gebrauch der Aktionsrichtungen Aktiv und Passiv

1. Es gibt **vier** Verhaltens- oder Aktionsrichtungen beim Verb, und zwar:

    a) als **Normrichtung** das **Aktiv,** auch Tatform, weil das Geschehen vom Subjekt ausgeht, es etwas tut;

    b) die **Umkehrrichtung,** das **Passiv,** auch Leideform, weil das Geschehen sich auf das Subjekt richtet, es etwas erleidet;

    c) die **Rückrichtung** beim **reflexiv** gebrauchten Verb (ebenfalls umkehrend) und

    d) die **Vollendungsform** für die Umkehrrichtung, das **Zustandspassiv.**

2. Im **Aktiv** steht der Träger des Geschehens als Subjekt des Satzes,
    im **Passiv** wird das Ziel des Geschehens als Subjekt des Satzes gesetzt,
    bei **reflexivem** Gebrauch decken sich Träger und Ziel des Geschehens,
    im **Zustandspassiv** ist ein vollendetes Geschehen festgestellt.

    ▷ Aktiv: Ein Fachmann repariert die Schreibmaschine. Passiv: Die Maschine wird von einem Fachmann repariert. Reflexiv: Natürlich kann sie sich nicht selbst reparieren. Zustandspassiv: Jetzt ist sie endlich repariert.

3. Die beiden Passivformen 1b) und 1d) bezeichnen verschiedene Aktionsarten (↗ 75/3).

    a) die Umkehrrichtung ist Verlaufsform und heißt daher **Vorgangspassiv.** Seine Formen entstehen durch Umschreibung eines Verbs im Part. II (= Part. Perf.) mit den Formen des Hilfsverbs **werden,** das seiner Natur nach immer einen Vorgang angibt. In den Perfektformen steht dabei die Kurzform worden (↗ 18/6a). Zur Konjugation ↗ die Konjugationstabellen zu dem schwachen Verb loben (↗ 41) und zu den starken Verben werfen (↗ 53) und fahren (↗ 55).

    b) das **Zustandspassiv** ist dagegen Vollendungs- oder Vollzugsform. Seine Formen entstehen durch Umschreibung eines Verbs im Part. II (= Part. Perf.) mit den Formen des Hilfsverbs **sein,** das seiner Natur nach immer einen Zustand angibt. Im Zustandspassiv hat das Part. II des Vollverbs adjektivischen Charakter, ist also Prädikativum (↗ 218). Zur Konjugation ↗ die Konjugationstabelle zu dem starken Verb zwingen (↗ 57).

    ▷ Der Tisch wird gerade gedeckt (Vorgang): aber: Der Tisch ist jetzt fertig gedeckt (Zustand). – Die Fabrik wurde durch einen Brand zerstört (Vorgang). Sie war völlig vernichtet (Zustand). Sie wurde aber wieder aufgebaut (Vorgang). Sie ist schon seit einem halben Jahr wieder aufgebaut (Zustand).

4. Nur **transitive** Verben, aber nicht alle, können ein vollständiges **persönliches Passiv** bilden, doch können viele intransitive Verben, ebenso wie transitive, ein **unpersönliches** Passiv mit oder ohne es als Scheinsubjekt bilden (↗ 69/9).

    ▷ **Persönlich:** Die neuen Gäste wurden vom Hausherrn willkommen geheißen und von allen Anwesenden begrüßt.
    Unpersönlich: Es wurde gestritten. Es wurde viel geredet. In unserer Stadt wird viel gebaut. „Es muß geschieden sein". In letzter Zeit ist mehr als früher gestohlen worden.

5. Hilfsverben und Modalverben sowie reflexive und unpersönliche Verben bilden kein Passiv.

6. Nur das persönliche Vorgangspassiv bezeichnet die Umkehrrichtung im strengen Sinn und steht oft mit dem **Urheber** oder der Ursache des Geschehens. Wenn dieser Urheber einen persönlichen Willen hat und ausübt, steht er mit der Präposition **von**+Dat., sonst steht er, wie überhaupt jede nicht-personale **Ursache** mit der Präposition **durch** +Akk.

▷ Unsere Papiere wurden *von* der Polizei überprüft. Die Nachricht wurde mir *durch* Werner überbracht (er war Vermittler). Der Brief wurde *durch* Eilboten zugestellt. Das Hotel wurde *durch* einen Großbrand vernichtet. *Durch* den Krieg wurden viele obdachlos; aber: Er wurde *vom* Blitz erschlagen (der Blitz hier als Schicksalsmacht und damit persönlich wollender Urheber).

7. Das Zustandspassiv und das unpersönliche Passiv stehen gewöhnlich ohne Angabe eines Urhebers oder einer Ursache. Wenn der Urheber bekannt ist, wird statt des Passivs das entsprechende Aktiv bevorzugt.

   ▷ Es wurde viel gelacht und getanzt; aber: Wir haben viel gelacht und getanzt; statt: Von uns wurde viel gelacht und getanzt.

8. Bei starken Verben mit gleicher Form in Inf. I und Part. II sind das Futur I des Aktivs und das Präs. des Passivs formgleich. Nur der Sinnzusammenhang der Aussage gibt an, um welche Form es sich handelt.

   ▷ Der Präsident *wird* morgen einen Staatsgast *empfangen* (= Futur I Akt.); aber: Der Staatsgast *wird* morgen vom Präsidenten *empfangen* (= Präs. Pass.).

9. Das Passiv wird im Deutschen häufig gebraucht, u. a. weil es unpersönliche Ausdrücke und die bevorzugte Endstellung von Teilen des Prädikats im Satz erlaubt (↗ 257). Zur stilistischen Abwechslung, aber auch um komplizierte Konjugationsformen zu vermeiden, gibt es mehrere Möglichkeiten zur **Umschreibung des Passivs:**

   a) durch **reflexiv** gebrauchte Verben (↗ 66 f.);

   ▷ Der Brief *fand sich* zwischen den Büchern (= er *wurde* zwischen den Büchern *gefunden*). Dieses Fachbuch *liest sich* gar nicht leicht. Die Sache *wird sich klären*. Das *versteht sich* von selbst.

   b) durch das sog. unpersönliche Aktiv mit **man;**

   ▷ *Man* jubelte und sang (= *es wurde* gejubelt und gesungen). *Man* suchte den Brief überall (= der Brief *wurde* überall gesucht).

   c) durch ein **Verbalsubstantiv** (↗ 134/3; 136) in Verbindung mit einem Verb der Bewegung wie *kommen* oder *gelangen* + *zu* (stilistisch wenig zu empfehlen, aber häufig in der Amts- und Nachrichtensprache);

   ▷ Das neue Stück *kommt* morgen *zur Aufführung* (= es *wird* morgen *aufgeführt*). Die Pässe *gelangten* nicht rechtzeitig *zur Ausgabe* (= sie *wurden* nicht rechtzeitig *ausgegeben*).

   d) durch **modifizierende** Verben wie *bekommen, erhalten* u. ä. statt Passiv + Dativ;

   ▷ Endlich *bekamen* sie die Pässe *ausgehändigt* (= endlich *wurden ihnen* die Pässe *ausgehändigt*). – Ich *erhielt* den Brief durch Eilboten *zugestellt* (= der Brief *wurde mir* durch Eilboten *zugestellt*).

   e) durch **präpositionale** Redewendungen mit *sein,* die manchmal mit, oft aber auch ohne Perfektpartizipien wie: *begriffen* oder: *befindlich* stehen und einen Dauerzustand ausdrücken;

   ▷ Das Haus war noch *im Bau* (befindlich) = es *wurde gebaut*. – Das Buch ist gerade *im Druck* (begriffen) = es *wird* gerade *gedruckt*.

   f) für **Modalverben** (insbes. *können,* aber auch *müssen* und *sollen*) + Inf. Passiv steht Umschreibung durch Adjektive auf *-lich* oder *-bar* (↗ 151/3), ferner Umschreibung durch *sein* + Inf. (mit *zu*), für *können* auch durch reflexives *sich lassen* + Inf. (ohne *zu*).

   ▷ Das *kann* erklärt *werden.* = Das *läßt sich* erklären/*ist zu* erklären/*ist* erklär*lich*/erklär*bar*/(*kann man* erklären). – Das *soll*/*muß* erledigt *werden.*=Das *ist zu* erledigen *(man muß/soll/*es erledigen*).* – Der Lärm *ist* unerträg*lich*/*ist* nicht *zu* ertragen (zum Ertragen)/*läßt sich* nicht ertragen.

12. Der Gebrauch der Aussageweisen (Modi)

12.1. Indikativ und Konjunktiv

1. Der **Indikativ** (die sog. Wirklichkeitsform) ist der Modus (die Aussageweise) der Gegebenheit und Gewißheit. Er gibt der Aussage **objektiven** Charakter. Der Sprecher bleibt neutral, gibt keine Stellungnahme ab.

2. Der **Konjunktiv** (die sog. Möglichkeitsform) ist der Modus (die Aussageweise) der Möglichkeit, Ungewißheit und Unwirklichkeit. Er gibt der Aussage **subjektiven** Charakter. Der Sprecher läßt eine Stellungnahme erkennen, sei es Wunsch, Vermutung, Zweifel o. ä. oder er läßt offen, ob die gemachte Aussage in Wirklichkeit auch zutrifft.
   ▷ **objektiv:** er lebt noch; er arbeitet; sie versteht mich besser als er; **subjektiv:** man sagt, er *lebe* noch; was immer er *arbeite,* er soll damit aufhören; ich glaubte, sie *verstehe* mich besser als er; *verstünde* sie mich doch! – **objektiv:** Ich habe gehört, daß Herr Beck zum Landrat gewählt worden ist (ich bezweifle es nicht); **subjektiv:** Ich habe gehört, er *sei* gewählt worden (ich berichte nur, was man sagt, lasse aber offen, ob es auch in Wirklichkeit zutrifft). – Beinahe *wäre* er gewählt worden (tatsächlich ist er aber nicht gewählt worden).

3. Nach der Stammform, von der sie nur sprachlich, nicht aber inhaltlich herkommen, unterscheidet man **zwei Gruppen** von Konjunktivformen:

   a) von der 1. Stammform, dem Inf. I (= Inf. Präs.) bzw. dem Präs. der Hilfsverben in den umschriebenen Formen hergeleitet ist **Gruppe I:** Konj. I (= sog. Konj. Präs.), Konj. Perf. I (= sog. Konj. Perf.), Konj. Futur I und Konj. Futur II.
   ▷ **Aktiv:** er schreibe/habe geschrieben/werde schreiben/werde geschrieben haben. – er gehe/sei gegangen/werde gehen/werde gegangen sein. – **Passiv:** er werde geholt/sei geholt worden/werde geholt werden/werde geholt worden sein°.

   b) von der 2. Stammform, dem Prät., hergeleitetet ist **Gruppe II** und verwandt damit auch die Bildung mit *würde* + Inf. (Konditional): Konj. II (= sog. Konj. Prät.) und Konj. Perf. II (= sog. Konj. Plusqpf.) sowie Konditional I und Konditional II (↗ 80).
   ▷ **Aktiv:** er schriebe/hätte geschrieben/würde schreiben/würde geschrieben haben, – er ginge/wäre gegangen/würde gehen/würde gegangen sein. – **Passiv:** er würde geholt/wäre geholt worden/würde geholt werden°/würde geholt worden sein°.
   Zu den übrigen Personalformen ↗ die Konjugationstabellen ↗ 19–21, 24–29, 40–43, 52–57.

4. Die meisten Formen der **Gruppe I,** insbes. die 1. und 2. Pers. Sing. sowie der ganze Plural, stimmen völlig oder fast (2. Pers.) mit dem Indikativ überein. Sie werden daher nicht gebraucht, sondern durch die entsprechenden Formen der Gruppe II **ersetzt.** Der **tatsächliche Konj. I** lautet also:

Person	Indikativ Präsens	Konjunktiv I tatsächl. Form	sog. Konj. Präs. grammat. Form	Konjunktiv II (= sog. Konj. Prät.)
1. ich	komme	käme ←	(komme) ←	käme
2. du	kommst	kämest ←	kommest° ←	kämest
3. er/sie/es	kommt	komme	komme	käme
1./3. wir/sie	kommen	kämen ←	(kommen) ←	kämen
2. ihr	kommt	kämet ←	kommet° ←	kämet

Von den grammatischen Formen des Konj. I bleibt also bei den meisten Verben für die tatsächliche Form nur die 3. Pers. Sing. übrig. Nur das unregelmäßige Hilfsverb *sein* und alle mit ihm umschriebenen Formen haben die grammatische Form des Konj. I auch als tatsächliche Form: *ich sei, du seiest°, er/sie/es sei, wir/sie seien, ihr seiet°;* ähnlich, aber nur im Sing. die Modalverben und das Verb *wissen* (↗60/3): *er/ich wisse/könne/ möge/müsse/dürfe/solle/wolle.* Auch hier wird aber die 2. Pers. meist ersetzt: *du wärest/ wüßtest/könntest/möchtest, ihr müßtet/dürftet/solltet/wolltet.* Häufig, insbes. in der Umgangssprache, werden alle Formen ersetzt.

5. **Ersatzform** für die Konjunktive der **Gruppe II** ist der **Konditional** (↗80/4 u. 5).

6. Die Konjunktivformen der **Gruppe II** drücken die **Nichtwirklichkeit verstärkt** aus.

7. Die Formen der **Gruppe I** müssen jedoch stehen: a) zur Umschreibung des **Imperativs** (↗71/5; 81/7), b) in vielen **Konzessivsätzen** mit *wer/was auch immer* (↗273/2), c) in **Wunschsätzen** o. ä., wenn der Wunsch **erfüllbar** ist (↗231; 263; 271), d) zur Wiedergabe einer fremden Meinung in **indirekter Rede** (↗262 f.).

   ▷ a) Das junge Paar *lebe* hoch! *Seien Sie* herzlich willkommen! – a)/b) Wer es auch *sei,* er *möge*/soll eintreten! Was immer er auch *wünsche* (aber: auch Ind.: was immer er wünschen mag), es *sei* ihm gewährt; hier oft auch Ind.: Wen immer sie mitbringt, er ist mir willkommen. Wann immer du eintriffst, es wird zu spät sein. – c) Sie gab ihm einen Ring, damit er sie nicht *vergesse.* Sie hoffte, daß er sie *begrüße.* „Es *sei,* wie es *wolle,* es war doch so schön". Das Mädchen half im Haushalt, als *sei* sie schon erwachsen (das wünscht sie sich und es kann in Erfüllung gehen). – d) Er behauptet, er *habe* nichts von dem Einbruch *gewußt.* Sie schrieb, ihr Mann *sei* sehr unglücklich. Der Arzt wollte wissen, ob er noch Fieber *habe* und wann er zuletzt etwas *gegessen habe.*

8. Die Formen der **Gruppe II** müssen z. B. stehen: a) in **Wunschsätzen**, wenn der Wunsch **unerfüllbar** ist, entweder weil in Wirklichkeit das Gegenteil der Fall ist, oder weil eine Erfüllung nicht mehr möglich ist (↗231/3); b) in fiktiven **Vergleichssätzen** mit *als ob* (↗270/4); c) in irrealen **Konditionalsätzen** (↗272/3); d) oft nach **negativen** Feststellungen; e) bei zweifelnder oder **vermutender Aussage;** zum Ausdruck großer Wahrscheinlichkeit steht oft der Konj. II von *dürfen* (↗33/7 b); f) als sog. **bestätigender Konj.;** g) häufig zur **höflichen Anfrage** oder Bitte.

   ▷ a) *Wäre* ich doch bei dir! (ich bin es aber nicht). *Hätte* ich diesen Fehler doch nicht *gemacht* (ich habe ihn aber gemacht). – b) Sie tat, als ob sie ihn nicht *sähe.* Mir ist, als *hätte* ich das alles schon einmal *erlebt.* – c) Ich *wäre* glücklich, wenn ich gesund *wäre* (ich bin aber unglücklich, weil ich krank bin). – d) Ich kenne niemanden, der euch helfen *könnte.* – e) Ich *wüßte* wohl, was jetzt zu geschehen *hätte.* Der Bundestag *dürfte* das Gesetz noch in dieser Woche verabschieden. – f) Da *wären* wir endlich! Das *hätten* wir *geschafft!* – g) Ich *hätte* gern sechs Eier. *Könnten* Sie mir *helfen*? Ich *hätte* gern Herrn Schmidt *gesprochen,* und zwar möglichst noch heute.

9. Die Konjunktivformen sind keine Zeitformen. Sie geben lediglich **Zeitverhältnisse** an, und zwar ohne Rücksicht auf das sonstige Tempus der Aussage (keine Zeitenfolge!). Vorgänge in den **Perfektformen** des Konj. (Konj. Perf. I. u. II, Konj. Futur II, Konditional II) sind **vorzeitig,** Vorgänge in den übrigen Formen (Konj. I u. II, Konj. Futur I, Konditional I) sind **gleichzeitig** oder **zukünftig.** (↗74; 262/2)

   ▷ **Vorzeitig:** Er behauptet/wird behaupten/hat behauptet, er *sei* nicht am Tatort *gewesen.* Mir ist/war, als *hätte* ich das schon einmal *erlebt.*
   Gleichzeitig oder zukünftig: Er behauptet/wird behaupten/hat behauptet, es *gebe* dafür eine Zeugin und sie *werde* für ihn *aussagen.*

12.2 Der Konditional (die Umschreibung mit »würde« + Infinitiv)

1. Der Konditional (die sog. Bedingungsform) ist weder eine eigene Zeitform noch ein eigener Modus, sondern als Abart des Konjunktivs der Gruppe II (↗ 78/3b) die **Aussageweise der bedingten Möglichkeit**.

2. Der Konditional ist eine **umschriebene Form**, gebildet aus dem Konj. II von werden und dem Inf. I (= Inf. Präs.) bzw. dem Inf. II (= Inf. Perf.) des betreffenden Vollverbs. Die so gebildeten beiden Konditionalformen geben **zwei** unterschiedliche **Zeitstufen** oder Zeitverhältnisse an:
   a) der **Konditional I** bezieht sich auf die Gegenwart oder die Zukunft; er zeigt einen Vorgang als **gleichzeitig** oder **zukünftig**;
   ▷ ich *würde abreisen;* du *würdest schreiben* (jetzt, heute, morgen, übermorgen, später).
   b) der **Konditional II** bezieht sich auf jetzt oder auch künftig Vergangenes; er zeigt einen Vorgang als **vorzeitig** an.
   ▷ sie *würde abgereist sein;* wir *würden geschrieben haben* (vorhin, gestern, neulich).

3. Der Konditional ist häufig **Ersatzform** für die mit werden umschriebenen Konjunktivformen, sofern diese mit dem entsprechenden Indikativ übereinstimmen. Dabei ersetzt der **Konditional I** den **Konj. Futur I**, der **Konditional II** den **Konj. Futur II**.
   ▷ Konj. Futur I: Sie hatten versprochen, daß sie sich ganz nach uns *richten würden,* (und halten sich nun nicht daran). Er behauptet, sie *würde* für ihn *aussagen* (doch steht es nicht fest). Es wäre gut, wenn du bald fertig *(werden) würdest*.
   Konj. Futur II: Du meinst doch nicht, ich würde das Buch zuende gelesen haben, bis du wiederkommst?

4. Im übrigen ist der **Konditional I gleich**bedeutend mit dem **Konjunktiv II**, der **Konditional II gleich**bedeutend mit dem **Konjunktiv Perfekt II**, doch drückt er den Modus der bedingten Möglichkeit verstärkt aus. Der **Konditional I** ist häufig Ersatzform für den **Konjunktiv II**, insbes. bei Übereinstimmung des Konj. II mit dem Ind. Prät. wie stets bei schwachen Verben oder bei ungebräuchlichen Formen des Konj. II; der Konj. Perf. II ist dagegen nie mit dem Ind. Plusqpf. zu verwechseln, der **Konditional II** daher als Ersatzform entbehrlich und **selten** gebraucht.
   ▷ Wenn ich Geld hätte, *würde* ich ein Haus *kaufen (statt: kaufte* ich ein Haus*).* Wenn wir könnten, *würden* wir *fliehen (statt: flöhen* wir*).* Auch wenn Sie weiter *graben würden (statt: grüben), würden* Sie nichts *finden.*

5. Als Modus der bedingten Möglichkeit steht der Konditional besonders häufig in Sätzen, die eine **Bedingung** enthalten, sei es in einem Wort oder Satzteil, sei es in einem Gliedsatz (Bedingungssatz, ↗ 272/3). Ein solcher Bedingungssatz steht im allgemeinen nicht im Konditional, sondern im Konj. II oder Konj. Perf. II, doch setzt sich auch hier der Konditional I als Ersatzform für den Konj. II immer mehr durch. Er steht aber nie beim fiktiven Vergleich (↗ 79/8b; 270/4).
   ▷ Unbesehen *würde* ich das nicht *glauben.* Ohne deine Hilfe *würde* mir das nie *gelingen.* Mit etwas mehr Geduld *würdet* ihr euer Ziel *erreicht haben* (häufiger: *hättet* ihr euer Ziel *erreicht*). Wenn ich genau Bescheid *wüßte* (nicht: *wissen würde*), *würde* ich mich sofort *entscheiden;* aber: Wenn du uns *helfen würdest* (statt: *hülfest*), *würden* wir uns *freuen.* Was *würdest* du *tun,* wenn dich jemand *bedrohen würde?* (auch: *bedrohte*). –

6. Der Konditional, insbes. der Kondit. I, steht oft in vorsichtiger oder **unverbindlicher Aussage,** auch in **höflicher Frage.**
   ▷ Diesen Wein *würde* ich Ihnen nicht *empfehlen.* Ich *würde sagen,*...Würden Sie bitte *eintreten.* Was *würden* Sie dazu *meinen?* Was *würde* Vater wohl *gesagt haben?*

12.3. Der Imperativ

1. Der Imperativ ist die Aussageweise (der Modus) der (subjektiven) **Notwendigkeit**. Er drückt Befehl, Erlaubnis, Verbot, Warnung oder Bitte aus.

2. Der Imperativ hat nur für die 2. Pers. Sing. eigene Formen, bei starken Verben häufig mit E-Wechsel. Für die 2. Pers. Plur. dient die Form des Ind. Präs. als Imperativ, manchmal mit unbetontem -e- in der Endung. Zur Bildung der Imperative ↗ 35/6 u. 7; 38/3; 45/6; 61/5.

3. Der Imperativ steht gewöhnlich **ohne Personalpronomen**. In der höflichen **Anrede** mit **Sie** (Sing. u. Plur.) und zur Hervorhebung steht jedoch das Pronomen, und zwar **nachgestellt**, ebenso nähere Bestimmungen, insbes. die Verneinung des Imperativs.

    ▷ *Lies* lauter! *Geht* nach Hause! *Achtet* auf die Verkehrszeichen! *Seid* ja vorsichtig! *Sei* du es nur auch! *Geht* ihr schon vor! *Erinnre* dich doch endlich! *Steigt* ja nicht aus! *Lüge* nicht! *Treten Sie* näher! *Seien Sie* ganz unbesorgt!

4. Der Imperativ steht selten im **Passiv**. Er wird dann meist mit *sein*, seltener mit *werden* umschrieben:

    ▷ „Nun *sei gegrüßt* viel tausendmal!" „Nun *sei bedankt*, mein lieber Schwan!" „*Seid umschlungen*, Millionen!" *Gelobt sei* (werde°) Gott!

5. Häufig wird der Imperativ **mit sollen umschrieben** und dabei verstärkt. Hier gibt es auch Formen für die 3. Pers. Sing. und Plur., außerdem ein Präteritum. In **abhängigen Sätzen** wird der Imperativ **immer** mit dem Konj. von *sollen* umschrieben (↗ 265).

    ▷ *Du sollst* endlich aufhören! *Er soll* sofort kommen! *Ihr sollt* gewissenhafter arbeiten! *Sie sollen* besser aufpassen! „*Du sollst* nicht töten!" – *Du solltest* gestern schon kommen! *Sie sollte* bis gestern zu Hause bleiben. – Passiv: Gepriesen *sollst* du sein! – Die Mutter sagte: „Klaus, fahr in die Stadt und kaufe dir einen neuen Anzug." wird zu: Die Mutter sagte, Klaus *solle* in die Stadt fahren und sich einen neuen Anzug kaufen. – Der Vater rief: „Klaus und Inge, beeilt euch!" wird zu: Vater rief, Klaus und Inge *sollten* sich beeilen.

6. Zur Umschreibung eines **nachdrücklichen** Befehls dient *werden* (Futur I, ↗ 74/3.), manchmal auch *wollen,* beide oft in Frageform, oder es steht der Ind. Präs. (↗ 71/5).

    ▷ *Du wirst* sofort abreisen! *Wirst/willst* du wohl! (zu ergänzen ein Inf. wie: gehorchen, herkommen, still sein...). *Wird er* endlich aufhören?!, *Werdet/wollt ihr* jetzt bald Ruhe geben?! – Nein, *du bleibst* da! *Er verläßt* sofort mein Haus! *Ihr geht* schon vor!

7. Imperative, insbes. Aufforderungen, die der **1. oder 3. Pers. Sing. oder Plur.** gelten, werden mit dem Ind. Präs. der Modalverben *lassen, mögen, sollen, müssen* umschrieben; oder es steht der Konjunktiv I, oft mit unpersönlichem *man*. Für die 1. Pers. Plur. steht oft auch der Ind. Präs. mit nachgestelltem *wir*.

    ▷ *Laßt uns* Freunde sein! *Lassen wir uns* nicht einschüchtern! Er *mag* eintreten! *Sollen* sie nur kommen! *Wir müssen* uns endlich entscheiden! *Man* fange an! *Man* nehme eine Prise Salz! – *Gehen wir! Fangen wir* doch an!

8. Für den Imperativ steht oft auch a) ein **Infinitiv,** b) ein **Partizip II,** c) ein **Nomen** oder **Adverb,** d) ein alleinstehender **Gliedsatz,** meist mit *daß*.

    ▷ a) Aufstehn! Weitergehn! Ziehen! – b) Aufgestanden! Aufgepaßt! Rauchen verboten! – c) Vorsicht! Achtung! Zurück! Lauter! – d) Daß du mir ja kommst!

9. **Verbote** stehen oft mit dem verneinten Ind. Präs von *dürfen* oder als verneinter Infinitiv.

    ▷ Du *darfst* den Mut *nicht* verlieren! Ihr *dürft nicht* ungeduldig werden! Nicht aus dem Fenster lehnen! Nicht abspringen! Nicht werfen!

13. Der Gebrauch der Nominalformen

13.1. Der Infinitiv (die Grundform)

1. Der Infinitiv wird verbal und als Substantiv gebraucht. Über den Infinitiv als Stammform bei der Konjugation ↗ 34/3 und 36/1.

2. Es gibt im Deutschen **zwei** Infinitive, beide im Aktiv und Passiv (also insgesamt vier Infinitivformen). Sie bezeichnen verschiedene **Zeitstufen**:
   a) der **Infinitiv I** (= Inf. Präs.): *loben* (Aktiv), *gelobt werden* (Passiv) bezieht sich auf die Gegenwart oder auf die Zukunft, er zeigt ein Geschehen als **gleichzeitig** oder **zukünftig**. Dabei wird der Inf. I Akt. manchmal auch passivisch gebraucht.
   ▷ Hörst du/hörtet ihr, den Sänger *singen* (Aktiv). Ich höre/hörte das Lied gern *singen* (passivisch gebr. Inf. Akt.). *Betrogen werden* ist unerfreulich (Passiv).
   b) der **Infinitiv II** (= Inf. Perf.): *gelobt haben* (Aktiv), *gelobt worden sein* (Passiv) bezieht sich auf die Vergangenheit; er zeigt ein Geschehen als **vorzeitig**.
   ▷ Das wird er *gewesen sein* (Aktiv). Das Leben *genossen haben,* ist wichtig (Aktiv). Einmal *geliebt worden sein,* darauf kommt es an (Passiv).

3. Der Infinitiv steht entweder ohne *zu* als **reiner Infinitiv,** oder mit *zu* als **präpositionaler Infinitiv.** In beiden Fällen können zum Inf. noch weitere Bestimmungen hinzutreten; er ist dann ein **erweiterter Infinitiv.** (Objekte, Komplemente, adverbiale Bestimmungen oder Attribute, ↗ 279f.).

4. Der verbal gebrauchte reine Infinitiv **ohne zu** steht als **Objekt** oder als prädikative Ergänzung (↗ 218/3i) bei Verben modifizierenden Charakters, und zwar:
   a) bei den Modalverben und bei dem modal gebrauchten Verb *lassen;*
   ▷ Sie *kann* gut *kochen.* Er *sollte* lieber *arbeiten* als spielen. Hier *darf* nicht *geraucht werden.* Sie *soll* einen Ausländer *geheiratet haben.* Das *muß* nicht so *gewesen sein.* Bei euren Nachbarn *soll eingebrochen worden sein. Laß* die Kinder doch im Garten *spielen!* Er *ließ* sich einen neuen Anzug *machen.*
   b) bei *machen* und fast immer bei *heißen, helfen, lehren* und *lernen;* auch bei *nennen;*
   ▷ Deine Drohung *macht* mich *lachen.* Da *heißt* es *abwarten.* Ihn nicht einzuladen, *hieße* ihn *beleidigen.* Und das *heißt* du/*nennst* du pünktlich *sein?* Er *hieß* die Kinder *schweigen.* Niemand *hat* dich *lügen heißen.* Er *half* mir den Zaun *streichen.* Walter *lehrt* seine Kinder *schwimmen.* Viele Kinder *lernen* heute schon sehr früh *schwimmen.*
   c) bei den Verben der Sinneswahrnehmung wie: *fühlen, hören, sehen, spüren;* auch bei *finden* und *(be)merken;*
   ▷ Er *fühlte* ihren Puls kaum noch *schlagen. Hörst* du sie in der Küche *singen?* Ich *habe* ihn nicht *kommen sehen,* aber ich *sah* ihn *gehen.* Wir *fanden* ihn krank im Bett *liegen* (auch Part. I: *liegend*).
   d) bei Verben (meist Bewegungsverben), die ein Verhalten im Raum angeben wie: *fahren, führen, gehen, reiten, schicken, sich legen,* oft bei *bleiben* sowie idiomatisch auch bei *haben* und *kommen;*
   ▷ Wir *fuhren/gingen* im Wald *spazieren.* Kinder, *geht spielen!* Sie *ist* nicht selbst *einkaufen gegangen,* sondern *schickte* ihre Tochter Milch und Eier *holen. Leg* dich endlich *schlafen!* Er *blieb sitzen.* Ich *habe* dein Bild dort *hängen. Kommt* ihr mich mal *besuchen?*
   e) der reine Inf. ohne *zu* steht auch als **Subjekt,** nicht zu verwechseln mit dem substantivierten Infinitiv (↗ 83/7).
   ▷ Unreife Früchte *essen* ist ungesund. Das Leben *genossen haben,* ist wichtig. *Betrogen werden* ist unerfreulich. Feinden *verzeihen* ist edel.

5. Der präpositionale Infinitiv **mit zu** steht verbal als **Objekt** oder als prädikative Ergänzung:
   a) bei allen übrigen Verben, auch bei *brauchen* / ↗ 23/6) und den Hilfsverben *haben* (Akt., ↗ 17,3a) und *sein* (Pass., ↗ 17/3b), ferner bei *helfen, lehren* und *lernen* (↗ 82/4b), wenn der Inf. stark erweitert ist, außerdem bei Prädikatsadjektiven (↗218/3a);
   ▷ Ich rate euch, noch etwas *zu warten*. Man *braucht* sich nicht *zu wundern*, wenn er euch jetzt nicht hilft. Ich *habe* heute sehr viel *zu tun*. Die Anordnung *ist* genau *zu befolgen* (Passiv: = muß befolgt werden). Das *bleibt abzuwarten* (ebenfalls Passiv: = muß abgewartet werden). – Er *half* mir, an der überfüllten Universität einen Studienplatz *zu finden*. Man sollte seine Kinder *lehren*, sich überall höflich *zu verhalten*. Wir haben gelernt, uns überall höflich *zu verhalten*. – Es ist *gut zu wissen*, daß... Es wäre *falsch zu behaupten*, daß... Er ist nie *bereit zu helfen*.
   b) nach Substantiven wie *Lust, Mut, Eifer, Gelegenheit, Neigung, Zeit* u. a.;
   ▷ Wir hatten keine *Lust zu kommen*. Er zeigte keinerlei *Neigung nachzugeben*. Erst morgen habe ich *Zeit und Gelegenheit*, Sie *anzuhören* und mich mit der Sache *zu befassen*. Sie hatte die *Unverschämtheit*, mir ins Gesicht *zu lügen*. Hast du den *Mut*, dich an dieses Projekt *zu wagen*?
   c) auch als **Subjekt** (↗ 82/4e), insbes. bei stark erweitertem Inf. und immer, wenn das Scheinsubjekt *es* vorausgeht und der Inf. nachfolgt.
   ▷ Jetzt in der Innenstadt einen Parkplatz *zu finden* ist aussichtslos. Wäre *es* nicht besser, am Stadtrand *zu parken*? Ist *es* nicht wichtig, sein Leben richtig *genossen zu haben*? *Es* ist unerfreulich, *betrogen zu werden*. *Es* ist edel, seinen Feinden *zu verzeihen*. *Es* war ihr wichtig, einmal im Leben *geliebt worden zu sein*.
   d) häufig mit den Präpositionen *ohne, (an)statt* und insbes. *um;*
   ▷ *Statt/anstatt herbeizueilen* und *zu helfen*, stand er unschlüssig da, *ohne* einen Finger *zu rühren*. *Ohne* sich *umzusehen*, ging er weiter. Sie reiste ab, *ohne* ihn noch einmal *gesprochen zu haben*.

6. Der Infinitiv mit **um zu** steht:
   a) zum Ausdruck der **Absicht** und des Zwecks, bei gleichbleibendem Subjekt (sonst: *damit/daß*, ↗ 271; 279/4a);
   ▷ Wir fuhren zum Bahnhof, *um* unsere Gäste *abzuholen*. Sie hört genau zu, *um* alles richtig *zu verstehen*.
   b) zum Ausdruck der **Folge** nach Adj. +*genug* und nach *zu*+ Adj.
   ▷ Du bist alt genug, *um* das *zu verstehen*. Sie ist zu alt, *um* noch einmal *umzuziehen*.

7. Als **Substantiv** ist der Infinitiv immer **Neutrum**. Er steht nur im **Singular,** wird mit oder ohne Artikel gebraucht und nach der 1. Deklinationsgruppe (↗ 124/2b) **stark** dekliniert. Er steht oft nach Präpositionen wie: *am, ans, beim, im, ins, vom, zum* und drückt dann meist den Ablauf eines Geschehens (Verlaufsform, durativ) oder das Geraten in einen Zustand (ingressiv) aus (↗ Aktionsarten, ↗ 75).
   ▷ Mit einem *Lächeln* des *Verstehens* hörte er zu. Ich bin *beim (am) Aufräumen* (durativ). Das Auto kam *ins Schleudern* (ingressiv), kam aber dann *zum Stehen* (perfektiv). Es war *zum Verzweifeln!* Das Ufer liegt *zum Greifen* nahe. Er war fast *am Ertrinken*. Sie liegt *im Sterben*. Das kommt *vom Rauchen*.

8. Der substantivierte Infinitiv bezeichnet das ablaufende oder gerade angefangene Geschehen, damit verwandte Verbalsubstantive bezeichnen das Ergebnis dieses Geschehens: *Das Fahren – die Fahrt, das Lärmen – der Lärm, das Hoffen – die Hoffnung.*
   ▷ Lautes Lärmen drang durch die Nacht; aber: Der Lärm war unerträglich.

13.2. Das Partizip (Das Mittelwort)

1. Das Partizip steht als **Übergangsform** in der Mitte (Mittelwort) zwischen **Verb** und **Adjektiv**, hat also teil (lat.: *particeps* = teilhaftig) an verbalen und nominalen Wortarten und steht auch als Adverb oder Substantiv. Außer seiner Verwendung in der Konjugation kann es prädikativ, attributiv, komplementär und adverbial gebracht werden, wenn auch mit einigen Einschränkungen.
   ▷ Seine Eltern haben ihn Ordnung *gelehrt*. Er ist ein sehr *gelehrter* Mann. Auch sie ist überaus *gelehrt*. Mommsen war ein berühmter *Gelehrter*. Das ist ein allzu *gelehrtes* Buch. Nimm diese *belehrenden* Worte ernst. An einer Universität gibt es *Lehrende* und *Lernende*. *Lehrend* lernt man.

2. Einige Partizipien haben ihren verbalen Charakter aufgegeben und werden ganz **wie Adjektive** prädikativ, attributiv, komplementär und adverbial gebraucht, insbes. auch verneinte Partizipien mit der Vorsilbe *un-*.
   ▷ Wer war denn alles *anwesend*? *Anwesende* sind ausgeschlossen. Die *anwesenden* Damen erhielten Geschenke. – Sie trug ein *geblümtes* Kleid. Auch ihr Schal war *geblümt* (ein Verb: *blümen* gibt es nicht). – Sie ist ein *reizendes* Mädchen. Auch ihre Schwester ist *reizend*. Beide singen ganz *reizend*. – Als Arzt ist er sehr *erfahren*. – Wir hatten ihn schon *verloren* gegeben. – Sie ist leider ein sehr *verlogenes* Geschöpf (das Verb: *verlügen* gibt es nicht mehr). – Ist er auch *verschwiegen* genug? – Einem *Unwissenden* muß man Auskunft geben. Und er ist *unwissend*. Oder stellt er sich nur so *unwissend*? Bist du auch so ein *Unwissender*? Das ist sehr *unbefriedigend*. Das war *unüberlegt*. *Unüberlegtes* Handeln schadet oft.

3. Im Deutschen gibt es **zwei** Partizipien. Sie geben unterschiedliche Zeitverhältnisse und Aktionsarten an und sind in der Regel auch nach der Aktionsrichtung unterschieden. Oft werden sie zu Partizipialgruppen erweitert (↗ 280).

4. Das **Partizip I** (= sog. Part. Präsens): *liebend, fragend, tragend*, bezeichnet den **Ablauf** oder die **Dauer** eines Geschehens oder Zustandes, und zwar als **gleichzeitig** mit der sonstigen Aussage.
   ▷ Diese ehemals *blühende* Stadt ist nun verlassen. Können wir die morgen *eintreffenden* Gäste auch alle unterbringen? Er sorgt/sorgte wie ein *liebender* Vater für uns. Sie hat/hatte wie eine *liebende* Mutter für uns gesorgt. Ich werde wie ein *liebender* Vater für euch sorgen.

5. Das **Partizip I** ist in der Regel **aktiv**. Es wird nur selten passivisch gebraucht.
   ▷ **Aktiv:** Ein *spielendes* Kind (es spielt/spielte/wird spielen/hat gespielt).
   Passiv: Nenn mir die *betreffende* Stelle (= die Stelle, die betroffen ist). Gibt/Gab es hierzu eine *stillschweigende* Voraussetzung (= eine Voraussetzung, über die geschwiegen wird/wurde).

6. Ein **Partizip I** mit überwiegend **verbal**er Bedeutung kann nicht prädikativ, sondern **nur attributiv** oder komplementär stehen.
   ▷ nicht: Das Kind war weinend; sondern nur: Das Kind weinte. Die Mutter tröstete das *weinende* Kind. Es war *weinend* nach Hause gekommen (komplementär). Nur bei Aufgabe des verbalen Charakters auch prädikativ (↗ oben 2): Das ist ja *reizend*! Ich bin ja gar nicht *abwesend*. Sein Vortrag war sehr *belehrend*. Diese Antwort ist *unzureichend*, wenn nicht *unzutreffend*. Dieser Roman ist nicht sehr *spannend*. Seid nicht so *anmaßend*! Mir geht es den Umständen *entsprechend* (komplementär).

7. Das **Partizip II** (= sog. Part. Perfekt): *geliebt, gefragt, getragen, belogen* (über seine Bedeutung als Stammform bei der Konjugation ↗34/3 und 37/3) bezeichnet die **Vollendung** (den Vollzug) eines Geschehens und den daraus hervorgegangenen **Zustand**, verhält sich also **vorzeitig** zur sonstigen Aussage.
   ▷ Dort fährt ein *beladener* Wagen (er befindet sich in einem vollendeten Zustand, dem des Beladenseins). Er ist ein *geschlagener* Mann (ein Mann, der geschlagen worden ist, auch in übertragenem Sinn; nicht etwa: ein Mann der geschlagen hat). Die *gebackene* Forelle wird sofort serviert (das Backen geschieht vor dem Servieren). Er ließ das *verunglückte* Auto abschleppen.

8. Das **Partizip II** der **transitiven** Verben ist in der Regel **passiv**. Nur in diesem Sinn kann es attributiv stehen.
   ▷ Der Student freute sich über das *bestandene* Examen; aber nicht: Der bestandene Student freute sich. – Ungebräuchlich im Deutschen auch: Der bestanden habende Student freute sich; statt dessen: Der Student, der das Examen bestanden hatte, freute sich.

9. Das **Partizip II** von **intransitiven** Verben ist dann **aktiv**, wenn sie mit *sein* konjugiert werden (↗70), d. h. einen Zustand angeben. Es steht meist prädikativ; attributiv und gelegentlich komplementär nur dann, wenn es einen vollendeten Zustand klar ausdrückt.
   ▷ Jetzt sind alle Blumen *verblüht*. Wirf die *verblühten* Blumen weg! Unser *erwachsener* Sohn kommt morgen. *Erkrankte* Kinder müssen zu Hause bleiben; aber nicht: Der schnell gelaufene Hund (denn ein vollendeter Zustand ist nicht gegeben; das kann jedoch durch Vorsilbe, Umstandsbestimmung o. ä. erfolgen): Der *fortgelaufene/entlaufene/* aus dem Haus *gelaufene* Hund wurde wieder eingefangen.

10. Das Partizip II der mit *haben* konjugierten intransitiven und auch aller reflexiven Verben erscheint nur in den umschriebenen Konjugationsformen. Ausgenommen sind auch hier alle Partizipien, die ihren verbalen Charakter aufgegeben haben (↗84/2).
    ▷ weder: die geblühte Blume; noch: die Blume ist geblüht; sondern nur: die Blume hat *geblüht,* hat *sich erschöpft;* aber: Er ist sehr *belesen,* ein sehr *belesener* Wissenschaftler. Du bist *erkältet,* und ein *erkältetes* Kind darf nicht ins Freie. Er ist weitgereist, ein *weitgereister* Mann (Aktiv!).

11. Neben den Partizipien I und II gibt es noch eine weitere partizipale Form, die auf die Zukunft bezogen ist, eine Art **Partizip Futur,** das sog. Gerundivum, das nur im **Passiv** vorkommt. Es drückt eine Notwendigkeit oder Möglichkeit aus, ist aber selten und nur von transitiven Verben gebräuchlich. Es ist zusammengesetzt aus *zu* + Part. I: *zu beziehend, zu kaufend* usw.
    Es steht **nur attributiv;** prädikativ steht dafür stets *sein zu* + Inf. I.
    ▷ Ich suche eine sofort *zu beziehende* (= sofort beziehbare) Wohnung. Diese Wohnung ist sofort *zu beziehen* (beziehbar). – Besonders schlimm ist die immer wieder *zu beobachtende* Fahrlässigkeit im Verkehr. Im Verkehr sind immer wieder Fahrlässigkeiten *zu beobachten.*

12. Parizipien, auch substantivierte, werden wie Adjektive dekliniert (↗144–147). Adverbial gebrauchte Partizipien sind unveränderlich.
    ▷ der Verwandte, des/dem/den; die/der/den/die Verwandten; ein Verwandter/eine Verwandte, eines/einer Verwandten usw. – Das Gemüse mit *siedend* heißem Wasser übergießen! Sie erschien in einem *bezaubernd* schönen Kleid.

13. Partizipien werden nur sehr selten gesteigert. Dabei tritt die Steigerungsendung bei zusammengesetzten und als Einheit empfundenen Partizipien an das Grundwort, sonst an das Bestimmungswort am Ende.
    ▷ Das schreiendste Unrecht; die schwerwiegendsten Gründe; aber: ein höhergelegener Kurort; die bestbezahlten Arbeiter.

14. Die Bildung der Verben – Arten der Wortbildung I

14.1. Ursprüngliche (einfache) und abgeleitete Verben

1. Bei der Bildung der Verben unterscheidet man **ursprüngliche** (einfache) und **abgeleitete** Verben, ferner **zusammengesetzte** Verben.

   ▷ ursprünglich: fallen   fahren   schnaufen
      abgeleitet: fällen   führen   schnüffeln
      zusammengesetzt: überfallen   verführen   beschnüffeln

2. Als **ursprüngliche** oder **einfache** Bildungen bezeichnet man die nicht zusammengesetzten Verben der **starken** Konjugation (↗44ff.), aber auch einige der schwachen Konjugation.

   ▷ stark: fließen, trinken, beißen, fahren, fallen, biegen, essen, u. a.
      schwach: reden, sagen, hören, recken, saugen, lachen, tanzen, loben u. a.

3. **Abgeleitete** Verben gehören der **schwachen** Konjugation an. Sie entstehen:

   a) aus einfachen, meist starken **Verben** (auch untergegangenen) durch Änderungen im Stammvokal (meist Umlaut oder Ablaut) und/oder auch im Stammauslaut, z.B.: *fällen, führen, schwenken, saugen,* u. a.; von untergegangenen Verben abgeleitet: *darben, fragen, haben* u. a.; weitere Beispiele ↗ unten 5–7;

   b) aus Stämmen von **Substantiven** z.B.: *schneidern, schustern, lotsen, fischen, grasen, hausen, arbeiten, pflügen* u. a.; weitere ↗ unten 5c, 87/6 u. 7;

   c) aus Stämmen von **Adjektiven** z.B.: *irren, kranken, lahmen, tollen* u. a.; weitere ↗ unten 5c, 87/6b.

   d) aus Stämmen verschiedener Wortarten durch Annahme der **Endsilben:** *-en, -eln, -ern, -sen, -schen, -zen, -igen, -ieren, -ifizieren, -isieren;* Beispiele ↗ unten 5 und 87/6b, 7, 8.

4. Durch die Ableitung verändert sich meist auch die **Bedeutung** des Ursprungswortes, bei Verben als Ursprungswörtern insbes. die **Aktionsart** (↗75).

5. **Bewirkungs**verben (**kausative** oder **faktitive** Verben) drücken aus, daß das im Ursprungswort Ausgesagte hervorgerufen, veranlaßt oder bewirkt wird. Sie sind deshalb in der Regel **transitiv**. Oft lassen sie sich mit *machen* + Komplement umschreiben. Im einzelnen gilt:

   a) Bei ihrer Ableitung von **Verben** wird der Stammvokal umgelautet;

   ▷ fällen = zu Fall bringen, fallen machen; säugen = saugen lassen/machen; tränken = zum Trinken veranlassen, trinken machen; ebenso: drängen (dringen), führen (fahren), hängen (hangen), lähmen (lahmen), legen (liegen), schellen (schallen), schwemmen (schwimmen), senken (sinken), setzen (sitzen), sprengen (springen), wälzen (walzen) u. a.

   b) Bei einigen Ableitungen aus Verben ändert sich auch der Stammauslaut (Konsonant); auch die Bedeutung dieser Bewirkungsverben ändert sich dabei meist stärker.

   ▷ ätzen (,essen' machen), beizen/bitzeln (,beißen' machen), nutzen/nützen (genießen), schwenken (schwingen machen), schwitzen (von: schweißen) u. a.

   c) Bei der Ableitung von Nomina (**Substantiven** oder **Adjektiven**) stehen Bewirkungsverben mit der einfachen Infinitivendung **-en** oder mit Stammerweiterung auf **-igen,** häufig auch mit Vorsilben (meist *be-*). Beide Bildungen kommen auch nebeneinander vor und bezeichnen dann einen Bedeutungsunterschied.

▷ **Von Substantiven:** enden = ein Ende machen; ängstigen = Angst machen; ebenso: bahnen (Bahn), dampfen (Dampf), qualmen, rauchen, rosten, rußen, spielen, wirtschaften u. a., – bändigen (Band), peinigen (Pein).
Von Adjektiven: öffnen = offen machen; reinigen = rein machen; ebenso: bleichen, schwächen, stärken, wärmen, kürzen, lösen, runden, töten, trüben; auch stärker verändert: füllen (voll), leuchten (licht), netzen (naß). – festigen, sättigen; (be)schönigen, (be)sänftigen u. a.
Doppelbildungen: (be)frieden/(be)friedigen (Friede), (be)lasten/(be)lästigen (Last), schaden/schädigen (der Schade).

d) Einige Bewirkungsverben sind aus der zweiten Stufe des gesteigerten Adjektivs abgeleitet und stehen oft noch mit der Vorsilbe *ver-*, seltener *zer-*.

▷ bessern (= besser machen), lindern, mindern, mildern, (sich) nähern, schmälern u. a.; verbessern (= besser machen), verschönern, vergrößern, verkleinern, zerkleinern u. a.

6. Eine **Verstärkung** des ursprünglichen Begriffs **(intensive** Verben**)** oft auch die **Wiederholung** des Geschehens **(literative** Verben**)** wird ausgedrückt:
    a) durch Veränderung des Stammauslauts (des Konsonanten), oft verbunden mit Umlaut, (seltener E-Wechsel) des Stammvokals.

    ▷ bücken (biegen), henken (hangen), nicken (neigen), placken (plagen), rupfen (raufen), ritzen (reißen), schnitzen (schneiden), schwenken (schwingen), sticken (stechen), zücken (ziehen) u. a.

    b) durch die stammerweiternden Endsilben *-ern, -sen, -schen, -zen;*

    ▷ auf **-ern:** räuchern (rauchen), (ein)schläfern (schlafen), stochern (stechen), stottern (stoßen), plätschern (platschen), zögern (ziehen), stänkern (stinken), glitzern (gleißen); von Substantiven: ackern (Acker), hungern (Hunger), futtern/füttern (Futter); vom Plur.: blättern (Blatt/Blätter), gliedern (Glied/Glieder); von Adjektiven: (ver)düstern, (ver)finstern, (ver)bittern, auch von Komparativen, ↗ oben 5d, und von lautmalenden Naturlauten: gackern, meckern, wiehern, plappern (weitere Beispiele ↗ 39).
    auf **-sen:** hopsen (hüpfen), grausen (grauen), brausen (brauen), tapsen (tappen).
    auf **-schen:** herrschen (Herr), feilschen (feil), quatschen (quak, quaken).
    auf **-zen:** schluchzen (schlucken); ächzen (ach), jauchzen (juchhe!), duzen (du), siezen (Sie).

7. Eine **Abschwächung** des ursprünglichen Begriffs **(diminutive** Verben**)**, oft auch die **Wiederholung** oder Nachahmung eines Geschehens **(iterative,** imitative Verben**)** bewirkt die stammerweiternde Endsilbe **-eln** (↗ 39). Solche Verben haben gelegentlich einen verächtlichen Sinn.

    ▷ hüsteln (husten), lächeln (lachen); ebenso: bröckeln (brocken), grübeln (graben), häkeln (haken), klingeln (klingen), schnüffeln (schnaufen), spötteln (spotten), sticheln (stechen), tänzeln (tanzen); von Substantiven: frösteln (Frost), näseln (Nase), züngeln (Zunge); verächtlich sind: frömmeln, klügeln, künsteln (Kunst), witzeln.

8. Die immer voll **betonte** Endsilbe **-ieren** ist romanischer Herkunft. Sie erscheint vor allem bei Fremdwörtern, aber auch in Ableitungen aus dem Deutschen. Die Erweiterungen *-ifizieren* und *-isieren* stehen gewöhnlich nur bei Fremdwörtern. Alle Bildungen auf *-ieren* wirken überwiegend **kausativ** oder **faktitiv** (↗ 86/5).

    ▷ **Fremdwörter:** studieren, marschieren, diktieren, diskutieren, operieren, probieren, multiplizieren u. a.; glorifizieren, elektrifizieren; ironisieren, automatisieren, konkretisieren u. a.
    deutschstämmige Wörter: amtieren (Amt), buchstabieren (Buchstabe), hofieren (Hof), hausieren (Haus), hantieren (Hand) – alle von Substantiven; von Adjektiven: halbieren (= halb machen) u. a.; von Verben: spendieren u. a.

14.2. Zusammengesetzte Verben

1. Zusammengesetzte Verben entstehen aus ursprünglichen (einfachen) oder abgeleiteten Verben durch Zusammensetzung mit
    a) **Vorsilben,** die nicht als selbständige Wörter vorkommen: **be-, ent-** usw.
    b) selbständigen Wörtern, die wie Vorsilben gebraucht werden; ein solches Wort heißt **Bestimmungswort,** ein damit verbundenes einfaches oder abgeleitetes Verb heißt **Grundwort.**
    ▷ von ursprünglichem *fallen:* a) befallen, gefallen, entfallen, mißfallen, verfallen, zerfallen; b) anfallen, auffallen, hinfallen, überfallen, danebenfallen, herunterfallen, abfallen, ausfallen; zurückfallen, auseinanderfallen;
    von ursprünglichem *nehmen:* a) benehmen, vernehmen, entnehmen; b) abnehmen, annehmen, ausnehmen, vornehmen, vernehmen, zunehmen, entgegennehmen;
    von abgeleitetem *führen:* a) entführen, verführen; b) überführen, vollführen, vorführen, ausführen, aufführen, abführen, hinausführen.
    von abgeleitetem *sprengen* a) besprengen, versprengen, zersprengen; b) aussprengen, einsprengen, einhersprengen.

2. Zusammengesetzte Verben nach 1a, also mit Vorsilben, können ihrerseits wieder als Grundverben zu neuen Zusammensetzungen dienen:
    ▷ aus zusammengesetztem *bestellen:* abbestellen, herbestellen, vorbestellen;
    aus zusammengesetztem *erkennen:* anerkennen, zuerkennen, aberkennen;
    aus zusammengesetztem *berufen:* abberufen, zurückberufen, einberufen.

3. In zusammengesetzten Verben nach 1b steht im Infinitiv I das Bestimmungswort immer vor dem Grundwort. Das **Bestimmungswort** ist meistens eine **Präposition** oder ein **Adverb,** seltener ein **Substantiv** oder **Adjektiv.**
    ▷ Präposition od. Adverb als Bestimmungswort: hinterlassen, wiederholen, überbrücken, abreisen, ankommen, vorlesen, herstellen.
    Substantiv oder Adjektiv als Bestimmungswort: mutmaßen, lobsingen, vollbringen, vollenden, vollziehen, preisgeben, stattfinden, teilnehmen, ehebrechen, inachtnehmen, instandsetzen, radebrechen.

4. Bleibt eine Zusammensetzung in allen Konjugationsformen unauflöslich erhalten, so heißt das Verb **fest zusammengesetzt** (↗90f.), löst die Zusammensetzung sich aber in einigen Konjugationsformen auf, so heißt das Verb trennbar oder **unfest zusammengesetzt** (↗92f.); einige Verben zeigen wechselnden Gebrauch (↗94).

5. Durch die Zusammensetzung ändert sich die **Wortbedeutung** und häufig auch die **Aktionsart** eines Verbs (↗75).

6. Zahlreiche Zusammensetzungen sind perfektiv, d. h. sie bezeichnen
    a) den **Beginn** eines Geschehens **(ingressive** Verben**),** und zwar meist mit den Vorsilben: **ent-** und **er-** sowie den Bestimmungswörtern: **ab-, an-, auf-** u. a.
    ▷ **mit Vorsilben:** entbrennen = anfangen zu brennen; ebenso: entflammen, entzünden, entschlafen, entschlummern; erblühen = anfangen zu blühen; ebenso: erglänzen, erglühen, erwachen, erheben, erzittern u. a.;
    mit Bestimmungswörtern: abfahren = anfangen zu fahren; ebenso: abreisen, abflauen; anschieben = anfangen zu schieben; ebenso: anfangen, anbrechen, anlaufen, anzünden u. a.; aufblühen = anfangen zu blühen; ebenso: aufflammen, aufjauchzen, aufschreien, aufwachen u. a.;
    außerdem: losfahren, ausgehen, einschlafen u. a.
    b) den **Abschluß** eines Geschehens **(resultative** Verben**),** und zwar meist mit den Vorsilben **ge-, er-, ver-,** auch **zer-,** und Bestimmungswörtern wie **ein-, zu-** u. a.

▷ **mit Vorsilben:** gefrieren = bis zu Ende frieren; ebenso gerinnen, sich gehaben u. a.; erklettern = bis zu Ende klettern und dann oben sein; ebenso: erklimmen, ersteigen, erarbeiten, erdenken, ersinnen, erbetteln, erschleichen, erreichen, erstehen, sich ergeben, ertrinken, ertränken, ersticken, u. a.; verblühen = zu Ende blühen und dann aufhören zu blühen; ebenso: verbrennen, verschlingen, vertilgen, verschwenden, verplempern, vertun, verwirken, verschlafen, verspielen, vergehen, verwesen, verheilen, verwachsen, verbinden; zerfließen = bis zu Ende auseinanderfließen; ebenso: zerdrücken, zergehen, zersetzen, zertrennen u. a.;
mit Bestimmungswörtern: zubinden, einfrieren, auskochen, aushungern, austrocknen, auswickeln, einwickeln u. a.

7. Ein **gegenteiliges** Geschehen bezeichnen Zusammensetzungen mit den Vorsilben **ent-, miß-, ver-** sowie mit den Bestimmungswörtern **gegen-** und **wider-**:
   ▷ **mit Vorsilben:** entehren = die Ehre wegnehmen, nicht ehren; ebenso: entfalten, entfärben, entladen, entschädigen, entwaffnen, entjungfern, entmannen; mißglücken = nicht glücken; ebenso: mißachten, mißlingen, mißtrauen, mißbilligen, mißraten; verachten = nicht achten; ebenso: verkennen u. a.;
   mit Bestimmungswörtern: gegensteuern, widerraten, widersprechen, widerrufen u. a.

8. Häufig werden intransitive Verben durch die Annahme von Vorsilben, seltener von Bestimmungswörtern, **transitiv.**
   ▷ Wir *wohnen* in einem Landhaus. – Wir *bewohnen* ein Landhaus; Die Preise *sind gestiegen.* – Die Wanderer *haben* das Bergmassiv *bestiegen,* aber den Gipfel *haben* sie nicht *erstiegen.*

9. Viele Verben, die mit **Adjektiven** zusammengesetzt sind und die sich mit *werden* + Komplement oder *machen* + Komplement umschreiben lassen, sind **perfektiv;** dabei bezeichnen:
   a) die Vorsilben **er-** und **ver-** die Herausbildung, das **Entstehen** der betr. Eigenschaft;
   ▷ erblinden = blind werden; ebenso: erbleichen, erblassen, erröten, ergrauen, erkalten, erlahmen, ermüden, ermatten, erschlaffen, erstarken, erstarren; verarmen = arm (auch: ärmer) werden; ebenso: veralten, verdummen (auch: dumm/dümmer machen), verflachen, verlauten, verleiden, versauern, verstummen, verwelken, verzagen.
   b) die Vorsilben **be-, ent-, er-, ver-** das **Bewirken** des betr. Zustandes:
   ▷ befreien = frei machen; ebenso: beengen, befeuchten, beschweren, bereichern, beruhigen, befestigen; entfremden = fremd machen; ebenso: entblößen, entfernen u. a.; ermüden = müde machen/werden; ebenso: erbittern, erheitern, erfrischen, ermöglichen u. a.; verdummen = dumm machen/werden; ebenso: verflüchtigen, verfestigen u. a.; sowie die Komparativbildungen (↗ 87/5d): vergrößern, verkleinern, verschlimmern (= größer/kleiner/schlimmer machen) usw.

10. Bei einigen Verben, die mit **Substantiv**stämmen zusammengesetzt sind, bezeichnen die Vorsilben **be-** und **ver-,** daß etwas od. jemand mit dem versehen wird, was das Substantiv aussagt.
    ▷ be-dachen = etw. od. jem. mit einem Dach versehen; ebenso: bedecken, begrenzen, beherbergen, beschatten, besolden, besohlen, beurlauben; vom Plural: begeistern, bevölkern u. a.; verschleiern = mit einem Schleier versehen/zudecken; ebenso: vernageln, vermauern, vergolden, versilbern u. a.

14.2.1. Fest (untrennbar) zusammengesetzte Verben

1. Die fest zusammengesetzten Verben verteilen sich auf **zwei Gruppen,** je nach der Art ihrer Zusammensetzung und nach ihrer Betonung.

2. Die **erste Gruppe** enthält Verben, die auf dem Grundwort betont sind und wie dieses Grundverb konjugiert werden, jedoch immer **ohne** die Vorsilbe **ge-** im Part. II; es sind dies:

   a) alle Verben mit den **unbetonten Vorsilben** be-, emp-, ent-, er-, ge-, ver-, zer-, auch mit unbetontem *miß-;*

   ▷ besuchen, entführen, empfinden, erleben, gebrauchen, vernehmen, zerstören, mißachten, mißfallen, mißgönnen, mißtrauen u.a.; auch solche, die aus Substantiven oder Adjektiven entstanden sind wie: bedachen (Dach), befreunden (Freund), belauben/entlauben (Laub), entblättern (Blätter), gestatten (Statt); verarmen (arm), zerkleinern (klein), entblößen (bloß) u.a.

   b) die fünf mit **unbetontem voll-** zusammengesetzten Verben: *vollbringen, vollenden, vollführen, vollstrecken* und *vollziehen;*

   c) alle Verben mit einer Präposition oder einem Adverb als **unbetontem Bestimmungswort,** z.B. *widerrufen, widersprechen, widerstehen, hinterlassen, wiederholen* u.a.

3. Die Zusammensetzungen mit der Vorsilbe **miß-** stehen in der Regel mit unbetontem *miß-* und daher ohne *ge-* im Part. II. Werden sie aber mit großem Nachdruck gebraucht, so wird das *miß-* betont, und das Part. II steht mit *ge-,* gewöhnlich vor dem *miß-,* in Einzelfällen auch zwischen dem *miß-* und dem Grundwort; ähnlich auch die anfangsbetonten Adjektivbildungen: *mißgelaunt, mißgestimmt, mißgebildet, mißgeleitet.* Folgt jedoch auf betontes *miß-* vor dem Grundwort noch eine unbetonte Vorsilbe, so steht kein *ge-;* so in: *mißbehagen, mißverstehen* u.a. (bei Gebrauch dieser Wörter im Inf.+*zu* steht das *zu* jedoch zwischen dem *miß-* und dem Grundverb):

   ▷ Nein, er hat euer Verhalten nicht gebilligt, er hat es schärfstens *gemißbilligt* (auch *mißgebilligt*). Er hat unser Entgegenkommen nicht gebraucht, er hat es *gemißbraucht.* Wie sehr hat er sie *mißgeleitet!;* aber: Das habe ich *mißverstanden;* jedoch: das war gar nicht *mißzuverstehen.* Der Grund dafür ist, daß das perfektbildende *ge-* nie zu einer unbetonten Vorsilbe treten kann, vor oder nach betonter Vorsilbe jedoch möglich ist. Betonung und Sprachgebrauch schwanken auch sonst gelegentlich, so bei *liebkosen* (↗91/4b) und bei den zusammengesetzten Verben mit wechselndem Gebrauch (↗94).

4. Alle fest zusammengesetzten Verben der **zweiten Gruppe** werden **schwach** konjugiert und in der Regel auf dem **Bestimmungswort betont;** sie stehen dann **mit ge-** am Wortbeginn des Partizips II. Es sind dies:

   a) alle Verben, die nur **scheinbar** zusammengesetzt, tatsächlich aber aus zusammengesetzten Substantiven oder Adjektiven **abgeleitet** sind;

   ▷ frühstücken (Frühstück), langweilen (Langeweile), maßregeln (Maßregel), urteilen (Urteil), wehklagen (Weheklage), wetteifern (Wetteifer), wirtschaften (Wirtschaft) u.a.; ferner: rechtfertigen (mit Betonung auf der 1. od. 2. Silbe) und ebenfalls mit wechselnder Betonung (von: óffenbar): öffenbaren (mit *ge-* im Part. II), häufiger aber: offenbáren (ohne *ge-* im Part. II, ↗ s.o. 3).

   b) einige Verben, deren Bestimmungswort ein **Nomen** (meist ein Substantiv) ist:

   ▷ lobhudeln, mutmaßen, radebrechen, wetterleuchten; mit wechselnder Betonung auch: lustwandeln, willfahren; ferner: weissagen; mit wechselnder Betonung: liebkosen; immer mit unbetontem Bestimmungswort und daher ohne *ge-* im Part. II: frohlocken/hat frohlockt.

5. Zur **Konjugation** der fest zusammengesetzten Verben (↗ auch 93).
   a) die wichtigsten **Nominalformen**:

Gruppe	Infinitiv I	Inf. I + zu	Partizip II
eins	besuchen (schwach) empfinden (stark) vollstrecken (schw.) widersprechen (st.)	zu besuchen zu empfinden zu vollstrecken zu widersprechen	besucht empfunden vollstreckt widersprochen
zwei	frühstücken (schw.) wirtschaften (schw.) mutmaßen (schw.) liebkosen (schw.)	zu frühstücken zu wirtschaften zu mutmaßen zu liebkosen	gefrühstückt gewirtschaftet gemutmaßt geliebkost/liebkóst
miß-	mißfallen (stark) mißbilligen (schwach) mißlingen (stark) mißverstehen (stark)	zu mißfallen zu mißbilligen zu mißlingen mißzuverstehen	mißfállen/mißgefallen (ge)mißbilligt/mißgebilligt mißlúngen/mißgelungen mißverstanden

b) die wichtigsten **Personalformen**:

Gruppe	Präsens Ind.	Präteritum Ind.	Imperativ
eins	ich besuche du empfindest er vollstreckt sie widerspricht	ich besuchte du empfandest er vollstreckte sie widersprach	besuche! empfindet! vollstrecken Sie! widersprich nicht!
zwei	es frühstückt wir wirtschaften ihr mutmaßt sie liebkosen	es frühstückte wir wirtschafteten ihr mutmaßtet sie liebkosten	frühstückt! wirtschafte! mutmaße! liebkost!
miß-	er mißfällt du mißbilligst es mißlingt ihr mißversteht	er mißfiel du mißbilligtest es mißlang ihr mißverstandet	mißfalle nicht! mißbilligt! es mißlinge nicht! mißversteh' nicht!

6. **Beispiele zu Gruppe I:** Er *besucht/besuchte* seine Mutter. Er hat sie *besucht*. Oder will er sie erst *besuchen*. Nein, sie beabsichtigt, ihn *zu besuchen*. – Ich *empfinde/empfand* keine Schmerzen mehr. Ich hatte aber Schmerzen *empfunden*. Er soll noch Schmerzen *empfinden*. Er behauptet, noch immer Schmerzen *zu empfinden*.

7. **Beispiele zu Gruppe II:** Er *frühstückt* noch. Hast du schon *gefrühstückt*? Möchten Sie nicht *frühstücken*? Ich habe mir vorgenommen, heute nicht *zu frühstücken*. – Die Mutter *liebkost/liebkoste* ihr Kind. Auch ich hätte es gern *liebkost/geliebkost*. – Leider hat er das in ihn gesetzte Vertrauen nicht *gerechtfertigt*. Die Sportler haben miteinander *gewetteifert*. Sie hat schlecht *gewirtschaft*. Das haben wir schon *gemutmaßt*.

14.2.2. Unfest (trennbar) zusammengesetzte Verben

1. Unfest zusammengesetzt sind alle Verben mit **betontem Bestimmungswort**. Sie heißen auch trennbar zusammengesetzt, weil das betonte Bestimmungswort sich in einigen Konjugationsformen vom Grundwort trennt. Es sind dies:
   a) Verben mit betontem **Adverb** oder betonter **Präposition** als Bestimmungsort, wobei man noch nach einfachen und zusammengesetzten Bestimmungswörtern unterscheidet;
   ▷ **mit einfachem Bestimmungswort:** abreisen, ankommen, aufstehen, aushalten, beistehen, darstellen, einführen, fortfahren, heimkehren, herstellen, hinhalten, innehaben, mitfühlen, nachsehen, vorlesen, wegnehmen, widerspiegeln, zuschließen u.a.;
   mit zusammengesetztem Bestimmungswort: aufrechterhalten, bevorstehen, daherkommen, einhergehen, emporheben, entgegenschicken, entzweischlagen, voraussetzen u.a.; ferner alle Zusammensetzungen mit: herab-, hinab-, heran-, hinan-, herauf-, hinauf-, heraus-, hinaus-, herbei-, herein-, hinein-, herum-, umher-, herzu-, hinzu-.
   b) Verben mit einem **betonten Adjektiv** als Bestimmungswort, z.B.: festbinden, festhalten, freisprechen, hochachten, loslassen, totschlagen, gutschreiben, vollfüllen, vollpacken, wahrnehmen u.a. (↗ aber 90/2b und 4).
   c) die Verben: achtgeben, danksagen, fehlschlagen, haltmachen, haushalten, hofhalten, maschineschreiben, preisgeben, standhalten, stattfinden, stattgeben, statthaben, teilhaben, teilnehmen; ferner Verben wie:
   radfahren, kehrtmachen, hohnlachen und ähnliche.

2. Die unfest zusammengesetzten Verben werden wie ihre Grundwörter konjugiert, doch tritt im Partizip II die Vorsilbe **ge-** gewöhnlich **zwischen** Bestimmungswort und Grundwort, ebenso das *zu* beim Infinitiv I + *zu*; so ergibt sich eine große **Gruppe eins**.
   ▷ **stark:** Man wird gegen ihn *vorgehen*. Ist man schon gegen ihn *vorgegangen*? Wie gedenkst du *vorzugehen*?
   schwach: Kannst du dir das *vorstellen*? So hätte ich mir das nicht *vorgestellt*. Erlauben Sie mir, Ihnen meine Tochter *vorzustellen*?

3. Beginnt das Grundwort eines unfest zusammengesetzten Verbs mit einer **unbetonten** Vorsilbe, so steht im Partizip II **kein ge-**; beim Inf. I + *zu* steht das *zu* jedoch weiter zwischen Bestimmungs- und Grundwort: die wenigen Wörter dieser Art bilden **Gruppe zwei**.
   ▷ **stark:** Du mußt jetzt *aufstehn*. Ich bin ja schon *aufgestanden*. Wir hatten immer sehr früh *aufzustehen*; aber: Werden die Toten *auferstehen*? Wie die Evangelien berichten, ist Christus *auferstanden*. Nach dem Tode *aufzuerstehen,* ist Glaube und Hoffnung der Christen.
   schwach: Er soll den Motor *abstellen*. Er wird schon *abgestellt* sein. Vergiß nicht den Motor *abzustellen!*; aber: Er soll die Zeitung *abbestellen*. Sie wird schon *abbestellt sein*. Vergiß nicht, sie *abzubestellen!*

4. Alle unfest zusammengesetzten Verben stellen in den einfachen Personalformen (Präs., Prät. und Imperativ sowie Konj. I und Konj. II) das **Bestimmungswort** hinter das Grundwort, also ans **Satzende im Hauptsatz**; Bestimmungs- und Grundwort werden jedoch **nicht getrennt** bei Endstellung des gesamten Prädikats im abhängigen **Gliedsatz** (↗ 257).
   ▷ Jetzt *kommt* alles auf seine Hilfe *an;* aber: Ich weiß, daß es darauf *ankommt.* – Wir *kamen* schon lange vor euch *an;* aber: Niemand weiß, wann sie hier *ankamen.* – Auf seine Hilfe *käme* jetzt alles *an;* aber: Als ob es darauf allein *ankäme!* – Er *komme* glücklich *heim!;* aber: Sie schickte ihm Reisegeld, damit er ja nur zu Weihnachten *heimkomme.* – *Komm* bitte *heim!*

5. Zur **Konjugation** der unfest zusammengesetzten Verben (↗ auch 91).
   a) die wichtigsten **Nominalformen**:

Gruppe	Infinitiv I		Inf. I + zu	Partizip II
eins	voraussagen abschreiben darstellen vollfüllen stattfinden haltmachen wahrnehmen radfahren	(schw.) (st.) (schw.) (schw.) (st.) (schw.) (st.) (st.)	vorauszusagen abzuschreiben darzustellen vollzufüllen stattzufinden haltzumachen wahrzunehmen radzufahren	vorausgesagt abgeschrieben dargestellt vollgefüllt stattgefunden haltgemacht wahrgenommen radgefahren
zwei	auferlegen mitempfinden vorbereiten anerkennen	(schw.) (st.) (schw.) (gem.)	aufzuerlegen mitzuempfinden vorzubereiten anzuerkennen	auferlegt mitempfunden vorbereitet anerkannt

b) die wichtigsten **Personalformen**:

Gruppe	Präsens Ind.	Präteritum Ind.	Imperativ
eins	ich sage ... voraus du schreibst ab er stellt dar sie füllt voll es findet statt wir machen halt ihr nehmt wahr sie fahren rad	ich sagte ... voraus du schriebst ab er stellte dar sie füllte voll es fand statt wir machten halt ihr nahmt wahr sie fuhren rad	sage ... voraus! schreibt ab! stellen Sie dar! füll(e) voll! (finde statt!) macht halt! nimm wahr! fahrt rad!
zwei	ich erlege ... auf er empfindet mit wir bereiten vor ihr erkennt an	ich erlegte ... auf er empfand mit wir bereiteten vor ihr erkanntet an	erlege ... auf! empfindet mit! bereiten Sie vor! erkenne an!

6. Bei einigen unfest zusammengesetzten Verben mit unbetonter Vorsilbe im Grundwort (Gruppe zwei) werden in den einfachen Personalformen (Präs., Prät., Imperativ sowie Konj. I und Konj. II) Bestimmungs- und Grundwort heute nicht mehr getrennt; sie werden in diesen Formen wie feste Zusammensetzungen behandelt. Dieser Gebrauch ist nicht überall möglich und gilt vielfach noch als regelwidrig.
   ▷ Gott *erlegte* Hiob viele Prüfungen *auf;* aber auch: Gott *auferlegte* Hiob viele Prüfungen. – Ich *erkenne* eure Leistungen *an;* aber auch: Ich *anerkenne* eure Leistungen.

7. Weitere Beispielsätze mit unfest zusammengesetzten Verben:
   ▷ Die Vorstellung *fand* doch gestern *statt?* ich weiß nicht ob sie *stattfand.* – Ich *bereite* gerade einen Versuch *vor.* Er will nicht gestört sein, wenn er seinen Versuch *vorbereitet.* Ich bin dabei, einen Versuch *vorzubereiten.* Ist alles für den Versuch *vorbereitet? Bereite* bitte alles für den Versuch *vor!* – Beim Überqueren einer Straße soll man *achtgeben. Geben* Sie doch *acht!* Der Autofahrer hat nicht *achtgegeben.* Du denkst wohl, du brauchst nicht *achtzugeben.*

14.2.3. Zusammengesetzte Verben mit wechselndem Gebrauch

1. Viele der mit *durch-, über-, um-* und *unter-* zusammengesetzten Verben sowie auch einige andere (mit *hinter, wider-* und *wieder-*) stehen mit **wechselnder Betonung** auf Bestimmungs- und Grundwort; sie werden also sowohl als **unfeste** wie auch als **feste** Zusammensetzungen gebraucht und behandelt, und zwar jeweils in anderer Bedeutung.

2. In ihrer ursprünglichen (meist räumlichen) Bedeutung werden sie auf ihrem **Bestimmungswort** betont, sind also **unfest** zusammengesetzt (↗ 92f.); in übertragener Bedeutung werden sie auf ihrem **Grundwort** betont, sind also **fest** zusammengesetzt (↗ 90f.). Solche Verben sind:

   durchbrechen, durch**brechen**
   durchschneiden, durch**schneiden**
   durchsetzen, durch**setzen** u. a.;
   übersetzen, über**setzen**
   überholen, über**holen**
   übertreten, über**treten** u. a.;

   umkleiden, um**kleiden**
   umwandeln, um**wandeln** u. a.;
   unterhalten, unter**halten**
   unterschlagen, unter**schlagen** u. a.;
   wiederholen, wieder**holen** u. a.;
   hinterbringen, hinter**bringen** u. a.

   ▷ In einem alten Kahn *setzten* sie ans andere Flußufer *über*. Sie wurden in einem alten Kahn *übergesetzt;* aber: In jahrelanger Arbeit *übersetzte* Luther die Bibel ins Deutsche. Wer hat das Buch *übersetzt? – „Hol über,* Fährmann!"; aber: *Überhol* doch endlich diesen Lastwagen! – Mit einem Ruck *brach* er den Holzstab in der Mitte *durch.* Hat er ihn wirklich *durchgebrochen?;* aber: Die Feuerwehr *durchbrach* die störenden Zäune. Die Menge hat die Absperrung *durchbrochen. – Brechen* Sie den Holzstab *durch!;* aber: *Durchbrich* doch die Absperrung! – Die Künstlerin *kleidet* sich gerade *um;* aber: Er *umkleidet* den Heizkörper mit einem Schutzgitter. – Der Abgeordnete *trat* in die Gegenpartei *über;* aber: Aus Leichtsinn *übertrat* er eine ganze Reihe von geltenden Vorschriften. – Er saß mit *untergeschlagenen* Beinen im Sessel; aber: Er hat sich mit den *unterschlagenen* Geldern ins Ausland geflüchtet. – Es war nicht leicht, dem Verletzten den Arm *unterzuhalten;* aber: Es war mir ein Vergnügen, mich mit Ihnen *zu unterhalten. – Ich hielt* dem Verunglückten meinen Arm *unter;* aber: Dabei *unterhielt* er sich unbekümmert mit mir. – Hast du den Stuhl wieder *hintergebracht;* aber: Wer hat ihm das Geheimnis *hinterbracht?* – Sie hat sich das Buch *wiedergeholt* und alle Regeln *wiederholt.*

3. Die Unterscheidung zwischen ursprünglicher und übertragener Bedeutung ist nicht immer streng durchgeführt, z.B. bei *übersiedeln, durchbohren, durchlüften* u.a., auch bei *obliegen* u. ä.

   ▷ Sie *siedelten* nach Köln *über* = Sie *übersiedelten* nach Köln. Sie sind vor ein paar Jahren nach Köln *über(ge)siedelt* – Ihnen *lag* doch die Kassenprüfung *ob* = heute meist: Ihnen *oblag* doch die Kassenprüfung. – Vgl. auch: Er hat sich landauf, landab *durchgebettelt;* mit: Er hat das ganze Land *durchbettelt.*

15. Die Wertigkeit (Valenz) und Rektion der Verben

Übersicht

1. Viele Verben können, einige müssen ein Objekt oder mehrere Objekte als Ergänzung haben. Als Objekte stehen Nomen, Pronomen, Infinitive oder Gliedsätze (↗ 237–241; 260ff.; 278ff.); dabei bestimmt (regiert) das Verb den Kasus des Nomens (Pronomens).
2. Diese Einwirkung des Verbs auf andere Wörter im Satz heißt seine **Rektion**.
3. Derart können Verben regieren:
   a) den Akkusativ   b) den doppelten Akkusativ
   c) den Dativ   d) den Dativ und Akkusativ
   e) den Genitiv   f) den Akkusativ und Genitiv
   g) eine Präposition nebst zugehörigem Kasus (↗ 238/6)
4. Einige Verben können mit dem Nominativ als unabhängigem Kasus stehen.
5. Die Rektion des Verbs im Prädikat ist das Kernstück seiner **Wertigkeit** (Valenz), d.h. seines Verlangens und Vermögens, nähere Bestimmungen feststehender Art und Anzahl zu sich zu nehmen, und zwar Objekte, adverbiale Bestimmungen und Komplemente (↗ 14f.). Die Wertigkeit des Verbs im Prädikat bewirkt und regelt die Erweiterung und Ausgestaltung des Satzes, den sog. **Satzbauplan**, und bewirkt bestimmte **Satzbilder** (↗ 232; 239–241; 257). Je nach der Wertigkeit des Verbs im Prädikat können oder müssen also Objekte einzeln oder zu mehreren hinzutreten, auch Umstandsergänzungen (↗ 245) und Komplemente (↗ 219).
6. Ein Bedeutungswechsel des Verbs kann Valenzwechsel bewirken.

15.1. Verben mit dem Nominativ

1. Mit dem Nominativ als unabhängigem Kasus stehen die Verben:
   sein, bleiben, werden, sich dünken°, heißen und die Passivformen:
   genannt werden, gerufen werden, gescholten werden, geschimpft werden, geheißen werden und *getauft werden*.
   ▷ **Aktiv:** Mein Vater war *Kaufmann*. Ich hätte nicht *der Verantwortliche* sein mögen. Er hat vor, *Architekt* zu werden. Auch im Unglück blieb er *mein Freund*. Mein Sohn heißt *Klaus*.
   Passiv: Sie ist *Brigitte* getauft, wird aber *Gitti* gerufen. Nach so vielen Einbrüchen wurde er mit Recht *ein unverbesserlicher Einbrecher* genannt/gescholten/geheißen/geschimpft/gerufen. Diese Erzeugnisse werden *die besten ihrer Art* genannt.

2. Bei Verben, die einen Zustand oder eine Zustandsveränderung angeben, steht gewöhnlich *als* + Nominativ:
   ▷ *Als Staatsmann* ist Platon gescheitert. *Als ein* munterer und gesunder *Junge* wuchs er unter den Augen seiner Pflegeeltern auf. Sie lebte *als Gefährtin und treue Helferin* an seiner Seite. „*Als Sieger* kehre heim!" Er verließ die Tropen *als ein kranker Mann*.

15.2. Verben mit dem Akkusativ

1. Mit dem Akkusativ stehen alle **transitiven** Verben (↗ 14/5; 86/5.);

    ▷ Der Vater lobte *seinen fleißigen Sohn*. Die Mutter führt *ihre Kinder* aus. Er hat *das Bild* noch nicht aufgehängt.

2. Statt des Akkusativs kann ein **Infinitiv** mit *zu*, seltener ein Infinitiv ohne *zu*, eine **Infinitivgruppe** oder ein abhängiger **Gliedsatz** stehen; darauf weist im Hauptsatz oft das indefinite *es* (hier Akk.) als Vorläufer hin.

    ▷ Er lernt *lesen*. Wir gingen *baden*. Sie fuhren *spazieren*. Ich rate *zu warten*. Sie versteht/weiß *zu kochen*. Er versteht es, *ungeniert zu lügen*. Ich hasse es, *immer nur Ausreden zu hören*. Sie mag es nicht, *wenn man raucht*.

3. Die meisten Aktivsätze mit transitiven Verben lassen sich ins **Passiv** umsetzen. Dabei wird der bisherige Akkusativ (= Objekt) zum Nominativ (= Subjekt), und der bisherige Nominativ (= Urheber oder Ursache) steht nach der Präposition *von* im Dat. oder nach der Präposition *durch* im Akk. (↗ 76f.).

    ▷ Der fleißige Sohn wurde vom Vater gelobt. Die Kinder werden von der Mutter ausgeführt. – Der Hund biß *den Jungen;* wird zu: Der Junge wurde von dem Hund gebissen. – Ein Feuer vernichtete *den Bahnhof;* wird zu: Der Bahnhof wurde durch ein Feuer vernichtet.

4. Die meisten **reflexiven** Verben (↗ 66f.) haben das Reflexivpronomen im Akkusativ bei sich, meist noch mit einer zweiten Ergänzung; sie sind dann **zweiwertig**.

    ▷ Ich ärgere *mich* nicht mehr über dich. Sie bedankte *sich* für die Blumen. Er hat *sich* an seine neue Umgebung gewöhnt. Wir bemühten *uns* um Hilfe.

5. Viele **unpersönliche** Verben der Gemütsbewegung (↗ 68/4b) stehen mit dem Akkusativ; ebenso das unpersönliche *es gibt* (↗ 68/5).

    ▷ Es ärgert *sie*, daß er nicht kam. Es freut *mich*, daß dir mein Geschenk gefällt. Es befremdet *uns*, daß Sie sich nicht an den Vertrag halten. Reut *euch* dieser Fehler nicht? „Das kann *einen Hund* jammern." Friert es dich? – Es gibt *keine Brötchen* mehr. Gibt es *einen guten Film*? Es hätte fast *ein Unglück* gegeben. Es gab heute *keine Milch*. Es gibt *Ferien*.

6. Einige absolute Verben (↗ 14/2) können einen Akkusativ des **Inhalts** zu sich nehmen; er wiederholt umschreibend die Aussage des Verbs (sog. inneres Objekt).

    ▷ Er *geht* einen schweren *Gang*. Sie *weinte* bittere *Tränen*. Ihr *lebt* ein gutes *Leben*. Er *träumte* einen bösen *Traum*.

7. Bei reflexiven, unpersönlichen und absoluten Verben mit Akk. des Inhalts ist eine Umsetzung ins Passiv (wegen formaler oder inhaltlicher Übereinstimmung von Subjekt und Objekt) nicht möglich oder doch ungebräuchlich; ebenso **kein Passiv** bei *bekommen, erhalten, behalten, haben* (= besitzen):

    ▷ Ich bekam *Besuch*. Wir haben *ein Auto*. Er bekam/erhielt *einen Brief*.

8. Der Akkusativ steht ferner als adverbiale **Bestimmung** a) des **Maßes** auf die Frage: wieviel?, wie viele?, wie weit?, wie oft? u.a., b) der **Richtung** auf die Frage: wo?, wohin?, woher?, c) der **Zeit** auf die Frage: wann?, wie lange? (↗ 155/5.5; 244).

    ▷ a) Das Band mißt *einen Meter*. Der Tank faßt *ein halbes/einen halben Hektoliter*. Die Platte wiegt *einen halben Zentner*. – b) Er fuhr *den Berg* hinauf. Gehen Sie *diesen Weg!* – c) Ich war *den ganzen Abend* zu Hause. Was machst du *nächsten Sonntag?*

15.3. Verben mit dem doppelten Akkusativ – Akkusativ + Infinitiv

1. Die Verben: *lehren, abfragen, abhören* und *kosten* werden meist zweiwertig gebraucht. Sie haben dann einen doppelten Akkusativ, und zwar Akk. der Person + Akk. der Sache; *kosten* steht aber auch mit Dat. der Person und Akk. der Sache.
   ▷ Wer hat *dich diesen Trick* gelehrt? Der Polizist hat *uns die Einzelheiten* nacheinander abgefragt. Ich muß *dich* noch *die lateinischen Vokabeln* abhören. Das Studium kostet *den (dem°) Stipendiaten keinen Pfennig*. Diese Hilfe kostet *dich* doch nur *eine geringe Mühe*.

2. Die Verben *fragen* und *bitten* können zweiwertig gebraucht werden und stehen dann oft mit doppeltem Akusativ, häufig aber auch mit Akkusativ und einem Präpositionalfall.
   ▷ Er fragte *mich die unmöglichsten Dinge*. Ich bitte *dich* nur *eins:* sei still!; aber auch: Sie bat/fragte *ihn um* Rat. Er fragte *den Polizisten nach* dem Weg.

3. Die Verben: *nennen, rufen, schelten, schimpfen, schmähen, heißen* (= nennen)*, taufen* (= benennen)*, titulieren* stehen meist zweiwertig und haben dann im Aktiv **doppelten** Akkusativ (↗ 240). Dabei steht der zweite Akk. prädikativ, d. h. als **Komplement** (↗ 219). Im Passiv werden beide Akkusative zu Nominativen (↗ 76 f.; 95/15.1.1).
   ▷ Obwohl man ihm keine Einbrüche nachweisen konnte, nannten/schimpften/ riefen/ schalten/schmähten/hießen/titulierten die Nachbarn *ihn einen Einbrecher*. Goethes Eltern tauften *ihren Sohn Johann Wolfgang*. – Passiv: *Das Kind* wurde *Johann Wolfgang* getauft.

4. Einige zweiwertige Verben, die in anderen Sprachen mit doppeltem Akkusativ stehen, haben im Deutschen den zweiten Akk. als **Komplement** und davor ein *als* oder *für;* oder es steht nach dem ersten Akkusativ ein *zu* + Dativ (↗ 219/3b und 4). Es sind dies die Verben *annehmen als, rühmen als, preisen als, erklären für, halten für, nehmen für; wählen zu, ernennen zu, machen zu* u. a.
   ▷ Man rühmt *Herrn Dr. Schulz als den besten Chirurgen* der Stadt. Ich halte *ihn für einen Betrüger*. – Die Jungen machten *den größten zu* ihrem Anführer. Der Sportverein wählte *einen Fußballer zum* Präsidenten.

5. Nach einigen ebenfalls zweiwertigen Verben des Veranlassens und der Wahrnehmung (↗ 82/4 b–d) wie: *machen, heißen* (= befehlen)*, lassen, lehren* u. a.; *fühlen, hören, sehen, gewahren, spüren, finden* u. a. kann dem Akkusativ ein Infinitiv (ohne *zu*) folgen; so entsteht der sog. a. c. i. (von lat.: *accusativus cum infinitivo*). Bei diesem **Akkusativ + Infinitiv** verhält sich der Akkusativ zum Infinitiv inhaltlich wie ein Subjekt zu seinem Prädikat (↗ 240/4); der Infinitiv steht also prädikativ, d. h. als Komplement (↗ 219/3a). Ähnlich auch *haben* + Ortsangabe mit Verben wie *hängen, liegen, stehen* u. a.
   ▷ Die Kälte machte *mich zittern*. Lassen Sie *mich gehen!* Wer hat *dich kommen* heißen? Die Mutter lehrte *ihre Tochter kochen*. – Ich höre *ihn kommen*. Fühlst du *mein Herz klopfen?* Ich spüre *meinen Puls schlagen*. Haben Sie *den Unfall* denn nicht *kommen* sehen? Ich gewahrte *ihn* in einem Winkel *hocken* (auch mit Part. I: hockend, ↗ 82/4 d). Wir fanden *ihn* im Bett *liegen* (liegend). – Er hat ihr *Foto* auf seinem Schreibtisch *stehen*. Wir hatten hier früher viele *Bilder hängen*. Was hast du dort auf dem Schrank *liegen?*

15.4. Verben mit dem Dativ

1. Der **Dativ der Person,** seltener der Dativ der Sache (↗ 238/2), steht insbes. nach Verben zur Angabe eines **persönlichen Verhältnisses** wie Zu- und Abneigung, Nutzen und Schaden, Gemeinschaft und Trennung, sowie nach Verben zur Angabe von **räumlichen Verhaltensweisen** wie Annäherung und Entfernung, auch bei Verben des Sagens und Zuhörens, z. B.:

ähneln	entsagen	gehorchen	grollen	schaden
antworten	fehlen	gehören	helfen	schmecken
begegnen	fluchen	gelingen	huldigen	schmeicheln
danken	folgen	genügen	mißfallen	(ver)trauen
dienen	frommen	glauben	nahen	trotzen
drohen	frönen	gleichen	nützen	winken
entfliehen	gefallen	glücken	passen	zürnen u. a.

▷ *Wem* gehört dieses Buch? Das gefällt *mir* gar nicht. Das wird *dir* eher schaden als nützen. Sie gleicht/ähnelt *ihrer Mutter* sehr. Das paßt *mir* gar nicht. Paßte *ihr* das Kleid? – Wie ist er *seinen Verfolgern* entkommen/entflohen/entgangen/entwischt? – Hast du *ihm* geantwortet? Der Hund gehorcht nur *seinem Herrn.* Drohst du *mir* etwa?

2. Mit dem Dativ der Person stehen auch viele **unfest** zusammengesetzte Verben (↗ 92 f.), die mit an-, auf-, bei-, ein-, entgegen-, nach-, vor-, zu- und zuvor- gebildet sind, z. B.:

angehören	beistimmen	entgegengehen	zuhören
auffallen	beitreten	nachgeben	zugehören
aufwarten	beiwohnen	nachstellen	zukommen
beipflichten	einfallen	vorbeugen	zureden
beistehen	einleuchten	zuvorkommen	zusagen u. a.

▷ Er gehört *zahlreichen Vereinen* an. Nicht alle Anwesenden stimmten *den Vorschlägen* des Vorstandes zu. Das leuchtet *mir* ein. Wie kam der Igel *dem Hasen* zuvor? Er ging *ihr* entgegen. Wohnte sie *der Feier* bei?

3. Mit dem Dativ stehen auch die folgenden **fest** zusammengesetzten Verben (↗ 90 f.):

unterliegen	widerfahren	widerstehen	widerstreiten
widersprechen	widerraten	widerstreben	willfahren

▷ Milch widersteht *mir.* Du hast *ihm* mit Recht widersprochen. Die Wareneinfuhr unterliegt *der Zollkontrolle.* Unsere Mannschaft unterlag *den Gästen.* Ich werde *Ihrem Ansinnen* nicht willfahren.

4. Mit dem Dativ stehen auch einige **unpersönliche** Verben (↗ 68 f.), und zwar:

es ahnt mir	es (er)geht	es scheint	es tut – leid
es beliebt	es gelingt	es schmeckt	es ist – zumute
es ekelt (auch + Akk.)	es liegt	es schwindelt	es kommt – vor u. a.

▷ Geht es *Ihnen* besser? Zeichnen liegt *mir* nicht. Es tat *ihm* leid, daß er nicht kommen konnte. Es schmeckt *mir* gut. Es schien *ihr,* als ob...

5. Bei einigen anderen Verben steht der sog. **freie Dativ** (↗ 238/3) zur Angabe von Interesse, Anteilnahme oder Besitz.

▷ Dieses Buch kaufe ich *mir.* „Dem Glücklichen schlägt keine Stunde". – Das lob' ich *mir!* „Verachtet *mir* die Meister nicht!" Das war *dir* ein Könner! – *Mir* brennen die Augen (= meine Augen brennen). „Er ging *ihr* nicht ins Garn/ins Netz".

15.5. Verben mit dem Dativ und Akkusativ

1. Viele Verben können zweiwertig gebraucht werden und neben dem **Akkusativ der Sache** noch einen **Dativ der Person** haben, der den oder die Beteiligten am Geschehen benennt (↗239/2). Seltener steht auch ein Dativ der Sache neben einem Akk.

2. Hierher gehören sehr viele ursprüngliche und abgeleitete Verben, z.B.:

bieten	gönnen	nehmen	schenken	stehlen	melden
borgen	leihen	opfern	schicken	stiften	raten
bringen	leisten	rauben	schulden	widmen;	sagen
geben	liefern	reichen	senden	deuten	zeigen u.a.

   ▷ Dieser Mann hat dem *Staat* schon *manchen guten Dienst* geleistet. Wir bieten *ihm ein ausgezeichnetes Gehalt.* Sagen Sie *ihm das* bitte. Er hat *seinen Kunden/seiner Kundschaft* immer nur *gute Ware* geliefert.

3. Hierher gehören ferner sehr viele **fest** zusammengesetzte Verben mit den Vorsilben *be-, ent-, er-, ge-* und *ver-*, z.B.:

bereiten	gewähren	vergeben	erlauben	gestehen
entwenden	verschaffen	befehlen	erzählen	verbieten
entziehen	verwehren	berichten	geloben	versprechen
erweisen	verweigern	bewilligen	gestatten	verzeihen u.a.

   ▷ Die gutmütigen Eltern verziehen *ihrem Sohn seine Streiche* immer wieder. Endlich gelobte er *ihnen wirkliche Besserung.* Das Parlament bewilligte *den Beamten eine Gehaltserhöhung.*

4. Auch viele mit *ab-, an-, auf-, bei-, ein-, entgegen-, nach-, unter-, vor-* und *zu-* **unfest** zusammengesetzte Verben stehen mit Dativ und Akkusativ, z.B.:

abschlagen	beimischen	unterschieben	entgegensetzen
abtreten	einhändigen	vorlegen	vorhalten
aufbürden	eintragen	zuwenden	vortragen
beifügen	nachweisen	antragen	zumuten u.a.

   ▷ Der Buchhalter legt *seinem Vorgesetzten* jeden Tag *einen Kassenbericht* vor. Der Absatz von Arzneimitteln trug *der Firma* im letzten Jahr *hohe Gewinne* ein. Mischen Sie *dem Essig* etwas *Wasser* bei!

5. Neben dem Dativ kann nach einigen Verben statt des Akkusativs ein **Infinitiv mit zu** (seltener ohne *zu*), eine Infinitivgruppe oder ein abhängiger Gliedsatz stehen (↗96/2); oft weist darauf im Hauptsatz das indefinite *es* (hier Akk.) als Vorläufer hin.

   ▷ Der Verteidiger schlug *dem Gericht* vor, weitere Zeugen *zu hören.* Der Richter schlug (es) *dem Angeklagten* ab, weitere Zeugen *zu hören.* Man sah (es) *ihm* an, *daß* er überarbeitet war. Man kann *mir* nicht zumuten, diesen Punkt schweigend *zu übergehen/daß* ich diesen Punkt schweigend übergehe. Ich versprach *ihm,* die Angelegenheit *zu überprüfen.*

6. Manche **reflexive** Verben (↗66f.) können neben dem Reflexivpronomen im Akk. noch einen Dativ der Person (oder der Sache) haben, z.B.:
   sich widersetzen, sich unterwerfen, sich beugen, sich fügen, sich nahen, sich nähern.

   ▷ Viele widersetzten *sich dem Diktator,* die meisten aber beugten/fügten/unterwarfen *sich ihm.* Wir nähern *uns* schon *dem Meer.*

15.6. Verben mit dem Genitiv

1. Verben mit dem Genitiv sind seltener als Verben mit Akkusativ und Dativ. Einige sind veraltet, andere werden nur in gehobener oder dichterischer Sprache gebraucht. Andere sind aber durchaus üblich.

2. Folgende Verben stehen – auf die Frage: *wessen?* – mit dem Genitiv:
   bedürfen°   (ge)denken°   entraten°   ermangeln°   verlustig gehen.
   ▷ Ich bedarf dringend *Ihrer Hilfe. Ihres Beistands* kann ich nicht entraten. Seine Denkweise ermangelte *jeder Logik,* seiner Handlungsweise *jedes (jeden) Mitgefühls.* Diese Behauptung bedarf *keiner Beweise.* Im Krieg sind wir *unsrer gesamten Habe* verlustig gegangen. Am Totensonntag gedenkt man *der Toten.*

3. In einigen häufiger gebrauchten Redewendungen steht der Genitiv auch nach den Verben:
   entbehren, pflegen°, spotten, walten und nach unpersönl. es braucht.
   ▷ Seine Behauptungen entbehrten *jeder Grundlage.* Der alte Herr ist nicht zu sprechen: er pflegt *der Ruhe.* Das Ausmaß der Zerstörungen spottete *jeder Beschreibung.* Walten Sie *Ihres Amtes.* Um sie zu versöhnen, braucht es nur *eines freundlichen Wortes.*

4. Nach einigen Verben, die sonst mit dem Akkusativ oder mit einer Präposition + zugehörigem Kasus stehen, wird in gehobener Sprache der Genitiv gebraucht; es sind dies:
   a) sonst mit dem Akkusativ: *begehren* und *vergessen,*
   b) sonst mit Präposition + Kasus: *achten (auf), lachen (über), harren° (auf)*
   ▷ a) „Wie könnt' ich *dein(er)* vergessen!"; statt: dich vergessen; vgl. auch: das Vergißmeinnicht. – b) „Wir achten nicht *des Weges,* den wir treten" = Wir achten nicht auf unseren Weg. Ich lache *seiner leeren Drohungen* (= über seine leeren Drohungen).

5. Nicht selten steht nach einigen absoluten Verben (↗ 14/2 u. 3) in gewissen Redewendungen ein **adverbial** gebrauchter unabhängiger Genitiv; er gibt die **Art** eines Geschehens oder Zustandes an. (↗ 244/3).
   ▷ „Einst zogen zwei Wanderer *ihres Weges".* Gehen Sie *Ihrer Wege!* Und dieser große Künstler mußte *Hungers* sterben; ebenso: eines langsamen/qualvollen/schrecklichen/plötzlichen/schönen... *Todes* sterben; *eines Kindes* genesen u. a.

6. Ebenso häufig steht ein unabhängiger Genitiv bei den Verben: *sein, bleiben, scheinen* und *werden;* der Genitiv steht hier **prädikativ** und gibt eine **Beschaffenheit** des Subjekts der Aussage an. (↗ 218/3c).
   ▷ Regierung und Opposition waren in dieser Frage ausnahmsweise *derselben Ansicht.* Erst später wurde die Regierung *anderen Sinnes.* Sie war und blieb *des Glaubens,* daß ihr Mann unschuldig sei. Bleibt *guten Muts!* Ich bin *willens,* mich dieser Forderung zu beugen; ebenso: *guter Dinge* sein, *frohen/frohes Mutes* sein, *der Hoffnung* sein, *guter Hoffnung* sein, *guter/trüber/schlechter Laune* sein/scheinen/bleiben/werden, *reinen/reines Herzens* sein/bleiben u. a.

7. Vereinzelt (und meist veraltet) steht ein Genitiv des Besitzes bei dem Verb *sein,* z. B. in der Redewendung: *des Todes sein: Den Schmuck her, oder ihr seid des Todes!*

8. Über den Genitiv bei reflexiven Verben ↗ 101/3.

15.7. Verben mit dem Akkusativ und Genitiv

1. Einige zweiwertige Verben stehen mit einem **Akkusativ der Person** und einem **Genitiv der Sache** (↗ 239/3). Auch hier tritt der Genitiv zurück. Die betr. Verben sind entweder ungebräuchlich, oder statt des Genitivs steht ein präpositionaler Ausdruck (Präposition + zugehöriger Kasus), manchmal auch ein Akkusativ oder Dativ.

2. Einen Genitiv der Sache neben einem Akkusativ der Person haben die Verben:

   a) immer mit Gen. + Akk.:

   beschuldigen
   zeihen°
   entheben
   überführen
   belehren, aber nur in der Redewendung *eines Besseren belehren*, sonst mit *über* + Akk.

   bezichtigen
   berauben
   entkleiden°
   überheben°
   würdigen

   b) auch mit Präpos. + zughör. Kasus:

   anklagen (*wegen* + Gen.)
   entbinden (*von* + Dat.)
   entsetzen (*von* + Dat., *über* + Akk.)
   überzeugen (*von* + Dat.)
   verweisen (*aus* + Dat., *an* + Akk.)
   versichern (+ Akk. und Dat. der Person).

   ▷ a) Er wurde *eines Mordes* beschuldigt. Sie bezichtigte ihn *des Diebstahls*. Man enthob ihn *seiner Ämter* und entkleidete ihn *aller seiner Würden*. Du bist *der Lüge* überführt. Sie würdigte ihn *keines Blickes* mehr. – Er belehrte (überzeugte) mich *eines Besseren*; aber: Er hat mich *über meine Rechte als Staatsbürger* belehrt. –

   b) Er ist *des Hochverrats* angeklagt (*wegen Hochverrats* angeklagt). Der Minister hat den Professor *seiner Verpflichtungen* entbunden (*von seinen Verpflichtungen* entbunden). Er versicherte *mich seines Wohlwollens* = Er versicherte *mir sein Wohlwollen*. Er wurde *des Landes* verwiesen (*aus dem Land* ge-/verwiesen).

3. Mit dem Akkusativ des Reflexivpronomens und einem Genitiv der Sache stehen folgende **reflexive** Verben:

   sich annehmen   sich brüsten   sich erdreisten   sich vergewissern
   sich bedienen   sich entäußern°   sich erwehren   sich (ver)lohnen
   sich befleiß(ig)en   sich enthalten   sich rühmen   sich versehen°
   sich bemächtigen   sich entledigen   sich unterfangen°   sich versichern
                                              (sich unterwinden°)

   Mit dem Gen. aber oft mit präpositionalem Ausdruck statt des Genitivs stehen: *sich besinnen* mit *auf* + Akk., *sich entsinnen, sich erinnern* mit *an* + Akk., *sich erbarmen* und *sich schämen* mit *über* + Akk., *sich entwöhnen* mit *von* + Dat., *sich erfreuen an* + Akk. hat abweichende Bedeutung.

   ▷ Er enthielt sich *jeder Äußerung*. Wer enthält sich *der Stimme*? Er nimmt sich *unserer* sehr an. Man bedient sich *der Sprache* zur Verständigung. Der Diktator bemächtigte sich *aller Gewalt* im Staat. Die Sängerin konnte sich *der vielen Verehrer* kaum erwehren, aber sie rühmte sich *dessen* nie. – Leider kann ich mich weder *des Vorfalls* entsinnen noch *Ihrer* erinnern. = Leider kann ich mich weder *an den Vorfall* entsinnen noch *an Sie* erinnern. Sie schämte sich *ihrer Herkunft* (= *über ihre Herkunft*). Der Gelehrte erfreut sich *hohen Ansehens;* aber: Sie erfreuten sich *an den schönen Blumen* im Park.

4. Mit dem Akkusativ der Person und einem Genitiv der Sache stehen folgende **unpersönliche** Verben der Gemütsbewegung:

   es dauert°, es erbarmt°, es gereut°, es jammert; es gelüstet (auch mit *nach* + Dat.)

   ▷ „Laß dich nicht gelüsten *deines Nächsten Haus*". Jammert (es) dich *dieses armen Geschöpfes* nicht?

15.8. Verben mit Präpositionen nebst zugehörigem Kasus

1. Viele Verben müssen oder können ein **Präpositionalobjekt** bei sich haben, d.h. eine Präposition nebst dem zugehörigen Kasus (↗ 238/6); statt des Akk. oder Dat. kann auch ein Inf., eine Infinitivgruppe oder ein abhängiger Gliedsatz stehen (↗ 96/2), und zwar mit vorausgehendem Pronominaladverb (↗ 168f.) wie *darauf, davor* u.a. Hier werden nur die wichtigsten genannt. Verben mit einem vorangestellten * können auch ohne Präposition stehen, dann meist mit dem Akk., seltener mit dem Dat.

2. Wichtige Verben mit **Präposition + Akkusativ** sind:

*denken an	sinnen auf	sich beklagen über*
*sich erinnern an	sich verlassen auf	gebieten über
*glauben an	*(ver)trauen auf	grübeln über
sich machen an	verzichten auf	jammern über, um
sich gewöhnen an;	warten auf;	*klagen über
*achten auf	sich bedanken für	lachen über
sich belaufen auf	sich entscheiden für	nachdenken über
sich berufen auf	sich interessieren für	scherzen über
sich beschränken auf	sorgen für;	*verfügen über
sich besinnen auf	einschreiten gegen	wachen über
sich beziehen auf	verstoßen gegen	sich wundern über;
sich freuen auf, über	sich wehren gegen;	sich (be)kümmern um
hoffen auf	einwilligen in	sich bemühen um
*rechnen auf	*sich fügen in	kämpfen um, für
*schelten auf, über	sich vertiefen in	streiten um, über
*schimpfen auf, über	sich verwandeln in;	trauern um, über
*schwören auf	sich ärgern über	weinen um, über u.a.

▷ Sie klagt oft über *Kopfschmerzen.* Ich erinnere mich kaum noch an *den Vorfall.* Ich vertraue auf *Ihre Verschwiegenheit* = Ich vertraue darauf, daß Sie verschwiegen sind (↗ 168/2b). Willigt sie in *die Scheidung* ein? Ich interessiere mich für Fremdsprachen.

3. Wichtige Verben mit **Präposition + Dativ** sind:

arbeiten an	sich befassen mit	abhängen von
sich beteiligen an	*beginnen mit, von	sich erholen von
*sich (er)freuen an	sich begnügen mit	schwärmen von
erkranken an	umgehen mit	träumen von;
leiden an, unter	zögern mit;	sich auszeichnen vor, in
mitwirken an, bei	*angeln, fischen nach	erschrecken vor
sterben an	aussehen nach	*fliehen, flüchten vor
teilhaben an	duften, riechen nach	sich fürchten vor
teilnehmen an	fahnden nach	sich hüten vor
sich vergreifen an	fiebern, gieren nach	*sich schämen vor
zweifeln an;	forschen nach	(sich) scheuen vor;
bestehen aus, in;	*fragen nach	beitragen zu
sich irren in;	greifen nach	*dienen zu
*anfangen mit, von	streben, trachten nach	passen zu
aufhören mit	*suchen nach;	taugen zu u.a.

▷ Ich arbeite an *meiner Dissertation.* Hast du dich mit *diesem* Fall schon befaßt? Die Polizei fahndet noch immer nach *dem Verbrecher.* Hör auf mit *dem Geschrei!* In *Mathematik* hat er sich besonders ausgezeichnet. Ich fürchte mich nicht vor *dieser schwierigen Aufgabe* = Ich fürchte mich nicht davor, daß diese Aufgabe schwierig ist.

4. Viele Verben sind **zweiwertig** und verlangen außer dem Präpositionalobjekt noch einen **Akkusativ** (der Person oder der Sache), z. B.

abhalten von	gewöhnen an	verkaufen an
auffordern zu	hindern an	verleiten zu
benutzen zu	hinweisen auf	verlocken zu
bitten um	mißbrauchen zu	verpflichten zu
drängen zu	nötigen zu	verraten an
einladen zu	plagen mit	verteilen an
erinnern an	schreiben an	verurteilen zu
erkennen an	schützen vor	verwenden zu
ernennen zu	übertreffen in, an	warnen vor
fragen nach	überzeugen von	zwingen zu u. a.

▷ Er bat *mich* um *einen Rat*. Ich erinnerte *sie* an *ihr Versprechen*. Hat der Arzt *dich* nicht auf *die Folgen* des Rauchens hingewiesen? *Meinen Wagen* habe ich an *einen Bekannten* verkauft. Plagt er *Sie* auch mit *seiner ständigen Nörgelei*? Diese Stellung verpflichtet *dich* zu *guten Leistungen*. Am besten verwenden Sie *dieses neue Mittel* zur Wagenpflege. Fragen Sie *Ihren Tankwart* danach!

5. Einige zweiwertige Verben (darunter mehrere unpersönlich gebrauchte) haben neben dem Präpositionalobjekt noch einen **Dativ** (meist der Person), z. B.

antworten auf	es mangelt/fehlt (+Dat.) an	es liegt (+Dat.) an
berichten über/von	es gebricht (+Dat.) an	es gereicht (+Dat.) zu
erzählen von	es graut/bangt (+Dat.) vor	
raten/verhelfen zu	es dient/nützt/nutzt (+Dat.) zu	
abraten von	es ekelt/schaudert (+Dat, auch +Akk.) vor	

▷ Wenn er *Ihnen* auf *Ihr Schreiben* noch nicht geantwortet hat, müssen Sie *Ihrem Vorgesetzten darüber* berichten. Von *diesem Vorhaben* kann ich *dir* nur abraten. – Es fehlt/mangelt *ihm* einfach am *guten Willen*. Dieses neue Gerät kann *Ihnen* zu *vielerlei Zwecken* dienen/nützen/nutzen/dienlich sein/nützlich sein. Es gereicht *dir* nicht gerade zum *Lob,* daß *dir* so wenig an *Ordnung und Sauberkeit* liegt. „Heinrich, *mir* graut's vor *dir!*".

6. Zweiwertige Verben mit **doppeltem Präpositionalobjekt** sind selten, beim Passiv mit Angabe von Urheber oder Ursache etwas häufiger.

▷ Im *Kopfrechnen* zeichnete er sich *vor allen anderen* aus. Hast du mit *dem Direktor* wegen *einer Gehaltserhöhung* gesprochen? Er hat mit *mir* von *seiner Reise*/über *seine Reise* gesprochen. – Er wurde von *niemandem* im *Kopfrechnen* übertroffen. Auch ich wurde von *ihm* zum *Geburtstag* eingeladen. Durch *sein Verhalten* wurden wir zu *Gegenmaßnahmen* gezwungen.

7. Einige Verben können auch **dreiwertig** gebraucht werden; sie stehen dann meist mit Akkusativ+Dativ+Präposition mit zugehörigem Kasus, seltener mit zwei Präpositionalobjekten+Akkusativ oder Dativ.

▷ Wir wünschen *dir alles Gute* für *dein Examen*. Er gab *dem Bettler* eine *Münze* in *die Hand*. Nimm *dir* an *ihm ein Beispiel!* Heute klärt man *die Kinder* nicht mehr an *Bienen und Blumen* über *die Sexualität* auf; mit Inf. od. Gliedsatz statt Akk.: Erlauben Sie mir, *Ihnen meinen Bruder vorzustellen* (daß ich Ihnen meinen Bruder vorstelle)? Darf ich *Sie* mit *meiner Schwester* bekannt machen?

15.9. Verben mit Umstandsbestimmungen (umstandsbezogene Verben)

1. Ebenso wie viele Verben ein Objekt oder mehrere Objekte erfordern, verlangen einige Verben als **notwendige** Ergänzung (↗ 15/7) eine adverbiale Bestimmung, meist eine **Umstandsbestimmung** (↗ 242–245) des Ortes oder der Zeit, manchmal auch der Art und Weise, seltener des Grundes.
   Wortverbindungen wie: *Koblenz liegt, die Überflutung dauerte, der Unfall geschah, es hat sich ein schwerer Unfall ereignet, er benahm sich* u. a. sind unvollständig. Sie ergeben erst eine sinnvolle Aussage, wenn eine Umstandsbestimmung als notwendige Ergänzung hinzutritt.
   ▷ **mit Ortsbestimmung:** Koblenz liegt *am Rhein*. Koblenz liegt *an der Mündung* der Mosel in den Rhein. Koblenz liegt *gegenüber der Lahnmündung*.
   mit Zeitbestimmung: Die Überflutung dauerte *fast drei Wochen*. Sie hat *sehr lange* gedauert.
   mit Orts- und Zeitbestimmung: Sie brauchen *10 Minuten von hier bis* zum Bahnhof. – Meist bei Verben, die ein Ereignis angeben: *Vor kurzem* hat sich *an dieser Stelle* schon einmal ein schwerer Unfall ereignet.
   mit Angabe der Art und Weise: Koblenz liegt *verkehrsgünstig*. Er benahm sich *ungehörig*. Sie verhielt sich *sehr zurückhaltend*. Die Sache sieht *bedenklich* aus.
   mit Angabe des Grundes: Das Zugunglück geschah *infolge falscher Weichenstellung*. Zu dem Unfall kam es *aus Leichtsinn*.

2. Anders als die Objekte (↗ 96–103; 237–241) sind diese notwendigen Umstandsergänzungen in ihrem **Kasus nicht vom Verb abhängig;** meist handelt es sich um eine präpositionale Wortgruppe. Der Forderung des Verbs nach einer Umstandsergänzung kann aber auch ein Adverb oder eine Vorsilbe genügen (↗ 105/7).

3. Notwendige Umstandsergänzungen erfordern z. B. die Verben:

dauern	*heben*	*nächtigen*	*springen*
fahren	*herbergen*	*parken*	*stammen*
führen	*hocken*	*rücken*	*stehen*
fliegen	*horsten*	*schweben*	*stellen*
gehen	*kauern*	*sein* (= *weilen*)	*übernachten*
gelangen	*kriechen*	*siedeln*	*währen*
geraten	*lagern*	*sitzen*	*(ver)weilen*
hängen	*liegen*	*setzen*	*verziehen*
hausen	*legen*	*sprießen*	*wohnen* u. a.

   ▷ Morgen bin ich nicht *im Büro*, sondern *zu Hause*. Ich fahre *noch heute nach München*. Die Morgenzeitung liegt *dort auf dem Schreibtisch*. Die Sitzung dauerte *über vier Stunden. Zur Zeit* wohne ich *bei Bekannten* in Untermiete. Das soll aber nicht *lange* währen/dauern. Wie gelangt man denn *auf die andere Seite* des Flusses? *In der Innenstadt* kann man nur schlecht parken. Die Steinadler nisten/horsten/hausen *an unzugänglichen Stellen*.

   Manche dieser Verben können aber auch absolut stehen (↗ 14/2 u. 3).

4. Umstandsbezogen sind in der Regel auch folgende **reflexive** Verben:

sich abspielen	*sich begeben*	*sich erstrecken*
sich ansiedeln	*sich einfinden*	*sich hinziehen*
sich aufhalten	*sich einnisten*	*sich setzen*
sich befinden	*sich einquartieren*	*sich verkriechen* u. a.

   ▷ Der Unfall spielte sich *in Sekundenschnelle* ab, und zwar *hier* unmittelbar vor unserem Haus. Die Polizei begab sich sofort *an die Unfallstelle*. Auch viele Neugierige fanden sich *am Tatort* ein. Seit wann hält er sich *in Frankfurt* auf? Die Anden erstrecken sich *über mehr als 7000 Kilometer* durch ganz Südamerika. Die Schwerindustrie befindet sich *in Schwierigkeiten*.

5. Die notwendigen **Umstandsergänzungen** können mit anderen Bestimmungen, auch **mit Objekten** im Akk. oder Dat. oder mit Präpositionalobjekten, zusammentreten. Bei manchen der genannten Verben, insbes. bei **Bewirkungsverben,** ist das die Regel, z. B. bei:

   heben   führen   setzen   stellen   u. a.
   ▷ Bitte legen Sie *den Schlüssel* dort *auf den Tisch!* Mit vereinten Kräften hoben die Jungen *das Motorrad über den Zaun.* Hilf mir bitte, *den Schrank von der Wand* abzurücken. Der freundliche junge Mann führte *die alte Dame über die Straße.*

6. Bei Verben, die eine **körperliche Berührung** ausdrücken, z. B. bei *schlagen, klopfen, treten, küssen* u. a. nennt die notwendige Umstandsergänzung den Körperteil, der berührt wird. Die berührte Person steht im Dativ oder im Akkusativ; gegenüber dem Dativ drückt der Akkusativ dabei oft aus, daß die Berührung sehr intensiv ist oder absichtlich erfolgt.
   ▷ Der Direktor klopfte *dem Buchhalter* herablassend *auf die Schulter.* Ich trat *ihm* versehentlich *auf den Fuß;* daraufhin trat er *mich* mit voller Absicht sehr heftig *gegen das Schienbein.* Er strich *ihr übers Haar* und küßte *sie auf die Stirn.*

7. Mit einem **Adverb** oder einer **Vorsilbe** als notwendiger Ergänzung stehen häufig Verben, die einfache **Vorgänge** angeben, wie:
   gehen: aufgehen, ausgehen, fortgehen, weggehen, entgehen u. a.;
   kommen: ankommen, aufkommen, auskommen, entkommen, verkommen u. a.;
   legen/liegen: auslegen, einlegen, hinlegen; daniederliegen u. a.;
   heben: anheben, aufheben, beheben, emporheben, entheben, erheben u. a.
   setzen: (sich) hinsetzen, instandsetzen, versetzen, voraussetzen u. a.
   ▷ Meine Mutter ist *ausgegangen* (= für kurze Zeit aus dem Haus gegangen). Die Brötchen sind leider *ausgegangen.* Die Sonne *geht auf;* sie *geht unter.* Der Fehler ist mir ganz *entgangen.* – Das Paket ist nicht *angekommen* (= nicht an seinen Bestimmungsort gekommen). Der Verbrecher *entkam.* Sein Vater ist leider ganz *verkommen.* – Wie *legt* man diese Textstelle *aus?* *Leg dich* doch ein wenig *hin!* Nach dem Krieg *lagen* Handel und Wandel *danieder.* – *Setzt* euch doch *hin!* Wer hat die Maschine wieder *instandgesetzt?* – Der Fehler läßt sich leicht *beheben.* Ich habe dir noch etwas Kuchen *aufgehoben.* Wann wird die Zusatzsteuer wieder *aufgehoben?* Ein Buch ist heruntergefallen; *heb'* es bitte *auf!*

8. Nicht nur Verben, sondern auch einige (oft prädikativ gebrauchte) **Adjektive** erfordern eine Umstandsergänzung (↗ 158), z. B.:
   ▷ Ich bin erst seit ein paar Jahren *in Köln* ansässig. Gebürtig bin ich *aus Berlin.* Alle nicht *aus Köln* gebürtigen Einwohner haben es schwer, eine Wohnung zu finden. Klaus Müller, wohnhaft *in Darmstadt,* Hegelstraße 15, . . .

III. Der Artikel (Das Geschlechtswort)

1. Arten und Deklination des Artikels

1. Es gibt **zwei Arten** des Artikels:
   a) den **bestimmten** Artikel: Sing.: *der* (m), *die* (f), *das* (n); Plur.: *die* (m., f., n.).
   b) den **unbestimmten** Artikel: Sing: *ein* (m), *eine* (f.), *ein* (n.); kein Plural.

2. Der **bestimmte** (besser: bestimmende) Artikel verdeutlicht Genus, Numerus und Kasus des folgenden Substantivs; er bezeichnet
   a) Einzelwesen oder Einzeldinge einer Gattung und ist dann individualisierend.
   ▷ Hat *der Briefträger* (d.h. unser Briefträger, der jeden Morgen um 10 Uhr die Post bringt) heute nichts gebracht? Nein, *der Briefkasten* (d.h. unser Briefkasten, in den er unsere Post einsteckt) ist leer. *Die Waschmaschine* (die defekt war und gestern repariert wurde) funktioniert wieder. *Das Mädchen* (das krank war) wurde wieder gesund.
   b) eine ganze Gattung als bestimmt oder bekannt und ist dann generalisierend.
   ▷ *Der Löwe* ist der König der Tiere. *Die Waschmaschine* ist eine nützliche Erfindung. „*Die Kunst* ist lang, *das Leben kurz*". „Nicht für die *Schule*, für *das Leben* lernen wir." „Edel sei *der Mensch*, hilfreich und gut." *Die Menschen* sind alle sterblich.

3. Der **unbestimmte** Artikel verdeutlicht ebenfalls Genus, Numerus und Kasus und bezeichnet Einzelwesen oder Einzeldinge als unbestimmt oder unbekannt; er steht meist individualisierend, seltener generalisierend. Dem unbest. Artikel im Sing. entspricht Artikellosigkeit im Plural.
   ▷ *Ein Mann* steht am Tor (aber ich kann nicht erkennen, ob es der Bäcker oder der Briefträger oder sonst jemand Bekanntes oder Unbekanntes ist). *Eine junge Frau* und *ein Kind* sitzen dort hinten auf *einer* Bank. – Plural: Im Park wachsen *Bäume, Büsche* und *Blumen. Männer, Frauen* und *Kinder erholen sich dort.* – generalisierend: *Ein Kind* (= jedes Kind) könnte das begreifen.

4. Übersicht über die **Deklination** des Artikels:

<table>
<tr><th rowspan="2">Art des Artikels</th><th rowspan="2">Fall</th><th colspan="3">Singular</th><th>Plural</th></tr>
<tr><th>mask.</th><th>neutr.</th><th>fem.</th><th>m. n. f.</th></tr>
<tr><td rowspan="4">der bestimmte Artikel</td><td>Nom.</td><td>der</td><td>das</td><td>die</td><td>die</td></tr>
<tr><td>Gen.</td><td colspan="2">des</td><td>der</td><td>der</td></tr>
<tr><td>Dat.</td><td colspan="2">dem</td><td>der</td><td>den</td></tr>
<tr><td>Akk.</td><td>den</td><td>das</td><td>die</td><td>die</td></tr>
<tr><td rowspan="4">der unbestimmte Artikel</td><td>Nom.</td><td colspan="2">ein</td><td>eine</td><td>–</td></tr>
<tr><td>Gen.</td><td colspan="2">eines</td><td>einer</td><td>–</td></tr>
<tr><td>Dat.</td><td colspan="2">einem</td><td>einer</td><td>–</td></tr>
<tr><td>Akk.</td><td>einen</td><td>ein</td><td>eine</td><td>–</td></tr>
</table>

5. **Formgleich** sind:
   a) Nom. und Akk. aller Artikelformen außer dem mask. Sing.;
   b) mask. und neutr. im Genitiv Sing. und im Dativ Sing.;
   c) mask. und neutr. des unbest. Artikels im Nominativ Sing.;
   d) Gen. und Dat. des fem. Sing. (beide beim best. Artikel auch mit dem Gen. Plur.);
   e) beim best. Artikel Nom./Akk. Sing. fem. mit Nom./Akk. Plur. sowie Akk. Sing. mask. mit Dat. Plur.

2. Der Gebrauch des Artikels

1. Der Artikel steht im Deutschen am **Beginn** einer zusammengehörigen Gruppe von Wörtern, also **vor** dem Substantiv und vor allen diesem Substantiv vorangehenden näheren Bestimmungen. Jeder Artikel kündigt ein Substantiv oder eine Substantivgruppe an.
   ▷ der Herr; der große Herr; der große, fremde Herr; die große Stadt; das bekannte Buch; die inzwischen berühmt gewordenen Stummfilme; ein von seiner Arbeit besessener Schriftsteller; eine gute alte Frau; ein sehr gutes Buch; ein leuchtendes Rot; die ,,große Liegende" von Moore.

2. In gehobener und dichterischer Sprache steht manchmal ein Substantiv im Genitiv als nähere Bestimmung vor einem anderen Substantiv; dessen Artikel fällt dann weg: ,,Des Sängers Fluch" (= der Fluch des Sängers); eines Mannes Wort.

3. Der Artikel, (insbes. der bestimmte, aber auch der unbestimmte), hebt eine Person/Sache oder mehrere aus anderen hervor. Ist dies überflüssig (z. B. wenn der Artikel sich auf mehrere gleichrangige Substantive bezieht) oder nicht beabsichtigt, so kann der Artikel wegfallen; manchmal muß er wegfallen (↗ 108).
   ▷ Er war ein Freund und (ein) Helfer aller Verfolgten. An unserem Urlaubsort waren (das) Wetter, (die) Unterkunft und (die) Verpflegung ganz ausgezeichnet.

4. In **Aufzählungen** steht der Artikel meist (der Klarheit wegen) vor jedem der Substantive, vor allem dann, wenn diese inhaltlich und insbes. in Genus oder Numerus verschieden sind.
   ▷ Er ist der Freund und Berater der Familie (eine Person). Der Freund der Familie und der Nachbar kamen zu Besuch (zwei Personen). Hier sind (das) Klima und (die) Lebensverhältnisse sehr günstig; aber: Das Klima hier und auch die Lebensverhältnisse sind sehr günstig. Obwohl wir schon lange hier leben, sind (das) Haus und (der) Garten nicht unser Eigentum. Wir haben das Haus gemietet und den Garten gepachtet. Ein Keller, eine Garage und ein Gartenhaus gehören dazu.

5. Oft, z. B. in Märchen, Romanen, Novellen, Reportagen u. a., leitet der unbestimmte Artikel die Erzählung oder den Bericht ein; der bestimmte Artikel knüpft an schon Genanntes oder Bekanntes an, greift es auf und führt es weiter.
   ▷ Es war einmal ein armer Fischer. Der Fischer lebte in einer kleinen Hütte. In der Hütte gab es nur eine Stube und eine Küche. In der Küche...

6. Oft werden **Präpositionen** und ein nachfolgender Singular des bestimmten Artikels verschmolzen (kontrahiert), insbes. im **Dat.** mask. u. neutr. sowie im **Akk.** neutr., seltener im Dat. fem. und im Akk. mask., nie jedoch im Gen. und im Plur. Wie am (= an dem) auch: im, vom, zum u. a., ebenso zur (fem.); wie ans (= an das) auch: aufs, ins, übers, ums, vors u. a., ebenso übern (= über den) u. a. (↗ 192/3.1)
   ▷ Der Schreiner ging vom Garten hinters Haus zur Werkstatt. ,,Jetzt fahr'n wir übern See, übern See."

7. Als **verneinende** Form für den unbestimmten Artikel steht: **kein** (m.)/**keine** (f.)/**kein** (n.). Es wird im Sing. wie der unbestimmte Artikel dekliniert (↗ 106/4.), hat aber einen Plural (m., f., n.,): Nom.: keine/Gen.: keiner/Dat.: keinen/Akk.: keine (↗ 175; 180).
   ▷ Ich habe kein Salz und keine Milch mehr bekommen. Hast du auch keine Blumen gekauft? Ich bin mir keiner Schuld (Sing.) und keiner Fehler (Plur.) bewußt.

3. Nichtgebrauch des Artikels

Kein Artikel steht (↗ 107/3):

1. wenn ein Substantiv **verallgemeinernd** (generalisierend) gebraucht ist oder wenn es im Prädikat Beruf, Stellung, Gruppenzugehörigkeit o.ä. angibt (in anderen Sprachen steht hier oft der unbest. Artikel);

    ▷ *Intelligenz*, aber auch *Fleiß* sind wichtig beim Studium. „*Lüge* vergeht, *Wahrheit* besteht." – Mein Bruder wird *Arzt*. Sie war erst *Lehrerin*, dann *Abgeordnete*. Ihr Mann ist *Schwede*.

2. bei **Eigennamen,** die ohne Beifügung stehen; sobald der Name durch Beifügungen näher bestimmt wird, steht der Artikel;

    ▷ Ich habe *Erich* getroffen. Bei einer Reise durch *Österreich* hat er auch *Wien* besucht; aber: Ich habe *den guten alten Erich* schon lang nicht mehr gesehen. Damals hat er ja bei einer Reise durch *das Österreich der Nachkriegsjahre* auch *das zerstörte, aber immer noch schöne Wien* besucht.

    Ausnahme   Mit dem bestimmten **Artikel** stehen alle **Berg-, Gebirgs-, Fluß-, Meeres-** und **Seenamen** sowie einige Ländernamen (meist fem. oder Plur.):

    ▷ der Feldberg, der Montblanc, der Mount Everest, der Kilimandscharo, der Vesuv; der Balkan, die Eifel, die Alpen, die Karpaten, die Anden; der Rhein, die Donau, der Tiber, die Wolga, der Mississippi; der Atlantik, die Adria, die Nordsee; der Bodensee, der Eriesee, die Türkei, die Sowjetunion, das Pandschab, der Iran, die USA, die Niederlande. – *Der Rhein* fließt in *die Nordsee*. *Die Niederlande* grenzen an Belgien.

3. bei **Stoffnamen,** die allgemein gebraucht sind und eine unbestimmte Menge angeben (in anderen Sprachen steht hier oft ein Teilungsartikel);

    ▷ *Butter* wird aus *Milch* hergestellt, ebenso *Käse* und *Joghurt*. *Eisen* und *Kupfer* sind wichtige Rohstoffe. „*Gold* und *Silber* lieb' ich sehr."

4. bei **Gattungsnamen,** die für eine unbestimmte Menge stehen (in anderen Sprachen steht hier ebenfalls oft der Teilungsartikel);

    ▷ Ein Ballon wird entweder mit *heißer Luft* oder mit *Gas* gefüllt. (Die) Mutter hat das Kissen wieder neu mit *Federn* gefüllt.

5. in bestimmten feststehenden **Doppelungen** wie: Tag und Nacht, Sommer und Winter, Land und Leute, Leib und Leben, Berg und Tal, Land und Meer, Kopf und Kragen, Haus und Hof, Mann und Maus, Kind und Kegel, Schlag auf Schlag, Hand in Hand u.a.;

    ▷ Er arbeitet *Tag und Nacht*. Sie gingen *Hand in Hand* durch die Straßen. Ich möchte auf meiner Reise *Land und Leute* kennenlernen. „*Auge um Auge*."

6. in bestimmten **Redewendungen** a) mit Präposition, b) mit dem Akkusativ und c) in zahlreichen (verallgemeinernden) Sprichwörtern u.a.;

    ▷ a) zu Fuß, zu Lande, zu Wasser, bei Tag, bei Nacht, zu Hause, nach Hause, aus Schwäche, auf Borg, an Bord, an Hand (anhand), auf Erden, bei Tisch; von Anfang an, von Hause aus, zu Mittag/Abend essen u.a.;

    b) Achtung gebieten, Angst bekommen, Atem holen, Frieden schließen, Wurzel schlagen, (von etwas) Gebrauch machen, Zeit haben u.a.

    c) „*Morgenstund* hat *Gold* im Mund." „*Not* kennt kein Gebot." u.a.

7. in gewissen präpositionalen Fügungen, oft auch mit Partizipien.

    ▷ *zu Beginn* der Verhandlung; *nach Feststellung* des Schadens; *auf Anordnung* des Innenministers; *gemäß Weisung* des Arztes; *auf Empfehlung* meiner Bank. – bei passender Gelegenheit; vor versammelter Mannschaft; in geschlossener Gesellschaft; mit angewinkelten Armen.

IV. Das Substantiv – das Nomen (Das Hauptwort – das Nennwort)

1. Die Arten der Substantive – Konkreta und Abstrakta

1.1. Konkrete Substantive (Konkreta) benennen sinnlich Wahrnehmbares, Gegenständliches:

1. **Eigennamen** benennen Einzelwesen oder Einzeldinge, z.B. bestimmte Menschen, Tiere, Orte, Länder, Flüsse, Gebirge usw.: *Erich, Monika, Goethe, Ahasver; Hamburg, England, der Taunus, die Donau* u.a.; ferner geistige Schöpfungen wie: *„Faust I", „Wilhelm Tell", die „Eroica", „Aida",* auch Gruppen, geschichtliche Komplexe und Sammelwerke wie: *die Sozialdemokratische Partei Deutschlands (SPD), der Dreißigjährige Krieg, die Französische Revolution, Historische Zeitschrift, das Bürgerliche Gesetzbuch (das BGB)* u.a.

2. **Gemeinnamen,** und zwar:
   a) **Gattungsnamen** benennen eine ganze Gattung und die zugehörigen Einzelwesen oder Einzeldinge wie: *Mensch, Osteuropäer, Italiener, Tier, Hase, Baum, Tanne, Lied, Hymne, Roman, Stuhl, Liegestuhl, Staat* u.a.
   b) **Sammelnamen** fassen gleichartige Einzelwesen oder Einzeldinge zu einem Ganzen zusammen wie: *Familie, Gebirge, Armee, Vieh, Herde, Volk, Proletariat, Polizei, Wald, Küchengerät, Studentenschaft* u.a.
   c) **Stoffnamen** wie: *Butter, Milch, Wein, Eisen, Wasser, Brot, Öl...*; sie werden zu Gattungsnamen, wenn sie mit dem unbestimmten Artikel oder im Plural stehen: *französische Weine, ein Brot, ein Öl, ätherische Öle.*

1.2. Abstrakte Substantive (Abstrakta) benennen Gedachtes, Ungegenständliches und betrachten es als Dingliches, z.B.:

1. **Eigenschaften:** *Fleiß, Sorgfalt, Schönheit, Tugend, Röte, Treue* u.a.
2. **Zustände:** *Ruhe, Stille, Lärm, Frieden, Jugend (= Jugendalter, Jugendzeit)*
3. **Vorgänge:** *Reife, Verwesung, Zerfall, Schlaf, Erlebnis, Traum* u.a.;
4. **Handlungen:** *Biß, Hieb, Hilfe, Sprung, Streik, Griff* u.a.;
5. **Beziehungen:** *Feindschaft, Liebe, Entfernung, Ursache* u.a.;
6. **Vorstellungen:** *Geist, Seele, Begriff, Idee* u.a.;
7. **Künste** und **Wissenschaften:** *Malerei, Musik; Physik, Orientalistik* u.a.;
8. **Maße, Gewichte, Zeitangaben:** *Meter, Liter, Volt, Kilogramm; Stunde, Monat* u.a.

1.3. Übergänge zwischen konkreten und abstrakten Substantiven sind z.B.:
die Verwendung von Eigennamen als Maßbegriffe: *Volt, Ampere, Celsius;*
die Übertragung von Eigenschaften auf Lebewesen: *Er ist die Güte selbst;*
die Verwendung eines Wortes sowohl konkret als auch abstrakt:
die Jugend (= junge Leute) – in der Jugend (= Jugendzeit); die bewaffnete Macht (= die Armee) – Wer hat die Macht (= die Regierung)?

1.4. Große Anfangsbuchstaben für Substantive und alle Wörter, die als Substantive gebraucht werden, sind noch immer die Regel: *der Mensch; das Lesen; das Wahre, Schöne, Gute; das Wenn und Aber; das A und O; eine Sie.* Viele schreiben aber schon heute nur noch Eigennamen und Wörter am Satzanfang (nach einem Punkt) groß.

2. Das Geschlecht der Substantive

2.1. Natürliches und grammatisches Geschlecht

1. Jedes Substantiv hat ein Geschlecht; nach ihm richten sich auch die Begleiter und Vertreter des Substantivs, also Artikel, Adjektive und Pronomina.
2. Das **grammatische Geschlecht** (das Genus) stimmt bei männlichen und weiblichen Lebewesen meist mit ihren natürlichen Geschlecht überein, aber sehr oft besteht zwischen natürlichem und grammatischem Geschlecht keine Beziehung, z. B. bei Verkleinerungen *(das Mädchen, das Fräulein)* u. a.
3. Das grammatische Geschlecht wird durch den bestimmten Artikel angezeigt. Deshalb lernt man mit dem Substantiv auch den Artikel und so das grammatische Geschlecht.
4. Im Deutschen gibt es **drei** grammatische **Geschlechter** (Genera): das männliche/maskuline, das weibliche/feminine und das sächliche/neutrale Geschlecht; ein Substantiv ist entweder ein **Maskulinum** oder ein **Femininum** oder ein **Neutrum**.
5. Einige Substantive haben schwankendes, doppeltes oder (seltener) dreifaches Geschlecht, oft mit unterschiedlicher Bedeutung.

2.2. Maskulina (männliche Substantive) sind:

1. Namen für **männliche Lebewesen**: *der Mann, Vater, Sohn; der Hahn, Löwe, Stier;*
2. die Namen der **Jahreszeiten,** der **Monate** und der **Tage**: *der Frühling, Lenz, Sommer, Herbst, Winter; der Februar, Mai, August; der Sonntag, Mittwoch, Samstag, Sonnabend;*
3. die Namen der **Himmelgegenden** und der **Winde**: *der Norden, Süden, Osten, Westen, Südosten; der Föhn, Passat, Monsun, Tornado, Taifun;*
4. die Namen der **Witterungserscheinungen**: *der Frost, Hagel, Schnee; der Nebel, Reif, Tau; der Regen, Donner, Blitz* (aber: *das Gewitter,* ↗ 112/8);
5. die Namen der **Mineralien** und **Gesteine**: *der Feldspat, Quarz, Glimmer, Kristall; der Granit, Kalk, Schiefer, Basalt;*
6. die **Bergnamen;** auch viele, aber nicht alle Gebirgsnamen im Singular: *der Brocken, Montblanc, Vesuv; der Kniebis, Meißner, Rigi, Popocatepetl; der Taunus, der Hunsrück, der Harz, der Spessart,* aber: *die Eifel;*
7. die meisten Bezeichnungen für **Geld** und Währungen: *der Groschen, Heller, Pfennig; der Taler, Dollar, Schilling; der Peso, Gulden, Franken, Rubel* usw.

   Ausnahmen *die Mark; das Pfund;* alle Währungen auf *-e* und *-a*: *die Rupie, Drachme, Lira.*
8. Die Namen der **Automarken** (endungslos in allen Flexionsformen des Sing.) *der Mercedes, Skoda, Opel, Wolga, Jaguar, Fiat, Ford;*
9. die meisten **einsilbigen** Verbalsubstantive: *der Fall, Haß; der Bruch, Bund; der Kauf, Lauf; der Wurf, Schlag, Biß* u. a.;
10. alle Substantive auf die Endungen **-ig, -ich** und **-ling**: *der Essig, Honig, Käfig; der Bottich, Rettich, Teppich; der Sperling, Grünling, Setzling, Frühling* u. a.;
11. die meisten Substantive auf die Endungen **-el, -en** und **-er**: *der Himmel, Hobel, Meißel; der Besen, Segen, Wagen; der Bohrer, Hammer, Kratzer.*

    Ausnahmen *die Achsel, Gabel, Kugel* u. a.; *das Bündel, Mittel, Siegel* u. a.; die substantivierten Infinitive: *das Lesen* u. a.; *die Ader, Butter, Feder* u. a.; *das Alter, Feuer, Fieber, Messer* u. a.

2.3. Feminina (weibliche Substantive) sind:

1. Namen für **weibliche Lebewesen:** *die Frau, Tochter, Schwester, Tante, Dame, Mutter; die Gans, Ente, Kuh, Katze, Stute* u. a.;
   das Weib; alle Diminutiva, z. B.: *das Mädchen, Dirndl, Fräulein, Frauchen;*

2. alle Namen und Substantive auf **-in** (Plur. *-innen*) und andere weibliche Endungen wie *-euse, -ette* u. a.: *die Freundin, Tänzerin, Sängerin; die Löwin, Wölfin, Häsin; die Friseuse, Masseuse; die Soubrette;*

3. die Namen der meisten deutschen **Flüsse:** *die Ruhr, Weser, Elbe; die Lahn, Nahe, Mosel, Wupper, Sieg; die Kinzig, Tauber; die Bode, Saale, Elde; die Fulda, Werra, Aller, Leine; die Donau, Isar;*
   der Rhein, Main, Neckar; der Lech, der Inn, der Regen u. a.;

4. die Namen außerdeutscher **Flüsse** auf *-e* oder *-a* (auch *-u*): *die Warthe; die Rhone, Seine, Loire, Themse; die Morawa, Adda, Wolga; die Moldau, die Drau (Drawe);* ferner: *die Memel, die Weichsel, die Reuß, die Etsch, die Maaß* u. a.;
   die übrigen außerdeutschen Flußnamen sind meist männlich: *der Arno, Po, Tiber; der Mississippi, Ohio, Amazonas, Ganges, Hoangho* u. a.;

5. die Namen für **Schiffe** und **Flugzeuge:** *die Europa, Vaterland, Berlin, Bremen, Braunschweig, France, Queen Mary, Bismarck* (= Schiffe; aber auch: *der Iltis, Panther, Sturmvogel,* meist für Boote und Yachten); *die Boeing, Concorde, Caravelle, Iljuschin; die He(inkel) 111, die Messerschmidt 109* (= Flugzeuge; aber auch: *der Storch, Starfighter* u. a.);

6. die Namen der **Waldbäume:** *die Buche, Eiche, Linde; die Birke, Erle, Ulme; die Espe, Pappel, Rüster; die Fichte, Tanne, Kiefer, Lärche;*
   der Ahorn sowie die meisten Einzelbäume wie: *der Flieder, Holunder, Wacholder* und überhaupt: *der Baum;*

7. die Namen der **Ziffern** und **Zahlen,** wenn sie nicht als Mengenbezeichnung oder als Einheiten im Zahlensystem dienen: *die Eins, Zehn, Zwölf, Dreizehn, Zwanzig; die Hundert, Tausend, Million, Null;*
   aber: *das Hundert, das Tausend, das Dutzend* (als Mengenbezeichnung) und: *der Einer, Zehner, Hunderter, Tausender*...(als Einheit im Zahlensystem; auch Münze oder Geldschein);

8. die von Adjektiven der **Ausdehnung** abgeleiteten Substantive auf *-e:*
   die Breite, Größe, Länge, Höhe; die Dicke, Schwere, Dichte, Weite u. a.;

9. die meisten Substantivbildungen auf die Endungen **-t, -st, -de** und **-e:**
   die Fahrt, Flucht, Pracht, Schlacht; die Angst, Gunst, Kunst; die Bürde, Würde, Freude, Zierde; die Gabe, Sprache, Wiege; die Geburt, Gebärde;
   der Durst, Frost, Verlust u. a.; *das Auge, Ende, Erbe* u. a.; Substantive mit schwankender Endung: *der Glaube(n), Friede(n)* (↗ 124/1 b), sowie die Sammelbegriffe mit der Vorsilbe *Ge-* wie: *das Gefährt, Gespinst, Gebäude, Gehabe* u. a. (↗ 112/8);

10. die Sammelbegriffe und Abstrakta auf die Endungen **-ei** und **-schaft:**
    die Bücherei, Metzgerei, Reiterei; die Schweinerei, Raserei, Tändelei; die Singerei und Tanzerei; die Eigenschaft, Freundschaft, Verwandtschaft; die Ritterschaft, Bauernschaft, Studentenschaft, Herrschaft.

11. die Adjektiv- und Verbalabstrakta auf die Endungen **-heit, -keit** und **-ung:**
    die Einheit, Schönheit, Vergangenheit; die Eitelkeit, Heiterkeit, Herrlichkeit; die Hoffnung, Neigung, Übung, Überwindung u. a.

2.4. Neutra (neutrale/‚sächliche' Substantive) sind:

1. einige Namen für **junge Lebewesen:** *das Baby, Kind; das Kalb, Küken, Lamm; das Fohlen, Füllen, Ferkel* u. a.;

2. manche **Tiernamen,** die für **beide** (natürliche) Geschlechter gelten: *das Pferd, Schwein, Schaf; das Huhn, Kamel, Rind* u. a.;

3. die Namen für **Städte, Länder** und **Erdteile** (sofern sie nicht allein sondern mit einer näher bestimmenden Beifügung stehen, ↗ 108/2) sowie Namen von Landesteilen, **Landschaften** und Gebieten:
   das Rom der Antike; das alte Frankfurt; das schöne Heidelberg; das sonnige Italien; das Afrika der Zukunft; das Banat, das Elsaß u. a.;

   Ausnahmen *der Irak, Iran, Jemen; der Balkan, Peloponnes, Sudan* u. a.; ferner die Namen auf *-ie, -ei, -e: die Normandie, Türkei, Ukraine* u. a. sowie: *die Schweiz, Pfalz, Krim, Sowjetunion; die Niederlande, die USA* sind Plural;

4. die Namen der **chemischen Elemente:** *das Helium, Natrium, Kalzium, Bor; das Chrom, Mangan, Eisen, Kobald, Nickel, Blei, Wolfram, Wismut, Uran* u. a.;

   Ausnahmen *der Schwefel* und alle Bildungen mit *-stoff* wie: *der Wasserstoff, Sauerstoff* u. a.;

5. entsprechend auch die Namen der **Metalle:** *das Eisen, Nickel, Blei; das Kupfer, Platin, Silber, Gold, Zink, Zinn, Aluminium; das Messing; das Metall;*

   Ausnahmen *der Stahl; die Bronze;*

6. die Namen für größere **Hotels, Cafés** und **Kinos,** nicht immer jedoch die Namen für kleinere Gasthäuser, Restaurants, Wirtschaften, Schenken:
   das Bristol, Metropol, Plaza, Regina; das Odeon, Kranzler, Vipra; das Korso, Thalia, Skala, Europa; aber: *der Blaue Bock, der Krug zum grünen Kranze, der Wilde Mann; die Traube, die Linde* u. a.;

7. die **Substantivierungen** anderer Wortarten, insbes. **Infinitive:** *das Hören, Sehen, Verstehen, Lesen* u. a., auch **Adjektive,** sofern sie nicht umgelautet oder sonst verändert sind: *das Dunkel, Blau, Rot; das Dunkle, Blaue, Rote, Neue, Wahre, Schöne, Gute;* aber: *die Güte, Bläue, Röte* u. a. (↗ 111/7 u. 8); **sonstige:** *das Wenn und Aber; das Drum und Dran; das Ach und Weh; das Hin und Her; das All; das Nichts* u. a.;

8. die **Sammelbegriffe** mit der Vorsilbe **Ge-,** jedoch nicht alle sonstigen Bildungen mit dieser Vorsilbe: *das Gewitter, Gebirge, Gebüsch, Gemüse; das Gemisch, Gebilde, Gebäude, Gefühl* u. a.; aber: *der Gewinn* u. a., *die Gebärde* u. a.;

9. die **Diminutiva** (Verkleinerungsformen) auf **-chen, -lein, -sel** u. ä.: *das Mädchen, Hölzchen, Frauchen, Herrchen; das Fräulein, Kindlein; das Tüchelein, Wägelchen; das Mitbringsel, Überbleibsel, Häcksel* u. a.;

10. die meisten Substantive auf die Endungen **-sal, -tum** und **-nis:** *das Labsal, Schicksal, Scheusal; das Altertum, Eigentum, Heldentum; das Ereignis* (Plural: *-nisse*), *das Geschehnis, Verhältnis, Geheimnis* u. a.;

    Ausnahmen *die Drangsal, Mühsal, Trübsal; der Irrtum, Reichtum; die Fäulnis, Finsternis, Kenntnis, Erlaubnis, Bedrängnis* u. a.;

11. die von Zahlen abgeleiteten Substantive auf **-tel** (sog. **Bruchzahlen** ↗ 179/6–8) wie: *das Drittel, Viertel, Sechstel; das Hundertstel, Tausendstel;*

12. die Namen der **Buchstaben:** *das A; das Z;* „jemandem ein X für ein U vormachen"; „*das A und O*"; *das Abc; das Alphabet; das Gamma; das Psi* u. a.

2.5. Substantive mit schwankendem Geschlecht sind:

der/die° Abscheu	der°/das Häcksel	der/das Sims
der/das° Bereich	der/die°/das Halfter	der/die Spachtel (Spatel)
der/das° Bruch (= Sumpfland)	der/das Juchten	der/das° Spind
der/das Dotter	der/das° Kehricht	das/die Versäumnis
die/das° Drangsal	der/die°/das Klafter	der/die Wulst
der/das Filter	der/das Knäuel	der/das Zubehör u.a.;

ferner: *der/das° Teil* (↗ 114/1) und insbes. Zusammensetzungen damit wie: *der°/das Erbteil, Pflichtteil, Unter-, Ober-, Vorder-, Hinterteil, Ersatzteil; der Anteil, der Vorteil; das Abteil*;

sowie die Maßangaben: *der/das Meter, der/das Liter* und ihre Zusammensetzungen wie: *Millimeter, Thermometer, Tachometer, Hektoliter* usw.

2.6. Sinn- und lautähnliche Substantive mit verschiedenem Geschlecht sind:

Singular	Plural	Singular	Plural
der Backen	die Backen	das Rohr	die Rohre
die Backe	die Backen	die Röhre	die Röhren
die Ecke	die Ecken	der Scherben	die Scherben
das Eck	die Ecke	die Scherbe	die Scherben
der Karren	die Karren	der Schurz	die Schurze
die Karre	die Karren	die Schürze	die Schürzen
der Knollen	die Knollen	der Socken	die Socken
die Knolle	die Knollen	die Socke	die Socken
der Muff	die Muffe	der Spalt	die Spalte
die Muffe	die Muffen	die Spalte	die Spalten
der Pfosten	die Pfosten	der Striemen	die Striemen
die Pfoste	die Pfosten	die Strieme	die Striemen
der Pfropf	die Pfropfe	der Trupp	die Trupps
der Pfropfen	die Pfropfen	die Truppe	die Truppen
der Possen	die Possen	der Zacken	die Zacken
die Posse	die Possen	die Zacke	die Zacken
der Quell	die Quelle	der Zeh	die Zehen
die Quelle	die Quellen	die Zehe	die Zehen
der Ritz	die Ritze	der Zinken	die Zinken
die Ritze	die Ritzen	die Zinke	die Zinken

Diese Substantive haben verschiedene Geschlechter und Endungen, unterscheiden sich aber in den übrigen Formen und in der Bedeutung kaum, oft nur durch eine Einschränkung oder Spezialisierung.

▷ Er hat uns *einen Possen* gespielt. Kennst du *diese Posse* mit Gesang von Nestroy? – Der Arzt betupfte die Wunde mit einem Watte*pfropf*. Zieh' den *Pfropfen* (Stopfen, Korken) aus der Flasche! – Heißt *die Muffe* deshalb so, weil sie wie *ein Muff* aussieht?
– Jedes *Rechteck* enthält zwei gleich große *Dreiecke*. Das Deutsche *Eck* liegt bei Koblenz. Er sitzt oft in der Kneipe am *Eck*. Ich wohne *Ecke* Gauß- und Eulerstraße. „Mein Hut, der hat drei *Ecken*". „In die *Ecke*, Besen! Besen!"

2.7. Substantive mit verschiedenem Geschlecht und verschiedener Bedeutung

Einige Substantive, die im Singular (und teils auch im Plural) gleichlauten, haben verschiedene Bedeutung, die sich teils durch verschiedenes Geschlecht im Singular, teils durch verschiedene Pluralbildung ausdrückt; oft ist auch die Herkunft verschieden (durch ein vorangestelltes ⊕ gekennzeichnet). Man unterscheidet drei Gruppen.

1. **Erste Gruppe:** Verschiedenes Geschlecht im Singular; gleicher Plural.

Singular		Plural
der ⊕*Bulle*	(Stier)	die Bullen
die ⊕*Bulle*	(Urkunde, meist päpstlich)	die Bullen
der *Chor*	(Sängergruppe, Lied)	die Chöre
das, der *Chor*	(Platz in der Kirche)	die Chöre, Chore
die *Erkenntnis*	(Einsicht)	die Erkenntnisse
das *Erkenntnis*	(Richterspruch)	die Erkenntnisse
der ⊕*Heide*	(Nichtchrist, Nichtjude)	die Heiden
die ⊕*Heide*	(Landstrich; Pflanze)	die Heiden
der *Junge*	(Knabe)	die Jungen
das *Junge*	(Tierjunges)	die Jungen
das *Maß*	(z. B. Metermaß)	die Maße
die *Maß*	(Flüssigkeits-, Getränkemaß)	die Maße
der ⊕*Mast*	(sehr hohe Stange)	die Maste(n)
die ⊕*Mast*	(Fütterung, Aufzucht)	die Masten
der ⊕*Messer*	(Person, die mißt; Gerät zum messen)	die Messer
das ⊕*Messer*	(Gerät zum schneiden)	die Messer
der *Moment*	(Augenblick)	die Momente
das *Moment*	(Umstand, Beweggrund)	die Momente
der *See*	(Binnensee)	die Seen
die *See*	(Meer, Wellengang)	die Seen
der *Teil*	(eines Ganzen)	die Teile
das *Teil*	(Anteil)	die Teile
der ⊕*Weise*	(kluger Mensch)	die Weisen
die ⊕*Weise*	(Melodie)	die Weisen
der *Wurm*	(Tier)	die Würmer
das *Wurm*	(volkstüml.: Kleinkind)	die Würmer

▷ Die Goldene *Bulle* regelte das Verfahren bei der Wahl des deutschen Königs. Einen kräftigen und brutalen Menschen nennt man oft einen *Bullen*. – Goethe nannte sich einen *Heiden*. Kennst du die Lüneburger *Heide*? – Das *Maß* ist voll. Wieviele *Maß* Bier hat er denn getrunken? – Wodurch unterscheiden sich *der Bodensee* und *die Nordsee*?

2. **Zweite Gruppe:** Verschiedenes Geschlecht im Singular; kein Plural bei einem der Wörter.

Singular		Plural
der Ekel	(Gefühl des Abscheus)	–
das Ekel	(widerlicher Mensch)	die Ekel
der Erbe	(erbende Person)	die Erben
das Erbe	(Erbschaft)	–
der Gehalt	(Wert, Inhalt, Sinn)	–
das Gehalt	(Besoldung, Lohn)	die Gehälter
der Gift	(volkstümlich: Zorn)	–
die Gift°	(veraltet: Gabe, Mitgift)	–
das Gift	(todbringendes Mittel)	die Gifte
der ⊕Harz	(Gebirgsname)	–
das ⊕Harz	(Ausfluß aus Bäumen)	die Harze
der Hut	(Kopfbedeckung)	die Hüte
die Hut	(Schutz)	–
der ⊕Koller	(Pferdekrankheit, Wutausbruch)	–
das ⊕Koller	(Kleidungsstück, Kragen)	die Koller
der Kunde	(Käufer)	die Kunden
die Kunde	(Nachricht)	–
das ⊕Mark	(im Knochen)	–
die ⊕Mark	(Geldbezeichnung)	–
die ⊕Mark	(Grenzland)	die Marken
der ⊕Ohm°	(Oheim, Onkel)	die Ohme
das ⊕Ohm°	(Flüssigkeitsmaß)	(die Ohme)
das ⊕Ohm	(physik. Maß)	–
der ⊕Reis	(Getreide)	–
das ⊕Reis	(Zweiglein)	die Reiser
der Schwulst	(geschwollene Rede od. Dekoration)	–
die Schwulst	(Körperschwellung, Geschwulst)	die Schwülste, Geschwülste
der ⊕Tau	(Witterungserscheinung)	–
das ⊕Tau	(Halteseil)	die Taue
der Verdienst	(Einkommen)	–
das Verdienst	(rühmliche Tat)	die Verdienste.

▷ „*Der Gehalt* macht's" (beim Kaffee). Hast du *den Gehalt* der Dichtung erfaßt? *Mein Gehalt* wurde erhöht. – „Hier ist *der Kunde* König." *Die Kunde* von der Entdeckung Amerikas verbreitete sich rasch. – Der Schmerz ging mir durch *Mark* und Bein. Das Buch kostet sechs *Mark*. Wie viele andere *Marken* war die *Mark* Brandenburg früher einmal ein Grenzgebiet. – In der Literatur und Kunst des Barock gibt es viel *Schwulst*. Er hat *eine Geschwulst* am Rücken.

3. **Dritte Gruppe:** Verschiedenes Geschlecht im Singular und verschiedene Pluralformen.

Singular		Plural
der ⊕Alp*	(Gespenst)	die Alpe
die ⊕Alp(e)	(Bergtrift, Bergweide)	die Alpen
der Band	(Buch)	die Bände
das Band	(zum Binden, ↗ 120/1)	die Bänder
die Band (Ausspr.: ä)	(Gruppe von Musikern)	die Bands
der ⊕Bauer	(Landmann)	die Bauern
das, (der) ⊕Bauer	(Käfig)	die Bauer
der Bund	(Bündnis, Zusammenschluß)	die Bünde
das Bund	(Bündel)	die Bunde
der Flur	(Hausdiele)	die Flure
die Flur	(freies Feld)	die Fluren
der ⊕Kiefer	(Kinnbacken)	die Kiefer
die ⊕Kiefer	(Nadelbaum)	die Kiefern
der ⊕Leiter	(Führer)	die Leiter
die ⊕Leiter	(zum Steigen)	die Leitern
der ⊕Mangel	(Entbehrung, Fehler)	die Mängel
die ⊕Mangel	(Gerät zum Wäscheglätten)	die Mangeln
der ⊕Marsch	(Gang, Wanderung)	die Märsche
die ⊕Marsch	(Küstenstreifen)	die Marschen
der Mensch	(allgemein)	die Menschen
das Mensch	(verächtl. für: Frau)	die Menscher
der Otter	(Marderart)	die Otter
die Otter	(Schlange)	die Ottern
der Schild	(Schutzwaffe)	die Schilde
das Schild	(Tafel)	die Schilder
der Sproß	(junger Trieb, Nachkomme)	die Sprosse
die Sprosse	(Leiterstufe)	die Sprossen
die Steuer	(Abgabe)	die Steuern
das Steuer	(Lenkvorrichtung)	die Steuer
der ⊕Stift	(Nagel, Bleistift)	die Stifte
das ⊕Stift	(Kloster, Stiftung)	die Stifte(r)
der ⊕Tor	(Narr)	die Toren
das ⊕Tor	(große Tür)	die Tore
die Wehr	(Bewaffnung, Armee)	die Wehren
das Wehr	(Damm im Fluß)	die Wehre

▷ Das Buch hat zwei *Bände;* ich kenne aber nur den ersten *Band.* Sie hat ein hübsches *Band* im Haar. *Die Band* spielt ganz gut. – Der deutsche *Bund* war der Nachfolger des ersten und der Vorgänger des zweiten deutschen Kaiserreiches. Kauf' bitte auch ein Bund Radieschen! – Wer ist *der Leiter* der Expedition? Er stieg auf *die Leiter* und hängte das Bild an die Wand. – *Die Autosteuer* ist mir zu hoch; deshalb setze ich mich nicht mehr *ans Steuer.*

---

*) auch: *der Alb,* Plur.: *die Alben,* nicht zu verwechseln mit den gleichlautenden Plural von: *das Album/die Alben* (↗ 119/3a).

2.8. Das Geschlecht der Fremdwörter

1. **Maskulina** (männlich) sind die Fremdwörter auf die Endungen:
   a) **-us, -mus:** *der Lapsus, Nimbus, Ritus; der Isthmus, Realismus;*
   das Genus, Opus, Tempus, Virus (neben: *der Virus*);
   b) **-ent, -ant:** *der Akzent, Kontinent, Konvent; der Foliant, Proviant, Sextant;*
   das Äquivalent, das Patent u. a. sowie die meisten Wörter auf **-ment** (↗ unten 3 a) wie:
   das Ferment, Firmament, Parlament u. a., aber: *der Zement* und meist: *der Moment*
   (= Augenblick) neben: *das Moment (= Umstand).*
   c) **-an:** *der Altan, Orkan, Vulkan; der Ozean.*

2. **Feminina** (weiblich) sind die Fremdwörter auf die Endungen:
   a) **-e:** *die Antenne, Turbine, Zigarre; die Matratze, Rakete, Reklame;*
   das Konklave. Merke: *die Garage, Montage, Reportage* u. ä.;
   b) **-ion, -tion:** *die Mission, Passion; die Nation, Redaktion, Station;*
   der Skorpion; das Stadion;
   c) **-ät:** *die Diät, Souveränität, Spezialität; die Fakultät, Universität;*
   das Porträt;
   d) **-ie:** *die Kolonie, Lotterie, Regie, die Historie, Prämie, Tragödie;*
   das Genie;
   e) **-ur:** *die Figur, Kultur, Literatur; die Frisur, Statur, Struktur;*
   f) **-ik:** *die Ethik, die Lyrik, Politik; die Dialektik, Dynamik, Physik;*
   g) **-isse:** *die Kulisse, Mantisse, Prämisse; die Narzisse;*
   h) **-anz, -enz:** *die Allianz, Substanz; die Differenz, Existenz, Frequenz;*
   i) **-a:** *die Firma, Villa, Veranda; die Propaganda, Valuta, Razzia;*
   das Aroma, Klima, Thema, Magma, Plasma, Sofa u. a.

3. **Neutra** (sächlich) sind die Fremdwörter auf die Endungen:
   a) **-ment:** *das Fragment, Ornament, Sortiment; das Experiment;* (↗ oben 1 b);
   b) **-um, -ium:** *das Pensum, Spektrum, Zentrum; das Aquarium, Opium;*
   c) **-ett:** *das Lazarett, Skelett, Sonett; das Bankett, Quartett, Sextett;*
   d) **-al, -all, -ell:** *das Lineal, Pedal, Portal; das Metall, Intervall; das Kartell, Modell, Karussell;* auch: *das Hotel, Motel;*
   die Moral; der Kanal, Pokal, Krawall, Kristall u. a.;
   e) **-at:** *das Diktat, Legat, Zitat; das Dezernat, Referat, Substrat;*
   der Magistrat, Ornat, Salat u. a.;
   f) **-är:** *das Militär, Salär, Tertiär, Quartär.*

4. **Schwankendes Geschlecht** haben die Fremdwörter: *der/das Buna, der/die°/das° Dschungel, der°/die Katheder, der/das Keks, der/das Kompromiß, der/das Match, der/das Primat, die/das Soda, der°/das Trikot.*

2.9. Das grammatische Geschlecht zusammengesetzter Substantive richtet sich im allgemeinen nach dem Grundwort (Namen nicht immer).

3. Die Zahlformen (Numeri) der Substantive – Singular und Plural

3.1. Die Pluralbildung der Substantive

1. Es gibt **zwei Zahlformen** (Numeri) für Substantive: **Singular** (Einzahl) und **Plural** (Mehrzahl).

2. Der Singular ist die Grundform eines Substantivs; der Plural wird davon abgeleitet.

3. Es gibt **fünf Arten der Pluralbildung,** drei davon entweder ohne (–) oder mit (⸚) Umlaut von -a-, -o-, -u- oder -au- als Stammvokal zu -ä-, -ö-, -ü-, -äu-:

    a) erste Art: der Plural ist **endungslos:**
    - ohne Umlaut (–):   *der Wagen/die Wagen, der Hobel/die Hobel, der Lehrer/die Lehrer, das Bettchen/die Bettchen.*
    - mit Umlaut (⸚):   *der Vater/die Väter, der Apfel/die Äpfel, die Mutter/die Mütter, der Boden/die Böden.*

    b) zweite Art: der Plural endet auf **-e:**
    - ohne Umlaut (-e):   *der Hund/die Hunde, die Erkenntnis/die Erkenntnisse, der Laut/die Laute, das Gedicht/die Gedichte.*
    - mit Umlaut (⸚e):   *der Lohn/die Löhne, die Hand/die Hände, der Grund/die Gründe, die Maus/die Mäuse.*

    c) dritte Art: der Plural endet auf **-er:**
                                       der Geist/die Geister, das Kind/die Kinder,
    - mit Umlaut (⸚er):   *der Mann/die Männer, der Wurm/die Würmer, das Holz/die Hölzer, das Haus/die Häuser.*

    d) vierte Art: der Plural endet auf **-n** oder **-en:**
    - immer ohne Umlaut: *der Mensch/die Menschen, der Bote/die Boten,*
      (–n, –en)   *die Schwester/die Schwestern, die Frau/die Frauen, das Auge/die Augen, der Vetter/die Vettern.*

    e) fünfte Art: der Plural endet auf **-s:**
    - immer ohne Umlaut (–s) und nur bei Wörtern mit volltönendem Vokal am Ende sowie bei einigen Neubildungen (z. B. Namen für Automarken, Begriffe der Wetterkunde u. a.) und bei Abkürzungen, ferner bei Wörtern, die aus dem Niederdeutschen oder aus einer Fremdsprache kommen, und bei Familiennamen im Plural (↗ 131/4):

        der Uhu/die Uhus, das Kino/die Kinos, das Auto/die Autos; der Opel/die Opels, das Hoch/die Hochs, das Tief/die Tiefs; der PKW/die PKWs, der LKW/die LKWs; der Trupp/die Trupps, das Dock/die Docks, das Wrack/die Wracks u. a., norddt. auch: der Junge/die Jung(en)s, das Mädel/die Mädel(s), der Kerl/die Kerls, der Kumpel/die Kumpels; der Flirt/die Flirts, die Band/die Bands, das Hotel/die Hotels; Müllers.

4. Die Pluralbildungen mit möglichem Umlaut (3a–c) heißen **stark**, die Pluralbildung auf -n/-en ohne Umlaut (3d) heißt **schwach**.

stark			schwach	
1. Art	2. Art	3. Art	4. Art	5. Art
(–) (⸚)	(–e) (⸚e)	(⸚er)	(–n, –en)	(–s)

3.2. Die Pluralbildung der Fremdwörter

1. Die meisten Fremdwörter bilden ihren Plural stark auf *-e* (aber selten mit Umlaut) oder schwach auf *-n/-en*, ganz wenige stark auf *-er*, und einige bleiben endungslos; für sie alle gilt 118/3 a–d.

2. Einige Fremdwörter behalten ihren ursprünglichen Plural bei, z.B.: *der Numerus/die Numeri, der Kodex/die Kodices, der Kasus/die Kasus* (mit langem *-u-*), *das Lexikon/die Lexika, das Maximum/die Maxima* u.a.; ferner die meisten mit einem Plural auf *-s* (↗ unten 4).

3. Bei vielen Fremdwörtern wird im Plural die Endung der Grundform (Nom. Sing.) weggelassen und durch die schwache Endung **-en** ersetzt; einige behalten daneben noch die fremdsprachliche Endung bei, ganz wenige haben auch Pluralbildung auf *-s*. Es gilt:

   a) Neutra auf **-um** (und **-ium**) im Sing. ersetzen dieses im Plur. meist durch **-en (-ien)**, einige durch *-a (-ia);* nur wenige gehen auf *-(i)ums:*

   ▷ auf **-um:** *das Album/die Alben, das Faktum/die Fakten/Fakta, das Individuum/die Individuen, das Monstrum/die Monstren, das Museum/die Museen, das Visum/die Visen* u.a.; *das Faktotum/die Faktotums* u.a.;
   auf **-ium:** *das Gymnasium/die Gymnasien, das Stipendium/die Stipendien, das Studium/die Studien* u.a.; ferner: *das Laboratorium/die Laboratorien;* aber als Kurzform: *das Labor/die Labore/Labors.*

   b) Neutra auf **-al** und **-il** im Sing. und einige andere haben das *-ium* verloren, bilden aber ihren Plural teils noch auf **-ien,** häufig jedoch auch stark auf **-e:**

   ▷ auf **-al:** *das Kapital/die Kapitalien, das Material/die Materialien, das Mineral/die Mineralien/Minerale; das Portal/die Portale, das Quartal/die Quartale* u.a.;
   auf **-il:** *das Fossil/die Fossilien/die Fossile; das Konzil/die Konzile/die Konzilien, das Reptil/die Reptile* (= einzelne)/*Reptilien* (= Gattung); *das Automobil/die Automobile, das Projektil/die Projektile* u.a.; nur im Plur.: *die Immobilien, Imponderabilien, Utensilien, Vegetabilien* u.a.; sonstige: *das Seminar/die Seminare/Seminarien; das Prinzip/die Prinzipien* u.a.

   c) Maskulina auf **-os** und **-us (-ismus)** im Sing. ersetzen diese im Plur. durch **-en.** Einige sehr häufig gebrauchte auf **-us** haben im Plur. **-usse;** nur ganz wenige behalten die fremdsprachliche Endung bei:

   ▷ *das Epos/die Epen; der Rhythmus/die Rhythmen, der Logarithmus/die Logarithmen, der Zyklus/die Zyklen; der Globus/die Globen/Globusse; der Omnibus/die Omnibusse; der Kasus/die Kasus, der Passus/die Passus* (beide mit langem *-u-* im Plur., ↗ oben 2).

   d) Viele Feminina und einige Neutra auf **-a** im Sing. ersetzen dieses im Plur. durch **-en,** manche Neutra auch durch fremdspr. *-ata;* selten steht *-as:*

   ▷ *die Firma/die Firmen, die Villa/die Villen, die Veranda/die Veranden/Verandas, die Razzia/die Razzien/Razzias; die Hazienda/die Haziendas.* – *das Drama/die Dramen, das Prisma/die Prismen; das Thema/die Themen/Themata; das Schema/die Schemata/Schemas, das Komma/die Kommas/Kommata.*

4. Viele Fremdwörter, insbes. aus dem Engl. und Franz. sowie solche mit Endbetonung oder volltönendem Vokal im Auslaut bilden ihren Plural auf die Endung **-s** (↗ 118/3 e), z.B.: *das Café/die Cafés, das Genie/die Genies, der Tunnel/die Tunnels, das Tabu/die Tabus, das Hotel/die Hotels.*

5. Unregelmäßig sind Fremdwörter auf *-o* im Sing., ferner Doppelbildungen im Plur. wie: *das Konto/die Konten/Kontos/Konti* u.a.; *der General/die Generäle/Generale, der Balkon/die Balkons/die Balkone* u.a.

6. Betonungswechsel haben: *der Charákter/die Charaktére; der Átlas/die Atlánten; der Proféssor/die Professóren, der Dóktor/die Doktóren* u.a.

3.3. Besonderheiten der Pluralbildung

1. Ein **unregelmäßiger Plural** findet sich bei Substantiven, die mit **-mann** zusammengesetzt sind und einen Stand oder Beruf bezeichnen. Sie bilden ihren Plural auf **-leute,** sofern es sich um alte Wörter handelt; neuere Bildungen haben einen normalen Plural auf *-männer*, ebenso alle Substantive auf *-mann*, die nicht einen Stand oder Beruf bezeichnen.
   der Edelmann/die Edelleute, der Reitersmann/die Reitersleute, der Bauersmann/die Bauersleute; der Kaufmann/die Kaufleute;
   aber: *der Ehemann/die Ehemänner, der Staatsmann/die Staatsmänner, der Schulmann/ die Schulmänner, der Milchmann/die Milchmänner u. a.;*
   normal auch: *der Schneemann/die Schneemänner, der Strohmann/die Strohmänner, der Hintermann/die Hintermänner u. a.*

2. **Nur im Plural** stehen, d. h. keinen Singular haben einige Substantive, die eine **Vielheit** bezeichnen, und zwar:
   a) einige **Verwandtschaftsnamen:** *die Eltern, die Geschwister, die Gebrüder;* doch kennt man in der Biologie auch den Singular *der/das Elter* für *das/ein Elternteil,* wie es normalerweise heißt;
   b) einige **Gebirgsnamen:** *die Alpen, die Karpaten, die Pyrenäen, die Anden u. a.;*
   c) einige andere geographische Namen, insbes. für **Länder** und **Inseln** wie: *die Niederlande, die Vereinigten Staaten (die USA); die Azoren, die Bahamas;*
   d) die Namen der drei **Feiertage:** *die Ostern, die Pfingsten, die Weihnachten;* sie werden heute jedoch meist als Singularbegriffe gebraucht;
   e) einige **Zeitbegriffe** wie: *die Äonen, die Ferien, die Fasten, die Flitterwochen u. a.;*
   f) die Namen einiger **Krankheiten** wie: *die Masern, die Pocken, die Röteln, die Blattern;* auch: *die Wehen;*
   g) einige **Rechtsbegriffe** wie: *die Alimente, die Diäten, die Personalien u. a.;*
   h) einige **kaufmännische Begriffe** wie: *die Auslagen, die Einkünfte, die Finanzen, die (Un)kosten, die Effekten, die Spesen, die Immobilien u. a.;*
   i) außerdem **Sammelbegriffe** wie: *die Annalen, die Briefschaften, die Chemikalien, die Gewissensbisse, die Gliedmaßen, die Honoratioren, die Hosenträger, die Ländereien, die Lebensmittel, die Leute, die Memoiren, die Ränke, die Schliche, u.a. die Trümmer, die Umtriebe, die Textilien, die Wirren, die Zutaten* sowie einige Zusammensetzungen mit *-waren* wie: *die Altwaren, Kurzwaren, Strickwaren, Wirkwaren u.a.*

▷ a) Meine *Eltern* können leider nicht kommen. b) In *den Ferien* waren wir in *den Alpen.* c) *Die Vereinigten Staaten* liegen in Nordamerika. *Die Niederlande* gehörten einmal zu *den Ländereien* der Habsburger. Mir sind *die sonnigen Bermudas* lieber als *die nebligen Hebriden.* d) Wir haben *(die) Ostern* auf dem Lande verbracht. „*Pfingsten,* das liebliche Fest, *war* gekommen." *Weihnachten steht* vor der Tür; es *ist* das schönste Fest des Jahres. e) Wo hat das junge Paar seine *Flitterwochen* verbracht? f) *Die Pocken* sind gefährlicher als *die Masern.* Vor und während der Geburt ihres Kindes hat sie kaum etwas von *den Wehen* verspürt. g) Bitte geben Sie Ihre *Personalien* an! h) Mindestens *die Unkosten* und *die Spesen* müssen von *den Einkünften* gedeckt werden. i) Hast du dich mit *Lebensmitteln* versorgt? Was werden *die Leute* sagen? Viele Politiker und Schauspielerinnen schreiben *ihre Memoiren.* Hast du *alle Zutaten* für den Kuchen?

3. **Keinen Plural** haben, d. h. nur im Singular stehen im allgemeinen Substantive, die mehreres zu einer **Einheit** zusammenfassen, und zwar:
   a) **Eigennamen,** wenn sie ein bestimmtes Einzelwesen oder eine Einzelheit benennen wie: *Berlin, Stuttgart, Frankreich, die Eifel, der Atlantik, der „Faust", Papst Gregor, mein Bruder Klaus* ...
   b) allgemein gebrauchte **Stoffnamen** wie: *der Honig, die Wolle, das Gold, der Kalk, die Milch, das Wasser, der Wein, die Seide, das Fleisch* u. a.
   Manche dieser Stoffnamen bilden zur Bezeichnung zählbarer Einzeldinge oder verschiedener Arten einen Plural: *die Weine, die Erden, die Hölzer* u. a.;
   oder sie bilden Pluralformen für Einzeldinge oder Arten durch Zusammensetzung mit *-arten* oder *-sorten: die Weinsorten, die Tabaksorten, die Holzarten* usw.;
   c) viele **Sammelnamen** (Kollektiva), insbes. auch solche, die einen Vorgang zusammenfassen und mit der Vorsilbe *Ge-* gebildet sind:
   das Laub, das Vieh, die Polizei, das Publikum, das Obst, das Proletariat, das Bürgertum, der Adel, der Klerus, die Menschheit u. a.; *das Geplätscher, das Geschrei, das Gebell, das Geheul* u. a., auch: *das Gesinde, der Gestank, das Gepäck* u. a.
   Manche Sammelnamen werden als Einzeldinge aufgefaßt und bilden dann einen Plural, z. B.: *das Haar/die Haare, das Heer/die Heere, das Volk/die Völker, der Wald/die Wälder; das Gebirge/die Gebirge, das Gerät/die Geräte* u. a.;
   manche bilden Pluralformen für Einzeldinge durch Worterweiterung oder Zusammensetzung: *die Gerätschaften, die Polizeibehörden, die Obstsorten* u. a.;
   d) die meisten **abstrakten** Substantive und meist die **Wetternamen:**
   die Furcht, der Haß, die Liebe, der Neid, das Glück; der Hunger, der Durst, der Schlaf, der Streit; die Armut, die Dummheit; die Hitze, die Kälte; der Sonnenschein, der Regen, der Schnee, der Tau, der Hagel u. a.
   Wenn jedoch abstrakte Substantive einen konkreten Sinn annehmen und Einzelerscheinungen bezeichnen, können sie einen Plural bilden, z. B.: *die Dummheiten (dumme Streiche), die Torheiten, die Schönheiten* (einzelne Formen der Schönheit, einzelne schöne Menschen) u. a.;
   manche Abstrakta bilden Pluralformen für Einzelformen durch Worterweiterung oder Zusammensetzung: *der Betrug/die Betrügereien, der Streit/die Streitigkeiten; das Unglück/die Unglücksfälle, der Haß/die Haßgefühle; der Regen/die Regengüsse, der Tau/die Tautropfen, der Atem/die Atemzüge, der Donner/die Donnerschläge, der Schnee/die Schneefälle* u. a.;
   e) **substantivierte Infinitive** und **Adjektive** (sofern sie Neutrum sind):
   das Lesen, das Schreiben, das Vergessen; das Dunkel, das Dunkle, das Gute, das Grün, das Blau usw.
   Wenn diese Substantive jedoch Gegenstandsbegriffe geworden sind und Einzeldinge bezeichnen, bilden sie einen Plural, z. B.: *das Schreiben/die Schreiben (= Briefe), das Gut/die Güter* u. a.;
   f) mask. und neutr. Bezeichnungen für **Maße** und **Gewichte** nach Zahlwörtern (↗ 133):
   drei Glas Bier, tausend Mann Besatzung, sechs Paar Schuhe, zwei Sack Zement, vier Blatt Kohlepapier, drei Mark und zehn Pfennig u. a. Die fem. Maßbezeichnungen bilden jedoch einen Plural, ebenso die Namen für Zeitmaße und einzeln abgezählte Münzen: *zwei Kannen Tee, fünf Ellen Stoff, drei Tonnen Stahl; vier Jahre/Monate/Wochen/Tage/Stunden/Minuten/Sekunden; drei Pfennige* (= 3 einzelne Pfennigstücke).

3.4. Doppelbildungen im Plural

Doppelte Pluralformen (↗ 113/2.6 und 119/3 sowie 119/3 u. 5), die zugleich einen **Bedeutungsunterschied** angeben, haben:

Singular	Plural I und II	
das Band	die Bänder	(Gewebestreifen zum Binden)
	die Bande	(Fesseln)
die Bank	die Bänke	(zum Sitzen)
	die Banken	(Geldinstitute)
der Bau	die Baue	(Tierwohnungen)
	die Bauten	(Bauwerke)
der Block	die Blöcke	(große Stücke od. Teile)
	die Blocks	(Komplexe, z. B. *Wohnblocks*)
der Bogen	die Bögen (Bogen)	(Krümmungen, Biegungen)
	die Bogen	(Papierbogen)
das Ding	die Dinge	(Gegenstände)
	die Dinger	(verächtlich: Sachen, Lebewesen)
der Dorn	die Dornen/Dörner	(Pflanzenteile)
	die Dorne	(Werkzeug, Stifte)
das Gesicht	die Gesichter	(Antlitz)
	die Gesichte	(Visionen)
das Land	die Länder	normale Form: Gebiete
	die Lande	(poet. Form)
das Licht	die Lichter	(Flammen, Lampen; normale Form)
	die Lichte⁰	(Kerzen, poet.)
der Mann	die Männer	(normale Form)
	die Mannen	(Gefolgsleute)
die Mutter	die Mütter	(normale Form)
	die Muttern	(Gegenstücke zu Schrauben)
der Ort	die Örter	(geometrischer Ausdruck)
	die Orte	(Stellen, Plätze; Dörfer)
der Rat	die Räte	(Ratgeber)
	die Ratschläge	(Empfehlungen, Vorschläge)
die Sau	die Säue	(zahme Schweine)
	die Sauen	(Wildschweine)
der Strauß	die ⊕Sträuße	(Blumensträuße)
	die ⊕Strauße	(Vögel)
das Tuch	die Tücher	(fertige Stoffstücke)
	die Tuche	(schwere Stoffarten)
das Wort	die Wörter	(einzelne Sprachteile)
	die Worte	(zusammenhängende Aussprüche)
der Zoll	die Zölle	(Abgaben)
	die Zolle	(Längenmaße)

▷ Der Maibaum wird mit bunten *Bändern* geschmückt. Er ist außer Rand und *Band*. Sie liegt in den *Banden* der Liebe. – Die Pyramiden bestehen aus riesigen *Steinblöcken*. Sind die neuen *Wohnblocks* schon bezogen? Zwei *Stenoblocks* bitte. – Wieviele *Wörter* weißt du? Welche *Worte* von Goethe kennst du?

*) Die mit vorangestelltem ⊕ gekennzeichneten Wörter haben verschiedene Herkunft (↗ 114–116).

4. Die Deklination der Substantive – (dazu Übersichtstafel im Anhang)

1. Ein Substantiv wird dekliniert, indem zu seiner Grundform (Nom. Sing.) **Endungen** hinzutreten, manchmal auch Umlaut des Stammvokals im Plural erfolgt.

2. **Weibliche** Substantive sind im **Singular** heute immer **endungslos.**

3. Außer bei Pluralbildungen fremdsprachlicher Herkunft (auf -a, -i, -us) sowie auf -s hat jedes Substantiv im **Dativ Plural** die Endung **-n/-en.**

4. Mit dem Substantiv müssen sein Artikel und die ihm zugeordneten adjektivischen Attribute in Genus, Numerus und Kasus übereinstimmen; sie werden mitdekliniert.

5. Im Deutschen gibt es **drei** Substantivdeklinationen **(Deklinationsklassen):** die starke, die schwache und die gemischte Deklination.
    a) **stark** ist ein Substantiv dekliniert, wenn es im **Genitiv Sing.** die Endung **-s/-es** hat und die Endung -n/-en nur im Dativ Plur. steht: Sing: *der Hut/des Hut(e)s,* Plur.: *die Hüte*/Dat.: *den Hüten.*
    b) **schwach** ist ein Substantiv dekliniert, wenn es außer im Nominativ Sing. **in allen Fällen** die Endung **-(e)n** hat:
    Sing.: *der Löwe/des Löwen,* Plur.: *die Löwen*/Dat.: *den Löwen,* doch gilt auch hier: **fem. Sing.** heute immer **endungslos.**
    c) **gemischt** ist ein Substantiv dekliniert, wenn es im **Singular stark,** im **Plural schwach** behandelt wird:
    Sing.: *das Auge/des Auges,* Plur.: *die Augen*/Dat.: *den Augen.*

6. Substantive mit Pluralbildung auf die Endung -s haben eine Sonderstellung in der Deklination. Ihr Singular ist meistens stark.

7. **Fremdwörter** werden, wenn möglich, wie deutsche Wörter dekliniert, meist indem sie statt ihrer ursprünglichen Endungen deutsche annehmen. Aus ihrer Pluralbildung (↗ 119) ergibt sich jedoch oft eine besondere Deklination.

8. **Eigennamen** haben oft eine besondere Deklination (↗ 130 f.).

9. Schwankende Deklination und daher **Doppelbildungen** in einigen Formen hat eine Reihe von Substantiven, die früher nur schwach waren, heute aber auch stark dekliniert werden (↗ 124/16 b, 126/6) Doppelformen treten ferner bei Substantiven von verschiedener Herkunft oder/und Bedeutung auf (↗ 122, 125/5, 128,3), gelegentlich auch spontan.

10. **Männliche** Substantive (Maskulina) werden **stark** oder **schwach** dekliniert eine größere Anzahl auch **gemischt.**

11. **Weibliche** Substantive (Feminina) werden überwiegend **schwach** dekliniert, einige wenige auch stark.

12. **Neutrale** („sächliche') Substantive (Neutra) werden überwiegend **stark** dekliniert, einige wenige auch gemischt.

13. Gruppiert man die Substantive nach Geschlecht, Endung, Silbenzahl und Pluralbildung, so ergeben sich **fünf Deklinationsgruppen,** und zwar:
    erste Gruppe: Maskulina und Neutra auf *-el, -en, -er*:   stark (gem.)
    zweite Gruppe: sonstige Maskulina: stark (gem.)
    dritte Gruppe: Maskulina auf *-e* oder Konsonant für Lebewesen: schwach
    vierte Gruppe: Feminina: schwach (stark)
    fünfte Gruppe: Neutra: stark

4.1. Erste Deklinationsgruppe

Regel: **Maskulina** auf *-el, -en, -er* und **Neutra** auf *-el (-sel), -en, -er; -chen, -lein* sowie Fremdwörter mit diesen Endungen werden **stark** dekliniert und sind im Nominativ **Plural endungslos** (↗ Spalte 1 der Übersichtstafel im Anhang).

1. **Männliche** Substantive dieser Gruppe sind z. B. :

a) auf **-el**	b) auf **-en**	c) auf **-er**	d) mit **Umlaut** im Plur.:
der Beutel/die...	der Balken/die...	der Bäcker/die...	der Apfel/die Äpfel
der Buckel	der Ballen	der Fischer	der Handel/die Händel
der Engel	der Besen	der Händler	der Mangel/die Mängel
der Esel	der Braten	der Metzger	der Mantel/die Mäntel
der Flügel	der Brunnen	der Schlosser	der Nagel/die Nägel
der Gipfel	der Busen	der Schreiner u. a.;	der Sattel/die Sättel
der Himmel	der Daumen	der Amerikaner	der Schnabel/die Schnäbel
der Hobel	der Gaumen	der Europäer	der Vogel/die Vögel u. a.;
der Löffel	der Groschen	der Italiener	der Faden/die Fäden
der Meißel	der Haken	der Spanier	der Garten/die Gärten
der Riegel	der Kuchen	der Berliner	der Graben/die Gräben
der Schlüssel	der Pfosten	der Wiener u. a.;	der Hafen/die Häfen
der Spiegel	der Posten	der Adler	der Laden/die Läden
der Stengel	der Rahmen	der Käfer	der Boden/die Böden
der Stiefel	der Rasen	der Donner	der Ofen/die Öfen u. a.;
der Strudel	der Schatten	der Koffer	der Acker/die Äcker
der Tadel	der Spaten	der Schalter	der Hammer/die Hämmer
der Teufel	der Strecken	der Sommer	der Bruder/die Brüder
der Ziegel	der Wagen	der Zeiger	der Schwager/die Schwäger
der Zweifel u. a.	der Zacken u. a.	der Zucker u. a.	der Vater/die Väter u. a.;

zu b) ältere **Nebenformen** auf *-e* im Nom. Sing. (meist in gehobener Sprache) haben: *der Friede(n), der Funke(n), der Gedanke(n), der Glaube(n), der Haufe(n), der Name(n), der Same(n), der Schade(n), der Wille(n);* ähnlich auch: *der Buchstabe/des Buchstabens/die Buchstaben* sowie die Nebenformen zu: *der Felsen/des Felsens – der Fels/des Felsen, Felses; der Schrecken/des Schreckens – der Schreck/des Schreck(e)s; der Flecke/des Fleckens – der Fleck/des Fleck(e)s.*

zu d) schwankend mit oder ohne Umlaut im Plural sind: *der Hammel/die Hammel, Hämmel; der Kasten/die Kasten, Kästen; der Magen/die Magen, Mägen; der Bogen/die Bogen, Bögen* (↗ 122).

Ausnahmen Nicht stark, sondern **gemischt** dekliniert werden die Maskulina: *der Muskel/des Muskels/die Muskeln, der Stachel; der Hummer, der Vetter, der Gevatter,* **schwach** Herkunftsnamen, wenn das *-er* zum Ortsnamen gehört: *der Bayer/des Bayern/die Bayern, der Pommer*, der Kaffer* u. a. Oft gemischt: *der Pantoffel/des Pantoffels/die Pantoffel(n),* seltener: *der Stiefel/die Stiefel(n).* Gemischt, aber meist **schwach** dekliniert wird: *der Bauer/des Bauern (des Bauers)/dem Bauer(n)/die Bauern,* aber immer stark sind Zusammensetzungen wie: *der Maschinenbauer/des -bauers/die -bauer* u. a.

2. **Neutrale** Substantive dieser Gruppe sind z. B.:

   a) auf **-el** und **-sel**: *das Segel, Übel, Bündel; das Rätsel, Füllsel* u. a.

   b) auf **-en**: *das Becken, Eisen, Kissen, Zeichen, Wappen* u. a. sowie die substantivierten Infinitive (↗ 83/7) wie: *das Lesen, Leben, Schreiben* u. a.

   c) *auf **-er***: *das Fenster, Messer, Wunder; Gewässer* und auch einige Neutra mit der Vorsilbe *Ge-* wie: *das Gebirge, Gebüsch* usw.

   d) auf **-chen** und **-lein** (auch im **Dat. Plur. endungslos!**): *das Märchen; das Mädchen, Büchlein, Büchelchen, Frauchen, Fräulein* usw.

3. **Fremdwörter:** *der Artikel; der Geometer, Karabiner, Zylinder* u. a.; *das Exempel, Almosen, Zepter* u. a.

---

*) Statt dessen meist stark: *der Pommeraner/des Pommeraners/die Pommeraner,* vgl. *der Hannoveraner* u. a.; *der Kaffer* ist manchmal auch stark.

4.2. Zweite Deklinationsgruppe

Regel: **Maskulina** – neben den starken der ersten und abgesehen von den schwachen der dritten Gruppe – werden meist **stark** dekliniert und bilden den Nom. **Plural auf -e** *(der Brief/die Briefe, der Arm/die Arme)*, viele auch mit Umlaut *(der Hals/die Hälse);* hierher gehören vor allem die Substantive auf *-ig, -ich, -icht; -ing, -ling, -is* sowie fast alle männlichen Fremdwörter auf *-l, -n, -r*, insbes. die mit betonter Endsilbe für Personen. (↗ Spalte 2 der Übersichtstafel im Anhang).

1. wie: *der Brief*   2. **ohne Umlaut** im Plur.:   3. **mit Umlaut** im Plur.:

1. wie: *der Brief*	2. ohne Umlaut	3. mit Umlaut	
der Fisch	der Aal	der Hund	der Arzt	der Frosch	der Wunsch
der Stein	der Aar	der Punkt	der Ast	der Frost	der Zug;
der Schritt	der Barsch	der Ruf;	der Bach	der Hof	der Baum
der Tisch	der Arm	der Schluck	der Ball	der Knopf	der Brauch
der Feind	der Dachs	der Schuh;	der Bart	der Kopf	der Kauf
der Freund;	der Grad	der Bau	der Brand	der Korb	der Lauf
der Abend	der Halm	der Gau	der Damm	der Lohn	der Raum
der Monat	der Pfad	der Laut u.a.;	der Dampf	der Rock	der Schlauch
der Bericht	der Spalt	der Gemahl	der Draht	der Sohn	der Traum
der Entscheid	der Tag	der Erfolg	der Fall	der Stock	der Zaun;
der Erwerb	der Wal u.a.;	der Besuch	der Gast	der Stoß	der Anfang
der Vergleich;	der Mittag	der Versuch	der Hahn	der Ton;	der Anlaß
der Honig,	der Sonntag	der Verlust	der Hals	der Bruch	der Antrag
der Käfig	der Werktag	u.a.;	der Kamm	der Bund	der Beitrag
der König,	der Docht	Fremdwörter:	der Pfahl	der Busch	der Betrag
der Rettich	der Dolch	der Singular	der Platz	der Duft	der Einwand
der Estrich;	der Dom	der Plural	der Saal	der Dunst	der Vorwand
der Habicht	der Molch	der Apparat	der Sack	der Fluß	der Verstoß
der Kehricht;	der Mond	der Termin	der Satz	der Fuß	der Ausdruck
der Hering	der Mord	der Skorpion	der Schacht	der Grund	der Auswuchs
der Frühling	der Pol	der Talar	der Schlag	der Gruß	der Genuß
der Jüngling	der Rost	der Damast	der Schrank	der Hut u.a.;	der Geruch
der Kürbis u.a.:	der Stoff	der Salat	der Schwan	der Kuß	Fremdwörter:
Fremdwörter:	der Strolch	der Sarkophag;	der Schwanz	der Schluß	der Kanal
der Kapitän	der Thron;	der Admiral	der Stall	der Stuhl	der Palast u.a.;
der Offizier	der Huf	der Dekan	der Stamm;	der Sturm	der Papst
der Sekretär u.a.	der Fund	der Sultan u.a.	der Bock	der Turm	u.a.

zu 1.: Substantive auf *-is* haben im Plural *-isse*, z.B.: *der Kürbis/die Kürbisse, der Firnis/die Firnisse, der Iltis/die Iltisse* u.a.

4. Einige starke Maskulina bilden ihren **Plural auf -er;** haben sie als Stammvokal ein *-a-, -o-, -u-* oder *-au-* so erfolgt **Umlaut** zu *-ä-, -ö-, -ü-, -äu-* (↗ Spalte 3 der Übersichtstafel im Anhang). Es sind dies insbes.: *der Geist/die Geister, der Leib; der Mann/die Männer, der Rand, der Wald; der Gott, der Wurm, der Vormund*, ebenso die Bildungen: *der Irrtum/die Irrtümer, der Reichtum* u.a.

5. **Doppelformen** im Plural (↗ 119/5 und 122) haben: *der Balkon/die Balkone (Balkons), der General/die Generale (Generäle), der Bösewicht/die Bösewichte(r), der Ort/die Orte (die Örter).*

Ausnahmen Gemischt dekliniert (↗ Spalte 4a der Übersichtstafel im Anhang) werden die Makulina: *der Dorn, der Lorbeer, der Mast, der Pfau, der See, der Sporn, der Staat, der Strahl, der Zins* sowie die Fremdwörter auf *-or* (meist mit Akzentwechsel im Plur.) wie: *der Dóktor/die Doktóren, der Professor, der Motor, der Traktor* u.a., ebenso: *der Magnét/die Magnéten, der Kónsul/die Kónsuln* u.a. (aber: *der Tenór/die Tenóre*).

4.3. Dritte Deklinationsgruppe

Regel: Maskulina für **Lebewesen** auf **-e** sowie einige (meist einsilbige) mit konsonantischem Auslaut, ebenso männliche Fremdwörter auf *-e, -k, -p, -d, -t (-st)* für Personen und ferner die auf *-arch, -graph, -log, -nom, -phag, -soph* werden **schwach** dekliniert und haben ab dem **Genitiv Sing.** und im gesamten **Plural** die Endung **-n** oder **-en**; Umlaut tritt nicht auf (↗ Spalte 4b der Übersichtstafel im Anhang).

1. Männliche Lebewesen auf die **Endung -e:** wie: *der Junge/des Jungen/die Jungen*:

der Affe	der Gefährte	der Knappe	der Rabe
der Barde	der Gehilfe	der Kunde	der Rappe
der Bote	der Genosse	der Laffe	der Recke
der Bub(e)	der Gesell(e)	der Laie	der Riese
der Buhle	der Gespiele	der Lotse	der Scherge
der Bulle	der Götze	der Löwe	der Schöffe
der Bürge	der Halunke	der Matrose	der Schulze
der Bursch(e)	der Hase	der Nachkomme	der Schurke
der Drache(n)	der Heide	der Neffe	der Schütz(e)
der Erbe	der Hirt(e)	der Ochs(e)	der Sklave
der Falke	der Insasse	der Pate	der Zeuge
der Gatte	der Knabe	der Pfaffe	u. a.

2. **Konsonant** im Auslaut wie: *der Mensch/des Menschen/die Menschen* haben:

der Bär	der Graf	der Narr	der Schultheiß
der Christ	der Held	der Prinz	der Steinmetz
der Fink	der Lump	der Tor	der Vorfahr(e)
der Fürst	der Mohr	der Zar u. a.;	u. a.

3. **Fremdwörter** aus dieser Gruppe sind z.B.:

der Antipode	der Doktorand	der Bürokrat	der Monarch
der Bonze	der Konfirmand	der Demokrat	der Patriarch
der Kollege	der Vagabund;	der Architekt	der Geograph
der Kreole	der Lieferant	der Bandit	der Lithograph
der Komplice	der Musikant	der Patriot	der Stenograph
der Novize;	der Praktikant;	der Astronaut;	der Geologe
der Bosniak	der Agent	der Phantast	der Philolog(e)
der Katholik;	der Dirigent	der Artist	der Astronom
der Satrap	der Klient	der Bassist	der Ökonom
der Misanthrop	der Präsident	der Optimist	der Philosoph
der Philanthrop;	der Student;	der Sozialist;	u. a.

4. Ebenfalls in diese Gruppe gehören einige fremdsprachliche **Sachbegriffe** wie:

   der Dividend, der Diamant, der Konsonant, der Quotient; der Automat, der Komet, der Planet, der Satellit; der Telegraph u. a.

5. Ferner die **Völkernamen** auf die Endungen *-e* und *-ar;*

   der Däne, der Deutsche, der Franzose, der Jude, der Jugoslawe, der Schwede; der Ungar, der Tatar, der Barbar u. a.

6. Außer schwach auch **gemischt**, d. h. mit starken **Doppelformen im Singular,** deklinieren:

   der Ahn/des Ahnen (des Ahns)/die Ahnen, der Nachbar, der Oberst, der Untertan, der Spatz (Spalte 4a oder 4b der Übersichtstafel im Anhang); manchmal endungslos im Dat. und Akk. Sing. sind: *der Bär, der Fink, der Held* u. a.

7. Im Sing. *-n*, im Plur. *-en* hat: *der Herr/des Herrn/dem Herrn/den Herrn; die Herren/der Herren/den Herren/die Herren.*

4.4. Vierte Deklinationsgruppe

Die meisten **Feminina** und alle weiblichen Fremdwörter werden **schwach** dekliniert, sind im **Singular** stets **endungslos** und bilden ihren **Plural** auf **-n** oder **-en**. (↗ Spalte 4b der Übersichtstafel im Anhang).

1. **Einsilbige** Feminina wie: *die Form/der Form/die Formen* sind z. B.:

die Art	die Frist	die Saat	die Tat
die Bahn	die Furt	die Schar	die Tracht
die Bucht	die Glut	die Schlacht	die Tür
die Burg	die Jagd	die Schlucht	die Uhr
die Fahrt	die Last	die Schrift	die Wahl
die Flur	die Pflicht	die Schuld	die Welt
die Flut	die Post	die Spur	die Zahl
die Frau	die Qual	die Stirn	die Zeit u. a.

2. **Zweisilbige** Feminina auf **-e** wie: *die Erde/der Erde/die Erden* sind z. B.:

die Achse	die Decke	die Kirche	die Seite
die Beere	die Eiche	die Kirsche	die Straße
die Biene	die Farbe	die Nase	die Stunde
die Blume	die Henne	die Sache	die Tasse
die Brücke	die Hütte	die Schule	die Wunde u. a.

3. **Zweisilbige** Feminina auf **-el** und **-er** mit der Endung *-n* im Plural wie: *die Gabel/der Gabel/die Gabeln, die Ader/der Ader/ die Adern* sind:

die Achsel	die Nadel	die Tafel	die Kammer
die Fabel	die Runzel	die Wurzel	die Mauer
die Insel	die Schachtel	die Zwiebel;	die Schulter
die Kugel	die Schüssel	die Feder	die Schwester u. a.

4. Sonstige Feminina, insbes. auf **-ei, -heit, -keit, -schaft, -ung** sind z. B.:

die Gefahr	die Arbeit	die Bäckerei	die Neuheit
die Gewalt	die Heimat	die Ziegelei;	die Flüssigkeit
die Geburt;	(Plur. selten)	die Schmeichelei	die Freundschaft
die Geschichte;	die Tugend;	die Lauferei;	die Wohnung u. a.

   ferner alle Bildungen auf **-in** (Plur. *-innen*) wie: *die Freundin/der Freundin/die Freundinnen.*

5. **Fremdwörter** aus dieser Gruppe sind z. B.:

die Apotheke	die Grammatik	die Frisur	die Allianz
die Sirene;	die Republik;	die Zensur	die Substanz
die Bibliothek;	die Portion;	die Parabel	die Frequenz
die Hypothek;	die Station;	die Klausel;	die Sentenz u. a.

Starke Deklination haben folgende **Feminina**:

1. im **Plural endungslos** und **mit Umlaut** (↗ Spalte 1 der Übersichtstafel im Anhang) nur: *die Mutter/der Mutter/die Mütter* und *die Tochter/der Tochter/die Töchter.*

2. mit **Plural** auf **-e** (↗ Spalte 2 der Übersichtstafel im Anhang):
   a) alle Feminina auf **-nis** (Plur.: *-nisse*) und **-sal** (↗ 128/2 c), z. B.: *die Finsternis, die Kenntnis; die Drangsal, die Mühsal, die Trübsal* u. a.
   b) mit **Umlaut** im Plural wie: *die Angst/der Angst/die Ängste* auch: *die Axt, Braut, Brunst, Brust, Faust, Frucht, Gans, Gruft, Hand, Haut, Kluft, Kraft, Kuh, Laus, Luft, Lust, Macht, Magd, Maus, Nacht, Naht, Not, Nuß, Schnur, Stadt, Sucht, Wand, Wurst, Zunft; die Ausflucht, Auskunft, Zusammenkunft* u. ä., ferner: *die Bank, die Sau* (↗ 122).

4.5. Fünfte Deklinationsgruppe

Regel: **Alle Neutra** – neben den starken der ersten Deklinationsgruppe – und die meisten neutralen Fremdwörter werden **stark** dekliniert.

1. Neutra mit der Endung **-er** im **Plural** wie: *das Bild/des Bildes/die Bilder* und Umlaut der Stammvokale *-a-, -o-, -u-, -au-* zu *-ä-, -ö-, -ü-, -äu-* wie: *das Glas/des Glases/die Gläser* (↗ Spalte 3 der Übersichtstafel im Anhang).

   a) **einsilbige** Neutra:

das Brett	*das Lied*	*das Amt*	*das Lamm*	*das Schloß*
das Ei	*das Nest*	*das Bad*	*das Pfand*	*das Volk;*
das Feld	*das Reis*	*das Blatt*	*das Rad*	*das Buch*
das Geld	*das Rind*	*das Dach*	*das Tal;*	*das Gut*
das Kleid	*das Schild*	*das Fach*	*das Dorf*	*das Huhn;*
das Glied	*das Schwert*	*das Faß*	*das Holz*	*das Haupt*
das Kind	u. a.	*das Grab*	*das Horn*	*das Haus*
das Licht	auch:	*das Gras*	*das Korn*	*das Kraut*
das Lid	*das Weib* (!)	*das Kalb*	*das Loch*	*das Maul* u. a.

   b) einige Neutra mit der Vorsilbe **Ge-** wie:
   das Gewitter, das Gemüt, das Geschlecht, das Gesicht, das Gespenst, das Gewand.

   c) die neutralen Bildungen auf **-tum** (Plural: *tümer*) wie:
   das Bistum/des Bistums/die Bistümer, das Fürstentum u. a.; *das Brauchtum, das Volkstum,* (selten im Plur.), *das Beamtentum* u. a.

2. Neutra mit der Endung **-e** im **Plural,** aber ohne Umlaut (↗ Spalte 2, links, der Übersichtstafel im Anhang) wie *das Gas/des Gases/die Gase* sind sehr zahlreich:

   a) **einsilbige** Neutra:

das Beil	*das Gift*	*das Maß*	*das Schiff*
das Bein	*das Haar*	*das Meer*	*das Schwein*
das Blech	*das Heft*	*das Moor*	*das Spiel*
das Boot	*das Jahr*	*das Paar*	*das Stück*
das Brot	*das Kreuz*	*das Pfund*	*das Tor*
das Erz	*das Kinn*	*das Reich*	*das Werk*
das Fest	*das Knie*	*das Salz*	*das Ziel* u. a.

   b) Neutra mit den Vorsilben **Ge-** und **Ver-,** auch einige mit **Be-:**
   das Gebet, das Gebot, das Gefäß, das Gelenk, das Geschäft, das Geschenk, das Gesetz u. a.; *das Verbot, das Verdienst, das Verhör, das Verlies; das Begehr, das Besteck.*

   c) Neutra auf die Endungen **-nis** (Plural: *-nisse*) und **-sal** wie:
   das Erlebnis, das Gefängnis, das Zeugnis; das Scheusal, das Schicksal u. a.

   d) Neutrale **Fremdwörter** sind z. B.:
   das Element/des Element(e)s/die Elemente, das Magazin, das Metall, das Konsulat u. a.

3. **Doppelformen** mit Plural auf -er und Umlaut (= 1) oder auf -e ohne Umlaut (= 2) haben:
   das Band, das Land, das Wort, das Tuch; das Ding, das Gesicht, das Licht (↗ 122), außerdem: *das Regiment, das Hospital, das Spital.*

Ausnahmen **Gemischt** dekliniert (↗ Spalte 4a der Übersichtstafel im Anhang) werden: *das Bett/des Bett(e)s/die Betten, das Hemd, das Leid, das Ohr, das Auge, das Ende*, mit Sonderformen auch: *das Herz/des Herzens/dem Herzen/das Herz; die/der/den/die Herzen.*

4.6. Volle und kurze Formen im Genitiv und Dativ Singular

Viele männliche und neutrale Substantive der starken Deklination haben im Genitiv und im Dativ Singular neben den vollen Formen auf die Endungen -es im Genitiv und -e im Dativ auch **kurze Formen** ohne -e. Die vollen Formen sind seltener und werden immer weniger gebraucht. In gehobener Sprache sind sie häufiger als in der Umgangssprache, doch gibt es keine festen Regeln für den Gebrauch der beiden Formen. Maßgebend sind oft Wohllaut und Rhythmus des Satzes, insbes. der Klang des folgenden Wortes. In Zweifelsfällen gelten folgende **Grundsätze** zum:

Genitiv

1. Die **volle Form** auf -es steht **immer** bei Substantiven auf die Endungen:
   -s, -ß, -x, -z, -tz wie in: *des Glases, des Fuchses, des Flusses, des Holzes, des Schatzes*.

2. Sonst steht die volle Form **bevorzugt** bei Substantiven, deren Auslaut durch Betonung oder Konsonantenhäufung besonders hervorgehoben ist, also:
   a) bei Substantiven, die einsilbig oder auf der Endsilbe betont sind, wie: *des Kopfes, des Buches, des Schrankes; des Betrages, des Entwurfes;*
   b) insbes. bei Substantiven auf die Endungen -ld, -lg, nd; -sch, -st wie: *des Wildes, des Balges, des Windes, des Busches, des Astes* u. a.
   c) bei Substantiven mit mehr als zwei Konsonanten im Auslaut wie: *des Arztes*.

3. Die **kurze Form** auf -s steht **immer** bei Substantiven mit schwach betontem Auslaut, also bei Substantiven
   a) auf -el, -em, -en, -er wie: *des Vogels, des Atems, des Balkens, des Koffers;*
   b) auf -chen und -lein wie: *des Märchens, des Mädchens, des Fräuleins;*
   c) auf -ig, -ing, -ling wie: *des Käfigs, des Herings, des Frühlings.*
   d) auf -icht, -at, -sal wie: *des Kehrichts, des Monats, des Schicksals;*
   e) sowie bei Substantivierungen aus anderen Wortarten wie: *des Ichs, dieses Rots, des Seins, des Wollens, des Lateins, des Deutschs* u. a.
   f) ferner bei Genitiven, die in festen Redewendungen adverbial gebraucht werden wie: *des Abends, abends, mittags; anfangs, keineswegs* u. a.

4. Die kurze Form steht meist bei Substantiven, die
   a) auf einen Vokal oder Diphthong enden, wie: *des Tees, des Magmas, des Lottos, des Kanus; des Baus, des Bleis, des Heus* u. a.
   b) auf Vokal + -h enden, wie: *des Strohs, des Schuhs* u. a.
   c) nicht auf der letzten Silbe betont sind, wie: *des Urlaubs* u. a. sowie bei vielen Zusammensetzungen wie: *des Bienenschwarms* u. a.

Dativ

5. Die **kurze Dativform** auf -e steht **immer** bei Substantiven
   a) auf -el, -em, -en, -er; -chen, -lein; -ig, -ing, -ling; -icht, -at, -sal (↗ oben 3a–d).
   b) auf Vokal, Diphthong oder Vokal + h (↗ oben 4a–b)
   c) ferner bei Substantivierungen (↗ oben 3e) und vor Vokal am Anfang des folgenden Wortes
   d) sowie bei Substantiven, die unmittelbar einer Präposition folgen, wie: *aus Erz, von Gold, von Mal zu Mal* u. a., doch haben feste Redewendungen das alte -e behalten: *zu Rate ziehen, nach Hause kommen* u. a.

4.7. Die Deklination der Personennamen (Singular)

1. Personennamen **mit Artikel** oder Pronomen bleiben endungslos, während Artikel (Pronomen) und, falls vorhanden, adjektivisches Attribut wie üblich dekliniert werden.
   ▷ Das ist die Handschrift *unseres Karl*. Kennst du die Werke *der Droste*? Besonders liebte sie die blonden Haare *ihres kleinen Walter*.

2. Personennamen **ohne Artikel** oder Pronomen haben aber im **Genitiv** Sing. die Endung **-s** (auch weibliche!), weibliche auf *-e* auch die Endung *-ns (Marie/Maries, Mariens)*. Veraltet steht bei **männlichen** Namen auf *-s, -ß, -x, -z, -tz* im Genitiv Sing. die Endung *-ens* oder das Auslassungszeichen '; bevorzugt wird statt dessen der nachgestellte (endungslose) Dativ mit der Präposition *von* oder der (meist) nachgestellte Genitiv mit Artikel (↗ oben 1).
   ▷ Das ist *Karls* Handschrift. Kennst du *Goethes* „Faust"? – Das ist *Erikas* Puppe. Hast du *Maries (Mariens)* Tasche gefunden. – Ich bin nicht *Hansens (Fritzens, Maxens)* Mutter, sondern seine Tante; selten: Das ist *Hans'* Mutter; meist: Sind Sie die Mutter *von Hans (von Fritz, von Max)*? Dort stehen die Werke *von Marx und Engels*. Wir lesen gerade die Schriften *des Tacitus* (auch: *des Tacitus* Schriften; statt: *Tacitus'* Schriften).

3. Folgen **mehrere Namen** einer Person aufeinander, so erhält nur der **letzte** eine Deklinationsendung.
   ▷ Wir lesen gerade *Friedrich von Schillers* Drama „Wallenstein".

4. Personennamen, die außer dem Vornamen noch aus einem *von* + Ortsnamen (meist Adelsnamen) bestehen, deklinieren, sofern der Ortsname noch als solcher empfunden wird, immer den Teil des Namens, der dem übergeordneten Substantiv am nächsten steht. Das gilt insbes. für ältere Namen:
   ▷ das Werk *Wolframs* von Eschenbach; nach Wolfram von *Eschenbachs* Tod.

5. Steht vor dem Namen ein **Titel mit Artikel** oder Pronomen, so erhält außer dem Artikel oder Pronomen **nur der Titel** Deklinationszeichen; sind es mehrere Titel, so wird nur der erste dekliniert; der Titel Dr. (= Doktor) gilt als Bestandteil des Namens. Steht jedoch der **Titel ohne Artikel** oder Pronomen, so erhält **nur der Name** (und gegebenenfalls der Beiname) Deklinationszeichen.
   ▷ Einhart beschrieb das Leben *des Kaisers Karl;* aber: Einhart beschrieb das Leben *Kaiser Karls des Großen*. Jeder kennt die Forschungen *unseres Institutsdirektors Professor Dr. (Doktor) Schulz;* aber: Habt ihr *Institutsdirektor Professor Dr. Schulzes* Vorträge gehört?

6. Vor Namen und Titeln stehen die Substantive *Frau* und *Fräulein* immer endungslos, das Substantiv *Herr* wird **immer dekliniert,** gleichgültig ob der Artikel vorausgeht oder nicht; nach dem Substantiv *Herr* erhalten Titel meist nur dann Deklinationszeichen, wenn sie der schwachen Deklination angehören.
   ▷ Mit einer Ansprache *der (von) Frau Präsidentin Raumer* wurde die Sitzung eröffnet. Den Ausführungen *des sachkundigen Fräulein Walter* widersprach niemand. – Man sprach über den Antrag *eines gewissen Herrn Moormann*. *Herrn Müllers* Ansicht hielt niemand für richtig. *Herrn Klatt* stimmten die meisten zu. Man müßte noch *Herrn Mai* fragen; auch im Plur.: *die Herren Schmidt und Welter* stimmten zu; mit Titel: Die Nummer *des Herrn Präsidenten Lehmann* weiß ich nicht, aber ich gebe Ihnen die *des Herrn Direktor* (auch: *Direktors*) *Nauroth*.

7. Im Dativ und Akkusativ sind Personennamen endungslos, männliche wurden früher oft schwach dekliniert: *Schiller war mit Goethe(n°) befreundet*.

4.8. Die Deklination der Personennamen (Plural)

1. **Männliche Vornamen,** die auf einen Konsonanten enden, haben im Plural gewöhnlich die Endung *-e,* manchmal *-s,* z.B.: *zwei Wilhelme, zwei Friedriche* u.a.; *zwei Karls, zwei Wolfgangs* u.a.
   Keine Pluralendung haben männliche Vornamen auf *-el, -en, -er,* z.B.: *zwei Axel, zwei Jürgen, zwei Peter* u.a.

2. **Weibliche Vornamen,** die auf unbetontes *-e* ausgehen, haben die Pluralendung *-n,* die auf *-s* und andere S-Laute sind endungslos. Enden sie auf Konsonant (außer auf S-Laute), so steht die Pluralendung *-en* oder, insbes. bei fremdsprachlichen Namen, *-s.* Auch die auf *-a, -o* und *-i (-y)* haben im Plural die Endung *-s.*

zwei Marien	*zwei Agnes;*	*zwei Ediths*	*zwei Erikas*
zwei Julien	*zwei Gertruden*	*zwei Ruths*	*zwei Lillis*
zwei Susannen;	*zwei Brunhilden;*	*zwei Judiths;*	*zwei Cleos.*

3. Überhaupt haben Namen, die auf einen vollen Vokal ausgehen, im Plural fast immer die Endung *-s,* einige Geschlechternamen auf *-o* jedoch die Endung *-nen,* z.B.: *die Willis, die Heinos, die Tassos; die Ottonen, die Scipionen, die Jagellonen* u.a.

4. **Familiennamen** bleiben im Plural in der Regel **unverändert,** immer häufiger aber wird der mit **-s** gebildete Genitiv Singular von Familiennamen heute zur Bezeichnung der ganzen Familie im Plural gebraucht; die Herkunft vom Genetiv erklärt auch die Pluralformen auf *-ens* für Familiennamen.
   ▷ Heute kennt jeder die Märchen *der Brüder Grimm,* aber *die beiden Grimm* waren auch als Rechts- und Sprachgelehrte tätig. Welcher von *den beiden Humboldt* war in Amerika? Die Handelshäuser *der Fugger* und *der Welser* waren sehr mächtig. Kennst du die Eisenhandlung *der Gebrüder Burger?* – Wir waren *bei Müllers* zu Besuch. Wirst du *Schulzes* einladen? *Buchholzens* können leider nicht kommen.

4.9. Die Deklination von Namenszusätzen

1. Folgt dem Namen (z.B. eines Herrschers) eine **Ordnungszahl** in Ziffern, so bleibt sie zwar ohne äußeres Deklinationszeichen, doch steht sie im selben Kasus wie der Name und muß entsprechend gelesen werden.
   ▷ Die Gesetzgebung *Kaiser Josefs II.* (lies: *Josefs des Zweiten*) wurde von vielen begrüßt. In Frankreich erzählt man sich noch heute viele Geschichten von *Heinrich IV.* (lies: von *Heinrich dem Vierten*). Der Nationalkonvent erhob Anklage gegen *Ludwig XVI.* (lies: gegen *Ludwig den Sechzehnten*).

2. Nach Jahreszahlen wird die Abkürzung *n.Chr.* oder *n.C.* (ebenso wie *v.Chr./v.C.*) heute meist im Nominativ gelesen, also: *nach Christus (vor Christus).* Alte Lesart: *nach Christo, nach (vor) Christi Geburt.*

3. Der Name *Jesus Christus* wird im Deutschen heute nur noch selten dekliniert; meist gebraucht man in allen Fällen den Nominativ, während früher die lateinische Deklination angewandt wurde *(Jesus Christus/Jesu Christi/Jesu Christo/Jesum Christum,* Anrede: *Jesus Christe!).*

4. Über Namenszusätze ↗ auch den Abschnitt über die Apposition, Seite 236.

4.10. Die Deklination geographischer und anderer Namen

1. Geographische Namen, die im Nominativ **mit Artikel** stehen, werden wie alle anderen Substantive dekliniert, z. B.:

   a) solche **Ländernamen,** die männlich oder weiblich sind, sowie einige neutrale Landschaftsnamen wie:

   der Sudan/des Sudan(s)/dem Sudan/den Sudan, die Schweiz/der Schweiz/ der Schweiz/die Schweiz u. a.; *das Banat/des Banats/dem Banat/das Banat, das Pandschab/des Pandschab(s)/dem Pandschab/den Pandschab* u. a.

   b) Ländernamen (auch für Inselgruppen), die im **Plural** gebraucht werden wie: *die Niederlande/der Niederlande/den Niederlanden/die Niederlande; die Azoren/der/ den/die Azoren, die Bermudas/der/den/die Bermudas* u. a. gelegentlich auch: *die beiden Amerika(s)* = Nord- und Südamerika, *die beiden Indien* = Ost- und Westindien, oder: Vorder- und Hinterindien.

   c) Namen der **Gebirge, Berge, Flüsse, Seen, Meere,** doch fehlt das Genitiv-*s* heute oft, insbes. bei fremdsprachlichen Namen, z. B.:

   der Spessart/des Spessarts; der Harz/des Harz(es); des Montblanc(s), des Baikal(s); des Atlantiks; die Ägäis/der Ägäis u. a.

2. Normal werden auch die Namen der **Jahreszeiten, Monate** und **Tage** dekliniert, doch fehlt bei Monatsnamen manchmal das Genitiv-*s*, z. B.:

   der Frühling/des Frühlings, der Herbst/des Herbstes; der Montag/des Montags, eines Sonntags (= einmal an einem Sonntag); *die letzten Tage des Oktobers;* oder: *die letzten Tage des Oktober.*

3. Neutrale **Orts-** und **Ländernamen** haben im Genitiv die Endung *-s* (kommen aber auch endungslos vor) und bleiben sonst unverändert.

   Ausnahmen Orts- und Ländernamen auf *-s, -ß, -x, -z (-tz)* sowie *-th* u. a. fremdsprachl. bilden keinen Genitiv; statt dessen stehen sie mit der Präposition *von* oder mit dem Genitiv eines Wortes wie *die Stadt, das Dorf* u. ä. im Anschluß an das übergeordnete Substantiv.

   ▷ Kennst du *Berlins* Umgebung? Ich liebe die Gebirge *Deutschlands. Spaniens* Flüsse führen oft nur wenig Wasser. Welches sind die Grenzen *Asiens?* Die Industrie des heutigen *England(s)* ist sehr bedeutend. Kennst du den Rhein oberhalb *Basel(s)?* – In und *um Bonn* gibt es viele Botschaften; aber: Die Einwohner *von Mainz/von Paris/von Plymouth/der Stadt Konstanz/des Kantons Glarus/des Dorfes Einhaus;* die Straßen *der Stadt Florenz* u. a.

4. **Adjektive,** die zu einem Namen gehören, werden im allgemeinen nur dann dekliniert, wenn sie neben dem Substantiv stehen, sehr selten jedoch, wenn sie mit dem Namen fest zusammengesetzt sind, also:

   das Schwarze Meer/des Schwarzen Meeres; aber: *der Schwarzwald/des Schwarzwaldes; die Alte Brücke/auf der Alten Brücke;* aber: *der Altmarkt/beim Altmarkt, das Neutor/am Neutor* u. a.

5. **Titel** von Büchern, Filmen usw. werden stets dekliniert; nach einem entsprechend deklinierten Wort wie *das Werk, das Drama, der Roman, der Film* u. ä. erscheint der Titel im Nominativ.

   ▷ „Der Grüne Heinrich" ist ein Roman von Gottfried Keller. Ich habe gerade das erste Kapitel *des „Grünen Heinrichs"* gelesen. Ist dieses Zitat *aus Schillers „Räubern"* oder *aus Lessings „Nathan dem Weisen".* Es ist *aus Lessings Drama „Nathan der Weise".* Der Schluß *des Films „Die schöne Lola"* hat mir nicht gefallen.

4.11. Die Deklination der Maß- und Mengenbezeichnungen

1. **Männliche** und **neutrale Maßbezeichnungen** bleiben nach Zahlwörtern im Plural endungslos (↗ 121/3f.).

    Ein *-n* im Dativ Plural haben oft *der/das Meter, der/das Liter* und ihre Zusammensetzungen, ebenso: *der Zentner, der/das Klafter, der Taler* u. ä.

    ▷ Sie kaufte *sieben Paar* Strümpfe. Der Raum ist etwa *sechs Fuß* hoch. Wir brauchen noch etwa *fünf Dutzend* Schrauben. Der Kühlschrank faßt *achzig Liter;* ähnlich auch: die Festung hatte *zweihundert Mann* Besatzung; aber: Im Kleinhandel verkaufen wir Stoffe *von zehn Meter(n)* an. Eine Mauer *von drei Meter(n)* Höhe muß doch zu sehen sein. *Nach zwanzig Kilometern* kehrte er um.

2. **Weibliche Maßbezeichnungen** werden meist wie alle anderen Feminina auch dekliniert; die auf die Endung *-e* im Singular haben immer schwachen Plural auf *-en*.

    ▷ Das Tuch ist *zwei Hand/zwei Hände* breit; aber immer: Der Stoff ist *vier Ellen lang* und *zwei Spannen breit. Wieviele Seemeilen* legt das Schiff am Tag zurück? Sie trinkt am Tag zwei bis *drei Kannen Kaffee.* Ich hätte auch gern *ein paar Unzen* Gold. Ein oder *zwei Prisen* Salz genügen.

3. **Geldbezeichnungen** auf *-e* erhalten schwache Pluralendungen, andere nicht, also: *die Drachme/zwanzig Drachmen, die Kopeke/fünf Kopeken, die Krone/ 3 Kronen; die Mark/zwanzig Mark, der Pfennig/fünf Pfennig, 3 Dollar, 5 Rubel* u. a.

4. **Zeitangaben** jeden Geschlechts werden **regelmäßig** dekliniert.

    ▷ Wir waren *drei Tage* lang unterwegs. *Vor einigen Monaten* hat uns Tante Lisa besucht. Ich komme *in fünf Minuten. Nach vier kalten Nächten* hatten sie genug vom Zelten. Die Politik *der letzten Jahre* war erfolglos, die *des nächsten Jahrzehnts* muß besser durchdacht werden.

5. **Fremdwörter** als Maßbezeichnungen werden regelmäßig dekliniert.

    ▷ *Drei Portionen* Eis bitte. *Wieviele Bataillone* und *Kompanien* Soldaten zogen ins Manöver? In Asien hungern *viele Millionen* Menschen.

6. Maßbezeichnungen werden **regelmäßig** dekliniert, wenn sie nicht den Mengenwert insgesamt, sondern die Einzelgegenstände angeben.

    ▷ Dieser große Bottich enthält ungefähr *drei Faß* Wein; aber: Wir haben *drei Fässer* Rotwein und *zwei Fässer* Weißwein im Keller. Einwurf *zehn Pfennig;* aber: Der Junge klimperte *mit einigen Pfennigen* in seiner Tasche.

7. Das Wort, das bei Maßangaben den gezählten, gemessenen, gewogenen ... Gegenstand angibt, richtet sich in seinem Kasus oft nach der Maßbezeichnung; in gehobener Sprache steht es jedoch im Genitiv, insbes. wenn es mit einem Adjektiv verbunden ist.

    ▷ Sie strickt an einem Paar *wollenen Strümpfen* (Dat.). Er trank zwei Glas *starken Wein* (Akk,). Hier ist ein Topf *köstliche Marmelade* (Nom.). Wegen eines Kruges *Bier(s)* gerieten sie in Streit (Gen.); aber auch: Er erfreute seinen Gast mit einer Flasche *feinen Weines.* Sie nippte an einem Glas *erfrischender Limonade.* Er beschenkte sie mit einem Gebinde *herrlichster Blumen.*

5. Die Bildung der Substantive – Arten der Wortbildung II

1. Nach ihrer Bildung unterscheidet man **ursprüngliche** (einfache) und **abgeleitete** Substantive, ferner **zusammengesetzte**.
2. **Ursprüngliche** Substantive sind meist **einsilbig**, z.B.: *der Bach, der Baum, der Fisch; die Braut, die Hand, die Welt; das Herz, das Kleid, das Meer.*
3. Die abgeleiteten Substantive gliedern sich in

    a) **einfache Ableitungen,** entstanden aus Verbalstämmen durch Ablaut des Stammvokals oder durch Anfügung einzelner Konsonanten oder durch beides:

    binden → *das/der Band, das/der Bund;* mahlen → *das Mehl;* sprechen → *der Spruch;* trinken → *der Trank, der Trunk;* biegen → *der Bogen, die Bucht;* fahren → *die Fahrt, die Furt;* jagen → *die Jagd;* schreiben → *die Schrift;* fliehen → *die Flucht;* tun → *die Tat;* gönnen → *die Gunst* u.a.

    b) **Worterweiterungen,** gebildet mit Hilfe von **Nachsilben** (Suffixen) und **Vorsilben** (Präfixen). Auch dabei ergeben sich meist Veränderungen des Stammvokals (Ablaut, Umlaut) oder/und der Konsonanten im Stammauslaut.

5.1. Die Substantivbildung durch Nachsilben (Suffixbildungen)

1. Einige der wichtigsten Nachsilben zur Worterweiterung **(Ableitungssuffixe)** sind die **mit unbetontem -e-;** von den häufigsten gilt:

    -de   bildet **feminine** Substantive aus Adjektiven (auch aus untergegangenen) und aus anderen Wortarten:
    die Freude (froh); die Gemeinde (gemein); die Gierde, die Begierde; die Zierde; die Behörde; die Bürde; die Gebärde u.a.; *die Schande (die Scham);* auch: *das Gebäude, das Gelübde, das Gemälde, das Getreide (tragen), die Beschwerde* u.a.

    -e   bildet **feminine** Substantive

    a) aus Verben: *die Ehre, Falte, Liebe; die Pflege, Reue, Sorge; die Fuhre (fahren), Gabe (geben), Grube (graben);*

    b) ferner Bezeichnungen für das Mittel oder den Ort einer Tätigkeit: *die Decke (decken), die Falle (fallen), die Schmiede (schmieden), die Tränke (tränken), die Warte (warten);*

    c) ferner häufig abstrakte Substantive aus Adjektiven: *die Breite, Güte, Treue; die Bläue, Röte, Schwärze; die Hitze (heiß);*

    -el   bildet aus Verben **maskuline** Substantive zur Bezeichnung von Werkzeugen: *der Deckel (decken), der Hebel (heben), der Hobel (hobeln)* u.a.;
    mit Umlaut: *der Klöppel (klopfen), der Stöpsel (stopfen), der Stößel* u.a.;
    mit Ablaut: *der Flügel (fliegen), der Schlüssel (schließen), der Stachel (stechen)* u.a.

-er	bildet **maskuline** Bezeichnungen
a) für Personen nach ihrer Tätigkeit oder Herkunft.
Tätigkeit: *der Finder, der Leser; der Mieter, Käufer, Trinker* u. a.
berufliche Tätigkeit: *der Drucker, Glaser, Schlosser, Schreiner* u. a.
Herkunft: *der Kölner, der Österreicher, der Inder, der Australier* u. a.
mit Umlaut: *der Mörder, Räuber, Jäger, Bürger, Engländer* u. a.
Ähnlich auch die Bildungen auf **-àner** wie in: *der Lutheraner* für Anhänger einer Idee oder Person; auch: *der Hannoveraner* u. a.
b) für Werkzeuge: *der Bohrer, der Hammer, der Zeiger, der Staubsauger* u. a.
c) für ein Geschehen und dessen Ergebnis: *der Schluchzer, der Walzer* u. a.
d) auch bei Zahlwörtern: *der Einer, Einser, Fünfziger, Hunderter* u. a.
-ler	bildet ebenfalls **maskuline** Bezeichnungen für Personen, z. B.:
der Künstler, der Tischler; der Dörfler, der Pendler, der Sommerfrischler u. a.;
abwertend: *der Frömmler, der Heuchler* u. a.
-ner	bildet ebenfalls **maskuline** Bezeichnungen für Personen, z. B.:
der Pförtner, der Redner, der Rentner, der Schuldner, der Zöllner, u. a.;
-chen
und
-lein	sind Verkleinerungssilben; sie bilden **neutrale** Diminutiva wie: *das Blümchen, das Blümlein; das Mütterchen, das Mütterlein; das Häschen; das Kindchen; das Märchen* (zu: *die Mar*), *das Mädchen* (zu: *die Magd*), *das Fräulein;* einige auf *-el* (oft mask., ↗ 134/5.2.): *das Bündel, der* (!) *Knöchel* u. a.
mehrfach verkleinert sind: *das Büchelchen, das Tüchelchen, das Knöchelchen; das Bündelchen, das Wägelchen; die Sächelchen* u. a.

2. Für **die übrigen Nachsilben** gilt:

-icht	bildet **neutrale** Sammelnamen wie: *das Dickicht, Röhricht, Spülicht; das (der) Kehricht* u. a.
-in	(Plural: *-innen*) bildet von männlichen Personen- und Tiernamen Bezeichnungen für das **weibliche** Geschlecht: *die Botin, Erbin, Gattin; die Lehrerin, Reiterin, Schneiderin; die Berlinerin, Französin, Schwedin; die Häsin, Löwin, Wölfin* u. a.
-ing
oder
-ling	**(maskulin)** bezeichnet Personen, auch Sachen, nach ihrer Abkunft oder nach einem Zustand, in dem sie sich befinden; *-ling* wird oft verächtlich gebraucht;
a) von Substantiven: *der Karolinger, Merowinger, Thüringer; der Flüchtling, Häftling, Sträfling; der Keimling, Sämling* u. a.
b) von Adjektiven: *der Jüngling, Liebling, Neuling,* auch: *der Frühling* u. a.
c) von Verben: *der Lehrling, Mischling, Säugling* u. a.
d) stark verächtlich: *der Dichterling, Mietling, Weichling* u. a.
-nis	(Plural *-nisse*) bildet neutrale und einige feminine Benennungen
a) für Zustände oder Beschaffenheiten: *die Finsternis, die Betrübnis, das Verhältnis* u. a.
b) für Handlungen oder Begebenheiten: *das Begräbnis, Ereignis; das Geschehnis, Vorkommnis, Zugeständnis* u. a.
c) für Gegenstände: *das Hindernis, Verzeichnis, Bildnis* u. a.
-rich	für **männliche** Personen oder Tiere: *der Fähnrich, Wüterich* u. a.; *der Enterich, Gänserich, Täuberich* u. a.
-sal,
auch
-sel	für Zustände oder das den Zustand Bewirkende: *die* und *das Drangsal, das Schicksal, die Trübsal; das Labsal, Rinnsal* u. a.;
-sel ist zugleich verkleinernd: *das Füllsel, Häcksel, Überbleibsel; das Anhängsel, Mitbringsel, Rätsel; der Stöpsel* u. a.

-ung	bildet **feminine** Verbalsubstantive

a) für den Ablauf eines Geschehens: *die Atmung, Fütterung, Gärung, Bedienung, Beförderung* u. a.;

b) für dessen Ergebnis: *die Meinung, Rechnung, Erfindung* u. a.;

c) und es leitet Sammelnamen aus Substantiven und Adjektiven ab, z. B.: *die Kleidung, Lichtung, Festung, Waldung, Gewandung* u. a.

-heit	bildet **feminine** Substantive

a) von Gattungsnamen zur Bezeichnung des Zustandes oder einer Gesamtheit wie: *die Gottheit, Kindheit, Torheit* u. a.; *die Christenheit, die Menschheit* u. a.

b) Abstrakta aus Adjektiven wie: *die Faulheit, die Dunkelheit, die Klugheit; die Freiheit, die Kleinheit, die Schönheit* u. a.

-keit	ist Nebenform zu *-heit* und wird gebraucht, wenn das zugrunde liegende Wort selbst bereits eine Nachsilbe hat, also: *die Geistlichkeit, die Männlichkeit, die Weiblichkeit; die Dankbarkeit, die Sauberkeit, die Sparsamkeit* u. a.
-schaft	bildet **feminine** Bezeichnungen

a) zur Angabe einer Beziehung, insbes. zwischen Personen: *die Freundschaft, die Herrschaft, die Verwandtschaft* u. a.; *die Meisterschaft, die Eigenschaft* u. a.

b) zur Angabe einer Gesamtheit von Personen wie: *die Bürgerschaft, die Kaufmannschaft, die Priesterschaft, die Studentenschaft; die Genossenschaft, die Gewerkschaft, die Gesellschaft* u. a.

c) auch zur Angabe einer Gesamtheit von Sachen wie: *die Barschaft, die Erbschaft, die Hinterlassenschaft; die Ortschaft, Landschaft* u. a.

-tum	(Plural: *-tümer* selten) bildet

a) **neutrale** Bezeichnungen – wie *-schaft* – zur Angabe einer Beziehung zwischen Personen oder zur Angabe einer Gesamtheit von Personen (oder Sachen) wie: *das Kaisertum, das Papsttum, das Christentum; das Brauchtum, das Volkstum, das Bürgertum* u. a.

b) neutrale und einige maskuline Zustandsangaben aufgrund von Verbalstämmen oder Adjektiven wie: *das Wachstum, das Eigentum; der Irrtum, der Reichtum* u. a.

-ei	ist fremden Ursprungs und voll betont, ebenso **-elei** und **-erei**; sie bilden **feminine** Substantive

a) für wiederholte oder anhaltende Tätigkeiten, oft abwertend, z. B.: *die Bettelei, Heuchelei, Schmeichelei; die Liebelei, Lauferei, Schreiberei, Schwätzerei; die Büberei, Deutschtümelei;*

b) zur Berufs- oder Standesbezeichnung, auch für den Gewerbebetrieb: *die Jägerei, Fischerei, Malerei; die Bäckerei, Buchdruckerei, Metzgerei; die Auskunftei, Detektei, Kanzlei* u. a.

3. Hinzu kommen **fremdsprachliche** Nachsilben wie: *-är, -eur, -ier; -ade, -age, -euse* aus dem Französischen, *-and, -ant, -ent, -ar, -at, -ismus, -ist, -it, -us, -ur; -tät, -ion* aus dem Lateinischen u. a., z. B.: *der Friseur, der Offizier; die Limonade, die Garage; der Konsonant, das Element, der Kommissar, das Internat, der Marxist, die Zensur, die Qualität, die Nation* u. a.

4. Einige Nachsilben bestimmen das **Geschlecht:**

a) **männlich** sind die meisten Substantive auf *-el, -er;* alle auf *-ig, -ich, -ing* und *-ling; -är, -eur, -ier, -and, -ant, -us, -ist, -it* (↗ 117/1).

b) **weiblich** sind die Substantive auf *-in; -ei, -heit, -keit; -schaft* und *-ung; -ade, -age, -euse; -ion, -tät, -ur* (↗ 117/2).

c) **neutral** sind die Substantive auf *-chen* und *-lein* und die meisten auf *-sel, -sal, -tum* und *-nis*.

5.2. Die Substantivbildung durch Vorsilben (Präfixbildungen)

1. Von den Vorsilben **mit unbetontem -e-** dient nur *Ge-* unmittelbar der Substantivbildung, alle anderen – und auch viele mit *Ge-* – sind Ableitungen von Verben, die mit diesen Vorsilben fest zusammengesetzt sind (↗ 88–91), oft mit Ablaut, Umlaut und/oder anderen Veränderungen.

   Be- (entstanden aus *bei-*) wie in: *der Beginn* (von: *beginnen*), *der Bestand* (von: *bestehen aus*); *der Beruf, die Begier, das Besteck* u. a.

   Ent- wie in: *der Entlüfter* (von: *entlüften*); *der Entschluß, die Entlassung, das Entsetzen*;

   Emp- Statt: *Ent-* steht nur vor *-f-*: *der Empfang, die Empfehlung, das Empfinden* u. a.

   Er- wie in: *der Ersatz* (von: *ersetzen*); *der Ertrag, die Erfüllung, das Ergebnis* u. a.

   Ge- bezeichnet häufig ein Zusammensein oder eine Gesamtheit (oft in Verbindung mit dem Suffix *-e*); es bezeichnet

   a) die Zusammengehörigkeit (**Kollektiva** = Neutra) wie in: *das Gebirge, das Gebüsch, das Gewölk, das Gewitter, das Gesinde, das Getier, das Gedicht, das Gebein, das Gewissen, das Gewässer* u. a.

   b) die Zugehörigkeit zu einer Gruppe wie in: *der Gefährte, der Genosse, der Geselle; die Gebrüder, die Geschwister* u. a.

   c) weitere Bildungen sind: *der Gedanke, die Gewalt, die Gestalt, das Gericht* u. a.

   d) Ableitungen von Verben bezeichnen oft die lästige Wiederholung eines Geschehens wie in: *das Geheul, das Geklingel, das Getue* u. a.

   Ver- wie in: *der Verlust* (von: *verlieren*); *der Vertrag, Verdacht, Verstand; die Vergabe, Verehrung, Vernunft; das Versteck, Verhör, Verständnis* u. a.

   Zer- bezeichnet eine Trennung oder Teilung wie in: *der Zerfall, die Zerstreuung, das Zerwürfnis; der Zerstörer, die Zerstörung, das Zersägen* u. a.

2. Wichtige **betonte Vorsilben** sind:

   Aber- (selten: *After*) bedeutet *hinter/nach* oder etwas Gegenteiliges wie in: *der Aberglaube, Aberwitz; der Aftermieter*° (= *Nach-* od. *Untermieter*), *die Afterrede* (= *die Nachrede, Verleumdung*).

   Ant- bedeutet *gegen/gegenüber*; nur in: *die Antwort, das Antlitz*; vgl. *das Entgelt*.

   Erz- von griech.: *archi* = *sehr alt/sehr hoch*, oft verstärkend gebraucht, z. B.: *der Erzbischof, der Erzherzog* u. a.; *der Erzschelm, die Erzlügnerin* u. a.

   Miß- bezeichnet etwas Gegensätzliches, Falsches, Schlechtes, Unbequemes wie in:
   (Misse-) *der Mißmut, die Mißgunst, das Mißverständnis; der Mißbrauch, die Mißgeburt, das Mißjahr; der Missetäter, die Missetat* u. a.

   Un- a) verneint den Stammbegriff oder wendet ihn ins Schlechte wie in: *der Undank, die Untreue, das Unglück; der Unrat, die Untat, das Unkraut* u. a.

   b) steigert etwas ins Maßlose (meist Negative) wie in:
   der Unmensch; die Unmenge, die Unzahl, die Unsumme; das Ungeheuer, das Untier, das Unwetter; die Unkosten; mehrdeutig: *die Untiefe.*

   Ur- bedeutet: a) *von Anfang an* und bezeichnet Verwandtschaftsgrade wie in: *der Urtext, der Urwald; die Urwelt, die Ursache; das Urbild; der Urahn, der Ururgroßvater, die Urenkelin* u. a.

   steht b) für *Er-* in: *die Urkunde* (*erkennen*), *der Urlaub* (*erlauben*), *das Urteil* (*erteilen*).

3. Vorsilben haben keinen Einfluß auf das grammatische Geschlecht.

5.3. Die Substantivbildung durch Wortzusammensetzung – Komposita

1. Zusammengesetzte Substantive (Komposita) bestehen aus selbständigen Wörtern. Zwei oder mehr Wörter können zu einem Kompositum zusammentreten, z.B. *der Schlafsaal* (Verb + Subst.), *die Großstadt* (Adjektiv + Subst.), *das Kellerfenster* (Subst. + Subst.), *das Ausland* (Präposition + Subst.); mehrfach zusammengesetzt: *der Haustürschlüssel, die Teerfarbenfabrik* u.a.

2. Bei jeder Zusammensetzung unterscheidet man Bestimmungswort und Grundwort. Das **Grundwort** ist Oberbegriff und **immer ein Substantiv**. Es steht **am Ende** des Kompositums, bestimmt sein Geschlecht und wird dekliniert.
   ▷ **Grundwort:** der Schirm; mögliche Bestimmungswörter dazu: der Regen, die Sonne, das Kind, die Seide, der Strand, fernsehen, klappen, Röntgen;
   Komposita: der Regenschirm, der Sonnenschirm, der Kinderschirm, der Seidenschirm, der Strandschirm, der Fernsehschirm, der Klappschirm, der Röntgenschirm; Genitiv (Sing.): des Regenschirms, des Seidenschirms; Genitiv (Plur.): der Fernsehschirme, der Röntgenschirme; Plural (Nom.): die Strandschirme *usw.*

   Ausnahmen Nur wenige Wörter wechseln als Grundwort in Zusammensetzungen ihr Geschlecht, z.B.: *der Mut – die Anmut, die Woche – der Mittwoch.*

3. Das **Bestimmungswort** kann aus jeder Wortart kommen; es steht vor dem Grundwort und seine Stammsilbe wird betont. In bezug auf das Grundwort bezeichnet es oft eine Eigenschaft (auf die Frage: was für ein?), aber auch Urheber oder Ursprung, Herkunft oder Ziel, Ort oder Zeit, Objekt oder Instrument, Grund oder Zweck, das Material oder ein größeres Ganzes.
   ▷ der Kúchentisch, die Brétterwand, das Dráhtseil; der Líebeskummer, die Fótomontage, das Ábendrot, der Schwárzwald, die Dúnkelziffer, das Rótkraut; der Schréibtisch, die Náhnadel, das Säugetier; der Nébenraum, die Híntertreppe, das Vórbild; die Vielzahl; die Ábart, das Wéhgeschrei; der Í-Punkt. – der Kúrort, der Lúftkurort, der Hóhenluftkurort.

4. In der Wortfuge zwischen Bestimmungswort und Grundwort stehen oft **Bindelaute** (Fugenzeichen), und zwar: *-s-/-es, -e-, -n-/-en-,* oder *-er-*. Sie erscheinen oft wie Deklinationsendungen (Genitiv-*s*, schwaches *n/en*, Plural-*er*) sind es aber nicht immer oder nicht mehr; jedoch kann das Bestimmungswort auch ein Plural sein (Komposita mit Bindelauten heißen unechte Zusammensetzungen).
   ▷ Bindelaut **-s** : *der Amtsarzt, die Erholungsreise, das Gesundheitszeugnis;*
   Bindelaut **-es**: *der Bundestag, die Kindespflicht, das Oberlandesgericht;*
   Bindelaut **-e** : *der Tagedieb, die Hundesteuer, das Herzeleid;*
   Bindelaut **-n** : *der Wochentag, die Seitenstraße, das Taschentuch;*
   Bindelaut **-en**: *der Sternenglanz, die Bärenhaut, das Dirigentenpult;*
   Bindelaut **-er** : *der Kleiderhaken, die Kinderkrippe, das Liederbuch;*
   Bestimmungswort Plural: *der Völkerbund, die Ärztekammer, das Häusermeer.*

5. Verben, die als Bestimmungswort verwandt werden, legen ihre Infinitivendung ganz oder teilweise ab: *der Schreibtisch, die Lesebrille, das Rechenbuch.*

6. Besteht das Bestimmungswort aus einem Substantiv mit vorangestelltem (meist unflektiertem) Attribut, so entsteht eine **Zusammenrückung,** z.B.: *der Vielvölkerstaat, die Mehrzweckhalle, die Schönwetterperiode* u.a.

7. Besteht eine Neubildung nicht aus selbständigen Wörtern, sondern aus einer syntaktisch miteinander verbundenen Gruppe von Wörtern, so entsteht eine **Zusammenbildung;** oft kommt ihr letzter Bestandteil (sonst Grundwort) nicht alleine vor.
   ▷ lieb haben→der Liebhaber; Gesetze geben→die Gesetzgebung; der Zweisitzer, das Lebewohl, der Gutenachtkuß, der Túnichtgút, der Taugenichts.

6. Die Zuordnung (Rektion) von Substantiven untereinander

6.1. Substantive mit dem Genitiv (genitivische Rektion des Substantivs)

1. Die **Unterordnung** eines Substantivs unter ein anderes (oder unter ein als Substantiv gebrauchtes Wort) heißt seine **Rektion** und erfolgt oft im **Genitiv,** aber auch mit Präpositionen (↗ 140 f.).

2. Der Genitiv bezeichnet verschiedene **Verhältnisse** zum übergeordneten Substantiv, insbes.:

   a) seine **Zugehörigkeit** = possessiver Genitiv.
   ▷ Das Haus *meiner Eltern* steht leer. Dort liegen *Erichs* Bücher. Die Tasche *einer Studentin* ging verloren. Die Tiere *des Waldes* brauchen im Winter Hilfe; aber mit Präposition: Der Oberbürgermeister *von Bonn* ist erkrankt. Die Kirchen *in Würzburg* sind sehr alt.

   b) ein übergeordnetes **Ganzes,** von dem das Substantiv einen Teil angibt
   = partitiver Genitiv.
   ▷ Wir haben schon ein Drittel *des Weges* hinter uns. Eine Gruppe *fröhlicher Studenten* zog vorbei. Er besitzt eine kleine Sammlung *alter Gemälde*. Zwei Pfund *(des) besten Mehles* bitte (= veraltet für: 2 Pfund bestes Mehl bitte). Die Zucht *edler Pferde* ist sehr kostspielig; nach substantivisch gebrauchten Wörtern: Einige *meiner Freunde* kommen zu Besuch. Ich kenne zwei *seiner Bücher*. Welches *seiner Bücher* hat dir am besten gefallen?; oft aber mit Präposition: Welches *von seinen Büchern* hat dir am besten gefallen?

   c) seine **Eigenschaft** oder Art = **qualitativer Genitiv.**
   ▷ Ich suche ein Zimmer *mittlerer Größe* (von mittlerer Größe). Sie ist eine Frau *edler Haltung* (von edler Haltung). Nach Jahren *der Not* geht es uns jetzt wieder besser. Wir führen nur Waren *bester Qualität* (von bester Qualität).

   d) eine nähere **Erläuterung** = **explikativer Genitiv.**
   ▷ Wo bleibt da die Tugend *der Nächstenliebe?* Plötzlich hatte er ein Gefühl *der Hilflosigkeit*. Sie litt unter der Qual *der Trennung*.

   e) das **Subjekt** eines im Substantiv ausgedrückten Geschehens
   = subjektiver Genitiv.
   ▷ Leider habe ich die Warnungen *meines Freundes* nicht beachtet. Das Spiel *des Künstlers* gefiel uns sehr. Du solltest die Ratschläge *des Arztes* genau befolgen. Der Kauf *meiner Eltern* war wohlüberlegt.

   f) das **Objekt** eines im Substantiv ausgedrückten Geschehens
   = objektiver Genitiv.
   ▷ Die Eigentümerin *des Hauses* ist verreist. Der Verkauf *unverzollter Waren* ist verboten. Der Erbauer *des Stadions* wurde sehr berühmt. Die Beanspruchung *der Straße* ist zu groß. Der Kauf *eines Gebrauchtwagens* ist Vertrauenssache.

   g) Das jeweilige Verhältnis (e oder f) ergibt sich meist nur aus dem Sinn- und Satzzusammenhang.
   ▷ Der Kauf *meines Vaters* war wohlüberlegt (subjektiver Genitiv). Der Kauf *eines Gebrauchtwagens* ist Vertrauenssache (objektiver Genitiv).

3. Substantive können außer im Verhältnis der Unterordnung auch in dem der **Beiordnung** stehen (↗ 236).

6.2. Substantive mit Präpositionen

1. Oft wird ein Substantiv einem anderen so untergeordnet, daß es nach einer Präposition im dazugehörigen Kasus steht; das Substantiv hat dann **präpositionale Rektion**.

2. Mit der Präposition **von** (+Dat.) statt des possessiven Genitivs stehen:
   a) **Orts-** und **Ländernamen** auf *-s, -ß, -x, -z (-tz)* immer, da sie keinen Genitiv bilden können (↗ 130/1 u. 2 und 132/3 Ausnahme),
   ▷ Die Straßen *von Paris* sind sehr belebt. Die Bevölkerungszahl *von Mainz* ist höher als die *von Konstanz*. Wir besuchten die Museen von *Florenz*.
   b) auch andere Orts- und Ländernamen in Verbindung mit Namen von Personen und Institutionen.
   ▷ Die Königin *von England* macht gerade eine Auslandsreise; aber: Die Parklandschaften *Englands* sind in Gefahr. – Der Magistrat *von Frankfurt* ist zurückgetreten.

3. Überhaupt stehen heute Orts- und Ländernamen oft auch dort mit Präposition *(von* oder *in)*, wo der possessive Genitiv möglich wäre.
   ▷ Viele Kirchen *von Köln* wurden wiederaufgebaut. Die Straßen *in Köln* sind sehr belebt. Die Ureinwohner *von Italien* waren Etrusker. Die Straßenbahnen *in München* sind meistens überfüllt; auch: Die Münchener Straßenbahnen sind meistens überfüllt.

4. Präpositionale Rektion statt Genitiv tritt ferner ein, wenn das untergeordnete Substantiv
   a) nach einem nicht deklinierbaren **Zahlwort** sowie ohne Artikel oder sonstiges Bestimmungswort steht;
   ▷ Er ist Besitzer *von fünf Hotels;* aber: Er ist Besitzer *fünf großer Hotels* (oder: von fünf großen Hotels); Der Besitzer *dieser fünf Hotels* (seltener: von diesen fünf Hotels) macht gute Geschäfte.
   b) **verallgemeinernd** (ohne Artikel oder Bestimmungswort) steht; in einigen Fällen wird die Präposition *von* hier oft weggelassen (↗ unten 6);
   ▷ Wir brauchen mehr Studienplätze für die Ausbildung *von Medizinern;* aber: Für die Ausbildung *junger Mediziner* brauchen wir mehr Geld. – Sie ist eine Frau *von Geist*, er ein Mann *von Welt*. – Wir hatten nur noch einen kleinen Schimmer *(von) Hoffnung*. Seht ihr dort den Funken *(von) Licht?*
   c) ausdrücklich den **Urheber** angeben soll, nicht den Besitzer (oder das Objekt).
   ▷ In der Londoner Nationalgalerie hängt ein berühmtes Männerbildnis *von Tizian* (er hat es gemalt); aber: Von wem stammt dieses Bildnis *Tizians?* (es stellt ihn dar). Die Kunsthändlerin verkaufte fast alle Bilder *ihres verstorbenen Mannes* (sie gehörten ihm).

5. Nach **Zahlwörtern** sowie nach **Superlativen** und **Pronomina** steht heute meist statt des partitiven Genitivs die Präposition *von (unter, aus)*.
   ▷ Ich habe *ein paar von meinen besten Bekannten* eingeladen. *Einige aus* dieser Gruppe wollen nicht mehr mitarbeiten. Such dir *das schönste von/aus/unter* diesen Büchern aus. *Welches unter/von diesen Büchern* gefällt dir?

6. Auch nach **Mengenbegriffen** steht oft die Präposition *von* (statt Gen.). Häufig erfolgt hier auch Beiordnung im gleichen Kasus.
   ▷ Eine *Gruppe von Studenten/eine Gruppe Studenten/eine Studentengruppe* betrat den Hörsaal. Er hat eine *Schar von Kindern/eine Schar Kinder/eine Kinderschar* zu betreuen. Gib mir einen Schluck Wasser. In der Stadt gibt es immer *eine Menge (von) Autos*. Wir brauchen jede Woche einen *Korb Eier*. Schicken Sie mir bitte eine *Ladung Kohlen*.

7. Ähnlich wie beim objektiven Genitiv (↗139/2f) handelt es sich bei der präpositionalen Unterordnung unter ein Substantiv meist um eine Art von **Objektverhältnis**; dabei verlangt das Substantiv im allgemeinen dieselbe Präposition wie das entsprechende Verb (↗102f.) oder Adjektiv (↗155–157). Der Inhalt des untergeordneten präpositionalen Ausdrucks kann aber auch dem einer **adverbialen Bestimmung** (Umstandsbestimmung) nahekommen oder entsprechen (↗242–245). In beiden Fällen stehen die präpositionalen Ausdrücke **attributiv** auf die Frage: *was für ein(-)?* (↗235).

8. Gebräuchliche Substantive mit präpositionaler Rektion sind:

die Achtung vor (Dat.)
die Verehrung für (Akk.)
die Neigung zu (Dat.)
die Abneigung gegen (Akk.)
die Liebe zu (Dat.)
die Vorliebe für (Akk.)
der Geschmack an (Dat.)
das Vorurteil gegen (Akk.)
der Abscheu vor (Dat.)
der Haß gegen, auf (Akk.)
die Hetze gegen (Akk.)
die Begegnung mit (Dat.)
die Neugierde auf (Akk.)
die Zwiesprache mit (Dat.)
die Besinnung auf (Akk.)
die Erinnerung an (Akk.)
das Vertrauen auf (Akk.)
die Bereitschaft zu (Dat.)
die Zurückhaltung von (Dat.)
die Empfänglichkeit für (Akk.)
die Beteiligung an (Dat.)
die Einbuße an (Dat.)
der Mangel an (Dat.)
der Widerspruch gegen (Akk.)
die Meisterschaft in (Dat.)

die Ahnung von (Dat.)
die Angst vor (Dat.)
die Furcht vor (Dat.)
der Ärger über (Akk.)
der Glaube an (Akk.)
die Hoffnung auf (Akk.)
die Sucht nach (Dat.)
die Sorge um, über (Akk.)
die Fürsorge für (Akk.)
die Strenge gegen (Akk.)
der Trotz gegen (Akk.)
das Anrecht auf (Akk.)
die Pflicht zu (Dat.)
das Abkommen über (Akk.)
die Verantwortung für (Akk.)
die Herrschaft über (Akk.)
das Eigentum an (Dat.)
der Streit um, über (Akk.)
der Überblick über (Akk.)
der Auftakt zu (Dat.)
der Eingriff in (Akk.)
der Eid auf (Akk.)
der Anschluß an (Akk.)
der Zugang zu (Dat.)
das Lied auf (Akk.)

Im Sinne von Umstandsbestimmungen stehen: *der Überblick über die Landschaft, unsere Reise nach Spanien, die Ausfahrt aus dem Hafen, der Weg in den Abgrund, der Ausweg aus dieser Lage* u.a.

▷ mit Akk.: Er konnte die *Abneigung gegen* seine Schwiegermutter nie überwinden. Im *Vertrauen auf* seine Verschwiegenheit habe ich ihm alles erzählt. Sie hat eine *Vorliebe für* frisches Obst. Im Alter verstärkt sich oft die *Erinnerung an* Kindheit und Jugend. Aus *Ärger über* die schlechten Arbeitsbedingungen hat er gekündigt. Wer hat den *Rechtsstreit um* das Erbe gewonnen? Zu diesem *Eingriff in* die Rechte seiner Bürger ist der Staat nicht befugt. Ich besuche Sie im *Anschluß an* die Vorstellung. Früher wurden oft *Gedichte auf* Fürsten und Könige geschrieben. –
mit Dat.: Meine Frau hat eine *Neigung zu* unüberlegten Entschlüssen. Ich konnte keinen *Geschmack an* diesem Film finden. Du brauchst keine *Angst vor* der Prüfung zu haben. Zu einer *Begegnung mit* dem Außenminister ist es nicht gekommen. Wer hat die *Weltmeisterschaft im* Hochsprung errungen? Alle *Zugänge zum* Flughafen wurden gesperrt. Sie hatte große *Sehnsucht nach* ihren Kindern. Er besuchte sie vor seiner *Abreise nach* den Vereinigten Staaten.

V. Das Adjektiv (Das Eigenschaftswort)

1. Gebrauch und Veränderungen des Adjektivs

1. Adjektive (Eigenschaftswörter) bezeichnen Merkmale, **Eigenschaften,** Besonderheiten, und zwar innewohnende oder beigelegte. Gebraucht werden sie meist in Verbindung mit anderen Wortarten, die sie näher bestimmen. Dabei haben sie vier Hauptfunktionen; sie stehen:
   a) **attributiv** (beifügend) bei Substantiven (↗ 233);
   b) **prädikativ** (aussagend) meist bei Hilfsverben im Prädikat eines Satzes (↗ 218/3);
   c) **komplementär** (↗ 219/3a) ebenfalls im Prädikat eines Satzes;
   d) **adverbial** (↗ 181/4d) bei Verben, also ebenfalls im Prädikat, sowie bei Partizipien, Adjektiven und Adverben.

2. **Attributiv** gebraucht ist ein Adjektiv, wenn es unmittelbar mit einem Substantiv verbunden ist, also gleich davor (oder danach) steht. Das attributiv gebrauchte Adjektiv ist **veränderlich,** wird also flektiert. Es steht fast immer vor dem übergeordneten Substantiv und richtet sich in Genus, Numerus und Kausus nach ihm (↗ 123/4 und 233/2); bei der altertümlichen Stellung nach dem Substantiv ist das attributiv gebrauchte Adjektiv endungslos (↗ 165/5; 233/3).

   ▷ Nom.: Hier ist *ein reifer* Apfel. Hier ist *eine reife* Birne. Das ist *reifes* Obst. *Reife* Äpfel und Birnen schmecken mir. – Akk.: Hier hast du *einen reifen* Apfel und *eine reife* Birne. Haben Sie *reifes* Obst zu verkaufen? Wir kaufen uns *reife* Äpfel und Birnen. – Dat.: Sie erfreute den Jungen mit *einem reifen* Apfel, das Mädchen mit *einer reifen* Birne. Das ist Most von *reifem* Obst. Was macht ihr mit *den reifen* Äpfeln und Birnen? – „Röslein *rot*." „Kindlein *klein*."

3. Attributiv gebrauchte Adjektive werden entweder **stark** oder **schwach** oder **gemischt** dekliniert; auch Schwankungen zwischen starker und schwacher Deklination kommen vor (↗ 144–147). Dabei gilt allgemein, daß mindestens ein Begleiter des Substantivs, also Artikel oder Adjektiv oder Pronomen oder Zahlwort, eine starke Endung haben muß, und dies möglichst zu Beginn der Wortfolge.

   Stehen **mehrere** attributiv gebrauchte Adjektive nebeneinander, so werden sie **gleichartig** behandelt; insbes. haben sie die **gleichen Endungen** (↗ 144–146).

   ▷ Nach *gutem altem* Brauch machten wir einen Maiausflug, der bei *schönem* (,) *warmem* Wetter gut verlief (zur Zeichensetzung ↗ 291/12a). Unser *alter* (,) *kranker* Vater braucht die Hilfe eines *sachkundigen, erfahrenen* Pflegers.

4. **Nur attributiv** stehen Adjektive wie: *dortig, hiesig, gestrig, heutig* u.ä. Meist attributiv, nur selten prädikativ stehen Adjektive, die von einer Stoffbezeichnung abgeleitet sind, z.B. *irden, bleiern, silbern, eisern, hölzern* u.a.; ebenso Herkunftsbezeichnungen wie: *badisch, westfälisch* u.a.

   ▷ In der *heutigen* Sitzung werden wir die *gestrigen* Beschlüsse noch einmal beraten. Kennen Sie sich in Frankreich und im *dortigen* Unterrichtswesen aus? Die *hiesigen* Krankenhäuser sind alle überfüllt. – Sie schenkte ihrem Patenkind einen *silbernen* Löffel und einen *goldenen* Ring. Dieser *badische* Wein ist sehr gut. Magst du *westfälischen* Schinken?

5. In Verbindung mit zusammengesetzten Substantiven (↗ 138) bezieht das attributiv gebrauchte Adjektiv sich immer auf das Grundwort. – *Ein wollner Strümpfefabrikant* wäre also *ein Fabrikant aus Wolle, der Strümpfe herstellt,* nicht aber *ein Fabrikant von Wollstrümpfen.*

6. **Prädikativ** gebraucht ist ein Adjektiv, wenn es zusammen mit einem Verb, meist einem Hilfsverb, das Prädikat eines Satzes bildet. Es wird meist **ohne Artikel** gebraucht und ist dann (anders als in anderen Sprachen) **unveränderlich**.

    ▷ Dieser Apfel *ist reif*. Auch die Birne *ist reif*. Das Obst *ist reif*. Die Äpfel und Birnen *sind reif*. Das Wetter *bleibt heiter*. Der Kuchen *wird gut*. In dieser Beleuchtung *macht* das Bild *sich* nicht *schlecht*. Du *hast* es *gut*.

    Prädikativ gebrauchte Adjektive mit dem Artikel werden in Übereinstimmung mit dem Subjekt des Satzes dekliniert.

    ▷ Dieser Apfel *ist reif;* aber: Welcher Apfel *ist der reifste.* Diese Äpfel und Birnen *sind die reifsten.* Dieser Wein *ist ein französischer.* Dieses Kleid *ist ein französisches, kein deutsches.*

7. **Nur prädikativ** gebraucht werden die folgenden Adjektive:

allein	*not*	*abwendig*	*gewillt*
angst	*nütz*	*anheischig*	*habhaft*
feind	*quitt*	*ansichtig*	*handgemein*
freund	*schade*	*ausfindig*	*teilhaft(ig)*
gram	*schuld;*	*eingedenk*	*unpaß*
kund	*abhold*	*gewahr*	*untertan*
leid	*abspenstig*	*gewärtig*	*verlustig*

    ▷ Bist du *allein?* Jetzt sind wir *quitt.* Wer war an dem Unfall *schuld?* Das ist aber *schade.* – Endlich wurden die Astronomen des Kometen *ansichtig.* Die Polizei wird des Ausbrechers *habhaft* werden. – Wo habt ihr diesen Wein *ausfindig* gemacht? – Er ging seines Vermögens *verlustig.*

8. Adjektive, die in der Regel nicht prädikativ stehen können (↗ 142/4), werden oft durch einen präpositionalen Ausdruck ersetzt.

    ▷ ein silberner Löffel: Dieser Löffel ist *aus Silber;* ein goldner Ring: Dieser Ring ist *von Gold;* ein badischer Wein: Dieser Wein stammt *aus Baden;* ein westfälischer Schinken: Dieser Schinken kommt *aus Westfalen.*

9. **Komplementär** gebrauchte Adjektive sind ebenfalls **unveränderlich**.

    ▷ Fühlst du dich *glücklich?* Fühlt ihr euch *glücklich?* Sie fühlen sich *glücklich.* Er hat sich *müde* gearbeitet. Man hatte die Bergsteiger schon *verloren* gegeben. Das Abkommen wurde für *ungültig* erklärt.

10. **Adverbial** gebrauchte Adjektive sind **immer unveränderlich**.

    ▷ Die Musiker spielten *gut.* Die Sängerin sang sehr *gut.* Der Schauspieler spielte sehr *gut.* Das ist ein *gut* gelungenes Bild. Mit seinen *gut* gelungenen Bildern hatte der Maler viel Erfolg. Verläßlichkeit ist ein *gut* kaufmännisches Prinzip.

11. Adjektive können in jeder der vier Gebrauchsarten durch **Steigerung** (↗ 147–149) so verändert werden, daß sie unterschiedliche Grade einer Eigenschaft ausdrücken; die Steigerungsformen dienen insbes. zum **Vergleich.**

    Ungesteigert bleiben Adjektive, deren Sinn eine Steigerung nicht zuläßt, z.B.: *lebend, tot, parallel, unteilbar, lila, rechts, links, vorn* u.ä., doch gibt es hier andere Möglichkeiten zum Ausdruck unterschiedlicher Stärkegrade (↗ 149/7).

12. Adjektive können (wie jede Wortart) als Substantive gebraucht, d.h. substantiviert werden (↗ 146/2.5.).

2. Die Deklination der Adjektive

2.1. Die starke Adjektivdeklination

1. Die starke Adjektivdeklination verwendet (unter Wegfall von *-i-* und unter Abschwächung von *-a-* zu *-e-*) die **Deklinationsendungen** des **bestimmten Artikels** (↗ 106/4), doch haben männliche und neutrale Adjektive im Genitiv Singular die Endung *-en*.

Fall	Singular		
	mask.	neutr.	fem.
Nom.	gut**er** Wein	gut**es** Feld	gut**e** Ernte
Gen.	gut**en** Weines	gut**en** Feldes	gut**er** Ernte
Dat.	gut**em** Wein	gut**em** Feld	gut**er** Ernte
Akk.	gut**en** Wein	gut**es** Feld	gut**e** Ernte

Fall	Plural			
	mask.	neutr.		fem.
Nom.	gut**e**	Weine	Felder	Ernten
Gen.	gut**er**	Weine	Felder	Ernten
Dat.	gut**en**	Weinen	Feldern	Ernten
Akk.	gut**e**	Weine	Felder	Ernten

Ausnahmen In einigen Ausdrücken steht im Genitiv Sing. mask./neutr. noch die alte Endung *-es*, z. B.: *Sie war reines Herzens. Sei gutes Muts = guten Muts* u. ä.; vgl. auch: *jedenfalls*, aber: *keinesfalls* u. ä.

2. Attributiv gebrauchte Adjektive werden stark (prominal) dekliniert:
   a) wenn sie **ohne Artikel,** Pronomen oder Zahlwort stehen;
   ▷ Bei der Lagerung *guten alten* Weines muß man vorsichtig sein. Leider lebt er in *schlechter* Gesellschaft. Sie hatte viel Freude an *alten* Bildern.
   b) wenn sie nach **endungslosen** Pronomina oder Zahlwörtern stehen;
   ▷ Bei solch *schlechtem* Wetter bleibe ich zu Hause. Manch *armes* Volk würde sich über eine Hilfe freuen. Du *glücklicher* Mensch!
   c) auch nach den Promina *wessen?, dessen, deren* (Gen.) sowie nach alleinstehendem *ander-*.
   ▷ Kennen Sie das Buch, von dessen *klarem* Aufbau jeder spricht? Da ist die Frau, mit deren *älterem* Sohn ich studiere. – Gibt es noch *anderes frisches* Obst? Das Haus wurde mit *anderem altem* Besitz verkauft. *Andere junge* Leute haben noch weniger Zeit als du. Die Rente *anderer älterer* Menschen ist noch kleiner.

Ausnahmen zu 2a) Wenn die Zahlwörter *zwei* und *drei* im Genitiv die Endung *-er* haben, wird das folgende attributive Adjektiv meist stark, selten schwach dekliniert.
▷ Wir erwarten heute die Vertreter *dreier großer* Firmen. Das Gepäck *zweier ausländischer* Diplomaten wurde gestohlen.

zu 2b) Nach den Personalpronomina *wir* und *ihr* steht heute statt der starken Deklination meist die schwache Form des attributiven Adjektivs.
▷ *Wir glücklichen* Eltern freuen uns über unsern erfolgreichen Sohn. *Ihr jungen* Leute müßt den älteren Menschen helfen. – *Wir Deutschen* (auch: *Wir Deutsche*) suchen die Freundschaft anderer Völker.

2.2. Die schwache Adjektivdeklination

1. Die schwache Adjektivdeklination verwendet überwiegend die Endung **-en;** nur im Singular steht in den folgenden fünf Formen die Endung *-e:* Nominativ aller drei Geschlechter, Akkusativ Fem. und Neutr.

Fall	Singular		
	mask.	neutr.	fem.
Nom.	der gut**e** Rat	das gut**e** Wort	die gut**e** Tat
Gen.	des gut**en** Rates	des gut**en** Wortes	der gut**en** Tat
Dat.	dem gut**en** Rat(e)	dem gut**en** Wort(e)	der gut**en** Tat
Akk.	den gut**en** Rat	das gut**e** Wort	die gut**e** Tat

Fall	Plural		
	mask.	neutr.	fem.
Nom.	die gut**en** Ratschläge	Worte	Taten
Gen.	der gut**en** Ratschläge	Worte	Taten
Dat.	den gut**en** Ratschlägen	Worten	Taten
Akk.	die gut**en** Ratschläge	Worte	Taten

2. Attributiv gebrauchte Adjektive werden schwach dekliniert,

   a) wenn sie nach dem **bestimmten Artikel** stehen (auch, wenn der bestimmte Artikel mit einer Präposition verschmolzen ist, ↗ 107/6);

   ▷ Der *gute französische* Wein ist hier sehr teuer. Das *ausländische* Obst ist billiger als das deutsche. – Das weiß man *im ganzen* Land. Die Schauspieler zogen *durchs ganze* Land. Die Läufer erreichten *zur gleichen* Zeit/*im selben* Augenblick das Ziel.

   b) außerdem nach folgenden Pronomen: *dieser, jener, derjenige, derselbe, solcher, jeder, jedweder°, jeglicher, mancher, irgendwelcher, welcher.*

   ▷ Die Blätter dieser *schönen roten* Rose sind schon welk. Diese *schönen roten* Rosen sind schon verwelkt. Sie fragte nach *derjenigen jungen* Frau, die ihr geholfen hatte. Er kommt immer mit *demselben alten* Mantel. Du mußt doch die Namen *irgendwelcher guten* Freunde wissen. *Welche fremden* Länder kennst du?

2.3. Schwankungen zwischen starker und schwacher Adjektivdeklination

1. Manche der Pronomina, nach denen das attributive Adjektiv in der Regel schwach dekliniert wird (↗ oben 2b), haben oft auch **starke** Formen bei sich, insbes. **unbestimmte Fürwörter** und **unbestimmte Zahlwörter,** vor allem im **Plural.**

   ▷ Du mußt doch die Namen *irgendwelcher guter* Freunde wissen. – Wir haben nur noch *weniges frische(s)* Obst. Das Experiment endete mit *einigem sichtbarem* Erfolg. Wir übten die Aussprache *einiger schwieriger* Wörter; aber nur schwach: Bei *einigem guten* Willen wirst du es schaffen. – Heute wollen *viele junge(n)* Leute studieren. Die Renten *vieler älterer* Menschen sind zu niedrig. Die Donau ist der wichtigste Fluß *mehrerer europäischer* Länder. *Manche alte(n)* Sitten sind noch erhalten. Die Herkunft *mancher alter* Sitten ist unbekannt.

2. Schwankende Adjektivdeklination erfolgt auch nach *beide, all-* und *sämtlich-,* doch ist schwache Deklination hier üblicher und immer möglich.

   ▷ Ich traf gestern *beide ältere(n)* Schwestern Erichs. Was geschah mit dem Eigentum *beider älterer/älteren* Schwestern Erichs? – *Alles frische* Obst ist verkauft. *Alle guten* Geister hatten ihn verlassen – *Sämtlicher alte(r)* Kram wurde verkauft. *Sämtliche alte(n)* Bilder waren verschwunden.

2.4. Die gemischte Adjektivdeklination

1. In der gemischten Adjektivdeklination haben attributiv gebrauchte Adjektive nur dann **starke** Endungen (↗144/1), wenn das Wort davor (Artikel, Pronomen oder Zahlwort) **endungslos** bleibt, d.h. nur im Singular, und zwar im Nominativ Mask. und Neutr. sowie im Akkusativ Neutr.; sonst haben sie **schwache** Endungen (↗145/2.2.).

Fall	Singular		
	mask.	neutr.	fem.
Nom.	ein guter Sohn	mein gutes Kind	keine gute Tochter
Gen.	eines guten Sohnes	meines guten Kindes	keiner guten Tochter
Dat.	einem guten Sohn(e)	meinem guten Kind(e)	keiner guten Tochter
Akk.	einen guten Sohn	mein gutes Kind	keine gute Tochter

Fall	Plural		
	mask.	neutr.	fem.
Nom.	meine guten Söhne	Kinder	Töchter
Gen.	meiner guten Söhne	Kinder	Töchter
Dat.	meinen guten Söhnen	Kindern	Töchtern
Akk.	meine guten Söhne	Kinder	Töchter

2. Attributiv gebrauchte Adjektive werden gemischt dekliniert,
    a) wenn sie nach dem **unbestimmten Artikel** stehen; außerdem
    b) nach den Possessivpronomen: *mein, dein, sein, unser, euer, ihr;* und
    c) nach den Zahlwörtern *ein* und *kein.*

2.5. Besonderheiten der Adjektivdeklination

1. Die Adjektive auf die Endung *-el,* gelegentlich auch die auf *-er* und *-en,* verlieren bei ihrer Deklination als attributive Adjektive das unbetonte *-e-* dieser Endung.
    ▷ edel: Sein Vater war ein *edler* Mensch. Mandarinen sind ein *edles* Obst.
    heiter: Wir kommen nur bei *heitrem (heiterem,* auch: *heiterm)* Wetter.
    offen: Schließen Sie die *offenen/offnen* Fenster.

2. **Substantivierte Adjektive** (auch Partizipien und Zahlwörter) werden in der Regel wie attributive Adjektive dekliniert.
    ▷ fremd: Wer ist *der Fremde?* Er zog in *die Fremde.* Auch *das Fremde* muß man anerkennen. *Ein Fremder* steht vor der Tür. *Eine Fremde* fragte mich nach dem Weg. Er wollte nichts *Fremdes* gelten lassen. *Die Fremden* wurden herzlich empfangen. Hier finden *Fremde* immer freundliche Gastgeber. – Jeder *Reisende* braucht eine Fahrkarte. *Ein Reisender* hat selten Zeit. Sind hier noch *Reisende* ohne Fahrkarte? *Die Reisenden* gingen weiter. – Ranke war *ein Gelehrter.* Wer ist *dieser Gelehrte? Die Gefangenen* wurden gut behandelt. Auch *Gefangene* haben Rechte. – Wer war *der Erste?* Wie war der Name *des Ersten?* Kennst du *den Zweiten.* Es gab vier *Zweite.*

3. Manche substantivierten Adjektive werden ganz als Substantive empfunden und behandelt, z.B. schwach (↗126/4.4.): *der Invalide, der Junge/des Jungen* u.a.; stark (↗128/4.6.): *das Gelb, das Dunkel/des Dunkels* u.a.; andere schwanken, z.B.: *der Beamte, der Angestellte; die Elektrische, die Parallele, die Waagrechte* u.a.

3. Die Steigerung der Adjektive (Die Komparation)

3.1. Aufgaben, Bildung und Deklination der Steigerungsformen

1. Als einzige Wortart können Adjektive durch Formveränderung ihren Inhalt verändern; dabei werden verschiedene Grade einer Eigenschaft angegeben (Steigerung), die insbes. zu Vergleichen dienen (Komparation von lat.: *comparare* = vergleichen).

2. Das Adjektiv hat drei Vergleichs- oder Steigerungsformen; es sind dies: die **erste Stufe** (Grundform) = der **Positiv**; die **zweite Stufe** (Vergleichsform) = der **Komparativ**; die **dritte Stufe** = der **Superlativ** (oder **Elativ**, wenn ohne Vergleichsglied wie in: *Er arbeitet mit größter Sorgfalt und hat die besten Erfolge*).

3. Der **Komparativ** entsteht durch Anfügung von **-er**, der **Superlativ** durch Anfügung von **-(e)st** an den Positiv; dabei gibt es folgende Besonderheiten:

   a) im **Komparativ** verlieren Adjektive auf die Endung *-el* immer, die auf *-en*, *-er* oft das unbetonte *-e-* dieser Endung, wenn sie dekliniert werden;

   ▷ dunkel/dunkler(-)/dunkelst-; teuer/teurer(-)/teuerst-;
   trocken/trock(e)ner(-)/trockenst-; bitter/bitt(e)rer(-)/bitterst-.

   b) im **Superlativ** steht unverkürztes *-est* immer nach *-s*, *-ß*, *-st*, *-x*, *-z (-tz)*, oft nach *-d*, *-t*, *-sch*, auch nach Vokal, Diphthong und Vokal + *h*; mehrsilbige Adjektive (auch Partizipien) mit unbetonter Endsilbe haben *-st* (z.B.: praktischst-, blühendst-).

   ▷ reich/reicher(-)/reichst-; rasch/rascher(-)/rasch(e)st;
   treu/treuer(-)/treu(e)st-; roh/roher/roh(e)st-;
   wild/wilder(-)/wildest-; bunt/bunter(-)/buntest-;
   heiß/heißer(-)/heißest-; stolz/stolzer(-)/stolzest-;

   c) Umlaut von *-a-*, *-o-*, *-u-* zu *-ä-*, *-ö-*, *-ü-* wie alt/alter(-)/ältest- haben:

alt	kalt	scharf	warm;	dumm	auch ohne Umlaut stehen: bang
arg	krank	schwach	grob	klug	blaß naß rot;
arm	lang	schwarz	groß	kurz	glatt schmal; krumm
hart	nahe	stark	hoch;	jung;	karg fromm gesund.

4. **Attributiv** gebrauchte Adjektive werden in der zweiten und dritten Stufe ebenso wie in der ersten dekliniert (↗ 143–145).

   ▷ **stark:** Ich brauche *helles* Licht, noch *helleres* Licht, wirklich *hellstes* Licht für diese Aufnahme.
   schwach: *Das bunte* Kleid gefällt mir. Ich möchte *dieses buntere* Kleid. Du trägst heute abend *das bunteste* Kleid.
   gemischt: Das ist ihr *junger/jüngerer/jüngster* Bruder. Wie heißt die Frau ihres *jungen/jüngeren/jüngsten* Bruders?

5. **Prädikativ** gebrauchte Komparative sind unveränderlich; Superlative haben den bestimmten Artikel und schwache Endungen, oder sie stehen in allen Formen mit *am* davor und der Endung *-en* (so auch bei komplementärem Gebrauch).

   ▷ **Komparativ:** Mein Kleid ist *schön*, aber deines ist *schöner;* auch eure sind *schöner*.
   Superlativ: Dein Kleid ist *das schönste;* es ist *am schönsten*. Eure Kleider sind *die schönsten;* sie sind *am schönsten*.

6. **Adverbial** gebrauchte Komparative (↗ 186) sind ebenfalls unveränderlich; Superlative stehen mit *am* und der Endung *-en*, in bestimmten Fällen auch mit *aufs (auf das)* und der Endung *-e*.

   ▷ Er fuhr *schneller* als ich. – Es fuhr *am schnellsten* von allen. – Er fuhr *aufs schnellste* nach Hause.

3.2. Besonderheiten und Gebrauch der Steigerungsformen

1. **Unregelmäßig** gesteigert werden die Adjektive *gut, viel* und *wenig*:

gut	besser	best-	(der beste; am besten)
viel (Plur.: viele)	mehr (Sing. u. Plur.)	meist-	{ (der meiste; am meisten) (die meisten; am meisten)
wenig	{ minder; auch regelmäß.: weniger	mindest- wenigst-	(der mindeste; am mindesten) (der wenigste; am wenigsten)

▷ *Die meisten* Geräte hier sind billig, aber von *minderer* Qualität; *das beste* kostet auch *am meisten*. Wenn du nicht *mehr* Beweise und *bessere* Argumente bringst, wird deine Rede nicht *den mindesten* Anklang finden.

2. Geringfügig unregelmäßig sind die Adjektive *nah, hoch* und *groß*:

nah	näher	{ nächst- (nähest-)	(der nächste; am nächsten) (der näheste; am nächsten)
hoch *(hoh-)*	höher	höchst-	(der höchste; am höchsten)
groß	größer	größt-	(der größte; am größten)

▷ Welches ist *der nächste* Weg zum Bahnhof? *Der nächste* (aber zur genaueren Unterscheidung auch: *der näheste*) Weg zum Bahnhof führt nicht durch *die nächste*, sondern *die übernächste* Straße. – *Das hohe* Haus gefällt mir nicht; es ist zu *hoch*. Das Bürohaus ist noch *höher*. – Welches ist *die größte* Stadt Deutschlands? Ist Berlin *am größten*?

3. Ihrem Sinn entsprechend ohne Positiv, **nur** im **Komparativ** und **Superlativ**, und außerdem **nur attributiv** gebraucht werden:

der äußere/der äußerste	der vordere/der vorderste
der innere/der innerste	der hintere/der hinterste
der obere/der oberste	der niedere/der niederste
der untere/der unterste	der mittlere/(der mittelste° = der mittlere).

▷ Nimm *das oberste* Paket und entferne *die äußere* Hülle! Dieser Brief ist von *äußerster* Wichtigkeit. Er verschwand durch die *mittlere (mittelste)* Tür. Auf den *vorderen* Plätzen hört man besser, die *hintersten* sind billiger.

4. **Abstufen** (verstärken oder abschwächen) kann man:
   a) den **Positiv** durch vorangestelltes: *ziemlich, besonders, erdenklich, gar°, recht, sehr, ungemein, außerordentlich, äußerst, höchst, überaus, zu, allzu, mehr als.*

   ▷ Chinesisches Porzellan *ist überaus zerbrechlich*. Der Film war *höchst amüsant*. Die Prüfung war *ziemlich schwierig*. Wir wünschen euch alles *erdenklich Gute*. Er hat ein *allzu schnelles* Auto. Das ist ein *recht gutes* Buch. Röntgen machte eine *ungemein wichtige* Entdeckung.

   b) den **Komparativ** durch: *etwas, wenig, weit, ungleich, noch, viel.*

   ▷ Der Brief eilt, aber das Telegramm ist *noch wichtiger* (auch gehäuft: *noch viel wichtiger*). Sie erzielte sehr gute Ergebnisse, aber seine waren *ungleich besser*. Er hat eine *weit ältere* Frau; sie ist nur *wenig jünger* als seine Mutter. Hast du diesmal *etwas frischeres* Brot bekommen?

   c) den **Superlativ** durch: *aller-, weitaus, denkbar* u. a.

   ▷ Eis esse ich *am allerliebsten* (auch mehrfach: *am allerallerliebsten*). Er erzielte *den weitaus besten* Erfolg. Wir wünschen euch *das denkbar Beste*.

5. Beim **Vergleich** verwendet man besondere syntaktische Fügungen:
   a) der **Positiv** wird eingerahmt von **so** (*ebenso, genauso* u. ä.) ... **wie;**
   b) nach dem **Komparativ** (und ebenso nach: *anders, umgekehrt, keiner* u. ä.) steht **als;**
   c) auf den **Superlativ** folgt der **Genitiv** oder die Präposition *von (unter)* + Dativ.
   ▷ Klaus ist *ebenso groß wie* Erich, aber *größer als* Edith. Heute ist die Lage *anders als* vor zwei Jahren. *Keiner als* du bist schuld. – Wer ist *der berühmteste aller* deutschen Dichter? Goethe und Heine sind *die berühmtesten unter den* deutschen Lyrikern. Klaus läuft *am besten von uns;* er ist *der beste* Läufer *unter (von) uns.*

6. Sollen nicht verschiedene Gegenstände (Personen oder Sachen) miteinander verglichen werden, sondern verschiedene Eigenschaften desselben Gegenstandes, so steht für positive und negative Steigerung häufig
   a) statt des Komparativs: **mehr** (oder *eher*), negat.: **weniger** *(minder)* mit dem **Positiv;** *minder* oft in Zusammensetzungen.
   ▷ Ich bin *mehr traurig als* verärgert. Ihre Gründe sind *eher verblüffend als* überzeugend; oder: Ihre Gründe sind *weniger überzeugend als* verblüffend. Zu viele Arzneien sind *eher schädlich als* nützlich. – Klaus ist noch *minderjährig.* Wir führen keine *minderwertigen* Geräte.
   b) statt des Superlativs: **meist** mit dem **Positiv,** ebenfalls oft in Zusammensetzungen; die negativen Formen sind selten.
   ▷ Welches war in diesem Monat die *meistgefragte* Schallplatte. Das alte Gemälde wurde *meistbietend* versteigert.

7. Mit *mehr, eher,* (auch: *weiter*) und *weniger,* seltener *meist,* lassen sich auch Komparationsformen zu Adjektiven bilden, die sonst nicht zu steigern sind (↗ 143/11 Ausnahmen), ebenso zu Verbformen und prädikatbildenden Substantiven, wenn sie eine Eigenschaft ausdrücken.
   ▷ Nach dem Unfall war ich *mehr tot als* lebendig. Du hättest *mehr/weiter rechts* fahren müssen. Warum sind Sie nicht *weniger links* gefahren? Im allgemeinen ist sie *eher bereit* zu helfen *als* er. Das Laub war eigentlich *weniger grün als* schon herbstlich verfärbt. – Sie *schwatzt mehr als* sie tut. Er wird *mehr (eher) gefürchtet als* geliebt. Professor Kraus ist *mehr Forscher als* Lehrer.

8. Eine Art von Steigerung läßt sich auch durch die Zusammensetzung mit einem dazu geeigneten (intensivierenden) Bestimmungswort erzielen (↗ 152/4.4.).
   ▷ dünn: *hauch*dünn, *spinnweb*dünn; lebendig: *quick*lebendig; tot: *mause*tot; allein: *mutterseelen*allein; kalt: *eis*kalt; weich: *windel*weich, *pflaumen*weich, *butter*weich; modern: *hoch*modern; schick: *super*schick, klein: *klitze*klein u.a.; vgl. auch: *erz*dumm, *ur*komisch (↗ 152/4.3.).

9. Als Zwischenstufe zwischen zwei inhaltlich gegensätzlichen Adjektiven *(lang-kurz; kurz-lang; jung-alt; alt-neu)* wird gelegentlich ein Komparativ gebildet, der den Übergang zwischen beiden bezeichnet und den Inhalt des Gegenbegriffs abmildert (sogn. absoluter Komparativ, da kein Vergleich erfolgt):
   lang – kürzer – kurz; kurz – länger – lang; jung – älter – alt u.a.
   ▷ Ein *älterer* Herr ist zwar mehr *alt als jung,* aber weniger alt als ein alter Herr, wenn auch älter als ein junger. – Ich lieh mir einen *größeren* Betrag. Bei *näherem* Zusehen entdeckte sie den Fehler. – Er ist schon *länger* krank. Kommt das *häufiger* vor.

10. Zur Steigerung der **Partizipien** ↗ 85/13; 147/3b.

11. Bei **Ungleichheit** oder unbedingter **Verneinung** steht oft: *anders als, alles andere als, alles andere denn* (das *denn* hier veraltet anstelle von: *als,* ↗ 204/2.7.).
    ▷ Das Ergebnis der Untersuchung war völlig *anders als* erwartet. Diese Nachricht ist *alles andere als* erfreulich/*alles andere denn* erfreulich.

4. Die Bildung der Adjektive – Arten der Wortbildung III

1. Nach ihrer Bildung unterscheidet man **ursprüngliche** und **abgeleitete** Adjektive, außerdem **zusammengesetzte**.
2. **Ursprüngliche** Adjektivbildungen sind meist **einsilbig**, z.B.: *bar, zahm; jung, alt; arm, reich; klein, groß; schlecht, gut; kurz, lang* u.a.; einige zweisilbig (meist mit unbetontem *-e* am Ende) wie: *böse, leise, müde* u.a. (Manche der heute als ursprünglich empfundenen Adjektivbildungen enthalten aber einen alten Verbstamm).
3. **Abgeleitete** Adjektive sind zwei- oder mehrsilbig und werden fast ausschließlich mit Hilfe von **Nachsilben** (Suffixen) gebildet; auch die meisten Bildungen mit **Vorsilben** (Präfixen) haben Suffixe. Nachsilben mit *-e-* und *-i-* können Umlaut der Stammvokale *-a-, -o-, -u-, -au-*, zu *-ä-, -ö-, -ü-, -äu-* bewirken.

4.1. Die Adjektivbildung durch Nachsilben (Suffixbildungen)

1. Unselbständige Nachsilben zur Adjektivbildung sind *-en, -ern, -ig, -icht°, -isch*:

-en bildet aus **Stoff-** und **Gattungsnamen** Adjektive zur Bezeichnung der stofflichen
(-n) Beschaffenheit; sie stehen im allgemeinen ohne Umlaut: *golden (gülden°), leinen, metallen, wollen; irden, kupfern, ledern, silbern;*

-ern wie *-en/-n*, aber im allgemeinen mit Umlaut: *bleiern, eisern, gläsern; hölzern, steinern, wächsern; beinern, knöchern, lüstern* u.a.;

-ig ist sehr häufig und bildet aus verschiedenen Wortarten Adjektive (mit und ohne Umlaut), die angeben, das etwas die Eigenschaften des Stammworts besitzt oder ihnen ähnlich ist;

a) aus **Substantiven:** *blutig, eckig, rostig; andächtig, günstig, lästig; blumig, sonnig, waldig; bärtig, zeitig, mutig; großmäulig, starrsinnig;*
ferner Bildungen auf **-selig** wie: *mühselig, trübselig* (von *die Mühsal, die Trübsal*) und daran angeglichen: *armselig, glückselig, holdselig, feindselig, leutselig, redselig, vertrauensselig* u.a.;

b) aus **Adjektiven:** *spitzig, völlig, gütig, richtig;* auch aus abgeleiteten: *wahrhaftig, teilhaftig* u.a.;

c) aus **Verben:** *brummig, findig, wack(e)lig, beliebig, ergiebig, schläfrig; lebendig, unterwürfig* u.a.;

d) aus **Adverbien, Präpositionen** und **Zahlwörtern:** *dortig, hiesig, gestrig, heutig, jetzig, baldig; einmalig, nochmalig, übrig, vorig, widrig; einig, einzig* u.a.;

e) aus **Satzfügungen:** *zweisprachig, viertürig, schwarzäugig, langohrig, schwerhörig, kurzfristig* u.a.m. sowie Bildungen auf: *-artig, -farbig, -förmig, -haltig, -mäßig* u.ä., z.B.: *fremdartig, vielfarbig, kreisförmig, nikotinhaltig, militärmäßig* u.a.;

-icht ist selten und wird meist durch Bildungen auf *-ig* oder mit *-artig* ersetzt; es bildet Adjektive aus Stoff- und Gattungsnamen:
holzicht° = *holzartig, steinicht°* = *steinig, schatticht°* = *schattig;* gebräuchlich nur: *töricht*.

-isch bildet Adjektive zur Bezeichnung der **Herkunft** oder **Art,** und zwar:
- a) aus **Orts-, Länder-** und **Völkernamen:** *berlinisch, hessisch, himmlisch, irdisch, höllisch; französisch, afrikanisch;* auch: *deutsch;*
- b) aus **Personennamen:** *goethisch, kleistisch, lutherisch, kantisch;*
- c) aus **Tiernamen:** *tierisch, viehisch, hündisch, wölfisch* u. a.;
- d) aus **Berufs-, Standes-** und **Gewerbe**bezeichnungen: *kaufmännisch, bäurisch, unternehmerisch, diebisch, närrisch, künstlerisch, dichterisch* u. a.;
- e) aus anderen **Substantiven:** *seelisch, herrisch, kindisch;*
- f) aus **Adjektiven, Adverbien** und **Pronomen:** *linkisch, heimisch, selbstisch* u. a.;
- g) aus **Verben** oder daraus abgeleiteten Substantiven: *mürrisch, neidisch, zänkisch; höhnisch, launisch, spöttisch; trügerisch* u. a.;
- h) aus **Fremdwörtern:** *katholisch, logisch, poetisch; physisch, physikalisch, solidarisch; demokratisch, sozialistisch, historisch* u. a.;
- i) Bildung ohne *-i-* sind- *deutsch, schillersch* u. a.

Adjektive auf *-isch* sind oft **abwertend,** so: *herrisch* (aber: *herrlich*), *kindisch* (aber: *kindlich*), *weibisch* (aber: *weiblich*); ebenso: *äffisch, bübisch, hündisch, neidisch, linkisch, selbstisch, launisch* u. a.

2. Die Nachsilben **-end, -en, -et, -t** stehen bei Adjektiven, die ursprünglich Partizipien waren oder nach Art von Partizipien gebildet sind (oft unmittelbar und ohne Infinitiv), z. B.: *abwesend, himmelschreiend; entlegen, verlegen, (un)befangen, unbeholfen; verschmitzt, vertrackt, verdutzt; bemoost, behaart, geartet, geblümt, gestirnt; unentwegt, erpicht, entmenscht* u. a.

3. Nachsilben aus früher selbständigen Wörtern sind: *-lich, -sam, -bar, -haft*.

-lich (von einem alten Substantiv für *der Leib*), ursprünglich Bezeichnung für **Wesensgleichheit** oder -ähnlichkeit, ist sehr häufig und bildet Adjektive aus einfachen, abgeleiteten und zusammengesetzten Wörtern: *kindlich, männlich, weiblich; ärmlich, gelblich, weichlich; ältlich, fröhlich, wirklich; verderblich, sterblich; gewöhnlich, häuslich;* erweitert: *hoffentlich, gelegentlich, namentlich; fürchterlich, leserlich;* passivisch (↗77/9f): *nützlich, entbehrlich* u. a.; früher auch zur Ableitung von Adverbien aus Adjektiven verwendet (vgl. engl. *-ly*): *hoch* → *höchlich, klar* → *klärlich;* **nur adverbial** noch heute: *ernstlich, freilich, gewißlich, sicherlich; kürzlich, neulich, schwerlich* u. a.;

-sam (vgl. engl.: *the same*) bezeichnet eine **Übereinstimmung,** auch **Fähigkeit** oder **Neigung:** *gemeinsam, langsam, sattsam; arbeitsam, furchtsam, gewaltsam; bedachtsam, mühsam; aufmerksam, duldsam, empfindsam; biegsam, schmiegsam; wirksam, genügsam, sparsam, strebsam; einsam, zweisam* u. a.;

-bar (= *tragen,* vgl.: *gebären*) bezeichnet eine innewohnende **Fähigkeit:** *offenbar; dankbar, dienstbar, furchtbar;* häufig **passivisch** (↗77/9f): *eßbar, genießbar, furchtbar, brennbar; brauchbar, unbrauchbar, (un-)denkbar, unsagbar, unleugbar, unschätzbar* u. a.;

-haft (= *haben, anhaftend, behaftet mit*) bezeichnet die **Eigenart:** *ekelhaft, mangelhaft, namhaft; naschhaft, schmeichelhaft, zaghaft; boshaft, krankhaft, wahrhaft;* erweitert (↗150/-ig b): *wahrhaftig, leibhaftig*.

4. Zahlreiche Nachsilben zur Bildung von Adjektiven kommen **aus anderen Sprachen,** z. B. in: *relevant, latent, horrend; formal, stabil, speziell; adäquat, diskret, rapid(e); momentan, elementar, vulgär; miserabel, flexibel; produktiv, perfekt, rigoros, religiös* u. a.

4.2. Die Adjektivbildung durch Vorsilben (Präfixbildungen)

Bei der Bildung von Adjektiven stehen die Vorsilben *be-, ge-, miß-, un-, ur-, erz-* fast immer zusammen mit Nachsilben.

be-: *bequem, bereit, beständig; befangen, begütert, bemittelt;*
ge-: *geheim, gemein, genau, gesund; gerecht, gewiß, geständig;*
miß-: *mißgünstig, mißliebig, mißmutig; mißtrauisch, mißvergnügt;*
un-: *unartig, ungezogen, unwürdig; unbedenklich, uneben, unfrei;*
ur-: *uralt, uranfänglich, urkomisch; ureigen, urgelungen, urwüchsig;*
erz-: *erzböse, erzdumm, erzfaul; erzfremd, erzgescheit, erzverlogen.*

4.3. Die Adjektivbildung durch Wortzusammensetzung

1. Bei den meisten zusammengesetzten Adjektiven handelt es sich um **determinative** Zusammensetzungen. Dabei tritt ein betontes **Bestimmungswort** vor ein Adjektiv (oder Partizip) als übergeordnetem **Grundwort**. Das Bestimmungswort kann aus fast jeder Wortart kommen. In der Wortfuge zwischen Bestimmungs- und Grundwort können **Bindelaute** (Fugenzeichen) wie *-s-, -es-, -e-, -n-/-en-, -er-* stehen (↗ 138/4).
   ▷ **Grundwort:** reich; mögliche Bestimmungswörter: der Stein, das Wort, der Geist, der Wald, die Farbe/die Farben, das Kind/die Kinder, lieb, neu, über; **zusammengesetzte Adjektive:** steinreich, wortreich, geistreich, waldreich, farbenreich, kinderreich, liebreich, neureich; ferner: lieblos, liebevoll, liebeskrank, liebenswert; hilflos, hilfesuchend, hilfsbereit; mit Verben als Bestimmungswörtern: merkwürdig, eßlustig, denkfaul.

2. Sehr häufig sind determinative Zusammensetzungen mit Grundwörtern wie: *-artig, -fähig, -frei, -haltig, -los, -voll, -wert* u. ä.; vgl. auch die früher selbständigen Nachsilben zur Adjektivbildung (↗ 151/3) und die Vervielfältigungszahlwörter auf *-fach/-faltig°/-fältig* (↗ 178/7 u. 8).
   ▷ blitzartig, affenartig, eigenartig, holzartig, abartig; arbeitsfähig, kampfunfähig, liebesfähig; sorgenfrei, bügelfrei, schulfrei; eisenhaltig, arsenhaltig; hoffnungslos, lieblos, wertlos, arbeitslos, mittellos; hoffnungsvoll, liebevoll, randvoll, übervoll, maßvoll; liebenswert, bedauernswert, lesenswert; einfach, dreifaltig, vielfältig.

3. Werden gleichgeordnete Adjektive zusammengezogen (addiert), so entsteht eine **kopulative** Zusammensetzung; zwischen den Adjektiven steht manchmal ein Bindestrich, insbes. bei inhaltlich gegensätzlichen.
   ▷ feuchtwarm (zugleich: feucht und warm), taubstumm, süßsauer; dreizehn, zweihundert; auch mehrfach: schwarzrotgolden; hell-dunkel, *auch:* rheinisch-westfälisch, deutsch-englisch.

4. Daneben gibt es noch zusammengesetzte Adjektive anderer Art, bei denen das Grundwort heute meist nicht mehr selbständig stehen kann.
   ▷ barfuß, barhaupt (barhäuptig), wohlgemut, wohlgesinnt; blauäugig, blaßwangig, breitspurig, kurzatmig, langatmig, weitsichtig u. a.

5. Manche Adjektive sind nur scheinbar zusammengesetzt, tatsächlich aber von zusammengesetzten Substantiven abgeleitet, z. B.: *trübselig* (↗ 150/4.1. *-ig* a), *dickköpfig, großmäulig, angeberisch, kleinbürgerlich* u. a.

6. In zusammengesetzten Adjektiven wird **nur** das **Grundwort dekliniert.** Auch die **Steigerung** betrifft im allgemeinen nur das Grundwort, doch wird bei Partizipien, die nicht als Einheit empfunden werden, das Bestimmungswort gesteigert (↗ 85/13).
   ▷ Er ist ein *kerngesunder* Mensch. Die Frau dieses *kerngesunden* Mannes ist leider schwer krank. – Dagegen sprechen die *schwerwiegendsten* Gründe; aber: Die *höchstbezahlten* Arbeitnehmer zahlen auch hohe Steuern.

5. Wertigkeit (Valenz) und Rektion der Adjektive

1. Die meisten Adjektive können (insbes. bei prädikativem Gebrauch), einige müssen ein Objekt oder mehrere Objekte als Ergänzung bei sich haben; sie sind dann ein-, zwei-, drei- ... mehrwertig.
2. Oft verlangen Adjektive als Ergänzung Objekte in einem bestimmten Kasus, d.h. sie regieren diesen Kasus; man nennt diese Einwirkung des Adjektivs auf ein Objekt seine Rektion (↗95/15.1).
3. Manche Adjektive, insbes. Partizipien, frühere Partizipien oder sonst von Verben stammende verlangen als Ergänzung eine Umstandsbestimmung; sie sind umstandsbezogen (↗158).

5.1. Adjektive mit dem Genitiv und Ersatzformen dafür

1. Viele Adjektive wurden früher mit dem Genitiv gebraucht. Heute sind sie **selten,** oder es stehen Ersatzformen dafür. Solche Adjektive sind:

ansichtig	fähig	habhaft	satt	verdächtig
bar	froh	kundig	schuldig	vorlustig
bedürftig	gewahr	ledig	sicher	voll
bewußt	gewärtig	mächtig	teilhaftig	(un)wert
eingedenk	gewiß	müde	überdrüssig	(un)würdig

   ▷ Nach vielen Irrfahrten wurden die Schiffbrüchigen endlich *einer Küste ansichtig.* Diese mittellose Arbeiterin ist *einer Unterstützung* sehr *bedürftig.* Ich bin mir *keiner Schuld bewußt.* Bist du *der Zustimmung* deiner Eltern *gewiß/sicher?* Diese Pflegerin ist *höchster Aufopferung fähig.* Die Polizei konnte *des Verbrechers* nicht *habhaft* werden. Mein Reisebegleiter war *der Landessprache kundig.* Aller Sorgen *ledig* konnten wir unsern Urlaub antreten. Der Kranke war *seiner Sinne* nicht mehr *mächtig.* „Ach, ich bin *des Treibens müde!"* *Voller Zuversicht* ging er an die neue Aufgabe heran. Dieser Erfolg war *der Mühe wert.* „Eigner Herd ist *Goldes wert.*"

2. An die Stelle des Genitivs tritt:
   a) in manchen Fällen der **Akkusativ,** z.B. mit: *gewahr, müde, satt, schuldig, überdrüssig, (un)wert;* auch: *ledig* (↗b);
   ▷ Bist du *den Fehler* (*des Fehlers*)⁰ *gewahr* geworden? Ich bin *das Treiben müde;* ich bin es *satt/überdrüssig.* Dieser Erfolg war *die Mühe wert.*
   b) in anderen ein Präpositionalobjekt (**Präposition** mit Dativ oder Akkusativ), z.B. mit: *fähig, ledig, müde, satt, voll;*
   ▷ Diese Pflegerin ist *zu höchster Aufopferung fähig. Von allen Sorgen/alle Sorgen ledig* fuhren wir in die Ferien. *Voll von Zuversicht* ging er an die neue Aufgabe heran.
   c) häufig ein zusammengesetztes Adjektiv mit geeignetem **Bestimmungswort** (↗152/4.4.), und zwar bei: *bedürftig, bewußt, fähig, froh, kundig, müde, (un)wert, (un)würdig,* z.B. in: *hilfsbedürftig, klassenbewußt, lebensfähig, lebensfroh, ortskundig, amtsmüde, ehrenwert, (un)liebenswürdig* u.a.;
   ▷ Ich bin nicht *schuldbewußt.* Diese mittellose Arbeiterin ist *unterstützungsbedürftig.* Mein Reisebegleiter war sehr *sprachkundig.* Diese Pflegerin ist höchst *aufopferungsfähig.*
   d) manchmal ein indefinites *es* (früher Gen., heute als Akk. empfunden) mit nachfolgendem *daß*-Satz oder Infinitiv.
   ▷ Ich bin *es müde/leid/überdrüssig/satt,* deinen unbegründeten Klagen *zuzuhören.* Diese Sache ist *es* nicht *wert, daß* man sie unterstützt. Dieser aufrechte Mann ist *es wert, daß* man sich für ihn einsetzt.

5.2. Adjektive mit dem Dativ

1. Mehrere Adjektive (auch Partizipien) mit der Bedeutung *gleich-ungleich, nützlich-schädlich, nah-fern, möglich-unmöglich, gemeinsam-getrennt, freundlich-feindlich* stehen mit dem **Dativ;** er bezeichnet dabei meist eine **Person,** seltener einer Sache.

2. Statt mit dem Dativ können einige dieser Adjektive auch mit den Präpositionen *für* oder (seltener) *gegen* und dem Akkusativ stehen; in der folgenden Wortliste ist dies in Klammern vermerkt.

3. Mit dem Dativ (bzw. mit *für* oder *gegen* + Akk.) stehen:

abtrünnig	beschwerlich (für)	gefährlich (für)	lästig (für)	teuer = lieb
ähnlich	bewußt	gehorsam	leicht (für)	treu
angeboren	dankbar (gegen)	geläufig	leid	untertan
angemessen	dienlich	gelegen (für)	lieb	verbunden
angenehm (für)	dienstbar	gemein(sam)	möglich (für)	verderblich (für)
anstößig (für)	eigen(tümlich)	genehm	nachteilig (für)	verhaßt
ärgerlich (für)	ergeben	gewogen	nahe	vorteilhaft (für)
begreiflich	erinnerlich	gleich	nötig (für)	wert = lieb
behaglich	erwünscht	gleichgültig	notwendig (für)	widerlich
behilflich	feind(lich)	gnädig (gegen)	nützlich (für)	willkommen
bekannt	fern	gram	recht, billig	zugetan
bekömmlich (für)	fremd	günstig (für)	schädlich (für)	zuträglich
benachbart	freund	heilsam (für)	schuldig	zuwider
bequem (für)		hold (abhold)	schwer (für)	

    ▷ Das sieht *dir ähnlich.* Der hohe Preis der Geräte ist *ihrer hohen Qualität angemessen.* Die Arbeit war *der jungen Frau beschwerlich;* oder: Die Arbeit war *für die junge Frau beschwerlich.* Ihr Besuch ist *mir angenehm;* er kommt *mir sehr gelegen;* oder: Ihr Besuch ist *angenehm für mich;* er kommt *sehr gelegen für mich.* Sind *Ihnen* meine Ansichten denn *gleichgültig?* „Was *dem einen recht* ist, ist *dem andern billig*". Sie war *ihrem* verstorbenen *Mann* sehr *zugetan.* Fisch ist *mir zuwider.* – Hat er sich *die dankbar* erwiesen?; oder: Hat er sich *dankbar gegen dich* erwiesen?

4. Auch Verbindungen dieser Adjektive mit der Vorsilbe **un-** stehen mit dem Dativ (bzw. mit *für* oder *gegen* + Akk.), z. B.: *unähnlich, unangemessen, unangenehm* usw.

    ▷ Der hohe Preis des Gerätes ist *seiner* geringen *Qualität unangemessen.* Ihr Besuch ist *mir* keineswegs *unangenehm;* oder: Ihr Besuch ist keineswegs *unangenehm für mich.* Dieser Sänger ist *mir unbekannt.* Leider war es *uns unmöglich,* euch früher zu unterrichten.

5. Ebenfalls häufig mit dem Dativ (aber auch mit *für* + Akk.) stehen Adjektive auf **-bar** und **-lich** in passivischer Bedeutung, z. B.: *faßbar, entbehrlich, begreiflich* u. a. sowie ihre Gegenteile: *unfaßbar, unentbehrlich, unbegreiflich* usw., ferner: *verwandt,* dies jedoch meist als: *verwandt mit.*

    ▷ Dieses Buch ist *mir unentbehrlich;* es ist *unentbehrlich für mich.* Das Unglück war *allen Beteiligten unfaßbar;* es war *unfaßbar für alle.* Ist *dir* dieser Irrtum *begreiflich?* – Ist *Ihnen* diese junge Frau *verwandt?;* oder (häufiger): Ist diese junge Frau *mit Ihnen verwandt?*

5.3. Adjektive mit dem Dativ und einem Präpositionalobjekt

Einige Adjektive und Partizipien können neben dem Dativ noch eine Präposition mit zugehörigem Kasus, d. h. ein Präpositionalobjekt haben, also zweiwertig stehen; dabei bezeichnet der Dativ die Person (oder Sache), das Präpositionalobjekt den Sachverhalt, auf den die Aussage bezogen oder beschränkt wird. Solche Adjektive sind z. B.:

gleich(wertig), ebenbürtig, ähnlich, dankbar, überlegen, unterlegen

▷ Klaus ist *seinem Bruder an Größe gleich.* Diese beiden Dreiecke sind *einander* zwar *in der Form gleich,* nicht aber *in der Größe,* d. h. sie sind *einander* ähnlich. Unsere Kunststoffplatten sind *jeder Naturfaserplatte an Widerstandskraft gleichwertig,* wenn nicht gar *überlegen.* Unsere Mannschaft ist *der euren in jeder Hinsicht ebenbürtig,* obwohl unser Tormann *dem euren an Wendigkeit* etwas *unterlegen* ist. Die alte Dame war *dem jungen Mann* sehr *dankbar für seine Hilfe.*

5.4. Adjektive mit dem Akkusativ

1. Mit dem Akkusativ als Ergänzung (↗ 153/5.1.2a) stehen:
   gewahr, gewohnt, los, müde, satt, schuldig, überdrüssig.
   ▷ Gut, daß wir *diesen lästigen Menschen* endlich *los* sind! Ich habe *diesen Lärm satt.* Ich bin *einen solchen Lärm* nicht *gewohnt.* Ich bin *die Arbeit müde.* Ich bin Ihnen *großen Dank schuldig.*

2. Mit einem (adverbialen) **Akkusativ des Maßes** stehen Adjektive, die Maße und Größen in **Raum, Zeit, Schwere** oder **Wert** angeben, und zwar:

alt	breit	dick	groß	hoch	entfernt
lang	schwer	weit	wert	tief	(nah, fern)

   ▷ Dieser Stab ist genau *einen Meter lang.* Die Grube war *mehrere Klafter tief.* Die Schloßmauern sind *drei bis vier Meter dick.* Manche Sterne sind *viele Lichtjahre* von der Erde *entfernt.* Diese Maschine ist mehr als *einen Zentner schwer.* Klaus ist *einen Kopf größer* als sein Bruder. Unser Töchterchen ist *drei Monate und einen Tag alt.* Dieses kitschige Bild ist *keinen Pfennig wert.*

5.5. Adjektive mit Präpositionalobjekten (Präposition + zugehör. Kasus)

1. Sehr viele Adjektive stehen mit Präpositionalobjekten, d. h. sie regieren eine Präposition mit ihrem zugehörigen Kasus.

2. Einige Adjektive stehen mit mehreren Präpositionen, z. B.:
   freundlich mit (+ Dat.) oder *freundlich zu* (+ Dat.), auch: *freundlich gegen* (+ Akk.), *böse mit* (+ Dat.) oder *böse auf* (+ Akk.), *geeignet zu* (+ Akk.) oder *geeignet für* (+ Akk.), *nötig zu* (+ Akk.) oder *nötig für* (+ Akk.), *frei von* (+ Dat) oder *frei für* (+ Akk.) u. a.
   ▷ Seine Frau war *böse mit ihm;* auch: Seine Frau war *böse auf ihn.* Endlich bin ich *frei von* dieser lästigen *Verpflichtung;* aber: Endlich bin ich *frei für meine Lieblingsbeschäftigung.* Ist Erich *zu diesem/für diesen Posten* geeignet? Die Pflegerin ging *freundlich mit dem Kranken* um. Sie war sehr *freundlich zu ihm.* Seid *freundlich gegen jedermann!*

3. Die folgende Liste verzeichnet jeweils nur die Präposition, mit der ein Adjektiv am meisten vorkommt.

4. Die wichtigsten **Adjektive mit Präpositionalobjekt** sind:

(un)abhängig	von (+Dat.)	(un)interessiert	an (+Dat.)
angewiesen	auf (+Akk.)		
angst, bange	vor (+Dat.)	mildtätig	gegen (+Akk.)
ärgerlich	über (+Akk.)	nachlässig	in (+Dat.)
arm, reich	an (+Dat.)	(un)nachsichtig	gegen (+Akk.)
aufgebracht	über (+Akk.)	nachteilig	für (+Akk.)
aufmerksam	auf (+Akk.)	neidisch	auf (+Akk.)
		neugierig	auf (+Akk.)
begeistert	von (+Dat.)	nachteilig	für (+Akk.)
begierig, erpicht	auf (+Akk.)	neidisch	auf (+Akk.)
(un)bekannt	mit (+Dat.)	neugierig	auf (+Akk.)
(un)beliebt	bei (+Dat.)	nützlich, nötig	für (+Akk.)
bereit, geneigt	zu (+Dat.)		
beschämt	über (+Akk.)	(un)passend	für (+Akk.)
(un)bescheiden	in (+Dat.)		
besorgt	um (+Akk.)	(un)schädlich	für (+Akk.)
bestürzt	über (+Akk.)	schmerzlich	für (+Akk.)
(un)bewandert	in (+Dat.)	sicher, geschützt	vor (+Dat.)
bezeichnend	für (+Akk.)	stolz, eitel	auf (+Akk.)
blaß, rot	vor (+Dat.)		
böse, zornig	auf, über (+Akk.)	taub, blind	gegen (+Akk.)
		tüchtig, gut	in (+Akk.)
ehrgeizig	nach (+Dat.)	überzeugt	von (+Dat.)
eifersüchtig	auf (+Akk.)		
einfach	in (+Dat.)	verderblich	für (+Akk.)
einverstanden	mit (+Dat.)	vergleichbar	mit (+Dat.)
(un)empfänglich	für (+Akk.)	verliebt, vernarrt	in (+Akk.)
(un)empfindlich	gegen, für (+Akk.)	verlobt, verheiratet	mit (+Dat.)
entrüstet	über (+Akk.)	verschieden	von (+Dat.)
(un)entschlossen	zu (+Dat.)	verschwenderisch	mit (+Dat.)
erbost, ergrimmt	über (+Akk.)	vertraut	mit (+Dat.)
erhaben	über (+Akk.)	verwandt	mit (+Dat.)
erstaunt	über (+Akk.)	voll	von (+Dat.)
(un)fähig	zu (+Dat.)	(un)wesentlich	für (+Akk.)
feil	um (+Akk.)	(un)wichtig	für (+Akk.)
(un)fertig	mit (+Dat.)	(un)zufrieden	mit (+Dat.) u.a.
frei, ledig, los	von (+Dat.)		
freigebig	gegen (+Akk.)		
(un)freundlich	gegen (+Akk.), zu (+Dat.)		
froh, traurig	über (+Akk.)		
(un)geeignet	zu (+Dat.), für (+Akk.)		
gefaßt	auf (+Akk.)		
gefeit, gewappnet	gegen (+Akk.)		
gefühllos	gegen (+Akk.)		
gerecht, streng	gegen (+Akk.)		
geschaffen	für (+Akk.), zu (+Dat.)		
gespannt	auf (+Akk.)		
gesund, krank	an (+Dat.)		
gewandt, erfahren	in (+Dat.)		
gleichgültig	gegen (+Akk.)		
(un)glücklich	über (+Akk.)		
grausam, hart	gegen (+Akk.)		

▷ Bulgarien ist *arm an Bodenschätzen* und daher *auf Einfuhren angewiesen*. Ich bin sehr *ärgerlich über diesen Fehler;* hättest du mich doch früher *darauf aufmerksam* gemacht! Sind Sie *einverstanden mit unserem Vorschlag?* Mit Ihren Eltern war ich gut bekannt. Dieser freundliche Junge ist *bei allen beliebt.* Leonardo da Vinci war *in vielen Künsten bewandert.* Sie wurde abwechselnd *blaß und rot vor Zorn.* Seien Sie doch nicht so *überempfindlich gegen Kritik!* Leider ist sie *empfänglich für Schmeicheleien.* Alexander der Große war *ehrgeizig nach Ruhm.* Er ist nicht *feil um Geld* und *zu keinem Betrug fähig.* Über dieses Ergebnis kannst du *froh* sein.

▷ Ich bin *auf jede Überraschung gefaßt.* Niemand ist *gegen Irrtümer gefeit,* aber wir sind *dagegen gewappnet.* Er war sehr *unglücklich über seinen Mißerfolg.* Sind Sie noch *am Kauf* dieses Grundstücks *interessiert?* Dieser Kaufvertrag ist doch nicht etwa *nachteilig für uns?* Alles war *gespannt auf den Ausgang* des Wettkampfs. Ich bin *von ihrer Unschuld überzeugt.* Die meisten Eltern sind *taub und blind gegen die Fehler* ihrer Kinder. Seid ihr *zufrieden mit dem Verhandlungsergebnis?* Wir sind *stolz auf dich.* Mit wem ist Ihre Tochter *verlobt?*

5.6. Vertretung der Präposition beim Adjektiv durch ein Pronominaladverb

1. Manche Adjektive, die mit Präpositionalobjekten stehen, können auch durch einen **Gliedsatz** oder durch einen **Infinitiv** näher bestimmt sein; dann steht im Hauptsatz statt der Präposition das entsprechende hinweisende Pronominaladverb (↗ 168f.).

   ▷ Er kann *stolz auf diesen Erfolg* sein; aber: Er kann *stolz darauf* sein, *daß* er dieses Ziel erreicht hat. Auch wir sind *glücklich darüber, daß* ihm die Lösung des Problems so gut gelungen ist. Sie waren *begierig darauf,* etwas über das Verhandlungsergebnis *zu erfahren.*

2. Das Pronominaladverb dient auch dem **Rückverweis** auf eine früher genannte Bestimmung des Adjektivs.

   ▷ Die Verhandlungen sind zu Ende; wir können *zufrieden damit* sein. Das Ergebnis ist gut; *davon* bin ich *überzeugt.* Er hat sich sehr für die Gemeinschaft eingesetzt; alle waren ihm *dankbar dafür.*

3. Sinngemäß steht, wenn nach der Bestimmung bei einem Adjektiv gefragt wird, das entsprechende **fragende Pronominaladverb** (↗ 173/5), nicht jedoch bei Fragen nach Personen.

   ▷ *Worauf* ist er denn so *stolz? Worüber* seid ihr *glücklich? Womit* waren Sie *zufrieden? Wovon* bist du *überzeugt? Wofür* waren alle ihm *dankbar? Wozu* bist du *entschlossen? Worin* sind Sie besonders *erfahren? Worüber* ist sie denn so *traurig? – Mit wem* ist deine Schwester *verheiratet? Auf wen* war sie *böse?*

4. Dasselbe gilt auch für **Verben,** die ein Präpositionalobjekt fordern (↗ 102f.).

   ▷ *Womit beschäftigen* Sie sich gerade? Das war ein schöner Erfolg; *darauf* haben wir schon lange *gewartet,* und jetzt *freuen* wir uns sehr *darüber.* Er *dachte darüber nach, wie* nun zu verfahren sei. *Worauf wartet* ihr noch? – *Mit wem* hat sich eure Tochter *verlobt? Auf wen* ist sie nicht gut *zu sprechen?*

5.7. Umstandbezogene Adjektive

1. Ebenso wie viele Verben und Adjektive ein Objekt (oder mehrere Objekte) haben können oder müssen und zahlreiche Verben eine adverbiale Bestimmung verlangen (↗104f.), gibt auch Adjektive, die eine solche Umstandsbestimmung als **notwendige Ergänzung** bei sich haben.

2. Diese Umstandsergänzungen stehen, gleich ob das Adjektiv prädikativ, attributiv, adverbial oder komplementär gebraucht ist. Vorwiegend, aber nicht immer, handelt es sich dabei um adverbiale Bestimmungen des Ortes.

3. Anders als die Objekte sind diese adverbialen Ergänzungen in der Regel weder in ihrem Kasus, noch in Numerus und Genus vom Adjektiv her bestimmt.

4. Eine **Ortsbestimmung** erfordern die Adjektive:

    gebürtig   seßhaft   wohnhaft   anhängig
    beheimatet   ansässig   wohnberechtigt   befindlich

    Die Wortverbindung: *er ist wohnhaft* ist unvollständig; sie ergibt erst dann eine sinnvolle Aussage, wenn eine Ortsbestimmung als notwendige Ergänzung hinzutritt, also: *er ist in Ulm wohnhaft.*

    ▷ Meine Familie ist *in Bayern beheimatet*. Jetzt sind wir *in Bonn ansässig*. Ich selbst bin *aus München gebürtig*. Der Prozeß ist *beim Landgericht München anhängig*.

5. Umstandbezogen sind auch die **Adjektive des Maßes** mit adverbialem Akkusativ (↗ 155/5.5.2).

6. Auch **Partizipien**, die prädikativ oder attributiv gebraucht sind, können regelmäßig eine Umstandsergänzung bei sich haben, z. B.:

    verzogen   verbracht   eingeführt   über(ge)führt
    ausgewandert   verlagert   ausgeführt   übersetzt u. a.

    ▷ Das Vermögen der Stiftung wurde *ins Ausland verbracht*; das ins Ausland verbrachte Vermögen ging verloren. Er ist *nach Bremen verzogen*. Von wem stammt die erste *ins Deutsche übersetzte* Bibel?

7. Andere Partizipien stehen als Grundwörter in Zusammensetzungen, deren Bestimmungswort eine Umstandsergänzung der **Art und Weise** vertritt; ohne ein solches Bestimmungswort steht idiomatisch nur *gelegen*.

    -gestellt   -situiert   -bestallt   -gelegen   u. a.

    ▷ Meine Schwiegereltern sind sehr *gut situiert (gutsituiert)*. Seine *gutsituierten* Schwiegereltern finanzierten den Bau seines Hauses. Die *schlechtergestellten* Rentner erhalten eine Vergünstigung. Die Festspiele wurden von einer *hochgestellten Persönlichkeit* eröffnet. Mein Bruder ist *ein wohlbestallter Beamter*. – Die Erbschaft *kam* ihm sehr *gelegen*.

8. Die notwendige Umstandsergänzung kann ein Akkusativ, eine präpositionale Wortgruppe, ein Adverb oder – in Zusammensetzungen – auch Bestimmungswort sein.

    ▷ Das Band ist *einen Meter lang*. – Er ist *in Stuttgart wohnhaft*. – Alle *hier befindlichen* Unterlagen stehen Ihnen zur Verfügung. Er lebt in einem *entlegenen* Ort in sehr *abgelegener* Umgebung. Ein *ortsansässiger* Reporter schrieb den Bericht über die Ausstellung.

VI. Das Pronomen (Das Fürwort)

1. Aufgaben, Arten und Bildung der Pronomen (Fürwörter)

1. Die Pronomen vertreten oder begleiten Nomen (Substantive, Adjektive). Dabei bezeichnen sie gewisse formale Beziehungen der Wörter, für die sie stehen oder die sie begleiten. Gemäß diesen Beziehungen stehen manche Pronomen nur **substantivisch,** andere **substantivisch und adjektivisch.**

2. Viele Pronomen geben das Genus des Wortes, das sie begleiten oder vertreten, an und sind **deklinierbar.**

3. Es gibt **sechs Klassen** von Pronomen (Fürwörtern):

    a) das **Personalpronomen** (das persönliche Fürwort): *ich/du/er, sie, es/wir/ihr/sie; Sie;* es kann auch mit dem **Reflexivpronomen:** *ich – mich, du – dich, er – sich* usw. sowie mit dem **reziproken Pronomen:** *wir – einander* usw. stehen;

    b) das **Possessivpronomen** (das besitzanzeigende Fürwort): *mein/dein/sein, ihr/unser/ euer/ihr; der/die/das meine (meinige)* usw.;

    c) das **Demonstrativpronomen** (das hinweisende Fürwort): *dieser, jener* u. a.;

    d) das **Relativpronomen** (das bezügliche Fürwort): *der, die, das* usw.; *welcher, welche, welches* usw.; *wer, was;* außerdem das **Korrelativpronomen** (das wechselbezügliche Fürwort): *derjenige, der/diejenige, die/dasjenige, das* usw., *derselbe, der* usw., *ein solcher, der* u. a.;

    e) das **Interrogativpronomen** (das Fragefürwort): *wer? was? welcher? was für ein?* u. a.;

    f) das **Indefinitpronomen** (das unbestimmte Fürwort): *man, jemand, niemand* u. a.; einschließlich der **Zahlpronomen:** *jeder, keiner* u. a.

4. Nicht alle Klassen der Pronomen sind scharf gegeneinander abgegrenzt; so kann z. B. *wer* oder *was* als Relativpronomen (3d) oder als Interrogativpronomen (3e) gebraucht werden.

5. Es gibt auch **Übergänge** zu anderen Wortarten; z. B. ist der **bestimmte Artikel** (↗ 106) nichts anderes als das unbetonte adjektivisch gebrauchte **Demonstrativpronomen** *der/ die/das,* der **unbestimmte Artikel** das attributiv gebrauchte unbetonte **Indefinitpronomen** *einer* (↗ 175/7b).

6. Wie Pronomen gebraucht werden die **Pronominaladverbien,** z. B. *hiermit, dafür* u. a. sowie die **Pronominaladjektive,** z. B. *gewisse, verschiedene* u. a.

7. Nach ihrer **Bildung** gliedern die Pronomen sich in:

    a) **ursprüngliche** Bildungen: *ich/du/er, sie, es/wir/ihr/sie; mein/dein/sein* usw.; *der/ die/das* usw.; *wer, was* u. a.;

    b) **abgeleitete** Bildungen: *der meinige/deinige/seinige/unsrige* usw.;

    c) **zusammengesetzte** Wörter: *jemand, niemand; derjenige, derselbe;* auch: *solch, welch* u. a.

2. Das Personalpronomen (Das persönliche Fürwort)

2.1. Gebrauch und Deklination des Personalpronomens

1. Das Personalpronomen hat **drei Personen** im   Singular und Plural
   a) die **erste Person** (= die sprechende Person):   ich   wir
   b) die **zweite Person** (= die angesprochene Person):   du   ihr
   c) die **dritte Person** (= die besprochene Person):   { m.: er / f.: sie / n.: es } sie

   Nur die 3. Person Singular hat drei Geschlechter; das neutrale Personalpronomen *es* ist zu unterscheiden vom indefiniten und vom funktionalen (inhaltslosen) *es* (↗68/2; 174/1c; 258/2; 260f).

2. Übersicht über die **Deklination** der Personalpronomen (persönlichen Fürwörter).

	Kasus	Erste Person	Zweite Person	Dritte Person		
				m.	n.	f.
Singular	Nom.:	ich	du	er	es	sie
	Gen.:	meiner	deiner	seiner		ihrer
	Dat.:	mir	dir	ihm } sich	ihr } sich	
	Akk.:	mich	dich	ihn	es	sie
				m., n., f.		
Plural	Nom.:	wir	ihr	sie		
	Gen.:	unser	euer	ihrer		
	Dat.:	uns	euch	ihnen } sich		
	Akk.:	uns	euch	sie		

▷ *Ich* spreche. *Du* hörst. *Er (sie, es)* sieht. *Wir* schreiben. *Ihr* seid froh. *Sie* gingen fort. – Erbarmt euch *seiner*! Wir bedürfen *euer*. Er spricht in *unser* aller Namen. Niemand gedachte *ihrer*. – Glaubt *mir*! Gebt es *ihm (ihr, ihnen)*! – Hört auf *uns (ihn, sie)*!

Im **Genitiv Singular** des Personalpronomens gibt es einige **Besonderheiten**:
a) in gehobener Sprache haben sich ältere **Kurzformen** erhalten, und zwar *mein, dein, sein*, z. B. in: *Vergiß mein nicht!* (auch als Blumenname). „*Dein denk ich allerorten*".
b) Formen auf -*t* (-*et*) stehen in einigen Zusammensetzungen wie: *meinetwegen, deinethalben, um unser(e)twillen* u. a. (↗189/5);
c) Steht das neutrale *es* nicht personen-, sondern sachbezogen, so hat es im Genitiv *dessen*, z. B.: *Ich erinnere mich seiner* aber: *Ich erinnere mich dessen*.

3. Das Personalpronomen steht **reflexiv** (rückbezüglich), wenn es sich auf das Subjekt des Satzes zurückbezieht. Eine besondere reflexive Form gibt es im Deutschen nur für den Dativ und Akkusativ der 3. Pers. Sing. u. Plur.; sie lautet immer **sich** (↗66/2) und kann durch *selbst* im Dat., *selber* im Akk. ergänzt werden (↗161/2).
▷ **Dat.**: *ich* schade *mir* (selbst)/*du* schadest *dir* (selbst)/*er* schadet *sich* (selbst); *wir* schaden *uns*/*ihr* schadet *euch*/*sie* schaden *sich* (selbst).
Akk.: *ich* freue *mich*/*du* freust *dich*/*sie* freut *sich* (selber); *wir* freuen *uns*/*ihr* freut *euch*/*sie* freuen *sich* (selber).
Unterscheide: *er* spricht von *sich* (selbst)/von *ihm* (einem anderen); er verteidigt *sich* (selber)/*ihn* (einen andern).

2.2. Der Gebrauch des Personalpronomens

1. Im Deutschen gibt es verschiedene **Anredeformen** für die zweite Person:

	Singular	Plural
a) vertrauliche Anrede:	**du**	**ihr**
b) übliche Anrede (abgeleitet von der 3. Pers. Plur.):	**Sie**	**Sie**
c) veraltet: ehrende Anrede für ältere Leute (abgeleitet aus der 2. Pers. Plur.):	*Ihr*	*Ihr*
d) veraltet: Anrede für Angehörige niederer Stände, wirkt herablassend, heute beleidigend (abgeleitet aus der 3. Pers. Sing.).:	*Er/Sie/Es*	–

▷ a) Es freut mich, daß *du* mich besuchst/daß *ihr* mich besucht. *Im Brief:* Es freut mich, daß *Du* mich besuchen willst/daß *Ihr* mich besuchen wollt.

   b) Mein Herr, *Sie* irren *sich!* Meine Damen und Herren, *Sie* erwartet, daß ich *Ihnen* genau über den Vorfall berichte.

   c) Liebe Großmutter, *Ihr* wißt, daß ich sehr krank gewesen bin. „Herr Ritter, ist *Eure* Lieb' so heiß, wie *Ihr* mir's schwört zu jeder Stund..."

   d) Was will *Er?* Mach *Er,* daß *Er* fortkommt! Hab ich *Ihr* nicht gesagt, Sie solle sich fortscheren? Was zögert *Sie* denn noch?

2. In **Briefen** werden alle Anredeformen (auch die vertraulichen) und ihre Ableitungen mit **großen Anfangsbuchstaben** geschrieben, nie jedoch das Reflexivpronomen *sich*.

   ▷ Lieber Klaus, Ich sende *Dir* hier ein Buch, über das *Du Dich* vielleicht freust. – Sehr geehrtes Fräulein Ell! Ich sende *Ihnen* hier ein Buch, über das *Sie sich* vielleicht freuen.

3. Personalpronomen (auch reflexive) können durch *selbst* oder *selber* **verstärkt** werden (↗ auch die Beispiele zu 160/3).

   ▷ Ich werde ihm *selbst* antworten. Hast *du selbst* (selber) ihn gesehen? Hast du *ihn selbst* (selber) gesehn? Das wird *euch selber* (selbst) schaden. Ich möchte mit *Ihnen selbst* (selber) verhandeln.

4. Nach grammatisch neutralen Substantiven wie *das Mädchen, das Mägdelein, das Fräulein, das Weib, das Gretchen, das Hänschen* u. a. richten sich das Personal- und auch das Possessivpronomen (↗ 162–165), nicht jedoch das Relativpronomen (↗ 170 f.) oft nach dem natürlichen Geschlecht, nicht nach dem grammatischen.

   ▷ „*Das* Mägdlein barg *ihre* Klagen im stillen Kämmerlein, und *sie* durft' es keinem sagen." Fräulein, *das* gut kochen kann, gesucht; *sie* muß mit allen häuslichen Arbeiten vertraut sein und das *ihr* unterstellte Personal anleiten können. – Wie geht es Ihrem *Hänschen? Er* ist wieder gesund und munter. Und Susannchen? *Sie* wächst und gedeiht.

5. Als **reziprokes Pronomen** (wechselbezügliches Pronomen) dient das Reflexivpronomen oder das undeklinierte *einander* (↗ 67/10); es steht insbes. in Verbindung mit Präpositionen.

   ▷ Wir begegneten *uns* (= einander) mitten in der Stadt. Ihr müßt *euch* (= einander) besser kennenlernen. *Sie* lieben *einander* (= sich). – *Sie* stritten oft *miteinander.* Die beiden Hunde fielen *übereinander* her. Wütend schlugen die Gegner *aufeinander* ein. Beim Abschied konnten sie sich kaum *voneinander* losreißen.

3. Das Possessivpronomen (Das besitzanzeigende Fürwort)

1. Das Possessivpronomen (das besitzanzeigende Fürwort) gibt an, wer **Besitzer** eines bestimmten **Besitztums** ist (↗ aber 165/7).
2. Seine Form richtet sich im **Stamm** nach Person, Numerus und Genus des **Besitzers,** wobei das Genus nur in der 3. Pers. Sing. wirksam wird:
   mein-, dein-, sein-, ihr-; unser-, euer-, ihr-; Ihr-;
   in den **Endungen** richtet es sich nach Genus, Numerus und Kasus des **Besitztums:**
   mein-es Hauses, dein-e Schuhe, sein-es Hauses, ihr-e Schuhe, unser-em Vater usw.
3. Possessivpronomen werden entweder **adjektivisch** oder **substantivisch** gebraucht.

3.1. Das adjektivisch gebrauchte Possessivpronomen

Geschlecht des Besitztums:	Singular				Plural			Anrede (Sing. und Plur.):
			⎡Geschlecht des Besitzers:⎤					
	ich	du	er, es	sie	wir	ihr	sie	Sie
mask./neutr.:	mein	dein	sein	ihr	unser	euer	ihr	Ihr
fem.:	meine	deine	seine	ihre	uns(e)re	eure	ihre	Ihre

1. Das adjektivisch gebrauchte Possessivpronomen steht entweder:
   a) **attributiv** bei einem Substantiv;
   ▷ Dort liegt *mein* Hut/*deine* Mütze/*sein* Buch/*ihr* Buch usw.
   b) **prädikativ,** jedoch nur noch in gehobener Sprache oder in betonter Stellung; sonst steht meist eine Form von *gehören* + Dat. (süddeutsch auch von *sein* + Dat.) oder hinweisendes *das.*
   ▷ „*Dein* ist das Reich". „*Mein* ist die Rache." „Du bist *mein,* ich bin *dein."* – Diese Bücher da sind *mein,* aber: Die Bücher *gehören mir* (süddt.: *sind mir*); das sind *meine* Bücher. Gehört das Buch *Ihnen?* Ist das *Ihr Buch?*
2. Das **attributiv** gebrauchte Possessivpronomen wird wie ein Adjektiv dekliniert und hat – abgesehen von den endungslosen Formen im Nom. Sing. von Mask. und Neutr. – die Endungen der **starken** Adjektivdeklination (↗ 144), im Gen. Sing. von Mask. und Neutr. immer altes *-es.* Es steht ohne Artikel und immer vor dem Substantiv (Beispiele ↗ oben 1a ↗ auch 233/2.1.2.).
3. Das **prädikativ** gebrauchte Possessivpronomen bleibt in der Regel **unverändert** (Beispiele ↗ oben 1b), wird aber bei Gebrauch von indefinitem *es* oder *das* als Subjekt (↗ 220/4) **stark** dekliniert (↗ 144).
   ▷ Wem gehört der Hut? Es ist *meiner.* – Wem gehört die Mütze? Das ist *deine.* – Wem gehört das Buch? Es ist *seines* (seins)/*ihres* (ihrs°). Ist es *unser(e)s* oder *eures?* Nein, *Ihres* ist's.

3.2. Die (starke) Deklination des attributiv gebrauchten Possessivpronomens (Beispiele)

	Kasus	a) Singular des Besitztums			
		m.	n.	m.n. f.	f. n.
Singular des Besitzers	Nom.:	mein (Bruder)	dein (Kind)	seine (Tochter)	ihr (Buch)
	Gen.:	meines	deines	seiner	ihres
	Dat.:	meinem	deinem	seiner	ihrem
	Akk.:	meinen	dein	seine	ihr
		b) Plural des Besitztums			
	Nom.:	meine (Brüder)	deine (Kinder)	seine (Töchter)	ihre (Bücher)
	Gen.:	meiner	deiner	seiner	ihrer
	Dat.:	meinen	deinen	seinen	ihren
	Akk.:	meine	deine	seine	ihre

	Kasus	a) Singular des Besitztums			b) Plural des Besitztums
		m.	m.	m.	m. n. f.
Plural des Besitzers	Nom.:	unser (Sohn)	euer (Vetter)	ihr (Onkel)	uns(e)re (...)
	Gen.:	uns(e)r(e)s[1]	eures[2]	ihres	uns(e)rer
	Dat.:	uns(e)r(e)m[1]	eurem[2]	ihrem	uns(e)r(e)n
	Akk.:	uns(e)r(e)n[1]	euren[2]	ihren	uns(e)re
		n.	n.	n.	
	Nom.:	unser (Pferd)	euer (Volk)	ihr (Haus)	eure (...)
	Gen.:	uns(e)r(e)s[1]	eures[2]	ihres	eurer
	Dat.:	uns(e)r(e)m[1]	eurem[2]	ihrem	euren
	Akk.:	unser	euer	ihr	eure
		f.	f.	f.	
	Nom.:	uns(e)re[1] (Uhr)	eure[2] (Mutter)	ihre (Zeit)	ihre (...)
	Gen.:	uns(e)rer[1]	eurer[2]	ihrer	ihrer
	Dat.:	uns(e)rer[1]	eurer[2]	ihrer	ihren
	Akk.:	uns(e)re[1]	eure[2]	ihre	ihre

[1]) Von den eingeklammerten unbetonten -e-, z.B. in *uns(e)r(e)m* kann jeweils nur eines ausfallen: *unserm* oder *unsrem* (↗ 146/2.5.1).

[2]) Vor Deklinationsendungen verliert *euer* meist das unbetonte -e-, jedoch kommen auch die unverkürzten Formen *euere, eueren* usw. vor, daneben auch Formen mit fehlendem -e- in der Endung: *euerm*.

▷ **Der** Vater liebt **seinen** Sohn/**seine** Tochter/**sein** Kind/**seine** Kinder.
Das Kind liebt **seinen** Vater/**seine** Mutter/**sein** Püppchen/**seine** Eltern.
Die Mutter liebt **ihren** Sohn/**ihre** Tochter/**ihr** Kind/**ihre** Kinder.
Die Eltern lieben **ihren** Sohn/**ihre** Tochter/**ihr** Kind/**ihre** Kinder.

3.3. Das substantivisch gebrauchte Possessivpronomen

1. Das substantivisch gebrauchte Possessivpronomen steht in der Regel **mit dem bestimmten Artikel** und folgt dann der **schwachen** Adjektivdeklination (↗ 145); es hat eine kurze (gebräuchliche) und eine lange (seltenere) Form.

	kurze (gebräuchliche) Form:	lange (seltenere) Form:
(ich)	meine	meinige
(du)	deine	deinige
(er, es)	der ⎱ seine	der ⎱ seinige
(sie)	die ⎬ ihre	die ⎬ ihrige
	das ⎰	das ⎰
(wir)	unsre	unsrige
(ihr)	eure	eurige
(sie)	ihre	ihrige
Deklination:	der meine, des meinen, dem meinen, den meinen, die/der/den/die meinen und entsprechend in den anderen Formen; die deinige, der deinigen, der deinigen, die deinige, die/der/den/die meinigen und entsprechend die anderen Formen	

Diese Formen haben kleine Anfangsbuchstaben, wenn sie sich auf einen kurz vorher genannten Gegenstand beziehen, sonst große.

▷ Ich habe meinen Schirm wiedergefunden, *den deinen (den deinigen)* aber nicht. Seine Zeichnung ist schöner als *die ihre (die ihrige)*. Das hier ist das Haus meines Bruders, *das meine (das meinige)* liegt dort vorn. Euer Garten ist größer als *der unsre (der unsrige)*. Seine Aussagen sind zutreffender als *Ihre*, mein Herr (als *die Ihren/die Ihrigen*). – Wie geht es *den Deinen*? Nächste Woche verreisen *die Meinen (die Meinigen)*. „Jedem *das Seine!*"

2. Das substantivisch gebrauchte Possessivpronomen steht manchmal aber auch **ohne Artikel** und dann mit den Endungen der **starken** Adjektivdeklination (↗ 144): dabei bezieht es sich meist auf ein schon genanntes Substantiv.

(ich)	meiner	meine,	mein(e)s	(wir)	uns(e)rer*,	uns(e)re*,	uns(e)res*
(du)	deiner,	deine,	dein(e)s	(ihr)	eurer*,	eure*,	eures*
(er, es)	seiner,	seine,	sein(e)s	(sie)	ihrer,	ihre,	ihres

*) ↗ 163, Kasten, Anm. ¹) und ²).

▷ Dort liegt ein Hut; ist es *deiner*? Ja, es ist *meiner*. Wir denken oft an unsre Eltern; Fritz schreibt gerade an *seine;* Edith telefoniert mit *ihren;* trefft ihr euch mit *euren?;* wo wohnen *Ihre?* Wir wollen uns nicht in meinem Büro treffen, sondern in *Ihrem*. Ich lese in meiner Zeitung gerade von dem Unfall am Bahnhof; was steht denn in *Ihrer?*

3.4. Zum Gebrauch des Possessivpronomens

1. Alle Formen von *ihr* und *Ihr* stimmen überein, gleich ob sie sich auf eine Person (3. Pers. fem. oder Anrede) oder auf mehrere Personen beziehen. (Im Englischen z. B. steht hier immer ein anderes Wort: *her, your, their*).
   ▷ Meine Frau hat *ihren* Personalausweis vergessen. Zwei Herren haben *ihre* Schirme stehenlassen. Herr Müller, Sie haben *Ihre* Mappe liegenlassen. Liebe Eltern, *Ihre* Kinder verlassen dieses Jahr die Schule.

2. Zur **Verstärkung** des Possessivpronomens dient nachgestelltes **eigen**; es folgt der **gemischten** Adjektivdeklination (↗ 146).
   ▷ Mit *meinen eigenen* Augen habe ich es gesehen. Ist das wirklich *sein eigenes Haus*? Sie haben sich durch *Ihre eigenen* Aussagen belastet. – Letztes Jahr fuhren wir mit dem Wagen unserer Eltern in die Ferien, aber jetzt haben wir *unseren eigenen*.

3. Zur Verstärkung des attributiv gebrauchten Possessivpronomens dient auch vorangestelltes und mitdekliniertes: **aller, dieser** oder *jener* sowie vorangestelltes endungsloses **all** oder **selbst** (= *sogar*).
   ▷ Diese Reise war das Ziel *all meines* Sehnens. Mit *aller meiner* Kraft habe ich dafür gearbeitet. Durch *diese seine* klaren Worte wurden die Zweifler endlich überzeugt. *Selbst seinen* Freunden und *sogar seiner* Frau schreibt er nicht mehr.

4. Um Mißverständnisse zu vermeiden, ersetzt man das Possessivpronomen der 3. Pers. Sing. und Plur. oft durch das Demonstrativpronomen **dessen** (mask. u. neutr. Sing.), **deren** (fem. Sing. und mask./fem./neutr. Plur.).
   ▷ Er fragte *seinen* Bruder und *seinen* Freund (d. h.: seinen eigenen Freund); aber: . . . *seinen* Bruder und *dessen* Freund (d. h.: den Freund des Bruders). Sie besuchte *ihre* Mutter und *ihre* Freundin; aber: . . . *ihre* Mutter und *deren* Freundin. Es unterzeichneten die Herren Kraft und Hof sowie *seine* Söhne; genauer: *dessen* Söhne (d. h.: die Söhne von Herrn Hof); oder: *deren* Söhne (d. h.: die Söhne von Herrn Kraft und die Söhne von Herrn Hof).

5. **Altertümlich** oder dichterisch ist die **Nachstellung** des attributiven Possessivpronomens, z. B. in: „Vater unser!", „Kindlein mein, schlaf nur ein!" (Vgl. „Röslein rot" u. ä. ↗ 142/2; 233/3).

6. Ebenfalls altertümlich ist die **Abkürzung** Ew. für *Euer* oder *Eure* bei Titeln, die in schriftlicher Anrede gebraucht werden, z. B.: *Ew.* Exzellenz (= *Euer* od. *Eure* Exzellenz), *Ew.* Exzellenzen, *Ew.* Magnifizenz, *Ew.* Majestät.

7. Das Possessivpronomen meint nicht immer den tatsächlichen Besitz oder ein Eigentumsverhältnis; es kann auch allgemein die persönliche Beteiligung oder **Anteilnahme** ausdrücken, insbes. in Anreden und Ausrufen.
   ▷ Wem gehört *euer* Haus (in dem ihr zur Miete wohnt, das euch also nicht als Eigentum gehört)? Dort kommt *dein* Omnibus! – *Meine* Damen und Herren. Ach du *meine* Güte! Warte nur, *mein* Bürschchen, dir werd ich's zeigen!

4. Das Demonstrativpronomen (Das hinweisende Fürwort)

4.1. Arten, Gebrauch und Deklination der Demonstrativpronomen

1. Als Demonstrativpronomen (hinweisende Fürwörter) gebraucht werden:
   a) *der, die, das* (↗ 159/5), stark betont;
   b) *derjenige, diejenige, dasjenige;*
   c) *derselbe, dieselbe, dasselbe;*
   d) *der/die/das nämliche;*
   e) *dieser, diese, dieses;*
   f) *jener, jene, jenes;*
   g) *der/die/das eine ... der/die/das andere;*
   h) *solcher, solche, solches;*
   i) die nicht deklinierbaren *selbst und selber* (umgangssprachlich).

   Sie weisen voraus oder zurück und stehen adjektivisch oder allein.

2. Steht **der/die/das** adjektivisch, so dekliniert es wie der bestimmte Artikel (↗ 106/4, doch vgl. 165/4), steht es allein, so lautet der Genitiv Sing.: *dessen* (mask. und neutr.), *deren* (fem.), der Genitiv Plur.: *derer*, rückweisend: *deren* (oder: *ihrer*, ↗ 165/4), der Dativ Plur.: *denen*. Neutrales **das** kann auf einen ganzen Satzinhalt hinweisen, ebenso **dies**. – Wird auf einen folgenden Relativsatz (↗ 170f.; 277/5) hingewiesen, so steht statt *der/die/das* meist das stärker betonte und auswählende **derjenige/diejenige/dasjenige** (↗ 171/7).

   ▷ *Der* ist's, den ich meine. Stipendien erhalten nur *die (diejenigen)*, die es nötig haben. Erbarmt euch *derer (derjenigen)*, die in Not sind! Wir sammeln Pilze; es gibt *deren (ihrer)* viele hier am Waldrand. Vertraue nur *denen*, die es verdienen. – Deine Eltern haben viel für dich getan; vergiß *das* nicht! Wer von rechts kommt, hat Vorfahrt; beachten Sie *das (dies)!*

3. Vor **derselbe/dieselbe/dasselbe** steht zur Verstärkung des Hinweises auf eine Übereinstimmung oft *eben-* oder *ein und*. Ungebräuchlich ist *der-/die-/dasselbe* als Ersatz für Personal- oder Possessivpronomen. Häufig steht *der-/die-/dasselbe* für **der/die/das gleiche**, oft auch irrtümlich. Veraltet ist **der/die/das nämliche** für *der-/die-/dasselbe*.

   ▷ Violine und Geige sind zwei Namen für *dieselbe (ein und dieselbe)* Sache. Er redet stets *ein und dasselbe*. Schon vor einer Stunde habe ich *ebendasselbe* gesagt. – Sie nahm das Buch und legte *es* (nicht: dasselbe) auf den Tisch. Unser Schwimmbad hat jetzt einen Sprungturm; *seine* Höhe (nicht: die Höhe desselben) ist zehn Meter. – Erika trägt heute *denselben* Hut wie gestern ihre Mutter (ein Hut); beide tragen *das gleiche* Kleid (zwei Kleider).

4. In *der-/die-/dasjenige* und *der-/die-/dasselbe* deklinieren beide Wortteile, der erste stark, der zweite schwach.

Kasus	Singular			Plural
	m.	n.	f.	m. n. f.
Nom.	derjenige	dasjenige	diejenige	diejenigen
Gen.	desjenigen	desjenigen	derjenigen	derjenigen
Dat.	demjenigen	demjenigen	derjenigen	denjenigen
Akk.	denjenigen	dasjenige	diejenige	diejenigen
Nom.	derselbe	dasselbe	dieselbe	dieselben
Gen.	desselben	desselben	derselben	derselben
Dat.	demselben	demselben	derselben	denselben
Akk.	denselben	dasselbe	dieselbe	dieselben

5. Auf einen näheren oder den letztgenannten Gegenstand weist **dieser/diese/dieses**, auf einen ferneren oder früher genannten Gegenstand **jener/jene/jenes**. Beide folgen der **starken** Adjektivdeklination (↗ 144).

Kasus	Singular			Plural
	m.	n.	f.	m. n. f.
Nom.	**dieser** *(Mann)*	**dies(es)** *(Kind)*	**diese** *(Frau)*	**diese**
Gen.	**dieses** *(Mannes, Kindes)*		**dieser** *(Frau)*	**dieser**
Dat.	**diesem** *(Mann, Kind)*		**dieser** *(Frau)*	**diesen**
Akk.	**diesen** *(Mann)*	**dies(es)** *(Kind)*	**diese** *(Frau)*	**diese**
Ebenso:	**jener**	**jenes**	**jene**	**jene**

Zur **Verstärkung** von *dieser/diese/dieses* dient nachgestelltes (manchmal auch vorangestelltes) **hier,** zur Verstärkung von *jener/jene/jenes* und auch von *dieser/diese/dieses* dient nachgestelltes **da** oder **dort**.

▷ Er ging nicht in *dieses* Haus, sondern in *jenes (da)*. In *diesem* Geschäft *hier* kauft man besser als in *jenem dort*. Nicht *diesen (den)* Mann meine ich, sondern *jenen*.

6. Die Verbindung von **der/die/das eine**...**der/die/das andere** (↗ 175/8) entspricht der Verbindung von *dieser*...*jener*, z.B. in: *Der eine sagt dies, der andere das. Die einen lesen Zeitung, die andern schreiben Briefe.*

7. Hinweisend, aber auch vergleichend gebraucht wird **solcher/solche/solches** (= so beschaffen, derartig). Es wird sehr verschieden gebraucht und folgt
   a) im allgemeinen der **starken** Adjektivdeklination (↗ 144), steht aber
   b) **endungslos,** wenn ein stark dekliniertes Adjektiv oder
   c) der unbestimmte Artikel **nachfolgen** (häufig in Ausrufen); in den Fällen b) und c) kann statt *solch* auch *so* stehen, beide manchmal auch zwischen unbestimmtem Artikel und nachfolgendem Adjektiv; wenn jedoch
   d) der unbestimmte Artikel – oder *kein* – **voranstehen,** folgt *solch-* der **gemischten** Adjektivdeklination (↗ 146); schließlich hat
   e) in der Verbindung **solch ein** (auch: *so ein*) ohne nachfolgendes Substantiv das *ein* die Endungen der **starken** Adjektivdeklination.

▷ a) Ich hab' ja *solchen* Hunger/*solche* Kopfschmerzen! Mit *solchen* Leuten verkehre ich nicht. *Solches* Glück möchte ich auch mal haben. b) *Solch (So)* starker Wein ist ungesund. *Solch* unruhige Stunden habe ich schon lange nicht mehr erlebt. c) *Solch ein (So ein)* Kitschfilm reizt mich gar nicht. Zu *solch einer (so einer)* Arbeit braucht man Zeit. Ich habe noch nie *einen solch (so)* spannenden Film gesehen. *So* ein Schuft! *Solch* schöne Blumen!; aber d) *Ein solcher* Kitschfilm reizt mich gar nicht. Ich möchte *keinen solchen* Kitschfilm mehr sehen. Zu *einer solchen* Arbeit braucht man Zeit. Ich habe noch nie *einen solchen* Film gesehen. e) Ich möchte ein neues Kleid; *solch eines (so eines)* soll es sein. Was hältst du von *solch einem (so einem)* wie dem da?

8. Die undeklinierbaren Hinweiswörter **selbst** und **selber** (Sing. und Plur.) betonen die Identität (↗ 160/3; 161/2).

▷ Der Direktor *selbst* eilte herbei. Er kam *selbst*. Nichts kommt von *selbst*. „Hilf dir *selbst*, dann hilft dir Gott!" Das hat er *selbst (selber)* gebastelt. „*Selber* essen macht fett."

4.2. Das demonstrative Pronominaladverb (Das hinweisende Umstandsfürwort)

1. Die Pronominaladverbien **da** und **hier** verbinden sich mit einigen Präpositionen (nicht mit allen) zu demonstrativen Pronominaladverbien (hinweisenden Umstandsfürwörtern); dabei nimmt *da* vor Vokalen den Fugen- oder Bindelaut *-r-* an:

dabei, hierbei	davon, hiervon	darauf, hierauf
dadurch, hierdurch	davor, hiervor	daraus, hieraus
dafür, hierfür	dawider, hierwider	darein, hierein (Akk.)
dagegen, hiergegen	dazu, hierzu	darin, hierin (Dat.)
dahinter	dazwischen, hierzwischen	darüber, hierüber
damit, hiermit	danach, hiernach	darum, hierum
daneben, hierneben	daran, hieran	darunter, hierunter u. a.

   Verbindungen mit *da(r)* sind häufiger als solche mit *hier*.
   Veraltet sind die Formen mit *hie* (ohne *-r-*): *hiedurch, hiefür* usw.

2. Die hinweisenden Pronominaladverbien stehen statt der Demonstrativpronomen *das, dies(es)* und *jenes* (3. Pers. neutr.), wenn sie mit einer Präposition + Dativ oder Akkusativ verbunden sind, und zwar:

   a) zum Hinweis auf einen Begriff, ein Geschehen oder einen Zustand; auch zum Hinweis auf den Inhalt eines ganzen Satzes oder Gliedsatzes.

   ▷ *Hiermit* (mit dieser förmlichen Erklärung/mit diesem Einschreibebrief) kündige ich Ihnen zum 1. April. *Damit* (mit dieser Ihrer Kündigung) habe ich nicht gerechnet. Wie kommen Sie *dazu* (so zu handeln)? Sprechen wir noch einmal *darüber*! Nein, es bleibt *dabei* (bei der Kündigung).

   b) besonders statt eines Präpositionalobjekts (↗ 102), sofern es sich durch einen Gliedsatz ausdrücken läßt (↗ 157 und 259ff.).

   ▷ Ich glaube an seine Unschuld = Ich glaube nicht *daran*, daß er unschuldig ist (Objektsatz, ↗ 260); aber: Ich glaube nicht an seine Aussage = Ich glaube nicht *an das*, was er aussagt (Attributsatz ↗ 259).

3. Mit Hilfe der hinweisenden Pronominaladverbien wird auch vermieden, daß die Dativ- und Akkusativformen der **Personalpronomen** in der 3. Person, sofern sie sich auf **Sachen** beziehen, mit einer vorausgehenden Präposition stehen; in bezug auf Personen ist dieser Gebrauch der Pronominaladverbien nur nach Sammelnamen oder Mengenbegriffen möglich.

   ▷ Nehmen Sie diesen Büchsenöffner; *damit* (nicht: mit ihm) läßt sich die Dose leicht öffnen. Dort liegt das neue Lehrbuch; viele gute Hinweise finden sich *darin* (nicht: in ihm), nur die letzten Kapitel sind schwach; *dagegen* (nicht: gegen sie) ist viel einzuwenden. Dort liegt das Rathaus und gleich *daneben* (nicht: neben ihm) die Post. – Menschen über Menschen strömten herbei, *dazwischen* (statt: zwischen ihnen) auch viele Frauen und Kinder. Viele kamen, *darunter* (statt: unter ihnen) auch Frauen und Kinder.

4. **Allgemein** als hinweisende Pronominaladverbien gebraucht werden ferner einige einfache oder zusammengesetzte Adverbien; sie können wie Pronomen für substantivische Wortgruppen stehen, dienen z. T. aber auch zur Verbindung von Sätzen oder Satzteilen, d. h. als Konjunktionen (Konjunktionaladverbien). Hier folgt ein Überblick; Beispielsätze dazu finden sich in dem Abschnitt über Adverbien (↗ 181–185).

5. Hinweisende Pronominaladverbien **des Ortes** (↗ 182) bezeichnen:
   a) auf die Frage: **wo?** den Ort des Verweilens (die Lage) und zwar: die Nähe mit: **hier**, die Ferne mit: **dort**; sowie allgemein: **da**, unbestimmt: **irgendwo**, *wo;*
   b) auf die Frage: **woher?** den Ausgangspunkt einer Bewegung, und zwar: die Nähe mit: **von hier (aus)**, die Ferne mit: **von dort (her)**; sowie allgemein: **(von) daher**, unbestimmt: **(von) irgendwoher;**
   c) auf die Frage: **wohin?** das Ziel einer Bewegung (die Richtung), und zwar: eine dem Sprechenden zugewandte Bewegung mit: **her**, eine vom Sprechenden abgewandte Bewegung mit: **hin**; d. h. im einzelnen: die Nähe mit: **hierher**, *hierhin,* **herüber** u. a., die Ferne mit: **dorthin, hinüber** u. a.; sowie allgemein: **dahin**, unbestimmt: **irgendwohin**, *wohin.*

6. Hinweisende Pronominaladverbien **der Zeit** (↗ 183) stehen:
   a) auf die Frage: **wann?** und zwar: **da, dann;** *darauf*, hierauf*, bisher,* **vorher, nachher,** hernach°, *forthin°;* unbestimmt: **irgendwann;**
   b) auf die Frage: **wie oft?** zur Angabe von Wiederholungen, und zwar: *hie(r) und da, hin und wider, dann und wann.*

7. Als hinweisendes Pronominalverb **der Art und Weise** (↗ 184), und zwar auf die Frage: **wie?** steht: **so**, unbestimmt: **irgendwie.**

8. Als hinweisende Pronominaladverbien **des Grundes** (↗ 183) stehen:
   a) auf die Frage: **warum?**, *wieso?, weshalb?*, also begründend oder folgernd: *somit°*, **da, daher,** *mithin°,* **darum*,** *davon*;*
   b) auf die Frage: **wozu?**, also den Zweck angebend: **dazu*, hierzu*** und **damit** (endbetont!);
   c) ausschließend (↗ auch 203/2.4.): *sonst;*
   d) auf die Frage: **womit?**, also das Mittel angebend: **damit*** (anfangsbetont!), **hiermit*; dadurch*, hierdurch*.**

9. Die Zusammensetzungen *dahin, daher, hierhin, hierher, dorthin, dorther* können im Satz auseinandertreten, ebenso die Fragewörter *wohin?* und *woher?*
   ▷ *Wo kommst du her, wo gehst du hin? (statt: Woher kommst du, wohin gehst du?). Dort komm ich her, da geh ich hin. Hier setzt du dich hin!*

10. Einige hinweisende Pronominaladverbien – insbes. die mit **dar-** zu Beginn – haben **Kurzformen;** sie sind aber nur zum Teil schriftsprachlich: *dran = daran, drauf = darauf, draus = daraus, drein = darein, drin = darin, drüber = darüber, drum = darum, drunter = darunter* u. a., ebenso einige Ortsadverbien (↗ 182/5) mit **her-** und **hin-** am Anfang: *rauf = herauf, raus = heraus, rein = herein, rüber = herüber, runter = herunter;* *nauf°*, meist: *rauf = hinauf, naus°*, meist: *raus = hinaus, nüber°*, meist: *rüber = hinüber, nunter°*, meist: *runter = hinunter.*
    ▷ *Wer ist als nächster dran (= an der Reihe)? Sie redete munter drauf los. Das Haus ist schon ein paar Monate fertig, aber es wohnt noch niemand drin. Wir alle kennen seine Fehler, aber sprechen wir nicht drüber! – Kinder, kommt jetzt rauf (= herauf). Kommen Sie raus (= heraus)! Fallen Sie nicht runter (= herunter) von der Leiter! Er öffnete die Tür und ging rein (= hinein!) ins Zimmer. Raus! (= hinaus!). ,,Gehn wir mal rüber (= hinüber!) zum Schmitt!'' ,,Horch, was kommt von draußen rein (= herein)?''*

---

*) Diese Wörter sind auch gegenüber auf Seite 168 behandelt.

5. Das Relativpronomen (Das bezügliche Fürwort)

1. Die Relativpronomen (die bezüglichen Fürwörter):
   a) **der, die, das;**   b) **welcher, welche, welches;**   c) **wer, was**

   setzen einen Satz (Gliedsatz) zu einem Wort eines anderen Satzes (Haupt- oder Gliedsatzes) oder zu diesem anderen Satz insgesamt in Beziehung.

2. Die Relativpronomen müssen mit ihrem **Bezugswort** in **Genus** und **Numerus** übereinstimmen, doch richtet ihr **Kasus** sich nach ihrer Rolle als **Satzglied** in dem Gliedsatz (Relativsatz), den sie einleiten; *wer* und *was* drücken weder Genus noch Numerus aus (↗ 173/4).

   ▷ Wer ist der Mann, *der* den Brief brachte? Kennst du den Mann, *der* den Brief brachte? Wer ist der Mann, *dem* du den Brief brachtest? Niemand kennt die Frau, *deren* Name als Absender angegeben ist. Wer sind die Männer, *die* die Kisten brachten? Kennst du die Männer, *denen* man die Kisten brachte? Sag den Frauen Bescheid, *für die* die Bücher bestimmt sind.

3. Die Relativpronomen *der, die, das* und *welcher, welche, welches* haben gleiche Bedeutung und auch die gleiche **Deklination,** doch wird *der, die, das* bevorzugt.

Kasus	Singular			Plural
	m.	n.	f.	m. n. f.
Nom.	der	das	die	die
Gen.	dessen		deren	deren
Dat.	dem		der	denen
Akk.	den	das	die	denen

Nom.	welcher	welches	welche	welche
Dat.	[dessen]		[deren]	[deren]
Gen.	welchem		welcher	welchen [denen]
Akk.	welchen	welches	welche	welche

▷ Der Schriftsteller, *der (welcher)* dieses Buch verfaßt hat, ist gestorben. Der Schriftsteller, *dessen (–)* Werke du so gern liest, ist gestorben. Der Erfinder, *dem (welchem)* wir so viel verdanken, hat eine Auszeichnung erhalten. Gestern habe ich mir den Film angesehen, *den (welchen)* die Zeitungen so sehr loben. Eine tüchtige Ärztin beriet die Frau, *deren (–)* Kind so plötzlich erkrankt war. Meine Eltern, *denen (welchen)* ich so viel verdanke, kommen morgen auf Besuch.

4. Die verallgemeinernden Relativpronomen **wer** und **was** deklinieren wie die entsprechenden Interrogativpronomen *wer?* und *was?* (↗ 173/4); **wer** bezieht sich auf **Personen, was** auf **Indefinita** *(etwas, nichts, alles, vieles, manches, einiges* u. a.) und **Neutra** (substantivierte Adjektive, insbes. im Superlativ) sowie auf ganze Sätze. Über den unterschiedlichen Gebrauch von *wer* und *was* (↗ 276/2 u. 3).

▷ *Wer* (= derjenige, welcher) die Tasche gefunden hat, wird gebeten, sie am Eingang abzugeben. „*Wer* andern eine Grube gräbt, fällt selbst hinein." „*Wem* nicht zu raten ist, dem ist auch nicht zu helfen." – Hier ist *etwas, was* du gut gebrauchen kannst. Sage nicht *alles, was* du weißt. Es gibt *nichts, was* er nicht wüßte. Er weiß *vieles/einiges, was* uns nützen kann. Er schrieb *von vielem/manchem, was* wir noch nie gehört hatten. Das ist *das Beste, was* du tun kannst. Er beschenkt seine Frau und seine Kinder immer *mit dem Besten, was* er findet. In der ersten Woche kam sie zweimal zu spät, *was* dann aber nie mehr vorkam.

5. Das Relativpronomen *was* hat nie eine Präposition vor sich. Statt dessen und statt des fehlenden Dativs von *was* stehen relative **Pronominaladverbien**; sie stimmen mit den fragenden überein (↗ 173/5) und werden entsprechend gebraucht (↗ 276/3). Sie dürfen **nicht auf Personen** bezogen werden, und auch auf Sachen (Konkreta) bezieht man sie heute kaum noch.

   ▷ Tut *nichts, wovon* ihr nicht überzeugt seid! Weißt du *etwas, womit* wir Mutter eine Freude machen können? Hier ist *etwas Hübsches, worüber* sie sich freuen wird. Endlich hörte er auf zu reden, *wogegen* niemand etwas einzuwenden hatte. – Ein technisches Studium ist *das einzige, wozu* er Lust hat; aber nur: Kennst du den Arzt, *von dem* er sprach?; und meist: Kennst du das Buch, *von dem* (nicht: *wovon*) er sprach?

6. Häufiger gebraucht werden die **Relativadverbien**: lokales **wo**, seltener *da* (zur Ortsangabe, nie zur Zeitangabe) und modales **wie** (zur Angabe der Art und Weise), letzteres immer zusammen mit einem Personalpronomen.

   ▷ Die Kreuzung, *wo* (= an der) der Unfall sich ereignet hatte, wurde gesperrt. Wir müssen allen Ländern helfen, *wo* (= in denen) Armut und Hunger herrschen. „Kennst du das Land, *wo* die Zitronen blühn?" – Schneefälle, *wie sie* (= die) in den Alpen häufig sind, gibt es in Süditalien kaum.

7. Verallgemeinernd sind meist auch die **Korrelativpronomen** (die wechselbezüglichen Fürwörter):

   a) *derjenige, der; diejenige, die; dasjenige, das (was); diejenigen, die;*

   b) *derselbe, der; dieselbe, die; dasselbe, das (was); dieselben, die;*

   c) *der, der; die, die; das, das (was); die, die;*

   d) *solcher, der; solche, die; solches, das (was); solche die.*

   Für das Relativpronomen *der, die, das* kann dabei jeweils *welcher, welche, welches* eintreten.

   Die beiden Wortteile der Korrelativpronomen sind in Deklination und Kasus voneinander unabhängig.

   ▷ Traue *dem(jenigen)* nicht, *der* dir allzu viel verspricht! „*Der(jenige)* ist reich genug, *der* sich genügen läßt." Dies ist *dieselbe* Tanzgruppe, *deren* Vorführungen wir schon in Wien gesehen haben. Sie studiert bei *denselben* Professoren, *die* auch ihr Vater schon zu Lehrern hatte. Er sagt *das(selbe), was* ich auch sage. Meine Heimat ist *das* Land, *das* ich am meisten liebe. Wertlos sind die Ratschläge *dessen, der* sie nicht selbst befolgt, und die Worte *derer, die* nicht danach leben.

8. Als **verallgemeinernde** Relativpronomen stehen außerdem die Interrogativpronomen (↗ 172f.) **wer** und **was** (seltener: *was für ein; welcher, welche, welches*) mit nachfolgendem: **auch** oder: **immer** oder: **auch immer**; meist aber sagt man dafür: *(ein) jeder, der; alles, was; alle, die.*

   ▷ *Wer auch immer* Hilfe bei diesem guten Menschen suchte, er fand sie dort. *Wen immer* du mitbringst, er ist uns willkommen. Die Mutter kaufte ihrem Kind, *was es auch* wollte. *Was immer auch* geschehen mag, gib nicht auf!

9. Den Gebrauch von *der, die, das* in drei verschiedenen Wortarten unterscheidet man durch die Betonung:

   a) als **Demonstrativpronomen** (↗ 166) wird *der, die, das* **stark betont;**

   b) als **Relativpronomen** (↗ 170) wird *der, die, das* **leicht betont;**

   c) als **bestimmter Artikel** (↗ 106) ist *der, die, das* **unbetont.**

6. Das Interrogativpronomen (Das Fragefürwort)

1. Die Interrogativpronomen (Fragefürwörter) gliedern sich in:

   a) **adjektivische**; sie stehen bei Substantiven, aber auch allein; und
   b) **substantivische,** die nur allein stehen können.

   Beide Arten können (wie die Relativpronomen, ↗170/1) abhängige Sätze (Gliedsätze) einleiten, und zwar indirekte Fragesätze (↗265) und Relativsätze (↗275–277).

2. Es gibt **zwei adjektivische** Interrogativpronomen:

   a) **was für ein,** *was für eine, was für ein?* fragt **allgemein** nach Art und Beschaffenheit; im **Plural** und vor Stoffnamen steht: **was für?**
   b) **welcher,** *welche, welches?* fragt bestimmter nach einem **Einzelgegenstand.**

Kasus	Singular			Plural
	a) mit Substantiv			
	m.	n.	f.	m. n. f.
Nom.	was für ein ...?	was für ein ...?	was für eine ...?	was für ...?
Gen.	was für eines ...?		was für einer ...?	was für ...?
Dat.	was für einem ...?		was für einer ...?	was für ...?
Akk.	was für einen ...?	was für ein ...?	was für eine ...?	was für ...?
	a) ohne Substantiv			
Nom.	was für einer?	was für ein(e)s?	was für eine?	was für welche?
Gen.	was für eines?		was für einer?	— — —
Dat.	was für einem?		was für einer?	was für welchen?
Akk.	was für einen?	was für ein(e)s?	was für eine?	was für welche?
	b) mit und ohne Substantiv			
Nom.	welcher (...)?	welches (...)?	welche (...)?	welche (...)?
Gen.	welches* (...)?		welcher (...)?	welcher (...)?
Dat.	welchem (...)?		welcher (...)?	welchen (...)?
Akk.	welchen (...)?	welches (...)?	welche (...)?	welche (...)?

*) Vor stark deklinierten Substantiven auch: *welchen ...?*

   ▷ Ich habe ein Haus gekauft. *Was für ein(e)s?;* oder: *Was für ein* Haus? – Ein Geschäftshaus, kein Wohnhaus. *Welches* (Geschäftshaus) denn? Das Eckhaus, Hauptstraße 74. – Ich habe viele Fehler gemacht. *Was für welche?;* oder: *Was für* Fehler? *Welche* (Fehler) denn im einzelnen? – *Was für* Papier ist das? Holzfreies.

3. In Ausrufen (↗231) steht vor einem Adjektiv oder vor dem unbestimmten Artikel oft **welch** (seltener: *was für ein/eine/ein*), und zwar **endungslos** (vgl. endungsloses solch, ↗167/7).

   ▷ *Welch* guter Mensch! (*Was für ein* guter Mensch!) *Welch* schöne Frau! (*Was für eine* schöne Frau!) *Welch* ein Mann! (*Was für ein* Mann!) *Welch* ein schönes Buch! (*Was für ein* schönes Buch!) *Was für* schöne alte Bilder!

4. Die **zwei substantivischen** Interrogativpronomen *wer?* und *was?* drücken Genus und Numerus nicht aus; ihre Deklination ist demnach:

Nom.:	**wer?**	**was?**	Wenn mit *wer?* oder *was?* ausdrück-
Gen.:	*wessen? (wes°?)*	*wessen°?*	lich ein **Plural** erfragt werden soll,
Dat.:	*wem?*	—	so steht danach oft **alles**; vgl. auch
Akk.:	*wen?*	*was?*	unten 6.

Das mit *wer?* oder *was?* verbundene Verb steht in der Regel im Singular, doch richtet sich *sein*, wenn es als Kopula bei einem Prädikativum gebraucht ist, nach dem folgenden Substantiv oder Pronomen (↗ 17/4; 218).

a) **wer?** fragt nach **Personen;**

▷ *Wer* hat dieses Paket gebracht? *Wessen* Name steht darauf? *Wem* soll ich es bringen? Ich möchte wissen, für *wen* es bestimmt ist? *Wer alles* wird etwas davon bekommen? *Wem alles* soll ich etwas davon geben? An *wen alles* soll ich schreiben? – *Wer* war dieser Mann? *Wer* sind diese Damen? *Wer* sind Sie?

b) **was?** fragt nach dem Wesen von **Sachen, Geschehnissen, Zuständen** (auch nach ganzen Satzinhalten), bei Personenbezeichnungen meist nach Stand oder Beruf; der Genitiv steht nur bei den wenigen Wörtern, die ein Genitivobjekt verlangen (↗ 100f., 153).

▷ *Was* ist in dem Paket? *Was alles* werden wir darin finden? *Was* ist los? – *Was* ist dein Vater von Beruf? *Was* sind Ihre Eltern von Beruf? – *Wessen* war er angeklagt? *Wessen* erkühnst du dich? *Wessen* mag er noch alles fähig sein?

5. Das Interrogativpronomen **was?** hat **keinen Dativ** und **nie eine Präposition** vor sich. Statt dessen stehen **fragende Pronominaladverbien,** d.h. Zusammensetzungen von **wo(r)**+Präposition (↗ 168; 171/5). Sie fragen nach Präpositionalobjekten (↗ 102f.; 155ff.), einige auch nach adverbialen Bestimmungen (aber nicht nach solchen des Ortes), und zwar gelten einem

a) Dativ: *woraus?, wobei?, worin?, womit?, wonach?, wovon?, wozu?;*

▷ *Womit* hat er das Paket geöffnet? *Wozu* soll das gut sein?

b) Akkusativ: *wodurch?, wofür?, wogegen?, worum?, worein?;*

▷ Ich weiß nicht, *wofür* ich mich entscheiden soll. *Worum* handelt es sich denn? *Wodurch* hat die Lage sich so verschlechtert?

c) Dat. oder Akk.: *woran?, worauf?, worüber?, worunter?, wovor?*

▷ *Wovor* fürchtet er sich? *Worunter* hat sie zu leiden? – *Woran* denkst du? *Worüber* wundert ihr euch?

6. *Wer?* und *was?* können sich mit einem Plural, einem Sammelnamen u.ä. durch eine Präposition verbinden.

▷ *Wer von euch* kommt mit? *Wem von diesen notleidenden Menschen* sollen wir zuerst helfen? *Was alles in unserer Gesellschaft* mißfällt dir, *was daran* möchtest du geändert wissen?

7. Der Genitiv *wes?* des substantivischen Interrogativ- (und Relativ-)pronomens und entsprechend der Genitiv *des* des substantivisch gebrauchten Demonstrativpronomens sind veraltet und nur in der Dichtersprache oder in Sprichwörtern erhalten, ferner in Wörtern wie *weshalb?, deshalb* (↗ 189/5).

▷ *Wes* Brot ich ess', *des* Lied ich sing. *Wes* das Herz voll ist, *des* geht der Mund über; auch adjektivisch: Da zeigt sich, *wes* Geistes Kind er ist.

8. Als **Fragewörter** sind neben den Interrogativpronomen auch noch die Frageadverbien wichtig (↗ 181/5; 229; 265).

7. Das Indefinitpronomen (Das unbestimmte Fürwort)

1. Die Indefinitpronomen (die unbestimmten Fürwörter) bezeichnen einen oder mehrere unbestimmte Wesen oder Gegenstände; es stehen:
   a) *man, jemand, niemand, jedermann* für **Personen,** alle **nur im Singular;**
   b) *etwas (was⁰)* und *nichts* für **Sachen,** beide **undeklinierbar;**
   c) auch *es, dies, das, wer?* und *welches?* können als Indefinita stehen (↗ 220/4).
   ▷ Beispiele zu a) ↗ unten 2. u. 3., zu c) ↗ 220/4, zu b): Willst du *etwas?* Er konnte sich an *nichts* erinnern. Sie hat *etwas* aus sich gemacht. „Hast du *was,* so bist du *was.*" „Wer vieles bringt, wird manchem *etwas* bringen." Wenn einer eine Reise tut, dann kann er *was* erzählen." „Von *nichts* kommt *nichts.*"

2. *man* (↗ 69/10; 77/9b) wird wie *einer* dekliniert: **man, eines⁰, einem, einen;** es hat als Possessivpronomen *sein, seine, sein,* als Reflexivpronomen *sich.*
   ▷ *Man* soll nicht alles glauben, was *einem* die Leute erzählen. Er läßt *einen* mit seinen Klagen nicht zufrieden. *Man* spricht jetzt viel von Umweltverschmutzung. – An solch gut geratenen Kindern hat *man seine* Freude. *Man* will doch auch *seinen* Spaß und sein Vergnügen haben. Das ganze Leben hindurch muß *man sich* mühen und plagen.

3. **jemand** = *einer,* **niemand** = *keiner* und **jedermann** = *alle* deklinieren:

Nom.	jemand	niemand	jedermann
Gen.	jemand(e)s	niemand(e)s	jedermanns
Dat.	jemand(em)	niemand(em)	jedermann
Akk.	jemand(en)	niemand(en)	jedermann.

Für *jemand* steht umgangssprachlich oft *wer* (nicht jedoch am Satzanfang); *jemand* und *niemand* stehen im Dativ und Akkusativ heute meist endungslos.
   ▷ Es wollte Sie *jemand* sprechen. Haben Sie *jemand(en)* angetroffen? Haben Sie *jemand(em)* davon erzählt? Da steht *wer* (jemand) am Tor. Suchen Sie *wen* (jemand/jemanden)? – *Niemand* besucht mich. Wir haben *niemand(en)* gesehen. Ich werde es *niemand(en)* erzählen. – Das werde ich nicht *jedermann,* sondern nur einigen wenigen erzählen. Man kann doch nicht *jedermanns* Freund sein.

4. Vor einigen Indefinitpronomen kann zur **Verstärkung** unveränderliches **irgend** stehen, insbes. vor *jemand, einer, wer* und *etwas/was.*
   ▷ *Irgend jemand (irgendeiner, irgendwer)* hat mir diese Neuigkeit erzählt. Hast du *irgend jemand(en)* gesehen? Ich muß mich mit *irgendwem* aussprechen. *Irgend etwas* wird dir schon einfallen. Für *irgendwas* mußt du doch Interesse haben!

5. Die Indefinita *etwas/was* und *nichts* stehen allein, oft aber auch mit Adjektiven, die dann als substantivierte **Neutra** behandelt werden und große Anfangsbuchstaben haben; gleiches gilt für Adjektive nach *jemand* und *niemand* u. a.
   ▷ Sie muß *etwas Schreckliches* erlebt haben. Das ist *etwas Neues,* aber *nichts Weltbewegendes.* Weißt du *nichts Besseres.* Mach' die Tür nur auf, wenn *jemand Bekanntes* draußen steht. Hast du *niemand Bekanntes* getroffen? Mit *jemand Fremdem* würde ich darüber nicht sprechen.

6. Zu den Indefinitpronomen gehören auch die unbestimmten Zahlwörter (↗ 180), wenn sie **allein**, d.h. ohne Substantiv stehen. Sie gelten dann als unbestimmte **Zahlpronomen** (Zahlfürwörter).

7. In der folgenden **Übersicht** über die Zahlpronomen sind die wichtigsten hervorgehoben, seltene oder veraltete sind durch eine hochgestellte ⁰ gekennzeichnet:
   a) **jeder, jede, jedes**; *ein jeder, eine jede, ein jedes; jedweder⁰, jedwede⁰, jedwedes⁰; ein jeglicher⁰, eine jegliche⁰, ein jegliches⁰*;
   b) **einer, eine, eines** (Plural: *welche*); *der/die/das eine ... der/die/das andere* (Plural: *die einen ... die anderen/andern*); *einige ... andere*;
   c) **einiges; einige;** *etliches⁰; etliche⁰; mehreres⁰; mehrere; ein paar*;
   d) **mancher, manche, manches** auch: *manch einer/eine/eines*, Plur.: **manche**;
   e) **viel, vieles; viele, wenig,** *weniges; wenige;* **ein wenig** = *etwas*, auch: *ein bißchen, ein kleines bißchen, ein ganz klein wenig;*
   f) **die meisten; die wenigsten;** auch: *gewisse; verschiedene; verschiedenes;*
   g) **all, alles; alle;** (auch: *sämtlich; sämtliche*); ferner: prädikatives *alle* = *zu Ende* und attributiv gebrauchtes zum Ausdruck der regelmäßigen Wiederkehr.
   h) **keiner, keine, kein(e)s** (Plural: *keine*), oft mit *gar* oder *überhaupt* davor: *gar keiner, überhaupt keiner* usw.

Die folgenden Beispiele machen deutlich, daß die Zahlpronomen oft in allgemeinen Aussagen, Redewendungen, Sprichwörtern und dergleichen stehen.

▷ „*Jeder* ist sich selbst der Nächste." „*Ein jeder* gibt den Wert sich selbst." „*Jedem* das Seine!" Denkt ihr, er habe *jedem* die Neuigkeit erzählt? „Und *jedermann* ging, daß er sich schätzen ließe, *ein jeglicher* in seine Stadt." Da sieh doch *einer* an! *Unsereiner* kennt sich da aus. „*Eines* schickt sich nicht für *alle*." „Was *dem einen* sein' Ul' ist, ist *dem andern* seine Nachtigall." „Was *dem einen* recht ist, ist *dem andern* billig." *Die einen* reden dies, *die andern* das. *Einige* stimmten für das Gesetz, *andere* dagegen. Reden hält so *mancher*, der es besser bleiben ließe; ich kenne *welche*. Nimm dir *ein paar* Nüsse (= einige Nüsse); *aber:* Sie kaufte sich ein Paar braune Schuhe (= zwei zusammengehörige braune Schuhe). „*Eines* Mannes Rede ist *keines* Mannes Rede; man muß sie billig hören *beede* (= beide)." Dazu habe ich auch noch *einiges* zu sagen. Auch er weiß *etliches* (= *manches*) darüber. „*Viele Wenig* machen *ein Viel*." Man sprach *viel* über *vieles*. Weniger wäre mehr. *Wenig*, aber mit Liebe! *Die meisten* glauben, *die wenigsten* wissen. „*Viele* sind berufen, aber *wenige* sind auserwählt." „*Alles* rennet, rettet, flüchtet." „Nehmt *alles* nur in *allem!*" „*Aller* Anfang ist schwer." Leider will heutzutage *keiner* dem *andern* helfen. Ein Gedicht Goethes trägt die Überschrift „*Keins* von *allen*", ein anderes heißt „*Eins* und *Alles*." *Alles* zu seiner Zeit. Seine Frau ist sein *ein und alles*. Seine Kinder sind *all* sein Glück. Mein Geld ist *alle*. Nehmen Sie *alle* 3 Stunden 10 Tropfen!

VII. Das Numerale (Das Zahlwort)

1. Die Zahlwörter sind eigentlich keine eigene Wortart, sondern Wörter aus anderen Wortarten, aber sie haben alle eines gemeinsam: sie geben eine Anzahl oder Menge an. Die meisten Zahlwörter sind Adjektive (attributiv oder prädikativ gebraucht), einige wichtige auch Pronomen und Adverbien, einige Substantive.

2. Es gibt zwei Hauptgruppen von Zahlwörtern:
    a) **bestimmte Zahlwörter,** und zwar:
    – Grundzahlen (Kardinalzahlen)
    – Ordnungszahlen (Ordinalzahlen)
    – Wiederholungszahlen (Iterativzahlwörter)
    – Vervielfältigungszahlen (Multiplikativzahlwörter)
    – Einteilungszahlen und Verteilungszahlen (Distributivzahlwörter)
    – Gattungszahlen (Variativzahlwörter)
    – Bruchzahlen (Partitivzahlwörter);
    b) **unbestimmte Zahlwörter** (indefinite Zahlwörter) und Zahlpronomen (↗ 175).

3. Zu den meisten Zahlwörtern gibt es entsprechende **Fragewörter**, auf die die Zahlen antworten; diese Fragewörter sind zu Beginn jedes Abschnitts angegeben.

1. Die Grundzahlen

1. Die Grundzahlen antworten auf die Frage: **wieviel? wie viele?**; sie bestimmen die Anzahl einer bekannten Menge.

Grundzahlwörter sind:

0 null	
1 eins	50 fünfzig
2 zwei	60 sechzig
3 drei	70 siebzig
4 vier	80 achtzig
5 fünf	90 neunzig
6 sechs	99 neunundneunzig
7 sieben	100 hundert (auch: einhundert)
8 acht	101 (ein)hundert(und)eins
9 neun	110 (ein)hundert(und)zehn
10 zehn	120 (ein)hundert(und)zwanzig
11 elf	124 (ein)hundertvierundzwanzig
12 zwölf	200 zweihundert
13 dreizehn	600 sechshundert
14 vierzehn	1 000 (ein)tausend
15 fünfzehn	1 007 (ein)tausend(und)sieben
16 sechzehn	1 063 (ein)tausenddreiundsechzig
17 siebzehn	1 100 (ein)tausendeinhundert (auch: elfhundert)
18 achtzehn	1 254 (ein)tausendzweihundertvierundfünfzig
19 neunzehn	2 000 zweitausend
20 zwanzig	6 038 sechstausendachtunddreißig
21 einundzwanzig	10 000 zehntausend
22 zweiundzwanzig	83 207 dreiundachtzigtausendzweihundertsieben
30 dreißig	100 000 (ein)hunderttausend
40 vierzig	1 000 000 eine Million, 2 000 000 zwei Millionen

2. Zahlen unter einer Million, also bis *999999*, werden immer in einem Wort geschrieben: *320080 = dreihundertzwanzigtausendachtzig*. Im Deutschen spricht und liest man die **Einerzahlen vor den Zehnerzahlen:** *13 = dreizehn, 21 = einundzwanzig, 99 = neunundneunzig*. In **Jahreszahlen** werden die **Hunderter** gelesen: *1975 = neunzehnhundertfünfundsiebzig*, aber: *im Jahre tausendvier (1004). Bald kommt das Jahr zweitausend (2000).*

3. Die Grundzahlwörter stehen sowohl mit einem Substantiv **verbunden** (attributiv) als auch **unverbunden** (substantivisch).

4. Das Zahlwort **ein, eine, ein** wird **dekliniert** und zwar:
   a) wie der unbestimmte Artikel (↗ 106), wenn es allein vor einem Substantiv steht;
   b) wie ein starkes Adjektiv (↗ 144), wenn es substantivisch steht (d. h. ohne Artikel oder Pronomen davor), außerdem nach dem Nom. Sing. der Possessivpronomen (↗ 163);
   c) wie ein schwaches Adjektiv (↗ 145), wenn es nach dem bestimmten Artikel oder nach einem Pronomen steht;
   d) die Form **eins** (seltener: *eines*) steht für die **unbenannte Zahl,** insbes. auch zur Zeitangabe ohne den Zusatz *Uhr.*
   ▷ a) *Ein* Mann allein kann das nicht schaffen. Von *einem* Teller aßen sie, aus *einem* Glase tranken sie, und *einen* jeden Bissen haben sie geteilt. – b) Nicht *einer* meiner vielen Freunde hat mich besucht. Von *einem* ihrer Söhne bekam Frau Boll einen neuen Mantel. *Eines* (auch: *Das eine*) sage ich dir. Unser *einer* Sohn ist Lehrer, der andere Arzt; aber c) Der *eine* unserer Söhne ist Lehrer, der andere Arzt. Wegen dieses *einen* Fehlers wirst du nicht entlassen. – d) Kannst du das Einmal*eins*? Die Uhr schlug *eins* (aber: es schlug *ein Uhr*). Ich komme um *eins* (aber: um *ein Uhr*).

5. Statt **zwei** kann das voll deklinierbare **beide** stehen. Es bezieht sich auf Zusammengehöriges, das vorher genannt wurde oder doch bekannt ist. Alleinstehend wird es meist stark, vor einem Substantiv immer schwach dekliniert. Die neutrale Form **beides** steht im Singular. Zur Verstärkung dient *all-*. Für eng Zusammengehöriges steht **ein Paar**/*das Paar* (↗ 180).
   ▷ Sie hat zwei Brüder. *Beide* sind Lehrer. *Beider* Frauen stammen aus Hessen. Gib (den) *beiden* Nachricht! – Bei ihm muß man oft *beide* Augen zudrücken. Er steht fest auf *beiden* Beinen in der Welt. – Ihr *beide* habt recht (jeder einzeln); ihr *beiden* habt recht (beide zusammen); aber immer: ihr *beiden* Klugen habt recht. – Bei ihm muß man oft *alle beide* Augen zudrücken. Gib *allen beiden* Nachricht! *Alle beide* sind Lehrer. – Ich kann weder um eins noch um zwei; *(alles) beides* paßt mir nicht. – Zwei *Paar* Strümpfe bitte. Was kostet *das Paar?* Ich komme mit *einem Paar* aus.

6. Die Zahlwörter **zwei** und **drei** bilden einen **Genitiv** auf **-er,** bleiben aber endungslos, wenn das vorhergehende Wort schon den Genitiv bezeichnet, die von **zwei bis zwölf** (außer sieben) bilden einen **Dativ** auf **-en** (und vereinzelt einen Nom. und Akk. auf *-e*), wenn sie ohne Substantiv stehen; nach *zu* stehen statt des Dativs auf *-en* heute meist Formen auf *-t, hundert* und *tausend* auch endungslos.
   ▷ „Durch *dreier* Zeugen Mund wird allerwegs die Wahrheit kund"; aber: Die Aussagen dieser *drei* Zeugen stimmen nicht überein. Niemand kann *zwei(en)* Herren dienen. Sie kamen *zu vieren*/meist: *zu viert (zu dritt, zu elft)*. Sie kamen *zu hundert(en)* und *tausend(en)*. Der Hund streckte *alle viere* (= alle vier Beine) von sich.

7. Als Substantive gebraucht bezeichnen die Grundzahlen die Zahl selbst; sie werden dann weibl. schwach dekliniert.
   ▷ Einige halten die Dreizehn für eine Glücks-, andere für eine Unglückszahl. Was halten Sie von der Dreizehn?

2. Die Ordnungszahlen – Die Wiederholungszahlen – Die Vervielfältigungszahlen

1. Die Ordnungszahlen (Ordinalzahlen) antworten auf die Frage: **der/die/das wievielte?** und weisen einem Gegenstand eine bestimmte Stelle in einer **Reihenfolge** an. Sie werden wie **Adjektive** behandelt und dekliniert (↗142ff.).

2. Die Ordnungszahlen werden aus den Grundzahlen abgeleitet, und zwar tritt

   a) zu den Grundzahlen von *zwei* bis *neunzehn* die Endung **-te:** *der zweite, die vierte, das sieb(en)te; der zwölfte, der neunzehnte;*

   b) zu den Grundzahlen von *zwanzig* ab die Endung **-ste:** *der zwanzigste, der dreiundzwanzigste, der hundertste, der tausendste, der millionste;*

   c) **unregelmäßig** sind: *der erste, der dritte, der achte; der letzte.*

   ▷ Er hat seine *erste* Liebe geheiratet. Wie lautet die Überschrift des *vierzehnten* Kapitels? Ein *zweites* Mal darf das nicht vorkommen. Das höre ich *zum hunderttausendsten* Mal. Es war bestimmt *das allerletzte Mal;* als Bestimmungswort in Zusammensetzungen ohne Deklinationsendung: Er ist der *Zweitjüngste.*

3. Ordnungszahlen in **Ziffern**schrift stehen mit einem **Punkt.** Im allgemeinen verwendet man arabische Ziffern (1., 2., 3.), bei **Herrschernamen** (↗131) nachgestellte römische Ziffern (I., II., III.). Beim **Datum** wird erst der Tag (arab.), dann der Monat (arab. od. röm.), dann das Jahr (ohne Schlußpunkt) angegeben.

   ▷ Hänschen geht jetzt ins *3. Schuljahr (dritte Schuljahr). 2 Fahrkarten 2. Klasse bitte (zwei Fahrkarten zweiter Klasse).* Was weißt du über Heinrichs *IV. (Heinrichs des Vierten) Tod?* Ich bin am *13.9.1952/13.IX.1952* geboren (am dreizehnten Neunten/September neunzehnhundertzweiundfünfzig). Briefdatierung: *Köln, den 17.3.1974/den 17.III.1974/den 17.* (= den siebzehnten) *März 1974 (ohne Schlußpunkt).*

4. Zur Angabe der Reihenfolge dienen oft auch nachgestellte Grundzahlen. Sie werden nicht dekliniert und stehen in Ziffernschrift ohne Punkt: *Mein Büro ist in Block III, Raum 214 (Block drei, Raum zweihundertundvierzehn).*

5. Die **Wiederholungszahlwörter** bestimmen die Anzahl von Wiederholungen auf die Frage: **wie oft?** – Als **Zahladverbien** sind sie undeklinierbar, doch bilden sie mit Hilfe der Nachsilbe *-ig* Adjektive zu attributivem Gebrauch.

6. Die Wiederholungszahlen werden durch Anhängen von **-mal** an die Grundzahlen gebildet: *einmal, dreimal, zwanzigmal, hundertmal, tausendmal;* unbestimmte Wiederholungszahlen sind: *jedesmal, keinmal,* ferner: *mehrmals, vielmals, niemals* (↗180/2b).

   ▷ „*Einmal* ist *keinmal.*" Danke *vielmals!* Sie klagt *niemals* über ihre Krankheit. Das habe ich schon *hunderttausendmal* gehört. Diese Tragetasche eignet sich zu *mehrmaligem* Gebrauch.

7. Die **Vervielfältigungszahlwörter** antworten auf die Frage: **wievielfach?** und bezeichnen eine Anzahl gleichartiger Dinge oder Geschehnisse. Sie sind als **Adverbien** unveränderlich oder werden wie **Adjektive** gebraucht und dekliniert.

8. Die Vervielfältigungszahlen werden durch Anhängen von **-fach** an die Grundzahlen gebildet: *einfach, zweifach* (auch: *doppelt,* selten: *zwiefach), dreifach, zehnfach, hundertfach, tausendfach;* unbestimmte ↗180/2c.

   ▷ Sie hat ihm seine Schandtat *doppelt* und *dreifach* heimgezahlt. Was kostet die *einfache* Fahrt nach Hamburg. Bald müssen wir für Erdöl den *vierfachen* Preis bezahlen.

3. Einteilungs- und Verteilungszahlen – Die Gattungszahlen – Die Bruchzahlen

1. Die **Einteilungszahlwörter** geben an, wie etwas angeordnet ist oder werden soll. Als **Zahladverbien** sind sie unveränderlich.

2. Die Einteilungszahlen werden durch Anhängen von **-ns** an die Ordnungszahlen gebildet. In Ziffernschrift steht dafür die Grundzahl mit Punkt. Manchmal wird auch die Grundzahl (ohne Punkt) mit dem Wort *Punkt* davor benutzt: *erstens (= 1.)* oder: *Punkt eins (Punkt 1), zweitens (= 2.)* oder: *Punkt zwei (Punkt 2), drittens (= 3.)* oder: *Punkt drei (Punkt 3), zwanzigstens (= 20.)* oder: *Punkt zwanzig (Punkt 20).*
    ▷ Diese Rechnung werde ich nicht bezahlen, denn *erstens* habe ich nichts bestellt, *zweitens* habe ich nichts erhalten, und *drittens* sind solche Praktiken nicht erlaubt. Wir kommen zu *Punkt 6* (sechs) der Tagesordnung.

3. Gleichmäßige **Verteilung** von Gegenständen bezeichnet man durch Grundzahlen mit dem Adverb **je** davor, sogn. **Verteilungszahlen**.
    ▷ Die drei Kinder erhielten *je sechs* Nüsse. Wir wurden in Gruppen zu *je zweien oder dreien* geprüft.

4. Die **Gattungszahlwörter** bezeichnen auf die Frage: **wievielerlei?** eine bestimmte Anzahl von Arten oder Gattungen von Gegenständen.

5. Die Gattungszahlen werden aus dem alten Genitiv der Grundzahlen (auf *-er*, ↗ 177/6) und der Endung *-lei* (= Art) gebildet, also durch Anhängen von **-erlei** an die Grundzahlen: *einerlei, dreierlei, zehnerlei, hunderterlei* (auch unbestimmt; weitere unbestimmte ↗ 180/2 d).
    ▷ Leider wird viel zu oft mit *zweierlei* Maß gemessen. Der Regenbogen leuchtet in *siebenerlei* Farben. Wenn er sich doch nur mit seinem Studium und nicht mit *hunderterlei* anderem beschäftigen wollte!

6. Die **Bruchzahlen** bestimmen einen Teil (oder Teile) eines Ganzen. Sie können wie **Substantive** gebraucht und dekliniert werden. Werden sie **adjektivisch** gebraucht, so bleiben sie unverändert und haben kleine Anfangsbuchstaben.

7. Der einfachste Bruch ist die Halbierung, die Hälfte eines Ganzen. Die Bruchzahl zu zwei heißt daher **halb-**: *halber/halbe/halbes, halbe;* sie kann auch adjektivisch voll dekliniert und attributiv gebraucht werden und hat als eigenes Substantiv das Wort: *die Hälfte*.
    ▷ Sie schläft oft bis in den *halben* Mittag. Hier hast du ein *halbes* Brot. Nehmen Sie alle *halben* Stunden 10 Tropfen! Man braucht *zweieinhalb* (oder: *anderthalb*) Stunden bis Freiburg. Das ist nichts *Halbes* und nichts Ganzes. Trinken Sie noch einen *Halben* (Schoppen)? Eine *Halbe* (Maß Bier) bitte! Teile den Apfel in zwei *Hälften* und gib mir die *Hälfte* davon!

8. Alle anderen Bruchzahlen sind **Neutra** und haben die Endung **-tel** (= Teil). Man bildet sie aus den Ordnungszahlen (↗ 178) durch Anhängen von *-l: drittel/das Drittel;* das *Viertel, Fünftel, Zwanzigstel, Hundertstel, Hundertzweitel* (!). Undeklinierte Bruchzahlen werden meist in **Ziffern** geschrieben: *3/5 = dreifünftel.* Wird ein Bruch als Dezimalzahl geschrieben, so liest man jede Zahl nach dem Komma einzeln: $13\frac{1}{2}$ *(dreizehneinhalb)* = *13,5 (dreizehn Komma fünf); 12,14159 = zwölf Komma eins vier eins fünf neun.*
    ▷ Ich möchte *ein viertel* (Pfund) Butter. Nach Meinung *eines Drittels* der Bevölkerung ist Werbung schädlich. Wir haben die Aufträge zu *drei Vierteln* erledigt. – Wir waren $2\frac{3}{4}$ *(zweidreiviertel)* Stunden unterwegs. Er kaufte $2\frac{1}{2}$ *(zweieinhalb)* Liter Wein und $6\frac{3}{5}$ *(sechsdreifünftel)* Meter Stoff.

4. Die Verwendung der Grund- und Bruchzahlen beim Rechnen

$7+5=12$. 7 und 5 ist 12 7 plus 5 gleich 12	$2+\frac{1}{2}=2\frac{1}{2}$. 2 und $\frac{1}{2}$ ist $2\frac{1}{2}$ 2 plus $\frac{1}{2}$ gleich $2\frac{1}{2}$	$5^2=$ 25. 5 hoch 2 ist 25 5 im Quadrat gleich 25
$8-3=$ 5. 8 weniger 3 ist 5 8 minus 3 gleich 5	$9-\frac{1}{3}=8\frac{2}{3}$. 9 weniger $\frac{1}{3}$ ist $8\frac{2}{3}$ 9 minus $\frac{1}{3}$ gleich $8\frac{2}{3}$	$5^3=125$. 5 hoch 3 gleich 125
$7 \cdot 6=42$. 7 mal 6 ist 42 7 mal 6 gleich 42	$4 \cdot \frac{1}{5}=\frac{4}{5}$. 4 mal $\frac{1}{5}$ ist $\frac{4}{5}$ 4 mal $\frac{1}{5}$ gleich $\frac{4}{5}$	$\sqrt{16}=4$. (Quadrat)wurzel aus 16 gleich 4
$35:7=$ 5. 35 geteilt durch 7 ist 5	$8:\frac{1}{2}=16$. 8 geteilt durch $\frac{1}{2}$ ist 16	$\sqrt[3]{27}=3$. Kubikwurzel (dritte Wurzel) aus 27 gleich 3

Zur Angabe der Uhrzeit mit Hilfe der bestimmten Zahlwörter ↗ 285.

5. Die unbestimmten Zahlwörter

1. Ist eine Menge durch ein bestimmtes Zahlwort (↗ 177–179) angegeben, aber nur **annähernd** bekannt, so setzt man dazu die Adverbien: *etwa, beinahe, fast, kaum, ungefähr, annähernd* oder ähnliche.

    ▷ Edith ist *fast* zwölf Jahre alt. Der Gesuchte ist *etwa (ungefähr)* 1,70 Meter groß. Er besaß *fast (annähernd)* 2000 Bücher. Wir haben die Aufträge zu *beinahe* drei Vierteln erledigt. Er kam *gegen* sechs Uhr.

2. Zur Bezeichnung **ungenau** bekannter Mengen dienen die **unbestimmten** Zahlwörter (Indefinitzahlen), vgl. auch die Indefinitpronomen (↗ 175), und zwar:

    a) den **Grundzahlen** entsprechend und als Adjektive deklinierbar:
    – für eine **Allheit:** *all, gesamt, sämtlich, ganz; jeder, jedweder°, jeglicher°;* verneint: *kein, nichts* (undeklinierbar);
    – für eine **Mehrheit:** *einige, etliche°, manche, viel/viele, mehrere, wenig/wenige, ein paar,* sowie undeklinierbar: *mehr, genug, etwas.*

    ▷ „*Aller* Anfang ist schwer." „*Alle* Schuld rächt sich auf Erden." „*Alles* Vergängliche ist nur ein Gleichnis." Er hat sein *ganzes (gesamtes)* Vermögen verloren. Ich habe mir Schillers *sämtliche* Werke gekauft. *Jeder* hat hier die gleichen Rechte. Er besucht mich Anfang *jedes (auch: jeden)* Monats. Ich gehe auf *keinen* Fall mit dir. *Kein(e)s* seiner Bücher gefällt mir. Dafür kann er *nichts.* – Sie besitzt *einiges* Vermögen. Ich habe schon *manchen* guten Freund verloren. „*Viel* Lärm um *Nichts*" ist ein Stück von Shakespeare. Ich warte schon seit *mehreren* Stunden. Ich habe dir *ein paar* Bücher mitgebracht (und auch *ein Paar* Ohrringe ↗ 177/5). Je *mehr* Geld, desto *mehr* Sorgen. Hast du *genug* Geld?

    b) den **Wiederholungszahlen** entsprechend und undeklinierbar: *einigemal, etlichemal°, manchmal, allemal, keinmal; niemals, mehrmals, vielmals;*

    ▷ Ich sehe ihn *manchmal.* Er war schon *mehrmals* krank. Ich bitte *vielmals* um Entschuldigung.

    c) den **Vervielfältigungszahlen** entsprechend und als Adjektive deklinierbar: *mannigfach (mannigfaltig), vielfach (vielfältig), mehrfach;*

    ▷ Aus *mannigfaltigen (mannigfachen)* Gründen kann ich Ihnen nicht zustimmen. Es wurde *mehrfach* behauptet, daß...

    d) den **Gattungszahlen** entsprechend und undeklinierbar: *keinerlei, einerlei, mancherlei, vielerlei, allerlei* (auch *allerhand*).

    ▷ Er gab *keinerlei* Erklärung für seine Handlungsweise. Zu Weihnachten haben wir *vielerlei* Geschenke eingekauft. Wie kocht man „Leipziger *Allerlei*"? Im Zoo gibt es *allerhand* Tiere. Das ist ja *allerhand!*

VIII. Das Adverb (Das Umstandswort)

1. Aufgaben, Bildung und Besonderheiten der Adverbien

1. Die Adverbien (die Umstandswörter) machen **Angaben** über einzelne **Umstände** eines Geschehens, eines Zustandes oder einer Eigenschaft, dienen also ihrer näheren Bestimmung und stehen daher **unselbständig**.

2. Die Adverbien stehen meist bei Verben, Adjektiven (oft Partizipien) oder bei anderen Adverbien, seltener bei Substantiven (↗ 187/3; 235/3); oft folgen mehrere Adverbien aufeinander.
    ▷ *Rasch* kam er und half uns *wirklich ganz selbstlos.* Bei dem Brand entstand ein *sehr hoch* bemessener Schaden. Wer trägt die *jetzt noch* anfallenden Kosten? – Wie ist das Wetter *heute?*

3. Adverbien können gesteigert werden (↗ 186), aber nicht alle. Sonst sind Sie **unveränderlich** und (bis auf wenige Ausnahmen wie *gerne, lange, reine*) **endungslos**.

4. Nach ihrer **Bildung** gliedern die Adverbien sich in:

    a) **ursprüngliche,** z.B.: *da, dann, dort; hier, her, hin; gern/gerne; irgend, nirgend, nie; ja, je, so; wie, wann, wo; oben, unten* u.a. Einige der heute als ursprünglich empfundenen Adverbien haben andere Wortstämme (z.B. *gern*), oft mehrere (z.B. *heute*), andere gehen auf Pronomen zurück; solche **Pronominaladverbien** (↗ 168f.) sind z.B. *da, her, wann, dann.* Viele ursprüngliche Adverbien wie *an, auf, zu* u.a. sind zu **Präpositionen** (↗ 188ff.) geworden, zeigen aber ihren adverbialen Charakter noch in Redewendungen wie *nach und nach* oder bei unfest zusammengesetzten Verben (↗ 92–94);

    b) **abgeleitete,** insbes. ursprüngliche Genitive von Adjektiven oder Substantiven und analoge Bildungen (↗ 244/3) wie: *anders, bereits, links, rechts, stets, übrigens, meistens, höchstens; abends, morgens, nachts, anfangs, flugs, teils, namens, seitens, rings,* auch Akk. wie in: *weg, heim, daheim;* ferner Suffixbildungen mit den Nachsilben **-lich, -lings, -wärts** wie: *gänzlich, kürzlich, wissentlich; blindlings, rittlings; rückwärts, vorwärts, seitwärts;*

    c) **zusammengesetzte** wie: *hierher, dorthin, wohin, voraus, vorüber, nebenbei* (Adverb+Adverb); *hierauf, daran, worüber* (Adverb+Präposition); *allenfalls, gleichfalls, dermaßen, abseits, meinerseits, keineswegs, unterwegs, beizeiten, zuweilen, hinterrücks, abhanden, übermorgen, überhaupt, allezeit* (Zahlwort/Pronomen/Präposition/Adverb+Substantiv); ebenso die auf **-weise** wie: *seitenweise, beziehungsweise, möglicherweise, unbekannterweise; bergab, kopfüber, jahraus/jahrein, stromauf, kurzum, vollauf* (Nomen+Präposition); u.a., z.B.: *insgesamt, ohnehin, zweifelsohne, zuerst, zugleich, zurück,* auch **Zahladverbien** wie *dreimal* u.a. (↗ 178/4; 179/6);

    d) **Adjektiv-Adverbien.** Im Deutschen kann fast jedes Adjektiv **unverändert** und **endungslos** auch als Adverb stehen (↗ 11/4: ‚Beiwort'). Nur wenige haben eine Nebenform auf -e, insbes. *lang/lange;* vgl. auch Redewendungen wie: *reine machen, bange machen.*
    ▷ Der Wagen ist *gut* gefedert (es ist ein Wagen mit guten Federn). Sein *erst kürzlich vollkommen* erneuerter Motor funktioniert *einwandfrei.* Er ist also *wirklich* preswert.

5. Als Adverbien gelten auch die meisten **Fragewörter,** z.B. *wo?, woher?, wohin?, wann?, wie?, warum?* u.a. (↗ 173/5).

6. Manche Adverbien dienen auch als Konjunktionen, z.B.: *so, also, wie, da* (↗ 201/3), andere bilden Adjektive, die aber nur attributiv stehen (↗ 142/4) wie: *am heutigen Tag, in einer hiesigen Firma.*

2. Die Arten der Adverbien

2.1. Die Adverbien des Ortes

1. Die Adverbien des Ortes (des Raumes) bezeichnen:
   a) den Ort des Verweilens (die Lage) im Raum   auf die Frage: **wo?**
   b) den Ausgangspunkt einer Bewegung (die Herkunft) auf die Frage: **woher?**
   c) das Ziel einer Bewegung im Raum (die Richtung)   auf die Frage: **wohin?**

2. Zur Angabe der **Lage** (auf die Frage: *wo?*) dienen die **bestimmten** Ortsadverbien: *hier, da, dort, dabei, daneben, daran (= dran), darauf (= drauf), darin (= drin), darüber (= drüber), darunter (= drunter), daselbst, dazwischen; außen, draußen; oben, droben; unten, drunten; innen, drinnen; hüben, drüben; vorn, hinten; links, rechts; diesseits, jenseits, abseits, gegenüber* u. a., ferner die **unbestimmten** Ortsadverbien: *anderswo, irgendwo, nirgendwo, nirgend(s), allenthalben, überall* u. a., auch *umher* (in alle Richtungen) und *herum* (im Kreis) – (↗ 169/5a).

   ▷ *Draußen* ist es sehr kalt, *hier drinnen* aber schön warm. *Dort* in dem Hotel *gegenüber* ist kein Zimmer mehr frei, Sie müssen also versuchen, *anderswo* unterzukommen. – Die Burschen rannten *überall* in den Straßen *umher*, dann tanzten sie um den Maibaum *herum*; aber nur: Das Gerücht von eurer Verlobung hat sich *herum*gesprochen. Er ist ein *Herum*treiber.

3. Zur Angabe der **Herkunft** (auf die Frage: *woher?*) dienen die Adverbien: *her, daher, dorther; anderswoher, irgendwoher, nirgendwoher, überallher* u. a.; ebenso die meisten der unter 2 genannten Adverbien, wenn sie mit der Präposition **von** stehen (oft folgt ihnen auch noch ein verdeutlichendes *her*), z. B.: *von außen (her), von draußen (her), von unten (her), von rechts (her)* usw. – (↗ 169/5b).

   ▷ Ich komme aus Köln, und die Familie meiner Frau stammt auch *dorther*. Wir müssen sehen, daß wir die nötigen Gelder *irgendwoher* bekommen. „Horch, was kommt *von draußen* 'rein!"

4. Zur Angabe der **Richtung** (auf die Frage: *wohin?*) dienen die Adverbien: *hin, dahin, darein, dorthin, hinweg, aufwärts, abwärts, seitwärts, vorwärts, rückwärts, heimwärts, fort, weg, heim; anderswohin, irgendwohin, überallhin* u. a. (↗ 169/5c); ebenso die meisten der unter 2 genannten Adverbien, wenn sie mit der Präposition **nach** stehen (manchmal folgt ihnen auch noch ein verdeutlichendes *hin*), z. B.: *nach außen, nach unten, nach oben (hin)* usw.

   ▷ Wir waren im Mai in Italien und wollen auch im September wieder *dorthin*. Fahren Sie doch *(nach) vorwärts!* Ich gehe jetzt *heim*. *Irgendwohin* mußt du das Buch doch gelegt haben. Wirf einen Blick nach *draußen!* Setz dich *da drüben hin!*

5. Einige Adverbien unterscheiden bei der Angabe einer **Bewegung,** ob sie dem Sprecher **zugewandt,** oder ob sie ihm **abgewandt** verläuft; im ersten Fall steht das Adverb **her,** im zweiten Fall das Adverb **hin,** also: *herab, hinab; herauf, hinauf; herein, hinein; dorther, dorthin* u. a.
   Bei Verben mit übertragener Bedeutung steht immer *her* ohne Bezug zum Sprecher, z. B. in: *etwas herabwürdigen, Preise herab-/heraufsetzen, heruntenwirtschaften, ein heruntergekommener Mensch* u. a.

   ▷ Komm *herunter* zu mir! (Der Sprecher steht unten) – Geh *hinunter* zu ihm! (Der Sprecher steht oben) – Im Schlußverkauf kann man vieles zu *herabgesetzten* Preisen kaufen. Der unfähige Direktor hat den Betrieb ganz *heruntergewirtschaftet*.

2.2. Die Adverbien der Zeit

1. Die Adverbien der Zeit bezeichnen:
   a) den Zeitpunkt eines Geschehens   auf die Frage: **wann?**
   b) die Zeitdauer eines Geschehens   auf die Frage: **wie lange?**
   c) die Wiederholung eines Geschehens in der Zeit auf die Frage: **wie oft?**

2. Zur Angabe des **Zeitpunkts** (auf die Frage: *wann?*) dienen die Adverbien: *jetzt* (= zum gegenwärtigen Zeitpunkt), *nun* (= unter den gegenwärtigen Umständen); *soeben, immer, nimmer, nie(mals); dann, darauf, da, damals, ehemals, sonst; schon, früh, früher; hernach, danach, nachher, später, einst(mals); kürzlich, neulich, jüngst, unlängst; (ins)künftig, nächstens, hinfort; sogleich, sofort, bald; gestern, vorgestern, heute, morgen, übermorgen; morgens, mittags, abends, nachts, heute morgen, heute früh, morgen früh; anfangs, endlich, heuer* (= in diesem Jahr) u. a. – (↗ 169/6a).

   ▷ Erst kommen *jetzt* Sie an die Reihe, *dann* Ihr Nachbar. Alles in allem weiß ich *nun*, was zu tun ist. – Ich werde *noch heute* mit dem Direktor sprechen und Ihnen dann *sofort morgen früh* Bescheid geben. *Soeben* erfahre ich, daß die erwartete Sendung *vorgestern* in Wien abgegangen ist. *Unlängst* fragtest du mich doch nach Herrn Ziehm; als ich ihn *kürzlich* traf, wollte er sich *sogleich* bei dir melden. „Besser *spät* als *nie*."

3. Zur Angabe der **Zeitdauer** (auf die Frage: *wie lange?*) dienen die Adverbien: *von alters her, seither, bisher, bis jetzt, bis dahin; stets, auf immer, für immer, immerfort, immerdar°; einstweilen, unterdessen, inzwischen; noch, lange, eine Zeitlang, zeitlebens* u. a.

   ▷ „Es ist ein Brauch *von alters her*, wer Sorgen hat, hat auch Likör"; dieser Satz des Humoristen Wilhelm Busch hat auch *heute noch* Geltung. – Sie erhalten die Lieferung Anfang nächsten Monats. Wenn sich *unterdessen* die Rohstoffpreise ändern, müssen wir *künftighin* unsere Preise monatlich neu berechnen. *Einstweilen* bleibt es aber bei den jetzigen Preisen, und vielleicht können wir sie noch *eine Zeitlang* halten.

4. Zur Angabe der **Wiederholung** (auf die *Frage: wie oft?*) dienen die Adverbien: *manchmal, dann und wann, hin und wieder, ab und zu, zuweilen, bisweilen, mitunter; selten, häufig, oft; stündlich, täglich, wöchentlich, monatlich, jährlich; einmal, zweimal . . . ; oftmals, abermals, nochmals, öfters* u. a. – (↗ 169/6b).

   ▷ Diese Fachzeitschrift erscheint neuerdings *monatlich*. *Manchmal* lese ich sie sofort nach ihrem Erscheinen, *bisweilen* aber erst viel später. Ich sehe den Schriftleiter *selten*, aber wir sprechen *öfters* telefonisch miteinander.

2.3. Die Adverbien des Grundes

1. Die Adverbien des Grundes bezeichnen **Grund, Ursache, Mittel** oder **Zweck** eines Geschehens, eines Zustandes oder einer Eigenschaft: sie antworten
   auf die Frage: **warum? weshalb? wozu?**

2. Sie werden durch Anfügen von Präpositionen an Pronomen (↗ 169/8) oder an Adverbien des Ortes (↗ 182) gebildet: *daher, demnach, deshalb, dafür, dazu, warum, weswegen, deswegen* u. a.; *meinetwegen, deinethalben, ihretwegen, um euretwillen; darunter, darüber, darob, danach, darnach* u. a.

   ▷ *Wozu* brauchst du das Geld? *Warum* hast du vorher nicht angerufen? Es war doch Zeit genug *dafür*. Ich kannte Ihren Vater gut und werde Ihnen *um seinetwegen* Ihre Bitte erfüllen.

2.4. Die Adverbien der Art und Weise

1. Die Adverbien der Art und Weise bezeichnen die Art oder Form eines Geschehens, eines Zustandes oder einer Eigenschaft; sie antworten auf die Frage: **wie?**

2. Es gibt sehr viele Adverbien der Art und Weise, denn zu ihnen gehören:

   a) fast alle **Adjektiv-Adverbien** (↗ 181/4d);

   ▷ Ein *schnell* erzielter Erfolg wird allzu *leicht* unterschätzt. Auf seine Anfrage habe ich *höflich* und *ausführlich* geantwortet.

   b) die Adverbien: *so, wie, also, dergestalt, geradezu, anders, gern(e), absichtlich, beisammen, zusammen, ebenfalls, gleichfalls, gleichsam, umsonst, vergebens, zufällig* u. a. (↗ 169/7);

   ▷ Die Sache verhält sich ganz *anders*, als er sie darstellt. Sonst gehen Klaus und Werner sich *absichtlich* aus dem Weg, aber neulich saßen sie im Theater *zufällig* nebeneinander. Laß uns die Arbeit *zusammen* erledigen. Vorgestern rief ich *vergebens* bei dir an und gestern *ebenfalls*.

   c) die abgeleiteten Verben auf die Nachsilbe **-lings** wie: *rücklings, rittlings, blindlings, jählings, meuchlings* u. a. (↗ 181/4c).

   ▷ Der kleine Klaus fiel *rücklings* von seinem Schaukelpferd, hat sich aber nicht verletzt. Der Soldat setzte sich *rittlings* auf einen Stuhl und begann seinen Bericht. Der Verbrecher schoß *blindlings* um sich.

   d) fast alle mit **-weise** zusammengesetzten Adverbien wie: *stückweise, teilweise, paarweise, literweise, massenweise, reihenweise, tropfenweise; glücklicherweise, dummerweise, zufälligerweise* u. a. – Zusammensetzungen von Substantiv + *weise* werden oft auch als attributive Adjektive gebraucht, jedoch nur vor Substantiven, die von einem Verb abgeleitet sind (also vor Verbalsubstantiven).

   ▷ Dieses Medikament darf nur *tropfenweise* verabreicht werden. Radios und Fernsehgeräte sind heute *massenweise* verbreitet. *Törichterweise* habe ich ihm vertraut. Viele Grüße, *unbekannterweise* auch von Frau Ziehm. – Sie können die Äpfel *pfundweise* oder *stückweise* kaufen; bei *stückweisem* Verkauf ist der Einzelpreis höher (aber nicht: der stückweise Preis ist höher). Sind Sie mit einer *probeweisen* Einstellung einverstanden? Vermeiden Sie *seitenweises* Zitieren!

2.5. Die Adverbien des Grades

1. Die Adverbien des Grades bezeichnen ebenfalls die **Art und Weise,** dabei aber insbes. die **Intensität** (den Grad) eines Geschehens, eines Zustandes oder einer Eigenschaft; sie antworten auf die Frage: **wie? wie sehr?**

2. Die wichtigsten Adverbien des Grades (einige davon auch Superlative, ↗ 186/3) sind: *sehr, äußerst, ungemein, ausnehmend, außerordentlich; ganz, gänzlich, völlig, gar, sogar; zu, allzu, gar zu, genug; wenig, etwas, ziemlich; mehr, minder, höchstens, wenigstens; beinahe, fast, kaum, nur; weit, bei weitem, überaus, vollends* u. a.

   ▷ Seine Stimme zitterte *merklich*, und man spürte, wie *außerordentlich* erregt er war. Die Theatervorstellung gefiel mir *ausnehmend* gut, obwohl es *ziemlich* anstrengend war, den *höchst* komplizierten Dialogen zu folgen. Das ist ein *ausgesprochen* langweiliger Film. Es geht meiner Mutter *bei weitem* besser als vor vier Wochen.

2.6. Die Adverbien der Denk- und Aussageweise – Die Abtönungspartikel

1. Eine Besonderheit des Deutschen, insbes. in gesprochener Rede, sind die zahlreichen Adverbien zur Angabe der Denk- und Aussageweise. Sie **modifizieren** eine Äußerung oder einen Satz, geben ihm eine bestimmte Tönung und gelten daher auch als **Abtönungspartikel**. Ein entsprechendes Fragewort, auf das sie antworten könnten, gibt es nicht.

2. Häufig verlieren **Adverbien** des Ortes, der Zeit, des Grundes, der Art und Weise sowie des Grades (↗ 182–184) ihre eigentliche Bedeutung und dienen nur noch zur Angabe der Denk- oder Aussageweise, z. B.: *da, nun, schon, nur* u. a.

3. Einige Abtönungspartikel stammen auch aus **anderen Wortarten** und verlieren zur Angabe der Denk- oder Aussageweise ebenfalls ihre eigentliche Bedeutung, z. B.: *denn, doch, mal, einfach, halt* u. a.

4. Je nach dem Zusammenhang der Äußerung und des übrigen Satzes können einzelne Abtönungspartikel **verschiedene** Denk- oder Aussageweisen angeben, den Satz also unterschiedlich modifizieren. Die wichtigsten Modifikationen oder Abtönungen wirken:
    a) bejahend, behauptend oder bestätigend, z. B.: *ja, doch, wahrlich, zwar, freilich, fürwahr, gewiß, wirklich, wahrhaftig, allerdings, sicherlich, bestimmt* u. a.; auch: *anscheinend;*
    ▷ Genau dasselbe habe ich *ja (doch)* auch gesagt. Du wirst dich *sicherlich* erinnern können. Die Aufgabe ist *zwar* schwierig, aber *bestimmt* nicht unlösbar. Da hast du *freilich* recht, *gewiß* doch. Das stimmt *anscheinend*.
    b) verneinend oder ablehnend, z. B.: *nein, nicht, keineswegs, mitnichten* u. a.; auch *scheinbar;*
    ▷ Ich bin *nicht* Ihrer Ansicht und kann Ihnen *keinesfalls (keineswegs)* zustimmen. Ich werde es auch *mitnichten* tun. Das stimmt *scheinbar* (in Wirklichkeit aber nicht).
    c) fragend, z. B.: *denn, wohl, nun, etwa, bloß, nur, da* u. a.;
    ▷ Was mag ihr *denn (wohl, nur, bloß)* begegnet sein, daß sie so betrübt dreinschaut? Ob sie *etwa* ernste Sorgen hat? Wie geht es Ihnen *denn? Nun*, was meint der Arzt?
    d) zweifelnd, z. B.: *wahrscheinlich, vielleicht, etwa, wohl* u. a.;
    ▷ Er antwortet *wohl* nicht, *(vielleicht)* weil er verreist ist. Das könnte *etwa* stimmen.
    e) wünschend, z. B.: *doch, wenn doch, daß doch;*
    ▷ Ich hoffe, daß er *doch* endlich zur Vernunft kommt. *Wenn* sie *doch* endlich mit ihrem Klavierspiel aufhören wollte.
    f) fordernd oder gebietend, z. B.: *durchaus, schlechterdings, schon* u. a.;
    ▷ Die Einhaltung der Lieferfrist ist uns *schlechterdings* unmöglich. Nun kommen Sie *schon* rein.
    g) warnend oder drohend, z. B.: *ja, nur, bloß* u. a.;
    ▷ Seid *ja* leise! Kommt *bloß* nicht zu spät! Komm *nur* nach Hause, dann kannst du was erleben.
    h) beruhigend oder einlenkend, z. B.: *nur, ruhig, halt, mal* u. a.
    ▷ Ich wollte *nur* sagen . . . Da ist *halt* nichts zu machen.

5. Oft werden **mehrere** Abtönungspartikel auf einmal oder in bestimmten Kombinationen gebraucht, insbes. in der Umgangssprache.
    ▷ Was machst du? – Was machst du *da?/denn da?* – Ich komme – Ich komme *schon*/Ich komm *ja schon*. – Ich bin da – Ich bin *schon* da/*ja schon* da/*ja doch schon* da. – Was will er? – Was will er *denn/denn nur/denn bloß (wohl) nun schon wieder*? – Das stimmt nicht – Das stimmt *doch (einfach)* nicht/*nun halt mal* nicht/*nun einfach wirklich* nicht. – Das ist die Höhe! – Das ist *ja nun denn doch* die Höhe! – Sprecht leise! – Sprecht *doch(mal)* leise!/Sprecht *halt einfach* leise!/Sprecht *ja bloß* leise!

3. Die Steigerung der Adverbien

1. Die Adjektiv-Adverbien können **wie Adjektive** gesteigert werden.

2. Die **zweite Steigerungsstufe** (der Komparativ, die Vergleichsform) gleicht der der Adjektive, hat also die Endung **-er** (↗ 147–149), bleibt aber **ohne Kasusendungen**.
   Die **dritte Steigerungsstufe** (der Superlativ oder Elativ) besteht aus zwei Wörtern, einem **am** und dem Adverb auf die Endung **-sten** *(-esten, -ten)*; sie kann durch ein *-aller* vor dem Adverb verstärkt werden.

Grundform	1. Steigerungsstufe	2. Steigerungsstufe
schön	*schöner*	*am schönsten*
stark	*stärker*	*am stärksten*
hoch	*höher*	*am höchsten*
fest	*fester*	*am festesten*
groß	*größer*	*am größten*

▷ Bloß das Schöne nachahmen und etwas *schön* nachahmen ist keineswegs dasselbe. Die Sängerin sang *schöner* als der Tenor, aber *am (aller-)schönsten* klang doch der Kinderchor. Diese kleinen Orangen schmecken am *allersüßesten*.

3. Soll die dritte Stufe ohne Vergleich nur einen sehr **hohen Grad** bezeichnen (absoluter Superlativ), so gebraucht man sie nicht mit *am*, sondern mit **aufs** *(auf das)* und der Endung **-ste** (= Akk. des neutralen Adjektivs im Superlativ) oder mit **im** und der Endung **-sten** (= Dat. des neutralen Adjektivs im Superlativ). Im gleichen Sinn steht bisweilen auch die dritte Stufe ohne *am* und endungslos nur auf **-st** oder erweitert auf die Endung **-stens**.

▷ Die Zimmer waren *aufs eleganteste und bequemste* eingerichtet, und die Gäste wurden *auf das zuvorkommendste* bewirtet. Er ließ sich nicht *im geringsten* bei seiner Arbeit stören. Sie war *aufs (auf das) äußerste* erregt = Sie war *äußerst* erregt. Sei *herzlichst* gegrüßt! Seien Sie *bestens* gegrüßt!

4. **Besondere Steigerungsformen** haben die Adverbien:

Grundform	1. Steigerungsstufe	2. Steigerungsstufe
bald	*eher*	*am ehesten*
gern(e)	*lieber*	*am liebsten*
wohl (gut)	{ *besser* / *wohler* }	{ *am besten* / *am wohlsten* }
oft	*öfter*	*am öftesten*
sehr (viel)	*mehr*	*am meisten*
wenig	{ *minder* / *weniger* }	{ *zum* (!) *mindesten* / *am wenigsten* }

▷ Wenn Sie fliegen, kommen Sie *eher* in Berlin an. *Am liebsten* sitzt sie vor dem Fernsehapparat. Heute fühle ich mich *wohl*, jedenfalls *besser* als gestern. Bei dieser Hitze fühlt man sich im Schatten *am wohlsten*. Herrn Ott habe ich *öfter* im Theater gesehen als seine Frau; sie geht *lieber* ins Kino, bleibt aber *meist (meistens)* zu Hause. Bis nach Köln braucht man *mindestens* (zum mindesten) zwei Stunden, *zum allermindesten* (allermindestens) aber neunzig Minuten.

5. Weiteres zur Stellung von Adverb und adverbialer Bestimmung im Satz ↗ 245.

4. Der Gebrauch der Adverbien

1. Dient das Adverb zur näheren Bestimmung eines anderen Adverbs oder eines Adjektivs im Prädikat oder sonst im Satz, so steht es **vor dem Adjektiv** oder Adverb.

   Ausnahme Das Adverb *genug* wird immer nachgestellt.

   ▷ Er war *sehr* froh. Sie besucht uns *sehr* oft. Diese Blume ist *ungewöhnlich* schön. Sie hat *ganz* gleichmäßige Blätter. Bemerkst du ihren *ungemein* feinen Duft? Das ist ein *äußerst* seltener Fall. Mein Sohn ist *musikalisch besser* begabt als meine Tochter. Welches ist das *am besten* eingerichtete Hotel in dieser Stadt? – Er ist dumm *genug*, wenn er deinem Rat nicht folgt. Ich habe es ihm oft *genug* gesagt.

2. Als nähere Bestimmung zu einem **Verb** steht das Adverb (die adverbiale Bestimmung):

   a) **nach dem Verb** in Sätzen, die mit dem Subjekt beginnen und an zweiter Stelle als Prädikat eine einfache Verbform haben;

   ▷ Er kommt *heute noch* her. Ich wartete *sehr geduldig* auf ihn.

   b) **nach dem Subjekt** oder am **Satzende** in Sätzen mit einfacher Verbform, die nicht mit dem Subjekt, sondern mit dem Prädikatsverb (Fragesätze, Aufforderungen) oder mit einem anderen Satzglied (auch Adverb oder adverbiale Bestimmung) beginnen;

   ▷ Den Mann kenne ich *gar nicht*. Ihm traue ich *daher nicht ganz* über den Weg. Orientteppiche kauft man *hier sehr* preiswert. Dort kommt Vater *grade*. Im Garten arbeitet er *besonders gern*. – Dir leihe ich das Buch *wirklich sehr gern*.

   c) **vor dem Vollverb** (wenn auch nicht immer unmittelbar, ↗ 245,5) in Sätzen mit zusammengesetztem Prädikat sowie in allen abhängigen Sätzen mit Endstellung des Prädikats.

   ▷ Wir haben Ihre Lieferung *erst heute früh* erhalten. Hätten Sie uns die Sendung *doch schon früher* angekündigt! Beeil dich, damit wir *recht früh* aufbrechen können! Willst du *daheim viel* arbeiten? Da werde ich *wohl kaum richtig* arbeiten können, weil ich *immer wieder* gestört werde. – Konnte er *denn nicht sofort* einen Arzt rufen?

3. Beim Gebrauch **als Attribut** steht das Adverb gewöhnlich hinter dem übergeordneten Substantiv:

   ▷ Das Wetter *draußen* ist stürmisch (↗ 235/3).

4. Man vermeidet ein Adverb neben einer Präposition gleicher Bedeutung oder bei einem Verb, das den gemeinten Sinn bereits ausdrückt.

   ▷ Ich sah aus dem Fenster; oder: Ich sah zum Fenster hinaus; aber nicht: Ich sah *aus* dem Fenster *hinaus*. – Der Redner schloß seine Ansprache mit einem Trinkspruch; aber nicht: *Zuletzt* schloß der Redner seine Ansprache mit einem Trinkspruch. – Der Direktor kommt gewöhnlich um neun; oder: Der Direktor pflegt um neun Uhr zu kommen; aber nicht: Der Direktor *pflegt gewöhnlich* um neun Uhr zu kommen.

5. **Doppelte Verneinung** gilt heute meist als verstärkte Bejahung, wird aber in altertümlichen Redewendungen, Sprichwörtern, Volksliedern usf. auch noch als verstärkte Verneinung empfunden (↗ 282/8).

   ▷ Er hat *niemals keine* Ausrede; statt dessen besser: Er hat *immer eine* Ausrede. – „Kein Feuer, kein Kohle kann brennen so heiß, als heimliche Liebe, von der *niemand nichts* weiß."

IX. Die Präposition (Das Verhältniswort)

1. Aufgaben und Arten der Präpositionen

1. Die Präpositionen (die Verhältniswörter) kennzeichnen **Verhältnisse,** die zwischen Personen oder Sachen im Zusammenhang mit Geschehnissen, Zuständen oder Eigenschaften gegeben oder denkbar sind.

2. Die Präpositionen sind Partikel und **unveränderlich,** doch können einige mit nachfolgendem veränderlichem Artikel verschmelzen (↗ 192/3.1).

3. Die Präpositionen bezeichnen räumliche, zeitliche, modale oder allgemein begriffliche Verhältnisse, und zwar:

    a) **Orts- und Richtungsverhältnisse** (auf die Fragen: wo? woher? wohin?) mit: *zu, bei, nächst, unweit; außer, außerhalb, innerhalb, zwischen; diesseits, jenseits, abseits, längs; von, aus, nach, auf, bis, gegen (gen), durch, um, an, neben, in, auf, über, unter, hinter* u. a.;

    b) **Zeitverhältnisse** (auf die Fragen: wann? seit wann? bis wann? wie lange? wie oft?) mit: *in, zu, an, bei, auf, durch, während, unter, über, binnen, um, vor, nach, von, seit, bis* u. a.;

    c) Verhältnisse der **Art und Weise** (auf die Frage: wie?) in Ausdrücken wie: *am höchsten, im allgemeinen, aufs beste, zum besten, auf diese Art und Weise, in Eile, zu Fuß, unter Protest* u. a.;

    d) Verhältnisse des **Grundes, Zweckes, Mittels** (auf die Frage: warum? weshalb? wozu? womit? wodurch*) ferner der **Einschränkung,** der **Ausnahme,** des **Gegensatzes,** der **Maßangabe,** der **Übereinstimmung** u. ä. mit: *kraft, vermöge, vor, zu, um, für, auf, durch, mit, mittels(t), aus, wegen, halber, um ... willen, aus, laut, nach, zufolge, mit, nebst, samt, ohne, außer, (an)statt, ungeachtet, trotz, zuliebe, zuwider* u. a.

4. Oft bezeichnet die gleiche Präposition verschiedene der genannten Verhältnisse.

    ▷ Er wohnt *vor* der Stadt (Ortsverhältnis). Wir gingen *vor* die Stadt (Richtungsverhältnis). Er kaufte das Haus *vor* vier Jahren (Zeitverhältnis). Es gefiel ihm *vor* allen anderen (Art und Weise). Sie strahlt *vor* Glück (Grund). Sie sind *vor* mir an der Reihe (Reihenfolge).

5. Die Präpositionen stehen im allgemeinen **zu Beginn** (lat. *prae* = *vor*) und vor allen anderen Bestandteilen des Ausdrucks, dessen Verhältnis zu einem anderen sie bezeichnen. Einige können **zu Beginn oder am Ende** stehen, z. B. *wegen*. Stets **nachgestellt** werden: *halber, zuliebe, zuwider.* Nur wenige zweiteilige Präpositionen **umrahmen** die ganze Wortgruppe.

    ▷ Er hat seine Frau nicht *wegen* ihrer Schönheit, sondern ihres Geldes *wegen* geheiratet. – Unser Geschäft bleibt eines Todesfalles *halber* bis auf weiteres geschlossen. Er konnte krankheits*halber* nicht kommen. Seiner Frau *zuliebe* blieb er zu Hause. Absichtlich handelte er dem Gesetz *zuwider.* – Wir halfen ihm *um* seiner Kinder *willen.* Sie war *von* Kind *an* sehr musikalisch.

6. Nach ihrer **Bildung** unterscheidet man:

    a) **ursprüngliche** oder echte Präpositionen wie: *an, auf, hinter, mit, über, zwischen;*

    b) **abgeleitete** oder unechte Präpositionen wie: *dank, infolge, während, abseits, wegen.*

7. Jede Präposition bestimmt den Kasus ihrer Bezugswörter, sofern sie deklinierbar sind. So entstehen neue, sog. umschriebene oder **Präpositionalfälle,** auch präpositionale Ausdrücke genannt. Die ursprünglichen Präpositionen „regieren" dabei meist den Akkusativ oder den Dativ, die abgeleiteten den Genitiv, manchmal auch den Dativ.

2. Die Rektion der Präpositionen

2.1. Präpositionen mit dem Genitiv (oder Dativ)

1. Die wichtigsten (meist abgeleiteten) Präpositionen, die den **Genitiv** regieren, sind:
   abseits, angesichts, an Hand, anläßlich, (an)statt, anstelle, aufgrund, außerhalb, behufs, beiderseits, betreffs, bezüglich, diesseits, halben, halber, hinsichtlich, infolge, inmitten, innerhalb, jenseits, kraft, laut, mangels, mittels, oberhalb, seitens, um ... willen, unterhalb, unfern, unweit, vermittels(t), vermöge, von seiten, von ... wegen, vorbehaltlich, während, wegen; auch: *unbeschadet, ungeachtet, zeit, zwecks* u. a.
   Doch steht nach *mangels, mittels, kraft, während* und *wegen* der **Dativ**, wenn der Genitiv nicht zu erkennen wäre, insbes. im Plural.
   ▷ *Aufgrund* seiner guten Leistungen wurde er befördert. *Anläßlich* des Firmenjubiläums erhielt die Belegschaft ein Sondergehalt. So etwas habe ich *zeit* meines Lebens nie wieder gehört. – Er wurde *mangels* ausreichender Beweise (aber: *mangels* Beweisen) freigesprochen. *Wegen* wiederholter Verstöße (aber: *wegen* Verstößen) gegen die Straßenverkehrsordnung entzog man ihm den Führerschein.

2. Den **Genitiv oder den Dativ** haben: *längs, laut, trotz;* **vor** *zufolge* und *zugunsten (zuungunsten)* steht der Dativ, **nach** *zufolge* und *zugunsten (zuungusten)* der Genitiv.
   ▷ Am besten fährt man *längs* des Flusses (oder: dem Fluß). *Trotz* des schlechten Wetters (oder: *Trotz* dem schlechten Wetter) machten sie einen Spaziergang. – Ihrem Telegramm *zufolge* haben wir den Versand beschleunigt; aber: *Zufolge* Ihres Fernschreibens haben wir ...

   Unweit, mittels, kraft und *während,*   stehen mit dem Genitiv
   ungeachtet und *vermöge,*   oder auf die Frage wessen?
   oberhalb und *unterhalb,*   Doch ist hier nicht zu vergessen,
   innerhalb und *außerhalb,*   daß bei den vieren von zuletzt
   diesseits, jenseits, abseits, wegen, statt, auch der Dativ wird gesetzt.
   und auch *längs, laut, trotz, zufolge*

3. Bei Präpositionen, die den Genitiv regieren, haben stark deklinierte Substantive, sofern sie allein und im Singular stehen, oft keine Kasusendungen, sind also scheinbar undekliniert.
   ▷ Die Kosten *einschließlich* Transport betragen 25 Mark. Glücksspiele sind *laut* Gesetz verboten. Offenbach liegt *unweit* Frankfurt. *Wegen* Verstoß gegen die Straßenverkehrsordnung entzog man ihm den Führerschein (↗ oben 1). Der Verkehr kam *infolge (wegen)* Streik zum Erliegen; aber: *Wegen* des allzu starken Verkehrs kam er zu spät.

4. Die Präpositionen *halb(en), wegen* und *um ... willen* werden mit dem Genitiv der Personal-, Demonstrativ-, Interrogativ- und Relativpronomen **zu Adverbien** zusammengezogen: *meinethalben, um deinetwillen, seinetwegen, ihretwegen, weshalb, deshalb, weswegen, deswegen, um dessentwillen.*

5. Von den genannten Präpositionen mit dem Genitiv (oder Dativ) stehen:
   a) *halben, halber* und *-halb* stets **hinter** dem Bezugswort,
   b) *wegen, zufolge, ungeachtet* **vor oder hinter** dem Bezugswort;
   c) *um ... willen* und *von ... wegen* **umrahmen** das Bezugswort.

2.2. Präpositionen mit dem Dativ (oder Genitiv)

1. Stets den **Dativ** regieren die folgenden Präpositionen:
   ab, aus, an ... vorbei, bei, dank, entgegen, gegenüber, fern, gemäß, mit, (mit)samt, nach, nächst (zunächst), nebst, von, von ... an, von ... auf, zu, zuliebe, zuwider.
   ▷ Ich wohne in einem Hotel *gegenüber* dem Bahnhof (dem Bahnhof *gegenüber*). Das Haus *(mit)samt* seinem Inventar ist gut versichert. *Nächst* dem Direktor ist der Prokurist für die Betriebsführung verantwortlich. *Von* ihrer Kindheit *an* war sie den Umgang mit Tieren gewöhnt.

2. Den **Dativ oder Genitiv** haben: *längs, laut, trotz, ferner, zufolge* und *zugunsten (zuungunsten)* je nach ihrer Stellung vor oder hinter dem Bezugswort (↗ 189/2). Selten mit dem Genitiv stehen: *außer, binnen, ob°* (= 1. *oberhalb,* 2. *wegen*) und *seit.*
   ▷ Wir erwarten seine Antwort *binnen* kurzem. *Binnen* eines Monats hatte sich die politische Lage sehr verändert. – *Außer* meinen Eltern weiß niemand von unserer Verlobung. Viele Intellektuelle gingen *außer* Landes. – Ich weiß *seit* langem von diesen Unregelmäßigkeiten. *Seit* alters wiederholen sie sich. – Kennst du Rothenburg *ob* der Tauber? „Der König zürnt *ob* des Verrats."

Merke   Mit dem **Dativ** schreibt man nieder:
gemäß, aus, mit, nach, nächst,
samt, bei, seit, von, zuwider,
entgegen, außer, nebst,
zu, binnen, gegenüber.

3. **Vor oder nach** ihrem Bezugswort stehen die Präpositionen: *entgegen, entsprechend, gegenüber, gemäß, nach* (= *gemäß*), *zufolge, zugunsten (zuungunsten), zunächst.* – Dem **Pronomen** werden sie immer **nachgesetzt**.
   ▷ Hast du alles *gemäß* den Vorschriften (den Vorschriften *gemäß*) erledigt? Dem Herkommen *entsprechend* (*entsprechend* dem Herkommen) hielt der Brautvater eine Rede. Meiner Meinung *nach* (*nach* meiner Meinung) hast du recht. – Mir *gegenüber* war er immer aufrichtig. Ihm *zufolge* war die Post schon da. Euch *zugunsten* haben wir auf unseren Anteil verzichtet.

2.3. Präpositionen mit dem Akkusativ

1. Stets den Akkusativ regieren die folgenden Präpositionen:
   bis, durch, für, gegen, gen°, ohne, sonder° (= *ohne*), *um* und *wider,* auch *per* und *pro.*
   ▷ Wir erwarten Ihre Antwort *bis* spätestens Donnerstag, den 15. März. *Gegen* wen spielt unsere Mannschaft am Sonntag? *Ohne* seine Frau geht er nicht ins Theater. Er ging *durch* den Garten. Bist du *für* oder *wider (gegen)* diesen Vorschlag. Kuno war ein Ritter *sonder* Furcht und Tadel. Sie fuhren *per* Bahn nach Hause. Wir berechnen Ihnen 5 Mark *pro* Stück.

Merke   Schreibe *durch, für, gegen, um,* und auch *sonder, ohne, wider*
stets mit **Akkusativ** und nie mit Dativ nieder.

2. **Vor** *entlang* steht meist der **Akkusativ** (selten der Dativ), **nach** *entlang* steht der **Dativ** (auch 191/1 trifft zu, ↗ auch *längs,* 189/2). Bei Verben der Bewegung steht *außer* mit Akkusativ (sonst mit Dativ, seltener Genitiv, ↗ oben 2).
   ▷ Wir gingen den Bach *entlang. Entlang* dem Bach wachsen viele Blumen. Die Beweise des Verteidigers setzten die Unschuld der Angeklagten *außer* jeden Zweifel. Der Aufzug wurde *außer* Betrieb gesetzt.

2.4. Präpositionen mit Dativ und Akkusativ

1. Eine doppelte Rektion haben die Präpositionen:
   an, auf, hinter, neben, in, über, unter, vor und *zwischen.*

   a) **Mit dem Akkusativ** kennzeichnen sie ein Verhältnis der **Bewegung** (Richtung) auf ein **Ziel** hin; d. h. es handelt sich um ein Verhältnis, das erst **entsteht** oder sich **verändert** und sich ergibt auf die **Frage: wohin?**

   b) **Mit dem Dativ** kennzeichnen sie ein Verhältnis als **Zustand**; d. h. es handelt sich um ein Verhältnis der **Ruhe** (Lage), das bereits **besteht** und **unverändert** bleibt – es ergibt sich auf die **Frage: wo?**

   c) Dabei handelt es sich nicht nur um **räumliche,** sondern auch um **zeitliche, ursächliche, modale** und überhaupt allgemein **begriffliche** Verhältnisse, die nach Bewegung oder Zustand unterschieden werden. Insbes. auf räumliche Verhältnisse bezieht sich der Merkspruch:

An, auf, hinter, neben, in, *über, unter, vor* und *zwischen* stehen mit dem **Akkusativ,**	wenn man fragen kann: *wohin?* Mit dem **Dativ** stehn sie so, daß man nur kann fragen: *wo?*

   ▷ Großvater arbeitet gern *in* seinem Garten (b, wo?). Auch im Winter geht er immer *in* seinen Garten (a, wohin?) – Habt ihr euch schon *in* die Teilnehmerliste eingetragen? (a). Ist diese Firma überhaupt *im* Handelsregister eingetragen? (b). – Der Gewinner kann *zwischen* einer Reise nach Italien und einem neuen Auto wählen (b). Hoffentlich setzt du dich mit dieser Entscheidung nicht *zwischen* zwei Stühle (a). – „Es stand *in* alten Zeiten . . ." (b, wann?). Wir denken uns gern *in* alte Zeiten zurück (a, Richtung in der Zeit); ebenso: Wir denken gern *an* alte Zeiten.

2. Im Satz läßt oft der **Verbinhalt** erkennen, ob eine Präposition den Akkusativ (bei einem Bewegungsverb) oder den Dativ (bei einem Zustandsverb) regiert. Umgekehrt wird aber ebenso oft das Verhältnis, das den Ausdruck und damit auch seine Rektion und seinen Kasus bestimmt, nicht vom Verbinhalt beeinflußt, sondern von dem **Sachverhalt,** den der Sprecher gegeben sieht; bei ein und demselben Verb steht also je nach dem gegebenen Sachverhalt einmal der Dativ, ein andermal der Akkusativ. Bei einigen Verben kann jedoch bei gleichem Sachverhalt sowohl der Akkusativ als auch der Dativ zu der gleichen Präposition treten; die Rektion ist **schwankend.**

   ▷ Legen Sie das Buch *auf* den Tisch? (wohin?). Das Buch liegt *auf* dem Tisch (wo?). Der Stuhl stand *an* der rechten Wand (wo?), bevor er ihn *an* die linke Wand stellte (wohin?). – Gehst du mit *in* den Stadtwald? (wohin?); wir wollen *im* Stadtwald spazieren gehen (wo?). Aufgeregt stürzte sie *ins* Büro (wohin?). Sie stürzte gestern *im* Büro über einen Stuhl. – Sie verstaute die Geschenke *im* Schrank/*in* den Schrank. Er vergrub seinen Schatz *in* der Erde/*in* die Erde. Ich befestigte das Seil *an* die Wand/*an* der Wand.

3. Beim Gebrauch der unter 1 genannten Präpositionen in begrifflichen oder **übertragenem Sinn** ist oft nicht zu erkennen, ob das angegebene Verhältnis einer Bewegung oder einem Zustand entspricht. In der Regel stehen dann:

   a) der **Akkusativ** mit den Präpositionen *auf* und *über,*

   ▷ Bitte warten Sie *auf* mich. Hat sie sich *über* das Geschenk gefreut? Wir freuen uns *auf* euren Besuch. Wo bist du die Nacht *über* geblieben?

   b) der **Dativ** mit den Präpositionen: *an, in, hinter, unter, vor, zwischen.*

   ▷ Ich zweifle nicht *an* deinem guten Willen. Sind Sie *an* diesem Geschäft interessiert? Er handelt *in* unserem Interesse und *in* unserem Namen. *Unter* diesen Bedingungen stimme ich zu. *Vor* wem fürchtest du dich?

3. Der Gebrauch der Präpositionen

3.1. Verschmelzung von Präposition und bestimmtem Artikel

1. Einige Präpositionen können mit nachfolgendem **Dativ** oder **Akkusativ** des bestimmten Artikels im **Singular** zu einem einzigen Wort verschmelzen (↗ 107/6), in der Umgangssprache häufiger als in der Schriftsprache. Es verschmelzen:
   a) mit dem Dativ mask./neutr. **dem:** *am, beim, hinterm°, im, überm°, unterm°, vom, vorm°, zum;* mit dem Dativ fem. **der** nur: *zur;*
   ▷ Er hat ein hübsches Häuschen *im* Grünen. Kommst du mit *zum* Bahnhof? Auch die Arbeiter sollen *am* Gewinn beteiligt werden. ,,*Hinterm* Berg brennt es in der Mühle.''
   – Was hatte er *zur* Rechtfertigung seiner Tat zu sagen?
   b) mit dem Akkusativ neutr. **das:** *ans, aufs, durchs, fürs, hinters, ins, übers, ums, unters°, vors°, widers°, gegens°;* mit dem Akkusativ mask. **den:** *hintern°, übern°, untern°.*
   ▷ Das ist *fürs* erste genug. Wir wollen *aufs* Land ziehen. Gehst du mit *ins* Kino? Er hat uns alle *hinters* Licht geführt. Komm *vors* Haus! – Stell die Stühle *untern* Tisch. ,,Jetzt fahr'n wir *übern* See.''

2. Präposition und Artikel bleiben **getrennt**, wenn der Artikel **demonstrativ** gebraucht ist (↗ 166/1 u. 2; 171/9), etwa auf einen folgenden Relativsatz hinweist.
   ▷ Sind Sie *an dem* (= an diesem) Geschäft interessiert? – Ich traf ihn *an dem* Tag, an dem ich abreisen wollte.

3. In einigen Redewendungen bleiben Präposition und Artikel **immer verschmolzen**.
   ▷ Frankfurt *am* Main; *am* 3. März; *am* Montag, *dem* 3. März; nicht mehr *am* Leben sein; *ums* Leben kommen; Hand *aufs* Herz; die Hand *im* Spiel haben; *ins* Hintertreffen geraten; *im* Stich lassen; *zur* Verantwortung ziehen; *im* voraus u. a.

3.2. Die Präpositionen im Satz und bei der Wortbildung

1. Im Satz dienen die Präpositionen insbes. zum **Anschluß** von Substantiven (und Pronomen) an andere Substantive sowie an Verben und Adjektive; manche können auch Adverbien des Ortes oder der Zeit anschließen wie in: *von oben, nach unten; seit gestern, bis morgen* u. a.

2. Die Präpositionen dienen oft der **Verdeutlichung** der Beziehung von Wörtern und Wortgruppen im Satz, so z. B. die **Präpositionalfälle** und der **Ersatz des Genitivs** durch einen präpositionalen Ausdruck.
   ▷ Er schreibt seiner Mutter → Er schreibt *an* seine Mutter. Wir gedenken eurer oft → Wir denken oft *an* euch. – Kennst du Schillers ,,Wallenstein''? → Kennst du den ,,Wallenstein'' *von* Schiller? Bonn liegt oberhalb Köln(s) → Bonn liegt oberhalb *von* Köln. – Glaube ist die Liebe Gottes → Glaube ist die Liebe *zu* Gott.

3. Einige Präpositionen dienen auch als **Konjunktionen** (↗ 200ff.), z. B.: *seit, während, bis,* ebenso: *ohne, um, (an)statt + daß;* hierher geört auch der Anschluß von Infinitiven mit: *zu, um zu, ohne zu, (an)statt zu.*

4. Sehr oft treten in einem Satz mehrere präpositionale Ausdrücke auf. Weiteres dazu ↗ 245/4.

5. Zur **Wortbildung** werden die Präpositionen **meist adverbial** gebraucht. Sie stehen als Vorsilbe wie in: *ab-geben, auf-geben, um-geben* usw. (↗ 86ff.) und in: *die Absicht, die Übersicht* usw. (↗ 138) oder als Nachsilbe wie in: *hier-in, dar-in, da-für* usw. (↗ 168f.).

3.3. Die Anwendung der wichtigsten Präpositionen. Beispiele in alphabetischer Folge

ab – auf

ab   +Dativ   ↗ 190

▷ Wir bieten an: Kinderschuhe *ab* 28,50 DM, Sandalen *ab* 24,50 DM. – Wir liefern jede Menge Kaffee röstfrisch *ab* unserem Lager Bremen.

an, (an ... vorbei)   +Dativ/Akkusativ   ↗ 191

▷ Frankfurt *am* Main. – Frankfurt *an* der Oder. – Nassau *an* der Lahn. (Dat.) – *Am* nächsten Montag fahre ich für einige Tage *an* den Rhein. (Dat., Akk.) – Mein Freund ist Lehrer *an* einer Realschule/*an* der Universität. (Dat.) – Das Bild hängt *an* der Wand. (Dat.) – Hängen wir es *an* die andere! (Akk.) – Wegen schlechter Leistungen ist sie *ans* Ende der Klasse gerückt. (Akk.) – Der Schwimmer war mit seinen Kräften schnell *am* Ende. (Dat.) – Alle zweifeln *an* ihrer Ehrlichkeit (Dat.), keiner glaubt dar*an*. (Akk.) – Er ist reich *an* Verstand, aber arm *an* Freunden. (Dat.) – Es herrschte Mangel *an* allem, das Land war fast *am* Verhungern. (Dat.) – Die Reparatur wird *an* die (= ungefähr) 40 DM kosten. (Adverb) – Wir fuhren *an* der Kirche/*an* vielen Weinbergen *vorbei* (immer mit Dativ).

angesichts   +Genitiv   ↗ 189

▷ *Angesichts* des hohen Sachschadens rufen Sie besser die Polizei. – Der Angeklagte mußte *angesichts* der unwiderleglichen Beweise alles eingestehen.

(an)statt, anstelle   +Genitiv   ↗ 189

▷ Nun hat er sich *(an)statt* eines Motorrades doch einen Wagen gekauft. – *Anstelle* des Direktors wird unser Prokurist die Verhandlungen führen.

auf   +Dativ/Akkusativ   ↗ 191

▷ Meine Eltern wohnen *auf* dem Land. (Dat.) – Ich ziehe *aufs* Land. (Akk.) – Führe den Hund *auf* die Straße! (Akk.) – *Auf* der Straße: Vorsicht! (Dat.) – Die Verhandlungen sind *auf* dem toten Punkt angekommen. (Dat.) – Mit seinen Ausführungen traf der Redner den Nagel *auf* den Kopf. (Akk.) – Er sitzt *auf* dem trockenen und liegt seinem Vater *auf* der Tasche. (Dat.) – Die Sitzung ist *auf* elf Uhr anberaumt, das Taxi *auf* zehn bestellt. (Akk.) – Die Gäste wurden *aufs* beste/*auf* das herzlichste bewirtet. (Akk.) – *Auf* Ihre Anfrage teilen wir Ihnen mit, daß wir nicht *auf* Kredit liefern. (Akk.) – Sie ist sehr böse/neidisch *auf* dich/ eifersüchtig *auf* ihn. (Akk.) – *Auf* meine Hilfe können Sie jederzeit rechnen, *auf* jeden Fall! (Akk.) – *Auf* baldiges Wiedersehn! (Akk.) – *Auf* Wiederhören! (Akk.) – Prosit! *Auf* Ihr Wohl! (Akk.)

aus +Dativ ↗ 190

▷ Sie zog ihre Geldbörse *aus* der Tasche. – Das Geld fiel ihr *aus* der Hand. – Er stammt *aus* Berlin, *aus* Deutschland, sie *aus* der Schweiz. – „Ein Märchen *aus* uralten Zeiten, das kommt mir nicht *aus* dem Sinn." – Dieses Spielzeug ist *aus* Holz/*aus* Pappe/*aus* solidem Kunststoff. – Das alles geschah *aus* durchsichtigen Gründen, nämlich *aus* Haß. – Ich weiß *aus* Erfahrung darüber Bescheid, *aus* eigenem Erleben. – Geh mir endlich *aus* den Augen! Mach dich *aus* dem Staub, sonst . . . !

außer +Dativ (Genitiv) ↗ 190

▷ Der Kranke ist jetzt *außer* Gefahr. (Dat.) – Er ist Beamter *außer* Dienst. (Dat.) – Diese Münzen sind *außer* Kurs. (Dat.) – Das steht außer *allem* Zweifel. (Dat.) – Ich bin ganz *außer* Atem/*außer* mir vor Freude/völlig *außer* Fassung. (Dat.) – Wir sind *außerstande,* diese Mängel Ihrer Waren *außer* acht zu lassen. (Dat.) – *Außer* vielen Politikern gingen auch viele Intellektuelle *außer* Landes. (Dat., Gen.)

außerhalb, innerhalb, oberhalb, unterhalb +Genitiv ↗ 189

▷ Sie wohnen etwas *außerhalb* der Stadt. – Ereignete sich der Unfall *innerhalb* oder *außerhalb* der Arbeitszeit? – *Innerhalb* des Parks sind Hunde an der Leine zu führen. – Soll die Leiste *oberhalb* oder *unterhalb* des Fensters angebracht werden?

bei +Dativ ↗ 190

▷ Hanau, die Geburtsstadt der Brüder Grimm, liegt *bei* Frankfurt a. M. – Er wohnt *bei* seinem Freund. – *Bei* dir zu Hause ist es gemütlicher. – Er half mit öfters *bei* der Arbeit/*beim* Basteln/*beim* Übersetzen. – Die Wanderung begann *bei* Tagesanbruch, *bei* herrlichem Wetter. – *Beim* besten Willen und *bei* aller Anstrengung ist mir das unmöglich! – *Bei* alledem: Versuch's! – Betreten der Geleise *bei* Strafe verboten!

binnen (innerhalb) +Dativ (Genitiv) ↗ 190 (189)

▷ Wir reparieren den Wagen *binnen*/*innerhalb* (innerhalb von) vier Tagen. (Dat.) – Geht es nicht auch *binnen* drei Tagen/*innerhalb* dreier Tage? (Dat., Gen.) – *Binnen* eines Jahres hatte sich die politische Lage sehr verändert. (Gen. !)

bis +Akkusativ ↗ 190

▷ Von Mainz *bis* Koblenz und dann *bis* Köln fahren wir mit dem Schiff. – Senden Sie mir *bis* kommenden Dienstag 6 *bis* 8 Stück zur Probe!

Steht **bis** vor einer anderen Präposition, so bestimmt diese den Kasus:
▷ Wir erwarten Ihre Antwort *bis zum* 15. März. (Dat.) – *Bis vor* kurzem/*bis zu* diesem Mittwoch wußte ich nichts von diesem Vorfall. (Dat.) – Alle *bis auf* dich und deinen Bruder billigen meinen Vorschlag. (Akk.) – Diese Straße führt nur *bis an,* nicht *bis über* die Grenze. (Akk.) – Er arbeitete *bis ans* Ende seiner Kräfte. (Akk.)

dank +Dativ ↗189

▷ *Dank* seiner Hilfe kamen wir schnell voran. – *Dank* dem Himmel, daß ihr kommt! – *Dank* seinen guten Leistungen wurde er befördert.

**diesseits, jenseits,
beiderseits, abseits** +Genitiv ↗189

▷ Weinberge gibt es *diesseits* und *jenseits* der Alpen/*beiderseits* des Rheins. Wir verbrachten unseren Urlaub *abseits* allen Betriebes und *abseits* aller touristischen Attraktionen.

durch +Akkusativ ↗190

Man konnte *durch* den Vorraum/*durch* den Vorhang ins Zimmer sehen. – Der Ball flog in einem hohen Bogen *durch* die Luft/*durchs* Fenster. – Wir erhielten die Nachricht *durch* einen Boten/*durch* Fernschreiben. – Unsagbar viel Leid ist *durch* diesen Krieg in die Welt gekommen.

für +Akkusativ ↗190

▷ Hier habe ich einen Brief/ein Geschenk/einen guten Roman *für* dich. – Sie bürgen *für* den Mann, aber seine Zeugnisse sprechen nicht *für* ihn! – *Für* Geld und gute Worte kann man vieles haben, aber nicht alles. – Sie sollten dieses Buch Tag *für* Tag und Wort *für* Wort studieren!

gegen, wider +Akkusativ ↗190

▷ Der Lastwagen raste *gegen* einen Baum/*wider* die Leitplanke. – Lebensmittel und Verbrauchsgüter liefern wir nur *gegen* Barzahlung. – Taub *gegen* alle Bitten, sträubte er sich *gegen* jede ärztliche Hilfe. – Diese Anordnung verstößt *gegen/(wider)* alles Recht und Herkommen.

gegenüber +Dativ ↗190

▷ Sie finden die Post *gegenüber* dem Rathaus, sie liegt *gegenüber* dem Rathaus. – Kannst du dieses Verhalten deinen Kindern *gegenüber* verantworten? – Mir *gegenüber* war sie immer aufrichtig, und euch *gegenüber*?

hinter   +Dativ/Akkusativ   ↗ 191

▷ Die Katze sitzt *hinter* dem Ofen und will nicht *hinter* ihm hervor. (Dat.) – Fritz ist *hinter* all(en) seinen Mitschülern weit zurückgeblieben. (Dat.) – Warte nur, ich komme noch *hinter* deine Geheimnisse! (Akk.) – Dieser Bursche hat uns kräftig *hinters* Licht geführt. (Akk.) – Es steckt nichts *hinter* seinem Gerede/*hinter* seinen großen Worten. (Dat.)

in   +Dativ/Akkusativ   ↗ 191

▷ Meine Familie lebte lange *im* Ausland/*in* der Schweiz. (Dat.) – Ich gehe jetzt *in* den Garten, *in* den Wald, *ins* Haus. (Akk.) – Laß uns jetzt *ins* Kino gehen! (Akk.) – Gestern war ich *im* Kino. (Dat.) – Er steht *in* aller Frühe auf, manchmal schon mitten *in* der Nacht. (Dat.) – *In* der Sache bin ich *im* wesentlichen derselben Meinung wie Sie. (Dat.)

infolge, (aufgrund)   +Genitiv (Dativ)   ↗ 189/1, 4

▷ *Infolge/aufgrund* starken Schneefalls (von starkem Schneefall) kam es zu vielen Unfällen. – *Infolge* Schneefall kam es zu vielen Unfällen.

kraft, laut   +Genitiv (Dativ)   ↗ 189

▷ Der Beamte handelt *kraft* seines Amtes und *kraft* (des) Gesetzes. (Gen.) – *Kraft (laut)* Gesetz haben Sie einen Anspruch auf Entschädigung. (Dat.) – *Laut* unseres Vertrags/ unserem Vertrag erhalten Sie keine Entschädigung. (Gen., Dat.)

mit, (mit)samt, nebst   +Dativ   ↗ 190

▷ Die Mühle arbeitet nicht mehr *mit* eigener Wasserkraft, sondern *mit* einem Dieselmotor. – Wir verreisen immer *mit* unseren Kindern. – Ich fuhr *mit* dem Zug/*mit* meinem eigenen Wagen/*mit* einem Omnibus. – Auch die Umgangssprache werden Sie *mit* der Zeit/*mit* Sicherheit beherrschen lernen. – Sie erhalten das Haus *mit*/*(mit)samt*/*nebst* allem Zubehör.

mittels, vermittels(t)   +Genitiv (Dativ)   ↗ 189

▷ Das Schloß wurde *(ver)mittels* eines Nachschlüssels geöffnet. (Gen.) – Dieses Problem läßt sich nur *vermittels(t)* vieler Experimente (Gen.)/*mittels* Experimenten (D!) lösen.

nach   +Dativ   ↗ 190

▷ Morgen fahre ich *nach* dem schönen Paris, *nach* Frankreich. – *Nach* der Versammlung gingen wir sofort *nach* Hause. – Die Kunden wurden einer *nach* dem andern, der Reihe *nach* bedient. – Handeln Sie *nach* Belieben/*nach* Gutdünken/*nach* bestem Gewissen!

neben — ungeachtet

neben +Dativ/Akkusativ ↗ 191
▷ Im Kino saß er *neben* mir. (Dat.) – Setz dich hier *neben* mich! (Akk.) – Der Wagen steht *neben* dem Rathaus. (Dat.) – Fahr ihn *neben* die Post! (Akk.)

ohne +Akkusativ ↗ 190
▷ Er ist *ohne* (einen) festen Beruf/*ohne* Wohnung/*ohne* Obdach. – *Ohne* jeden Anlaß/*ohne* allen Grund fing er ein Streitgespräch an.

trotz +Genitiv oder Dativ ↗ 189/2
▷ Die Buben gingen *trotz* des strengen Verbots schwimmen. (Gen.) – *Trotz* meinem Verbot bist du gegangen! (Dat.) – *Trotz* alledem: Geh! (Dat.)

über +Dativ/Akkusativ ↗ 191
▷ Der Ballon schwebte *über* der Stadt/*über* dem Wald/*über* dem Tal. (Dat.) – Die Buben stiegen *über* den Zaun/*über* den Stacheldraht. (Akk.) – Unsere Reise geht *über* das reizvolle Istanbul nach Kleinasien. (Akk.) – *Über* eine Stunde schon sitze ich *über* dieser Aufgabe. (Akk., Dat.) – *Über* ein Weilchen/*über* Jahr und Tag sehen wir uns wieder! (Akk.) – Ich freue mich *über* diesen Erfolg. Bist auch du froh dar*über*? (Akk.)

um, (um ... herum) +Akkusativ ↗ 190
▷ Die Erde dreht sich *um* die Sonne und außerdem *um* ihre Achse. – Er ging *um* das Problem *herum* wie die Katze *um* den heißen Brei. – Der Zug fährt *um* vier Uhr ab, läuft *um* 9 Uhr 10 hier ein. – Ich werde meinen Lehrer *um* einen Tag Urlaub/*um* Entschuldigung bitten. – Wir haben unsere Preise *um* die Hälfte/*um* ein Drittel herabgesetzt. – Durch Fehlplanungen kam er *um* sein Vermögen/*um* seinen Besitz. – Einen Tag *um* den andern hoffte er auf Genesung, Stunde *um* Stunde. –

um ... willen +Genitiv ↗ 189
▷ *Um* des lieben Frieden *willen* solltet ihr euch versöhnen. – Sie verzichteten *um* ihrer Kinder *willen* auf viele Annehmlichkeiten.

ungeachtet +Genitiv ↗ 189
▷ *Ungeachtet* aller Warnschilder raste der Fahrer in die Kurve. – Meines Rates *ungeachtet* hast du wieder denselben Fehler gemacht!

unter   +Dativ/Akkusativ   ↗191

▷ Der Hund sitzt *unter* dem Tisch/*unter* der Bank/*unter* dem Vordach. (Dat.) – Man kann nicht alle Menschen *unter* einen Hut bringen. (Akk.) – *Unter* den Erschütterungen schwankte der Boden *unter* seinen Füßen. (Dat.) – Er brachte das Gerücht schnell *unter* die Leute. (Akk.) – Sie schreiben uns *unter* dem 10. d. M., daß Sie nicht liefern können. (Dat.) – Auch wir waren *unter* den Zuschauern des Wettspiels. (Dat.)

unweit, unfern   +Genitiv (Dativ)   ↗189 (190)

▷ Ich suche ein Hotel *unweit (unfern)* des Bahnhofs; auch: *unfern* dem Bahnhof (Dat.) Immer mit Dativ steht **fern**: Er starb *fern* seinem Vaterland.

vermöge   +Genitiv   ↗189

▷ Er ist *vermöge* seiner amtlichen Stellung immer gut unterrichtet. – *Vermöge* ihres unermüdlichen Fleißes erzielte sie bedeutende Erfolge.

von, von ... an/auf/aus   +Dativ   ↗190

▷ Der Kaiser *von* Japan. – Die Königin *von* England. – Rudolf *von* Habsburg. – Ich komme gerade *von* der Arbeit/*vom* Amt/*vom* Zahnarzt. – Das Geschenk kommt *von* ganzem Herzen. – Ist er *von* Sinnen? – Lange habe ich keine Nachrichten mehr *von* ihm erhalten. – Viele *von* meinen Freunden sind *von* hier verzogen. – Wir bewohnen eine Wohnung *von* drei Zimmern in einer Stadt *von* zunehmender Bedeutung; sie wächst *von* Jahr zu Jahr. – Er ist ein Mann *von* hohem Wuchs/*von* Ehre/*von* Charakter. – Wir machen eine Pause *von* zehn Minuten/*von* einem Viertelstündchen. – Ich bin müde *von* all diesem Gerede, erschöpft *vom* Zuhören. – *Vom* 1. Januar *an* erhöhen sich die Strom- und Straßenbahntarife. – *Von* München *aus* werde ich einen Abstecher in die Alpen machen. – Wir bieten Schuhe *von* zwanzig Mark *an* aufwärts. – Das gilt *von* sofort *an*. – *Von* frühester Kindheit *an*/*von* Jugend *auf* war sie an Sparsamkeit gewöhnt. – Kannst du mich *vom* Fenster *aus* sehen? – Das ist *von* deinem Standpunkt *aus* verständlich. – *Von* mir *aus* (= meinetwegen) kannst du hereinkommen. –

von seiten   (= *von* mit
von ... wegen   altem Dativ)   +Genitiv   ↗189/1

▷ *Von seiten* des Prozeßgegners erfolgte kein Einspruch. – Die Weiterfahrt ist *von Amts wegen* verboten. – *Von Rechts wegen* müßte er bestraft werden.

vor   +Dativ/Akkusativ   ↗191

▷ Der Wagen steht *vor* der Tür. (Dat.) – Kinder, geht *vors* Haus! (Akk.) – Die Schauspieler mußten immer wieder *vor* den Vorhang treten. (Akk.) – Der Brief ist schon *vor* einem Monat abgesandt worden. (Dat.) – Er kam *vor* den Richter. (Akk.) – Sie weinte *vor* Scham/*vor* Zorn. (Dat.) – Nur Kinder haben Angst *vor* dem schwarzen Mann. (Dat.) – Hüten Sie sich *vor* diesem Betrüger! (Dat.)

während – zwischen

während   +Genitiv   ↗ 189
▷ *Während* des Krieges lebten wir zurückgezogen auf dem Land. – Die Kinder besuchten *während* dieser Zeit die Dorfschule.

wegen   +Genitiv   ↗ 189
▷ Meiner Erkrankung *wegen* konnte ich euch nicht früher schreiben. – *Wegen* Motorschadens unterbrechen wir die Fahrt. – Meinet*wegen*!

zu   +Dativ   ↗ 190
▷ Johann Wolfgang Goethe wurde *zu* Frankfurt am Main geboren. – Morgen bin ich nicht *zu* Hause. – Kommen Sie *zu* mir ins Büro. – Ich habe keine Zeit *zum* Lesen. – Bis *zur* Haltestelle/ *zum* Bahnhof sind es noch zehn Minuten. – Wie kam er *zu* diesen Behauptungen? – Gehen Sie *zu* der Veranstaltung heute abend? – *Zum* Glück hatte er Zeit für mich. – *Zu* seinem und unserem Glück befolgte er deinen Rat. – Sie kaufte Stoff *zu* 10 Mark das Meter, also *zu* einem Spottpreis. – Der Präsident gab dem hohen Gast *zu* Ehren ein Bankett. – Der Kranke wurde von Tag *zu* Tag, von Stunde *zu* Stunde schwächer. – Die beiden Verbrecher wurden *zu* sehr hohen Strafen verurteilt.

zufolge   +Genitiv/Dativ   ↗ 189/2
▷ Seinem Letzten Willen *zufolge* wurde er in aller Stille bestattet. (Dat.) – Sein Vermögen fällt *zufolge* seines Letzten Willens an die Armen. (Gen.)

zugunsten, zuungunsten   +Genitiv/Dativ   ↗ 189/2
▷ Alle waren gespannt, ob die Geschworenen *zugunsten* oder *zuungusten* des Angeklagten entscheiden würden. (Gen.) – Dir und deinem Bruder *zugunsten* verzichte ich auf meinen Anteil. (Dat.)

zuliebe, zuwider   +Dativ   ↗ 188/5, 190
▷ Nur seiner Frau und seinen Kindern *zuliebe* fuhr er an die Küste. – Tu es mir *zuliebe*! – Warum verhältst du dich nur allen Regeln und Vorschriften *zuwider*?

zwischen   +Dativ/Akkusativ   ↗ 190
▷ Das Gebiet *zwischen* den Alpen und der Donau heißt das Alpenvorland. (Dat.) – Der Hund hielt das Stück Fleisch *zwischen* den Zähnen. (Dat.) – Beim Essen ist mir etwas *zwischen* die Zähne geraten. (Akk.) – Es kam zu einem Streit *zwischen* den beiden (Dat.), und niemand wagte es, *zwischen* die Streitenden zu treten. (Akk.)

X. Die Konjunktion (Das Bindewort)

1. Aufgaben und Bildung der Konjunktionen

1. Die Konjunktionen (die Bindewörter) verknüpfen Sätze oder Satzglieder miteinander und stellen zwischen ihnen eine gedankliche Beziehung her.
2. Die Konjunktionen sind Partikel und unveränderlich.
3. Nach ihrer **Bildung** gliedern sich die Konjunktionen in:
   a) **ursprüngliche:**
      und, aber, auch, dann, denn, doch, so, wenn u. a.;
   b) **abgeleitete:**
      ferner, erstens, übrigens u. a.;
   c) **zusammengesetzte:**
      endlich, gleichwohl, obschon, vielmehr, wiewohl; darum, deshalb, dessenungeachtet, somit, überdies u. a.;
      als auch, als ob, bis daß, sondern auch;
   d) **mehrgliedrige:**
      entweder ... oder, teils ... teils, weder ... noch, erstens ... zweitens ... drittens, sowohl ... als auch, bald ... bald u. a.
4. Viele Konjunktionen kommen aus anderen Wortarten, so insbes. auch die sog. **Konjunktionaladverbien:**
   wo, da; woher, daher; wohin, dahin; wann, dann; warum, darum; wodurch, dadurch; wozu, dazu u. a. (↗ 168/4).
5. Den Sinn und Gebrauch der Konjunktionen verdeutlicht die folgende Gegenüberstellung:
   ▷ **ohne Konjunktionen:**
   Gestern erhielten wir Ihre Warensendung. Die Rechnung lag bei. Wir prüften den Inhalt der Kiste. Wir verglichen ihn mit der Rechnung. Die Rechnung stimmte mit der Sendung nicht überein. Sie entsprach nicht unserer Bestellung. Die Waren selbst waren nicht die bestellten. Wir teilen Ihnen dies mit. Wir vermuten ein Versehen Ihrer Versandabteilung. Wir bitten um Aufklärung.
   ▷ **mit Konjunktionen:**
   Nachdem wir gestern Ihre Warensendung mit beiliegender Rechnung erhalten hatten, prüften wir die Kiste, *wobei* wir leider feststellten, *daß* die Rechnung *weder* mit der Sendung *noch* mit unserer Bestellung übereinstimmte. *Auch* der Kisteninhalt selbst entspricht nicht unserer Bestellung, *so daß* wir ein Versehen Ihrer Versandabteilung annehmen müssen. Wir teilen Ihnen dieses mit *und* bitten um umgehende Aufklärung.

2. Die Arten der Konjunktionen

2.1. Die Einteilung der Konjunktionen nach ihrer Bedeutung und Funktion

1. Nach ihrer Bedeutung machen die Konjunktionen Angaben über folgende **Beziehungen** zwischen Wörtern, Wortgruppen und Sätzen:
   a) **Anreihung,** Erläuterung und Einteilung (kopulative Beziehung);
   b) **Entgegensetzung,** teils auch Einschränkung (adversative Beziehung);
   c) **Ausschließung,** bei der oft eine Entscheidung gefordert wird (disjunktive Beziehung);
   d) **Ortsbestimmungen** einschl. Angaben über Raum und Richtung (lokale Beziehung);
   e) **Zeitbestimmungen** (temporale Beziehung);
   f) **Art und Weise** (modale Beziehung) einschl. Angaben über Vergleiche, Steigerung, Ergänzung und Einschränkung;
   g) **Ursachen** (kausale Beziehung) einschl. Angaben über folgernde (konsekutive), zweckgerichtete (finale), bedingende (konditionale), einräumende (konzessive) und das Mittel angebende (instrumentale) Verhältnisse;
   h) **grammatische** Beziehungen.

2. Einige Konjunktionen können **mehrere** der angegebenen Beziehungen bezeichnen, z.B.: *oder* (anreihend, ausschließend), *während* (zeitlich, entgegensetzend), *wenn* (zeitlich, bedingend), *da* (zeitlich, räumlich, begründend) u.a.
   ▷ Mit Atomenergie wird man einmal Maschinen betreiben, Auto fahren, heizen *oder* kochen können (anreihend: alles gleichzeitig; ausschließend: man entscheidet sich für eines davon). – Wir machten uns auf den Weg, *während* die Sonne noch schien (zeitlich). Ich stimmte dem Vorschlag zu, *während* mein Bruder ihn ablehnte (entgegensetzend). – Rufen Sie mich an, *wenn* (= sobald) Sie eintreffen (zeitlich). Ich komme, *wenn* (= sofern) ich Zeit habe (bedingend). – Kennst du Stuttgart? *Da* wohnt meine Freundin Erika (räumlich). Als ich zum Bahnhof kam, *da* war der Zug schon abgefahren (zeitlich). Er konnte nichts verraten, *da* er nichts wußte (begründend).

3. Als Konjunktionen stehen oft auch Wörter aus **anderen Wortarten,** insbes. Präpositionen wie: *bis, seit, während* u.a., Adverbien wie: *da, daher, beziehungsweise* u.a. sowie Fragewörter wie: *wo, woher, ob* u.a.

4. Nach ihrer **grammatischen Funktion** bei Satzbau und Wortfolge unterscheidet man:
   a) **nebenordnende** (koordinierende) Konjunktionen;
   b) **unterordnende** (subordinierende) Konjunktionen;
   c) einige Konjunktionen können sowohl nebenordnend als auch unterordnend stehen.
   ▷ Als ich zum Bahnhof kam, *da* war der Zug schon abgefahren (nebenordnend). Er konnte nichts verraten, *da* er nichts wußte (unterordnend). – Sie war im letzten Jahr sehr krank; *seitdem* ist sie nicht mehr so fröhlich (nebenordnend). *Seit(dem)* sie im letzten Jahr so schwer krank war, ist sie nicht mehr so fröhlich (unterordnend). – Klaus ist *so* alt *wie* Werner (nebenordnend). *So* gern ich Ihnen helfen möchte, ich kann es nicht (unterordnend). *Wie* sehr ich dich schätze, weißt du (unterordnend).

2.2. Nebenordnende Konjunktionen zur Anreihung, Erläuterung und Einteilung

1. Zur **Anreihung** und äußerlichen Verknüpfung von Wörtern, Wortgruppen oder Sätzen, d. h. zur Bildung von Wortreihen, Satzgliedreihen und Satzverbindungen (↗ 246–251) sowie Satzreihen dienen **nur nebenordnende** Konjunktionen, und zwar:
   und, auch, wie, sowie, zudem, außerdem, desgleichen, oder (↗ 201/2; 203/2.4.); *sowohl ... als auch; nicht nur ..., sondern auch; weder ... noch; erst, dann, ferner, weiter, hernach, zuletzt, endlich, schließlich;* auch: *übrigens, überdies, ohnehin* u. ä.
   ▷ Sie erhalten schriftlich Bescheid *und* werden *außerdem* telefonisch unterrichtet. *Sowohl* er *als auch* seine Frau sprechen (spricht) Deutsch (↗ 223/10). Er ist mir *nicht nur* gefolgt, *sondern* hat mich auch angesprochen. Ich habe *weder* Zeit *noch* Geld fürs Theater. *Erst* wurde gegessen, *hernach* getrunken *und schließlich* getanzt.

2. Anreihend und nur nebenordnend sind auch die Konjunktionen, die eine **Erläuterung** anschließen: *und zwar, nämlich;* zugleich verbessernd auch: *beziehungsweise,* abgekürzt: *bzw.*, das ursprünglich nur in Verbindung mit *oder* (↗ 203/2.4.) gebraucht wurde, heute aber soviel bedeutet wie: *oder besser, oder eigentlich, das heißt eigentlich, das heißt genauer, oder vielleicht,* manchmal auch ausschließendes *oder* (doch steht dann besser dieses *oder* selbst).
   ▷ Unsere Nachbarn haben gestern gefeiert, *und zwar* bis spät in die Nacht, *nämlich* bis zwei Uhr früh. – Ich fahre um vier *oder* fünf Uhr hier ab, dann bin ich um sechs *bzw.* sieben Uhr in Köln. – Sein Gesicht war weiß, *beziehungsweise* (= oder eigentlich, d. h. genauer) gelblich grau. Wir gehen ins Kino *bzw.* (= oder vielleicht; oder besser) ins Theater. – Unser Abteilungsleiter *bzw.* (besser: *oder*) sein Stellvertreter wird Ihnen antworten.

3. Reihenbildend und nur nebenordnend sind auch die Konjunktionen zur **Einteilung** wie: *teils ... teils, halb ... halb, einerseits ... ander(er)seits, bald ... bald; erstens ... zweitens ... drittens ... ; zum ersten ... zum zweiten ...* usw.
   ▷ Die Arbeitnehmer in diesem Betrieb sind *teils* Arbeiter, *teils* Angestellte. Geben Sie mir *halb* Milch, *halb* Kaffee! Sie war *bald* traurig und *bald* froh.

2.3. Konjunktionen zur Bezeichnung der Entgegensetzung

1. Zur Angabe der Entgegensetzung (adversative Beziehung) dienen **meist nebenordnende** Konjunktionen, und zwar insbes.:
   aber, allein, doch, jedoch, dennoch; dagegen, hingegen, indes, freilich, gleichwohl, nichtsdestoweniger, trotzdem; nur, hinwieder(um)°; nicht ..., sondern (vielmehr).
   ▷ Alle erwarteten Regen; *allein* darin hatten sie sich getäuscht. Werner ist ein tüchtiger Ingenieur, *aber* sein Bruder/sein Bruder *hingegen(dagegen)* taugt nicht viel. Er arbeitet viel; auf seine Gesundheit achtet er *freilich* zu wenig. Schiller war oft schwer krank; *aber trotzdem/gleichwohl/nichtsdestoweniger* schuf er viele bedeutende Werke. Ich würde euch gerne helfen, *nur* weiß ich nicht wie. *Nicht* uns, *sondern* ihm sollst du helfen. Ich möchte *keine* Mietwohnung, *sondern* ein eigenes Haus.

2. Zur Bezeichnung von Gegensätzen gibt es auch **einige unterordnende** Konjunktionen, z. B.: *wohingegen, während* (auch zeitlich, ↗ 201/2; 203/2.6.).
   ▷ **nebenordnend:** W. ist ein tüchtiger Ingenieur, sein Bruder *dagegen* nicht.
   unterordnend: W. ist tüchtig, *wohingegen/während* sein Bruder nicht viel taugt.

2.4. Konjunktionen zur Bezeichnung der Ausschließung (und/oder Wahl)

1. Zur Angabe der Ausschließung (disjunktive Beziehung) dienen **nur nebenordnende** Konjunktionen, und zwar insbes.:
   oder (auch anreihend, ↗ 201/2), *entweder ... oder, sonst, andernfalls, widrigenfalls, im andern Fall;* über *beziehungsweise* ↗ 202.

2. Mit einer ausschließenden Konjunktion ist meist die Aufforderung zu einer **Entscheidung** oder **Wahl** verbunden.
   ▷ Möchten Sie Kaffee *oder* Tee? Du findest Edith *entweder* in der Küche *oder* im Garten. Der Auftrag ist sofort zu erledigen, *sonst* entstehen zusätzliche Kosten. Das Buch ist am 3. Mai zurückzugeben; *widrigenfalls* müssen Sie eine Mahngebühr bezahlen.

2.5. Konjunktionen zur Ortsbestimmung

1. Zur Angabe von Beziehungen des **Ortes**, des **Raumes** und der **Richtung** (lokale Beziehungen) dienen **Konjunktionaladverbien** (↗ 168/4).

2. Ortsbestimmende Konjunktionaladverbien sind:
   a) **nebenordnend:** *da* (auch zeitlich, ↗ unten 2a), *daher, dahin* u. a.;
   ▷ Kennen Sie Berlin? *Daher* kommt meine Frau. – Hier liegt Bonn. *Da* wohnen wir jetzt. – Weiter nördlich liegt Köln; *dahin* ziehen wir demnächst um.
   b) **unterordnend:** *wo, woher, wohin* u. a.;
   ▷ Wir fahren nach Berlin, *woher* meine Frau stammt. – Hier liegt Bonn, *wo* wir jetzt wohnen, weiter nördlich Köln, *wohin* wir demnächst umziehen.
   c) oft weist eine nebenordnende Konjunktion auf eine unterordnende hin oder zurück.
   ▷ Sie wünschte ihn *dahin, wo* der Pfeffer wächst. „*Wo* rohe Kräfte sinnlos walten, *da* kann sich kein Gebild gestalten." „*Wo* man singt, *da* laß dich ruhig nieder!"

2.6. Konjunktionen zur Zeitbestimmung

1. Die Konjunktionen zur Zeitbestimmung geben immer ein **Zeitverhältnis** an.

2. Die zeitbestimmenden (temporalen) Konjunktionen sind:
   a) **nebenordnend** und dienen dem Ausdruck
      der **Gleichzeitigkeit**, z.B.: *da* (auch lokal, ↗ oben), *indessen, zugleich* u. a.;
      der **Vorzeitigkeit**, z.B.: *zuvor, eher, vorher* u. a.;
      der **Nachzeitigkeit**, z.B.: *dann, darauf, hernach, später, seitdem* u. a.
   ▷ Ich rufe ein Taxi; *indessen/währenddessen* kannst du das Gepäck abholen. – Ich gehe gern mit ins Kino; *zuvor/vorher* muß ich aber noch diesen Brief einwerfen. – Sie war letztes Jahr sehr krank, und *seitdem/seither* ist sie so blaß.– Erst wurde gespeist, *dann/darauf/später* gesungen und getanzt.
   b) **unterordnend** und dienen dem Ausdruck
      der **Gleichzeitigkeit**, z.B. *wenn, als, da, wie, indem, indes(sen), während* (auch entgegensetzend, ↗ 201/2; 202), *solange, sooft* u. a.;
      der **Vorzeitigkeit**, z.B.: *ehe, bevor, bis, bis daß* u. a.;
      der **Nachzeitigkeit**, z.B.: *nachdem, seit, seitdem* u. a.
   ▷ Du kannst das Gepäck abholen, *während/indes(sen)* ich ein Taxi rufe. – *Ehe/Bevor* wir ins Kino gehen, muß ich noch diesen Brief einwerfen. – *Seit(dem)* sie krank war, ist sie so blaß. – *Nachdem* man gespeist hatte, wurde gesungen und getanzt. – Ich besuche dich *sooft* und *solange* ich kann. *Als* du anriefst, *da* (= nebenordnend) war es schon zu spät.

2.7. Konjunktionen zur Bezeichnung der Art und Weise

1. Die eigentlichen Konjunktionen zur Bezeichnung der Art und Weise geben die näheren **Begleitumstände** an, doch gehören hierzu auch Angaben über Vergleiche, den Intensitätsgrad oder die Steigerung, das Gleichmaß, die Ergänzung fehlender Umstände und die Einschränkung.

2. Die Konjunktionen zur Bezeichnung der Art und Weise (modale Beziehung) sind:

   a) **nebenordnend,** und dabei im einzelnen
   vergleichend, z. B.: *so, so ... wie, wie, als* (statt dessen veraltet, aber auch heute noch zur Vermeidung einer Anhäufung von *als:*) *denn,* ferner: *also, ebenso (... wie), genauso (... wie)* u. a.;
   gradmessend oder **steigernd,** z. B.: *ja, geradezu;*
   das **Gleichmaß** angebend, z. B.: *um so, desto,* auch: *je* (↗ unten b);
   einen fehlenden Umstand **ergänzend:** *geschweige (denn);*
   einschränkend, z. B.: *insofern, insoweit* u. a.

   ▷ Sie ist *so* alt *wie* ich. Er ist älter *als* wir beide. E. T. A. Hoffmann war als Schriftsteller erfolgreicher *denn* als Musiker. – Ich werde Ihre Ansichten ablehnen, *ja* bekämpfen. Er ist ein hochbegabter, *ja geradezu* genialer Künstler. – Erika liebt ihren Sohn *geradezu* abgöttisch; *um so/desto* schlimmer für ihn! – Er hat nicht einmal Zeit für seine Familie, *geschweige denn* für seine Freunde. – Du stimmst mir in diesen Punkten zu; *insofern/insoweit* sind wir also einer Meinung.

   b) **unterordnend,** und zwar eigentlich **modal** nur: *indem (dadurch, daß),* außerdem
   vergleichend, z. B.: *wie, gleichwie, so, so wie, als, als ob, als/wie wenn* u. a.;
   das **Gleichmaß** angebend: *je,* immer in Verbindung mit *desto/um so/je*⁰;
   einen fehlenden Umstand **ergänzend,** z. B.: *geschweige (denn) daß, kaum daß, ohne daß, (an)statt daß;* auch: *ohne zu, (an)statt zu* + Inf. (↗ 83/5 d);
   einschränkend, z. B.: *sofern, soweit, (in)wiefern, so viel, nur daß* u. a.;

   ▷ Er machte seinem Ärger Luft, *indem* er laut schimpfte. – So gern ich Ihnen helfen möchte, ich kann es nicht. Bei unserem Wiedersehen tat sie so, *als ob/als wenn/wie wenn* sie mich noch nie gesehen hätte. – *Je* lauter du schreist, *desto/um so/je* weniger hört man dir zu. – Sie dachte nicht an ihre Eltern, *geschweige daß* sie ihnen half. Er schlief ein, *kaum daß* er sich hingelegt hatte. Sie schwieg, *(an)statt daß* sie sich verteidigte (verteidigt hätte)/*anstatt* sich *zu* verteidigen. Das alles geschah, *ohne daß* ich etwas davon wußte. – *Sofern* du mir in diesen Punkten zustimmst, sind wir einer Meinung. *Soviel* ich weiß, kann er nicht kommen.

3. Die Konjunktionen zur Bezeichnung der Art und Weise dienen oft auch der Angabe anderer Beziehungen, insbes. temporaler (↗ 203) und kausaler (↗ 205) Art, einige auch zur Angabe rein grammatischer Beziehungen (↗ unten).

2.8. Konjunktionen zur Kennzeichnung grammatischer Beziehungen

1. Einige Konjunktionen haben keinen eigenen Bedeutungsinhalt, sondern nur die Funktion, grammatische Beziehungen zu kennzeichnen.

2. Zur Bezeichnung grammatischer Beziehungen dienen

   a) **nebenordnend** vor Komplementen (↗ 219/3), Attributen u.ä. insbes. modale Konjunktionen (↗ oben), z. B.: *als, wie* u. a.
   ▷ Er *als* Arzt wird helfen können. Ich kenne ihn *als* zuverlässig.

   b) **unterordnend** vor Subjekt- und Objekt-(auch Attribut-)Sätzen (↗ 258 ff.), insbes. bei indirekter Rede und Frage die Konjunktionen **daß** und **ob.**
   ▷ Gut, *daß* du kommst! *Ob* er noch kommt, ist nicht bekannt. – Es ist seine Sache, *ob* er kommt oder nicht. – Weiß er, *daß* wir aufbrechen wollen?

2.9. Konjunktionen zur Angabe ursächlicher Beziehungen

1. Die Konjunktionen zur Kennzeichnung ursächlicher Beziehungen gliedern sich in Angaben über den **Grund**, die **Folge**, den **Zweck** sowie über **Bedingungen** und **Einräumungen**.

2. Zur Kennzeichnung ursächlicher (kausaler) Beziehungen steht **nebenordnend** als eigtl. Konjunktion nur **denn**. Hinzu kommt eine große Zahl von Konjunktionen, die aus anderen Wortarten kommen, und zwar:
   a) **begründend**, d. h. eigtl. **kausal**, z. B.: *nämlich, ja, doch;*
   ▷ Er kam etwas früher, *denn* er wollte Sie noch allein sprechen/er wollte Sie *nämlich* noch allein sprechen.
   b) **folgernd**, d. h. **konsekutiv**, z. B.: *also, folglich, infolgedessen, mithin, somit, sonach, demnach, daher, darum, deswegen, deshalb;*
   ▷ Sie haben das Buch nicht rechtzeitig zurückgegeben; *also/deshalb/darum/folglich/ infolgedessen/mithin/deswegen* müssen Sie eine Zusatzgebühr entrichten.
   c) **zweckgerichtet**, d. h. **final**, z. B.: *darum, dazu;*
   ▷ Ich muß mich erholen; *dazu/darum* bin ich ans Meer gefahren.
   d) **bedingend**, d. h. **konditional**, z. B.: *sonst, andernfalls* (↗ 203/2.4.);
   ▷ Ich habe kein Geld; *sonst/andernfalls* würde ich mir ein Auto leisten.
   e) **einräumend**, d. h. **konzessiv**, z. B.: *zwar/wohl ... aber/allein/(je)doch; trotzdem* (↗ 202/2.3.);
   ▷ Er hatte *zwar/(wohl)* nur wenig Zeit; *aber/(allein)* er kümmerte sich *(doch)* um unsere Angelegenheit. Er hatte nur wenig Zeit; *trotzdem* befaßte er sich gründlich mit unserem Anliegen.

3. Viele Konjunktionen zur Angabe ursächlicher Beziehungen stehen **unterordnend**, und zwar:
   a) **begründend**, d. h. eigtl. **kausal**, z. B.: *weil, da, zumal (da), um so mehr (weniger) als, nun (da);*
   ▷ Er kam etwas früher, *weil* er Sie noch allein sprechen wollte. *(Nun) da* unsere Kinder erwachsen sind, ziehen wir uns aufs Land zurück. Ich komme gern zu euch nach Berlin, *zumal (da)/um so mehr als* ich dort einige alte Bekannte aufsuchen möchte.
   b) **folgernd**, d. h. **konsekutiv**, z. B.: *daß, so daß, weswegen, weshalb;* negativ auch: *zu ..., als daß/um zu; ohne daß/ohne zu;*
   ▷ Sie haben das Buch nicht rechtzeitig zurückgegeben, *so daß/weswegen* Sie eine Zusatzgebühr entrichten müssen. Das ist *zu* schön, *als daß* ich es glauben könnte. Das ist *zu* schön, *um* wahr *zu* sein. Sie ging vorbei, *ohne zu* grüßen.
   c) **zweckgerichtet**, d. h. **final**, z. B.: *damit, daß, auf daß°,* auch: *um zu;*
   ▷ Wir haben die Kleine ans Meer geschickt, *damit (auf daß)* sie sich erholt (auch: erhole). Ich bin ans Meer gereist, *um* mich *zu* erholen.
   d) **bedingend**, d. h. **konditional**, z. B.: *wenn, falls, im Falle (daß), sofern, wofern, wo nicht;*
   ▷ *Wenn* ich Geld genug hätte, würde ich mir ein Auto leisten.
   e) **einräumend**, d. h. **konzessiv**, z. B.: *obgleich, obschon, obwohl, ob ... auch, wenn ... auch, wenngleich, wiewohl, ungeachtet, wo ... doch;* mundartlich und umgangssprachlich auch das sonst nebenordnende: *trotzdem* (↗ 2e);
   ▷ *Obgleich/obwohl/ungeachtet* er wenig Zeit hatte, befaßte er sich mit unserem Anliegen. Ich kümmere mich darum, *wenn* ich *auch* nur wenig Zeit habe.

3. Der Gebrauch der Konjunktionen

3.1. Die Konjunktionen im Satz und ihr Einfluß auf die Wortfolge

1. Als Bindeglieder zwischen Wörtern, Wortfolgen oder Sätzen haben Konjunktionen Signalcharakter. Daher gelten Konjunktionen, sofern sie nicht auch einer anderen Wortart angehören, nicht als Satzglieder; diese sog. **echten** Konjunktionen haben keinen Einfluß auf die Wortfolge im Satz. Dagegen wirken sog. **unechte** Konjunktionen, die zugleich auch einer anderen Wortart angehören, im Satz wie adverbiale Bestimmungen mit entsprechendem Einfluß auf die Wortfolge.

2. **Echte nebenordnende** Konjunktionen **ohne Einfluß auf die Wortfolge** im Satz sind:
   a) *und, oder, allein, indes, sondern, denn;* sie stehen **immer am Anfang** der Wortgruppe oder des Satzes, die sie an das Vorhergehende anschließen, und sie dulden keine anderen Konjunktionen vor sich; insbes. nach *und* gilt eine Umstellung der Wortfolge heute als regelwidrig;
   ▷ Jedermann erwartete eine Entspannung der Lage; *allein* sie trat nicht ein. Über diese Frage läßt sich nicht viel sagen, *denn* alle Voraussetzungen sind noch ungeklärt. Wir fahren nicht zusammen, *sondern* ich reise allein. Wir haben Ihren Auftrag erhalten, *und* Sie werden (*nicht:* und werden Sie) die Lieferung übermorgen erhalten. – Nach heutigem Gebrauch nicht mehr zulässig ist der Märchenschluß: „Der König führte das Mädchen in sein Schloß, *und* war es nun die Frau Königin *und* lebten sie lange vergnügt zusammen."
   b) *aber* und *nämlich* sowie *ja, nein* und *nur* können am Anfang stehen oder eingeschoben werden.
   ▷ Ich würde gern länger bleiben, *aber* meine Zeit erlaubt es nicht/meine Zeit erlaubt es *aber* nicht. *Nein,* das kann ich nicht. Es kamen hunderte, *nein* tausende von Besuchern.

3. **Unechte nebenordnende** Konjunktionen gelten im Satz als adverbiale Bestimmungen und bewirken Umstellung, wenn sie am Satzanfang stehen. Mit oder ohne Einfluß auf die Satzfolge, also dem Gebrauch der echten Konjunktionen angenähert sind: *doch, jedoch, entweder, also.*
   ▷ Er hatte sich den Termin aufgeschrieben; *trotzdem* hat er sich nicht daran gehalten. Ich habe keine Zeit zum Schreiben; *deshalb* rufe ich an. – Er ist sehr begabt; *jedoch* mangelt es ihm am Fleiß/*jedoch* es mangelt ihm an Fleiß.

4. Oft stehen zwei nebenordnende Konjunktionen nebeneinander, z.B.: *und/aber/oder/denn+auch; und/aber/oder/denn+doch* u.a.
   ▷ Ich hatte keine Ahnung von deiner Notlage, *aber auch* meine Frau wußte nichts davon. Er war gewarnt, *und doch* ließ er sich nicht belehren.

5. **Alle unterordnenden** Konjunktionen sind **echte** Konjunktionen. Sie stehen **immer am Anfang** des Gliedsatzes, den sie einleiten, und signalisieren die Endstellung der Personalform des Prädikats in diesem Gliedsatz (↗ 256/1).

Ausnahme Im irrealen Vergleich mit *als* steht der Konjunktiv II gleich nach dem *als* (256/2b).

Ich fand Ihren Brief vor, *als* ich aus dem Urlaub zurückkam. *Weil* ich beunruhigt war, rief ich sofort bei unserem Geschäftsführer an. *Falls* ich es einrichten kann, suche ich Sie in den nächsten Tagen auf, *damit* wir alle anstehenden Fragen besprechen können. – Du siehst aus, *als* hättest du Hunger.

3.2. Die Anwendung der wichtigsten echten und unechten Konjunktionen. Beispiele in alphabetischer Folge

aber – also

aber ↗ 202/2.3.; 206/2b; 250/2a.
▷ Die Meldung von einer Regierungskrise wurde im Fernsehen gebracht, *aber* sie stimmt nicht/sie stimmt *aber* nicht. Jeder sucht das Glück, gefunden *aber* haben es nur wenige. Der Roman ist lesenswert, *aber* unmäßig dick und teuer.
Verstärkend stehen: *aber auch, aber trotzdem, aber freilich, aber ja* u.a.; in verneinenden Sätzen: *aber doch, aber dennoch;* nach verneinenden Sätzen: *wohl aber.*
▷ Das muß sofort erledigt werden, *aber ja* noch heute. Er war gut auf die Prüfung vorbereitet, hat *aber doch* versagt. Sie ist nicht sehr begabt, *wohl aber* fleißig.–
Abschwächend wirken: *zwar...aber, zwar...doch, wohl...doch* u.ä.
▷ Das Buch ist *zwar* gehaltvoll, *aber* schwer geschrieben.

allein ↗ 202/2.2.; 206/2a; 250/2a.
ist stärker als *aber* und steht meist in gehobener oder dichterischer Sprache. –
▷ „Ich bät' euch, länger hierzubleiben, *allein* es ist ein gar zu böser Ort." „Die Botschaft hör' ich wohl, *allein* mir fehlt der Glaube."

als (zeitlich) ↗ 203/2.6.; 206/5; 235/2; 268/3b.
Warst du noch nicht auf dem Bahnsteig, *als* der Zug einfuhr? *Als* die Gäste eintrafen, erwartete der Gastgeber sie schon an der Haustür.

als (vergleichend) ↗ 204; 206/5; 270/3a und b.
▷ Der Rock ist besser *als* meiner, aber auch teurer, *als* ich dachte. Diese Neuigkeiten sind alles andere *als* erfreulich. Er sieht aus, *als* hätte er schwere Sorgen (keine Endstellung des Prädikats im Nebensatz! ↗ 206/5 Ausnahme; 270/4c).
als fügt auch Attribute, Appositionen und Komplemente an (↗ 235/2; 219/3).
▷ sein Ruf *als* Arzt; ich *als* dein Freund; er *als* dein Berater und Helfer. Du erfährst es *als* erster. Er ertrug sein Leid *als* stiller Dulder.
Verstärkend steht: *gleich(sam) als.*
▷ Er geht, *gleichsam als* hätte er einen Stock verschluckt.

als ob ↗ 204/2.7.; 206/5; 270/4.
auch: *als wenn, wie wenn;* steht meist mit Konjunktiv II und kann wie *als* durch vorangestelltes *gleich(sam)* verstärkt werden.
▷ Er sieht aus, *als ob* er schwere Sorgen hätte. Die Wirtin umhegte ihn, *gleich als ob* sie seine Mutter wäre.

also ↗ 204/2.7.; 206/3; 255/5d.
▷ Ich bin selbst in Geldverlegenheit, kann Ihnen *also* nicht aushelfen. Wir hatten selbst große Verluste, *also* können wir ihm nicht helfen. *Also* der Motor versagt, böse Sache das! *Also* muß Hilfe herbei.

(an)statt – denn

(an)statt zu, (an)statt daß ↗ 204/2.7.; 206/5; 273/3; 279.
▷ Er sollte lieber sein Examen machen, *anstatt* herumzubummeln. *Statt daß* er immer im Wirtshaus sitzt, sollte er lieber sein Examen machen.

bevor, ehe ↗ 203/2.6.; 206/5; 268/4.
▷ *Bevor* man in einer Sache urteilt, muß man alle Umstände kennen. Du mußt den Sachverhalt kennen, *ehe* du dir ein Urteil erlauben kannst.

bis ↗ 203/2.6.; 206/5; 268/4.
▷ Ihr bleibt am besten hier, *bis* das Wetter wieder besser wird. *Bis* das Gewitter vorüber war, saßen wir in einem Gasthaus.

dadurch (mit Betonung der ersten Silbe) ↗ 205/2 b.; 206/3 u. 5.
leitet einen nachgestellten Hauptsatz ein, **dadurch daß** einen vorangestellten Gliedsatz (↗ 271); dadurch, daß (Komma!) steht auch allein.
▷ Ein Zug entgleiste; *dadurch* wurde die Strecke blockiert. *Dadurch daß* ein Zug entgleiste, wurde die Strecke blockiert. Die Strecke wurde *dadurch* blockiert, *daß* ein Zug entgleiste.
entsprechend: **damit** (instrumental) und: *damit, daß* (Komma!):
▷ Er schlägt jeden Rat in den Wind; *damit* schadet er sich oft. *Damit, daß* er jeden Rat in den Wind schlägt, schadet er sich nur.

damit (final, mit Betonung der zweiten Silbe) ↗ 205/2 b; 206/5; 271.
▷ Ich gebe Ihnen diesen Rat, *damit* Sie ihn auch bedenken. *Damit* Sie sich ein Bild machen können, erhalten Sie anbei einige Prospekte.

dann ↗ 203/2.6.; 206/3; 248/2 d.
ist in erster Linie zeitlich, wirkt von daher aber auch folgernd (↗ 205/2 a).
▷ Erst schreibe ich diesen Brief zu Ende, *dann* gehen wir spazieren. „Tue recht und scheue niemand!", *dann* wird es dir gut gehen. Bemühen Sie sich nur; Sie werden *dann* auch Erfolg haben.

daß ↗ 204/2.8.; 206/5.
wird allein oder zusammen mit anderen Konjunktionen oft gebraucht.
▷ in Subjektsätzen: *Daß* Edith kränkelt, bekümmert mich sehr. Es war schlimm, *daß* der Arzt den Fall nicht ernst nahm. (↗ 258/2);
▷ in Objektsätzen: Ich weiß, *daß* Sie viel leisten. (↗ 260). Sorgen Sie dafür, *daß* es so bleibt! (↗ 157/1); insbes. in der indirekten Rede (↗ 261–263): Herr Uhl teilte mir mit, *daß* er in den nächsten Tagen umzieht;
▷ häufige Verbindungen sind: als daß (↗ 205/2 b; 274/2); (an)statt daß (↗ 204/2.7.; 273/3); ausgenommen, daß; außer daß = nur daß (↗ 204/2.7.; 273/3); kaum daß (↗ 204/2.7.); ohne daß (↗ 204/2.7.); dadurch daß (↗ 205/2 b); damit, daß; es sei denn, daß (↗ 272/4); im Falle, daß (↗ 272/1); mit der Einschränkung, daß (↗ 273/3); unter der Bedingung, daß (↗ 272/1) und andere. – Das ist zu unwahrscheinlich, *als daß* ich es glauben könnte.

denn (↗ weil) ↗ 205/2 a; 206/2 a; 251/2 a.
leitet einen nachgestellten Hauptsatz ein, *weil (da)* einen vor- oder nachgestellten Gliedsatz.
▷ Mein Bruder kommt heute nicht, *denn* er ist krank. Mein Bruder kommt heute nicht, *weil* er krank ist. *Weil* mein Bruder krank ist, kommt er heute nicht; süddeutsch auch: Mein Bruder kommt heute nicht, *weil* er ist krank (Hauptsatz).

deshalb, deswegen, darum ↗ 205/2a; 206/3; 251/2b.

▷ Es stürmt und schneit, *deshalb/deswegen/darum* bleiben wir zu Hause. Er lehnt *deshalb* ab, *weil* er dich nicht kennt.

doch, jedoch ↗ 202/2.3.; 206/3; 250/2d.

▷ Mein neuer Wagen gefällt mir sehr, *doch* braucht er viel Pflege. Der neue Wagen ist schön; *(je)doch* er verbraucht sehr viel Benzin.

entweder ... oder ↗ 203/2.4.; 206/2a, 3; 250/2c.

▷ Ein Parallelogramm ist *entweder* recht- *oder* schiefwinklig. *Entweder* Sie zahlen/zahlen Sie, *oder* ich verklage sie auf Schadensersatz.

falls (↗ *wenn*) ↗ 205/2b; 206/5; 272/1.

▷ *Falls* (= wenn) die Antwort ausbleibt, müssen wir eben nochmals rückfragen. *Im Falle (, daß)* die Ware ausbleibt, müssen wir anmahnen. *Gesetzt den Fall (, daß)* er leugnet, was dann?

indes (entgegensetzend) ↗ 202/2.3.; 206/2a; 250/2d.

▷ Die Werbung kostete Millionen, *indes* die Ware blieb liegen. Die Saat stand gut, die Ernte *indes* enttäuschte die Erwartungen.

indes(sen) (zeitlich) ↗ 203/2.6.; 206/3; 249/8b; 268/3d.

= *inzwischen, unterdessen, währenddessen, währenddem*

▷ Mutter richtet das Essen, *indessen/inzwischen/unterdessen/währenddessen* deckst du den Tisch (nebenordnend); oder: *indessen* du den Tisch deckst (unterordnend).

nur ↗ 202/2.3.; 206/3; 250/2a.

▷ Ich möchte gern öfter Romane lesen, *nur* fehlt mir die Zeit dazu. Unser Buchhalter ist keineswegs unfähig, *nur* sehr langsam.

ob ↗ 204/2.8.; 206/5; 265/4a.

▷ Sind Sie sich darüber schlüssig, *ob* Sie den Brief beantworten oder nicht? *Ob* ich diese Versammlung besuche, weiß ich noch nicht.

obwohl, obgleich u. a. (↗ *trotzdem*) ↗ 205/2b; 206/5; 273/1.

▷ *Obwohl* ich am Erfolg zweifele, will ich doch einen Versuch wagen. Wir wollen das Wagnis eingehen, *obwohl* manches dagegen spricht. *Obgleich* er sich nicht wohl fühlte, ging er zur Arbeit. *Ob* er sich *gleich* nicht wohl fühlte, ging er doch zur Arbeit: norddeutsch auch: *Trotzdem* er sich nicht wohl fühlte, ging er zur Arbeit.

oder ↗ 203/2.4.; 206/2a; 250/2c;

▷ Unsere Vertreter müssen kräftig werben, *oder* der Absatz wird sinken. ,,Sein *oder* Nichtsein, das ist hier die Frage." Ich weiß noch nicht, ob ich zu der Verhandlung gehe *oder* ein anderer mich vertritt.

ohne – und

ohne zu, ohne daß ↗ 204/2.7.2 b; 206/5; 274/3; 279.

▷ Er antwortete auf alle Fragen, *ohne* sich lange *zu* besinnen. Er nahm alles hin, *ohne* sich *zu* verteidigen/*ohne daß* er sich verteidigt hätte. Ich beobachtete ihn, *ohne daß* er mich sah.

seit, seitdem ↗ 203/2.6.; 206/3, 5; 249/8 b; 269/7 d.

seit leitet nur Gliedsätze ein, *seitdem* Gliedsätze oder Hauptsätze.

▷ *Seit(dem)* ich dieses Buch gelesen habe, weiß ich besser über Politik Bescheid. Ich traf ihn vor vier Wochen; *seitdem* habe ich ihn nicht gesehen.

so ↗ 204/2.7.; 206/3, 5; 251/2 a; 270/3 a.

▷ Es regnete stark; *so* mußten wir eben zu Hause bleiben. ,,Hilf dir selbst, *so* hilft dir Gott." *So* gern ich Ihnen helfen möchte, ich kann es nicht.

so daß *(derart/dergestalt daß)* ↗ 205/2 b; 206/5; 274/1.

▷ Die Feuerwehr kam gerade noch rechtzeitig, *so daß* ein Großbrand verhindert werden konnte. Die Verhandlungen sind *so/derart* wichtig, *daß* der Direktor sie persönlich führen will.

sofern, soweit *(insofern, insoweit; insofern, als)* ↗ 204/2.7.; 251/2 e; 272/4; 273/3.

sofern/soweit leitet Gliedsätze ein, *insofern/insoweit* leitet Hauptsätze ein.

▷ Ich will Ihnen gern beistehen, *sofern* ich irgend kann. *Soweit* es in meiner Macht steht, werde ich Ihnen selbstverständlich helfen. – Der Vorfall ist nun aufgeklärt; *(in)soweit* ist nun alles klar. Das ist *insofern* beruhigend, *als* jetzt jeder zu seinem Recht gekommen ist.

sondern ↗ 202/2.2. u. 2.3.; 206/2 a; 250/2 b.

steht **nur nach verneinten** Ausdrücken oder Sätzen.

▷ Nicht ihn selbst, *sondern* seinen Bruder werde ich treffen. Der Neckar ist kein Berg, *sondern* ein Fluß. Ich halte das nicht nur für unrichtig, *sondern* ich nenne es verbrecherisch.

trotzdem (↗ *obwohl*) ↗ 205/2 a und b; 206/3; 250/2 d; 273/1.

leitet einen nachgestellten Hauptsatz ein, *obwohl/obgleich* u. ä. einen vor- oder nachgestellten Gliedsatz.

▷ Diese Regel wird nicht immer beachtet, *trotzdem* gilt sie. *Obwohl/obgleich* diese Regel nicht immer beachtet wird, gilt sie; norddeutsch auch: *Trotzdem* diese Regel gilt, wird sie in Norddeutschland nicht immer beachtet; statt: *Obwohl* diese Regel gilt, wird sie in Norddeutschland nicht immer beachtet.

um zu ↗ 205/2 b; 279.

▷ Er lieh sich Geld, *um* sich einen Anzug *zu* kaufen. *Um* Erfolg *zu* haben, müssen wir die größten Anstrengungen machen.

um so mehr/weniger, als ↗ 204/2.7.; 206/5.

▷ Arbeiten Sie fleißig, *um so mehr, als* Ihr Examen vor der Tür steht! Glaubt ihr nicht, *um so weniger, als* sie verärgert und voller Vorurteile ist!

und ↗ 202/2.2.; 206/2 a; 248 f.;

▷ ,,Ach Gott! die Kunst ist lang, *und* kurz ist unser Leben!"; auch folgernd: Komm zurück, *und* alles wird wieder gut! Denken Sie nur darüber nach, *und* Sie werden Ihre Fehler schon einsehen!

während – zwar

während (zeitlich) ↗ 203/2.6.; 206/5; 268/3 e.
▷ Der Vorfall ereignete sich, *während* ich verreist war. *Während* ich im Büro bin, werden alle Telefongespräche nach dort geschaltet.

während (entgegensetzend) ↗ 202/2.3.; 206/5.
▷ Seine Schrift ist fast unleserlich, *während* man deine gut lesen kann. *Während* ich hier gut zurechtkomme, gelang mir das früher gar nicht.

weder ... noch ↗ 203/2.4.; 206/3; 249/7.
▷ Die hiesige Zeitung ist *weder* gut geleitet, *noch* ist sie gut gedruckt. Die Artikel sind *weder* gründlich *noch* verständlich geschrieben.

weil, da (begründend, ↗ denn), **zumal da, zumal** ↗ 205/2 b; 206/5; 271.
leiten nur Gliedsätze ein; *weil* nennt einen unbekannten, *da* einen bekannten Grund; *zumal* ist verstärkend und nennt einen zusätzlichen Grund.
▷ Im Gebirge froren wir sehr, *weil* wir nicht warm genug angezogen waren. *Da* das Alpenklima (bekanntlich) rauh ist, müssen Sie warme Kleider mitnehmen. – Ich gehe nicht gern auf große Feste, *zumal* dann nicht, wenn sie im Winter stattfinden. Ihm ist schwer zu helfen, *zumal (da)* er so unzugänglich ist.

wenn (zeitlich, = **sooft, sobald, immer wenn**) ↗ 203/2.6.; 206/5; 268/3 a; 269/7 b.
▷ *Wenn/sooft/sobald/immer wenn* ich mit meinem Wagen losfahre, prüfe ich die Bremsen. Prüfen Sie auch die Lichtanlage, *wenn* Sie ihn aus der Garage holen?

wenn (bedingend, = ↗ *falls*) ↗ 205/2 b; 206/5; 268/3 a; 272/1.
▷ *Wenn* die Bremsen nicht funktionieren, werden Menschen gefährdet. Nicht anders ist es, *wenn* die Lichtanlage versagt. *Wenn* Sie das immer beachten, werden Sie gut fahren. – *Wenn* ich Geld hätte, würde ich mir ein neues Auto kaufen; bei Verneinung zu beachten (↗ 272/4; 273/3): Ich reise meistens mit dem Auto, *außer wenn* Glatteis ist/ *wenn nicht* Nebel ist/ *es sei denn, daß* schlechtes Wetter wäre.

wie ↗ 204/2.7.; 235/2; 270/3 a.
▷ *Wie* ich Ihnen schon mitteilte, erwarten wir Sie übermorgen. Autofahren ist nicht so leicht, *wie* ich es mir vorgestellt hatte. Meine Frau *ebenso wie/ wie* auch mein Sohn fahren sehr gut. Im Kofferraum liegt Zubehör, *wie* Ersatzreifen, Wagenheber und Werkzeug, auch Warndreieck und Verbandskasten.

zuvor, eher (↗ *bevor, ehe*) ↗ 203/2.6.; 206/3; 249/8 b.
leiten Hauptsätze ein, meist nachgestellte.
▷ In der Sache kann ich nicht urteilen; *zuvor* muß ich Näheres darüber wissen. Ich muß alle näheren Umstände kennen; *eher* kann ich darüber nicht urteilen.

zwar (... ↗ *aber*), **und zwar** ↗ 205/2 a; 202/2.2.; 206/3; 248/2 b; 249/9; 250/2 a.
zwar ist einräumend und steht meist vor einem nachfolgenden Ausdruck oder Satz mit entgegensetzendem *aber, doch, allein* u. ä.; *und zwar* (immer mit Komma davor) steht erläuternd.
▷ Ich habe mich *zwar* sehr beeilt, bin *aber* doch zu spät gekommen. „*Zwar* weiß ich viel, *doch* möcht' ich alles wissen." – Ich schicke dir das Geld, *und zwar* 100 Mark. Er braucht das Buch, *und zwar* noch heute.

XI. Die Interjektion (Das Empfindungswort, der Naturlaut)

1. Aufgaben, Stellung und Arten der Interjektionen

1. Die Interjektionen (die Empfindungswörter, die Naturlaute) sind als Ausdruck von Empfindungen, Gefühlen und dergl. keine eigentliche Wortart.
2. Sie stehen außerhalb des grammatischen Zusammenhangs und Systems, sind **unveränderlich** und unabhängig und regieren **keinen Kasus**, können aber bei jedem Kasus stehen und eingefügt werden, ohne die übrige Wortfolge zu beeinflussen.
3. Es gibt **eigentliche** Interjektionen und **uneigentliche** Interjektionen, die von anderen Wörtern oder Ausdrücken abgeleitet sind.

2. Die eigentlichen Interjektionen

1. Die eigentlichen Interjektionen gliedern sich in **Empfindungslaute, Begehrungslaute** und **Schallnachahmungen**.
2. Die gebräuchlichsten **Empfindungslaute** drücken aus:
a) **Freude:** *o! oh! ah! ha! ei! heisa! juch! huchhe! juchei! juchheißa! juchheirassa! heidi heida! holdrio! trari trara! hurra! jippije! yeah, yeah, yeah!* – b) **Lachen, Kichern:** *haha! hehe! hihi* – c) **Liebkosung:** *eia! eiapopeia! ei* – d) **Behagen:** *ah! hm* – e) **Schmerz:** *oh! au! autsch! ach! weh! oweh! ach weh!* – f) **Trauer, Klage:** *ach! oh! oweh! achweh! wehe!* g) **Sehnsucht:** *ach! o! oh!* – h) **Nachdenken:** *hm! hm hm! na!? nana! hum!°* – i) **Verwunderung** und **Überraschung:** *o! ah! ei! ih! hoho! aha! nanu! oho! huch! olala* – k) **Zweifel:** *hm! hm hm! hum!° na! nana!* – l) **Einsicht, Zustimmung:** *aha! hm! topp!* – m) **Unwillen:** *ha! oho! oh! hoho!* – n) **Geringschätzung:** *pah! papperlapapp! lirum larum!* – o) **Furcht:** *uh! hu! huhu!* – p) **Spott** und **Schadenfreude:** *ätsch! hehe!* – q) **Ekel:** *pfui! brr! puh! bäh! igitt(egitt)! ih!*

▷ a) „*Heißa! Juchhei! Dideldumdei!* Das geht ja hoch her; bin auch dabei!" Mit *Juchhe* und *Juchhei* brachen sie zu ihrer Wanderung ins Gebirge auf. „*Trarira*, der Sommer, der ist da!" „*Juchhe, juchhe!* nun gibt es endlich Schnee!" „*O Tannenbaum, o Tannenbaum*, wie grün sind deine Blätter!" – b) „Da kommt der Koch herbei sogleich und lacht: *Hehe*, jetzt hab' ich euch!" „*Haha*, so lacht der dicke Mann, *hihi*, so lacht der dünne." – c) „*Eiapopeia*, mein Kindlein, schlaf ein!" – d) *Ah!* – wie wohl tut der Regen nach dieser Hitze! *Hm*, schmeckt das gut! – e) *Ach*, was hab' ich Unglück gehabt! *Au*, das hat aber weh getan! *Autsch*, mein Fuß! – f) „*Ach*, wie ist's möglich dann, daß ich dich lassen kann?" „*Ach*, ich bin des Treibens müde, was soll all der Schmerz, die Lust?" „Aber *wehe, wehe, wehe!* wenn ich auf das Ende sehe." – g) „O daß sie ewig grünen bliebe, die schöne Zeit der jungen Liebe!" *Ach*, könnte ich sie doch wiedersehen! *O* ginge er doch endlich! – h) *Hm, hm!* Höchst sonderbar ist das! *Na*, was jetzt? – i) *Ei, ei*, wer hätte das gedacht? *Nanu*, was soll denn das? – k) *Nana*, das kann doch nicht stimmen! – l) *Aha*, so ist das! – m) „*Ha!* ruft der Sultan zorn'gen Muts, führt sie hinweg! Der Sklave tut's". – n) *Papperlapapp*, das ist alles Unsinn. – o) *Hu*, ich hab' Angst! – p) *Ätsch!* Das geschieht dir ganz recht. – q) *Pfui*, schämt euch! *Igitt*, wie ekelhaft!

3. Gebräuchliche **Begehrungslaute** sind:
   a) **Zuruf** oder **Anruf:** *he! heda! hey! ho! hallo! holla! ahoi!*
   ▷ *He, he* Herr Müller, einen Augenblick bitte! – „*He! holla!* Steuermann!" – *Hallo,* wie geht's dir denn? – am Telefon: *Hallo,* wer spricht dort? – *Hallo,* können Sie mich hören? auf See: Schiff *ahoi!* – Fährmann *ahoi!* –
   b) **Schweigen** gebietend: *pst! st! sch!* (auch zurufend)
   ▷ *Pst!* die Kinder schlafen schon. – *He, pst!* Herr Müller, hören Sie mal zu! – *St!* da hinten in der Ecke! – *Sch!* da kommt jemand.
   c) **fragend,** meist **Zustimmung** verlangend: *hm? na? gelt?* (süddt. = *nicht wahr?*);
   ▷ *Na,* wie geht's denn? *Na,* wird's bald? Das ist schön, *gelt?*
   d) Tiere **antreibend:** *hü!* (= *vorwärts!* auch: *halt!*), *hott!* (= *vorwärts*), *brr!* (= *halt!*), *har!/wist!* (= *links!*), *hott!* (= *rechts!*), *huf!* (= *zurück!*), *putt! putt!* (zum Anlocken von Hühnern), *ksch!* (zum Wegscheuchen) u. a.
   ▷ Mit *Hü* und *Hott* ging's früher im Zockeltrab auf der Landstraße hin, während man heute mit schnittigen Wagen einhersaust. – „*Hott! hott!* Hadermann, zieh' des Vaters Stiefel an!" – „*Putt! putt! putt!* mein Hühnchen! *Putt! putt! putt!* mein Hahn!"

4. **Schallnachahmungen** sind angelehnt an:
   a) **Tierstimmen:** *wau wau!* (Hund), *miau!* (Katze), *muh!* (Kuh), *iah!* (Esel), *mäh!, bäh!* (Schaf), *meck meck!* (Ziege), *kikeriki!* (Hahn), *gack gack!* (Huhn), *quak!* (Frosch), *piep piep!* (Maus), *summ summ!* (Biene, Käfer) u. a.
   ▷ Der Pudel begrüßte seinen Herrn mit freudigem *Wau wau.* – „*Summ summ summ!* Bienchen summ herum!" – „Kaum hat dies der Hahn gesehen, fängt er auch schon an zu krähen: *Kikeriki! Kikerikih!!* – *Tak, tak, tak,* da kommen sie" (die Hühner). – „Und plötzlich geht's: *Kraha! Kraha!* Der böse Rab' ist wieder da."
   b) **sonstige** Laute und Geräusche, oft mit Ablaut: *tick tack!* (Uhr), *bim bam (bum)!* (Glocke), *piff paff puff!* (Schuß), *tack tack tack!* (Maschinengewehr; kleine Schritte), *klipp klapp!* (Mühle; Fensterflügel), *bauz!, pardauz!, plumps!* (Fallgeräusche), *batsch!* (Schlag), *patsch!, plitsch platsch (plum)!* (Schlag oder Fall ins Wasser), *schwipp schwapp!* (Wasser), *ritze ratze!* (Säge), *knacks!, klirr!* (Glas, Porzellan), *knacks!* (Holz) u. a.
   ▷ *Bauz!* da lag er auf der Nase. – „Es klappert die Mühle am rauschenden Bach, *klipp klapp!*" – „*Knacks!* da bricht der Stuhl entzwei. *Schwapp!* da liegen sie im Brei." – „*Kling klang* Gloria." – „Hörst du nicht die Glocken: *Bim bam bum! Bim bam bum.*"

5. Hinweis zur **Schreibung** und **Zeichensetzung:** Interjektionen stehen meist mit Ausrufzeichen, oft auch mitten im Satz; danach kann groß oder klein weitergeschrieben werden. Lange Vokale, die als Interjektionen gebraucht werden (insbes. -o-) stehen mit -h und Komma, wenn sie betont sind, ohne -h und ohne Komma, wenn sie unbetont sind:
   ▷ *Oh,* das ist aber schön! – *O* doch, das stimmt!

6. Aus einigen Interjektionen werden neue Wörter (insbes. Verben) abgeleitet, z. B.: *miauen, muhen, piepen; ächzen* (von *ach*), *jauchzen* (von *juch*).
   ▷ Heute nacht hat unsere Katze erbärmlich *miaut.* Hörst du die Mäuse *piepen?* Sie *ächzte* und stöhnte, als sei sie schwer krank. „*Jauchzet,* frohlocket!"

3. Die uneigentlichen Interjektionen

1. Die uneigentlichen Interjektionen sind von anderen Wörtern oder Ausdrücken abgeleitet, und zwar als:
    a) **entstellte** Wendungen wie: *o je!, Herrje!* (Jesus), *o jemine!* (Jesus domine), *potz!* (Gottes), *potz Blitz!, potztausend!* (Gottes Teufel), *ei der daus!* (Teufel), *pfui tausend!* (Teufel), *deixel* (Teufel) *auch!, sackerment! sapperment!* (sacramentum), *sackerlot!* (sacré nom de dieu), *hokuspokus* (hoc est corpus?), *Ade!* (Adieu), *Tschüs!* (a dios), *o.k.!* (Old Kinderhook) u.a.
    ▷ *Herrje!* jetzt habe ich doch den Brief vergessen! – „Es rutscht das Rad. *Herrje!* Schrumbum! Da fällt die alte Kutsche um. – Auch fällt der Korb, worin die Eier, *ojemine!* und sind so teuer." – „*Potz tausend,* das ist wunderlich! der Onkel Nolte ärgert sich." – *O.k.,* wir sehen uns dann morgen; also *tschüs,* bis dann!

    b) **unentstellte** Wendungen wie: *brav!, bravo!, auf!, los!, halt!, stop!, zum Donnerwetter!, alle Wetter!, Donnerschlag!, ,,Donner und Doria!", der Blitz!, Teufel auch!, Gott behüte!, bewahre!, leider!* u.a.

    Halt! wer da? – „Was? *der Blitz!* Das ist ja die Gustel aus Blasewitz." – *Teufel auch!* die Tür ist verschlossen. – Was *zum Donnerwetter!* willst du? – Wenn ich *Gott behüte!* nicht auch noch krank werde, besuche ich euch am kommenden Wochenende.

2. Unentstellte Wendungen, die als uneigentliche Interjektionen gebraucht werden, lassen sich auch als Kurzsätze auffassen (↗ 224/1 d).

SATZLEHRE

I. Wesen und Arten des Satzes

1. Wörter stehen in der Regel nicht allein, sondern sind Bestandteile eines Redeganzen, einer sprachlichen Äußerung. Eine solche Folge von Wörtern heißt **Satz,** wenn die sprachliche Äußerung ein **Sinnganzes** sowie eine in sich geschlossene **Sprecheinheit** darstellt und eine entsprechende **Form** hat.

2. Die Form des Satzes ergibt sich aus der sinnvollen Zuordnung und Verknüpfung seiner Bestandteile, der **Satzglieder;** sie können aus einem Wort oder aus mehreren Wörtern bestehen, einteilig oder mehrteilig sein.

3. Das wichtigste Satzglied enthält das, was in dem Satz ausgesagt wird. Es heißt **Satzaussage** oder **Prädikat** und enthält immer ein **Verb.** Form und Eigenart des deutschen Satzes ergeben sich aus der Neigung des Prädikats, in zwei (oder mehr) Teile auseinanderzutreten. So ergeben sich:
   a) der **Satzkern,** bestehend aus der **Personalform** eines Verbs, Hilfsverbs oder Modalverbs, und
   b) der **Satzrahmen,** in den die übrigen Satzglieder eingebettet sind.

4. Eng verbunden mit dem Prädikat ist die Person oder Sache, über die etwas ausgesagt wird, der **Satzgegenstand** oder das **Subjekt.** Subjekt und Prädikat sind die **Haupt-Satzglieder** (↗ 216–223).

5. Ein Satz mit nur einer Aussage, der nur Subjekt und Prädikat enthält, ist ein **einfacher Satz** (↗ 224–231). Enthält er außerdem noch notwendige Ergänzungen oder zusätzliche Bestimmungen, die nicht selbst Satzform haben, also weitere Satzglieder sind, so ist es ein **erweiterter einfacher Satz** (↗ 232–245).

6. Ein Satz, der allein stehen kann, ist ein **selbständiger** Satz oder **Hauptsatz.** Ein Satz, der nicht allein stehen kann, sondern von einem Hauptsatz abhängig ist, heißt **abhängiger** Satz, **Nebensatz** oder **Gliedsatz** (weil er ein Satzglied vertritt).

7. Treten mehrere einfache Sätze zu einer Einheit zusammen, so entsteht ein **zusammengesetzter Satz;** zusammengesetzte Sätze müssen mindestens einen Hauptsatz enthalten.

8. Sind die Teilsätze eines zusammengesetzten Satzes Hauptsätze, so stehen sie im Verhältnis der **Nebenordnung;** sie bilden eine **Satzverbindung** (↗ 246–251). Enthält ein zusammengesetzter Satz auch Nebensätze, so stehen sie zu ihm oder zu einem seiner Teile im Verhältnis der **Unterordnung;** es handelt sich dabei insgesamt um ein **Satzgefüge** (↗ 252–281).

9. Bilden Satzverbindungen und Satzgefüge ein neues Ganzes, so entsteht ein **mehrfach zusammengesetzter Satz** (↗ 281/5).

10. Eine sinnvolle sprachliche Äußerung, die nicht alle Haupt-Satzglieder und notwendigen Ergänzungen enthält, sondern nur diejenigen, auf die es in der gegebenen Redesituation gerade ankommt, ist ein **Kurzsatz** (↗ 224/1d). Jeder andere Satz ist ein **vollständiger Satz.**

11. Seinen **Sinn** erhält jeder Satz aus dem Zusammenhang des **Redeganzen** und der **Redesituation,** der gesprochene Satz außerdem aus der **Sprechsituation** sowie durch die **Stimmführung** und durch die **Betonung** einzelner Wörter.

II. Die Haupt-Satzglieder

1. Das Prädikat (Die Satzaussage)

1. Das Prädikat besteht entweder aus einem Vollverb und ist dann ein **verbales Prädikat**, oder es besteht aus dem Verb *sein* (oder einem ähnlich gebrauchten sog. kopulativen Verb wie *bleiben, scheinen* o.ä) verbunden mit einem nichtverbalen Aussagewort und ist dann ein **teilverbales Prädikat** (↗218f.).
   ▷ **verbales Prädikat:** Hans *kränkelt.* – Jeder Mensch *altert.*
   teilverbales Prädikat: Hans *ist krank.* Hans *ist Patient.* Hans *blieb krank.* Hans *dünkt sich krank.* – Jeder Mensch *wird alt.* Wer *fühlt sich alt?*

2. Die meisten Prädikate sind **zusammengesetzt** (oder umschrieben), so daß ihre Teile auseinandertreten und den **Satzrahmen** bilden können. Eine **einfache Form** des Prädikats kommt nur bei vollverbalem Prädikat vor. Jedes Prädikat kann **mehrgliedrig** sein.
   ▷ **einfaches Prädikat:** Hans *leidet;* mehrgliedrig: Hans *stöhnt* und *leidet.* vgl. auch: „Alles *rennet, rettet, flüchtet.*"
   zusammengesetztes Prädikat: Hans *ist* gestern *operiert worden.* Sein Arzt *ist* sehr *tüchtig.* Er *ist ein Könner* und *hat* ihn *gerettet;* mehrgliedrig: Hans *ist operiert worden* und *scheint* wieder *zu gesunden.*

1.1. Verbale Prädikate

1. Verbale Prädikate drücken **Zustände, Vorgänge, Tätigkeiten** oder **Handlungen** aus. Dabei bestimmen Art und Wertigkeit (↗14f.; 95–105) des verwendeten Verbs den vom Prädikat abhängigen Satzbau; über die Stellung des Prädikats im Satz ↗226–231 u. 254–257.

2. Die verbalen Prädikate gliedern sich nach Art und Aussagegehalt der verwendeten Verben in **vollverbale** Prädikate, **modal-verbale** Prädikate, **modifiziert-verbale** Prädikate und **komplex-verbale** Prädikate.

3. Als **vollverbale Prädikate** stehen:
   a) absolute Verben (↗14/3), auch reflexive (↗66f.) und unpersönliche (↗68f.), bei denen zusätzliche Bestimmungen möglich, aber nicht notwendig sind;
   ▷ Das Baby *lacht* (einfach). Es *hat geschlafen* (zusammengesetzt). Das Wetter *bessert sich* (reflexiv). Es *regnete, donnerte* und *blitzte* (unpersönlich, mehrgliedrig); mit Ergänzungen: Das Baby lacht vergnügt. Es hat gut geschlafen. Das Wetter wird sich wieder bessern. Gestern regnete, donnerte und blitzte es ganz fürchterlich.
   b) ergänzungsbedürftige Verben (↗14/2; 15/8), und zwar objektbezogene (↗14/4,5), umstandbezogene und komplementbezogene (↗15/7), oft auch fest oder unfest zusammengesetzte (↗88–94).
   ▷ Der Kraftfahrer *rammte einen Personenwagen* (objektbezogen). An allen Verkehrsknotenpunkten *regeln* Signalampeln *den Verkehr* (objektbezogen mit nicht-notwendiger Umstandsergänzung des Ortes). Dieses Buch *nützt mir* viel (objektbezogen). Er *trug die Sache seinem Chef vor* (unfest zusammengesetzt, doppelt objektbezogen). Der Direktor *sah sich den Bericht an* (unfest zusammengesetzt, doppelt objektbezogen). Wir *verbrachten den Sommer im Gebirge* (fest zusammengesetzt, objekt- und umstandbezogen). Der Vorfall *wurde totgeschwiegen* (unfest zusammengesetzt, *tot* = Komplement). Man *schwieg den Vorfall tot* (unfest zusammengesetzt, objekt- und komplementbezogen). Man *fand ihn schwer verletzt am Waldrand* (objekt-, komplement- und umstandbezogen).

4. Als **modal-verbale Prädikate** stehen Personalformen der Modalverben (↗22–33) gemeinsam mit dem Infinitiv eines absoluten oder ergänzungsbedürftigen Vollverbs.
   ▷ Sie *können gehen*. Er *mochte warten*. *Soll* ich ihm *schreiben* oder nicht? Ich *lasse* mir *einen Anzug machen* (objektbezogen!). Es *soll geregnet haben*. Er *will versetzt werden*. Er *soll versetzt worden sein*. Dieses Buch *kann* dir viel *nützen*. Du *müßtest die Sache* deinem Chef *vortragen*. Der Vorfall *darf* nicht *totgeschwiegen werden*.

5. Als **modifiziert-verbale Prädikate** stehen Personalformen von modifizierenden Verben (↗15/14), d.h. von Verben (auch Hilfsverben), die den Modus oder die Aktionsart umschreiben, gemeinsam mit einem absoluten oder ergänzungsbedürftigen Vollverb im Infinitiv + *zu*, und zwar:

   a) *haben zu, sein zu, bleiben zu* + Infinitiv;
   ▷ *Hatten* Sie viel *zu tun?* Sie *haben* Verschwiegenheit *zu bewahren. Ist* noch etwas *zu erledigen?* Die Medikamente *sind* vor Licht *zu schützen.* Der Erfolg *bleibt abzuwarten.* Einige Punkte *blieben* noch *zu lösen.*

   b) *(nicht) brauchen zu, vermögen zu, wissen zu* u.ä. + Infinitiv;
   ▷ Du *brauchst* nicht *zu warten*. Niemand *vermag* das *zu ändern*. Nicht seine Ausführungen, wohl aber die Abbildungen *vermochten* es, einen Eindruck auf die Zuhörer *zu machen*. Sie *weiß* sich *zu helfen*. Er *wußte* sich sehr gewählt *auszudrücken*.

   c) *pflegen zu, versprechen zu, drohen zu, meinen zu* u.ä. + Infinitiv.
   ▷ Wir *pflegen* solche Briefe sofort *zu beantworten* (es ist üblich). Zum Essen *pflegt* er Wein *zu trinken* (es ist seine Gewohnheit). Sein Sohn *verspricht* sich gut *zu entwickeln* (man kann es annehmen; aber: Sein Sohn *versprach* ihm, sich *zu bessern*; d.h.: er gibt das Versprechen selbst, also kein modifizierter Gebrauch). Die Krankheit *droht* sich *zu verschlimmern* (das muß man leider befürchten; aber: Der Kranke *drohte*, alle Medikamente aus dem Fenster *zu werfen*, d.h.: er spricht die Drohung selbst aus, also kein modifizierter Gebrauch). Er *meinte* seinen Sohn *zu kennen*, hatte sich aber in ihm getäuscht.

6. Als **komplex-verbale Prädikate** stehen feste Verbindungen von Verben mit einer anderen Wortgruppe, meist mit einem Objekt oder öfter noch mit einem präpositionalen Ausdruck. Dabei ist das Verb in seiner Bedeutung abgeschwächt und hauptsächlich Funktionswort, während der damit verbundene Ausdruck nicht mehr als eigenes Satzglied, sondern als fester Bestandteil des Prädikats empfunden wird. Solche Wendungen sind z.B.:
   in Betrieb nehmen, in Gang setzen, instand setzen, instand halten; beim Wort nehmen, vor Augen führen, in Augenschein nehmen; Vorschub leisten, auch: *gewährleisten; Frieden schließen, Gefahr laufen; in Betracht ziehen, in Frage stellen, in Zweifel ziehen, in Ordnung bringen, in Anrechnung bringen, in Rechnung stellen; in Ehren halten, zu Ende führen* u.a.
   ▷ Wir *mußten* auch ein Scheitern des Versuchs *in Betracht ziehen*. Bitte *führen* Sie sich die Folgen *vor Augen!* Der Aufzug *wurde* erst gestern *in Betrieb genommen* und ist heute schon defekt. Mit deiner Nachsicht *leistest* du Werners Faulheit nur *Vorschub.* Wenn du jetzt abfährst, *läufst* du *Gefahr*, im Berufsverkehr aufgehalten zu werden. Der Polizeikommissar *nahm* den Tatort *in Augenschein*. Niemand *hat* deine Leistungen *in Frage* (auch: *infrage*) *gestellt*. Wir erlauben uns, Ihnen einen Betrag von DM 220,– *in Rechnung zu stellen*.

1.2. Teilverbale Prädikate mit Prädikativum

1. Als teilverbale Prädikate stehen Personalformen von *sein* oder von *bleiben, werden, scheinen, erscheinen, sich dünken, heißen* (sog. **Kopula**) zusammen mit einem nichtverbalen Wort oder Ausdruck, dem **Prädikativum**.
2. Die teilverbalen Prädikate geben eine **Zuordnung** an oder bestimmen die **Art**. Sie stehen **nicht in Handlungssätzen,** sind sonst aber häufig.
3. Als **Prädikativum** (einzeln oder erweitert durch Artikel, Attribute, Adverbien und dgl.) kann stehen:

   a) ein unflektiertes, also endungsloses, **Adjektiv*** (auch Partizip);
   ▷ Das Wetter *ist schön;* erweitert: Es *ist* sogar sehr *schön*. Es *bleibt warm.* Ihr Sohn *wird* immer *größer*. Er *dünkt* sich *weise,* doch *ist* und *bleibt* er *dumm*. Sie *scheint gereizt*. Das Spiel *war aufregend* und *wurde* immer *spannender, blieb* aber nicht so *gut* und *erschien* uns am Ende *enttäuschend*.

   b) vereinzelt auch ein flektiertes Adjektiv;
   ▷ *Ist* dieser Wein *ein italienischer* oder *ein spanischer?* (↗ 222/5b).

   c) ein **Substantiv*** im Nominativ, im Genitiv oder mit Präposition (letzteres insbes. auch bei Stoffnamen statt des entsprechenden Adjektivs);
   ▷ Mein Sohn *wird Arzt;* erweitert: Mein Sohn *wird* praktischer *Arzt*. Picasso *war* ein großer *Künstler*. Das *ist ein* sehr guter *Vorschlag*. – Ich *bin* nicht ganz *Ihrer Meinung*. „Doktor, *sind* Sie *des Teufels?"* – *Sind* Sie *von Sinnen?* Durch sein Ungeschick *wurde* er *zum Gespött* aller. Es *war zum Weinen* (aber: Er ist im Büro = Umstandsergänzung). Ist dieser Ring *von/aus Gold?* (statt: golden).

   d) ein **Pronomen;** e) ein **Zahlwort;** f) ein **Adverb;** g) ein **Vergleich;**

   ▷ d) Der Täter *war er*. Leidtragende *sind wir*. – Das unpersönliche *es* kann schon Genanntes oder Vorausgesetztes ersetzen: *Ist* er *Arzt?* Ist er *tüchtig?* Ja, er *ist es*. – Wer da? Ich *bin es*. Wir *sind es* (vgl. engl.: It is I/me; französ.: C'est moi); aber: Das *warst du*. Das *war* doch *er* und kein anderer.
   e) Ihr *seid wenige*. Wir *waren* nur *drei*. Ist das *zuviel?*
   f) Die Tür *ist zu*. Die guten Jahre *sind vorüber*. Das *wird* ab heute *anders*. So *sind* die Menschen. Er *heißt so* und nicht anders.
   g) Das Ding hier *ist wie verhext*. Ich *war wie betäubt*.

   h) ein **Gliedsatz** (= Prädikativsatz, ↗ 253/6e); i) ein **Infinitiv** ohne oder mit *zu* (↗ 82f.; 217/5a).
   ▷ h) Du *bleibst, wo du bist*. Die Menschen *sind* nicht immer, *was sie scheinen*. „Was ich gewesen, werd' ich wieder sein."
   i) „Verstehen *heißt verzeihen."* Das *bleibt zu bedenken*.

4. Wie bei den verbalen gibt es auch bei den teilverbalen Prädikaten Verbindungen mit Modalverben (↗ 217/4) sowie mit modifizierenden Verben (↗ 217/5).
   ▷ Wer *soll Außenminister werden?* Das Wetter *kann* nicht immer *schön sein*. Das *mußte* ja *zuviel werden*. – Man *braucht* nicht *Jurist zu sein,* um die Gesetze zu befolgen. Das *droht gefährlich zu werden*. Das Wetter *verspricht besser zu werden*.

---

*) Ein Substantiv oder Adjektiv als Prädikativum heißt auch **Prädikatsnomen**. Manche betrachten das Prädikativum und insbes. das Prädikatsnomen nicht – wie oben – als Bestandteil eines teilverbalen Prädikats, sondern als selbständiges Satzglied.

1.3. Das Komplement (Die Begleitaussage) als Bestandteil von Prädikaten

1. Dem Prädikativum im teilverbalen Prädikat vergleichbar kann oder muß bei vielen Verben als prädikatives Satzglied ein Komplement (eine Begleitaussage) stehen. Es enthält meist die wichtige (logische) Satzaussage, während das Verb im Prädikat demgegenüber abgeschwächt erscheint.

2. Als einziges Satzglied drückt das Komplement eine **zweiseitige** Beziehung aus. Es enthält eine modale oder kausale **Begleitaussage** zum Prädikat und steht gleichzeitig in einer Art attributivem Verhältnis zum Subjekt des Satzes oder zu einem Objekt, ist also subjekt- oder objektbezogen.
   ▷ **subjektbezogen:** Das Haus steht *leer* – heißt: Das Haus steht da und ist leer; und zugleich: Das leere Haus steht da. –
   objektbezogen: Er strich die Tür *grün* – heißt: Er strich die Tür; sie wurde dadurch grün.

3. Als Komplemente stehen:
   a) unflektierte = endungslose **Adjektive** (auch Partizipien), oft mit *als* oder *für;*
   ▷ Dieses Wetter macht mich *krank*. Bei meiner Rückkehr fand ich mein Geburtshaus *unverändert*. Eßt euch *satt!* – Ich halte ihn *für ehrlich*. Kennst du ihn *als zuverlässig?* Er wurde einer hohen Auszeichnung *für würdig* befunden. – Wer kommt da *gelaufen?* Seine Langsamkeit macht mich *rasend*.
   b) flektierte **Substantive,** und zwar subjektbezogen im **Nominativ** (oft mit *als*), objektbezogen im selben Kasus wie das Objekt und oft mit *als*, beim **Akk.** auch mit *wie* oder *für;* Komplemente nach *zu (ernennen zu* u. ä.*)* stehen im **Dat.**, einige auch alleinstehend im **Gen.** *(frohen Mutes, festen Willens, guter Dinge* u. a.*);*
   ▷ Mein Onkel wanderte *als junger Mann* nach Amerika aus. – Du nennst dich *meinen Freund* (↗97) und behandelst mich doch *wie einen Fremden*. Ich halte ihn *für einen ehrlichen Menschen*. Ich kenne und schätze ihn *als zuverlässigen Mitarbeiter*. – Du kannst ihm *als einem verläßlichen Menschen* immer vertrauen. Wir werden ihrer *als treuer Gefährten* immer gedenken. – Herr Meurer wurde *zum Vorsitzenden* gewählt, Frau Dohl *zur ersten Kassiererin*. – Sie kam *guter Dinge* nach Hause.
   c) seltener **Gliedsätze** (= Komplementsätze, ↗253/6 f.), z. B.: Bei meiner Rückkehr fand ich mein Geburtshaus, *wie ich es vor 20 Jahren verlassen hatte*.
   d) ebenfalls seltener **Infinitive** (meist ohne *zu*); vgl. auch die Verwendung des Infinitivs ohne *zu* bei den Modalverben (↗22–33) und bei *hören, helfen, sehen, heißen*° (↗23/7).
   ▷ Musik macht ihn sein Leid *vergessen* (↗240/4). „Der Kasus macht mich *lachen*."

4. Komplemente stehen insbes. bei **Verben des Nennens und Bewirkens,** und zwar meist in feststehenden Redewendungen wie:
   jemanden feige/einen Lügner ... nennen; jemanden faul/einen Faulpelz ... schelten; jemanden krank machen; jemanden/etwas verlorengeben; jemanden als sparsam/ als Verschwender ... kennen/(ein)schätzen; jemanden für ehrlich/für einen Verschwender ... halten; sich glücklich ... fühlen/schätzen; sich satt essen/sehen; sich für verpflichtet halten u. a.

5. Komplemente sind oft formgleich mit adverbialen Bestimmungen (↗242 ff.), aber von diesen zu unterscheiden.
   ▷ Ich fand das Buch *leicht* = { 1. Es war leicht für mich, das Buch zu finden (adv. Best.).
   2. Das Buch war für mich leicht zu lesen (Komplement).

2. Das Subjekt (Der Satzgegenstand)

1. Das Subjekt eines Satzes bezeichnet den Urheber oder den Träger eines Geschehens, eines Zustandes oder einer Eigenschaft. Es antwortet auf die Frage **wer oder was?** und steht im **Nominativ**.

2. Als Subjekt (einzeln oder erweitert durch Artikel, Attribute, Adverbien u. dgl.) kann stehen:

   a) ein **Substantiv** oder ein substantiviertes Wort;
   ▷ *Klaus* schläft. *Vater* arbeitet im Garten. *Der Polizist* regelt den Verkehr. *Ältere Menschen* brauchen Hilfe. „*Arbeit* schändet nicht." – *(Das) Malen* ist eine Kunst. *Rot und Grün* sind Komplementärfarben. *Die Dreizehn* ist eine Glückszahl. *Und* ist ein Bindewort.

   b) ein substantivisches **Pronomen**;
   ▷ *Ich* schreibe gerade einen Brief. *Wir* haben Karten gespielt. *Wer* hat angerufen? *Niemand* hat nach dir gefragt. *Das* ist wahr.

   c) ein **Infinitiv** oder eine **Infinitivgruppe** (↗ 82/4 e; 279);
   ▷ *Zuhören (zu) können* ist eine besondere Gabe. *Diese Frage eingehend zu erörtern* ist jetzt nicht möglich.

   d) eine adverbiale **Wortgruppe** (↗ 242 ff.);
   ▷ Ich habe die Versammlungsteilnehmer nicht gezählt, aber *über tausend* waren bestimmt da, und *an die Hundert* haben sich zu Wort gemeldet.

   e) ein **Gliedsatz** (↗ 258).
   ▷ *Wer etwas sagen will,* soll sich melden. „*Wer nicht hören will,* muß fühlen." „*Was lange währt,* wird endlich gut." „*Wen's juckt,* der kratze sich!" Gewonnen hat, *wem diese Losnummer gehört.*

3. Ein **Substantiv** als Subjekt wird manchmal dem Prädikat **nachgestellt** und dann durch inhaltloses *es* vor dem Prädikat vertreten. Dieses *es* gilt nicht als Subjekt, sondern hat Hinweischarakter und wahrt als **Satzauftakt** die Zweitstellung des Prädikats (↗ 221/8 u. 9; 254/2 b); oft wird es durch ein Adverb ersetzt.
   ▷ *Es* ist Klaus, der da kommt. *Es* ist ein Schuß gefallen. *Es* war endlich Frieden. *Es* wird Zeit für dich. „*Es* ist ein Ros' entsprungen." – „*Es* war einmal ein König" = *Da* war einmal ein König. *Einst* lebte ein König.

4. Ein **Pronomen** als Subjekt ist nicht immer Stellvertreter einer bestimmten Person oder Sache. Oft stehen auch die **Indefinita**: *es, dies, das, welches?, wer?*; sie bezeichnen den unbestimmten Begriff eines Gegenstandes (einer Person oder Sache, auch im Plural), der entweder als bekannt vorausgesetzt wird oder aber später noch näher bestimmt wird (↗ 174/1 c).
   ▷ *Wer* kommt da? *Es* ist der Lehrer mit den Kindern. Nein, *es* sind die Kinder allein. – *Dies* ist unser Haus, *dies* unser Garten, *dies* unsere Garage. – Ist *das* Ihr Hund? Sind *das* deine Schuhe? *Das* warst du = du warst es (↗ 218/3 d). – „Jedoch der schrecklichste der Schrecken, *das* ist der Mensch in seinem Wahn." – *Welches* sind die längsten Flüsse Deutschlands? Es sind . . .

5. Ein **Infinitiv** als Subjekt steht im allgemeinen **ohne zu** und gelegentlich mit Artikel (= substantivierter Infinitiv, ↗ oben 2 a), wenn er allein gebraucht wird. Ist der Infinitiv jedoch durch eine nähere Bestimmung **erweitert,** so steht er **mit zu** (↗ 82 f.; 279).
   ▷ *(Das) Malen* ist eine Kunst. *Öffentlich zu reden* ist nicht jedermanns Sache. *(Das) Wandern* war früher beliebter als heute. „*Das Wandern* ist des Müllers Lust." *Im Grünen zu wandern* ist sehr gesund.

6. Im **Imperativ** (↗81; 230) ist das Subjekt in der Regel im Prädikat enthalten; er steht also **ohne Subjektswort;** das gilt jedoch nicht für die Form der höflichen Anrede mit nachgestelltem *Sie* und für die Umschreibung des Imperativs mit *sollen.* Auch sonst kann ein Subjekt als Apposition (↗236) vor- oder nachgestellt werden.
    ▷ *Hör'* endlich auf! *Kommt! Verlaß* mich nicht! *Gib* acht! *Nimm* dich zusammen! – *Hören Sie* endlich auf! *Kommen Sie! Verlassen Sie* mich nicht! *Geben Sie* acht! *Nehmen Sie* sich zusammen! – *Du sollst* endlich aufhören! *Ihr sollt* kommen! – Hör' endlich auf, Klaus! Klaus, gib acht! Kommt Kinder! ,,Ihr Kinderlein kommet!''

7. Ebenfalls **ohne Subjektswort,** aber seltener, stehen Indikativ-Sätze, wenn der Satzzusammenhang das Subjekt ausreichend klar erkennen läßt. Dieser Gebrauch findet sich vor allem in formelhaften Redewendungen und in der Umgangssprache, auch in der Dichtersprache; unzulässig ist jedoch die Auslassung des Personalpronomens der 1. Pers. Sing. od. Plur. als Subjekt in Briefen.
    ▷ (Ich) *Bitte,* treten Sie ein! (Ich) *Danke* bestens! – (Es) *Ist* ja gut. (Du) *Hast* dich da sehr geirrt. (Er/Sie) *Sprachs* und lief davon. (Wir) *Wollen's* versuchen. – (Du) ,,*Füllest* wieder Busch und Tal still mit Nebelglanz.'' (Ich) ,,*Bin* ein fahrender Gesell.'' – Ihr Schreiben vom 16. Mai *habe ich erhalten* (nicht: Ihr Schreiben vom 16. Mai habe erhalten). *Ich teile* Ihnen hierdurch mit, daß . . . (nicht: Teile Ihnen hierdurch mit, daß   ). Hierdurch *teilen wir* Ihnen mit, daß . . . (nicht: Hierdurch teilen Ihnen mit, daß . . .).

8. Ebenfalls **ohne Subjektswort** und in der Tat **subjektlos** stehen Sätze im **unpersönlichen Passiv** (↗76/4; 77/7); sie stehen aber oft mit unpersönlichem *es* als **Scheinsubjekt.**
    ▷ In unserer Stadt *wird* viel *gebaut. Es wird* hier viel *gebaut. Hier darf* nicht *geraucht werden. Es darf gelacht werden.* Ab morgen *wird gespart! Es wird* viel zu wenig *gespart.*

9. In Sätzen mit **unpersönlichen Verben** steht das unpersönliche *es* als Subjekt (↗68/2) oder als Scheinsubjekt (↗68/4); das Scheinsubjekt *es* entfällt, wenn der Satz mit einem anderen Satzglied beginnt.
    ▷ *Es* regnet. Gestern hat *es* in den Alpen geschneit. *Es* dämmert schon. – *Es* fehlt/mangelt ihm nicht an Sachverstand, sondern an Fleiß. *Es* fror ihn entsetzlich. *Es* ärgert ihn, daß du nicht kamst. Daß du nicht kamst, ärgerte ihn. Mir träumte, ich sei wieder ein kleines Kind.

10. Das Subjekt kann **mehrgliedrig** sein.
    ▷ Nach der Naturlehre der alten Griechen sind *Feuer, Wasser, Luft* und *Erde* die vier Grundelemente. *Onkeln* und *Tanten* und *viele andere Verwandte* kamen zu Besuch.

11. Das Subjekt kann durch ein nachgestelltes Pronomen wiederholt werden; meist nur in der Dichtersprache (hier auch vorangestelltes Pronomen möglich).
    ▷ Und *dein Bruder,* kommt *er* auch mit? ,,Und *die Tugend, sie* ist kein leerer Schall.'' auch vorangestellt: ,,O, daß *sie* ewig grünen bliebe, *die schöne Zeit* der jungen Liebe!'' (Apposition, ↗236).

3. Die Zuordnung von Prädikat und Subjekt im Satz

1. Prädikat und Subjekt sind einander weder unter- noch nebengeordnet, sondern sie stehen zueinander im Verhältnis der **Kongruenz** (= Übereinstimmung).
2. Die Kongruenz zwischen Prädikat und Subjekt im Satz gründet in der **Personalform des Verbs** (dem sog. finiten Verb) im Prädikat; sie bezieht sich auf Person und Numerus, gegebenenfalls auch auf Genus und Kasus.
    ▷ Er *schreibt*. Wir *lesen*. – Das Obst *wird* reif. Der Wein *war* sauer. Welcher Wein *ist* der beste? Mein Bruder *heißt* Klaus. Sie *wurde* gelobt.
3. Die **Personalform des Verbs** im Prädikat stimmt in der Regel mit dem **Subjekt** in **Person** und **Numerus** überein; Besonderheiten ↗ 223.
    ▷ Ich antwortete. Wir schrieben. Ihr wundert euch. – Komm her! Kommt her! Kommen Sie her! – Geh weg! Geht weg! Gehen Sie weg!
4. Ein **Substantiv im Prädikat,** als Prädikativum (Prädikatsnomen, ↗ 218/3c) oder Komplement (↗ 219/3b),
    a) steht in der Regel im selben **Kasus** wie das Subjekt, also meist im Nominativ, in einigen Fällen auch im Genitiv oder mit Präposition (↗ 218/3c);
    ▷ *Dürer* war *ein berühmter Maler*. *Werner* will *Architekt* werden. Mein *Onkel* wanderte als *junger Mann* aus und kehrte als *Millionär* zurück.
    b) Übereinstimmung im **Numerus** ist nicht unbedingt erforderlich (häufig steht insbes. Plural im Subjekt, verbunden mit Singular im Prädikatsnomen);
    ▷ *Schulden* sind *eine Last*. *Die Ratten* sind *eine Plage*. *Die Vereinigten Staaten von Amerika* sind *eine Großmacht*.
    c) Abweichungen im **Genus** ergeben sich bei Personenbezeichnungen dann, wenn Subjekt und Prädikatsnomen verschiedenes natürliches Geschlecht haben.
    ▷ *Er* ist *Musiker*, *sie Schriftstellerin*. *Sie* ist *meine Freundin;* aber: *Sie* ist *ein Engel*. *Die Kleine* ist *der Liebling* ihres Vaters. Immer häufiger werden auch *Frauen Minister*. *Sie* ist *Gesundheitsminister* (neuerdings auch: Gesundheitsministerin) geworden. *Die Schweiz* ist *ein Land* der Berge und Seen.
5. Ein **Adjektiv im Prädikat,** auch Partizip, Zahlwort o. ä. (↗ 218/3a, e; 219/3a).
    a) bleibt **unverändert,** wenn es **ohne Artikel** steht;
    ▷ Er ist *fleißig*. Sie ist sehr *arbeitsam*. Er war überaus *höflich*, auch sie ist stets äußerst *liebenswürdig*. Alle waren hoch *erfreut*. Das Spiel war *spannend* und wurde immer *aufregender*. Sie waren *drei*.
    b) muß aber mit dem Subjekt in Numerus, Genus und Kasus (Nominativ) **übereinstimmen** und durch Endungen entsprechend **verändert** werden, wenn es **mit Artikel** steht (↗ 218/3b); es hebt dann die **Art** hervor.
    ▷ Wer von beiden ist *der bessere?* Sie ist *die fleißigste* von allen. Dieser Wein ist *ein italienischer*, der andere *ein spanischer*. Welche Bilder waren *die teuersten?*

6. Die **Personalform des Verbs** im Prädikat steht nach pluralischen Anredewörtern im **Plural**, auch wenn sie nur einer einzigen Person gelten (↗ 161/1).

   ▷ Mein Herr, *Sie verstehen* mich falsch; veraltet: Guter Mann, *könnt Ihr* mir den Weg ins nächste Dorf zeigen? – Gnädige Frau *werden* sofort bedient. Der Herr *wünschen?;* veraltet: Euer Wohlgeboren *schreiben* uns...; vgl. auch: Hochwürden *belieben* zu scherzen. u. ä.

7. Steht ein pluralisches Subjekt mit einem Maß- oder Mengenbegriff im Singular, so erscheint die Personalform des Verbs im Prädikat je nach Wahl und Absicht des Sprechers im **Singular oder Plural**.

   ▷ Eine große Menge Menschen *versammelte/versammelten* sich. Eine Anzahl tapferer Männer *widersetzte/widersetzten* sich der Unterdrückung. Eine ganze Reihe wertvoller Bücher *wurde/wurden* billig verkauft.

8. Steht als Subjekt ein Indefinitum wie: *es, dies, das* o. ä. (↗ 220/4), so richtet sich die Personalform des Verbs im Prädikat nach dem folgenden Substantiv oder substantivischen Pronomen (↗ 229/4a). Die Redewendung: *es gibt* wird nur im Singular gebraucht (↗ 68/5).

   ▷ Hier auf dem Foto *das bin* ich, *das ist* Mutter, *dies ist* Vater. – *Wer war es? Wart ihr* es, oder *waren* es *andere? Du warst* es. – *Das ist* meine Freundin. *Das da sind* Narzissen und dies Rosen. – Was *gibt es* Neues? Heute *gab es* Erdbeeren zum Nachtisch.

9. Sind **mehrere Subjekte** vorhanden, so steht die Personalform des Verbs im allgemeinen im **Plural**. Kommt im Subjekt zu der 1. Pers. Sing. od. Plur. noch die 2. od. 3. Pers. Sing. od. Plur. hinzu, so steht die Personalform des Verbs in der 1. Pers. Plur.; kommt zu der 2. Pers. Sing. od. Plur. nur die 3. hinzu, so steht die Personalform des Verbs in der 2. Pers. Plural.

   ▷ *Feuer, Wasser, Luft* und *Erde sind* die vier Elemente. – Du und ich/Er und wir/Ihr und ich *sind* eingeladen. Er und ich (,wir) *kamen* zusammen an. – Du und dein Freund/ Du und deine Freunde/Ihr und eure Freunde (,ihr) *seid* herzlich eingeladen.

10. Sind mehrere Subjekte im Singular vorhanden und lassen sie sich als ein einziger Gesamtbegriff denken, so **kann** die Personalform des Verbs im **Singular** stehen; sie muß es aber nur beim Rechnen mit Zahlen. Gleiches gilt auch, wenn die Subjekte durch Wendungen wie: *sowohl...als auch, nicht nur...sondern auch, weder...noch, teils...teils* verbunden sind (↗ 202/2.2.).

    ▷ *Haus und Hof ist* (seltener: sind) verschuldet. An ihm *ist* (selten: sind) *Hopfen und Malz* verloren. *Geld und Gut* allein *macht* (seltener: machen) nicht glücklich. – 2+2 *ist* 4; 2 mal 3 *ist* 6; zwei hoch vier *ist* acht usw. – Weder er noch sie *hatte(n)* Zeit.

11. Stehen die Subjekte teils im Singular, teils im Plural, so kann die Personalform des Verbs im Singular stehen, wenn sie unmittelbar neben eine Singularform des Subjekts tritt und vorher noch keine Pluralform gebraucht wurde.

    ▷ Wem *gehört* (auch: gehören) das Feld und die Wälder? Ihm *gehört* (auch: gehören) das Feld und die Wälder; aber nur: Die Wälder und das Feld *gehören* (nicht: gehört) ihm.

III. Der einfache Satz (Hauptsatz)

1. Die Arten des einfachen Hauptsatzes

1. Ein selbständiger Satz*,
    a) der nur aus **Subjekt und Prädikat** besteht und keiner weiteren Bestimmungen bedarf, ist ein (nichterweiterter) **einfacher Satz;**
    ▷ Das Obst reift. Das Wetter ist günstig. Die Ernte wird sehr gut. Das ist ein Glück. Werden die Preise fallen?
    b) der außer Subjekt und Prädikat noch **notwendige Ergänzungen oder zusätzliche Bestimmungen** enthält, die nicht selbst Satzform haben, sondern Satzglieder sind, ist ein **erweiterter einfacher Satz;**
    ▷ Das Obst reift *in diesem Jahr überall sehr früh* (3 zusätzliche Bestimmungen). *Seit Mitte Juni* ist das Wetter *ja auch äußerst* günstig *dafür* (4 zusätzliche Bestimmungen). Die Konservenindustrie wird *mit der Verarbeitung der Ernte kaum* fertig werden (2 notwendige Ergänzungen). Mißernten bedeuten *Not und Elend* (notwendiges Objekt). *Reiche* Ernten sind selten (notwendiges Attribut). Sie braucht *Hilfskräfte* (Objekt als notwendige Ergänzung). Weizen wächst *auch anderswo* (notwendige adverbiale Bestimmung). Das erwies sich *als vorteilhaft* (notwendiges Komplement).
    c) dessen Haupt-Satzglieder **mehrteilig** sind, ist ein mehrgliedriger einfacher oder ein mehrgliedriger erweiterter Satz;
    ▷ Obst und Wein gedeihen (mehrgliedriges Subjekt). Das Obst reift und gedeiht (mehrgliedriges Prädikat). Getreide, Obst und Wein reifen und gedeihen sehr gut (Subjekt und Prädikat sind mehrgliedrig und haben 1 zusätzliche Bestimmung).
    d) der nicht alle Haupt-Satzglieder und notwendigen Ergänzungen enthält, sondern nur diejenigen, auf die es in der gegebenen Rede- oder Sprechsituation gerade ankommt, ist ein **Kurzsatz** (eine Ellipse), meist ein Ausruf (↗ 172/3; 231/3).
    ▷ Keine Sorge! Ruhe! Ruhig Blut! Woher des Wegs? Warum? Auf, auf! Beim Himmel! Zum Teufel! Platz da! Vorwärts! Halt! Nun? Aus und vorbei! So? Aber jetzt! Immer mit der Ruhe! Was nun? Was tun? Komplett verrückt!

2. Nach ihrer **Qualität** können Sätze **bejahend** oder **verneinend** sein (↗ 282/4–9). Bei der Verneinung ist zu unterscheiden zwischen:
    a) der Verneinung des Prädikats = **Satzverneinung**
    ▷ Die Sonne scheint. Die Sonne scheint *nicht*. – Hat er geantwortet? Hat er *nicht* geantwortet? – Ich werde zustimmen. Ich werde *nicht/nie/niemals/keinesfalls/mitnichten/ unter keiner Bedingung/auf (gar) keinen Fall* zustimmen.
    b) der Verneinung eines anderen Wortes oder Satzglieds = **Wortverneinung.**
    ▷ Ich werde *nicht kommen* (Satzverneinung). *Nicht ich* werde kommen, sondern mein Bruder. – Heute werde ich *nicht kommen* (Satzverneinung). *Nicht heute,* sondern erst morgen werde ich kommen; möglich ist auch: *Heute* werde ich *nicht* kommen, sondern erst morgen (mit Betonung des verneinten Wortes). – Ich werde heute nicht kommen (Satzverneinung). Ich werde *nicht heute* kommen, aber vielleicht morgen.

---

*) Das Folgende gilt auch für abhängige Sätze. Sie haben jedoch noch weitere Besonderheiten und werden deshalb erst im Abschnitt über das Satzgefüge behandelt (↗ 252–281).

3. Nach dem **Inhalt** des Satzes unterscheidet man:
   a) **Aussagesätze.** Sie berichten oder beurteilen etwas und haben zeitbezogene Zustände, Vorgänge oder Handlungen zum Inhalt (↗ 14/1). Es gibt also Zustandssätze, Vorgangssätze, Handlungssätze.
   ▷ Die Erfolgsaussichten sind gut; weniger bestimmt: Das dürfte ein guter Erfolg werden. Das könnte sein. Das mag wohl sein. Das bliebe noch abzuwarten. Möglich wäre es schon.
   b) **Fragesätze.** Sie stehen mit oder ohne Fragewort und enthalten eine Entscheidungsfrage oder eine Ergänzungsfrage.
   ▷ Regnet es? Wirst du uns besuchen? – Was denkst du über den Vortrag? Was gibt's? Wer kommt da? Wo wohnt Ihre Familie? Wann kommst du?
   c) **Aufforderungssätze** (auch Befehlssätze genannt). Sie bezeichnen je nach Stimmführung eine Bitte, ein Begehren oder ein Verlangen und sollen auf den Willen einwirken.
   ▷ Gib auf deine Sachen acht! Kommt herein! Geben Sie mir bitte das Salz! Widersprich ihm nicht! Laßt uns aufbrechen! Gehen wir! Auf Wiedersehen!
   d) **Ausrufe-** und **Wunschsätze.** Sie drücken ein Gefühl aus.
   ▷ Wie schön ist dieses Bild! Dumm bist du gewesen! – Ginge er doch endlich! Hätte ich das doch nicht getan! Wäre sie nur wieder gesund!

4. Nach der **Form** unterscheiden sich die unter 3 genannten Satzarten durch die Wortstellung im Satz, insbes. durch die Stellung der **Personalform des Verbs** im Prädikat, und zwar hat:
   a) im **Aussagesatz** die Personalform **immer Zweitstellung**; das Subjekt steht unmittelbar davor (= Grundstellung) oder dahinter (= Umstellung);
   b) im **Fragesatz** die Personalform **Erststellung** oder aber **Zweitstellung** nach einem Fragewort; das Subjekt steht immer nach der Personalform des Verbs im Prädikat (= Umstellung);
   c) im **Aufforderungssatz** die Personalform **immer Erststellung;**
   d) im **Ausrufe-** und **Wunschsatz** die Personalform **Erst- oder Zweitstellung,** manchmal auch **Endstellung.**
   ▷ a) Ich *komme* bald nach Hause. Soeben *ist* er aufgebrochen. – b) *Hat* es geschneit? Wann *hat* es geschneit? – c) *Gib* acht! *Laßt* uns gehen! *Kommen* Sie! – d) *Wäre* er nur hier! Recht *hast* du! Wie schön du *bist*!

5. Die unter 3 genannten Satzarten können sich gegenseitig vertreten, haben dann aber meist eine andere Stimmführung.
   ▷ **Wunschsatz** als Vertreter eines **Aufforderungssatzes:** Seien Sie unbesorgt! Gehen wir! Er komme!
   ▷ **Fragesatz** als Vertreter eines **Aufforderungssatzes:** Ob du wohl endlich kommst? (abhängiger Fragesatz!, ↗ 265). = Komm endlich! – Würden Sie mir bitte Platz machen? = Machen Sie mir bitte Platz!
   ▷ **Aussagesatz** als Vertreter eines **Fragesatzes:** Du kommst doch? = Kommst du? – Das soll er getan haben? = Hat er es getan? (ich zweifle daran).
   ▷ **Fragesatz** als Vertreter eines **Aussagesatzes:** Habe ich es nicht gleich gesagt? = Ich habe es ja gleich gesagt. – War das nicht vorauszusehen? = Das war doch vorauszusehen. (↗ 264/3).

6. Nach Aussagesätzen steht als Satzzeichen ein **Punkt (.),** nach Fragesätzen ein **Fragezeichen (?),** nach Aufforderungs-, Ausrufe- und Wunschsätzen ein **Ausrufezeichen (!).**

2. Der Aussagesatz

1. Kennzeichen des Aussagesatzes ist die **Zweitstellung** der **Personalform** des Verbs im **Prädikat**.

2. Im nicht erweiterten Aussagesatz steht das **Subjekt** meist **am Satzanfang,** also unmittelbar vor der Personalform des Verbs im Prädikat. Der Aussagesatz hat dann **Grundstellung**: *Der Junge schläft.*

3. Besteht das Prädikat aus einem unfest zusammengesetzten Vollverb (↗92f.), so tritt die abtrennbare Vorsilbe ans Satzende: *Der Junge schläft ein.*

4. Ist das Prädikat **umschrieben** oder zusammengesetzt, so treten ans **Satzende** zunächst das **Prädikativum** (oder Komplement), falls vorhanden, und dann die Nominalformen des Verbs, meist in der Reihenfolge: **Partizip vor Infinitiv;** die Reihenfolge: Infinitiv vor Partizip steht beim Infinitiv mit *zu* (↗217/5) und manchmal auch beim Ersatzinfinitiv (↗27/5a).
   ▷ Der Junge ist müde. Der Junge ist müde geworden. Der Junge wird müde gewesen sein. – Der Junge ist ein Musterschüler. Der Junge ist ein Musterschüler gewesen. Der Junge soll ein Musterschüler gewesen sein. – Der Junge ist Ausländer. Der Junge erwies sich als Ausländer. – Er hat sich zu helfen gewußt. Sie hat zu reden verstanden. Die Musik war zu hören/ist zu hören gewesen/wird zu hören gewesen sein. – Er hätte sollen gefragt werden = Er hätte gefragt werden sollen.

5. Die **Satzverneinung** (↗224/2a) erfolgt:
   a) wenn als Prädikat ein Vollverb in **einfacher** Form steht, durch *nicht* am Satzende, allenfalls gefolgt von einer abtrennbaren Vorsilbe;
   ▷ Der Junge schläft nicht. Der Junge schläft nicht ein.
   b) wenn das Prädikat **umschrieben** oder zusammengesetzt ist, durch *nicht* unmittelbar vor dem Prädikativum bzw. den Nominalformen des Verbs; vor einem Substantiv als Prädikativum steht als Satzverneinung *kein*.
   ▷ Der Junge ist nicht müde. Er hat nicht geschlafen. Er ist nicht eingeschlafen. Er wird nicht geschlafen haben. – Der Junge ist kein Musterschüler. Er ist kein Musterschüler gewesen. *aber:* Der Junge erwies sich nicht als Musterschüler.

6. Zur Satzverneinung dienen auch andere Adverbien der Verneinung.
   ▷ Der Junge will nie schlafen. Er erwies sich keineswegs als Musterschüler. Ich werde keinesfalls kommen, mitnichten!

Subjekt	Prädikat					
	Personalform	Verneinung	Vorsilbe	Prädikativum,	Partizip,	Infinitiv
	schläft	(nicht)	(ein)			
	hat	(nicht)			geschlafen	
	ist	(nicht)			eingeschlafen	
	will	(nicht)				(ein)schlafen
Der Junge	wird	(nicht)			geschlafen	haben
	wird	(nicht)			geweckt worden	sein
	ist	(nicht)		müde		
	wird	(nicht)		müde	(gewesen)	sein
	ist	–		ein Musterschüler		
	ist	kein		Musterschüler gewesen		
	erwies sich	(nicht)		als (ein) Musterschüler		

7. Steht im Aussagesatz das **Subjekt** nicht am Satzanfang, so tritt es unmittelbar **hinter die Personalform** des Verbs im Prädikat, also an die **3. Stelle**; der Aussagesatz hat dann **Umstellung** (weil das Subjekt im Verhältnis zur Personalform des Prädikats umgestellt erscheint); die Zweitstellung der Personalform des Verbs im Prädikat bleibt bestehen, ebenso die Stellung der Satzverneinung (↗ 226/5) am Satzende oder unmittelbar vor dem Prädikativum bzw. den Nominalformen des Verbs im Prädikat.

8. Die Umstellung (Inversion) ist im nichterweiterten Aussagesatz recht selten, aber sehr häufig im erweiterten Aussagesatz (↗ 241; 245; 254/3 u. 4; 255/5 u. 6).

9. **Am Satzanfang** steht bei Umstellung im einfachen (nichterweiterten) Aussagesatz:
    a) unpersönliches *Es* als Satzauftakt; es folgen: Personalform des Verbs, Subjekt, gegebenenfalls Verneinung und die übrigen Teile des Prädikats (↗ 226/3 u. 4).

	Personalform	Subjekt	Verneinung	Vorsilbe	Prädikativum,	Partizip	Infinitiv
Es	schläft	der Junge	(nicht)	(ein)			
	hat		(nicht)			geschlafen	
	ist		(nicht)			eingeschlafen	
	will		(nicht)				(ein)schlafen
	wird		(nicht)			geschlafen	haben
	ist		(nicht)		müde		
	ist		kein		Musterschüler		
	hat sich		(nicht)		als ein Musterschüler	erwiesen	

b) ist das Prädikat **umschrieben** oder zusammengesetzt, so steht bei Umstellung im einfachen Aussagesatz das **Prädikativum am Satzanfang**, ebenso alle oder einzelne **Nominalformen** des Verbs; es folgen: die Personalform, das Subjekt an 3. Stelle, gegebenenfalls Verneinung und die übrigen Teile (Nominalformen) des Prädikats. Einfache Verbformen (Präsens und Präteritum Aktiv) werden zum Zweck der Umstellung mit den entsprechenden Formen von *tun* umschrieben.

Prädikativum	Partizip	Infinitiv	Personalform	Subj.	Vn.	Partizip	Inf.
		(Ein)Schlafen	tut/tat	der Junge	(nicht)		
	Geschlafen		hat				
	Eingeschlafen		ist				
	Geschlafen	haben	wird				
	Geschlafen		wird				haben
Müde			ist			(gewesen)	
Müde		(gewesen) sein	wird				
Müde			wird			(gewesen)	sein
Ein Musterschüler			war				
Als ein Musterschüler	erwiesen		hat sich				
Als ein Musterschüler			hat sich			erwiesen	

10. Im **erweiterten** Aussagesatz steht bei Umstellung (↗ 241/4; 245/3) **am Satzanfang** eines der erweiternden Satzglieder (Objekt, Umstandsbestimmung ↗ 254/3).
    ▷ Bald *schläft der Junge* ein. Seinen Vater *habe ich* nicht gekannt. Seiner Freundin *schickte er* Blumen. Vorm Haus *steht mein neues Auto.* Am Mittwoch *kann ich* nicht kommen. „Erst *kommt das Fressen,* dann *kommt die Moral.*"

3. Der Fragesatz

1. Kennzeichen des Fragesatzes ist, daß die **Personalform** des Verbs im Prädikat **vor dem Subjekt** steht, im Vergleich mit dem Aussagesatz also die **Umstellung**. Am **Satzanfang** steht entweder die Personalform des Verbs oder ein Fragewort. Satzverneinung und weitere Teile des Prädikats stehen wie im Aussagesatz (↗ 226/4 u. 5). Am Ende des Fragesatzes steht ein Fragezeichen (?), und die Stimme wird angehoben. In den Fragesatz sind oft Abtönungspartikel wie *denn, wohl, nun, endlich* u. a. eingeschoben (↗ 185/4c;).
    ▷ Kommst du? Ist er angekommen? Hat sie nicht geschrieben? Wird das Baby eingeschlafen sein? Bist du müde (gewesen)? Ist er geweckt worden? Ist der Junge ein Musterschüler? Hat er sich als ein Musterschüler erwiesen? – Wann kommst du? Wo ist er denn angekommen? Warum hat sie wohl nicht geschrieben?

2. Es gibt **zwei Arten** des Fragesatzes: die **Entscheidungsfrage,** die die Gültigkeit des im Satz Ausgesagten selbst infrage stellt, und die **Ergänzungsfrage,** die nach einem noch unbekannten **Satzglied** fragt.

3.1. Die Entscheidungsfrage

1. Die Entscheidungsfrage beginnt immer mit der Personalform des Verbs im Prädikat, gefolgt vom Subjekt, hat also **Umstellung**. Sie bezieht sich auf die Richtigkeit oder Gültigkeit einer Äußerung im Ganzen und verlangt in der Antwort eine Entscheidung darüber.

2. Entscheidungsfragen werden entweder mit einem Adverb der Bejahung oder Verneinung (meist **Ja oder Nein**) beantwortet, oder es steht ein bejahender oder verneinender Aussagesatz als Antwort.
    ▷ **Frage:** Schläft der Junge? **Antwort:** Ja./Nein./Gewiß./Keineswegs./Natürlich./Noch nicht./Ja. er schläft./Nein, er schläft noch nicht. – Hat der Junge nicht geschlafen? Ist der Junge eingeschlafen? Will der Junge nicht schlafen? usw., ↗ 227/9.

3. Auf eine verneinte Entscheidungsfrage wird gewöhnlich eine bejahende oder bestätigende Antwort erwartet (meist mit *doch*).
    ▷ **Frage:** Schläft der Junge nicht? **Antwort:** Doch, er schläft. – **Frage:** Hat der Junge sich nicht als Musterschüler erwiesen? **Antwort:** Aber ja./ Gewiß doch./ Aber natürlich./ Aber ja doch.; auch als Gegenfrage: Was denn sonst?; möglich ist auch Verneinung, meist verstärkt: Nein, keineswegs./Mitnichten.

4. Wird eine Entscheidungsfrage durch einen **Aussagesatz** vertreten (↗ 225/5), so steht am Satzende ein **Fragezeichen,** und die Stimme wird angehoben. Solche Fragen drücken die Verwunderung des Fragenden über etwas aus, was er nicht erwartet hat.
    ▷ Der Junge hat sich nicht als Musterschüler erwiesen? (ich hätte es anders erwartet). – Dieser Fremde ist kein Ausländer? (ich hätte es vermutet). – Du kommst nicht? (ich hatte es gehofft). Er wußte nichts? (ich hätte es nicht gedacht) – ↗ 264/3.

5. Einfache Verbformen werden im deutschen Fragesatz (anders als z. B. im Englischen) nie umschrieben; also: *Kam er?* und nicht: *Tat er kommen? (Did he come?)* – vgl. auch 227/9b. Unüblich ist auch die Voranstellung eines Substantivs als Subjekt und seine Wiederholung durch ein Pronomen nach der Personalform des Verbs (wie z. B. im Französischen); also: *Sind die Pakete abgeschickt worden?* und nicht: *Die Pakete, sind sie abgeschickt worden? (Les colis ont-ils été expédiés?).*

3.2. Die Ergänzungsfrage

1. Die Ergänzungsfrage beginnt immer mit einem **Fragewort** (Fragepronomen oder Frageadverb) und fragt nach einem noch unbekannten Satzglied.

2. Im nichterweiterten Satz erfragt die Ergänzungsfrage nur:
   a) das **Subjekt** oder
   b) das **Prädikativum** (bei teilverbalem Prädikat, ↗218) oder
   c) das **Prädikat** selbst (bei verbalem Prädikat, ↗216f.).

3. Ergänzungsfragen nach dem **Subjekt** stehen in der **Grundstellung** des Aussagesatzes (↗226) mit dem Fragewort anstelle des Subjekts. Als Antwort steht das erfragte Subjekt oder ein vollständiger Aussagesatz. Ergänzungsfragen nach dem Subjekt beginnen:
   a) mit **wer?**, wenn man eine **Person** (oder mehrere) als Antwort erwartet,
   ▷ **Frage**: Wer ruft? **Antwort**: Die Mutter./ Die Mutter ruft. – **Frage**: Wer kommt den da? **Antwort**: Onkel Walter und die Kinder (kommen da).
   b) mit **was?**, wenn man eine **Sache** (oder mehrere) als Antwort erwartet.
   ▷ **Frage**: Was ist dabei zu verdienen? **Antwort**: Viel Geld (ist dabei zu verdienen).

4. Ergänzungsfragen nach dem **Prädikativum** haben **Umstellung** (↗228/1) und beginnen:
   a) mit **wer?**, wenn man einen **Eigennamen** oder eine bestimmte **Personenbezeichnung** als Antwort erwartet. Nach wer? steht die Personalform des Verbs immer in der 3. Pers. Sing.; nur wenn das Prädikat mit Hilfe von sein gebildet ist, richtet die Personalform von sein sich in Numerus und Kasus nach dem folgenden Substantiv oder Pronomen des Subjekts;
   ▷ **Frage**: Wer bist du? **Antwort**: Ich bin Klaus. – **Frage**: Wer ist das/sie? (Das/sie ist) Frau Ohl, die Frau des Direktors. – **Frage**: Wer sind Sie, meine Dame? **Antwort**: Ich bin die Hausbesitzerin Klein. – **Frage**: Wer ist Ihr Vater? **Antwort**: Der Schreinermeister Karl Höfer in Kirdorf (ist mein Vater). –
   b) mit **was?**, wenn man einen **Gattungsnamen** oder eine **Berufsbezeichnung** erwartet,
   ▷ **Frage**: Was ist dein Vater. **Antwort**: (Er/Mein Vater ist) Musiker. – **Frage**: Was will dein Bruder werden? **Antwort**: (Er will) Maler (werden). – **Frage**: Was ist das? **Antwort**: (Das ist) eine Eidechse.
   c) mit **wieviel?** oder **wieviele?**, wenn man ein **Zahlwort** als Antwort erwartet,
   ▷ **Frage**: Wie viele seid ihr? **Antwort**: (Wir sind) drei (Geschwister). – **Frage**: Wieviel (Bücher) sind es gewesen? **Antwort**: (Es sind) zwölf (gewesen).
   d) mit **wie?** oder **was?**, wenn man ein **Adjektiv** als Antwort erwartet.
   ▷ **Frage**: Wie war das Wetter? **Antwort**: (Es/Das Wetter war) weder gut noch schlecht, also mittelmäßig.

5. Ergänzungsfragen nach dem **Prädikat** beginnen mit **was?** und stehen mit einem Verb des Tuns oder Geschehens *(machen, tun, geschehen* u. ä.).
   ▷ Was hat der Verhaftete getan? Er hat gestohlen. – Was machen Sie da? Ich lese. – Was tut Fritz? Er arbeitet im Garten. – Was treibt Ernst? Er studiert. – Was geht hier vor? Was ist hier los? Was ist geschehen? Mehrere Autos und eine Straßenbahn sind zusammengestoßen.

6. Im **erweiterten** Satz (↗232ff.) kann **jedes Satzglied** durch Ergänzungsfragen erfragt werden (↗264/2c; 265/4b).
   ▷ Wann kommst du? Wo steht euer Haus? Warum hat sie nicht geschrieben? Wem willst du das Buch schenken? Wen werden wir morgen alles treffen? Mit wem ist sie verheiratet. Wie lange leben Sie schon hier?

4. Der Aufforderungssatz

1. Im Aufforderungssatz steht das Prädikat meist im **Imperativ** (↗81) und immer am **Satzanfang,** doch stehen auch Infinitive, Partizipien und Konjunktivformen oder Umschreibungen (↗81/4–7), ebenfalls in **Erststellung.** Am Satzende steht ein Ausrufezeichen (!). Oft werden Abtönungspartikel (↗185) wie: *doch, mal, nur, schon* u. ä. eingeschoben.

2. In Aufforderungssätzen mit dem **Imperativ** am Satzanfang ist das Subjekt gewöhnlich durch die Personalendung ausgedrückt, doch wird das Personalpronomen als Subjekt nachgestellt, wenn eine Betonung beabsichtigt ist. Das nachgestellte *Sie* in der höflichen Anrede muß immer stehen (↗unten 4).

    ▷ Lies! Lies *du!* – Antwortet ihm! Antwortet *ihr* ihm! – Hört mal zu! – Komm mal her! – Tu *du*'s doch! – Geben *Sie* acht! Kommen *Sie* nur 'rein!

3. Aufforderungssätze mit **Infinitiven** oder **Partizipien** lassen das Subjekt gewöhnlich unbezeichnet. Sehr häufig handelt es sich dabei um **Kurzsätze** (↗224/1d), so daß Wörter beliebiger Wortarten als Befehls- und Aufforderungsformen erscheinen; meist läßt sich ein Partizip zufügen.

    ▷ Aufstehen! Einsteigen! Türen schließen! Alles aussteigen!; Nicht drängeln! Hinten anstellen! – Aufgestanden! Stillgestanden! Aufgepaßt! – Ruhe (gehalten)! Vorsicht (geübt)! An die Arbeit (gegangen)! Vorwärts (gegangen, marschiert usw.)! Auf! (von: Aufbrechen!, Aufgebrochen!); Los! Herein! Still! (von: Stillschweigen!, Stillgeschwiegen!). – Pst! (↗213/3b).

4. In Aufforderungssätzen mit **Konjunktiven** oder Umschreibungen steht die **Personalform** des Verbs im Prädikat ebenfalls **am Satzanfang** (Erststellung). Nur wenn sie sich Wunschsätzen (↗232) nähern, steht auch Grundstellung mit dem Subjekt am Satzanfang und der Personalform des Verbs im Prädikat in Zweitstellung.

    ▷ Seien Sie ganz unbesorgt! Seien Sie ja vorsichtig! Geben Sie doch acht! Seien Sie so gut und kommen Sie zurück! Laß/Laßt uns gehen! Soll er doch kommen! – Möge es euch nützen!; oder: Es möge euch nützen! Er ruhe in Frieden!

5. In Aufforderungssätzen jeder Art kann das Subjekt durch eine **Anrede** im Nominativ, den sog. **Vokativ,** besonders bezeichnet und hervorgehoben werden. Diese Anrede wird durch Komma vom übrigen Satz abgetrennt und kann an jeder Stelle eingefügt werden.

    ▷ Kommt, Kinder! Klaus, komm herauf! Kinder, schreit nicht so laut! Treten Sie näher, Frau Ohl! Aufstehen, du Langschläfer! „Schlafe, mein Kind, schlaf' ein!" „Du liebes Kind, komm, geh mit mir!" „Hab Dank, Geselle!" „Frisch auf, Kameraden, aufs Pferd, aufs Pferd!"

6. In verneinenden Aufforderungssätzen steht das **Verneinungswort** immer **nach** dem Imperativ, aber **vor** einem Infinitiv oder Partizip.

    ▷ Geh nicht weg! Bleiben Sie nicht hier! Laßt euch nicht stören! Bleibt nicht stehen! – Nicht weggehen! Nicht stehenbleiben! Nicht rauchen! Nicht mit dem Fahrer sprechen! Nicht hinauslehnen! Nicht schreien! Nicht geschrien!

5. Der Ausrufe- und der Wunschsatz

1. Die Ausrufe- und die Wunschsätze drücken Gefühle, Stimmungen und besondere Wertungen aus. Sie haben dafür eine eigene **Stimmführung,** bei der betont wird, worauf es ankommt (oft Beiwörter; meist Satzanfang und Satzende). Am Satzende steht immer ein Ausrufezeichen (!). Sehr häufig sind Abtönungspartikel (↗ 185) wie: *doch, aber, o/oh, ach, nur, o daß doch* u. ä. (↗ unten 4).

2. In Ausrufe- und Wunschsätzen hat die **Personalform** des Verbs im Prädikat:
   a) im allgemeinen **Erststellung** mit unmittelbar folgendem Subjekt (= Umstellung);
   ▷ Ist der Junge klug! Sind dieses Leute laut! Singt sie nicht schön! Ist das Konzert nicht schön gewesen! – Ach, wäre er gesund! Hätte Vater das doch noch erlebt! O wie hätte er sich darüber gefreut!
   b) aber auch **Zweitstellung,** meist mit dem Subjekt unmittelbar davor (= Grundstellung), seltener mit nachgestelltem Subjekt (= Umstellung);
   ▷ Der Junge ist aber klug! Diese Leute sind vielleicht laut! Sie singt aber schön! – Klug ist der Junge! Laut sind diese Leute! Schön singt sie! Ausgezeichnet war das Konzert! – Das war nun wirklich ein Spaß! Das wäre geschafft! Das ist ja nicht auszudenken! Mir reicht's jetzt!
   c) und sogar **Endstellung** wie im abhängigen Satz (↗ 256/1), wobei in Gedanken ein Hauptsatz mit übergeordnetem Prädikat zu ergänzen wäre.
   ▷ Wie klug der Junge ist! (= Ich wundere mich, wie klug der Junge ist). Wie laut diese Leute sind! Wie schön sie singt! Was für eine Dummheit er da gemacht hat! Daß/Wenn sie doch endlich käme! „Daß dich das Mäuslein beiß'!"

3. Oft stehen als Ausruf oder Wunsch auch verblose **Kurzsätze** (↗ 81; 172/3; 224/1 d).
   ▷ Welch schöne Frau! Was für eine Dummheit! Wie schön! – Her damit! Weg da!

4. Wird ein Wunsch als nicht erfüllt oder nicht erfüllbar angesehen, so entsteht ein **irrealer Wunschsatz.** Ihr Prädikat steht im Konjunktiv, und zwar steht:
   a) der **Konjunktiv II** (= Konj. Präteritum) für einen unerfüllten (aber noch erfüllbaren) Wunsch in bezug auf die **Gegenwart** oder **Zukunft.** Sehr häufig steht diese Form auch für die höfliche Bitte, z.B. beim Einkauf, oder zur Abmilderung einer Aussage im Gespräch;
   ▷ **mit Erststellung:** Könnte ich doch schlafen! (ich kann es aber nicht). – **mit Zweitstellung:** Ich schliefe so gerne! (schlafe aber nicht); **mit Endstellung:** Ach, wenn ich doch nur endlich schlafen könnte! – Ich hätte gerne (ich möchte gerne) ein paar Ansichtskarten! Ich würde eine farbige Postkarte vorziehen! Lieber hätte ich eine farbige Postkarte! Das würde ich nicht sagen! Darüber würde sich niemand wundern!
   b) der **Konjunktiv Perfekt II** (= Konj. Plusquamperfekt) für einen nicht mehr erfüllbaren Wunsch in bezug auf die **Vergangenheit** (aber auch auf Künftiges, wenn es als **vollendet** gedacht wird).
   ▷ **mit Erststellung:** Wäre er doch gekommen! (er kam aber nicht); **mit Endstellung:** Wenn er doch nur gekommen wäre!; **mit Zweitstellung:** Ich hätte vor Scham in den Boden sinken mögen!; **mit Erststellung:** Ach, hättest du doch deinen Mund gehalten! – Hätte ich mein Examen doch schon bestanden!; **mit Endstellung:** Daß/Wenn wir doch endlich zu Hause wären!

5. **Ausrufesätze** beginnen oft mit den Abtönungspartikeln **wie** oder **o wie;** in **Wunschsätzen** steht häufig *doch, nur, doch nur, wenn doch nur, o daß doch.*
   ▷ O wie singt sie schön! Wie schön sie singt! O sie singt schön! – Wäre er doch nur gekommen! Er hätte doch kommen sollen! O daß er doch käme!

IV. Der erweiterte Hauptsatz

1. Satzglieder und Syntaktische Einheiten

1. Ein einfacher Hauptsatz wird zum erweiterten Hauptsatz, wenn zu Subjekt und Prädikat nähere Bestimmungen hinzutreten, die nicht selbst Satzform haben, nämlich:
   a) **Attribute,** auch Beifügungen genannt (Attr.),
   b) **Objekte,** auch Ergänzungen genannt (Obj.),
   c) **adverbiale Bestimmungen,** auch Umstandsbestimmungen genannt (adv. Best.)
   d) **Komplemente,** auch Begleitaussagen genannt (Kompl.).

2. Prädikat, Subjekt und nähere Bestimmungen sind **Satzglieder,** bestehend aus:
   a) einem Wort, wobei auch die umschriebenen Verbformen als ein Wort gelten, ebenso die Verbindung von Artikel und Substantiv;
   b) einer Wortreihe, d. h. mehreren gleichartigen Wörtern;
   c) einer Wortgruppe, z. B.: Präposition od. Vergleichswort+Substantiv (Pronomen), auch: Hilfsverb, Modalverb o. ä. +Nominalformen des Verbs.

3. Subjekt und Prädikat sind **selbständige Satzglieder** (sS), ebenso Objekte und adverbiale Bestimmungen, sofern sie das Prädikat näher bestimmen. Auch Komplemente und die sog. freien Glieder sind selbständige Satzglieder.

4. Objekte und adverbiale Bestimmungen, die nicht das Prädikat, sondern ein anderes Satzglied näher bestimmen, sind **unselbständige Satzglieder**(uS), ebenso alle Attribute, doch können sie ihrerseits wieder durch Objekte, adverbiale Bestimmungen und/oder Gliedsätze (niederen Grades) näher bestimmt werden.

5. Ein selbständiges Satzglied, das nicht wieder einem anderen eingegliedert ist, heißt **Syntaktische Einheit** (SE). Syntaktische Einheiten können aus einem Wort oder wenigen Wörtern gebildet werden, aber auch stark untergliedert sein und dabei Bestimmungen niederen Grades (nG) einschließen.

6. Kennzeichnend für die Satzbildung im Deutschen ist die **Einbettung** von Satzgliedern im **verbalen Satzrahmen** oder auch in anderen Satzgliedern (↗ 257). Die Zuordnung von Satzgliedern und Syntaktischen Einheiten ergibt bestimmte **Satzbilder:**

```
       Ich     benutze   dieses Buch    sehr    oft    bei meinem Studium
sS:  | Subj. | Präd.   |   Obj.     |      adv. B.    | →  |    adv. B.      |
uS:                    |   Attr.    |     adv. B.     |    |    Attr.        |
SE:  | Subj. | Präd.   | Obj. mit Attr. | adv. B. mit adv. B. | adv. B. mit Attr. |
```

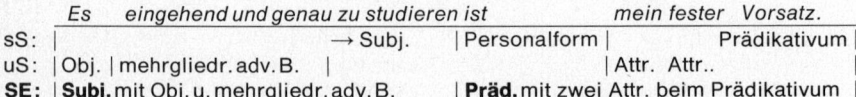

```
       Es    eingehend und genau zu studieren ist              mein fester Vorsatz.
sS:  |              → Subj.                | Personalform |   Prädikativum   |
uS:  | Obj. | mehrgliedr. adv. B. |                       | Attr. Attr..     |
SE:  | Subj. mit Obj. u. mehrgliedr. adv. B. | Präd. mit zwei Attr. beim Prädikativum |
```

```
       Über die mir  bisher  fremden Regeln werde    ich    Sie   befragen.
sS:  | →    →                              Obj. | Personalform | Subj. | Obj. | Nominalform |
uS:  |             Attr.                   |
nG:  | Obj. | adv. B. |                         (verbaler Rahmen)
     | (Attr. m. Obj. u. adv. B.) |                ↓                              ↓
SE:  | Obj. m. Attr., dieses m. Obj. u. adv. B. | Prädi-   | Subj. | Obj. | -kat  |
```

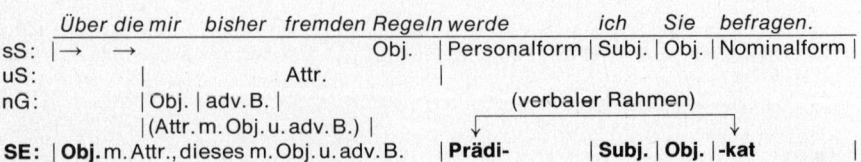

2. Das Attribut (Die Beifügung)

1. Das Attribut ist ein **unselbständiges Satzglied** und steht als nähere Bestimmung zu einem **Substantiv** oder zu einem substantivierten Wort. Das Attribut antwortet auf die Frage: **was für (ein...)?**

2. Als Attribut kann stehen:
   a) ein **Adjektiv**   = adjektivisches Attribut;
   b) ein **Substantiv** im **Genitiv**   = Genitivattribut;
   c) ein **Substantiv** mit **Präposition** = präpositionales Attribut;
   d) ein **Adverb**   = adverbiales Attribut;
   e) ein **Infinitiv** mit **zu**   = verbales Attribut;
   f) ein **Substantiv** im gleichen Kasus   = Beisatz oder Apposition.

2.1. Das adjektivische Attribut

1. Außer Adjektiven stehen als Attribute auch Partizipien und erweiterte Partizipial- oder Adjektivgruppen (↗ 280/5b) sowie adjektivische Pronomen und Zahlwörter, letztere auf die Frage: *wieviel? wie viele?*

2. Das adjektivische Attribut steht gewöhnlich **vor dem Substantiv**, zu dessen näherer Bestimmung es dient. Wird das Substantiv mit Artikel gebraucht, so steht das adjektivische Attribut also – gemäß dem Prinzip der Einbettung – **zwischen Artikel und Substantiv**. Es muß dann mit dem Substantiv in Numerus, Genus und Kasus übereinstimmen; nur in wenigen Redensarten und formelhaften Wendungen bleibt es unverändert.
   ▷ Ein *guter* Film darf nicht langweilig sein. Hast du den *neuen* Film schon gesehen? Leider sind *gute* Filme heute selten. ,,Der *gute* Mensch in *seinem dunklen* Drange ist sich des *rechten* Weges wohl bewußt." – In *strömendem* Regen fuhren wir durch die *grünende und blühende* Landschaft. – *Dieser* Politiker ist mir nicht bekannt. Kennen Sie *diesen* Film? – Ich habe *zwei oder drei* Bücher dieses Schriftstellers gelesen. – Er versucht immer wieder, sich bei seinen Vorgesetzten *lieb* Kind zu machen. Sie macht *viele* Fehler und muß bei ihren Vorgesetzten oft um *gut* Wetter bitten. ,,Unser *täglich* Brot gib uns heute!"

3. Nur in gehobener dichterischer Sprache kann das adjektivische Attribut auch **hinter** dem übergeordneten Substantiv stehen; es bleibt dann **unverändert** (↗ 142/2; 165/5).
   ▷ ,,Und dem Wandersmann erschienen oft Gestalten, *zart und mild.*" – ,,Bei einem Wirte *wundermild,* da war ich jüngst zu Gaste." – ,,Kindlein *fein,* schlaf nur ein!" – ,,Ein Mägdlein *weiß und rot* wie Milch und Blut."

4. **Immer endungslos** und nachgestellt (oder aber noch vor dem Artikel) steht das adverbial gebrauchte **allein**, ebenso das endungslose und meist nachgestellte **genug**.
   ▷ Du *allein* bist schuld. Der Arzt *allein* kann hier helfen. Hier kann *allein* der Arzt helfen. – Hast du Geld *genug? auch:* Hast du *genug/genügend/ausreichend* Geld?

5. Tritt ein adjektivisches Attribut zu einem substantivischen Pronomen, so wird es diesem **nachgestellt;** es muß mit ihm in Genus, Numerus und Kasus übereinstimmen. Oft erscheint dabei das Attribut substantiviert, d. h. es wird mit großem Anfangsbuchstaben geschrieben. (↗ 174/5).
   ▷ Endlich etwas *Erfreuliches!* Das dient zu nichts *Gutem.* Ich habe viel *Gutes* über Sie gehört. Mit jemand *Fremdem* würde ich darüber nicht reden. – Wir *drei* sind noch gesund. Wie geht es euch *vieren?* Euch *allen* viele Grüße! (↗ 236/7).

2.2. Das Genitivattribut

1. Über den Gebrauch des Genitivs zur (attributiven) Unterordnung eines Substantivs unter ein anderes vgl. Seite 139.

2. Das Genitivattribut wird dem übergeordneten Substantiv meist **nachgestellt**. Oft sind statt dessen auch zusammengesetzte Substantive möglich (aber ↗ unten 6).

   ▷ Die Sorgen *des Alltags* (= Die Alltagssorgen) waren zu viel für sie. Das Haus *meiner Eltern* (= Mein Elternhaus) steht leer. Hört ihr das Rauschen *des Waldes* (= das Waldesrauschen)? Das obere Tal *des Rheines* (= Das obere Rheintal) ist sehr breit. Kennen Sie dieses Gedicht *Goethes* (= dieses Goethegedicht)? Für die Eröffnung *eines Kontos* (= Für eine Konteneröffnung) brauchen wir Ihren Paß und Ihre Unterschrift. Er ist ein Mensch *heiteren Gemütes* (Er ist ein Gemütsmensch). Der Eigentümer *des Hauses* (= Der Hauseigentümer) ist verreist. Der Verkauf *eines Gebrauchtwagens* (= Der Gebrauchtwagenverkauf) ist heute schwierig.

3. Bezeichnet das Genitivattribut eine **Person**, so wird es, vor allem in gehobener Sprache und bei Personennamen, häufig **vorangestellt**. Das übergeordnete **Substantiv** steht dann **ohne Artikel**.

   ▷ Wer wird (des) *Vaters* Bücher (= die Bücher *des Vaters*) erben? *Schillers* Dramen (= Die Dramen Schillers/Die Dramen von Schiller) werden noch heute gelesen und aufgeführt. Kennst du *Goethes* Werke? (= die Werke Goethes/die Werke von Goethe)?; aber nur: Welche Werke *Goethes* (von Goethe) kennst du? ,,Er drückt *des Kaisers* Länder mit *des Kaisers* Heer."

4. Oft steht statt des nachgestellten Genitivattributes die Präposition **von** mit dem **Dativ**. (↗ 140), insbes. wenn Nominativ und Genitiv formgleich sind.

   ▷ Die Straßen *von Mannheim* (statt: Mannheims) sind dem Autoverkehr nicht mehr gewachsen. Der Stadtrat *von Koblenz* hat die Innenstadt für den Durchgangsverkehr gesperrt. Der Genuß *von alkoholischen Getränken* (statt: alkoholischer Getränke) ist für Kinder schädlich. Die Werke *von Voß und Claudius* werden heute kaum noch gelesen.

5. Genitivattribute können auch abhängen von:
   a) einem Adverb der **Menge**;   b) einem Adverb des **Ortes**;
   c) einem **Pronomen**;   d) einem **Zahlwort**;   e) einer **Steigerungsform**.

   ▷ a) Das war zuviel *des Guten*. Genug *der Rede!* ,,*Glückes* genug." – b) Woher *des Weges?* Wohin *des Weges?* – c) Welcher *deiner Brüder* ist Arzt geworden? Derjenige *Ihrer Söhne*, der am besten dazu in der Lage ist, wird Sie im Alter unterstützen. – d) Das vierte *seiner Kinder* war endlich ein Sohn. Drei *dieser Männer* kenne ich. Auf einen *unserer Mannschaft* fiel das Los. *Unsereiner* (= einer von unserer Art) hat dabei immer Pech. – e) Der ältere *seiner beiden Söhne* wurde Arzt. Im Altertum galt Helena als die schönste *aller Frauen*.

6. Die Aufeinanderfolge mehrerer (untereinander abhängiger) Genitivattribute macht eine Äußerung oft unklar und wird deshalb meist vermieden, wenn möglich durch Bildung eines zusammengesetzten Substantivs (↗ oben 2); also: *die Rede des Vereinsvorsitzenden* (statt: *die Rede des Vorsitzenden des Vereins*). Dabei ist jedoch zu beachten, daß ein Genitivattribut und das entsprechende Kompositum nicht immer die gleiche Bedeutung haben, z. B. ist *die Hausdame* nicht *die Dame des Hauses,* ebenso unterscheiden sich *ein Erdteil* und *ein Teil der Erde* u. a.

2.3. Präpositionale, adverbiale und verbale Attribute

1. Ein als Attribut gebrauchtes **Substantiv mit Präposition** steht immer **hinter** dem übergeordneten Ausdruck.

2. Besonders häufig ist das präpositionale Attribut mit **von + Dativ** vielfach als Ersatz für ein Genitivattribut (↗ 140; 234/4), doch können präpositionale Attribute auch mit **als** oder **wie** angefügt sein.

    ▷ Die Einwohnerzahl *von Mainz* ist höher als die *von Koblenz*. Wer war der letzte König *von Frankreich;* aber immer: Die Königin *der Niederlande* macht gerade eine Auslandsreise. Der Präsident *der Vereinigten Staaten* kann nur einmal wiedergewählt werden. – Sein Ruf *als Arzt* verbreitete sich schnell. Mit Ihren Leistungen *als dem jüngsten Mitglied* der Firma sind wir sehr zufrieden. Er war ein Kerl *wie eine Eiche*.

3. Gelegentlich stehen als Attribute auch **Adverbien** des **Ortes,** der **Zeit** oder des **Grundes** mit oder ohne Präposition, und zwar in der Regel **hinter** dem übergeordneten Ausdruck, selten vor ihm.

    ▷ Fräulein Schmidt *(von) nebenan* hat Besuch von ihren Eltern. Der Schornstein *links* muß gereinigt werden. Die Regierung reagierte auf die Kritik der Opposition mit einer Flucht *nach vorn*. An der Vorstellung *(von) gestern* gefiel mir vor allem die Darstellerin einer Nebenrolle. Von dem Ärger *deinethalben* habe ich jetzt genug. Auf der Treppe *nach unten* ist sie gestürzt. Aus dem Dörflein *da drüben* läuten die Glocken. Wie heißt das Dorf *dort/dort* das Dorf?

4. In freier Stellung, meist aber vorangestellt, stehen bei stark betonten Substantiven zu ihrer besonderen Hervorhebung häufig Adverbien der Denk- und Aussageweise, also **Abtönungspartikel** (↗ 185; 282/2 d), als sog. **modales Attribut,** z. B.:

    eben, gerade, allein, nur, ausgerechnet, sogar (selbst), auch, erst, überhaupt, vor allem, schon u. a.

    ▷ *Eben* deine Hilfe brauche ich. Deine Hilfe *eben* brauche ich. – *Eben* das meine ich. Das *eben* meine ich; auch: Das meine ich *eben;* doch ist hier Verwechslung mit einem Zeitadverb möglich (↗ 183; 242/5; 243/7 d). – Das *gerade* gefällt mir an dir. *Gerade* dies aber mißfällt ihm. *Nur* Klaus weiß etwas davon. Ein Wunder *nur* kann sie retten. *Ausgerechnet* du beschwerst dich! *Auch* ich wundere mich darüber. Vater *sogar* ist erstaunt, und *selbst* Mutter hat ihre Geduld verloren.

5. Als **verbales Attribut** gilt der **Infinitiv mit zu,** wenn er ein voranstehendes Substantiv näher bestimmt. Der Infinitiv mit *zu* steht dabei gelegentlich allein (also verbal), meist aber mit Artikel (also substantiviert) und wird dann mit großem Anfangsbuchstaben geschrieben. Oft kann statt dessen auch ein zusammengesetztes Substantiv stehen (↗ 234/2 u. 6).

    ▷ Ich habe keine Lust *zu arbeiten*/keine Lust *zum Arbeiten*/keine Arbeitslust. – Ich muß mir noch ein paar Bücher *zum Lernen* kaufen. Ein Film *zum Lachen* ist immer eine gute Entspannung.

6. Als verbales oder **prädikatives Attribut** gilt auch das **Komplement** (↗ 219), da es außer einer Begleitaussage zum Prädikat auch ein attributives Verhältnis zum Subjekt oder zu einem Objekt des Satzes ausdrückt wie in: *Das Haus steht leer. Er strich die Tür grün* (↗ 219/2).

2.4. Die Apposition (Der Beisatz)

1. Tritt zu einem Substantiv als Attribut ein weiteres **Substantiv im gleichen Kasus,** so handelt es sich um eine Apposition (einen Beisatz). Die Apposition drückt kein Verhältnis der Unterordnung, sondern ein Verhältnis der **Beiordnung** aus.

2. Die Apposition kann **vor oder hinter** dem Ausdruck stehen, zu dem sie gehört. Ist sie nachgestellt, so schließen Kommas (Beistriche) sie ein; ausgenommen davon sind eng angefügte Beinamen von Personen, die zum festen Bestandteil des Namens geworden sind.

   ▷ Eine Rückkehr zur *Mutter* Natur hat schon manchen getröstet. *Vater* Staat braucht wieder einmal höhere Steuern. In *der Stadt* Berlin gibt es viele Theater. *Das Königreich* Dänemark ist der südlichste Staat Skandinaviens. Im *Monat* Mai werden die meisten Ehen geschlossen. – „Es lebe Tell, *der Schütz!"* Mit Karl, *dem großen König der Franken,* begann eine neue Epoche; aber: Mit Karl *dem Großen* begann eine neue Epoche; ebenso: Heinrich *der Löwe* begab sich an den Hof seines Schwiegervaters, *des Königs von England.*

3. Die **nachgestellte** Apposition steht meist **mit Artikel;** bei Herrschernamen fehlt er jedoch bisweilen.

   ▷ Heinrich *der Vierte* (Schreibung meist: Heinrich IV., ↗ 178) war vielleicht der bedeutendste König von Frankreich. Unter den Kriegen Ludwigs *des Vierzehnten* (Ludwigs *XIV.*) hatten viele Franzosen und Nichtfranzosen zu leiden. Wann kam Wilhelm *der Eroberer* nach England; aber: König Richard *Löwenherz* nahm an einem Kreuzzug teil, und Friedrich *Barbarossa* starb auf dem Weg ins Heilige Land. – Christoph Columbus, *der Entdecker Amerikas,* starb im Elend. Paul Ehrlich, *ein deutscher Chemiker und Arzt,* erhielt 1908 den Nobelpreis für Medizin. An Gutenberg, *den Erfinder des Buchdrucks,* erinnert heute ein Museum in Mainz.

4. **Gattungsnamen** stehen als Attribut in der Regel **mit Artikel** bei einem Eigennamen oder bei einem anderen Gattungsnamen geringeren Umfangs.

   ▷ *Der Philosoph* Kant hat Königsberg nie verlassen. *Der Dichter* Heine starb in Paris. Ludwig Feuerbach, *der Philosoph,* und *der Maler* Anselm Feuerbach gehörten derselben Familie an. *Das Land* Kaschmir liegt in Asien. Im *Freistaat* Bayern gibt es außer dem Landesparlament noch eine zweite Kammer, den Senat. – Der *Vogel* Strauß stammt aus Afrika.

5. Ist die vorangestellte Apposition ein **Titel** oder eine **Standes-, Berufs-** oder **Verwandtschaftsbezeichnung,** so nimmt sie selbst den Charakter eines Eigennamens an und bleibt **unverändert,** wenn sie **ohne Artikel** steht; doch ↗ 130/5.

   ▷ Haben Sie Herrn *Direktor* Müller geschrieben? Dieses Verfahren wurde von *Professor Dr.* Schultz entwickelt. Er verhandelt gerade mit *Schreinermeister* Schulz; aber: Wo ist die Werkstatt des Schreinermeisters Schulz? Wir waren in *Onkel* Karls Garten; aber: Wir waren im Garten des Onkels Karl.

6. Auch eine **Maß-** oder **Mengenbezeichnung** vor einem Stoff- oder Gattungsnamen gilt als Apposition dazu (↗ 223/7): *ein Paar Handschuhe; ein Dutzend Eier.*

7. Einem substantivischen Pronomen kann ein Substantiv als Apposition unmittelbar folgen, nicht jedoch einem Personalpronomen der 3. Person.

   ▷ Wir *Arbeitnehmer* müssen zusammenhalten. Mir *Unglücklichem* mußte das passieren. Ihr *beneidenswerten Lehrer* habt so oft Ferien. *Aber nur:* Ihn, *den großen Taktiker,* hat noch niemand übertroffen.

3. Das Objekt (Die Ergänzung)

Vorbemerkung: Im folgenden wird in einer Übersicht zusammengefaßt, was in den Abschnitten der **Wortlehre** über **Valenz** und **Rektion** von **Verben** (↗ 95–105) und **Adjektiven** (↗ 153–158) ausgeführt ist.

1. Als nähere **Bestimmung zum Prädikat**, aber auch zu einem Infinitiv, einem Partizip oder einem Adjektiv sonst im Satz, treten **Objekte** (Ergänzungen) und/oder **adverbiale Bestimmungen** (Umstandsbestimmungen), ferner Komplemente, die jedoch nicht nähere Bestimmungen, sondern Begleitaussagen sind.

    ▷ *Während der Wirtschaftskrise* (adv. Best.) *vor zwei Jahren* (adv. Best. zur adv. Best.) wurde *vielen Arbeitnehmern* (Obj.) *überraschend* (adv. Best) gekündigt. *Diese Kündigungen* (Obj. zum Inf.) *umgehend* (adv. Best. zum Inf.) rückgängig zu machen war ein Hauptanliegen der Gewerkschaften.

2. Das **Objekt** (Obj.), auch Ergänzung genannt, kann **abhängig** sein:
    a) von dem Prädikats**verb** oder
    b) von einem Prädikats**adjektiv,** ferner
    c) von einem Infinitiv, Partizip oder Adjektiv sonst im Satz; dabei handelt es sich um Objekte **niederen** Grades.

    ▷ a) Viele Betriebe *stellten die entlassenen Arbeitnehmer* wieder ein. – b) Sie waren sehr *froh über dieses Verhandlungsergebnis.* – c) *Einen Fehler zu bereuen* ist es nie zu spät. Der Politiker hielt eine *alle Zuhörer begeisternde* Rede.

3. Ausgedrückt wird die Abhängigkeit des Objekts durch seinen **Kasus** oder durch eine **Präposition** mit ihrem Kasus. Es gibt also **Akkusativ-, Dativ-, Genitiv-**Objekte und **Präpositional**objekte (↗ 238).

4. Oft können oder müssen **mehrere Objekte** stehen (↗ 239f.). Die wichtigsten Fälle sind:
    a) **Dativ**objekt   + **Akkusativ**objekt,
    b) **Akkusativ**objekt + **Genitiv**objekt,
    c) **Akkusativ**objekt + **Präpositional**objekt,
    d) **Dativ**objekt   + **Präpositional**objekt,
    e) **Akkusativ**objekt + **Akkusativ**objekt (oder Komplement im Akkusativ).

5. Als Objekte stehen:
    a) Substantive, Pronomen oder Gliedsätze (↗ 260):
    ▷ Haben Sie *den Brief* abgeschickt? Ja, Herr Noll muß *ihn* schon haben. Sind Sie *dessen* sicher? Ich bin überzeugt, *daß er ihn bereits gelesen hat.*
    b) für ein Akkusativobjekt, ein Genitivobjekt oder ein präpositionales Objekt kann ein Infinitiv mit *zu* stehen, vereinzelt auch ohne *zu;*
    ▷ Alle begannen *zu tanzen.* Ich gedachte nicht *mitzumachen.* – Niemand hat mich *tanzen* gelehrt.
    c) für ein Präpositionalobjekt kann auch ein Pronominaladverb stehen (↗ 168f.).
    ▷ Ich bin nicht überzeugt *davon.*

6. Substantive als Objekte haben oft Attribute bei sich (↗ 233–236).

7. Objekte können im Satz mit Umstandsbestimmungen und Komplementen zusammentreten, z. B. in dem Satz: *Als Vater* (Kompl.) *binde ich dir* (Dat. Obj.) *den Rat* (Akk. Obj.) *auf die Seele* (adv. Best.): „Tages Arbeit, abends Gäste."

3.1. Einfache Objekte

1. Das **Akkusativobjekt** (die Wenfallergänzung) steht auf die Frage: **wen?** oder **was?** und bezeichnet den Gegenstand (die Person oder Sache), den die im Prädikat ausgedrückte Handlung des Subjekts **betrifft** oder **bewirkt** ,insbes. :
   a) das **Ziel** einer Handlung;
   b) die **Wirkung** oder das **Ergebnis** einer Handlung;
   c) den **Stoff** oder das **Mittel** einer Handlung (↗ 96; 99; 155);
   Über andere Arten des Akkusativs ↗ 96/ 6–8; 240; 244/4.

   ▷ a) Die Katze fing *eine Maus*. Ich traf *Klaus* in der Stadt. Jede Mutter liebt *ihre Kinder*. – b) Ich baue *ein Haus*. Er schrieb *einen Brief*. – c) Wir tranken *Kaffee*. Viele fahren heute *Auto*. Er spielt *Geige*. (Dieser Akk. des Mittels, ebenso der des Inhalts, ↗ 96/6, und der nach *haben*, ↗ 17/2a, ist nicht umkehrbar ins Passiv, ↗ 76 f.).

2. Das **Dativobjekt** (die Wemfallergänzung) steht auf die Frage: **wem?** und bezeichnet meist die **Person,** seltener die Sache, der sich das im Prädikat ausgedrückte Geschehen zuwendet (↗ 98; 154).

   ▷ Antworten Sie *mir* bitte umgehend. *Meiner Frau* gefällt es in Deutschland sehr gut. Viele Deutsche gehören *einem Verein* an. *Alten Menschen* muß man helfen. Wie geht es *Ihnen?* Der Kuchen schmeckte *ihm* sehr gut.

3. Nach manchen Verben kann ein **freier Dativ** die **Person** bezeichnen,
   a) in deren **Interesse** etwas ist oder geschieht (Dativ des Interesses);
   b) die an dem Geschehen **Anteil** nimmt oder nehmen soll (ethischer Dativ);
   c) die als **Besitzer** gedacht wird (possessiver Dativ).

   ▷ a) Dieses Buch kaufe ich *mir*. Wir bauen *uns* ein Haus. Der Abend verging *ihnen* im Fluge. „*Dem Glücklichen* schlägt keine Stunde." – b) Den Mann lob' ich *mir*! Das war *euch* ein Spaß! – c) *Mir* schmerzen die Augen (= meine Augen schmerzen). Er stürzte *ihr* zu Füßen (= zu ihren Füßen). Sie ging *ihm* ins Netz (= in sein Netz). Warum gehst du *mir* aus dem Weg?

4. Das Objekt im **Akkusativ** heißt auch **direktes Objekt** (nähere Ergänzung), das Objekt im **Dativ** heißt auch **indirektes Objekt** (entferntere Ergänzung); beide zusammen werden als **eigentliche Objekte** von den uneigentlichen Objekten (im Genitiv oder mit Präposition) unterschieden.

5. Das **Genitivobjekt** (die Wesfallergänzung) steht auf die Frage: **wessen?** und ist nicht sehr häufig (↗ 100; 153). Es bezeichnet den Gegenstand (die Person oder Sache), der an einem Geschehen **teilhat**, es veranlaßt oder davon berührt wird.

   ▷ Bei dem Brand gingen viele *ihrer Habe* verlustig. Seine Frechheit spottet *jeder Beschreibung*. Ich bin nicht ganz *deiner Ansicht*. Sie ist heute sehr *schlechter Laune*. Du scheinst *guter Dinge*.

6. Die **Präpositionalobjekte** (die Verhältnisergänzungen) stehen den adverbialen Bestimmungen nahe (↗ 102–105; 156–158; 242–245). Die Präposition drückt dabei meist eine Lage- oder Richtungsbeziehung aus.

   ▷ Sie klagt oft *über Kopfschmerzen*. Er arbeitet *an einem Roman*. *Auf überflüssigen Luxus* kann man verzichten. Hört auf *mit dem Geschrei!* Das Gericht war *von seiner Unschuld* überzeugt. *Davon* rate ich ab.

3.2. Doppelte Objekte

1. Zahlreiche **transitive Verben** (↗14f.) haben außer einem Objekt im Akkusativ noch ein weiteres Objekt im **Dativ** oder **Genitiv**; allgemein gilt:

   a) bezeichnet das Akkusativobjekt eine Sache, so gibt das Dativobjekt eine persönliche Beziehung an, also: **Dativ der Person + Akkusativ der Sache** (sie stehen auf die Frage: wem? + was?);

   b) bezeichnet das Akkusativobjekt eine Person, so tritt ein ergänzender Sachbegriff als Genitivobjekt hinzu, also: **Akkusativ der Person + Genitiv der Sache** (sie stehen auf die Frage: wen? + wessen?).

2. Der **Dativ der Person** und der **Akkusativ der Sache** (↗99) stehen vor allem bei:

   a) Verben des **Gebens** und des **Nehmens** wie: *geben, nehmen, (über)lassen; kaufen, verkaufen, bezahlen; entreißen, einhändigen, aushändigen, überreichen, aufzwingen; antun, zufügen, bewilligen, zumuten* u. a.

   ▷ Sie überließ *ihren Kindern die Hälfte* des Erbes. Heute nehmen Maschinen *dem Menschen viele Arbeiten* ab. Das Finanzamt hat *mir eine Steuerermäßigung* bewilligt. *Das* kannst du *mir* nicht antun! Mute *mir das* nicht zu!

   b) bei Verben des **Mitteilens** und **Verschweigens** wie: *sagen, schreiben, berichten, erklären; klagen, offenbaren, verheimlichen; zeigen, raten, empfehlen, verweigern, verschweigen; versprechen, verraten* u. a.

   ▷ Sie schrieb *mir einen langen Brief*. Der Meister erklärt *dem Lehrling den Mechanismus* der Drehbank. Sie versprach *dem Vater Besserung*. Hast du *mir* auch *nichts* verschwiegen. *Dieses Hotel* kann ich *dir* empfehlen.

3. Der **Akkusativ der Person** (im Passiv Nom.) und der **Genitiv der Sache** (↗101) stehen vor allem bei:

   a) Verben, die im Zusammenhang mit **Gerichtsverfahren** gebraucht werden, wie: *anklagen, beschuldigen, bezichtigen, überführen* u. a.;

   ▷ *Er* (Passiv; im Aktiv Akk.) war *des Betruges* angeklagt. Man beschuldigte *ihn* sogar *des Diebstahls*. Aber er (Passiv; im Aktiv Akk.) konnte *keiner Verfehlung* überführt werden.

   b) Verben der **Beraubung** wie: *berauben, entbinden, entheben* u. a., ferner bei *belehren* (↗101/2);

   ▷ Jeder Krieg beraubt *viele Menschen ihres Wohlstandes* und *ihres Glücks*. Der Polizeipräsident (Passiv; im Aktiv Akk.) wurde *seines Amtes* enthoben.

   c) bei **reflexiven Verben** (↗101/3), die neben dem Akkusativ des Reflexivpronomens ein Genitivobjekt verlangen, wie: *sich annehmen, sich bemächtigen, sich enthalten, sich entledigen, sich vergewissern* u. a.

   ▷ Viele haben *sich der Stimme* enthalten. Jahrelang nahm sie *sich ihrer Schwiegermutter* aufopfernd an. Ich muß *mich der Richtigkeit* Ihrer Aussage erst vergewissern. „Herr, erbarme *dich unser!*"

4. Häufig steht statt des Genitivs der Sache eine Präposition mit ihrem Kasus (↗101/2b u. 3b).

   ▷ Er war *wegen Betruges* angeklagt. Der Polizeipräsident wurde *von seinem Amt* entbunden. *Von der Richtigkeit* Ihrer Aussage muß ich mich erst vergewissern. – Jeder erinnert sich gern seiner Kindheit/*an seine Kindheit*. Sie schämt sich ihrer Herkunft/*über ihre Herkunft*. – Mit Bedeutungsunterschied: Trotz seines hohen Alters erfreut er sich *guter Gesundheit;* aber: Sie erfreuten sich *an den guten Leistungen* ihrer Kinder.

5. Über weitere Arten von doppelten Objekten ↗101/4; 103; 155; 240, über drei- und mehrfache Objekte ↗103/7.

3.3. Der doppelte Akkusativ

1. Ein doppelter Akkusativ im eigentlichen Sinne liegt vor, wenn **beide** Akkusativobjekte **Substantive** oder substantivische **Pronomen** sind und **verschiedene** Gegenstände bezeichnen (↗97/1); sie stehen dann als **Akkusativ der Person + Akkusativ der Sache** auf die Frage: *wen?* und *was?* – So können *lehren, abfragen, abhören, kosten* gebraucht werden und in bestimmten Verbindungen auch *fragen* und *bitten* (↗97/2).
   ▷ Ein solcher Fehler kann *einen Beamten seinen Posten* kosten. *Was* kostet *euch* diese Reise? Du fragst *mich* allzu *vieles.* Ich bitte *dich eines:* sei still!

2. Um einen doppelten Akkusativ handelt es sich aber auch, wenn **beide** Akkusativobjekte **Substantive** oder substantivische **Pronomen** sind und **denselben** Gegenstand bezeichnen (↗97/3). Das zweite Akkusativobjekt steht dann prädikativ, ist also **Komplement** (↗219/3b) und antwortet auf die Frage: *wie?*. Es ergibt sich die Folge: **Akkusativ der Person** (selten der Sache) + **komplementärer Akkusativ**. So können die Verben des **Nennens** gebraucht werden, z. B.: *nennen, rufen, heißen, taufen, schelten, titulieren* u. a.
   ▷ Jetzt nennen viele *den verstorbenen Präsidenten einen großen Staatsmann*, während sie *ihn* früher *einen Tyrannen* schalten. *Einen Sohn* werden wir *Klaus, eine Tochter Edith* taufen.

3. Ein doppelter Akkusativ liegt ebenfalls vor, wenn das **eine** Akkusativobjekt ein **Substantiv** oder ein substantivisches **Pronomen** ist und das **andere** ein unflektiertes (endungsloses) **Adjektiv** oder Partizip, das sich auf **denselben** Gegenstand bezieht. Auch hier steht das zweite Akkusativobjekt prädikativ, d. h. als **Komplement** (↗219/3a) und öfters mit *als*, *wie* oder *für* verbunden. Diese Folge: **Akkusativ der Person** (selten der Sache) + **komplementärer Akkusativ** ist der häufigste Fall des doppelten Akkusativs. So gebrauchen kann man insbes. die Verben des **Bewirkens** wie:
   lassen, fühlen, sehen, (glücklich, reich, gesund...) machen/wissen; auch: *heißen, nennen, schimpfen, erklären, bekennen, preisen, dünken, wähnen* u. a.
   ▷ Ich fühle *mich unwohl.* Laß *ihn zufrieden!* Er macht *sie glücklich.* Er bekannte *sich schuldig.* Er erklärte *sich für unzuständig.* Wir hielten *ihn für reich.* Wir priesen *uns glücklich*, als wir zu Hause waren. Er dünkt *sich weise*, aber die andern nennen *ihn* (erklären *ihn für) dumm.* Sie wußte *ihre Tochter glücklich* verheiratet. Ihr seht *mich zufrieden.* Ich sehe *das Urteil als verfehlt* an.

4. Ein Sonderfall des doppelten Akkusativs ist es, wenn das **eine** Akkusativobjekt ein **Substantiv** oder ein substantivisches **Pronomen** ist und das **andere** ein **Infinitiv** ohne *zu*, also die Folge: **Akkusativ + Infinitiv** (nach dem latein.: *accusativus cum infinitivo* auch a. c. i. genannt, ↗97/5). Der Infinitiv steht hier ebenfalls prädikativ, d. h. als **Komplement** (↗219/3d). So gebrauchen kann man:
   lehren, heißen (= befehlen), nennen, haben, machen, lassen; ferner: *sehen, hören, fühlen, finden* u. a.
   ▷ Sie lehrte *ihren Mann tanzen. Das* nennst du *arbeiten!?* Laßt *uns gehn!* „Der Kasus macht *mich lachen.*" Wir haben *mehrere Projekte laufen.* – Ich sah *ihn kommen.* Fühlst/Spürst du *mein Herz klopfen?*

3.4. Die Stellung der Objekte im Satz

1. Im Deutschen haben die Objekte im Satz eine andere Stellung als in manchen anderen Sprachen.

2. In der **Grundstellung** des Hauptsatzes (Subjekt am Satzanfang – Personalform des Prädikats in Zweitstellung – übrige Teile des Prädikats am Satzende) steht das Objekt hinter der Personalform des Prädikats, also an **dritter Stelle** im Satz, und zwar am Satzende bei einem Prädikat in einfacher Verbform, aber eingerahmt (eingebettet) **zwischen** der Personalform des Prädikats und den Nominalformen bzw. dem Prädikativum, wenn das Prädikat umschrieben oder zusammengesetzt ist.
   ▷ Jede Mutter liebt *ihre Kinder*. Das Essen schmeckt *mir*. Seine Frechheit spottet *jeder Beschreibung*. Sie klagt *über Kopfschmerzen*. – Wir haben *Kaffee* getrunken. Das Essen schmeckt *mir* sehr gut. Das war *euch* ein Spaß! Man kann *auf überflüssigen Luxus* verzichten.

3. Enthält der Satz eine **Satzverneinung** (↗ 224/2a; 226/5 u. 6), so steht das Objekt gewöhnlich vor dem Verneinungswort. Soll aber das Objekt selbst verneint werden (Wortverneinung, ↗ 224/2b), so steht das Verneinungswort davor.
   ▷ Eine gute Mutter verwöhnt ihre Kinder *nicht*. Das Essen schmeckte ihm *nicht*. Sie wollte auf den gewohnten Luxus *nicht* verzichten. – Sie klagt *nicht* über Kopfschmerzen, sondern über Halsschmerzen. Er hat *keinen* Brief, sondern eine Postkarte geschrieben.

4. Jedes Objekt kann an den **Satzanfang** treten, wenn es **betont** werden soll. Es bewirkt dann **Umstellung** des Subjekts hinter die Personalform des Prädikats.
   ▷ *Über Kopfschmerzen* klagt sie. *Kaffee* haben wir getrunken. *Mir* schmeckt das Essen sehr gut. *Auf überflüssigen Luxus* kann man verzichten. *Meiner Frau* gefällt es hier nicht. *Nicht Kaffee, sondern Tee* wollte sie trinken.

5. Sind **mehrere Objekte** vorhanden, so gelten nacheinander folgende Regeln:
   a) ein **Pronomen** steht **vor** einem **Substantiv** (gilt oft auch bei Umstellung des Subjekts hinter die Personalform des Prädikats):
      ▷ Wir bauen *uns ein Haus*. – Was ist aus dem hohen Geldbetrag geworden? Wir haben *ihn deinen Eltern* zurückerstattet. – Was geschah mit der Fabrik? Er überließ *sie seinem Bruder*.
   b) ein **Dativ** (der Person) steht **vor** einem **Akkusativ** (der Sache), doch kommt auch umgekehrte Stellung vor, insbes. bei Pronomen (↗ oben 5a);
      ▷ Er schrieb *seinem Bruder einen Brief*. – Der Onkel schenkte *jedem Kind eine Mark*. – Wir haben *deinen Eltern den Geldbetrag* (aber auch: *den Geldbetrag deinen Eltern*) zurückerstattet. – Er überließ *seinem Bruder die Fabrik* (aber auch: *die Fabrik seinem Bruder*).
   c) **eigentliche** Objekte (im Dat. od. Akk.) stehen **vor** den uneigentlichen (im Gen. od. mit Präpos.);
      ▷ Die Mutter gab *den Kindern Geld für die Straßenbahn*. – Ich werde *einen Brief an seine Eltern* schreiben.
   d) das Pronomen **es** steht **vor** anderen Personalpronomen, auch verkürzt zu *'s;* oder es lehnt sich in der verkürzten Form *'s* an sie an.
      ▷ Was ist mit dem Buch? Er hat *es mir* gegeben; oder: er hat *'s mir* gegeben oder: er hat *mir's* gegeben.
   e) das betonte Objekt tritt oft an den Satzanfang und bewirkt dann Umstellung des Subjekts hinter die Personalform des Prädikats (↗ oben 4).
      ▷ *Die Fabrik* hat er *seinem Bruder* hinterlassen – *Seinem Bruder* hat er *die Fabrik* überlassen. – *An deine Eltern* werde ich *einen Brief* schreiben. – *Einen langen Brief* werde ich *ihnen* schreiben.

4. Die adverbiale Bestimmung (Die Umstandsbestimmung)

4.1. Aufgaben und Arten der adverbialen Bestimmung

1. Während das **Objekt erweitert,** was im Prädikat (oder in einem Adjektiv) ausgesagt ist, bezeichnet die adverbiale Bestimmung **Nebenumstände** oder **Begleitmerkmale** eines Vorgangs oder Zustandes. Oft ist sie als **Umstandsergänzung** unentbehrlich für die Äußerung und damit **notwendiges Satzglied.**
   ▷ Ich habe mir *ein Auto* (Akkusativobjekt) gekauft; es fährt *ausgezeichnet* (adv. Best.).
   „Da schlug der Greis *die Saiten* (Akkusativobjekt), er schlug *sie* (Akk. obj.) *wundervoll* (adv. Best.)" – so steht es *in einer Ballade* (adv. Best. als notwendige Umstandsergänzung).

2. Wird die adverbiale Bestimmung mit einer Präposition und zugehörigem Kasus gebildet, so steht sie dem **Präpositionalobjekt** nahe (↗ 238/6), doch läßt sich folgende Unterscheidung treffen: In einer adverbialen Bestimmung ist die Präposition meist leicht gegen eine andere austauschbar, in einem Präpositionalobjekt aber kaum.
   ▷ Sie wartete *auf/vor/neben/in/hinter der Post* (adv. Best.) auf ihren Freund/ auf ihre Freundin/auf den Autobus/auf ihn/auf sein Kommen/auf seine Ankunft/darauf (Präpositionalobjekt).

3. Zu unterscheiden ist die adverbiale Bestimmung auch vom **Komplement** (↗ 219), z.B.: *Goethe starb hochbetagt* (Kompl.) *im Jahre 1832* (adv. Best.).

4. Adverbiale Bestimmungen beziehen sich meist auf ein Satzglied, oft auf ein Wort darin, stehen also **wortbezogen,** und zwar beim **Prädikat,** aber auch sonst im Satz – als Bestimmungen niederen Grades – bei Adjektiven (auch Partizipien), Infinitiven u. a.
   ▷ Das neue Auto fährt *ausgezeichnet*. Sie wartete *vor der Post* auf ihren Freund. – Du solltest die *äußerst* niedrigen Preise nutzen. Ich lese gerade ein *sehr* spannendes Buch. Haben Sie unsere *vor einigen Tagen* verschickte Warenprobe erhalten? *Immer hier* zu bleiben, ist mein Wunsch.

5. Einige adverbiale Bestimmungen beziehen sich nicht auf ein einzelnes Satzglied oder Wort, sondern auf die ganze Äußerung. Derart **satzbezogen** stehen insbes. die **Abtönungspartikel** (↗ 185) zur Bestimmung der **Denk- und Aussageweise,** z.B.: *ja, doch, wohl, vermutlich, voraussichtlich, hoffentlich, sicherlich, bestimmt, keinesfalls; bloß, nur, halt, mal, überhaupt* u. a.; unter ihnen zu beachten ist:
   anscheinend (= offenbar) bestätigt, *wahrscheinlich (= vermutlich)* vermutet, *scheinbar (= nur dem äußeren Schein nach,* aber nicht in Wirklichkeit) verneint.
   ▷ Du wirst *ja doch wohl* kommen. Nein, ich werde *voraussichtlich überhaupt* nicht kommen. Das Experiment wird *ja wohl hoffentlich* gelingen. – *Anscheinend* ist er wieder gesund (alles spricht dafür, meine ich). *Wahrscheinlich* wird er wieder gesund (nicht alles, aber vieles spricht dafür, meine ich). *Scheinbar* ist er ganz gesund (aber in Wirklichkeit, so weiß ich, ist er noch immer sehr krank).

6. Adverbiale Bestimmungen zum **Prädikat** können a) bei **Verben,** b) bei **Adjektiven** und c) bei **Adverbien** stehen.
   ▷ a) Sie schrie *vor Entsetzen.* ↗ auch die Beispiele zu 243/7. – b) Dieser Apfel ist *sehr* sauer. Du bist *allzu* ängstlich. – c) Die Sache ist *ganz* anders. Er war *völlig* daneben. Er arbeitet *äußerst* zuverlässig.

7. Es gibt fünf Hauptgruppen von adverbialen Bestimmungen: die satzbezogenen (↗ 242/5) der Denk- und **Aussageweise** sowie die des **Ortes** (Raumes), der **Zeit**, der **Art und Weise** und des **Grundes**. Im einzelnen unterscheidet man adverbiale Bestimmungen:

   a) des **Ortes** (auf die Frage: wo?),

   ▷ Meine Eltern wohnen *in München*. *Hier* ist mein Platz. *Hinter unserem Haus* fließt ein Bach. Die Kinder spielen *auf der Straße*. Wer ist *da*? –

   b) des **Zieles** (auf die Frage: wohin?),

   ▷ Komm *in den Garten!* Wir ziehen *nach Köln* um. Diese Maschinen werden *nach China* geliefert. Ein Kind lief *auf die Fahrbahn*. Es geht *bergauf*. –

   c) des **Ausgangspunktes** (auf die Frage: woher?);

   Meine Frau stammt *aus München*. Wir beziehen viele Rohstoffe *aus dem Ausland*. *Dorther/Von dort* kommen auch viele Arbeitskräfte. –

   d) des **Zeitpunktes** (auf die Frage: wann?),

   ▷ Schiller starb *im Jahre 1805*. Die Amsel singt *morgens früh* und *am Abend*. *Tagsüber* sucht sie Futter. Ich kam *um sechs Uhr* nach Hause. –

   e) der **Zeitdauer** (auf die Fragen: seit wann?, bis wann?, wie lange?),

   ▷ Er arbeitet *von früh bis spät, von morgens bis abends*. Oft arbeitet er *bis in die Nacht*. *Seit gestern* geht es mir besser. –

   f) der **Wiederholung** (auf die Frage: wie oft?);

   ▷ Ich besuche meine Eltern *einmal im Monat*. Er kommt *jeden Morgen* hier vorbei. Sie fährt *mehrmals die Woche* in die Stadt. Ich habe sie *schon oft* gesehen.

   g) der **Art** (auf die Frage: wie?, auf welche Art?),

   ▷ Das Orchester spielt *ausgezeichnet*. Sprechen Sie nicht *so laut!*

   h) des **Mittels** (auf die Fragen: womit?, wodurch?);

   ▷ *Durch viele Versuche* haben wir festgestellt, daß man *mit diesem Elektromotor* sauber und billiger arbeitet als *mit einem anderen Antrieb*.

   i) des **Grundes** (auf die Fragen: warum?, wieso?, weshalb?, weswegen?),

   ▷ *Wegen Überlastung* unseres Betriebes müssen wir Ihren Auftrag ablehnen. Das Baby schreit *vor Vergnügen*. *Aufgrund seiner ausgezeichneten Zeugnisse* wurde er sofort eingestellt. *Aus Überdruß* am Großstadtleben zog er sich aufs Land zurück. Sie studiert *aus Interesse* noch weiter.

   k) des **Zweckes** (auf die Fragen: wozu?, in/mit welcher Absicht?),

   ▷ Wir musizieren *zu unserem Vergnügen*.

   l) der **Folge** (auf die Frage: mit welcher Wirkung?),

   ▷ Der Redner wiederholte seine Argumente *zum Überdruß* aller mehrmals.

   m) der **Bedingung** (auf die Frage: wann?, unter welcher Bedingung?),

   ▷ *Bei gutem Wetter* machen wir einen Ausflug. *Im Falle einer Verhinderung* gebe ich euch rechtzeitig Bescheid.

   n) der **Einräumung** (auf die Frage: trotz welchen Umstandes?),

   ▷ *Trotz mancher Rückschläge* erzielte die Forschungsgruppe ausgezeichnete Ergebnisse. *Bei allem Fleiß* wurde er doch mit der Arbeit nicht fertig.

   o) der **Vergleichung** (auf die Fragen: wie?, wie sehr?, in welchem Grade?)

   ▷ Er arbeitet *wie besessen*. Er kämpfte *wie ein Löwe*.
   und andere.

4.2. Der Ausdruck der adverbialen Bestimmung

Zum Ausdruck der adverbialen Bestimmungen dienen:

1. **Adverbien** (↗181–187), oft in Verbindung mit einer **Präposition,** häufig auch Adjektiv-Adverbien (↗181/4d).
    ▷ Wir wohnen *oben.* Kommen Sie doch *nach oben.* Im Frühling zieht es uns *nach draußen.* Er sprach *von oben herab. Von dorther* kam er *herüber.*

2. **Substantive** oder andere substantivisch gebrauchte Wörter zusammen mit einer **Präposition** oder einem **Vergleichswort.**
    ▷ Sie zitterte *vor Kälte. Vor Wut* tobte er *wie ein Irrer. Aus Angst vor Strafe* kam er nicht heim. *Aufgrund Ihres Schreibens* haben wir alles Nötige veranlaßt. Er kämpfte *wie ein Löwe.*

3. **Substantive** im **Genitiv** (nicht durch Pronomen ersetzbar), gewöhnlich zusammen mit einem adjektivischen Attribut, so z. B.:
    a) zur Angabe des **Ortes:** *hiesigen Ortes, allerorten, des Weges, desselben Weges, deiner/seiner Wege, gerade(n)wegs, rechter/linker Hand;*
    ▷ Eine Familie dieses Namens ist *hiesigen Ortes* nicht ansässig. Man sprach *allerorten* über den Unglücksfall. Sie ging *ihrer Wege.* Scher dich *deines Weges!* Er kam *geradewegs* auf uns zu. Die Fabrik liegt *linker Hand.*
    b) zur Angabe der **Zeit:** *seinerzeit, eines (schönen) Tages, anderntags, montags, des Abends, des Nachts* (mit *-s,* obwohl *die Nacht* fem. ist!);
    ▷ Diese Angelegenheit wurde *seinerzeit* ausführlich besprochen. Walter hat früher *des Abends* noch lange gearbeitet, aber *eines schönen Tages* änderte er seine Gewohnheiten, und *anderntags* saß er schon *frühmorgens* am Schreibtisch.
    c) zur Angabe der **Art und Weise:** *leichten Kaufs, frohen Herzens, kurzerhand, schlankerhand, unverrichteterdinge, klugerweise* u. a.
    ▷ Ihr seid ja noch einmal *leichten Kaufs* davongekommen. „*Frohen Herzens* genießen!" Er wußte *schlechterdings* nicht wohin. Den unverschämten Kerl habe ich *kurzerhand* hinausgeworfen. Sie mußten *unverrichteterdinge* abziehen. *Möglicherweise* ist er zu Hause.
    Da adverbial gebrauchte Genitive häufig sind, haben auch andere Adverbien das mask. Genitiv-s als Suffix angenommen, z. B.: *bereits, eilends, unterwegs, vollends* u. a.; so auch: *des Nachts* (↗ oben 3 b) und: *nachts* (↗181/4 b).

4. **Substantive** im **Akkusativ** (nicht durch Pronomen ersetzbar); hierher gehört auch der Akkusativ des Maßes (↗96/8a; 155) auf die Fragen: *wie groß?, wie hoch?, wie lang?, wie breit?, wieviel?* u. a.
    ▷ Bonn, *den 5. (fünften) Mai 1975.* Ich habe *den ganzen Tag* auf dich gewartet. Um sein Gerede werde ich mich *den Teufel* (= überhaupt nicht) scheren. Er ist nur *einen Fingerbreit* größer als seine Schwester. Wir gingen *einen Kilometer* zusammen. Die Quelle liegt nur *einen Steinwurf* von hier.

5. **Gliedsätze,** nämlich Adverbialsätze ↗267–274.

4.3. Die Stellung der adverbialen Bestimmung im Satz

Im Satz haben die adverbialen Bestimmungen eine freiere Stellung als z.B. die Objekte (↗241); doch gelten folgende Regeln:

1. Hat der Satz ein Prädikat in einer einfachen Verbform und **Grundstellung** (Subjekt am Satzanfang, Personalform des Prädikats in Zweitstellung), so steht die adverbiale Bestimmung **nach dem Prädikat,** also am Satzende. Hat der Satz **Umstellung** des Subjekts hinter die Personalform des Prädikats (sei es im Frage-, Aufforderungs-, Ausrufe- oder Wunschsatz oder sei es wegen eines anderen Satzglieds als dem Subjekt am Satzanfang), so steht die adverbiale Bestimmung **nach dem Subjekt** und auch am Satzende.
   ▷ Das Orchester spielt *ausgezeichnet*. Meine Eltern wohnen *in München*. – Wohnen Sie *außerhalb*? Warum wohnst du nicht *in München*? Dieses Lied höre ich *immer wieder gern*. Klingt es nicht *schön*!

2. Sonst steht die adverbiale Bestimmung in der Regel **vor** dem Satzglied oder Wort, das sie näher bestimmt, also bei umschriebenem oder zusammengesetztem Prädikat vor Nominalformen, Prädikativum oder Komplement, beim Gebrauch als Bestimmung niederen Grades vor dem übergeordneten Adjektiv oder Partizip.
   ▷ Er hat den Auftrag *schnell und gewissenhaft* erledigt. Sie hat alles *zu unserer Zufriedenheit* erledigt. Die Fehler waren *schnell* beseitigt. – Das neue Haus ist *wirklich sehr* geräumig. Erwartest du *heute* noch Besuch? – Es wütete ein *überaus* heftiger Sturm. Jedes *unberechtigt hier* geparkte Auto wird abgeschleppt. *Vom Bahnhof* kommend gehen Sie nach links.

3. Adverbiale Bestimmungen, insbesondere Zeitbestimmungen, treten häufig an den **Satzanfang** (auch wenn keine besondere Hervorhebung beabsichtigt ist wie meist bei Objekten am Satzanfang, ↗241/4); sie bewirken dann **Umstellung** des Subjekts hinter die Personalform des Prädikats, damit deren Zweitstellung bewahrt bleibt.
   ▷ Ich habe ihn *neulich* getroffen. *Neulich* habe ich ihn getroffen. – Ich hätte Sie *kaum* wiedererkannt. *Kaum* hätte ich Sie wiedererkannt. – Er kam erst *am späten Abend* nach Hause. *Erst am späten Abend* kam er nach Hause. – Die Rosen blühen jetzt *im Garten*. *Im Garten* blühen jetzt die Rosen.

4. Werden **mehrere** adverbiale Bestimmungen gebraucht, so steht in der Regel die **Zeitbestimmung zuerst,** die **Ortsbestimmung** oft **danach** oder auch **zuletzt,** die Bestimmung der **Art und Weise** oft **zuletzt.** Abweichungen von der **Reihenfolge:** Zeit, (Ort), Grund, Art und Weise, Ort – dienen meist der Hervorhebung. Bei Häufung von adverbialen Bestimmungen tritt eine davon (meist die Zeitbestimmung oder eine hervorzuhebende) an den Satzanfang (↗oben 3).
   ▷ Friedrich Schiller wurde *am 10. November 1759 zu Marbach am Neckar in recht bescheidenen Verhältnissen* geboren. Die Expedition traf *am nächsten Tag bei stürmischem Wetter wohlbehalten an ihrem Bestimmungsort* ein.

5. Adverbiale Bestimmungen treten oft **zwischen Objekte** und umgekehrt, doch stehen pronominale Objekte vor den adverbialen Bestimmungen, substantivische Objekte aber meist erst nach der Zeitbestimmung.
   ▷ Er hat seiner Frau *auf offener Straße* einen Kuß gegeben. Ich traf *gestern* deinen Bruder *in der Stadt;* aber: ich traf ihn *gestern in der Stadt*.

V. Die Satzverbindung
(Die Zusammensetzung von Hauptsätzen)

1. Bildung und Arten der Satzverbindung

1. Treten zwei oder mehrere selbständige Hauptsätze unter einem Leitgedanken zu einem neuen Ganzen zusammen, so entsteht die **Satzverbindung**. In ihr stehen die Einzelsätze im Verhältnis der **Nebenordnung**. Die Äußerung insgesamt ist also ein zusammengesetzter Satz der Nebenordnung.

2. Nach den **inneren** Beziehungen ihrer Teilsätze zueinander kann die Satzverbindung vier verschiedene Verhältnisse ausdrücken, und zwar:

    a) **Anreihung** (die **kopulative** Satzverbindung, ↗ 248),
    ▷ Ein Sturm tobte, die Wolken hingen tief herab, Regen peitschte die Fenster; und plötzlich brach mit Blitz und Schlag ein Gewitter los. „Es lächelt der See, er ladet zum Bade." Der Bundespräsident schlägt einen geeigneten Politiker als Bundeskanzler vor, der Bundestag wählt ihn in geheimer Abstimmung. „Ich kam, ich sah, ich siegte."

    b) **Entgegensetzung** (die **adversative** Satzverbindung, ↗ 250),
    ▷ Ich könnte kommen, aber mein Mann hat leider keine Zeit. Mein Mann hat nur sehr wenig Zeit; aber trotzdem werden wir kommen. „Lüge vergeht, Wahrheit besteht." „Reden ist Silber, Schweigen ist Gold."

    c) **Ausschließung** (die **disjunktive** Satzverbindung, ↗ 250),
    ▷ Sonntags gingen sie entweder spazieren, oder sie blieben zu Hause und hörten Musik. Zahlen Sie die Gebühr möglichst sofort, sonst wird ein Zuschlag fällig.

    d) **Begründung** (die **kausative** Satzverbindung, ↗ 251).
    ▷ Ruf ihn an, vielleicht ist er noch zu Hause. Ich kann nicht kommen, (denn) ich habe heute keine Zeit. Unsere beiden Kinder sind krank; deshalb können wir nicht verreisen.

3. Nach der **äußeren** Form der Satzverbindung unterscheidet man **unverbundene** (asyndetische) und **verbundene** (syndetische) Zusammensetzungen.

4. **Unverbundene** Zusammensetzungen von nebengeordneten Hauptsätzen stehen **ohne** ein verbindendes Wort. Manchmal ergibt sich aber eine Art von Verbindung, indem die Teilsätze mit denselben oder aber mit gegensätzlichen Wörtern anfangen.

    ▷ Kommt ins Haus, es wird schon dunkel. „Über allen Gipfeln ist Ruh', in allen Wipfeln spürest du kaum einen Hauch; die Vögelein schweigen im Walde." „Die Leidenschaft flieht, die Liebe muß bleiben; die Blume verblüht, die Frucht muß treiben." – *Es kommt* mir nicht aufs Geld an, *es kommt* nicht auf die Zeit an, *es geht* mir um das Wohl der Kinder. „*Das Wasser* rauscht', *das Wasser* schwoll." *Der Staatsanwalt* hielt ein langes Plädoyer, *der Verteidiger* widersprach ihm. „*Friede* ernährt, *Unfriede* verzehrt." „Mit *vielem* hält man haus, mit *wenigem* kommt man aus."

5. **Verbundene** Zusammensetzungen von nebengeordneten Hauptsätzen haben als Verbindung:

   a) eine nebenordnende **Konjunktion** (über die Wortstellung danach ↗ 206);

   ▷ Jetzt bist du wieder zu Hause, *und* das ist gut so. Ich bin hungrig, *und außerdem* habe ich Durst. ,,Die Luft ist kühl, *und* es dunkelt, *und* ruhig fließet der Rhein." Wir müssen diese Anfrage beantworten, *aber* das hat noch etwas Zeit. Es ist noch gar nicht spät; *trotzdem* bin ich sehr müde. ,,Die Botschaft hör ich wohl, *allein* mit fehlt der Glaube." Meine Uhr geht nach; *darum* bin ich zu spät. ,,Edel sei der Mensch, hilfreich und gut; *denn* das allein unterscheidet ihn von allen Wesen, die wir kennen". Das war ein Fehler; *insofern* hattest du recht.

   b) ein **Demonstrativpronomen** oder ein **Adverb**;

   ▷ Kommt ja pünktlich nach Hause, *das* laßt euch gesagt sein. ,,Das Wasser rauscht', das Wasser schwoll, ein Fischer saß *daran*." ,,Es waren zwei Königskinder, *die* hatten einander so lieb." Zwei Wochen gingen vorüber, *da* war sie wieder gesund. Fahren Sie bis zur dritten Kreuzung; *von dort aus* sind es noch hundert Meter bis zur Universität. –

   c) aufeinander bezogene, oft gleichlautende Konjunktionen, Demonstrativpronomen oder Adverbien in jedem der Teilsätze.

   ▷ Ich bin *weder* hungrig, *noch* habe ich Durst. *Einerseits* ginge ich gern ins Kino, *andererseits* ist noch sehr viel zu tun. ,,Die Wahrheit richtet sich *nicht* nach uns, *sondern* wir müssen uns nach ihr richten." *Der eine* hatte keine Zeit, *dem andern* fehlte das Geld, *einen dritten* verließ der Mut für eine so gefährliche, kostspielige und zeitraubende Expedition. ,,*Bald* gras' ich am Neckar, *bald* gras' ich am Rhein". *Erst* gab es etwas zu trinken, *dann* wurde getanzt. ,,*Halb* zog sie ihn, *halb* sank er hin."

6. Die Teilsätze einer Satzverbindung folgen gewöhnlich aufeinander. Ein Teilsatz kann aber auch in einen anderen eingeschoben sein und ist dann ein **Schaltsatz** (eine Parenthese). Solche Schaltsätze sind meist nur kurz.

   ▷ Seine unglaubwürdigen Argumente, *das wirst du verstehen*, konnten mich keineswegs überzeugen. Das alles, *glauben Sie mir,* hätte nicht zu geschehen brauchen. Seine Absichten, *fühl ich,* sind ehrlich. ,Morgen früh', *sagte er,* ,reise ich ab.' (↗ 261).

7. Zwischen den Teilsätzen einer Satzverbindung steht als Satzzeichen meist ein **Komma,** insbes. wenn sie

   a) durch *und* oder durch *oder* verbunden sind,

   b) durch aufeinander bezogene Doppelkonjunktionen verbunden sind,

   c) nicht allzu lang oder aber ineinandergeschaltet sind.

   Zwischen längeren Teilsätzen einer Satzverbindung und insbes. vor adversativen, disjunktiven und kausativen Konjunktionen wie: *aber, dennoch, andernfalls, denn, trotzdem, folglich, insofern* u. a. steht oft ein **Semikolon**(;), heute jedoch auch Komma oder sogar Punkt.

8. Die Regeln über den Gebrauch der Konjunktionen und Satzzeichen bei der Satzverbindung gelten im allgemeinen auch für die Nebenordnung gleichrangiger Satzglieder, doch steht hier vor *und* und *oder* kein Komma.

   ▷ Vater war streng, aber gerecht. Sie war eine tüchtige Hausfrau, eine gute Mutter und auch eine freundliche Nachbarin. Fahrt ihr mit dem Auto oder mit der Bahn?

2. Die kopulative Satzverbindung

1. Die kopulative (anreihende) Satzverbindung – und entsprechend die kopulative Nebenordnung von gleichrangigen Satzgliedern – ist entweder:
   a) **anreihend** im eigentlichen Sinn und **erweiternd,** oft auch **hervorhebend,**
   b) **erläuternd** oder aber c) **einteilend.**

2. Die kopulative Zusammensetzung kann unverbunden oder verbunden stehen. Zur Verbindung dienen (oft mit einem zusätzlichen *und* davor, ↗ 249/3):

   a) **anreihend** und **erweiternd:** *und, auch, und auch, ebenso auch, so auch, desgleichen, ebenfalls, gleichfalls, sowohl...als auch; nicht nur...sondern auch* u. a.;
   vornehmlich erweiternd und **hervorhebend** sind: *außerdem, zudem, sogar, überdies, selbst, insbesondere, ja, ja sogar;*

   ▷ **unverbunden:** Die Sonne scheint schon warm, die Vögel singen von früh bis spät, viele bauen Nester, erste Blumen sprießen, die Bäume zeigen frisches Grün, der Frühling ist da. „Die linden Lüfte sind erwacht, sie säuseln und weben Tag und Nacht; sie schaffen an allen Enden." – **verbunden:** Ich habe den Präsidenten *nicht nur* gesehen, *sondern* er hat *auch* ausführlich mit mir gesprochen. Sie hatte keine Lust zu bleiben, (und) *ebenso* ging es *auch* mir. Der junge Schiller verkehrte oft im Hause des Pfarrers Moser, *und* dort fand er seinen ersten Unterricht *und* seine erste Freundschaft. „Und sieh' aus dem finster flutenden Schoß, da hebt sich's schwanenweiß, *und* ein Arm *und* ein glänzender Nacken wird bloß, *und* es rudert mit Kraft *und* mit emsigem Fleiß, *und* er ist's, *und* hoch in seiner Linken schwingt er den Becher mit freudigem Winken." – **hervorhebend:** Es war schon spät, (und) *außerdem* wurde es kalt. Er hat seine Krankheit gut überwunden, *ja sogar* Überstunden macht er wieder. –

   b) **erläuternd:** *nämlich, und zwar;*

   ▷ **unverbunden:** Ich mache keine Überstunden mehr, meine Gesundheit ist mir wichtiger als ein höheres Einkommen. „Dreifach ist der Schritt der Zeit: Zögernd kommt die Zukunft hergezogen, pfeilschnell ist das Jetzt entflogen, ewig still steht die Vergangenheit." – **verbunden:** Der Kommissar möchte jetzt alle Zeugen vernehmen, *und zwar* soll jeder einzeln zu ihm ins Büro kommen. Ich muß rasch in die Klinik, meine Frau hat *nämlich* gerade Zwillinge geboren.

   c) **einteilend:** *teils...teils (zum Teil), einesteils...andernteils, einerseits...and(r)erseits; erstens...zweitens...drittens; zum einen...zum andern; halb...halb; bald ...bald.*

   ▷ Viele sprachen sich gegen den Großversuch aus; *teils* hielt man seine Durchführung für verfrüht, *teils* sah man ihn für zu kostspielig an. *Erstens* habe ich kein Geld, *zweitens* fehlt mir die Zeit, (und) *drittens* habe ich keine rechte Lust für eine Reise nach Afrika.

   d) häufig gebraucht werden ferner: *erst, erstlich, anfänglich, jetzt, dann, darauf, weiter, später, ferner, schließlich, endlich, letztlich.*

   ▷ *Anfänglich* standen sich Goethe und Schiller ziemlich ablehnend gegenüber, *dann* lernten sie sich näher kennen und schätzen, (und) *schließlich* waren sie sehr eng befreundet.

3. Die Konjunktion **und** tritt häufig **vor anderen** Konjunktionen auf.

   ▷ Sie hatte keine Lust zu bleiben, *und auch* ich wollte gehen. Mein Bruder war sehr erschrocken, *und ebenso* ging es *auch* mir. Dieses große Auto hat einen zu hohen Anschaffungspreis, *und überdies* verbraucht es zu viel Benzin. – Halb war er schon vorher zu dem gewagten Experiment entschlossen, *und halb* ließ er sich dazu überreden. – Plötzlich verfinsterte sich der Himmel, *und dann* brach ein heftiges Gewitter los. Du hast uns immer gewarnt, *und letztlich* behieltest du recht.

4. In einfachen Anreihungen von Teilsätzen oder gleichrangigen Satzgliedern steht die Konjunktion **und** gewöhnlich **nur vor dem letzten** Teilsatz oder Satzglied (bei einem Teilsatz mit, bei einem Satzglied ohne Komma).
   ▷ Die Kur hat ihm gut getan, er hat sich ausgezeichnet erholt, *und* die Arbeit macht ihm wieder richtig Spaß. Sie war sehr krank, hat sich dann gut erholt *und* kann jetzt schon wieder längere Spaziergänge machen. Sie lud ihre Eltern, ihre Geschwister *und* viele Freunde zu ihrem Geburtstag ein. Fichte, Tanne, Kiefer *und auch* die Lärche sind in Deutschland weitverbreitete Nadelhölzer.

5. Die fortgesetzte **Wiederholung der Konjunktion** (insbes. der Konjunktion *und*) vor vielen oder allen Teilsätzen (wie auch Satzgliedern) einer Satzverbindung heißt vielverknüpfte (polysyndetische) Verbindung.
   ▷ Das Auto raste plötzlich um die Ecke, *und* es hatte den Fußgänger schon angefahren *und* war wieder verschwunden, *und* niemand hat sich die Nummer gemerkt. „Und sieh! aus dem finster flutenden Schoß, da hebt sich's schwanenweiß, *und* ein Arm *und* ein glänzender Nacken wird bloß, *und* es rudert mit Kraft *und* mit emsigem Fleiß, *und* er ist's, *und* hoch in seiner Linken schwingt er den Becher mit freudigem Winken." (↗ 248/2 a).

6. Stehen in einer Satzverbindung mehrere gleichgebaute Sätze **unverbunden** (und durch Komma getrennt) hintereinander, so entsteht eine **Satzreihe**.
   ▷ Der Vater war gerade gegangen, die Mutter hatte im Garten zu tun, die Kinder schliefen noch, alles war ruhig im Haus. „Kochend wie aus Ofens Rachen glühn die Lüfte, Balken krachen, Pfosten stürzen, Fenster klirren, Kinder jammern, Mütter irren, Tiere wimmern unter Trümmern."

7. Haben alle Teilsätze (oder auch Satzglieder) einer anreihenden Satzverbindung **verneinenden** Sinn, so steht vor dem ersten ein *weder* oder statt dessen ein anderes Verneinungswort, vor allen übrigen ...*noch*...*noch*.
   ▷ Ich habe *weder* Zeit *noch* Geld, *noch* verspüre ich Lust zu dieser gewagten Expedition. Der kleine Junge zeigte *weder* Scheu *noch* falsche Scham, *noch* ließ er sich einschüchtern.

8. Enthalten kann ein anreihendes Verhältnis auch:
   a) eine **örtliche** oder   b) eine **zeitliche** Beziehung oder   c) eine **Vergleichung**.
   ▷ a) Steige auf den Münsterturm, *von dort* kannst du die Stadt und ihre Umgebung gut überschauen. *Von oben* ist der Ausblick ganz herrlich. – b) Der Tag war kaum angebrochen, *da* ging der Gärtner schon an seine Arbeit. – c) Du hast Mitleid mit ihr; *ebenso* geht es mir.

9. Die erläuternde Satzverbindung mit *nämlich* und *und zwar* steht der begründenden nahe (↗ 251).

3. Die adversative und die disjunktive Satzverbindung

1. Die adversative (entgegensetzende) und die disjunktive (ausschließende) Satzverbindung sind sich dem Sinne nach sehr ähnlich, doch kommt im einzelnen **adversativ** eine **Beschränkung** oder **Aufhebung** zum Ausdruck, während bei **disjunktiver** Satzverbindung die gegensätzlichen Satzinhalte einander **ausschließen**.

2. Zur Verbindung (auch von gleichrangigen Satzgliedern) dienen:
    a) **beschränkend:** *aber, freilich...aber, zwar...aber, wohl...aber, allerdings...aber, allein, nur, übrigens* (↗202);
    ▷ Ich übernehme den Auftrag gern, *aber* Sie müssen mir etwas Zeit dazu lassen/*nur* müssen Sie mir etwas Zeit dazu lassen. Er hat sich *zwar* sehr angestrengt, das hochgesteckte Ziel konnte er *aber* nicht ganz erreichen. Sie versuchte mitzuhalten, *allein* es war zuviel für sie. Ich erkannte ihn *wohl*, wußte *aber* seinen Namen nicht mehr.
    b) **aufhebend:** *sondern, vielmehr,* beide immer in Verbindung mit einem Verneinungswort oder einer negativen Aussage im vorausgehenden Teilsatz;
    ▷ Viele deutsche Dichter studierten in ihrer Jugend Theologie oder die Rechte, blieben aber *nicht* dabei, *sondern* wandten sich später ganz der Dichtkunst oder der Schriftstellerei zu. *Niemand* wird dich im Stich lassen, *sondern* alle wollen dich unterstützen. Das ist *kein* Opfer, *sondern* eine selbstverständliche Pflicht. Seine Ansprüche waren *unbegründet; vielmehr* wußte auch er, daß sie durch die Ausbildungsbeihilfe für sein Studium abgegolten waren. –
    c) **ausschließend:** *oder, entweder...oder, sonst, andernfalls, widrigenfalls, im andern Falle* (↗203); vgl. auch: *es sei denn,* meist mit Konjunktiv II (↗272/4).
    ▷ *Entweder* du kommst jetzt, *oder* wir gehen allein ins Kino. *Entweder* finden Sie ihn im Büro, *oder* er ist schon zu Hause. Ich rate Ihnen zu einem längeren Urlaub, *sonst* wird Ihre Gesundheit ernsthaft Schaden nehmen. Wir möchten dich besuchen, *es sei denn* du hättest keine Zeit. –
    d) **adversativ** stehen ferner häufig: *dagegen, hingegen, doch, jedoch, dennoch, indes(sen), gleichwohl, trotzdem, nichtsdestoweniger,* einige gelegentlich mit einem *und* davor (↗249/3).
    ▷ Alle rieten ihm von seinem riskanten Vorhaben ab; *gleichwohl* nahm er es in Angriff. Keiner wollte mir glauben, *und doch* hatte ich recht. Sie hat viele Fehler gemacht; *nichtsdestoweniger* muß man ihr jetzt helfen.

3. Die Konjunktion **aber** tritt häufig **vor anderen** Konjunktionen auf. Sie kann auch anknüpfen, **ohne** ausdrücklich einen **Gegensatz** zu bezeichnen.
    ▷ Keiner wollte mir glauben, ich hatte *aber dennoch* recht. – Ich liebe das Meer, *aber auch* ins Gebirge reise ich gern. „Was *aber* schön ist, selig scheint es in ihm selbst."

4. Auch die Konjunktion **oder** tritt oft **vor andere** Konjunktionen. Heute ist sie oft nicht ausschließend, sondern anreihend (↗201/2; 248f.).
    ▷ Du kommst mit, *oder auch* ich bleibe hier. Du *oder auch* ihr beide könnt mitkommen. Wir brauchen einen Babysitter für die Kleinen, *oder aber* wir müssen heute abend zu Hause bleiben. – Elektrische Energie wird in Industrie und Verkehr verbraucht, *oder* man nutzt sie für Beleuchtung und Geräte in privaten Haushalten.

4. Die kausative Satzverbindung

1. Je nachdem, ob in der kausativen (begründenden) Satzverbindung die Begründung für ein Geschehen im ersten oder zweiten Teilsatz steht, ist sie:

   a) **begründend** im engeren Sinn (**kausale** Satzverbindung) mit der Begründung im zweiten Teilsatz;

   b) **folgernd** (**konsekutive** Satzverbindung) mit der Begründung im ersten Teilsatz; in kausativer Satzverbindung kann ferner ausgedrückt sein:

   c) der **Zweck** oder die **Absicht** in **finaler** Satzverbindung;

   d) eine **Einräumung** in **konzessiver** Satzverbindung;

   e) eine **Einschränkung** in **restriktiver** Satzverbindung.

2. Die kausative Satzverbindung kann unverbunden stehen, ist aber meist verbunden. Zur Verbindung dienen (↗ 205/2 a):

   a) **begründend:** *denn, nämlich* (↗ 248/2 b; 249/9), *ja, doch;*

   ▷ **unverbunden:** Mit diesem Mann kann ich nicht zusammenarbeiten; es ist unmöglich, seine Launen zu ertragen. Dieses Wort wird kaum noch gebraucht; es ist ziemlich veraltet. – **verbunden:** Du kannst die Tür ohne Mühe öffnen; es ist *nämlich* nicht abgeschlossen. Du solltest auf ihn nicht hören, *denn* er versteht nichts davon. Du brauchst nicht zu schimpfen; ich bin *ja* schon fertig.

   b) **folgernd:** *daher, darum, demnach, sonach, deshalb, deswegen, also, folglich, infolgedessen, mithin, somit, so;* oft mit einem *und* davor (↗ 249/3);

   ▷ Wir haben Ihre neue Preisliste nicht erhalten; *demnach* mußten wir davon ausgehen, daß unsere Bestellung noch nach den alten Preisen erledigt würde. Die Rohstoffpreise und die Arbeitslöhne sind stark gestiegen; *deshalb* waren auch wir zu Preiserhöhungen gezwungen. Die beiden Dreiecke stimmen in zwei Seiten und dem davon eingeschlossenen Winkel überein; *folglich* sind sie kongruent. – Ich hatte noch zu tun, *und darum* bin ich nicht gekommen. Das Experiment ist weder völlig gelungen noch ganz mißglückt, *und somit* hatte keiner von uns recht.

   c) **zweckgerichtet:** *dazu, darum, dafür;* oft mit einem *und* oder *aber* davor (↗ 249/3; 250/3);

   ▷ Das wäre ein sinnloses Vergnügen; *(und/aber) dafür* ist mir mein Geld zu schade; auch mit *denn* oder *nämlich* im folgenden Teilsatz: Ich wundere mich über deine sinnlosen Ausgaben; *(denn) dazu* habe ich dir das Geld nicht gegeben/*dafür* habe ich dir das Geld *nämlich* nicht gegeben.

   d) **einräumend:** *trotzdem;* ebenfalls oft mit einem *und* oder *aber* davor;

   ▷ Jeder hatte ihn gewarnt, *(und/aber) trotzdem* ließ er sich auf das riskante Experiment ein.

   e) **einschränkend:** *insofern, insoweit;* ebenfalls oft mit einem *und* davor.

   ▷ Die Verpflegung war gut; *insoweit* war ich zufrieden. – Einige deiner Voraussagen sind tatsächlich eingetreten, *und insofern* hattest du recht.

3. Begründend und zugleich entgegensetzend (↗ 250) sind Satzverbindungen mit: *deswegen, doch, darum doch, aber darum doch.*

   ▷ Ich weiß, daß du kein Freund von Wildwestfilmen bist; du solltest *aber darum doch* heute abend mit mir ins Kino gehen, damit ich nicht allein nach Hause muß.

VI. Das Satzgefüge (Die Zusammensetzung von Haupt- und Nebensätzen)

1. Bildung und Arten der Satzgefüge

1. Wenn einzelne **Satzglieder** eines selbständigen Hauptsatzes durch Ausdrücke **in Satzform** (mit eigenem Prädikat und Subjekt) wiedergegeben werden, so entsteht ein Satzgefüge. Diese Satzglieder in Satzform stehen zum Hauptsatz im Verhältnis der **Unterordnung**, sind also von ihm **abhängig**. Die Äußerung insgesamt ist ein zusammengesetzter Satz der Unterordnung.

2. Derjenige Teilsatz eines Satzgefüges, in dem die Personalform des Prädikats wie im entsprechenden einfachen Satz Zweit- (oder Erst-) Stellung hat, ist der **Hauptsatz** des Satzgefüges, die untergeordneten Teilsätze werden oft **Nebensätze** genannt, heißen aber auch **Gliedsätze** (weil sie ein Satzglied vertreten); die Personalform ihres Prädikats hat meist Endstellung (↗ 256).

   ▷ Wo Kinder im Haus sind, herrscht Freude; Hauptsatz: (Es) herrscht Freude; Ergänzungsfrage: Wo?; Antwort im Gliedsatz: Wo Kinder im Haus sind. – So hoch man steht, so tief kann man fallen; Hauptsatz: Man kann tief fallen; Ergänzungsfrage: Wie tief?; Antwort im Gliedsatz: So hoch man steht.

3. Nach der **Form** (und demzufolge nach der Wortstellung, ↗ 256) unterscheidet man:

   a) **eingeleitete** und b) **uneingeleitete** Gliedsätze; eine besondere Form haben

   c) Infinitiv- und Partizipialsätze bzw. -gruppen (↗ 278–280).

   ▷ a) *Wenn* ich Zeit gehabt hätte, wäre ich gekommen. *Falls* Sie nach Köln kommen sollten, dann besuchen Sie mich doch! In der Zeitung steht, *daß* noch niemand das vermißte Kind gesehen habe. Er sagte mir, *daß* er mich morgen besuchen wolle. Er wollte wissen, *wieviel* Uhr es sei. Mit dem Mädchen, *das* ich vor zwei Monaten kennenlernte, werde ich mich verloben. – b) Hätte ich Zeit gehabt, wäre ich gekommen. Sollten Sie nach Köln kommen, dann besuchen Sie mich doch! In der Zeitung steht, noch niemand habe das vermißte Kind gesehen. Er sagte mir, er wolle mich morgen besuchen; oft in Redensarten wie: „Soll der Acker Saaten treiben, darf der Pflug nicht müßig bleiben." „Der Herr muß selber sein der Knecht, will er's im Hause haben recht." – c) Der junge Franzose war nach Deutschland gekommen, um die Sprache gründlich zu erlernen. Dieses Ziel vor Augen, arbeitete er fleißig.

4. Als **Einleitung** eines Gliedsatzes kann stehen:

   a) eine unterordnende **Konjunktion** (↗ 201ff.), daher **Konjunktionalsatz**;

   ▷ *Als* ich aufwachte, war es kurz nach sechs. Er machte sich an das riskante Vorhaben, *obwohl* viele ihn gewarnt hatten. Wußtest du, *daß* er schon seit drei Tagen in der Stadt ist?

   b) ein **Relativpronomen** (↗ 170f.), dem eine Präposition vorausgehen kann (außer *was*); überhaupt kann statt seiner ein relatives Pronominaladverb stehen (↗ 168f.), daher **Relativsatz** (↗ 275–277);

   ▷ Den Brief, *der* da liegt, habe ich lange gesucht. Mein Freund, *von dem* ich dir erzählt habe, kommt morgen zu Besuch. Auf das Buch, *wovon* (= von dem) so viel die Rede war, mußte ich drei Wochen warten.

   c) ein **Interrogativpronomen** (↗ 172f.) oder **Frageadverb** oder die fragende Konjunktion *ob* im abhängigen Fragesatz (↗ 265/4a).

   ▷ Ich weiß nicht, *wohin* sie gegangen ist. Weißt du, *wo* er wohnt. Ich frage mich, *ob* er kommt.

5. Alle Satzglieder eines einfachen Satzes können durch Gliedsätze ausgedrückt werden (Beispiele ↗ unten 6), nicht jedoch ein verbales Prädikat und selten das Prädikativum (↗ unten 6e) und das Komplement (↗ unten 6f). Jeder Gliedsatz hat innerhalb der gesamten Äußerung den Stellenwert einer syntaktischen Einheit (↗ 232).

6. Je nach dem **Inhalt** eines Gliedsatzes unterscheidet man:
   a) **Subjektsätze** (Satzgegenstandssätze);

   ▷ Es ist bekannt, *daß Ihre Firma leistungsfähig ist* (= Die Leistungsfähigkeit Ihrer Firma ist bekannt). Stimmt es, *daß er verreist ist?* „Das eben ist der Fluch der bösen Tat, *daß sie fortzeugend Böses muß gebären.*" (↗ 258).

   b) **Attributsätze** (Beifügungssätze);

   ▷ Der Brief, *den ich lange erwartet habe,* ist endlich eingetroffen (= Der lang erwartete Brief ist endlich eingetroffen). Der Kollege, *mit dem ich zusammenarbeite,* ist seit Jahren in unserem Betrieb tätig. Für das Handwerkszeug, *womit* (= mit dem) *ich arbeite,* brauche ich eine größere Tasche (↗ 259).

   c) **Objektsätze** (Ergänzungssätze);

   ▷ Ich hatte vergessen, *daß wir uns verabredet hatten* (= Ich hatte unsere Verabredung vergessen). *Wer im letzten Spiel gewinnt,* den ruft man als Sieger aus (= Den Gewinner im letzten Spiel ruft man als Sieger aus). „*Wer vernünftig gebieten kann,* dem ist gut dienen" (= Einem vernünftigen Gebieter ist gut dienen). (↗ 260ff.).

   d) **Adverbialsätze** (Umstandssätze);

   ▷ Schicke mir Nachricht, *falls dein Zustand sich verschlimmert* (= Im Falle der Verschlimmerung deines Zustandes schicke mir Nachricht)! *Wie du siehst,* bin ich schon da. *Als er ankam* (= Bei seiner Ankunft), war es sieben Uhr. Stellen Sie das Buch dahin zurück, *woher Sie es geholt haben. Soviel ich weiß,* geht es ihr gut. Es war so dunkel, *daß ich nichts sah.* (↗ 267–274).

   e) **Prädikativsätze** bei teilverbalem Prädikat (↗ 218);

   ▷ Die Menschen sind nicht immer, *was sie scheinen* (= nicht immer aufrichtig). Die Sache ist nun einmal, *wie sie ist.* „Du bleibst, *der du bist*" (= derselbe). „Neid ist dem Menschen, *was Rost dem Eisen.*" Der Hecht ist im Wasser, *was der Wolf auf dem Lande ist,* nämlich ein Raubtier.

   f) **Komplementsätze;**

   ▷ Ich fand das Haus, *wie ich es verlassen hatte* (= unverändert). Servieren Sie die Suppe, *wie sie vom Herd kommt,* nämlich heiß! *Die Augen rollend, die Fäuste geballt, den Hut im Genick,* stürzte er ins Zimmer (↗ 219; 280/4).

   g) sog. weiterführende Gliedsätze als Vertreter von Hauptsätzen (↗ 281/4).

   ▷ Dieses Gemälde ist gelungen, *während* (= wohingegen) *jenes dort ganz mißglückt ist.* Niemandem gefällt es, *was ich verstehen kann.*

7. Nach der **Stellung** des Gliedsatzes im Satzgefüge unterscheidet man:
   a) **Vordersätze,** die vor dem Hauptsatz stehen und in ihm Umstellung des Subjekts hinter die Personalform des Prädikats bewirken;
   b) **Zwischensätze,** die in den Hauptsatz eingeschoben sind;
   c) **Nachsätze,** die dem Hauptsatz nachfolgen.

   ▷ a) *Seitdem du hier bist,* ist alles besser geworden. – b) Alles ist, *seitdem du hier bist,* besser geworden. – c) Alles ist besser geworden, *seitdem du hier bist.* – a und c) Ich hoffe sehr, *jetzt keine Fehler mehr zu machen,* und *wenn ich Gelegenheit habe,* hoffe ich, dir das beweisen zu können.

2. Die Wortstellung im Hauptsatz (Zusammenfassung)

1. Im Hauptsatz hat die **Personalform** des Prädikats entweder **Zweitstellung** oder **Erststellung**.

2. Hauptsätze mit der Personalform des Prädikats in **Zweitstellung**:
    a) beginnen oft mit dem Subjekt und haben dann **Grundstellung**,
    ▷ Die Haustür *war* fest verschlossen. Eine neue Fabrik *soll* dort drüben entstehen. Niemand *war* ihm bekannt. Die Glocken *läuteten* vom Turm herab. –
    b) können aber auch mit einem anderen Satzglied oder einem Fragewort oder mit unpersönlichem (inhaltslosem) *es* als Satzauftakt beginnen und haben dann **Umstellung** des Subjekts hinter die Personalform des Prädikats (manchmal auch hinter Objekt oder adverbiale Bestimmung).
    ▷ Fest *war* die Haustür verschlossen. Warum *war* die Haustür verschlossen? Es *war* die Haustür fest verschlossen. – Dort drüben *soll* eine neue Fabrik entstehen. Es *soll* dort drüben eine neue Fabrik entstehen. Wo *soll* eine neue Fabrik entstehen? – Es *war* ihm niemand bekannt. Ihm *war* niemand bekannt. – Vom Turm herab *läuteten* die Glocken. Von wo herab *läuteten* die Glocken? Es *läuteten* die Glocken vom Turm herab. –

3. Hauptsätze mit **Umstellung** des Subjekts hinter die Personalform des Prädikats haben am Satzanfang:
    a) ein Objekt (↗237ff.) oder ein sog. freies Satzglied, meist einen freien Dativ (↗238/3);
    ▷ *Ihren Bruder* kenne ich nicht. *Älteren Menschen* soll man helfen. *Auf diesen Brief* habe ich schon lange gewartet. „*Dem Reinen* ist alles rein.". *Mir* schmerzt der Kopf so sehr! „*Dem Glücklichen* schlägt keine Stunde." –
    b) eine adverbiale Bestimmung (↗242ff.);
    ▷ *Auf dem Feldberg* steht ein Aussichtsturm. *Neulich* erst war ich oben. „*Am Abend* wird der Faule fleißig." *Wegen Überbelastung* blieb der Aufzug stehen. *Bei schlechtem Wetter* bleiben wir zu Hause. *Trotz mancher Vorbehalte* stimme ich dir im Ganzen zu. *Wie ein Fisch* kann sie schwimmen. –
    c) ein Prädikativum oder die Nominalformen des Prädikats (↗227/9b), auch erweitert (↗257/2a);
    ▷ *Erschreckt* hast du mich. *Todmüde* war sie. *Ganz fest verschlossen* hatte er die Tür. *Wirklich überragend* war keine der Leistungen. *Frühzeitig aufstehen* werden wir wohl müssen. *Gut singen* kann sie nicht. –
    d) ein Komplement (↗219);
    ▷ *Als ganz junger Mann* ist mein Onkel nach Amerika ausgewandert. *Zum Vorsitzenden* wurde Herr Meurer gewählt. *Unverschämt* nenne ich das! –
    e) ein unpersönliches (inhaltsloses) *es* als Satzauftakt;
    ▷ *Es* scheint die Sonne. *Es* läuten die Glocken. „*Es* irrt der Mensch."
    f) ein Fragewort in **Ergänzungsfragen** (↗229; 264/2c) außer in Fragen nach dem Subjekt.
    ▷ *Warum* bist du nicht gekommen? *Wann* kam der Zug hier an? *Wohin* geht ihr? *Was* machen Sie denn da? *Wer* sind sie? – Wer kommt denn da? Was geht hier vor?

4. Auch die meisten **Schaltsätze** (↗247/6) haben Umstellung des Subjekts hinter die Personalform des Prädikats.
    ▷ Er habe, *erzählte er* dem Polizisten, ein dumpfes Geräusch gehört. Das alles, *glauben Sie* mir, geschah ohne meine Zustimmung. Seine Arbeiten, das *wirst du* zugeben müssen, sind besser als deine.

5. In der **Satzverbindung** (↗246–251) haben Hauptsätze nach einer nebenordnenden Konjunktion:

   a) meist **Umstellung** des Subjekts hinter die Personalform des Prädikats, jedoch **Grundstellung,** wenn die Konjunktion erst später im Satz steht, sowie **immer Grundstellung nach:** *und, oder, allein, sondern, denn, aber, nämlich;*
   ▷ Alle rieten ihm ab; (aber) *trotzdem* nahm er das riskante Experiment in Angriff/(aber) er nahm das riskante Experiment *trotzdem* in Angriff. – Wir bekommen Besuch; *daher* habe ich keine Zeit für Sie/ich habe *daher* keine Zeit für Sie. – Er ist schon seit zwei Tagen zu Hause, *aber* ich habe ihn noch nicht gesehen. Sie macht jetzt eine Kur, *und* das ist auch das einzig richtige. Ich gehe jetzt, *denn* es ist schon spät. –

   b) nach: *doch, jedoch, entweder, indessen* folgt **Grundstellung oder Umstellung;**
   ▷ Man kann das Buch nicht kaufen, *doch* wirst du es in der Bibliothek ausleihen können/ *doch* du wirst es in der Bibliothek entleihen können. –

   c) nach: *auch* und *nur* folgt Umstellung, wenn diese Wörter sich auf das Prädikat beziehen, sonst nicht;
   ▷ Ich kann dir nicht helfen; *auch* Klaus wird/ *auch* wird Klaus dir kaum helfen können. –

   d) nach: *also* folgt Umstellung, wenn es schlußfolgernd, nicht jedoch wenn es zusammenfassend steht (↗207).
   ▷ Du bist nicht eingeladen; *also* kannst du auch nicht hingehen. – *Also* das wär's. *Also* wir gehen jetzt. *Also* so geht das nicht!

6. Im **Satzgefüge** hat der Hauptsatz **Umstellung** des Subjekts hinter die Personalform des Prädikats, wenn ihm ein Gliedsatz als **Vordersatz** und syntaktische Einheit vorausgeht (↗253/7), doch gibt es Ausnahmen.
   ▷ Während sie sich mit einer Nachbarin unterhielt, *wurde ihr* die Handtasche gestohlen. Wenn sie kommt, *soll sie* gleich hereinkommen. – aber: Wenn er der Täter ist, *er soll* es mir büßen!

7. Hauptsätze mit der **Personalform** des Prädikats in **Erststellung** (und nachfolgendem Subjekt) sind:

   a) die **Entscheidungsfrage** (↗228), b) der **Aufforderungssatz** (↗230);
   ▷ a) *Kommt* Edith? Hast du dein Versprechen vergessen? *Ist* es so richtig? – b) *Treten* Sie näher! *Nimm* doch Platz! *Seien* Sie ganz unbesorgt! –

   c) viele **Ausrufe- und Wunschsätze,** aber nicht alle (↗231);
   ▷ *Käme* sie doch endlich! *Hätte* ich doch mehr Zeit zum Lesen!; aber: Wie singt sie so schön! Wie meisterhaft dieses Bild doch ist! –

   d) vereinzelt Hauptsätze mit *doch* und Einleitungssätze zur direkten Rede (↗261), bei denen das unpersönliche (inhaltslose) *es* als Satzauftakt weggefallen ist. (↗254/3 e).
   ▷ *Ist* doch gar nicht wahr, daß ich das gesagt hätte! *Ist* doch niemand in unserer Bekanntschaft, der Näserich heißt. *Geht* da doch mein alter Lehrer über die Straße, als ich gestern in der Stadt war. – *Fragt* sich, wohin mit all den Sachen. *Fragte* der Sohn: ,,Was nun tun?". *Sprach* der Scheich: ,,Komme gleich!"

8. Scheinbar Hauptsatzform mit der Personalform des Prädikats in **Zweitstellung** haben uneingeleitete Gliedsätze nach Verben des Sagens und Denkens als indirekte Rede (↗256/3 a; 261/4).

9. Scheinbar Fragesatzform mit der Personalform des Prädikats in **Erststellung** haben uneingeleitete Gliedsätze zum Ausdruck einer Bedingung oder Einräumung, also Konditional- und Konzessivsätze (↗256/3 b; 272; 273/1).

3. Die Wortstellung im Gliedsatz

1. Die **Personalform des Prädikats** hat in den meisten Gliedsätzen **Endstellung,** insbes. in allen **eingeleiteten Gliedsätzen** (↗ 252/3 a und 4); bei umschriebenem oder zusammengesetztem Prädikat stehen seine Nominalformen, sowie Prädikativum oder Komplement unmittelbar vor der Personalform; und unfest zusammengesetzte Verben (↗ 96–98) werden nicht – wie meist im Hauptsatz – getrennt.

   ▷ Wer das Gemälde *sieht,* ist davon ergriffen. Auch wer es nur flüchtig *wahrgenommen hat,* ist tief beeindruckt. Weil das Gemälde so *wertvoll ist,* wurde es hoch versichert. Bevor Herr Meurer gestern *als Vorsitzender bestätigt wurde,* gab er einen Rechenschaftsbericht. Wie spät war es, als er *heimkam?*

2. Nur in zwei Fällen wird von der Endstellung der Personalform im eingeleiteten Gliedsatz abgewichen:

   a) wenn das Prädikat eines Gliedsatzes mit umschriebenen Formen eines **Modalverbs** gebildet ist, so tritt die **Personalform** des Prädikats (immer eine Form von *haben* oder *werden*) **vor die Infinitive,** der Infinitiv bzw. Ersatzinfinitiv (↗ 27/5 a) des Modalverbs ans Satzende.

   ▷ Ich fürchte, daß du diese Erfahrung noch *wirst machen müssen* (auch: . . . noch machen müssen wirst). Ernst ist ausgeblieben, weil er nicht *hat kommen dürfen.* Ich weiß nicht, ob sich dieser Unfall *hätte vermeiden lassen.* Sie nahm an, daß er einen Arzt *würde holen lassen* (auch: . . . holen lassen würde). – dem nachgebildet: Verstehst du jetzt, warum man diese Vorschriften stets *wird zu beachten haben;* statt: zu beachten haben wird? –

   b) der mit *als* eingeleitete irreale Vergleichssatz (↗ 270/4 c) hat die Personalform des Prädikats (meist einen Konjunktiv) unmittelbar nach der einleitenden Konjunktion und vor dem Subjekt (Umstellung).

   ▷ Er stöhnt, *als hätte er* wieder Schmerzen.

3. **Uneingeleitete** Gliedsätze (↗ 252/3 b) haben **nie Endstellung,** sondern:

   a) die Personalform des Prädikats in **Zweitstellung** (↗ 255/8), wenn nach Verben des Sagens und Denkens die indirekte Rede als Gliedsatz ohne Konjunktion folgt (↗ 261/4); es entsteht ein sog. **verkappter Gliedsatz** in Grundstellung (oder auch mit Umstellung des Subjekts hinter die Personalform des Prädikats).

   ▷ Sie erklärte, ihr Mann *habe* nur wenig Zeit. Du dachtest wohl, ich *sei* schon gegangen?

   b) die Personalform des Prädikats in **Erststellung** (↗ 255/9) in abhängigen Konditional- und Konzessivsätzen ohne Konjunktion (↗ 272/2; 273/1).

   ▷ *Kommt* sie nicht bald, dann gehen wir. *Hättest* du nicht gelogen, dann wäre alles gut. *Ist* es auch schwer, du wirst es ertragen.

4. Überblick zur Wortstellung in Aussage-, Frage- und Gliedsätzen.

Aussagesatz:	{ *Er*	liest		den Brief	vor
	{ *Er*	hat		den Brief	vorgelesen
Fragesatz:		{ **Liest**	er	den Brief	vor?
		{ **Hat**	er	den Brief	vorgelesen?
Gliedsatz:	{ . . ., weil	er		den Brief	vorliest.
	{ . . ., weil	er		den Brief	vorgelesen hat.
verkappter	{ *Sie sagte,*	er	lese	den Brief	vor.
Gliedsatz:	{ *Sie sagte,*	er	habe	den Brief	vorgelesen
abhängiger		{ **Läse**	er	den Brief	vor, *dann*...
Konditionalsatz:		{ **Hätte**	er	den Brief	vorgelesen, *dann*...

4. Satzrahmen und Einbettung in Haupt- und Gliedsätzen

1. Kennzeichnend für den **Satzbau** ist im Deutschen außer der **Wertigkeit** (Valenz) des Prädikats (↗ 95) vor allem der **Satzrahmen,** hier angegeben durch [ ].

2. Im **Hauptsatz** und im **uneingeleiteten Gliedsatz** ergibt sich ein **verbaler Rahmen,** sobald das Prädikat mehrteilig ist. Seine Teile treten dann so auseinander, daß die Personalform je nach Satzart in Zweitstellung oder Erststellung erscheint und die übrigen Teile des Prädikats ans Satzende treten. Weiter gilt:

   a) Hat die Personalform des Prädikats **Zweitstellung,** so steht **vor** dem Rahmen (im sog. **Vorfeld** des Satzes) nur **eine** Syntaktische Einheit (↗ 232); **alle übrigen** Satzglieder sind in den Satzrahmen **eingebettet.** Die Syntaktische Einheit im Vorfeld kann ein Satzglied oder auch ein Gliedsatz, sie kann ganz kurz, aber auch umfangreich sein, und oft ist sie stark in sich gegliedert sowie durch abhängige nähere Bestimmungen erweitert; ist sie das Subjekt des Satzes, dann hat er Grundstellung.

   ▷ **mit kleinem Vorfeld:** Es [hat gestern im Gebirge plötzlich noch einmal geschneit]. Ich [bin ihm vor ein paar Tagen in der Stadt begegnet]. Langsam [las er seiner Mutter den Brief vor]. Im Garten [müßtest du ihn eigentlich finden können]. Wo [seid ihr gestern mit den Kindern gewesen]? Hier steht, es [habe gestern im Gebirge plötzlich noch einmal geschneit]. –
   mit erweitertem Vorfeld: In dem schönen, alten Haus dort oben auf dem Berg [haben früher meine Eltern gewohnt]. Daß Ihr Vater schon über achtzig Jahre alt ist, [kann man ihm aber nicht ansehen]. Den historischen Weltatlas, von dem Klaus dir so viel erzählt hat und den er ausleihen wollte, [hat mir vor kurzem meine Tante geschenkt]. Ganz blaß vor Schreck [war sie geworden]. Richtig säubern [hättest du den Mantel sollen]. – Er erzählte uns, in dem schönen, alten Haus dort oben [hätten früher seine Eltern gewohnt].

   b) Hat die Personalform des Prädikats **Erststellung,** so sind **alle** anderen Satzglieder in den Satzrahmen **eingebettet.**

   ▷ Hat [er dich nicht] gegrüßt? Lies [mir den Brief] vor! Wäre [der Arzt doch früher] gekommen! – Kannst [du nicht zu uns] kommen, dann besuchen wir dich. Hätte [sie mir] geschrieben, so wäre ich sofort gekommen.

3. Im **eingeleiteten Gliedsatz** (↗ 252/3a; 256/1) ergibt sich der Satzrahmen aus der **Konjunktion am Satzanfang** und der Personalform des Prädikats in **Endstellung;** alle anderen Satzglieder sind eingebettet.

   ▷ Wenn [du morgen Zeit für mich] hast, ruf mich doch an! Weißt du, ob [er seinen Eltern schon geschrieben] hat?; eingebettet auch: Er rief nicht an, weil [er uns mit seinem Besuch] hat überraschen wollen (↗ 256/2a).

4. Ein Reflexivpronomen wird als Bestandteil des Prädikats empfunden und steht meist unmittelbar nach dem ersten Teil des Satzrahmens (Personalform des Prädikats oder Konjunktion), doch rückt es eine Stelle weiter nach hinten, wenn nach der Personalform oder Konjunktion als Subjekt ein Pronomen steht.

   ▷ Hat [sich Ihr Mann um die freie Stelle] beworben?; aber: Hat [er sich darum] beworben? – Ich weiß nicht, ob [sich mein Mann darum] beworben hat; aber: Ich weiß nicht, ob [er sich darum] beworben hat.

5. **Hinter** dem Satzrahmen (im sog. **Nachfeld**) können noch Satzglieder stehen, insbes. präpositionale Gruppen, Vergleiche und oft Gliedsätze als Nachsätze (↗ 253/5c).

   ▷ [Könnte ich doch fertig werden] mit diesem Kleinkram! Er [läuft ihr nach] wie ein Hund. Jeder weiß, [daß alles besser wurde], seit du hier bist.

5. Die Arten der Gliedsätze

5.1. Subjektsätze

1. Der Subjektsatz (der Satzgegenstandssatz) umschreibt das Subjekt des übergeordneten Satzes und antwortet auf die Frage: *wer oder was?* (↗ 220).

2. Der Subjektsatz ist meist ein **eingeleiteter Gliedsatz** (Konjunktionalsatz, ↗ 252/3 a und 4) und beginnt mit *daß,* manchmal auch mit *wenn.* Ist er dem Hauptsatz **nachgestellt,** so wird meist durch indefinites *es* als **Vorläufer** auf ihn hingewiesen.
   ▷ *Daß* du meinen Brief nicht beantwortest, wundert mich. *Es* wundert mich, *daß* du meinen Brief nicht beantwortest; aber auch: Mich wundert (es), daß du meinen Brief nicht beantwortest. – *Wenn* er kommen will, soll *es* mir recht sein. *Es* macht sich gut, *wenn* man immer ordentlich gekleidet ist. *Es* geht auch dich an, *wenn* des Nachbarn Haus brennt.

3. Als Subjektsatz kann auch ein abhängiger **Fragesatz** stehen (↗ 265). Ist der dem Hauptsatz nachgestellt, so wird meist ebenfalls durch indefinites *es* als Vorläufer auf ihn hingewiesen.
   ▷ *Ob* sie die schwere Krankheit ganz überstanden hat, bleibt abzuwarten. *Es* bleibt abzuwarten, *ob* sie die Krankheit ganz überstanden hat; aber auch: Abzuwarten bleibt (es), *ob* sie die Krankheit überstanden hat. – *Woher* das Gerücht stammt, ist unbekannt. Ist dir bekannt, *aus welchem Grund* er so plötzlich verreist ist?

4. Als Subjektsatz, besonders in Sprichwörtern und Redensarten, kann auch ein Relativsatz stehen (↗ 275/8), der mit einem verallgemeinernden Relativpronomen (= substantivischem Fragepronomen, ↗ 170/4; 173) beginnt; meist steht es im Nominativ, neutral auch im Akk., lautet also: *wer* oder: *was.* Steht ein solcher Subjektsatz **vor** dem Hauptsatz, so weist im Hauptsatz oft ein *der* bzw. *das* darauf zurück; ist er nachgestellt (was seltener vorkommt), so weist im Hauptsatz oft ein indefinites *es* als Vorläufer auf ihn hin.
   ▷ *Wer* das Rennen macht, *(der)* erhält einen Preis; auch: *Es* erhält einen Preis, *wer* das Rennen macht; aber besser: Einen Preis erhält, *wer* das Rennen macht. – *Was* wirklich geschah, *(das)* blieb unbekannt. Ist Ihnen mitgeteilt worden, *wessen* man Sie beschuldigt? *Wem* dieser Wurf gelingt, *(der)* hat gewonnen. Glücklich kann sich schätzen, *wen* das Unwetter verschont hat. *Was* du hier siehst, ist mein Besitz. – ,,*Wer* zuerst kommt, mahlt zuerst." ,,*Was* heute nicht geschieht, ist morgen nicht getan." ,,*Wen*'s trifft, der mag sich's merken." ,,Rette sich, *wer* kann!"

5. Subjektsätze ohne einleitende Konjunktion haben die Personalform ihres Prädikats – wie in einem Hauptsatz – in Zweitstellung. Ein solcher **uneingeleiteter Subjektsatz** ist immer **nachgestellt,** und im Hauptsatz weist ein indefinites *es* als Vorläufer auf ihn hin.
   ▷ Es ist besser, du telefonierst selbst mit ihr. Es ist mir lieber, ihr ginget jetzt nach Hause. Anständig wäre es gewesen, du hättest sie in Ruhe gelassen.

6. Als vor- oder nachgestellter Subjektsatz kann auch ein Infinitiv stehen, der durch abhängige Satzglieder erweitert ist, also eine satzwertige Infinitivgruppe (↗ 279).
   ▷ Es ist nicht leicht, Kinder richtig zu erziehen. – Kinder richtig zu erziehen, ist schwer.

5.2. Attributsätze

1. Der Attributsatz (der Beifügungssatz) umschreibt ein Attribut des übergeordneten Satzes (↗ 233–235), ist also von einem **Substantiv abhängig,** auf das er möglichst unmittelbar folgt, und antwortet auf die Frage: *welcher?* oder: *was für ein (...)?*
   ▷ Attributsatz beim Subjekt: *Das Haus, in dem* wir wohnen, ist fünfzig Jahre alt. – Attributsatz beim Objekt: *Einen Freund, der* so verläßlich ist wie er, werde ich so bald nicht wieder finden. – Attributsatz bei einer adverbialen Bestimmung: Wer möchte nicht *an einem Ort* wohnen, *wo* das Klima besser ist als in diesem Industriegebiet?

2. Die meisten Attributsätze sind **Relativsätze** (↗ 275–277), beginnen also mit einem Relativpronomen (vor dem manchmal noch eine Präposition stehen kann, ↗ 170f.), gelegentlich auch mit einem Pronominaladverb (↗ 171/5) oder mit einem lokalen, seltener temporalen oder modalen Relativadverb (↗ 171/6).
   ▷ ↗ die Beispiele zu 1 sowie: *Das Haus, worin* (= in dem) wir früher einmal wohnten, soll jetzt abgerissen werden. *So heftige Gewitter, wie sie* in den Tropen häufig sind, kommen hier sehr selten vor. Es kam *der Tag, da* sie ihm dankte. – „Kennst du *das Land, wo* die Zitronen blühn?" „*Das Schönste* sucht er auf den Fluren, *womit* er seine Liebe schmückt." „*An andere Zeiten* mahnt sie der Mann, *da* er geseufzt um sie." – weitere Beispiele ↗ 275–277.

3. Als Attributsätze stehen bei manchen Substantiven aber auch:
   a) ein **Konjunktionalsatz,** meist eingeleitet mit *daß* und dann ersetzbar durch einen **uneingeleiteten Gliedsatz** mit der Personalform des Prädikats in Zweitstellung (↗ 252/3a);
   ▷ Ich bin *der Ansicht, daß* wir so nicht verfahren sollten. = Ich bin der Ansicht, wir sollten so nicht verfahren. *Unsere Hoffnung, daß* Mutter sich wieder erholen könnte, hat sich erfüllt. = Unsere Hoffnung, Mutter könnte sich wieder erholen, hat sich erfüllt. *Deine Befürchtung, daß* du etwas versäumt hättest, ist unbegründet. = Deine Befürchtung, du hättest etwas versäumt, ist unbegründet; hier auch Infinitivgruppe möglich, da Subjekt des abhängigen Satzes im Possessivpronomen des übergeordneten Substantivs enthalten (↗ 279/5): Deine Befürchtung, etwas versäumt zu haben, ist unbegründet. – Erst *am Tag, bevor* er aufbrechen wollte, erhielt er Paß und Visum. –
   b) ein **abhängiger Fragesatz** (↗ 265);
   ▷ *Ihre Anfrage, ob* ich Ihnen bei der Abrechnung helfen könne, bejahe ich gern. *Alle Überlegungen, wer* der Täter gewesen sein könnte, führten nicht weiter. *Die Art, wie* er antwortete, verriet den Fachmann. –
   c) eine **Infinitiv-** oder **Partizipialgruppe** (↗ 278–280).
   ▷ Ich hatte schon immer *die Absicht,* im Frühling eine Reise nach Griechenland *zu machen. Die Hoffnung,* seine Familie *wiederzusehen,* gab er nicht auf. – *Dieser Film,* ursprünglich nur für Kinder *gedacht,* war auch bei den Erwachsenen ein großer Erfolg. Schon äußerlich sehr an ihre Mutter *erinnernd,* ist *Luise* auch ihre würdige Nachfolgerin in der Führung des Haushalts. „Sie brachte *Blumen* mit und *Früchte, gereift* auf einer andern Flur."

4. Als Vertreter von Attributen (insbes. Adjektiven) kann der Attributsatz **nur die Eigenschaft** einer Person oder Sache umschreiben, aber in der Regel nicht den Fortgang eines Geschehens schildern; doch vgl. ↗ 276/3b.
   ▷ Nicht: Er kam durch die Tür, die er hinter sich zuschlug; sondern: Er kam durch die Tür und schlug sie hinter sich zu. – Nicht: Er bat um Geld, das er auch erhielt; sondern: Er bat um Geld und erhielt es auch.

5. Eine Art verkürzter Attributsatz ist die Apposition (↗ 236).

5.3. Objektsätze und indirekte Rede

1. Objektsätze (Ergänzungssätze) werden mit denselben Fragewörtern erfragt, wie die Objekte, für die sie stehen (↗ 238).

2. Objektsätze stehen **eingeleitet** mit den Konjunktionen *daß, wie, ob* oder mit einem Relativpronomen (auch Interrogativpronomen). Im Hauptsatz weist oft ein Demonstrativum oder das indefinite *es* auf den Objektsatz hin (↗ 168/2 b).
   ▷ **Für Akkusativobjekt:** Du weißt gar nicht, *wie* gut es dir geht. Fragt ihn, *ob* er kommt! Ich glaube nicht (daran), *daß* er unschuldig ist. Überlege, *was* du da sagst! – **Für Dativobjekt:** *Wer* ihm half, *dem* dankte er herzlich. „*Wem* nicht zu raten ist, *dem* ist nicht zu helfen." – **Für Genitivobjekt:** *Was* dann geschah, *dessen* kann ich mich nicht erinnern. – **Für Präpositionalobjekt:** *Worüber* gesprochen wurde, *darauf* kann ich mich nicht besinnen.

3. Nach Verben des Sagens, Denkens, Hoffens u. ä. kann der Objektsatz **uneingeleitet** sein; die Personalform seines Prädikats hat dann Zweitstellung (↗ 252/3 b; 256/3 a).
   ▷ In der Zeitung las ich, daß bei Ihnen ein Zimmer zu vermieten sei = bei Ihnen sei ein Zimmer zu vermieten. – Die Firma schrieb, man habe die Sendung noch nicht abgeschickt. Ich antwortete, das müsse sofort geschehen.

4. Objektsätze nach *hoffen, meinen* u. ä. treten in den Konjunktiv, wenn diese Verben in einer Vergangenheitsform stehen.
   ▷ Ich *glaube*, er *kann* kommen. Ich *glaubte*, er *könne* kommen. – Wir *vermuten*, daß er krank *ist*. Wir *vermuteten*, daß er krank *sei*/ er *sei* krank.

5. Haben Haupt- und Gliedsatz **dasselbe Subjekt,** so kann als Objektsatz auch eine satzwertige **Infinitivgruppe** stehen (↗ 279/5 a), z. B. oft nach:
   hoffen, wünschen, glauben; sich freuen, sich fürchten, sich bemühen; beabsichtigen, versuchen, anfangen, beginnen, fortfahren, aufhören; sich gewöhnen, scheinen, brauchen, wagen, vergessen u. a.
   ▷ *Ich* hoffe, daß *ich* dich wiedersehe = Ich hoffe, dich bald wiederzusehen; aber nur: Ich hoffe, daß *du* bald wiederkommst. – Er beabsichtigt, ein Café zu eröffnen. Hör' auf, über alles zu klagen!

6. Eine satzwertige **Infinitivgruppe** kann auch dann als Objektsatz stehen, wenn sein **Subjekt unpersönlich** ist oder sich auf ein **Objekt des Hauptsatzes** bezieht und der Sinnzusammenhang verständlich bleibt, dies insbes. nach den Verben des Bittens und Befehlens wie:
   empfehlen, erlauben, raten, ermahnen, ersuchen, fordern, auffordern, helfen, warnen, verbieten, zwingen u. a.
   ▷ Ich empfehle dringend, daß *man/jemand* die Polizei verständigt = Ich empfehle dringend, die Polizei zu verständigen. – Sie erinnerte *mich* daran, das Paket auf die Post zu bringen (= daß *ich* das Paket auf die Post brächte). Ich bat *ihn*, mich recht bald zu besuchen (= daß *er* mich recht bald besuche).

7. Die Verwendung von satzwertigen Infinitivgruppen als Objektsätzen ist u. a. deshalb so verbreitet, weil sich dabei Konjunktive vermeiden lassen.

8. Objektsätze sind vor allem wichtig zum Ausdruck der indirekten Rede.

5.3.1. Direkte und indirekte Rede – Gedankenbericht (erlebte Rede)

1. Die **direkte Rede** (die wörtliche Rede) gibt den genauen Wortlaut einer Äußerung **unmittelbar** wieder. Sie ist **selbständig** und zählt nach Form und Inhalt zu den Hauptsätzen, kann aber viele Gliedsätze enthalten.

2. Die direkte Rede wird gewöhnlich von **Anführungszeichen** („ ") eingeschlossen. Meist steht sie mit einem kurzen einleitenden, eingeschobenen oder nachgestellten Satz, dessen Prädikat aus einem Verb des Sagens oder Denkens besteht *(sagen, sprechen, antworten, flüstern, schreien, denken, meinen, bemerken, lachen, klagen, hinzufügen* u. a.). Diese Begleitsätze stehen außerhalb der Anführungszeichen und werden durch Satzzeichen von der direkten Rede abgetrennt.

3. Die **indirekte Rede** (die nichtwörtliche Rede) gibt den Wortlaut einer Äußerung **mittelbar** wieder. Sie ist immer **abhängig** von einem Ausdruck des Sagens oder des Denkens, und zwar als **Objektsatz** (↗ 260) für ein Akkusativobjekt. Hat die indirekte Rede größeren Umfang, so kann sie durch entsprechende Satzzeichen (Punkt, auch Semikolon, Ausrufezeichen oder Fragezeichen) in **Teilsätze** untergliedert werden, die jedoch abhängige Sätze bleiben.

4. Äußerungen in indirekter Rede stehen **eingeleitet** mit der Konjunktion **daß** (als indirekte Fragen auch mit *ob* oder einem Fragewort, ↗ 264f.) und haben dann die Personalform ihres Prädikats in **Endstellung**. Viele indirekte **Aussagesätze** stehen jedoch auch **uneingeleitet** (ohne *daß*) als verkappte Gliedsätze mit der Personalform ihres Prädikats in **Zweitstellung** (↗ 252/3 b; 256/3 a; 260/3) und dem Subjekt unmittelbar davor (= Grundstellung) oder danach (= Umstellung).
    ▷ **direkte Rede:** Er sagte: „Ich reise morgen früh ab." – „Morgen früh", erklärte er, „reise ich ab." – „Ich reise morgen früh ab", fügte er hinzu.
    indirekte Rede: Er sagte, daß er morgen früh (oder: am nächsten Morgen) abreise. – Jemand anders erklärte, er reise morgen früh ab. – Am nächsten Morgen, so hieß es, reise er ab. – Er reise morgen früh ab, fügte sie hinzu. – Weitere Beispiele ↗ 263; 266.

5. Der **Gedankenbericht** (die erlebte Rede) enthält Elemente der direkten und der indirekten Rede. Er dient der Wiedergabe von Bewußtseinsvorgängen (seltener von gesprochener Rede) in der Kunstprosa und erscheint oft als längerer „innerer Monolog". Der Erzähler eines Geschehens gibt dabei ganz oder teilweise Überlegungen, Gefühle, Selbstgespräche seiner Figuren unmittelbar wieder, ohne die mittelbare Form der Darstellung aufzugeben.

6. Der Gedankenbericht erfolgt gewöhnlich in der **3. Person** Singular (seltener Plural) und steht meist im Indikativ des **Präteritums** (selten im Präsens); die Zukunft wird mit *würde* + Infinitiv umschrieben. Es gibt weder Anführungszeichen noch einen Begleitsatz mit einem Verb des Sagens oder Denkens.
    ▷ „Er *blickte* . . . in sich hinein, wo so viel Gram und Sehnsucht *war*. Warum, warum *war* er hier? Warum *saß* er nicht in seiner Stube am Fenster und *las* . . . ? Das *wäre* sein Platz gewesen. *Mochten* die anderen tanzen und frisch und geschickt bei der Sache sein! . . . Nein, nein, sein Platz *war* dennoch hier, wo er sich in Inge's Nähe *wußte*. . . . Sie *müßte kommen,* . . . *müßte fühlen,* wie es um ihn stand . . . *Hatte* auch sie ihn *verlacht* . . . ? Ja, das *hatte sie getan* . . . Und doch . . . , was *verschlug* das? Man *würde* vielleicht einmal *aufhören* zu lachen . . . Es *kam* der Tag, wo er berührt *war,* . . . und dann *würde man sehen,* ob es nicht Eindruck auf Inge Holm *machen würde*."
    (Thomas Mann: Tonio Kröger)

5.3.2. Modus und Tempus in der indirekten Rede

1. Unabhängig vom Tempus des übergeordneten Einleitungssatzes steht das Prädikat der indirekten Rede:
   a) in der Regel in einem **Konjunktiv der Gruppe I** (↗78/3a), also im Konj. I, im Konj. Perfekt I, im Konj. Futur I oder (selten) im Konj. Futur II;
   ▷ Er ließ uns wissen, daß er heute *abreise*. Er *habe* alles gut vorbereitet und *werde zurückkehren*, sobald er seinen Auftrag *erledigt habe* (oder: erledigt haben werde).
   b) wenn diese Formen sich aber nicht vom Indikativ unterscheiden (also nicht als Konjunktive erkennbar wären), sowie in einigen Sonderfällen steht als **Ersatzform** dafür ein entsprechender **Konjunktiv der Gruppe II** (↗78/3b und 4), also Konj. II, Konj. Perf. II, Konditional I oder (selten) Konditional II;
   ▷ Sie teilten uns mit, daß sie heute *abführen*. Sie *hätten* alles gut vorbereitet und *würden zurückkehren*, sobald sie ihre Aufträge *erledigt hätten* (oder: haben würden).
   c) doch braucht **keine Ersatzform** zu stehen, wenn ihr ein erkennbarer Konjunktiv (der Gruppe I oder II) vorausgeht.
   ▷ Er sagte, er *gehe* heute in den Zoo und die Kinder *gingen* mit. Sie *nähmen* sich etwas zu essen mit und *blieben* bis zum Abend.

2. Die indirekte Rede im Deutschen kennt **keine Zeitenfolge**, d.h. ihr Tempus richtet sich nicht nach dem Tempus im übergeordneten Einleitungssatz, sondern nur nach dem **Zeitverhältnis**, das die indirekte Äußerung dazu hat. Bei Gleichzeitigkeit steht Konj. I (als Ersatzform Konj. II), bei Nachzeitigkeit ebenfalls oder Konj. Futur I (als Ersatzform Konditional I), bei Vorzeitigkeit Konj. Perf. I (als Ersatzform Konj. Perf. II); weitere Abstufungen innerhalb der Vergangenheit erfolgen durch entsprechende Konjunktionen oder Adverbien wie: *dann, nachdem, darauf, nun, schon* u.a. Der Konj. Futur II (als Ersatzform der Konditional II) zur Angabe der Vollendung in der Zukunft ist selten.

   ▷ **Gleichzeitigkeit:** Er sagt/er sagte/er könnte behaupten/er hatte gesagt/er wird vielleicht sagen, er *habe* keine Zeit.
   Vorzeitigkeit: Er sagt/sagte/könnte behaupten/hatte gesagt/wird vielleicht sagen, er *habe geschrieben*, sie *hätten* aber nicht *geantwortet*.
   Nachzeitigkeit: Er sagt/sagte/könnte behaupten/hatte gesagt/wird vielleicht sagen, er *komme* morgen (oder: er *werde* morgen *kommen*).
   Vollendung in der Zukunft: Er versichert/versicherte/wird vielleicht versichern, morgen um diese Zeit *werde er/würden sie* alles *erledigt haben*.

3. Für die Umsetzung von direkter in indirekte Rede gilt also:

Direkte Rede Indikativ	Indirekte Rede Konjunktiv	
	in der Regel:	als Ersatzform:
Präsens	Konj. I	Konj. II
Präteritum		
Perfekt	Konj. Perf. I	Konj. Perf. II
Plusquamperfekt		
Futur I	Konj. Futur I	Konditional I
Futur II	Konj. Futur II	Konditional II

Präteritum und Plusquamperfekt der dir. Rede setzt man dabei erst ins Perfekt, dann in den Konj. Perf. I (od. II):

▷ Er kam. → (er ist gekommen) → Sie sagt, er *sei gekommen*. – Er war gekommen. → (er ist gekommen) → Sie sagte, er *sei gekommen*. – Sie lagen da → (sie haben da gelegen) → Er meint, sie (haben →) *hätten da gelegen*.

4. Die indirekte Rede steht häufig auch im **Indikativ,** insbes. wenn über die Äußerung **Gewißheit** besteht oder die Gewißheit betont werden soll, in der Umgangssprache immer öfter auch in anderen Fällen. Gewißheit liegt meist dann vor, wenn das Subjekt des übergeordneten Satzes in der 1. Person steht, oft auch bei Präsens, Frageform (↗ 264f.) oder Verneinung des übergeordneten Prädikats.

   ▷ Er erklärte an Eides statt, daß das Haus vor zehn Jahren seinem Vetter *gehörte.* Sie versichert/versicherte, daß er noch heute *kommt.* Ich verriet ihm, daß wir heimlich im Kino *waren.* Wer hat da eben behauptet, daß die Rechnung nicht *stimmt?* Ich behaupte/Er sagt, daß die Rechnung ganz genau *stimmt* (auch: ..., die Rechnung *stimmt* ganz genau.). Niemand hat mir gesagt, daß du schon da *bist.*

5. Die indirekte Rede steht in einem **Konjunktiv der Gruppe II** (Konj. II, Konj. Perf. II, Konditional I oder Konditional II), wenn:

   a) eine solche Form schon in der direkten Rede stand;

   ▷ Er fragt/fragte, wie dem Schaden abzuhelfen *wäre* („Wie wäre dem Schaden abzuhelfen?"). – Sie antwortet/antwortete, das *möchte* sie auch gern wissen („Das möchte ich auch gern wissen.").

   b) die Ungewißheit oder Unwirklichkeit der Äußerung betont und sie gegebenenfalls berichtigt werden soll; dies oft umgangssprachlich.

   ▷ Er behauptet zwar, er *hätte* keine Zeit, *wäre* zu sehr beschäftigt und *könnte* nicht kommen, aber in Wirklichkeit ist er auf dem Fußballplatz.

6. Dieselbe Äußerung kann in indirekter Rede also je nach Absicht und Haltung der Mittelsperson (des Sprechers) verschieden wiedergegeben werden; der Satz: *Klaus schreibt: „Ich verdiene nicht viel, aber wir haben genug und sind glücklich."* lautet:

   a) ohne eigene Stellungnahme und in korrekter Form: *K. schreibt, daß er nicht viel verdiene, daß sie aber genug hätten und glücklich seien;* oder: *K. schreibt, er verdiene nicht viel, aber sie hätten genug und seien glücklich.*

   b) mit Betonung der Gewißheit: *K. schreibt, daß er nicht viel verdient, daß sie aber genug haben und glücklich sind.*

   c) mit Betonung von Unwirklichkeit, Zweifel und mit Berichtigung: *Denkt euch, K. schreibt, er würde nicht viel verdienen, aber sie hätten genug und wären glücklich; dabei verdient er Tausende, aber sie haben noch nicht genug und sind obendrein unglücklich.*

   Trotz des Vordringens von Indikativ und Konjunktiv II-Formen in der indirekten Rede können sie auch heute **nicht wahllos,** sondern nur sinngemäß statt der entsprechenden Konjunktiv I-Formen gebraucht werden. Im Normalfall wechseln insbes. Konj. I und Konj. II-Formen beständig miteinander ab (↗ 266).

7. Außer der Veränderung von Modus und Tempus sind bei der **Umwandlung** von direkter zu indirekter Rede ferner zu beachten:

   a) die Veränderung von **Personal-, Possessiv-** und **Reflexivpronomen,** meist von der 1. in die 3. Person und oft von der 2. in die 1. (oder 3.) Person;

   ▷ **direkt:** Herr Ott schreibt: „*Ich* habe *mich* im Datum geirrt und kann *Sie* zu *meinem* Bedauern doch nicht empfangen." **indirekt:** Herr Ott schreibt, *er* habe *sich* im Datum geirrt und könne *mich* (auch: uns/dich/euch/Sie/ihn/sie) zu *seinem* Bedauern doch nicht empfangen.

   b) oft auch die Veränderung von **Orts-** und **Zeitangaben.**

   ▷ **direkt:** In einem Brief vom Dienstag, den wir am Mittwoch erhielten, schreibt Herr Ott: „Ich habe schon *vorgestern* alles vorbereitet und *gestern* mit der Versandabteilung gesprochen. Das Paket geht *heute* von *hier* ab und wird spätestens *übermorgen* bei Ihnen eintreffen." – **indirekt:** Er schreibt, er habe schon *am Sonntag* alles vorbereitet und *vorgestern/am Montag* mit der Versandabteilung gesprochen. Das Paket sei *gestern* von *dort* abgegangen und werde spätestens *morgen* bei uns eintreffen.

5.3.3. Direkte und indirekte Frage

1. Direkte (wörtliche) und indirekte (nichtwörtliche) Fragen sind Formen der direkten bzw. der indirekten Rede (↗ 261–263). Die dafür angegebenen Regeln gelten im allgemeinen auch hier, doch stehen **abhängige Fragesätze** heute meist im **Indikativ;** Konjunktivformen finden sich nur noch dann, wenn im übergeordneten Einleitungssatz eine Zeitform der Vergangenheit steht.
   ▷ **direkt:** ,,Wo *waren* Sie gestern?''; **indirekt:** Der Kommissar fragte, wo ich (er/sie) gestern *war/gewesen sei* (↗ 262/3); oder: wo wir (sie) gestern *waren/gewesen seien*. – **direkt:** ,,Besucht dein Bruder die Universität?''; **indirekt:** Er fragt/fragte, ob mein Bruder die Universität besucht (selten: besuche); aber **direkt:** ,,*Besuchte* dein Bruder die Universität?''; **indirekt:** Er fragte, ob mein Bruder die Universität *besucht habe*. – **direkt:** ,,*Besuchten* Ihre Geschwister die Universität?''; **indirekt:** Er wollte wissen, ob meine Geschwister die Universität *besucht hätten*.

2. Für den erweiterten und zusammengesetzten **Fragesatz in direkter Rede** gelten sinngemäß dieselben Regeln wie für die einfache Entscheidungsfrage (↗ 228) und die einfache Ergänzungsfrage (↗ 229), also:

   a) in der **Entscheidungsfrage** hat die Personalform des Prädikats **Erststellung,** doch können auch Aussagesätze mit Zweitstellung der Personalform als Entscheidungsfragen stehen, wobei die Frage dann nur durch die Satzbetonung und das Fragezeichen am Ende kenntlich ist;
   ▷ Hörst du schlecht? – Kannst du nicht antworten? – Kommst du morgen? – Sind sie gut angekommen? – Hast du diesen Film schon gesehen? – Du willst der erste gewesen sein? – Er weigert sich also wirklich? – ,,Dir dient so mancher Fechter, und keiner kämpft um sie?''

   b) Entscheidungsfragen stehen auch als **Doppelfragen.** Sie überlassen dann dem Gefragten die Auswahl zwischen zwei oder mehr Gliedern, die durch die Konjunktion *oder* verbunden sind; bei der Auswahl zwischen Gegensatzbegriffen kann statt des zweiten Teils der Doppelfrage auch *oder nicht* stehen;
   ▷ Ist er ihr treu geblieben oder hat er sie längst vergessen? – War er ihr treu oder untreu?; oder: War er ihr treu oder nicht? – Ist das Paket angekommen oder nicht?

   c) **Ergänzungsfragen** fragen nach einem Satzglied (wobei jedes Satzglied in Frage gestellt werden kann), beginnen immer mit einem **Fragewort** (Pronomen, Adverb, Pronominaladverb, oft auch mit einer Präposition davor) und haben die Personalform des Prädikats in **Zweitstellung** sowie **Umstellung** des Subjekts hinter die Personalform des Prädikats (außer in Fragen nach dem Subjekt selbst).
   ▷ Wann wart ihr zu Hause? – Wann und wo treffen wir uns wieder? – Wen habt ihr unterwegs getroffen? – Womit kann ich dienen? – Wo wohnt er jetzt? – Wie geht es dir? – Wem soll ich das Paket bringen?; aber: Wer kommt denn da? – Wer hat das gesagt? – Was war in dem Paket? – Was hat in dem Paket gefehlt? – ,,Wer reitet so spät durch Nacht und Wind?''

3. **Rhetorische Fragen** sind Aussagesätze in Frageform (↗ 225/5). Sie sind ein Stilmittel zur Belebung oder Verstärkung des Ausdrucks und verlangen **keine Antwort.** Sind sie verneint, so ist ihr Sinn stark bejahend, und umgekehrt.
   ▷ Seid ihr vielleicht Feiglinge? = Ihr seid ja keine Feiglinge. – Verhält sich das wirklich so? = Das verhält sich doch nicht so! – Stimmt das denn nicht so? = Das stimmt doch so! – ,,Labt sich die liebe Sonne nicht, der Mond sich nicht im Meer?'' (Sie laben sich in der Tat).

4. **Abhängige Fragesätze** sind **immer eingeleitet** und haben die Personalform ihres Prädikats immer in **Endstellung,** und zwar beginnen abhängige
   a) **Entscheidungsfragen** mit der Konjunktion **ob;** die indirekte **Doppelfrage** steht mit: *ob ... ob* oder: *ob ... oder,* auch mit: *ob ... oder nicht;*
   ▷ Er fragte, ob du schlecht hörst (hörest°/hörtest). – Sie wollte wissen, ob ich nicht antworten könne. – Er fragt, ob du morgen kommst (kämest). – Er fragte, ob ich mitgehen wolle/ob ich mitginge/ob ich mitgehe. – Er fragte uns, ob wir mitgehen wollten/mitgingen/mitgehen. – Er wollte wissen, ob ich käme/komme/ob meine Frau mitkomme/mitkäme/mitkommt. – „Kam sie?" Er erkundigte sich, ob sie gekommen sei (auch: ist). – Sie fragte sich, ob er ihr treu geblieben sei oder (ob er) sie längst vergessen habe. – Man war neugierig, ob er ihr treu war (gewesen sei) oder nicht. – Er fragte, ob das Paket angekommen sei oder nicht. – aber: Fragen Sie bei der Post nach, ob das Paket angekommen ist!
   b) **Ergänzungsfragen** beginnen (wie die direkten) mit einem **Fragewort** (Pronomen, Adverb, Pronominaladverb, oft auch mit einer Präposition davor), also mit: *wer, was, wessen, wem, wen; welcher, welche, welches; wo, wohin, woher; wann, wie lange; wie, womit, wodurch; warum, wozu; worin, worauf, worunter; von wem, an wen, von wo, seit wann* u.a.
   ▷ Er fragte, wann wir zu Hause waren (oder: gewesen seien). – Sie will wissen, wann und wo wir uns wieder treffen. Sie wollte wissen, wann und wo wir uns wieder treffen (oder: träfen). – Erkundige dich, wo er jetzt wohnt!; aber: Der Kommissar fragte, wo er jetzt wohne. – Sie wollte wissen, wie es mir geht (oder: gehe); aber: Ich wollte wissen, wie es dir geht. – Er fragte, was in dem Paket war (oder: gewesen sei).
5. Abhängige Fragesätze sind meist **Objektsätze** (↗ 260 und oben 4), stehen aber auch als **Subjektsätze** (↗ 258/3) oder als **Attributsätze** (↗ 259/3 b).

5.3.4. Indirekte Aufforderungs- und Wunschsätze

Treten Aufforderungssätze in die indirekte Rede, so steht statt des Imperativs ein mit *sollen* umschriebenes Prädikat. Verstärkend gebraucht man *müssen,* in indirekten Wunschsätzen *mögen* oder *können.*
   ▷ **direkt:** „Klaus, *hör* endlich *auf! Sei* bitte etwas leiser oder *lies* ein Buch!" – „Kinder, *hört* endlich *auf! Seid* bitte leiser oder *lest* etwas!" –
   indirekt: Mutter sagt/sagte, Klaus *solle/müsse* endlich *aufhören;* er *möge* etwas leiser sein oder *könne* ein Buch lesen. – Vater sagt/sagte, die Kinder *sollten/müßten* endlich aufhören; sie *möchten* leiser sein oder *könnten* etwas lesen.

5.3.5. Umsetzung von direkter in indirekte Rede – Zusammenfassung am Beispiel

   ▷ **direkt:** *Seid ihr* gut nach Hause *gekommen?* Warum *konntet ihr* nicht etwas länger *bleiben?* Aber *ihr müßt* ja wieder *arbeiten,* und *ich muß* es auch. *Ich habe mich* über *euren* Besuch sehr gefreut. *Hier bin* ich jetzt sehr einsam. Deshalb *besuche ich nächste* Woche *meine* Schwester. Wenn das Wetter es *zuläßt, wollen wir* etwas wandern. *Wir nehmen* Proviant mit und *bleiben* bis zum Abend im Freien. *Schreibt* bitte bald und *laßt* es *euch* gut gehn!
   indirekt: Er fragte an, *ob wir* gut nach Hause gekommen *seien* und warum *wir* nicht etwas länger *hätten bleiben können.* Aber *wir müßten* ja wieder arbeiten, und *er müsse* es auch. *Er habe sich* sehr über *unseren* Besuch gefreut. *Dort sei er* jetzt sehr einsam. Deshalb *besuche er* in der *darauffolgenden* Woche *seine* Schwester. Wenn das Wetter es *zulasse, wollten sie* etwas wandern. Sie *nähmen* Proviant mit und *blieben* bis zum Abend im Freien. *Wir möchten* bald schreiben und *sollten* es *uns* gut gehen lassen.

5.3.6. Beispiele zur Anwendung der indirekten Rede

Die folgenden Textbeispiele zeigen Art und Wandel im Gebrauch der indirekten Rede und des Konjunktivs im Lauf der letzten hundert Jahre. Die beiden ersten Texte stammen aus der Zeit um 1880, die übrigen aus neuerer Zeit.

1. Leopold von Ranke, *Weltgeschichte:* „Wallenstein sagte, er *fühle,* daß er alt *werde;* er *sei,* von Krankheiten geplagt, der Ruhe *bedürftig;* er *besitze* eine Stellung, die ihm *genügen könne;* von der Fortsetzung des Krieges *dürfe* er sich keinen Zuwachs von Reputation *versprechen,* sondern eher das Gegenteil. Niemals, fügte er hinzu, *habe* er größere Vorbereitungen zum Krieg *gemacht,* aber doch niemals heißere Begierde *gehabt,* Frieden zu machen." ... „Die Emigranten versicherten, daß Wallenstein, indem er wieder aus Böhmen *aufbrach,* eine Eröffnung darüber an den schwedischen Reichskanzler *habe gelangen lassen;* der *habe* ihm *geantwortet,* er *möge* nur Ernst damit *machen,* so *werde* es ihm an Unterstützung nicht *fehlen.*"

2. Gottfried Keller, *Das Sinngedicht:* „Jetzt öffnete Regine auf einmal ihr Herz: sie *habe* sich auf diesen Tag *gefreut,* um sich von Erwin sattsprechen zu können. Die andern Frauen *sprächen* nie von ihren Männern, und auch von dem ihrigen, nämlich Erwin, *täten* sie es nur, um alles mögliche auszufragen oder die Neugierde nach Dingen zu befriedigen, die sie nichts *angingen.* Da *schweige* sie lieber auch; mit mir aber, der ich ein guter Freund *sei, wolle* sie nur reden, was sie *freue.* Sie fing also an zu plaudern, wie sie auf seine baldige Ankunft *hoffe,* wie gut und lieb er *sei,* auch in den Briefen, die er *schreibe,* was er für Eigentümlichkeiten *habe,* von denen sie nicht *wisse,* ob sie andre gebildete oder reiche Männer auch *besitzen,* die sie aber nicht um die Welt hingeben *möchte;* ob ich viel von ihm *wisse* aus der Zeit, ehe sie ihn *gekannt?* ob ich nicht *glaube,* daß er glücklicher *gewesen sei* als jetzt."

3. Golo Mann, *Deutsche Geschichte des 19. und 20. Jahrhunderts* (1958): Hitler „nahm den Mord an Schleicher, der zunächst vertuscht worden war, auf sich: Männer, die sich mit fremden Diplomaten *träfen* und gegen ihn *konspirierten, lasse* er totschießen. In jenen Tagen *sei* er, als Führer des deutschen Volkes, auch sein oberster Gerichtsherr *gewesen* und *habe* aus eigenster Machtvollkommenheit Recht sprechen und üben *dürfen.*" ... „Im Moment, in dem dies niedergeschrieben wird, sagt man, daß es in Deutschland noch oder wieder ‚Nationalsozialisten' geben soll. Fragt sich, warum man sie so nennt. Darum etwa, weil sie glauben, daß manches, was H. gemacht hat, doch ganz gut *gewesen sei;* daß Deutschland ein Recht *gehabt habe,* den Versailler Vertrag zu zerreißen; daß der Westen ihm nicht *hätte* in den Rücken *fallen sollen,* als es Europa gegen den Bolschewismus verteidigte; daß die Deutschen nun einmal das tüchtigste Volk Europas *seien;* daß feste, dauernde Regierungsautorität *nottue;* und andere solche Sachen mehr? Es *wären* Gefühle und Meinungen, deren auch der Nationalsozialismus sich bediente. Aber es gab sie schon vorher; sie haben ihn überlebt; und wenn man sie alle zusammenzählt, dann erhält man noch lange nicht, was der Nationalsozialismus eigentlich war."

4. Karl Mickel, *Der Sohn der Scheuerfrau* (1968): „Der Geschäftsinhaber eines bedeutenden Bankhauses ... wünschte, daß der Schreibtisch in seinem offiziellen Arbeitszimmer regelmäßig ... *gereinigt würde;* auf dem Tisch *lägen,* sagte er, Geschäftsvorgänge in einer bestimmten geistigen Ordnung; die Hauptaufgabe der Raumpflegerin *sei* es, den Tisch zu reinigen und die geistige Ordnung ... nicht zu zerstören. Sie *werde* natürlich das Gehalt einer Wissenschaftlerin *erhalten.*"

5. Nach einem Zeitungsbericht vom Juni 1974: „Noch vor kurzem hatte ein Bildungspolitiker behauptet, die Hochschulen *stünden* zwar vor Aufgaben der Umverteilung, doch *werde* auch künftig jeder Abiturient einen Studienplatz *bekommen.* Inzwischen aber scheinen die Kultusminister sich längst einig zu sein, daß die Studentenzahlen jetzt mit dem Mittel des Numerus clausus *geregelt werden müßten.*"

5.4. Adverbialsätze

1. Die Adverbialsätze (die Umstandssätze) stehen für adverbiale Bestimmungen, antworten auf dieselben Fragen wie sie und werden auch wie diese eingeteilt (↗243); es gibt also Lokalsätze zur **Ortsangabe,** Temporalsätze zur **Zeitangabe,** Modalsätze zur Angabe der **Art und Weise** und dabei insbes. Komparativsätze zum **Vergleich,** ferner Kausalsätze zur Angabe des **Grundes** und dabei im einzelnen noch Instrumentalsätze zur Angabe des **Mittels,** Finalsätze zur Angabe von **Absicht** oder Ziel, Konditionalsätze zur Angabe einer **Bedingung,** Konzessivsätze zur Angabe einer **Einschränkung** und Konsekutivsätze zur Angabe der Wirkung oder **Folge.**

2. Die meisten Adverbialsätze sind **eingeleitete** Konjunktionalsätze mit der Personalform des Prädikats in **Endstellung,** doch gibt es auch einige uneingeleitete mit Erststellung (↗272/2; 273/1) sowie eingeleitete mit Zweitstellung der Personalform (↗270/4c).

5.4.1. Lokalsätze

1. Lokalsätze (Umstandssätze des **Ortes** oder **Raumes**) stehen auf die Frage: *wo?, woher?, wohin?, wie weit?, von wo?* u. a. und beginnen in der Regel mit: *wo, woher, wohin,* manchmal noch mit einer Präposition davor, einige auch mit: *so weit* (in zwei Worten).

2. Auf den abhängigen Lokalsatz weist im übergeordneten Hauptsatz häufig ein Adverb hin, z. B.: *da, dort, hier, dahin, daher* u. a.

   ▷ Wie ist das Klima *dort, wo* ihr wohnt? Ich fand ihn *hier* drüben, *wo* ich ihn am wenigsten vermutet hätte. Er hielt sich immer *da* auf, *wo* sie auch gerade war. „*Wo* man singt, *da* laß dich ruhig nieder!" „Alles wanket, *wo* der Glaube fehlt." „*Wo* Tauben sind, *(da)* fliegen Tauben hin." „*Wo* viel Licht ist, *(da)* ist auch viel Schatten." „*Wo* du hörst hohe Schwüre, steht die Lüge vor der Türe." Wir erhielten Hilfe, *von wo* wir sie nicht erwartet hatten. – Die Hilfe kam *(dorther), woher* wir sie nicht erwartet hatten. Wie ist das Klima *da, woher* Sie kommen? Bring' das Buch *dahin* zurück, *woher* du es geholt hast! – Stellen Sie das Buch *dahin, wohin* es gehört! Sie gingen ohne Zögern, *wohin* die Pflicht sie rief. Wie ist das Klima *da, wohin* ihr reisen wollt? – *So weit* das Auge reichte, war nichts als Verwüstung und Leid.

3. Nicht alle Gliedsätze, die mit *wo, woher, wohin, soweit* (in einem Wort) beginnen, sind Lokalsätze. Es kann sich dabei auch handeln um:
   a) Subjektsätze (↗258), b) Objektsätze (↗265/4), c) auch Attributsätze (↗259), sowie d) einschränkende Konditionalsätze (↗272/4) oder Konzessivsätze (↗273/2), e) *wo* kann auch zur Zeitangabe dienen, also **temporal** stehen, ferner einräumend, also **konzessiv,** dabei meist mit einem *doch* danach.

   ▷ a) Deinen Eltern ist doch bekannt, *wo* du dich aufhältst? *Woher* das Gerücht stammte, ließ sich nicht mehr feststellen. *Wohin* du auch gehst, es soll mir recht sein. *Von wo* der Brief kam, blieb allen unbekannt. – b) Weißt du, *wo* Edith wohnt? Du ahnst nicht, *woher* ich das weiß. Er erkundigte sich, *wohin* sie zögen. – c) Kennst du die Stadt, *wo* ich wohne? Italien ist ein Land, *wohin* es mich immer wieder zieht. – d) Das Experiment war erfolgreich, *soweit* ich das beurteilen kann/*soweit* ich weiß. – e) Jetzt, *wo* du weißt, wie die Dinge stehen, wirst du mir zustimmen. Heutzutage, *wo* es so viele Verkehrsverbindungen gibt, macht Reisen keine Mühe mehr. – Das Mißlingen des Experiments bedaure ich, *wo* alles *doch* so gut vorbereitet war. *Wo* alle sich so angestrengt haben, hätte das nicht passieren dürfen.

5.4.2. Temporalsätze

1. Temporalsätze (Umstandssätze der **Zeit**) stehen auf die Fragen: *wann?, bis wann?, seit wann?, wie lange?, wie oft?* u. a. und bestimmen das Geschehen des Hauptsatzes im Verhältnis zu dem des abhängigen Gliedsatzes als:
    a) **gleichzeitig,** b) vorausgehend, also **vorzeitig,** c) nachfolgend, also **nachzeitig.**

2. Durch die einleitende Konjunktion sowie die Zeitform des Prädikats im Temporalsatz kann ferner die **Einmaligkeit** oder **Mehrmaligkeit** (Wiederholung) oder aber die **Dauer** des Geschehens im Gliedsatz ausgedrückt werden.

3. Bei **Gleichzeitigkeit** des Geschehens in Haupt- und Gliedsatz gilt für die einleitenden Konjunktionen:

    a) **wenn:** bezeichnet Einmaligkeit und Mehrmaligkeit in Gegenwart und Zukunft, außerdem Mehrmaligkeit in der Vergangenheit und hat meist einen mehr oder weniger stark bedingenden Nebensinn (↗272); zur verstärkten Kennzeichnung der Mehrmaligkeit kann dabei ein *immer* oder *stets* stehen (↗269/8); *wann* statt *wenn* ist veraltet (vgl. das konzessive *wann immer,* ↗273/2);
    ▷ Wir besprechen die Angelegenheit, *wenn* er uns besucht. *Wenn* die Blätter fallen, werden die Tage kürzer. Ich gehe erst dann weg, *wenn* ich meine Arbeit beendet habe; stärker bedingend: Du darfst nur dann ins Kino, *wenn* (falls) du deine Arbeit beendet hast. – *Wenn* er sie besucht, bringt er *stets* Blumen mit. *Immer wenn* er sie besuchte, brachte er Blumen mit; auch: *Wann immer* er sie besuchte, brachte er Blumen mit. *Wenn* man früher reiste, brauchte man mehr Dokumente als heute. Er ging *immer* erst dann weg, *wenn* er seine Arbeit beendet hatte. Ich durfte nur dann ins Kino, *wenn* (falls) ich meine Arbeit beendet hatte.

    b) **als:** bezeichnet die Einmaligkeit in der Vergangenheit, hat keinen bedingenden Nebensinn und steht nie mit *immer;* gleichbedeutend, aber seltener ist temporales *da* (mit begründendem Nebensinn);
    ▷ Wir besprachen die Angelegenheit, *als* er uns besuchte. *Als* die Blätter fielen, wurden die Tage kürzer; aber wiederholend: *Immer wenn* die Blätter fielen, wurden die Tage kürzer. Ich ging erst dann weg, *als* ich meine Arbeit beendet hatte. *Als* ich ihn kürzlich besuchte, war er schon krank. *Da* ich ihn sah, fiel mir mein Versprechen wieder ein.

    c) **wie, sowie, indem:** unterstreichen die Gleichzeitigkeit;
    ▷ *Wie* ich eine Weile so da sitze, hüpft doch ein Eichhörnchen auf meinen Schoß. *Indem* er da saß und schlief, wurde ihm die Brieftasche gestohlen. *Sowie* ich seine Anschrift erfahre, teile ich sie dir mit. –

    d) **indes(sen), unterdes:** betonen die Dauer des Geschehens im Gliedsatz;
    ▷ *Indes(sen)* die Eltern sich im Haus unterhielten, spielten die Kinder im Garten. Die Eltern unterhielten sich, *unterdes* die Kinder spielten.

    e) **während, solange als, solange:** geben an, daß das Geschehen in Haupt- und Gliedsatz gleich lange dauert; zu *während* ↗201/2; 202.
    ▷ *Während* sie ihre Einkäufe machte, wartete ihr Mann in einem Café auf sie. *Solange* (als) ich ihn kenne, hat er sich als treuer Freund gezeigt.

4. Bei **Vorzeitigkeit** des Geschehens im Hauptsatz wird der Gliedsatz eingeleitet durch: **ehe** oder: **bevor;** bezeichnet das Geschehen des Gliedsatzes den Endpunkt eines länger andauernden Geschehens im Hauptsatz, so steht: **bis** oder: **bis daß** (veraltet).
    ▷ *Ehe* du dich umdrehst (auch: umgedreht hast), hat er dich schon betrogen. *Bevor/ehe* ich ausgesprochen hatte, war er schon mit einer Antwort bei der Hand. *Bis* du zurückkommst, bin ich damit fertig (= werde ich damit fertig sein). „*Bis daß* der Tod uns scheidet." Ich gehe nicht fort, *ehe* ich (nicht) damit fertig bin (keine Veränderung des Sinnes bei Zufügung oder Wegfall des *nicht* im Gliedsatz nach *ehe/bevor,* ↗282/9).

5. Bei **Gleichzeitigkeit** des Geschehens in Haupt- und Gliedsatz stehen beide gewöhnlich auch in einer **gleichwertigen Zeitform**. Bei **Vorzeitigkeit** des Geschehens im Hauptsatz gegenüber dem im Gliedsatz stehen oft auch entsprechend **andere Zeitformen,** doch können, wenn der Sinn eindeutig ist, **auch gleichwertige** stehen.

6. Bei **Nachzeitigkeit** des Geschehens im Hauptsatz gegenüber dem im Gliedsatz steht in der Regel auch eine entsprechend **andere Zeitform:**
   a) bei Präsens oder Futur im Hauptsatz steht im Gliedsatz Perfekt, gelegentlich auch Futur II (= Futur Perfekt);
   b) bei einer Vergangenheitsform (meist Präteritum oder Perfekt) im Hauptsatz steht im Gliedsatz Plusquamperfekt (↗71–74);
   c) doch können bei unmittelbarer Aufeinanderfolge der beiden Geschehen auch gleichwertige Zeitformen stehen (↗ unten 7c).

7. Bei **Nachzeitigkeit** des Geschehens im Hauptsatz gegenüber dem Geschehen im Gliedsatz wird dieser eingeleitet durch:
   a) **nachdem** als der häufigsten Konjunktion zur Bezeichnung dieses Zeitverhältnisses;
   ▷ *Nachdem* wir den Fall gründlich geprüft haben (werden), werden wir uns eingehend dazu äußern. *Nachdem* wir den Fall gründlich geprüft hatten, konnten wir uns eingehend dazu äußern. *Nachdem* wir Ihr Schreiben erhalten hatten, haben wir Ihre Aufträge sofort erledigt. Erst *nachdem* viele Beschwerden eingetroffen waren, wurden die Aufträge schneller erledigt.
   b) **wenn, als, da, wie:** stehen mit dem Plusquamperfekt oder dem Perfekt und haben im übrigen denselben Sinn wie unter 268/3 a–c angegeben, also *wenn* mit bedingendem Nebensinn, *als* und *da* zur Bezeichnung eines einmaligen Zeitpunktes in der Vergangenheit, ebenso das seltenere *wie;*
   ▷ *Wenn* sie sich erholt hat, werde ich Ihnen schreiben. Erst *wenn* er sich ganz davon erholt hat (oder: erholt haben wird), ist er wieder voll arbeitsfähig (oder: wird er wieder voll arbeitsfähig sein). – *Als* (begründend: Da) er sein Unrecht eingesehen hatte, entschuldigte er sich.
   c) **sobald** *(sowie),* **sobald als, kaum daß:** bezeichnen die unmittelbare Aufeinanderfolge des Geschehens im Hauptsatz auf das abgeschlossene Geschehen im Gliedsatz;
   ▷ *Sobald* ich die Einzelheiten erfahre, werde ich euch den Hergang genauer schildern (auch: schildere ich euch den Hergang genauer). *Sowie* ich Näheres weiß, lasse ich es Sie wissen (oder: werde ich es Sie wissen lassen). *Sobald als/Kaum daß* die Unglücksbotschaft eingetroffen war (auch: eintraf), machten sich die Rettungsmannschaften auf den Weg. *Kaum daß* er mich sah (auch: gesehen hatte), lief er davon.
   d) **seit, seitdem:** stehen, wenn das Geschehen des Gliedsatzes den Anfang eines länger andauernden Geschehens im Hauptsatz bezeichnet; mit dem Präsens gebraucht bezeichnen sie den Anfang eines noch andauernden Zeitraums, in dem andere Vorgänge in Gegenwarts- oder Vergangenheitsformen wiedergegeben werden können.
   ▷ *Seit* er seinen Beruf aufgegeben hat, geht es abwärts mit ihm. *Seit* er seinen Beruf aufgegeben hatte, ging es abwärts mit ihm. *Seitdem* die Nachricht von seinem Lottogewinn bekannt geworden ist, will jeder Geld von ihm leihen. – *Seit/Seitdem* ich hier wohne, habe ich ihn noch nicht gesehen, aber öfter von ihm gehört. *Seit* ich sie kenne, liebe ich sie.

8. Temporalsätze, die eine regelmäßige **Wiederholung** angeben, werden oft mit *sooft* oder *sooft als* eingeleitet.
   ▷ *Sooft* ich Klaus sehe, fällt mir unsere gemeinsame Schulzeit ein. *Sooft* er ihn sah, fielen ihm ihre gemeinsamen Jugendstreiche ein. Sie hat Kopfschmerzen, *sooft (als)* ein Gewitter sich ankündigt.

5.4.3. Modalsätze – Komparativsätze – Proportionalsätze

1. **Modalsätze** (Umstandssätze der Art und Weise) machen nähere Angaben über die **Art und Weise,** wie das Geschehen oder der Zustand im Hauptsatz abläuft oder beschaffen ist. Daher können auch andere Adverbialsätze als Modalsätze gelten.

2. **Reine Modalsätze** stehen auf die Frage: *wie?, auf welche Weise?* und beginnen mit **indem** oder *dadurch, daß* (↗ 204/2 b). Oft nähern sie sich dem Instrumentalsatz an (↗ 271/3 u. 4).

   ▷ Er machte seinem Ärger Luft, *indem* er laut schimpfte. Sie machte sich *dadurch* bemerkbar, *daß* sie laut um Hilfe schrie. Die meisten Pflanzen kann man gut durch den Winter bringen, *indem* man sie rechtzeitig vor Kälte schützt.

3. Modalen Charakter haben auch die **Komparativsätze** (Vergleichssätze) mit *wie (so wie)* zur Angabe von Ähnlichkeit oder Gleichheit und mit *als* zur Angabe von Gradverhältnissen. Es stehen:

   a) bei **Gleichheit** die Konjunktionen **wie,** *so wie* und in einigen Fällen *als;* statt *wie* manchmal *so.*

   ▷ Es ist alles (so) eingetroffen, *wie* ich es vorausgesagt hatte. Und es kam (so), *wie* es kommen mußte. – Er erledigte seine Arbeiten, *so wie* er es verstand. – Du hast ihm eben so sehr geschadet, *als* er dir genützt hat. – *So* gescheit er ist, so ungeschickt ist er auch.

   b) bei **Ungleichheit** die Konjunktion **als** nach Steigerungsformen und nach *anders, andere, ein anderer/eine andere/ein anderes.*

   ▷ Er weiß mehr, *als* er sagt. Du hast bessere Chancen, *als* du denkst. Sie macht immer alles anders, *als* man es ihr sagt. Meine wahren Gründe sind andere, *als* du glaubst. Der Grund für sein Fehlen war ein anderer, *als* ich dachte.

4. Ist der Inhalt eines Komparativsatzes nach den Konjunktionen: *als ob, als wenn, wie wenn, gleich(sam) als ob* keine Tatsache, sondern **irreal** (= nicht wirklich), und zwar:

   a) nur als möglich vorgestellt und gleich- oder nachzeitig, so steht sein Prädikat im Konjunktiv II;

   b) unmöglich (oder unwahrscheinlich) und vorzeitig, so steht sein Prädikat im Konjunktiv Perfekt II;

   c) beginnt ein solcher Komparativsatz nur mit *als* oder *gleich(sam) als,* so steht die Personalform seines Prädikats nicht in Endstellung, sondern in **Zweitstellung** unmittelbar nach der Konjunktion und vor dem Subjekt (= Umstellung, ↗ 256/2 b); dabei ist auch Konj. I bzw. Konj. Perf. I möglich.

   ▷ a) Du benimmst dich, *als ob/als wenn/wie wenn* du ein schlechtes Gewissen hättest. Er war völlig deprimiert, *gleich als ob* es keinen Ausweg gäbe. – b) Sie tat (so), *als ob* sie nichts gehört hätte. – c) Sie tat (so), *als* hätte/habe sie nichts gehört. Er ist völlig deprimiert, *gleich als* gäbe/gebe es keinen Ausweg.

5. Oft weist im übergeordneten Satz ein sog. **Korrelat,** z. B.: *so, ebenso, insofern* auf die Konjunktion des Vergleichssatzes hin.

   ▷ Seine Aussage war *insofern* entscheidend, *als* er der einzige Augenzeuge war; vgl. auch die Beispiele zu 3 und 4 mit *so* und *ebenso.*

6. In **Proportionalsätzen** ändert sich die Aussage im Gliedsatz im gleichen Maß wie die im übergeordneten Satz. Sie beginnen mit **je,** auf das ein **desto,** *um so* oder *je* im Hauptsatz hinweist; ähnlich Gliedsätze mit *je nachdem,* meist mit einer weiteren Konjunktion, aber ohne Korrelat im Hauptsatz.

   ▷ *Je* langsamer du sprichst, *desto* besser bist du zu verstehen. *Je* eher du kommst, *um so* früher können wir gehen. *Je* mehr er hat, *je* mehr er will. – Wir brechen auf, *je nachdem ob/wann/* ... er kommt.

5.4.4. Kausalsätze

Kausalsätze (Umstandssätze des Grundes) im weiteren Sinn gliedern sich in:
- a) eigtl. Kausalsätze (Begründungssätze);
- b) Instrumentalsätze (Mittelssätze);
- c) Finalsätze (Absichtssätze);
- d) Konditionalsätze (Bedingungssätze);
- e) Konzessivsätze (Einräumungssätze);
- f) Konsekutivsätze (Folgesätze).

5.4.4.1. Eigentliche Kausalsätze – Instrumentalsätze – Finalsätze

1. Die eigentlichen Kausalsätze (Begründungssätze) bezeichnen den **Grund** oder die Ursache des Geschehens im übergeordneten Satz. Sie antworten auf die Fragen: *warum?, weshalb?, weswegen?, wieso?, wodurch?* und beginnen mit: **weil,** *da* (oft für einen bekannten Grund); *indem; zumal, zumal da, nun da, um so mehr als,* veraltet mit: *dieweil, alldieweil, sintemal, sintemalen.*
   ▷ Ich kann nicht kommen, *weil/da* ich – wie du weißt – keine Zeit habe. *Weil* er sich gut vorbereitet hatte, bestand er das Examen. Er zeigte sich als wahrer Freund, *indem* er mich in der Not unterstützte. Wir können die Sendung nicht bis morgen liefern, *zumal (da)/um so mehr als/nun da* wir Personalmangel haben.

2. Viele Kausalsätze beginnen auch mit *daß.* Zum Hinweis darauf steht im Hauptsatz: *deswegen, deshalb, darum, davon, daran, daher* u.a.; diese Adverbien stehen manchmal auch als verstärkender Hinweis auf einen Kausalsatz mit *weil.*
   ▷ Du darfst ihm nicht *deshalb* böse sein, *daß* er so lange nicht geschrieben hat. Wie schwer die Arbeit war, erkenne ich *daran, daß* ich jetzt sehr müde bin. Seine Müdigkeit mag *daher* kommen, *daß* er zu lange gelesen hat. – Seine Müdigkeit kommt *daher, weil* er zu lange gelesen hat. Ich glaube ihm *deshalb* nicht, *weil* er mich schon öfters belogen hat.

3. **Instrumentalsätze** (Mittelssätze) bezeichnen das **Mittel,** durch das der Zustand oder das Geschehen im übergeordneten Satz begründet oder verursacht wird. Sie antworten auf die Fragen: *womit?, wodurch?,* auch: *wie?,* und beginnen mit: *indem* oder **dadurch, daß,** bei eindeutig kausalem Verhältnis auch mit: *dadurch, weil.*
   ▷ Er vernichtete wichtiges Beweismaterial, *indem* er die belastenden Tonbänder löschte. Als Junge verdiente er sich seinen Lebensunterhalt *dadurch, daß* er Zeitungen austrug. Ein Großbrand wurde nur *dadurch* verhindert, *weil* die Feuerwehr sofort zur Stelle war.

4. Instrumentalsätze auf die Frage *wie?* betonen meist mehr die Art und Weise als den Grund und gelten daher auch als Modalsätze (↗ 270/2).

5. **Finalsätze** (Absichtssätze) bezeichnen die **Absicht,** also einen in der Zukunft liegenden Grund für das Geschehen im übergeordneten Satz. Sie antworten auf die Fragen: *wozu?, in welcher Absicht?, zu welchem Zweck?* und beginnen mit: **damit** (mit Endbetonung!) oder *daß,* veraltet: *auf daß.* Prädikate im Konjunktiv kommen heute nur noch nach Vergangenheitsformen im Hauptsatz vor.
   ▷ Lernt fleißig, *damit* ihr später etwas könnt! Gib acht, *daß* du nicht fällst! Habe ich ihm *dazu* Geld gegeben, *daß* er es verschwendet? – Er beeilte sich, damit er noch vor sechs Uhr zu Hause wäre.

6. Als Finalsätze können auch Infinitivgruppen mit *um zu* oder *zu* stehen (↗ 279).

5.4.4.2. Konditionalsätze

1. Konditionalsätze (Bedingungssätze) geben die **Bedingung** oder Voraussetzung an, unter der die Aussage des übergeordneten Satzes gültig ist. Sie antworten auf die Fragen: *in welchem Fall(e)?*, *wann?*, *unter welcher Bedingung?* und beginnen mit: **wenn,** *falls, wofern; im Fall(e), daß; unter der Bedingung, daß; unter der Voraussetzung, daß; vorausgesetzt, daß; gesetzt den Fall, daß;* manchmal mit *wo* und veraltet mit *so.*
   ▷ Kommen Sie doch auch, *wenn* Sie Zeit und Lust haben. Gib mir Nachricht, *falls* sein Zustand sich verschlimmert! Dem Bau der Fabrik wurde nur *unter der Bedingung (Voraussetzung)* zugestimmt, *daß* sie keine Umweltschäden verursacht. *Im Fall(, daß)* er kommt, gehen wir auswärts essen. *Wofern* ich Zeit habe, komme ich.

2. Konditionalsätze können auch uneingeleitet, d. h. **ohne Konjunktion** gebildet werden und haben dann die Personalform ihres Prädikats in **Erststellung** (wie im Fragesatz, ↗ 256/3 b). Sie stehen am Anfang eines Satzgefüges, und der nachfolgende Hauptsatz beginnt mit *so* oder *dann;* auch nach eingeleiteten Konditionalsätzen mit *wenn* oder *falls* (auch mit *so*) beginnt der nachfolgende Hauptsatz oft mit *so* oder *dann.*
   ▷ Haben Sie Zeit und Lust, *dann* kommen Sie doch auch. Verschlimmert sich sein Zustand, *so* gib mir Nachricht. – *Wenn* Sie Zeit und Lust haben, *dann* kommen Sie doch auch. *Falls* sein Zustand sich verschlimmert, *so* gib mir Nachricht. „*So* ihr mich von ganzem Herzen suchet, *so* will ich mich finden lassen."

3. Viele Konditionalsätze sind **irreal** und stehen dann oft uneingeleitet (↗ oben 2). Ist die Bedingung nur angenommen oder ihre Erfüllung unmöglich oder zweifelhaft, so steht im Haupt- und Gliedsatz:
   a) der **Konjunktiv II** für die Gegenwart und für die Zukunft;
   ▷ *Schliefe* das Kind, so *könnten* wir ausgehen. Wenn das Kind *schliefe, könnten* wir ausgehen. *Wäre* es nicht so spät, so *gingen* wir noch aus.
   b) der **Konjunktiv Perfekt II** für jetzt oder erst künftig Vergangenes;
   ▷ *Hätte* das Kind *geschlafen,* dann *hätten* wir ausgehen *können.* Wenn das Kind *geschlafen hätte, hätten* wir ausgehen können. *Wäre* es nicht so spät *gewesen,* so *wären* wir bestimmt noch *ausgegangen.*
   c) im Hauptsatz steht statt des Konjunktivs oft auch der **Konditional I** für Gegenwart oder Zukunft, seltener der **Konditional II** für Vergangenes, im Gliedsatz beides nur, wenn der Konjunktiv schwer erkennbar oder ungewöhnlich wäre.
   ▷ *Hätte* ich Geld genug, so *würde* ich mir ein neues Auto *kaufen. Wäre* es nicht so spät/ Wenn es nicht so spät *wäre,* dann *würden* wir noch *ausgehen.* Wenn es nicht so spät gewesen wäre, *würden* wir vielleicht (statt: bestimmt) noch *ausgegangen sein.* Wenn du mehr *leisten würdest* (statt: leistetest), würdest du auch besser verdienen.

4. Manche Konditionalsätze bedingen die Aussage des übergeordneten Satzes nur **teilweise,** schränken sie also ein und stehen daher den Konzessivsätzen nahe (↗ 273/3). Sie beginnen mit: *sofern, soweit, außer wenn* u. a., verneinend auch mit: *es sei denn, daß* oder *es sei denn* (meist mit Konj. II, seltener Konj. Perf. II, und der Personalform des Prädikats nicht in Endstellung, sondern immer nach dem Subjekt = Hauptsatzstellung).
   ▷ Ich helfe euch gern, *sofern* ihr Hilfe braucht. Er schrieb regelmäßig, *außer wenn* er Urlaub hatte. – Du wirst immer wieder Schwierigkeiten haben, *es sei denn, daß* du dich änderst. Auch Edith kommt, *es sei denn* sie hätte (oder: hat) keine Zeit. Er schrieb regelmäßig, *es sei denn* er hatte Urlaub.

5.4.4.3. Konzessivsätze und Einschränkungssätze

1. **Konzessivsätze** (Einräumungssätze, Gliedsätze des Gegengrundes) nennen einen **Gegengrund** zur Aussage des übergeordneten Satzes, der zwar eingeräumt wird, aber das Hauptsatzgeschehen weder beeinträchtigt noch verhindert. Sie stehen auf die Frage: *trotz welchen Umstandes?* entweder **uneingeleitet** mit **Erststellung** der Personalform des Prädikats (↗ 256/3 b) und dann meist am Anfang eines Satzgefüges oder aber **eingeleitet** mit den Konjunktionen:

   obgleich, obschon, obwohl, ob ... auch, (ob)zwar, wiewohl; wenngleich, wennschon, wenn ... auch, so sehr ... auch, wo; auch: *trotzdem (, daß).*

   Dabei können die mit *ob* und *wenn* zusammengesetzten Konjunktionen auseinandertreten und andere Wörter oder Satzglieder zwischen ihre Bestandteile nehmen. – Steht ein Konzessivsatz **am Anfang** eines Satzgefüges, so beginnt der nachfolgende Hauptsatz meist mit *so,* und oft enthält er verstärkende Adverbien wie: *dennoch, gleichwohl, nichtsdestoweniger, dessenungeachtet; trotzdem, doch, so doch, noch, schon,* u. a.; fehlen sie, so unterbleibt oft die Umstellung des Subjekts hinter die Personalform des Prädikats im Hauptsatz.

   ▷ *Obgleich* er allen leid tat, konnte niemand ihm helfen. *Ob* er *gleich* allen leid tat, *so* konnte *doch* niemand ihm helfen. ,,Nimmer, *ob* du die Uhr *auch* stellen magst zurück, kehrt wieder die versäumte Zeit und das verträumte Glück''. *Wenn auch* Länder und Meere uns trennen (oder: *Wenn* Länder und Meere uns *auch* trennen), *so* werde ich dich *dennoch* nicht vergessen. Er verreiste, *trotzdem (daß)* er Fieber hatte. – **uneingeleitet:** Trennen *auch* Länder und Meere uns, *so* werde ich dich *doch* nicht vergessen. Ist die Aufgabe *auch* schwer, er wird sie *schon* lösen.

2. Als Konzessivsätze gelten auch Gliedsätze, die mit **verallgemeinernden Fragewörtern** beginnen, z. B. mit: *was auch (immer), wer auch (immer), wo auch (immer), wann auch (immer), wie oft auch (immer)* u. a.; *was immer (auch), wer immer (auch), wo immer (auch), wann immer (auch)* u. a. – Ihr Prädikat steht oft im Konjunktiv I, der nachgestellte Hauptsatz oft ohne Umstellung.

   ▷ Ich möchte jetzt von niemandem gestört werden, *wer immer* es *auch* sei. *Wann immer* du kommst, du bist uns herzlich willkommen. *Wo* du *auch* bist, ich werde dir schreiben. Er ließ sich nicht von seinem Vorhaben abbringen, *was auch immer* ich einwandte. ,,Der Mensch erfährt, er sei *auch wer* er mag, ein letztes Glück und einen letzten Tag.''

3. Den Konzessivsätzen näher als den Konditionalsätzen stehen viele **Einschränkungssätze** (Restriktivsätze), die eine teilweise Bedingung und damit Einschränkung des Hauptsatzgeschehens angeben (↗ 272/4). Sie beginnen mit: *sofern, wofern, soweit, soviel, wenn ... nur; außer daß, außer wenn, nicht daß; anstatt daß, weit entfernt (davon), daß* (diese beiden oft mit Konj. Perf. II); ähnlich auch Infinitivgruppen mit *anstatt zu, weit entfernt (davon) zu* (↗ 279/3).

   ▷ *Soviel* ich weiß, geht es ihm gut. Sie unterstützte ihre Mutter, *soweit* sie es konnte. Ich opfere gern Zeit und Geld, *wenn* du *nur* gesund wirst. – *Anstatt daß* er arbeitet (oder: *anstatt zu* arbeiten), sitzt er tagaus, tagein im Wirtshaus. *Anstatt daß/Weit entfernt davon daß* er uns dankbar gewesen wäre (oder: *Anstatt/Weit entfernt davon* dankbar *zu* sein), hat er uns sogar noch verleumdet.

4. Zwischen den Konzessiv- und den Konditionalsätzen stehen die Gliedsätze mit den **Doppelkonjunktionen:** *ob ... oder; ob ... ob; sei es, daß ... sei es, daß.* Auch wenn sie dem Hauptsatz vorangehen, bewirken sie meist keine Umstellung des Subjekts hinter die Personalform des Prädikats im Hauptsatz.

   ▷ *Ob* es dir paßt *oder* nicht, du wirst dich fügen müssen. Er gab lauter falsche Auskünfte, *sei es, daß* er zerstreut war, *sei es, daß* er die Fragen nicht verstand.

5.4.4.4. Konsekutivsätze

1. Konsekutivsätze (Folgesätze) bezeichnen die **Folge,** und zwar die nicht beabsichtigte, aber doch tatsächliche **Wirkung** des Hauptsatzgeschehens. Sie antworten auf die Frage: *wie? mit welcher Folge?,* stehen meist nach dem übergeordneten Satz und beginnen mit: *so daß* oder *daß.* – Im vorangehenden Hauptsatz stehen als Hinweise auf die Konjunktion *daß* oft verstärkende Korrelate wie: *so, so sehr, derartig, dergestalt, dermaßen; ein solcher, solch ein, ein derartiger.*
   ▷ Das Auto fuhr *so* schnell/*dermaßen* schnell/*derart* schnell/mit *einer derartigen* Schnelligkeit, *daß* mir schwindlig wurde. Er hat schon mehrmals gelogen, *so daß* ihm jetzt niemand mehr so recht glaubt.

2. Konsekutiv sind auch die Gliedsätze mit **als daß** nach einem *(all)zu +* Adjektiv, nach einem Adjektiv+ *genug* oder nach einer Steigerungsform im übergeordneten Satz. Sie haben **verneinenden** Sinn, und ihr Prädikat steht meist im **Konjunktiv** II für die Gegenwart (oder Zukunft) oder im Konjunktiv Perfekt II für die Vergangenheit. Vorgezogen wird statt dessen, wenn möglich, eine Infinitivgruppe mit *zu* oder *um zu* (↗279).
   ▷ Das ist *zu* schön, *als daß* es wahr sein könnte = Das ist *zu* schön, *um* wahr zu sein. – Sie war alt *genug, (um)* sich allein helfen *zu* können = Sie war alt genug, *als daß* sie sich nicht hätte allein helfen können. – Die Frage ist viel ernster, *als daß* man sie so leicht nehmen dürfte (hier kein Ersatz durch Infinitivgruppe möglich).

3. Verneinend sind auch die Konsekutivsätze mit **ohne daß.** Sie bezeichnen die nichteingetretene Folge oder auch eine fehlende, aber denkbare Voraussetzung des Geschehens im Hauptsatz, stehen meist in einer Vergangenheitsform und oft im Konjunktiv Perfekt II; wenn möglich, wird ihnen eine Infinitivgruppe mit *ohne zu* vorgezogen (↗279).
   ▷ Das Mädchen fiel hin, *ohne daß* es sich verletzte/*ohne daß* es sich verletzt hätte/ *ohne* sich *zu* verletzen. Sein Befinden besserte sich rasch, *ohne daß* ein Arzt gerufen werden mußte/*ohne daß* ein Arzt hätte gerufen werden müssen (kein Ersatz durch Infinitivgruppe möglich).

5.4.5. Besonderheiten der Adverbialsätze

1. Zwischen den verschiedenen Arten der Adverbialsätze gibt es oft Überschneidungen und **Übergänge,** insbes. zwischen Konditional- und Temporalsätzen, zwischen Konditional- und Konzessivsätzen, zwischen Modal- und Kausal- (Instrumental-)sätzen, Modal- und Konsekutivsätzen.
   ▷ Wenn er kommt, brechen wir auf (↗268/3a; 272/1 u. 2). Ich komme gern, sofern du es wünschst. (↗272/4; 273/3 u. 4). Er half ihr, indem er einen Arzt verständigte (↗270/2; 271). Er trug das Buch durch den Regen, ohne daß es naß wurde (↗270/1; 274).

2. Auf einen Adverbialsatz oder auf seine einleitende Konjunktion verweist im übergeordneten Hauptsatz oft ein adverbiales **Korrelat** wie: *da, dort* (↗267); *dann* (↗268/3a; 272/2); *so* (↗270/5; 272/2; 273/1; 274); *insofern* (↗270/5); *deswegen, darum, davon* (271/2) u. a.

3. Im Satzgefüge steht die wesentliche Aussage oft nicht im Hauptsatz, sondern im Gliedsatz, häufig einem Adverbialsatz (sog. Satzinversion).
   ▷ Hier war es, wo wir überfallen wurden. Die Nacht brach gerade an, als ich plötzlich wußte, was ich zu tun hatte.

5.5. Relativsätze und ihre Aufgaben im Satzgefüge

1. Relativsätze (Bezugssätze) sind Gliedsätze, die mit einem Relativpronomen oder mit einem Relativadverb (auch Pronominaladverb) beginnen.
2. Vor dem Relativpronomen kann eine Präposition stehen, aber nicht vor *was*.
3. Das **Relativpronomen** (↗170f.), das den Relativsatz einleitet, richtet sich in **Genus** und **Numerus** nach seinem **Bezugswort** im übergeordneten Satz (doch drücken *wer* und *was* weder Genus noch Numerus aus), in seinem **Kasus** aber richtet es sich danach, welches **Satzglied** im Relativsatz es darstellt.
   ▷ Bezugswort mask. Sing.: Das ist ein schöner Schmetterling, *der* dort fliegt (Nom.)/ *dessen* Flügel in der Sonne glänzen (Gen.)/*dem* Klaus nachläuft (Dat.)/*den* Klaus verfolgt (Akk.)/*auf dessen* bunte Flügel die Sonne scheint (Präp.+Gen.)/*mit dem* Klaus nach Hause kam (Präp.+Dat.)/*für den* Klaus sich interessiert (Präp.+Akk.). – Bezugswort fem. Sing.: Das ist eine schöne alte Truhe, *die* dort steht (Nom.)/*deren* du dich vielleicht erinnerst (Gen.)/*auf der* du da sitzt (Präp.+Dat.)/*für die* ich viel Geld bezahlt habe (Präp.+Akk.). – Bezugswort Plur.: Wem gehören die Häuser, *die* dort stehen (Nom.)/*deren* Dächer man dort sieht (Gen.)/*vor denen* wir hier stehen (Präp.+Dat.)/*die* man dort sieht (Akk.)?
4. **Relativadverbien** (↗171/5 u. 6) am Anfang eines Relativsatzes werden **nicht verändert,** doch können sie mit einer Präposition stehen.
   ▷ Die Straße, *wo* der Unfall sich ereignet hatte, wurde gesperrt. Das Land *von wo* (oder: *woher,* auch: *aus dem)* er stammt, kenne ich nicht. Die Art, *wie* sie schreibt, ist ungewöhnlich. Weißt du etwas, *womit* wir Mutter überraschen können? Hier ist etwas Hübsches, *worüber* sie sich freuen wird.
5. Relativsätze stehen möglichst nahe bei ihrem Bezugswort im Hauptsatz.
   ▷ Ich werde den Anzug, den ich mir gestern gekauft habe, heute zum erstenmal tragen. (aber nicht: Ich brachte ihr einen Strauß Nelken, die sie so sehr liebt, mit; sondern:) Ich brachte ihr einen Strauß Nelken mit, die sie so sehr liebt.
6. Bezieht ein Relativsatz sich nicht auf ein einzelnes Wort des übergeordneten Satzes, sondern auf den **Hauptsatz insgesamt,** so beginnt er mit *was* oder einem entsprechenden Pronominaladverb (↗171/5; 276/3b; 281/4).
   ▷ Die Arbeit macht mir viel Freude, *was* ich nicht gedacht hätte. Klaus hat, *was* ich ihm nie vergessen werde, mir sehr geholfen. Klaus hat, *wofür* wir ihm sehr dankbar sind, uns sehr geholfen. Edith liebt Kunst und Musik, *worüber* sie aber oft ihre Pflichten vergißt. „*Womit* man sündigt, wird man gestraft".
7. Die meisten Relativsätze, insbes. die mit einem einzelnen Bezugswort im übergeordneten Satz, antworten auf die Frage: *was für (ein ...)?,* sind also **Attributsätze** (↗259).
8. Viele Relativsätze, insbes. solche, die sich auf den Hauptsatz insgesamt beziehen, aber auch einige andere, vertreten nicht Attribute, sondern **andere Satzglieder,** sind also Subjekt-, Objekt- oder Adverbialsätze.
   ▷ Kann helfen, wer selber Hilfe braucht? Er tut immer, was seine Frau will. Ich reise, wohin ich will. – Er weiß manches, was er nicht sagt/worüber er schweigt.

5.5.1. Bildung und Gebrauch der Relativsätze

1. Die beiden Relativpronomen **der/die/das** und *welcher/welche/welches* beziehen sich auf ein **vorangehendes** Substantiv oder Pronomen im übergeordneten Satz. Sie sind gleichbedeutend, doch wird *der/die/das* bevorzugt; *welcher/welche/welches* steht z. B., um Häufung von *der/die/das* zu vermeiden, oder auch im Wechsel damit (↗ 277/9 b).
   ▷ Der Bote, *der* (welcher) das Paket brachte, steht noch draußen. Wende dich an einen Anwalt, *zu dem* (zu welchem) du Vertrauen hast! Der Beamte, *an den* (an welchen) ich mich wandte, war sehr freundlich. Ist es dieser da, *von dem* Sie sprechen? Ist es der, *welcher* der alten Dame so rasch geholfen hat? (statt: Ist es der, der der alten Dame so rasch half?).

2. Das Relativpronomen **wer** (= *derjenige, welcher*) gilt für **Personen** und wird meist nur auf **folgende** (oder fehlende) **Pronomen** bezogen, sehr selten auch auf folgende Substantive. – Ist eine bestimmte Einzelperson gemeint, so steht *der* oder *die* statt des verallgemeinernden *wer*.
   ▷ „*Wer* zuerst kommt, (der) mahlt zuerst." „*Wer* immer strebend sich bemüht, *den* können wir erlösen." „*Wen* die Götter hassen, (den) strafen sie mit Hochmut." *Wer* einmal lügt, *dem* glaubt man nicht mehr. – Wer Frieden stiftet, dem Mann wird man danken. – Der dort gerade kommt, ist mein Bruder.

3. Das Relativpronomen **was** gilt für **Sachen** und **Sachverhalte**. Es steht:
   a) in bezug auf indefinite sächliche **Pronomen,** auf unbestimmte **Zahlwörter** und auf substantivierte **Adjektive** (Partizipien), die etwas Allgemeines, etwas Unbestimmtes oder etwas rein Begriffliches (Abstrakta) ausdrücken, insbes. wenn sie im **Superlativ** stehen;
   ▷ Jetzt tut man endlich *(das), was* ich schon vor zwei Jahren empfohlen habe. – Hier hast du *etwas, was* dir gefallen wird. Es gibt *nichts, was* mich umstimmen könnte. – *Das Wahre, Schöne* und *Gute, was* (auch: *das*) er suchte, fand er nicht auf dieser Welt. (aber nur:) *Das Gute, das* er von anderen erwartet, tut er selber nicht. (und nur:) Das war *das klügste, was* Sie tun konnten.
   b) in bezug auf den gesamten **Sachverhalt** im übergeordneten Hauptsatz; dabei drückt der Relativsatz einen selbständigen Gedanken aus, für den auch ein neuer Hauptsatz stehen könnte, ist also **weiterführender** Relativsatz (↗ 281/4);
   ▷ Ich habe noch keine Nachricht von meinem Mann, *was* mich sehr beunruhigt.
   c) **nie** mit einer **Präposition** davor; statt dessen stehen relative Pronominaladverbien (↗ 171/5);
   ▷ Jetzt tut man endlich das, *wovon* ich schon vor zwei Jahren gesprochen habe. Hier hast du etwas, *woran* du Gefallen finden wirst. Sie hat noch keine Nachricht von ihrem Mann, *worüber* sie sehr beunruhigt ist. Ich habe das ganze Land bereist, *wobei* ich Sitten und Gebräuche gut kennenlernte.
   d) nicht in bezug auf sächliche **Konkreta**; hier immer relatives *das* (↗ oben 1).
   ▷ Das ist *das* beste *Buch, das* (nicht: was) ich je gelesen habe.

4. Das seltene **Relativadverb da** bezieht sich nur auf Zeitangaben, *wie* auf die Art und Weise (↗ 171/6; 275/4), das häufigere **wo** vorwiegend auf Ortsangaben und nur umgangssprachlich auch auf andere Sachbegriffe oder sogar Personen. Die mit *wo*- zusammengesetzten relativen **Pronominaladverbien** beziehen sich auf **Sachbegriffe** oder Sachverhalte jeder Art, aber nicht auf Personen; sie werden heute oft durch eine Präposition mit Relativpronomen ersetzt, ebenso die Relativadverbien.
   ▷ Wo warst du an dem Tag, *da* (= *an dem;* auch: *als*) das Unglück geschah? – Wie heißt die Stadt, *wo* (= *in der*) er lebt? Der Mann, *wo* (korrekt: *der*) da kommt, ist mein Vater. – Das Besteck, *womit* (= *mit dem*) wir essen, und die Tassen, *woraus* (= *aus denen*) wir trinken, stammen von meinen Großeltern.

5. Als Hinweis auf einen Relativsatz steht im übergeordneten Satz oft ein **Korrelativ**, z. B.: *derjenige, der; derselbe, der; dort, wo* u. a.; auch: *etwas, was* usf.

   ▷ Komm doch mit *demselben* Kleid, *das* du gestern anhattest! Siehst du das Haus *dort, wovor* (= vor dem) der Omnibus hält? Sag' mir *alles, was* du weißt!

6. Bezieht ein Relativpronomen sich auf ein Personalpronomen der 1. od. 2. Pers. Sing. im Hauptsatz, so steht das Prädikat des Relativsatzes dennoch in der **3. Person,** oder das Personalpronomen wird im Relativsatz wiederholt; so immer im Plural der 1. und 2. Person.

   ▷ *Ich* Unglücklicher, *der* hier einsam und verlassen *sitzt* und *wartet.* = *Ich* Unglücklicher, *der ich* hier einsam und verlassen *sitze* und *warte.* – *Du* Dummkopf, *der sich* so betrügen *ließ!* = *Du* Dummkopf, *der du dich* so betrügen *ließest!* – *Ihr* Armen, *die ihr* so lange warten *mußtet!*

7. Steht das Relativpronomen eines Relativsatzes, der sich auf das **Anredepronomen** *Sie* bezieht, im **Nominativ,** so wird das *Sie* im Relativsatz wiederholt, sonst nicht.

   ▷ In meiner jetzigen Notlage rechne ich sehr auf *Sie, der Sie* mir so oft Ihre Hilfe versprochen haben; aber: Ich bitte *Sie, dem* ich volles Vertrauen schenke, um einen freundlichen Rat.

8. Schließt der Relativsatz an einen Genitiv Plural an, aus dem das Bezugswort im Hauptsatz eine einzelne Person oder Sache im Singular hervorhebt, dann steht das Relativpronomen dieses Relativsatzes nicht im Singular, sondern im **Plural.**

   ▷ Das ist *eines der ersten Bücher, die* ich als Kind las. Ich war *einer der wenigen, die* sich retten konnten. Sie war *eine der letzten, die* aus dem brennenden Haus gerettet wurden.

9. Stehen **mehrere Relativsätze** nacheinander und beziehen sie sich:

   a) auf ein und **dasselbe Bezugswort** im übergeordneten Satz, so werden sie meist mit dem gleichen Relativpronomen eingeleitet, das nur einmal zu stehen braucht, wenn sein Kasus sich nicht verändert (↗ 281/1);

   ▷ Seine Sekretärin, *die* ihm bisher eine gute Hilfe war, *der* er volles Vertrauen schenkte und *deren* Zeugnisse so einwandfrei waren, hat ihn jetzt plötzlich im Stich gelassen. – Seine Sekretärin, *die* ihm bisher eine gute Hilfe war, (die) sein volles Vertrauen besaß und (die) so einwandfreie Zeugnisse hatte, ist ihm jetzt plötzlich davongelaufen.

   b) auf **verschiedene Bezugswörter** (wobei gewöhnlich die nachfolgenden Relativsätze den vorhergehenden untergeordnet sind, ↗ 281/3), so wechseln oft die einleitenden Relativpronomen, meist *der/die/das* mit *welcher/welche/welches* (↗ 276/1).

   ▷ Nichts ist verächtlicher als Menschen, *welche* die Vertrauensstellung, *die* man ihnen gibt, mißbrauchen. Der Autohändler, *der* mir den Gebrauchtwagen verkauft hat, *mit dem (welchem)* ich so viel Ärger habe, will ihn nun doch zurücknehmen.

10. Ein beizufügendes Substantiv, auf das ein Relativsatz sich bezieht, kann in ihn aufgenommen werden, sofern er mit *welcher/welche/welches* beginnt. Diese sog. **Satzapposition** gilt als unschön und wird meist anders ausgedrückt; ähnlich auch der relativische Anschluß mit *welch letzterer/-e/-es* an ein Bezugswort am Ende einer Wortreihe.

    ▷ Jakob Grimm wurde in Hanau am Main geboren, *in welcher Stadt* (besser: *der Stadt, wo*) auch sein Bruder Wilhelm zur Welt kam. – Im Garten haben wir Äpfel und Birnen, *welch letztere* ich besonders mag.

5.6. Satzwertige Infinitiv- und Partizipialgruppen

1. Wird ein Infinitiv oder ein Partizip durch nähere Bestimmungen **erweitert** (sog. erweiterter Inf. bzw. erweitertes Part.), so entsteht eine **Infinitivgruppe** bzw. eine **Partizipialgruppe** (= Partizipialkonstruktion).

2. Nähert sich ein solcher Ausdruck einem Gliedsatz, indem er sich von der Einwirkung des Hauptsatzprädikats abhebt, so gilt die Gruppe als **satzwertig;** man spricht auch von **Infinitivsatz** bzw. **Partizipialsatz.** Die Übergänge zwischen erweiterten und satzwertigen Infinitiv- bzw. Partizipialgruppen sind fließend.

3. Erweiterte Infinitive und satzwertige Infinitivgruppen werden durch **Komma** vom übergeordneten Satz getrennt, Partizipialgruppen oft nur dann, wenn sie stark erweitert und erkennbar satzwertig sind.

4. Beispiele für die **Bildung** von a) Infinitivgruppen und b) Partizipialgruppen und die dabei auftretenden **Übergänge:**
    ▷ a) nicht erweiterter Infinitiv: Ich habe keine Zeit *zu kommen.* – erweiterter Infinitiv = Infinitivgruppe: Ich habe leider keine Zeit, *selbst zu kommen.* – annähernd satzwertige Infinitivgruppe: Ich habe leider keine Zeit, *selbst zu Ihnen zu kommen.* – satzwertige Infinitivgruppe = Infinitivsatz: Ich habe leider keine Zeit, *morgen nachmittag selbst zu Ihnen hinaus aufs Land zu kommen.* –
    b) nicht erweitertes Partizip: *Singend* zogen die jungen Leute durch die Straßen. *Ermattet* kam er nach Hause. – erweitertes Partizip = Partizipialgruppe: *Fröhlich singend* zogen die jungen Leute durch die Straßen. *Sehr ermattet* kam er nach Hause. – satzwertige Partizipialgruppe = Partizipialsatz: *Fröhlich ihre alten und neuen Lieder von Glück, Liebe und Freundschaft singend,* zogen die jungen Leute durch die Straßen. *Von den großen Anstrengungen der langen Reise sehr ermattet,* kam er nach Hause.

5. Infinitiv- und Partizipialgruppen sind meist **uneingeleitet;** Ausnahmen ↗ 279/3; 280/3.

6. In Infinitiv- und Partizipialgruppen ist das **Subjekt** nicht ausgedrückt; es ergibt sich sinngemäß aus dem Subjekt des übergeordneten Satzes, bei Infinitivgruppen oft auch aus einem direkten oder indirekten Objekt, seltener aus einem Possessivpronomen im übergeordneten Satzes (↗ 279/5b).

7. Unabhängig vom Tempus und von der Personalform des Prädikats im übergeordneten Satz geben Infinitiv- und Partizipialgruppen nur ein **Zeitverhältnis** an. Dabei stehen die Präsensformen für ein gleichzeitiges, noch andauerndes Geschehen, die Perfektformen für ein vergangenes, abgeschlossenes Geschehen.

8. In Infinitiv- und Partizipialgruppen hat der Infinitiv bzw. das Partizip **immer Endstellung.**

9. Uneingeleitete **Infinitivgruppen** stehen gewöhnlich **nach** dem übergeordneten Satz, eingeleitete und als Subjekt gebrauchte oft auch davor (↗ 279/3). **Partizipialgruppen** stehen gewöhnlich **vor** dem übergeordneten Satz oder Bezugswort, nur in wenigen Fällen auch danach (↗ 280/2b).

10. Die satzwertigen Infinitiv- und Partizipialgruppen stehen zwischen Satzglied und Gliedsatz, sind aber eine eigene Kategorie, nicht etwa ‚verkürzter Gliedsatz'. Ihr Inhalt läßt sich meist auch als Gliedsatz ausdrücken, in dem dann die Nominalform als Personalform des Prädikats erscheint.

5.6.1. Bildung und Gebrauch der satzwertigen Infinitivgruppen (Infinitivsätze)

1. Satzwertige Infinitivgruppen (Infinitivsätze) sind im Deutschen sehr häufig, insbes. zur Vermeidung komplizierter Gliedsätze und Konjunktive. Sie können **jede Art von Satzglied** vertreten, also das Subjekt (↗ 258), ein Objekt (↗ 260–266), eine adverbiale Bestimmung (↗ 267–274), auch ein Attribut (↗ 259) oder ein Prädikativum (↗ 218/3i).

2. In Infinitivgruppen jeder Art steht der Infinitiv meist mit **zu**, doch kann das *zu* wegfallen, wenn die Infinitivgruppe als Subjekt oder als Prädikativum gebraucht ist (dann steht meist auch kein Komma).

3. Infinitivgruppen stehen **meist uneingeleitet** und **nach** dem Hauptsatz, **adverbial** gebrauchte aber auch eingeleitet mit: **um ... zu, ohne ... zu, (an)statt ... zu** und dann oft vor dem übergeordneten Satz; dem Hauptsatz **vorangestellt** werden meist auch Infinitivgruppen, die als **Subjekt** gebraucht sind.

4. Unabhängig von Tempus und Personalform des Prädikats im übergeordneten Satz steht in Infinitivgruppen jeder Art auf allen Zeitstufen:

   a) für ein **unvollendetes** Geschehen der Infinitiv **Präsens** (Aktiv und Passiv);

   ▷ Subjekt: *Für Haus und Garten (zu) sorgen,* ist/war ihre einzige Freude. – Akkusativobjekt: Ich vergaß (es)/habe (es) vergessen/hätte (es) fast vergessen/vergesse (es) immer wieder/werde (es) nicht mehr vergessen, *seine Anfragen zu beantworten.* – Genitivobjekt: Sie enthielt sich, *auf diese Unverschämtheiten zu antworten.* – Präpositionalobjekt: Ein Arzt muß jederzeit (dazu) bereit sein, *den Kranken zu helfen.* – final: Ich gehe/ging ins Kino, *um mich zu entspannen.* – konzessiv: *Anstatt für seine Familie zu sorgen,* sitzt/saß er tagaus, tagein im Wirtshaus. – konsekutiv: Das ist/war zu schön, *um wahr zu sein.* – modal, konsekutiv: Wir kamen durch den Zoll, *ohne nach unseren Papieren gefragt zu werden.* – Attribut: Dein Rat, *sofort die Polizei zu verständigen,* war ausgezeichnet. – Prädikativum: Arzt sein heißt (,) *immer für kranke Menschen da (zu) sein.*

   b) für ein **vollendetes** Geschehen der Infinitiv **Perfekt** (Aktiv und Passiv).

   ▷ Subjekt: *Von euch verstanden worden zu sein,* ist mir das wichtigste. – Genitiv- oder Präpositionalobjekt: Sie erinnert(e) sich (daran), *ihn noch vor zwei Tagen gesehen zu haben.* – Akkusativobjekt: Die Angeklagten bestreiten, *am Tatort gewesen zu sein.*

5. Eine satzwertige Infinitivgruppe kann statt eines Gliedsatzes stehen:

   a) wenn Hauptsatz und Infinitivgruppe **dasselbe Subjekt** haben;

   b) wenn das Subjekt der Infinitivgruppe sich aus einem direkten oder indirekten **Objekt des Hauptsatzes** (oder aus einem Possessivpronomen) ergibt;

   c) wenn das Subjekt der Infinitivgruppe **unpersönlich** zu denken ist, der entsprechende Gliedsatz also das Indefinitpronomen *man* als Subjekt hat.

   ▷ a) *Der Arbeiter* erklärte, (daß *er* keine Schäden an dem Motor festgestellt habe =) keine Schäden an dem Motor *festgestellt zu haben.* – *Zwei Kollegen* kamen, (damit *sie* seine Angaben noch einmal überprüften =) um seine Angaben noch einmal *zu überprüfen.* – *Kein Motor* wird ausgeliefert, (ohne daß *er* mehrfach kontrolliert worden wäre =) ohne mehrfach *kontrolliert* worden zu sein. – b) Edith bat *ihren Bruder,* (daß *er* mit ihr ins Konzert ginge =) mit ihr ins Konzert *zu gehen.* – Der Arzt riet *mir,* (*ich* solle Urlaub nehmen =) Urlaub *zu nehmen.* – Was wurde aus *seinem* Versprechen, uns einmal zu besuchen? – c) Sein Vorschlag, daß *man* sofort die Polizei verständigen solle, wurde nicht befolgt = Sein Vorschlag, sofort die Polizei *zu verständigen, ...*

6. Mißverständlich ist die Verknüpfung unabhängiger Sachverhalte durch finales *um ... zu,* also nicht: *Er lebte zehn Jahre in Köln, um dort auch zu sterben;* sondern: *Er lebte zehn Jahre in Köln und starb auch dort;* aber schicksalhaft: *Wir trennten uns, um uns nie wiederzusehen* (= *und sollten uns nie wiedersehen*).

5.6.2. Bildung und Gebrauch satzwertiger und anderer Partizipialgruppen

1. Partizipialgruppen bezeichnen entweder ein **gleichzeitig** mit dem Hauptsatzgeschehen ablaufendes Geschehen und stehen dann im Part. **Präsens,** gewöhnlich nur **Aktiv,** oder aber ein **vollendetes** Geschehen, oft auch einen während des Hauptsatzgeschehens herrschenden **Zustand,** und stehen dann im Part. **Perfekt,** gewöhnlich nur **Passiv.**

2. **Satzwertige** Partizipialgruppen (Partizipialsätze) verwenden das **Partizip** immer **endungslos.** Sie werden **attributiv** und **adverbial** gebraucht. Dabei stehen sie:

   a) meist **vor** dem übergeordneten Satz und gehören dann immer zu dessen **Subjekt;**
   ▷ attributiv: *Für militärische Zwecke entwickelt und als Vernichtungswaffe bekannt,* wird die Atomkraft jetzt endlich auch friedlich genutzt. – kausal: *Allzu straff gespannt,* zerriß das Seil. – modal: *Fröhlich ihre alten und neuen Lieder singend,* zogen die jungen Leute durch die Straßen. – konditional: *Von unserer Seite her betrachtet,* sieht die Sache ganz anders aus. *Zügig fahrend(,)* werden Sie in zwei Stunden in Köln sein. – konzessiv: *Von Freunden und Verwandten immer wieder gewarnt,* hat sie (doch) diesen wildfremden Mann geheiratet. *Nach außen hin zuversichtlich lächelnd,* zweifelte er selbst am meisten an seinem Erfolg.

   b) manchmal auch **nach** dem übergeordneten Satz oder einem Bezugswort und können dann zu **jedem Satzglied** in jedem Kasus gehören.
   ▷ Wir bestiegen einen Berg, *Breuberg genannt, alle andern umher überragend und viel besucht,* und genossen von dort die Aussicht.

3. Satzwertige Partizipialgruppen, die adverbial, insbes. kausal und konzessiv gebraucht werden, haben oft eine einleitende **Konjunktion** und können dann als ‚verkürzte Gliedsätze' gelten.
   ▷ *Weil* allzu straff gespannt, zerriß das Seil. Er hat das Haus, *weil* allzu beschädigt, nicht gekauft. *Obwohl* von allen Seiten gewarnt, hat sie diesen wildfremden Mann geheiratet. *Wenn auch* zuversichtlich lächelnd, schätzte er seine Erfolgsaussichten sehr gering ein.

4. Satzwertige Partizipialgruppen sind auch die scheinbar **prädikatlosen** Ausdrücke, bei denen sich ein Partizip *seiend* oder *habend* hinzudenken ließe. Sie haben meist ein Akkusativobjekt bei sich und sind oft Komplementsätze (↗219; 253/6f); ebenso die **absolut** gebrauchten Partizipialgruppen, die kein bestimmtes Bezugswort im Hauptsatz haben.
   ▷ *Nach außen hin freundlich und bescheiden* (seiend), war sie doch voller Neid und Habgier. „*Einmal in der Leute Mund* (seiend), kommt man übel wieder heraus." Sie besaßen ein schönes Landhaus, *ganz einsam am Waldrand gelegen* (seiend). – *Die Hände in den Hosentaschen* (habend), kam er ins Zimmer. – *Alles wohl erwogen,* bleibt die Sache sehr bedenklich.

5. **Nicht satzwertig** (und daher ohne Komma) sind Partizipialgruppen, die

   a) als **Subjekt** oder **Komplement** des Hauptsatzes gebraucht sind;
   ▷ „*Einmal gut gelebt* gedenkt einem ewig." „*Frisch gewagt* ist halb gewonnen." – Diesen Kauf nenne ich *wohl erwogen.*

   b) attributiv mit einer **Kasusendung** gebraucht sind; ebenso erweiterte **Adjektivgruppen.** Oft stehen dafür besser Relativsätze oder satzwertige Gruppen.
   ▷ Die *für militärische Zwecke entwickelte* Atomkraft wird jetzt endlich auch friedlich genutzt. Das *mit hoher Geschwindigkeit um eine Kurve rasende* Auto kam ins Schleudern; besser: Das Auto, das mit hoher Geschwindigkeit um eine Kurve fuhr, kam ins Schleudern. – Sie besaßen ein schönes Landhaus, *ganz einsam am Waldrand gelegenes* Landhaus. Die Verhandlungen endeten mit einem *für beide Seiten annehmbaren* Ergebnis; besser: endeten mit einem Ergebnis, das für beide Seiten annehmbar war.

6. Komplexe Satzgefüge

1. Gehen nicht Hauptsätze, sondern mehrere gleichrangige Gliedsätze eine Satzverbindung (↗246–251) ein, so entsteht eine **Gliedsatzreihe**; haben die einzelnen Gliedsätze dasselbe Einleitungswort (Konjunktion oder Relativpronomen), so braucht es nur einmal gesetzt zu werden (↗277/9a).
    ▷ *Wenn* Sie Lust haben *und sofern* es Ihre Zeit erlaubt, sind Sie herzlich eingeladen. Seine Frau, *mit der* er acht Jahre verheiratet war, *die* er sehr liebt und *für die* er alles getan hätte, hat ihn jetzt verlassen. – *Als* die Sterne verblaßten, die Sonne aufging und die Vögel zu singen anfingen, brachen wir auf. Seine Schwester, *mit der* er oft Streit hatte, sich aber immer wieder versöhnte und im ganzen gut auskam, hat jetzt geheiratet.

2. Sind in Haupt- oder Gliedsätzen mehrere gleichartige Satzglieder (oder Gliedsätze) auf ein **gemeinsames** Satzglied bezogen, so entsteht ein **zusammengezogener Satz**.
    ▷ Er *studiert* Medizin, sie Germanistik. Ich *stamme* aus Köln, meine Frau aus Berlin. Manche kritisierten, einige wenige verurteilten, die meisten *Versammlungsteilnehmer* aber billigten, *was er vorschlug*. Welche Pläne der neue Präsident hat, was er erreichen will und wohin das alles führen wird, *ist noch niemandem klar* (= Gliedsatzreihe, ↗oben 1).

3. Von Gliedsätzen können wiederum Gliedsätze abhängig sein; es handelt sich dann um **Gliedsätze zweiten Grades,** 3. Grades, 4. Grades usf.
    ▷ Ich brauche wohl nicht besonders zu betonen, *daß* wir alle es begrüßen, *wenn* unsere Professoren sich so ausdrücken, *daß* jeder verstehen kann, *was* sie meinen, *wenn* sie Vorlesungen halten oder Bücher schreiben.

4. Werden voneinander unabhängige Aussagen nicht, wie üblich, durch unabhängige Hauptsätze oder eine Satzverbindung (↗246–251) wiedergegeben, sondern durch Gliedsätze angeschlossen, dann handelt es sich dabei um **weiterführende Gliedsätze**; es sind dies meist Relativsätze (↗276/3b), auch indirekte Fragesätze (↗264/f.) und Temporalsätze (↗268f.) sowie finale Infinitivgruppen mit um ... zu (↗279/6).
    ▷ Ich suchte meinen Bruder, *den* ich aber nirgends finden konnte (statt: konnte ihn aber nirgends finden). Die Kinder waren arg laut, *was* ihn sehr störte. Er übersiedelte nach Köln, *wohin* dann später auch seine Eltern zogen. Im Sommer ist es in der Großstadt oft unerträglich heiß, *weshalb* wir meist an die See oder ins Gebirge reisen. Es war im Sommer letzten Jahres, *als* sie sich verlobte. Die Wolken ballten sich zusammen, *um* die Sonne zu verdecken und *zu* einem heftigen Gewitter zu führen (besser: ballten sich zusammen, verdeckten die Sonne und führten zu einem Gewitter).

5. Treten Satzverbindungen, Satzreihen und Satzgefüge zu einer komplexen Äußerung zusammen, so entsteht ein **mehrfach zusammengesetzter Satz**. Ist er besonders kunstvoll gefügt, so handelt es sich um eine **Periode.** Sie gilt als steigend, wenn der Hauptgedanke (oft der Hauptsatz) an ihrem Ende steht, als fallend, wenn sie mit dem Hauptgedanken (oft einem Hauptsatz) beginnt. Die Periodenbildung gehört nicht in den Bereich der Grammatik, sondern in den der **Stilistik**; verwiesen sei auf die Kunst der Periodenbildung bei Schriftstellern wie Goethe oder Thomas Mann.

6. Als Gliedsätze können in Satzgefügen und Perioden auch **Kurzsätze** (↗224/1d) und ‚verkürzte Gliedsätze' (↗280/3) stehen.
    ▷ Er wußte nicht, *wie* (es) *weiter* (gehen sollte). Er ließ sich, *obwohl* (er) *gewarnt* (worden war), auf die abenteuerliche Afrikareise ein. *Gesagt,* getan.

7. Modalität und Qualität des Satzes

1. Jeder Satz, ob einfach, zusammengesetzt oder komplex, enthält mehr oder weniger deutlich auch Angaben über das Verhältnis des Sprechers zu seiner Äußerung, also Angaben über die Aussageweise oder **Modalität** des Satzes, insbes. über **Gewißheit** oder **Möglichkeit** oder **Notwendigkeit**.

2. Zum Ausdruck der Modalität dienen außer der **Stimmführung** im Satz und der **Betonung** einzelner Wörter oder Satzteile vor allem:

   a) die drei **Modi des Verbs:** Indikativ, Konjunktiv und Imperativ (↗ 78–81);

   b) die **Modalverben** (↗ 22–33) und zwar: *können, dürfen, mögen* für die Möglichkeit; *müssen, sollen, wollen* für die Notwendigkeit und das modal gebrauchte Verb *lassen* (↗ 26/4g; 31/7);

   c) die **modifizierenden** und modifizierend gebrauchten Verben wie: *brauchen, pflegen* u. a. (↗ 15/17; 17/3; 22/5; 32f.; 217/5);

   d) als **Abtönungspartikel** gebrauchte Adverbien (↗ 185) wie: *gewiß, wirklich, in der Tat; vielleicht, etwa, möglicherweise; jedenfalls, selbstverständlich, notwendigerweise* u. a.

   e) **stilistische Mittel** wie die Verwendung von Gliedsätzen statt Satzgliedern und umgekehrt, die Verwendung von Infinitiv-, Partizipial- und Adjektivgruppen statt Gliedsätzen (↗ 278–280) und umgekehrt, Periodenbildung (↗ 281/5), Verwendung von Schaltsätzen (↗ 247/6) u. a.

3. Den **Konjunktiv** zur Angabe der Modalität haben insbesondere:

   a) Aufforderungssätze (↗ 230);   e) potentiale u. irreale Komparativsätze (↗ 270/4);
   b) Wunschsätze (↗ 231);   f) Finalsätze (↗ 271);
   c) indirekte Rede (↗ 261–262);   g) irreale Konditionalsätze (↗ 272/3);
   d) indirekte Frage (↗ 264f.);   h) Einschränkungssätze (↗ 273/3).

4. Die **Qualität** eines Satzes ist entweder **bejahend** (affirmativ) oder **verneinend** (negativ).

5. Die Bejahung wird gewöhnlich nicht eigens ausgedrückt. Zur **Verneinung** dient: *nicht,* ein anderes Verneinungswort oder ein Wort mit verneinendem Sinn wie: *keinesfalls, keineswegs, nie und nimmer, nirgends,* auch die Doppelkonjunktion *weder ... noch* (↗ 249/7), ferner Verben wie: *verbieten, warnen, leugnen, hindern;* Adjektive und Adverbien wie: *lieblos, unfreundlich, unwillig,* sowie Zahlwörter wie: *kein, niemand* u. a.

6. Bejahung und Verneinung können durch Abtönungspartikel (↗ 185) **verstärkt** oder **abgemildert** werden, z. B. durch: *sicherlich, gar, durchaus; kaum, fast* u. a.

7. Wird der ganze **Satz verneint** (↗ 224/2a), so tritt das Verneinungswort ans Satzende oder unmittelbar vor die Prädikatsteile, meist auch vor die adverbialen Bestimmungen am Satzende. Wird ein einzelnes **Wort verneint** (↗ 224/2b), so steht die Verneinung vor diesem Wort. In beiden Fällen können aber auch – je nach stilistischer Absicht – Wörter mit verneinendem Sinn verwandt werden.

   ▷ Sie gab mir das Buch *nicht.* Sie hat mir das Buch *nicht* gegeben. Sie gab mir das Buch *nicht* mit nach Hause. Er *verweigert* die Aussage. Sie *leugnete,* je in Köln gewesen zu sein. – Er gab eine *nicht* sehr freundliche (= eine sehr *unfreundliche*) Antwort.

8. **Doppelte Verneinung** (↗ 187/5) gilt als verstärkte Bejahung *(ein nicht ungeschickter Arzt = ein sehr geschickter Arzt),* volkssprachlich aber auch als verstärkte Verneinung *(heimliche Liebe, von der niemand nichts weiß).*

9. In Ausrufesätzen und in Temporalsätzen nach *ehe* oder *bevor* kann *nicht* fehlen oder stehen, ohne daß der Sinn sich verändert: *Was es (nicht) alles gibt! – Ehe/Bevor du (nicht) fertig bist, gehen wir nicht fort.* (↗ 231; 268/4).

ANHANG

1. Das deutsche Alphabet – Aussprache und Schreibung

1. Das deutsche Alphabet (Abc) hat **26** große und kleine Buchstaben, davon 5 **Vokale** (= Selbstlaute), sonst **Konsonanten** (= Mitlaute), ein besonderes Zeichen **-ß** (= esstsett) – für stimmlosen s-Laut im Wortinneren oder am Wortende und **drei** weitere Zeichen für die **Umlaute**. In der folgenden Tabelle steht oben der Buchstabe, darunter sein Name. Ein -h am Namensende bedeutet, daß der Vokal davor lang auszusprechen ist; bei Doppelkonsonant am Namensende ist der Vokal davor kurz auszusprechen.

A a,	B b,	C c,	D d,	E e,	F f,	G g,	H h,
ah,	beh,	tseh,	deh,	eh,	eff,	geh,	hah,
I i,	J j,	K k,	L l,	M m,	N n,	O o,	P p,
ih,	jott,	kah,	ell,	emm,	enn,	oh,	peh,
Q q,	R r,	S s,	ß,	T t,	U u,	V v,	W w,
kuh,	err,	ess,	ess-tsett,	teh,	uh,	fau,	weh,
X x,	Y y,	Z z;	Ä ä,	Ö ö,	Ü ü (y).		
ikks,	üppsilon,	tsett;	äh,	öh,	üh.		

2. Hinzu kommen noch feste Buchstabenverbindungen mit eigenen Lautwerten, und zwar:
   a) **Diphthonge** (= Doppellaute, Zwielaute) als Verbindung von zwei Vokalen. Beim Buchstabieren wird jeder Vokal einzeln genannt, bei der Aussprache des Wortes aber verschmelzen beide zu einem **Gleitlaut**. Einige Diphthonge sind durch die Schreibung unterschieden, haben aber dieselbe Aussprache.
   Schreibung: Au au;   Äu äu, Eu eu;   Ei ei ai ey ay
   Aussprache: [au];   [oi];   [ai].
   b) **Konsonantenverbindungen**, die wie ein **Einzellaut** gesprochen werden (beim Buchstabieren wird jeder Konsonant einzeln genannt):
   Sch sch, Ch (i)ch/(a)ch, ck und alle **Doppelkonsonanten;** ähnlich das nasale ng, während bei nk außer dem Nasal auch noch ein k gesprochen wird.
   ▷ der Schimmel, schaffen, rascheln; Chile, chinesisch; Chaos, chaotisch (Aussprache: k); das Buch, die Bücher; hacken; hängen, aber: denken.
   c) Verbindungen, bei denen **mehr Laute** gesprochen werden als geschrieben sind:
   Sp sp [schp], St st [scht], aber nur am **Anfang** eines Wortes oder einer Silbe; ähnlich: z [ts], daneben auch tz (nur im Wortinneren oder am Wortende); ebenso: x [ks], chs.
   ▷ das Spiel, versprechen, aber: die Wespe, raspeln. – das Gestell, stoßen, aber: Ostern, die Wurst, rösten. – zornig, die Wurzel, neben: die Mütze, der Schutz. – Xanten, feixen, Felix, neben: der Fuchs, wachsen.

3. **Konsonanten** am **Wortende** sind **immer stimmlos** (sog. Auslautsverhärtung), auch b, d, g, also [p], [t], [k]: das Grab, das Bad, der Tag, aber: die Grube, die Bäder, die Tage.

4. Eine Silbe mit **Diphthong** ist **immer lang**. Eine Silbe mit **Vokal** ist:
   a) **lang,** wenn nur ein Konsonant und ein weiterer Vokal folgen: die Grube;
   b) **kurz** vor Doppelkonsonant oder mehreren Konsonanten: die Gruppe, die Gruft;
   c) folgt nur ein Konsonant, so zeigt meist erst eine andere Wortform, ob die Silbe lang oder kurz ist: der Fuß/die Füße, aber: der Fluß/die Flüsse.

5. Der s-Laut ist am **Anfang** eines Wortes oder einer Silbe immer **stimmhaft,** am **Wortende** immer **stimmlos** (↗3). Im Wortinneren ist einfaches -s- zwischen Vokalen immer stimmhaft, -ß und -ss- stimmlos; -ss- steht nur, wenn ein kurzer Vokal vorangeht (↗4b) und noch ein weiterer Vokal folgt. (↗4c)

2. Die deutsche Schrift

1. Als **Grundschrift** verwendet man heute im Deutschen sog. **lateinische** Buchstaben, außerdem besondere Zeichen für die Umlaute und für -ß-. Beim Schreiben werden die einzelnen Buchstaben eines Wortes miteinander verbunden und oft auch leicht abgewandelt.

   Die Grundschrift (sog. lateinische Schrift)

   a b c d e f g h i j k l m n o p q u r s ß (ſs) t u v

   w x y z ä ö ü ch sch

   A B C D E F G H I J K L M N O P Qu R S T U V W

   X Y Z Ä Ö Ü Sch St Sp (., ; : „ - " ? !)

   Die Ferien haben gut angefangen. Heute war ich zum erstenmal am Strand. Die Sonne ist wunderbar warm, das Wasser schön blau und erfrischend kühl. Schade, daß wir nur zwei Wochen bleiben können.

2. Von **Blockschrift** (z.B. beim Ausfüllen von Formularen) spricht man, wenn nur **Großbuchstaben** verwendet werden, die unverbunden nebeneinander stehen; dabei gibt es kein Zeichen für -ß-, sondern nur -SS-.

   DIETMAR BUSCH, KÖLN, QUERSTRASSE 5

3. Die **Zahlen** werden meist in **arabischen Ziffern** geschrieben; dabei hat im Deutschen die Eins immer einen Aufstrich, die Sieben einen Querstrich in der Mitte.

   1 2 3 4 5 6 7 8 9 0

   Gedruckt erscheinen die arabischen Ziffern folgendermaßen:

   1 2 3 4 5 6 7 8 9 0

4. Seltener verwendet man für Zahlen die **römischen Ziffern**: I, II, III, IV, V, VI, VII, VIII, IX, X usw., L = 50, C = 100, D = 500, M = 1000, doch stehen sie immer als Ordnungszahl hinter Herrschernamen (↗ 135, 178) und oft zur Angabe von Stockwerken, Kapiteln in Büchern und Bandzahlen bei mehrbändigen Werken, manchmal auch zur Bezeichnung des Monats bei der Datumsangabe, veraltet auch als Jahreszahl.
   ▷ Heinrich VIII. = Heinrich der Achte. – Wir wohnen im III. Stock. – Ich lese gerade Kapitel I von Band III eines Geschichtswerkes. – Köln, den 18. IV. 1975. – MDCCXLII = 1742.

5. Veraltet ist die sog. **deutsche Schrift,** die nach dem Zeichner, der sie entworfen hat, auch **Sütterlinschrift** heißt.

6. Die Sütterlinschrift gibt die verschiedenen -s-Laute genauer wieder: durch sog. langes Ess am Anfang und im Inneren von Wörtern sowie durch sog. Schluß-Ess am Wortende; auch das Zeichen -ß- stammt aus der Sütterlinschrift (langes Ess + Zett). Sonst ist sie für Ausländer und auch für viele Deutsche schwer zu lesen.

3. Die Angabe der Uhrzeit mit bestimmten Zahlwörtern und Zahlen

1. Die **Frage** nach der Uhrzeit lautet: *Wieviel Uhr ist es?* oder: *Wie spät ist es?* – Die **Antwort** darauf lautet z.B.: *Es ist*

(genau)	vier (Uhr)	= 4^{00} od. 16^{00} = 4 (16) Uhr
(ein) Viertel nach	vier (Uhr) }	= 4^{15} od. 16^{15} = 4 (16) Uhr (und) 15 (Minuten)
(ein) Viertel (auf)	fünf (Uhr) }	
halb	fünf (Uhr)	= 4^{30} od. 16^{30} = 4 (16) Uhr (und) 30 (Minuten)
dreiviertel (auf)	fünf (Uhr) }	= 4^{45} od. 16^{45} = 4 (16) Uhr (und) 45 (Minuten)
(ein) Viertel vor	fünf (Uhr) }	
zehn Minuten vor	fünf (Uhr)	= 4^{50} od. 16^{50} = 4 (16) Uhr (und) 50 (Minuten)
zehn Minuten nach fünf (Uhr)		= 5^{10} od. 17^{10} = 5 (17) Uhr (und) 10 (Minuten)

2. Für Zeiten nach zwölf Uhr Mittags werden oft die Zahlen 1 bis 12 mit dem Zusatz *nachmittags* benutzt, genauer und amtlich jedoch immer die Zahlen 13 bis 24, diese aber nie zusammen mit den Angaben: *Viertel, halb, dreiviertel.*

3. Bei genauer Zeitangabe steht: *um,* bei ungefährer Zeitangabe steht: *gegen,* seltener *um ... herum.*

   ▷ Er kam (genau) *um* vier (Uhr). Ich hole dich so *gegen* vier (Uhr) ab. Ich komme so *um* Mittag *herum.* Sie blieb bis *gegen* 10 bei uns.

4. Die deutsche Druckschrift

1. Man unterscheidet drei Schriftarten:
    a) Antiquaschriften, b) Frakturschriften, c) Groteskschriften,
    alle mit vielen Unterarten und mit der Möglichkeit, zur Hervorhebung schräg gestellt zu werden (= *kursiv*).

2. Die **Grotesk**-Schriften sind besonders klar und übersichtlich, da sie keine Verzierungen und an den Buchstabenenden keine Endstriche haben; sie heißen daher auch endstrichlose Schriftarten. – Dieses Buch ist in einer Groteskschrift gedruckt.
    A a, B b, C c, D d, E e, F f, G g, H h, I i, J j, K k, L l, M m, N n, O o, P p, Q q, R r, S s ß, T t, U u, V v, W w, X x, Y y, Z z, Ä ä, Ö ö, Ü ü.

3. Die **Antiqua**-Schriften entsprechen der lateinischen Grundschrift beim Schreiben (↗ 284/1) und sind besonders häufig, da sie in längeren Texten am angenehmsten zu lesen sind.
    A a, B b, C c, D d, E e, F f, G g, H h, I i, J j, K k, L l, M m, N n, O o, P p, Q q, R r, S s ß, T t, U u, V v, W w, X x, Y y, Z z, Ä ä, Ö ö, Ü ü.

4. Bei Antiquaschrift ist die Hervorhebung durch *kursiv* besonders deutlich.
    A a, B b, C c, D d, E e, F f, G g, H h, I i, J j, K k, L l, M m, N n, O o, P p, Q q, R r, S s ß, T t, U u, V v, W w, X x, Y y, Z z, Ä ä, Ö ö, Ü ü.

5. Die 𝔉𝔯𝔞𝔨𝔱𝔲𝔯-Schriften entsprechen der älteren sog. ‚deutschen' Schrift beim Schreiben (↗ 285/5 u. 6) und sind heute entsprechend selten. Sie wirken veraltet, waren aber früher weit und in vielen Unterarten verbreitet. Auch sie geben die verschiedenen -s-Laute genauer wieder als die anderen Schriftarten; ungeübten Lesern fällt es oft schwer, zwischen langem Ess und kleinem Eff zu unterscheiden.
    𝔄 a, 𝔅 b, ℭ c, 𝔇 d, 𝔈 e, 𝔉 f, 𝔊 g, ℌ h, ℑ i, j, 𝔎 k, 𝔏 l, 𝔐 m, 𝔑 n, 𝔒 o, 𝔓 p, 𝔔 q, 𝔑 r, 𝔖 s f ß, 𝔗 t, 𝔘 u, 𝔙 v, 𝔚 w, 𝔛 x, 𝔜 y, 𝔷 z, ch, ck, tz, Ä ä, Ö ö, Ü ü.

6. Als Beispiel folgt aus Bertolt Brechts „Geschichten vom Herrn Keuner" der Text „Das Lob". In allen drei Schriftarten ist die Wortfolge „er selbst" hervorgehoben, in der Fraktur gibt es keine Kursiv-Schrift.

    Grotesk: Als Herr K. hörte, daß er von früheren Schülern gelobt wurde, sagte er: „Nachdem die Schüler schon längst die Fehler des Meisters vergessen haben, erinnert *er selbst* sich noch immer daran."

    Antiqua: Als Herr K. hörte, daß er von früheren Schülern gelobt wurde, sagte er: „Nachdem die Schüler schon längst die Fehler des Meisters vergessen haben, erinnert *er selbst* sich noch immer daran."

    𝔉𝔯𝔞𝔨𝔱𝔲𝔯: Als Herr K. hörte, daß er von früheren Schülern gelobt wurde, sagte er: „Nachdem die Schüler schon längst die Fehler des Meisters vergessen haben, erinnert ‚er selbst' sich noch immer daran."

5. Die Deklination der Substantive – Übersichtstafel zu S. 123–129

Erläuterungen

1. Die Übersichtstafel auf den beiden folgenden Seiten erleichtert die Einordnung der Substantive in die drei **Deklinationsklassen** der deutschen Sprache (stark, schwach, gemischt).

2. Am Vergleich von **Nom. Sing.** mit dem **Nom. Plur.** stellt man die **Veränderung** des Substantivs im Plural fest. Dann kann man es nach dieser Veränderung in die zutreffende Spalte einordnen und alle anderen Deklinationsformen feststellen.

3. **Beispiele:**

    a) *das Buch/die Bücher:* Das Wort ist **neutral** und hat im Plural die Endung *-er*, außerdem **Umlaut** von *-u-* zu *-ü-*. Folglich gehört es in Spalte 3 rechts: seine Deklination ist **stark**.

    b) *der Garten/die Gärten:* Das Wort ist **männlich**. Es ist im Plural **endungslos**, hat aber **Umlaut** von *-a-* zu *-ä-*. Folglich gehört es in Spalte 1 rechts, seine Deklination ist **stark**.

    c) *die Lampe/die Lampen:* Das Wort ist **weiblich** und hat im Plural die Endung **-n**, aber keinen Umlaut. Nach seiner Pluralform ließe es sich sowohl in Spalte 4a als auch in Spalte 4b einordnen. Da aber die Spalte 4a keine Feminina enthält, gehört das Wort in Spalte 4b links: seine Deklination ist **schwach**.

    d) *die Milch/–:* Das Wort ist weiblich, hat aber keinen Plural. Es läßt sich sowohl in Spalte 2 als auch in Spalte 4b eingruppieren; d.h.:
    Weibliche Substantive **ohne Plural** lassen sich sowohl in Spalte 2 als auch in Spalte 4b einordnen: ihre Deklination bleibt **unbestimmt**; z.B. bei: *die Milch, die Butter, die Geduld, die Vernunft* u.a.

    e) *der Strahl/die Strahlen:* Das Wort ist **männlich** und hat im Plural die Endung **-en**, aber keinen Umlaut. Es ließe sich sowohl in Spalte 4a als auch in Spalte 4b eingruppieren. Die Unterschiede zwischen Nom. Sing. und Nom. Plur. reichen hier also zur Bestimmung der Deklinationsklasse nicht aus; es muß noch der **Genitiv Singular** herangezogen werden: *des Strahl(e)s*. Folglich gehört das Wort in Spalte 4a rechts: seine Deklination ist **gemischt**.

    f) Wörter mit der **Plural**endung **-s** sind in der Übersicht nicht enthalten. Ihre Deklinationsart bestimmt man nach dem **Genitiv Sing.**, gegebenenfalls auch nach Nebenformen im Plural, z.B.: *das Hotel/des Hotels* (= starker Singular)/*die Hotels; der Balkon/die Balkons, die Balkone* (= mask.; Plur. auf *-e* ohne Umlaut; also Spalte 2 links; Deklination: **stark**).

4. Eigennamen und Fremdwörter mit besonderer Pluralbildung (↗ 119) und mit besonderer Deklination (↗ 130f.) sind in der Übersicht nicht enthalten.

5. Durch die drei Formen: Nominativ Singular, Genitiv Singular und Nominativ Plural ist die Deklination jedes Substantivs eindeutig festgelegt. Man merkt sich deshalb bei jedem Substantiv außer dem bestimmten Artikel und dem Nominativ Singular am besten stets auch noch den Genitiv Singular und den Nominativ Plural.

Die Deklination der Substantive

Deklination:				I. stark
Spalte:	1		2	
Nominativ Plural:	– oder ⸚		–e oder ⸚e	
Maskulina Singular Nom.: der	Onkel	Bruder	Tag	Sohn
Gen.: des	Onkels	Bruders	Tag(e)s	Sohnes
Dat.: dem	Onkel	Bruder	Tag(e)	Sohn(e)
Akk.: den	Onkel	Bruder	Tag	Sohn
Plural Nom.: die	Onkel	Brüder	Tage	Söhne
Gen.: der	Onkel	Brüder	Tage	Söhne
Dat.: den	Onkeln	Brüdern	Tagen	Söhnen
Akk.: die	Onkel	Brüder	Tage	Söhne
Feminina Singular Nom.: die	[Sieben]*	[Tochter]*	Drangsal	Hand
Gen.: der	[Sieben]	[Tochter]	Drangsal	Hand
Dat.: der	[Sieben]	[Tochter]	Drangsal	Hand
Akk.: die	[Sieben]	[Tochter]	Drangsal	Hand
Plural Nom.: die	[Sieben]	[Töchter]	Drangsale	Hände
Gen.: der	[Sieben]	[Töchter]	Drangsale	Hände
Dat.: den	[Sieben]	[Töchtern]	Drangsalen	Händen
Akk.: die	[Sieben]	[Töchter]	Drangsale	Hände
Neutra Singular Nom.: das	Wunder	[Kloster]*	Jahr	[Floß]*
Gen.: des	Wunders	[Klosters]	Jahr(e)s	[Floßes]
Dat.: dem	Wunder	[Kloster]	Jahr(e)	[Floß(e)]
Akk.: das	Wunder	[Kloster]	Jahr	[Floß]
Plural Nom.: die	Wunder	[Klöster]	Jahre	[Flöße]
Gen.: der	Wunder	[Klöster]	Jahre	[Flöße]
Dat.: den	Wundern	[Klöstern]	Jahren	[Flößen]
Akk.: die	Wunder	[Klöster]	Jahre	[Flöße]

1. Die **starke** Deklination hat als Kennzeichen im **Genitiv Singular** die Endung **-s** oder **-es**.

2. Die **schwache** Deklination hat als Kennzeichen in allen Formen außer dem Nominativ die Endung **-n** oder **-en** (doch sind Feminina im Singular endungslos); d.h:

3. Wenn der Genitiv Singular oder der Nominativ Plural eines Substantivs die Endung *-n* oder *-en* hat, so bleibt diese Endung in allen anderen Fällen bestehen.

4. Der **Umlaut** kommt **nur** in der **starken** Deklination vor.

*) Wörter in eckigen Klammern sind Einzelfälle; sie vertreten keine größere Gruppe von Substantiven wie die anderen Wörter der Übersicht.

Übersichtstafel zu S. 123–129

		III. gemischt		II. schwach	
3		4a		4b	
⁼er		–n oder –en		–n oder –en	
Geist	Mann	Vetter	Staat	Bote	Mensch
Geistes	Mannes	Vetters	Staates	Boten	Menschen
Geist(e)	Mann(e)	Vetter	Staat(e)	Boten	Menschen
Geist	Mann	Vetter	Staat	Boten	Menschen
Geister	Männer	Vettern	Staaten	Boten	Menschen
Geister	Männer	Vettern	Staaten	Boten	Menschen
Geistern	Männern	Vettern	Staaten	Boten	Menschen
Geister	Männer	Vettern	Staaten	Boten	Menschen
				Schule	Frau
				Schule	Frau
				Schule	Frau
				Schule	Frau
				Schulen	Frauen
				Schulen	Frauen
				Schulen	Frauen
				Schulen	Frauen
Kind	Volk	Auge	Bett		
Kind(e)s	Volk(e)s	Auges	Bett(e)s		
Kind(e)	Volk(e)	Auge	Bett(e)		
Kind	Volk	Auge	Bett		
Kinder	Völker	Augen	Betten		
Kinder	Völker	Augen	Betten		
Kindern	Völkern	Augen	Betten		
Kinder	Völker	Augen	Betten		

5. Im Plural sind Nominativ, Genitiv und Akkusativ formgleich; der **Dativ Plural** hat **immer** die Endung **-n** oder **-en**.

6. **Männliche** Substantive, die ihren Plural nicht mit der Endung *-n* oder *-en* bilden, und **alle Neutra** haben im **Genitiv Singular** die Endung **-s** oder **-es**; ihren Dativ Singular bilden sie mit oder ohne die Endung *-e;* der Akkusativ stimmt mit dem Nominativ überein.

7. **Weibliche** Substantive stehen im **Singular** immer **unverändert** und **endunglos**.

6. Hinweise zur Satzbetonung und zur Zeichensetzung

1. Die Betonung einzelner Wörter oder Wortgruppen im Satz hängt von den Absichten des Sprechers ab (↗215/11); er hat dabei viel Freiheit.
   ▷ Er *kommt. Er* kommt (, sie aber nicht). Du *gehst? Du* bleibst zu Hause!

2. In der Regel gilt folgender Grundsatz: ein neu auftretender Ausdruck wird stärker als die schon bekannten betont, d.h. bestimmende Satzteile mehr als die davon bestimmten.

3. Vor einem Punkt (und meist auch vor einem Semikolon) wird die Stimme gesenkt, vor einem Fragezeichen – also im Fragesatz – wird die Stimme angehoben, ebenso vor einem Komma und meist auch vor einem Doppelpunkt. Vor einem Ausrufezeichen wird die Stimme meist verstärkt, aber oft weder gesenkt noch angehoben.

4. Die Satzzeichen regeln nicht nur den Satzton, sondern kennzeichnen auch die grammatische Gliederung des Satzes.

5. Der **Punkt (.)** steht insbes. nach **Aussagesätzen** (↗226f.), auch nach abhängigen Fragesätzen (↗265), ferner nach Wunsch- und Aufforderungssätzen, die ohne Nachdruck gebraucht werden (↗ aber unten 6), nach arabischen und römischen Ziffern, die als **Ordnungszahlen** gebraucht werden (↗178), sowie nach **Abkürzungen**, die im vollen Wortlaut gesprochen werden; aber nicht nach solchen für amtliche Maße und Gewichte, Münzbezeichnungen, Himmelsrichtungen, chemische Elemente, Firmen- und Parteinamen u.ä.
   ▷ Er kommt. Sie fragte ihn, wo er studiert habe. – Vgl. (= Vergleiche) Amtsblatt vom 5. (= fünften) Juli 1974. – u.a. = und andere; u.ä. = und ähnliche; bzw. = beziehungsweise, usw. = und so weiter. – Aber: Wir fuhren 500 km am Tag. Wir haben 3 l H_2SO_4 für 8 DM gekauft. Er hat 30 Jahre bei der AEG gearbeitet. Die SPD ist heute die älteste Partei Deutschlands. Das Erbrecht ist in den Paragraphen 1922–2385 des BGB geregelt.

6. Das **Ausrufezeichen (!)** steht nach betonten Aufforderungs-, Wunsch- und Ausrufesätzen (↗230f.), ferner nach alleinstehenden hervorgehobenen Anreden (oft auch nach Briefanreden) und nach alleinstehenden hervorgehobenen Interjektionen (↗213/5), z.B.: Oh!
   ▷ Komm her! Wenn sie doch käme! – Frau Müller! Sehr geehrter Herr Präsident!

7. Das **Fragezeichen (?)** steht nach Fragesätzen in wörtlicher Rede (↗228f.).
   ▷ Kommst du morgen? Du hast wohl keine Zeit? Wann kommt ihr? Wie spät ist es?

8. Der **Doppelpunkt (:)** steht immer nach einem Einleitungssatz zur direkten Rede, manchmal zwischen dem Vorder- und dem Nachsatz in einer längeren Periode (↗281/5) sowie häufig vor Aufzählungen und vor Sätzen, die eine Schlußfolgerung oder eine Erläuterung enthalten, auch nach Briefanreden.
   ▷ Klaus fragte: „Wie geht es ihr?" – Er schenkt ihr jeden Tag etwas: Blumen, Schmuck, Pralinen. Daraus folgt: er hat sie gern. – Sehr verehrte Frau Zahn: ...

9. **Anführungszeichen („–"** oder **«–»**) schließen die **direkte Rede** ein (↗261), ebenso Zitate, Buchtitel und hervorgehobene Einzelwörter (oft ironisch, ↗ unten 12).

10. Der **Bindestrich (-)** ersetzt gleichlautende Wörter in mehrteiligen Zusammensetzungen *(die Wirtschafts- und Sozialwissenschaften, die Bürgerrechte und -pflichten)* und steht oft in unübersichtlichen Zusammensetzungen *(der Rhein-Donau-Kanal, der I-Punkt)*.

11. **Klammern ( )** und **Gedankenstriche (–)** umschließen eingeschaltete oder erläuternde Angaben. Gedankenstriche stehen aber auch nach abgebrochenen Sätzen oder Gedankengängen (oft auch drei Punkte ...) und vor Überraschungen.

12. Ein **Häkchen (')** steht als Auslassungszeichen, z.B. in: *Wie geht's,* oder als Genitivzeichen bei Eigennamen auf *s*-Laut (↗130/2). Zwei Häkchen (**'–'** oder ⟨–⟩) heben Titel u.ä. hervor: *Goethes 'Faust'* (↗ oben 9).

13. **Das Komma (,)**, auch der Beistrich genannt, steht im erweiterten **einfachen** Satz:
   a) zwischen nebengeordneten **gleichartigen Satzgliedern;** aber nicht, wenn diese durch *und* oder *oder* verbunden sind oder wenn es sich um adjektivische Attribute handelt, die zu einem einzigen Begriff zusammentreten und sich nicht durch ein *und* verbinden lassen; es steht aber immer vor Zusätzen mit *und zwar, und das* u. ä.
   ▷ Mutter kauft Brot, Butter, Fleisch *und* Gemüse, *und das* jeden Tag. Ich möchte ein Auto kaufen, mieten *oder* leihen, *und zwar* sofort. Gib mir den ersten, zweiten und dritten Brief! aber: Er fragte den ersten besten Passanten nach dem Weg. Das ist ein schönes altes Haus.
   b) zur Abgrenzung **nachgestellter Attribute** (↗ 233/3) nur dann, wenn sie länger sind oder es sich dabei um mehrere Adjektive handelt;
   ▷ „Da kam ein Mägdlein, fein und zart"; aber: „Röslein rot", „Bei einem Wirte wundermild" u. ä.
   c) zur Abgrenzung **nachgestellter Appositionen** (↗ 236), jedoch nicht bei eng angefügten Beinamen;
   ▷ Ludwig der Fromme, der Sohn Karls des Großen, regierte von 814 bis 840.
   d) zur Abgrenzung einer wenig hervorgehobenen **Anrede** oder einer betonten **Interjektion** im Satz; heute meist auch nach der Anrede im Brief;
   ▷ Auf, Kinder, wir gehen! Ach, das ist aber schade! – Lieber Herr Müller, . . .
   e) immer vor Konjunktionen, die einen **Gegensatz** angeben (↗ 202/2.3).
   ▷ Er war streng, aber gerecht. Das ist ein billiger, doch guter Wein.

14. Das **Komma** steht im **zusammengesetzten** Satz:
   a) zwischen **Hauptsätzen** (statt Punkt oder Semikolon), und zwar auch dann, wenn sie durch *und, oder* oder eine Doppelkonjunktion verbunden sind;
   ▷ Ich riet ihm davon ab, er aber folgte mir nicht. Wir fuhren nach Frankfurt, und von dort flogen wir nach London weiter. Wir besuchen dich morgen, oder willst du lieber zu uns kommen? Sie lassen mich entweder selbständig arbeiten, oder ich gebe die Stellung bei Ihnen auf.
   b) zur Abgrenzung von **Schaltsätzen** (↗ 247/6);
   ▷ Hier hat sich vieles, das werden Sie zugeben, ganz erheblich geändert.
   c) zur Abgrenzung von **Gliedsätzen,** auch wenn sie verkappt oder verkürzt sind (↗ 261/4; 280/3), aber nicht, wenn es sich um gleichrangige Gliedsätze handelt, die durch *und* oder *oder* verbunden sind (↗ 281/1);
   ▷ Ich komme, wenn ich Zeit habe. Er meinte, es sei noch zu früh zum Einkaufen. Der „Brockhaus" ist, wie bekannt, ein deutsches Lexikon; aber: Mein Bruder, der mich geschickt hat und für den ich spreche, ist mit allem einverstanden. Wenn du mich suchst oder falls jemand nach mir fragt, ich bin im Garten.
   d) vor und nach **Infinitiven** mit *(um) zu, ohne zu, (an)statt zu,* sowie vor und nach erweiterten Infinitiven mit näherer Bestimmung (↗ 279), jedoch nicht nach modifizierenden Verben wie *pflegen, brauchen, drohen* u. ä., ferner vor und nach Infinitiven ohne nähere Bestimmung, auf die durch ein Korrelat wie *dazu, es, das* u. ä. besonders hingewiesen wird.
   ▷ Ich bin hergekommen, *um zu* arbeiten. – Es ist gesund, nach dem Essen etwas zu ruhen; aber: Er pflegt nach dem Essen etwas zu ruhen. – Ich habe ihm *dazu* geraten, zu bleiben. *Es* lohnt sich, zu bleiben. Zu musizieren, *das* ist seine ganze Freude; aber: Ich habe ihm geraten zu bleiben.

15. Das **Semikolon (;),** auch der Strichpunkt genannt, steht, wenn ein Punkt zu stark, ein Komma zu schwach wäre, insbes. vor Hauptsätzen mit *denn (je)doch, daher, deshalb, darum, allein* sowie bei längeren Aufzählungen zur Gliederung in Einzelgruppen.
   ▷ Ich kann nicht kommen; denn ich habe nur wenig Zeit. – Hier gibt es Zucker, Mehl und Reis; Südfrüchte, Obst und Gemüse; auch Eier und Milch.

7. Verzeichnis der grammatischen Fachausdrücke und ihrer Abkürzungen, zugleich Sachregister

Für fast jeden grammatischen Sachverhalt gibt es neben einem deutschen auch noch einen fremdsprachlichen Fachausdruck oder umgekehrt. Das folgende Verzeichnis stellt diese Fachausdrücke nebeneinander oder macht durch Hinweiszeichen (↗) auf den Parallelbegriff aufmerksam, bei dem man eine nähere Erklärung sowie eine Reihe von Stellenangaben findet. Aufgenommen sind **alle Fachausdrücke,** die in dieser Grammatik vorkommen, dazu einige weitere, die zwar nicht hier, sonst aber häufig benutzt werden.
Bei den **Worterklärungen** ist zu beachten, daß die sprachliche und geschichtliche Herleitung von dem angegebenen Ursprungswort oft indirekt, also nicht unmittelbar erfolgte.
Abkürzungen von Fachausdrücken sind besonders hervorgehoben, so daß sich das Register leicht als Abkürzungsverzeichnis verwenden läßt.
Die den Fachausdrücken angefügten **Stellenangaben** verweisen mit der ersten Zahl auf eine Seite. Die Zahl (oder Zahlen, auch Zahlen und Buchstaben) nach dem Schrägstrich (/) nennt eine Nummer auf dieser Seite, unter der man den Fachausdruck behandelt findet. Nach dem Semikolon folgt eine neue Stellenangabe. In einigen Fällen wird durch Hinweiszeichen (↗) auf andere Fachausdrücke aufmerksam gemacht, die man zusätzlich nachschlagen kann.

A der abhängige Fragesatz = die indirekte Frage 204/2.8.2 a; 242/4 c; 259/3 b; 265/4–5; 281/4; 282/3 d; 290/5
die abhängige Rede ↗ die indirekte Rede
der abhängige Satz ↗ der Gliedsatz
der Ablaut 13; 44/1; 45/7; 75/5; 86/3 a; 134/3; 137/1
die Ablautreihe 46
die Ableitung 13/9 b; 39/5; 86f.; 90/4; 134ff.; 150ff.; 159/7 b; 181/4 b; 184/2 c; 188/6 b u. 7; 192/5; 200/3 b; 213/6
der Absichtssatz ↗ der Finalsatz
absolut (lat. *absolutus* = losgelöst) = alleinstehend, unabhängig
der absolute Komparativ 149/9
das absolute Partizip 280/4
das absolute Verb 14; 66/3; 96/6; 216/3 a
das Abstraktum (zu lat. *abstractus* = nicht an den Gegenstand gebunden), Plural: die Abstrakta = das abstrakte (ungegenständliche, begriffliche) Substantiv = das begriffliche Hauptwort 109; 111/10–11; 121/3 d; 276/3 a
die Abtönungspartikel 32/5; 185; 228/1; 230/1; 231/1; 235/4; 242/5; 282/2 d u. 6
der a. c. i. (Abkürzung für lat. *accusativus cum infinitivo*) = Akkusativ mit Infinitiv 97/5; 240/4
Adj. = das Adjektiv (lat. *adiectivum* = das [zum Substantiv] Hinzugefügte) = das Eigenschaftswort 11; 12; 105/8; 132/4; 133/7; 142ff.; 153ff.; 158; 178/1–3; 181/2 u. 6; 218/3 a–b; 219/3 a; 229/4 d; 243/6; ↗ auch: das Beiwort
das Adjektiv-Adverb 181/4 d; 184/2 a; 186/1
die Adjektivgruppe 105/8; 280/5 b; 282/2 e
adjektivisch = eigenschaftswörtlich, als ↗ Adj. gebraucht 67/11; 84/1–2; 162f.; 166; 172; 179/6–8
das adjektivische Attribut 123/4; 233
Adv. = das Adverb (lat. *ad verbum* = zum Verb [hinzutretendes Wort]), Plural: die Adverbien = das Umstandswort 11; 12; 81/8; 158/8; 181ff.; 189/4; 218/3f.; 220/3; 234/5 a–b; 243/5;

244/1; 247/5 b; 262/2; 264/2 c; 265/4 b;
↗ auch: das Beiwort
adverbial = (umstandswörtlich), als Adverb gebraucht 84; 100/5; 142/1 d; 143/10; 147/6; 151/3; 178/5–8; 192/5; 280/2
adv. Best. = die adverbiale Bestimmung (das Adverbiale) = die Umstandsbestimmung 15/7; 96/8; 104f.; 141/7; 158; 187/2; 206/1 u. 3; 215/5; 219/5; 220/2 d; 224/1 b; 227/10; 237/7; 238/6; 242ff.; 245/4; 254/3 b; 263/7 b; 267/1; 279/1 u. 3–4
der Adverbialsatz = der Umstandssatz 244/5; 253/6 d; 267ff.; 274/5.4.5.; 275/8
adversativ (zu lat. *adversus* = entgegengewandt) = entgegengesetzt, gegenteilig 89/7; 188/3 d; 201/1 b; 202/2.3.; 246/2 b; 250; 251/3; 291/13 e
Akk. = der Akkusativ (zu lat. *accusare* = anklagen) = der 4. Fall (der Wenfall) 12/3 c; 17/2 a; 96; 97; 99; 100/4 a; 101; 102/2; 103/4; 154/2 a; 155/5.4.; 158/8; 173/5; 174/3; 188/7; 190/2.3.; 191; 192/3.1.; 193ff.; 239; 240; 241/4 b; 244/4
der Akkusativ des Inhalts 96/6
der Akkusativ des Maßes 96/8 a; 155/2; 158/8; 244/4
der Akkusativ der Zeit 96/8 c; 155/2
das Akkusativobjekt (= die Wenfallergänzung) = das direkte Objekt (die nähere Ergänzung) 14; 238/1 u. 4; 239/2–3; 240; 260/2; 280/4
die Aktionsart (zu lat. *actio* = die Handlung) = die Handlungsart 75; 83/7; 86/4; 88/5
die Aktionsrichtung, d. h. ↗ Akt. od. ↗ Pass. 12/2; 16/3; 76f.
Akt. = das Aktiv (lat. *activus* = tätig, handelnd, wirksam) = die Normrichtung, die Tatform 15/11; 16/3 a; 17/3 a; 76f.; 84f.
das Anführungszeichen 261/2; 290/9
der Anredefall ↗ der Vokativ
die Anrede(form) 81/3; 161/1–2; 223/6; 230/2; 277/7
der Apostroph (zu griech. *apostrophein* =

292

wegtreiben) = das Auslassungszeichen; steht für weggelassene Buchstaben 130/2; 290/12
das Appellativ(um) (zu lat. *appellare* = benennen) ⌐ der Gattungsname
die Apposition (zu lat. *appositus* = hinzugelegt) = der Beisatz 221/6; 236; 259/5; 291/13 c
die arabische Ziffer 284/3; 290/5
der Artikel (lat. *articulus* = das Gliedchen, das Stückchen) = das Geschlechtswort 11; 12; 106ff.; 123/4; 130; 132/1; 142/3; 222/5 b; 234/3; 236/3–5
asyndetisch (griech. *a* = nicht + *syndetos* = verbunden) = unverbunden 246/3–4; 248; 249/6; 252/2 a
die athematische Konjugation (zu griech. *a* = nicht + *thema* = festgelegt) 60/2
Attr. = das Attribut (lat. *attributus* = zugeteilt, beigefügt) = die Beifügung 165/5; 204/2.8.2 a; 233ff.; 235; 237/6; 279/1 u. 4; 291/12 b;
attributiv = beifügend, wie ein Attribut gebraucht 84/1 u. 6; 85/11; 141/7; 142; 147/4; 162f.; 177/3; 178/5–8; 179/7; 181/6; 219/2; 280/2 u. 5 b
der Attributsatz = der Beifügungssatz 253/6 b; 259; 265/5; 267/3; 275/7
der Aufforderungssatz = der Befehlssatz 225; 230; 255/7 b; 265/5.3.4.; 282/3 a; 290/5–6
das Augment (zu lat. *augere* = vermehren) = das Präfix *ge-* beim Part. II 13/6 a; 37/5.3.; 90/4; 92/2–3
der Auslassungssatz ⌐ der Kurzsatz
das Auslassungszeichen ⌐ der Apostroph
die Auslautverhärtung 283/3
der Ausruf, der Ausruf(e)satz 172/3; 224/1 d; 225; 231; 255/7 c; 282/9; 290/6
das Ausruf(e)zeichen 213/5; 225/6; 230/1; 231/1; 290/3 u. 6
aussagend ⌐ prädikativ
der Aussagesatz 225; 226f.; 228/4; 290/5
die Aussageweise ⌐ der Modus
das Aussagewort ⌐ das Prädikativum

B die bedingte Möglichkeit ⌐ Kond.
die Bedingungsform ⌐ Kond.
der Bedingungssatz ⌐ der Konditionalsatz
die Befehlsform ⌐ der Imperativ
der Befehlssatz ⌐ der Aufforderungssatz
die Begleitaussage ⌐ das Komplement
der Begleitsatz 255/7 d; 261/2 u. 6
das begriffliche Hauptwort ⌐ das Abstraktum
der Begründungssatz ⌐ der Kausalsatz
der Behauptungssatz ⌐ der Aussagesatz
beifügend ⌐ attributiv
die Beifügung ⌐ das Attribut
der Beifügungssatz ⌐ der Attributsatz
die Beiordnung 139/3; 140/6; 236/1
der Beisatz ⌐ die Apposition
der Beistrich ⌐ das Komma
das Beiwort 11; 12/4; 181/4 d; ⌐ auch: Adj. und Adv.
besitzanzeigend ⌐ possessiv

das besitzanzeigende Fürwort ⌐ das Possessivpronomen
der bestimmte Artikel 106/2 u. 4; 108/2; 144/1; 145/2 a; 159/5; 164/1; 171/9 c; 177/4 c; 192/3.1.
das bestimmte Zahlwort 176ff.; 285
die Bestimmung niederen Grades 232/5 u. 7; 237/2 c; 242/4; 245/2
das Bestimmungswort 37/2; 85/13; 88f.; 90/4; 92; 94; 138; 149/8; 152/1 u. 6; 158/8
die Beugung ⌐ die Konjugation
das Bewegungsverb = das Vorgangsverb 14/1 b; 70/2 a–b u. 3 b; 75/3; 77/9 c; 190/2.3.2.; 191/2
das Bewirkungsverb = das ⌐ kausative (faktitive) Verb (das Kausativum) 86/5; 87/8; 105/5; 219/4; 240/3
bezüglich ⌐ relativ
das bezügliche Fürwort ⌐ das Relativpronomen
das bezügliche Umstandsfürwort ⌐ das relative Pronominaladverb
das bezügliche Umstandswort ⌐ das Relativadverb
der Bezugssatz ⌐ der Relativsatz
das Bezugswort 170/2; 275/3–5 u. 7; 276f.; 278/9; 280/2 b
die Biegung ⌐ die Deklination
der Bindelaut = das Fugenzeichen 13/6 c; 136/4; 152/1; 168/1
der Bindestrich 152/3; 290/10
das Bindewort ⌐ Konj.
die Bruchzahl = die Partitivzahl (zu lat. *partiri* = teilen), die Dezimalzahl (zu lat. *decimare* = um jeden Zehnten vermindern, in Zehnergruppen einteilen) 112/11; 179/6–8; 180

C die consecutio temporum (lat. *consecutio* = die Abfolge + *temporum* = der Zeiten) = die Zeitenfolge 74/9.4.3; 262/2

D Dat. = der Dativ (zu lat. *dare* = geben) = der 3. Fall (der Wemfall) 12/3 c; 58/2; 98f.; 101/1; 102/3; 103/5; 123/3; 129; 154; 155/5.3; 173/5; 174/3; 177/6; 188/7; 189f.; 191; 192/3.1.; 193ff.; 238f.; 242/5 b; 254/3 a
das Dativobjekt (= die Wemfallergänzung) = das indirekte Objekt (die entferntere Ergänzung) 14; 238/2–4; 239/2; 260/2
die Deklination (lat. *declinatio* = die Abweichung, die Neigung, die Biegung) = die Biegung [eines Nomens, d.h. eines Substantivs, Artikels, Adjektivs, Pronomens oder eines Zahlworts] 12/3; 106; 123ff.; 144ff.; 160/2; 163; 164/1; 166/4; 167/5; 170/3; 172/2; 173/4; 174/2–3; 177/4–6; 287ff.
deklinieren = biegen, ein Nomen abwandeln
demonstrativ (zu lat. *demonstrare* = bezeichnen, beweisen, vorzeigen, hinweisen) = hinweisend 192/3.1.2
das demonstrative Pronominaladverb = das hinweisende Umstandsfürwort 168f.
das Demonstrativpronomen = das hinweisende Fürwort 165/4; 166f.; 168/2; 171/9 a; 247/5 b

determinativ (zu lat. *determinare* = abgrenzen, festlegen, bestimmen) = bestimmend
die Dezimalzahl ↗ die Bruchzahl
diminutiv (zu lat. *diminuere* = verkleinern) = eine Abschwächung oder Verkleinerung bezeichnend 75; 87/7
das Diminutiv(um) = die Verkleinerungsform 110/3; 112/9; 124/2 d; 135
der Diphthong (griech. *di* = zwei + *phthongos* = der Klang, der Laut) = der Doppellaut, der Zwielaut, der Gleitlaut 283/2 a u. 4
direkt (lat. *directus* = gerade gerichtet, unmittelbar auf ein Ziel gerichtet) = unmittelbar, nahe; wörtlich
die direkte Frage = der ↗ Fragesatz in wörtlicher Rede
das direkte Objekt = die nähere Ergänzung, das ↗ Akkusativobjekt 238/4
die direkte Rede = die wörtliche Rede 255/7 d; 261/1–2; 290/8–9
disjunktiv (zu lat. *disiunctus* = getrennt, ausgeschlossen) = ausschließend; eine Ausschließung (auch Wahl) bezeichnend 201/1 c; 203/2.4; 246/2 c; 250
distributiv (zu lat. *distribuere* = austeilen, verteilen) = einteilend
das Distributivzahlwort (die Distributivzahl) ↗ das Einteilungszahlwort, das Verteilungszahlwort
die Doppelfrage 264/2 b; 265/4 a
der Doppelkonsonant 49/5; 283/2 b
der Doppelpunkt = das Kolon (zu griech./lat. *colon* = das Stück, der Teil [einer Aussage]) 290/3 u. 8
der doppelte Akkusativ 97; 240
das doppelte Objekt 239
die doppelte Verneinung 187/5; 282/8
durativ (zu lat. *durare* = andauern) = die Dauer bezeichnend 75; 83/7

E der Eigenname 108/2; 117/2.9; 121/3 a; 123/6; 229/4 a; 284/4; ↗ auch: der Familienname, der Personenname
das Eigenschaftswort ↗ Adj.
das eigentliche Objekt = ein ↗ Akkusativobjekt (direktes Objekt) oder ein ↗ Dativobjekt (indirektes Objekt) 238/4; 245/5 c
die Einbettung 215/3 b; 232/6; 233/2; 257
der einfache Satz 215/5; 224–231
der eingeleitete Gliedsatz 252/3–4; 256/1–2; 257/3; 260/2; 265/4–5; 267/2
das Einleitewort ↗ der eingeleitete Gliedsatz
der Einräumungssatz ↗ der Konzessivsatz
der Einschränkungssatz ↗ der Restriktivsatz
das Einteilungszahlwort (die Einteilungszahl) = das Distributivzahlwort (die Distributivzahl) 179/1–2
die Einzahl ↗ Sing.
der Elativ (zu lat. *elatus* = hinausgetragen, emporgetragen, hervorgehoben) = der ↗ Superlativ ohne Vergleichsangabe, der absolute Superlativ 147 f.; 186/3
die Ellipse ↗ der Kurzsatz

das Empfindungswort ↗ die Interjektion
die Endstellung 92/4; 206/5; 225/4; 231/2 c u. 4; 252/2; 256; 257/3; 265/4–5; 267; 278/8
die Endung 12/5; 118/3 b–4; 119; 123/1–3; ↗ auch: die Personalendung
die Entscheidungsfrage 225/3 b; 228; 255/7 a; 264/2 a; 265/4 a
das epische Präteritum 73/4 b
die Ergänzung ↗ Obj.
das ergänzungsbedürftige Verb 14 f.; 66/3; 216/3 b
die Ergänzungsfrage 225/3 b; 229; 254/3 f.; 264/2 c; 265/4 c
der Ergänzungssatz ↗ der Objektsatz
die erlebte Rede ↗ der Gedankenbericht
die Ersatzform 18/3.3; 78/4; 79/5; 80/3–4; 262
der Ersatzinfinitiv 23/5 a; 226/4; 256/2 a
die Erststellung 225/4; 228; 230; 231/2 a u. 4; 252/2; 254; 255/7; 256/3 b; 257/2 b; 264/2 a; 272/2–3; 273/1
der erweiterte (einfache) Satz 215/5; 224/1 b; 227/8 u. 10; 229/6; 291/13; 232 ff.
der erweiterte Infinitiv 82/3; 83/5–6; 220/5; 235/5; 278 f.; 291/14 d
das erweiterte Partizip ↗ die Partizipialgruppe
der E-Wechsel 13; 18/5; 44/1 u. 4 b; 45/6; 48/2 a; 61/4–5; 75/5; 81/2; 87/6 a

F faktitiv (zu lat. *facere* = machen, bewirken) ↗ kausativ
der Fall ↗ der Kasus
der Familienname 131/4
fem. (f.) = feminin(um) (lat. *femininus* = weiblich) = weiblich 12/3 a
das Femininum = das weibliche Substantiv (Hauptwort) 111; 117/2; 119/3 d; 123/2 u. 11; 127; 133/2; 136/4 b; 177/7; 289/7
das fest zusammengesetzte Verb = das untrennbar zusammengesetzte Verb 88/4; 90 f.; 94; 98/3; 99/3; 216/3 b
final (zu lat. *finis* = das Ende, das Ziel, der Endzweck) = zwecklich, zweckgerichtet, einen Zweck, eine Absicht angebend 183/2.3; 188/3 d; 201/1 g; 205; 243/7 k; 251
die finale Infinitivgruppe 83/6; 271/6; 279/6; 281/4; 291/13 d
der Finalsatz = der Absichtssatz, der Umstandssatz der Absicht (oder des Zweckes) 271/5–6; 282/3 f
das finite Verb, die finite Verbform (lat. *finitus* = [durch Angabe von Person und Anzahl] begrenzt, bestimmt) ↗ die Personalform [des Verbs]
flektieren (lat. *flectere* = biegen, beugen) 12; ↗ deklinieren, konjugieren
die Flexion (lat. *flexio* = die Biegung/Beugung) 12; ↗ flektieren, die Deklination, die Konjugation
der Folgesatz ↗ der Konsekutivsatz
das Frageadverb = das interrogative Adverb 173/8; 229; 252/4 c

das Fragefürwort ↗ das Interrogativpronomen
das fragende Umstandsfürwort (Pronominaladverb) ↗ das interrogative Pronominaladverb
der Fragesatz = der Interrogativsatz 81/6; 225; 228f.; 263/4; 264; 290/7
das Frageword 169/9; 172f.; 181/5; 229; 254/2 b u. 3 f; 264/2 c; 265/4 b; 273/2
das Fragezeichen 225/6; 228/1 u. 4; 290/3 u. 7
der freie Dativ 98/5; 238/3; 254/3 a
das Fremdwort 87/8; 117; 119; 123/7; 124/3; 126/3–4; 127/5; 128/2 d; 133/5; 136/3; 151/1 h u. 4
die Fügung ↗ die Rektion
das Füllwort ↗ die Partikel
das Fürwort ↗ das Pronomen
das Fugenzeichen ↗ der Bindelaut
das Futur I (lat. *futurum* = das Zukünftige) = umschriebene Zeitform zur Angabe der Zukunft (oft auch vermutend) 16/b; 71/4; 74/2–4; 81/6
das Futur II (= das Futur Perfekt; lat. *futurum perfectum* = das zukünftig Vollendete) = Zeitform zur Angabe der vollendeten Zukunft 16/4 b; 17/1; 72/3; 74/3

G der Gattungsname 108/4; 109/2; 150; 229/4 b; 236/4 u. 6
das Gattungszahlwort (die Gattungszahl) = das Variativzahlwort (die Variativzahl) (zu lat.: *variare* = bunt machen, abändern) 179/4–5; 180/2 d
der Gedankenbericht = die erlebte Rede 32/6; 73/4 c; 261/5–6
der Gedankenstrich 290/11
das gegenständliche Hauptwort ↗ das Konkretum
die Gegenwart(sform) ↗ Präs.
gem. = gemischt, d. h. Wörter mit ↗ starken und ↗ schwachen Formen
die gemischte Adjektivdeklination 142/3; 146; 147/4; 165/2
die gemischte Konjugation 58f.
die gemischte Substantivdeklination 123; 124/1; 125; 126/6; 128; 287ff.
Gen. = der Genitiv (lat. *genitivus* = angeboren, zugehörig) = der 2. Fall (der Wesfall) 12/3 c; 100f.; 107/2; 129; 130/2; 132/2–3; 133/7; 139; 140/2–3 u. 5; 144/1; 149/5; 153/1; 160/2; 166/2; 173/7; 177/6; 181/4 b; 188/7; 189f.; 193ff.; 234; 239/3–4; 244/3; 277/8; 287ff.
das Genitivattribut 234; 235/2
die genitivische Rektion 139
das Genitivobjekt (= die Wesfallergänzung) 14; 238/4–5; 239/3; 260/2
das Genus (griech. *genos*, lat. *genus* = das Geschlecht, die Art), Plural: die Genera = das (grammatische) Geschlecht [eines Nomens], d. h. ↗ mask., ↗ fem. od. ↗ neutr. 12/3; 106; 107/4; 110ff.; 123/4; 136/4; 137/3; 138/2; 142/2; 162/2; 170/2; 222; 233/2 u. 5; 275/3

das Genus verbi (lat. = das Geschlecht des Verbs, das Verbgeschlecht), d. h. ↗ Akt. od. ↗ Pass. = ↗ die Aktionsrichtung
das Gerundium (Nebenform zu lat. *gerundivum*, ↗ Gerundivum) ↗ der substantivierte Infinitiv
das Gerundivum (lat. *gerundivum* = das Auszuführende) ↗ das Partizip Futur (Passiv)
das Geschlecht ↗ das Genus
das Geschlechtswort ↗ der Artikel
die Gleichzeitigkeit, gleichzeitig 74/9.4.2; 79/9; 80/2 a; 82/2 a; 84/4; 203/2.6; 262/2; 268/3; 269/5; 278/7; 279/4 a
der Gliedersatz ↗ die Periode
der Gliedsatz = der abhängige (untergeordnete, unselbständige) Satz, der Nebensatz 81/5 u. 8; 92/4; 96/2; 99/5; 102/1; 157/1; 215/6; 218/3 h; 219/3 c; 220/2 e; 224*, 231/2 c; 237/5 a; 252ff.; 278/10; 279/5; 281; 282/2 e; 291/14 c
der Gliedsatz niederen Grades 281/3
die Gliedsatzreihe 281/1
die Grammatik (zu griech. *grammatikos* = des Lesens und Schreibens kundig) = die Sprachkunde, die Sprachlehre
das grammatische Geschlecht ↗ das Genus
die Grundform ↗ Inf.
die Grundstellung 225/4; 226; 229/3; 231/2 b u. 4; 241/2; 245/1; 254/2 a; 255/5; 256/3 a; 272/4
die Grundstufe ↗ der Positiv
das Grundwort 37/2; 85/13; 88f.; 92; 94; 117/2.9; 138; 142/5; 152/1 u. 6
die Grundzahl = die Kardinalzahl (zu lat. *cardinalis* = wichtig, hauptsächlich) 176f.; 180

H die Handlungsart ↗ die Aktionsart
das Handlungsverb = das Tätigkeitsverb 14/1 c
der Hauptsatz = der selbständige Satz, der unabhängige Satz 215/6–8; 224ff.; 252/2; 254f.; 257/2; 258/1; 274/3; 278/3 u. 6–9; 279/5; 280/5; 281/5; 291/14 a u. 15
das Hauptwort ↗ Subst.
das Hilfsverb = das Grundverb 15/15; 17ff.; 70/2 c; 76/5; 217/5 a
das Hilfszeitwort ↗ das Hilfsverb
das hinweisende Fürwort ↗ das Demonstrativpronomen
das hinweisende Umstandsfürwort ↗ das demonstrative Pronominaladverb
das historische Präsens 71/3 b
die Höchststufe ↗ der Superlativ
die Höherstufe ↗ der Komparativ

I Imp. = der Imperativ (zu lat. *imperare* = herrschen, befehlen) = die Befehlsform 16/6 c; 35/6 u. 7 c; 38/2–3; 44/3; 45/6; 71/5; 79/7; 81; 221/6; 230/2; 265/5.3.4; 282/2 a
das Imperfekt (lat. *imperfectus* = unvollendet) ↗ Prät.
impersonal, das Impersonale, Plural: die Impersonalia (lat. *impersonalis* = unpersönlich) ↗ das unpersönliche Verb

inchohativ (zu lat. *inc(h)ohare* = anfangen)
↗ ingressiv
indefinit (lat. *indefinitum* = das Unbestimmte) =
unbestimmt 68f.
das indefinite Zahlwort, die indefinite Zahl
↗ das unbestimmte Zahlwort
das Indefinitpronomen (= das Indefinitum,
Plural: die Indefinita) = das unbestimmte
Fürwort 145/2.3.1; 170/4; 174f.; 180/2; 220/4;
223/8; 241/5 d; 276/3 a
Ind. = der Indikativ (zu lat. *indicare* = angeben,
bezeichnen) = die Wirklichkeitsform 16/6 a;
32/2; 35/6 u. 7 b; 38/2; 44/3; 78/1 u. 4; 262f.;
282/2 a
indirekt (lat. *in* = nicht + *directus* = gerade,
unmittelbar auf ein Ziel gerichtet) = mittelbar, entfernt; nichtwörtlich
die indirekte (nichtwörtliche) Frage ↗ der abhängige Fragesatz
das indirekte Objekt = die entferntere Ergänzung, das ↗ Dativobjekt 238/4
die indirekte Rede = die abhängige (nichtwörtliche) Rede 79/7; 204/2.8.2 b; 225/8;
256/3 a; 261ff.; 265f.; 282/3 c
die infinite Form [eines Verbs] ↗ die Nominalform
Inf. = der Infinitiv (lat. *infinit(iv)us* = unbegrenzt,
unbestimmt) = die nicht [durch Person und
Zahl] eingegrenzte oder näher bestimmte
Form des Verbs, seine Grundform oder
Nennform 16/8 a; 17/3; 22/3; 32/3; 34/3; 35/5;
36/1; 81/8 u. 9; 82f.; 96/2; 99/5; 102/1; 157/1;
218/3 i; 219/3 d; 220/2 c; 226/4; 230/3;
237/5 b; 240/4; 256/2 a; 258/6; 278ff.
die Infinitivgruppe 96/2; 99/5; 102/1; 220/2 c;
252/3 c; 259/3 c; 273/3; 274/2–3; 278ff.;
282/2 e
der Infinitivsatz ↗ die satzwertige Infinitivgruppe
ingressiv (zu lat. *ingressus* = eingetreten,
angefangen) = inchohativ = den Eintritt
(Anfang) eines Geschehens bezeichnend
75; 83/7; 88/6 a; 89/9 a
der innere Monolog 32/6; 73/4 c; 261/5
das innere Objekt 96/6
instrumental (zu lat. *instrumentum* = das Gerät,
das Werkzeug, das Hilfsmittel) = ein Hilfsmittel angebend 183/2.3; 188/3 d; 201/1 g;
243/7 h
der Instrumentalsatz = der Mittelsatz, der
Umstandssatz des Mittels 270/2; 271/3–4
intensiv (zu lat. *intendere* = anspannen, anstrengen) = eine Verstärkung bezeichnend;
intensivierend = verstärkend 75; 87/6
die Interjektion (lat. *interiectio* = der Zwischenruf, der Einwurf) = das Empfindungswort, der
Naturlaut 11; 212ff.; 290/6; 291/13 d
die Interpunktion ↗ die Zeichensetzung
interrogativ (zu lat. *interrogare* = fragen) =
fragend
das interrogative Adverb ↗ das Frageadverb
das interrogative (fragende) Pronominaladverb = das fragende Umstandsfürwort
157/3; 173/5

das Interrogativpronomen = das Fragefürwort
170/4; 172f.; 229; 252/4 c
der Interrogativsatz ↗ der Fragesatz
intrans. = intransitiv, Gegenbegriff zu
↗ transitiv = nicht zielend 14/6; 15/9–12;
59/5; 70/1–3 a; 75/4; 85/9–10
die Inversion ↗ die Umstellung
irreal (lat. *irrealis* = nicht auf eine wirkliche
Sache [lat. *res*] bezogen, nicht wirklich) =
unwirklich 79/8
der irreale Komparativsatz (Vergleichssatz) =
der fiktive (erfundene, nicht wirkliche)
Vergleich 79/8; 80/5; 256/2 b; 270/4; 282/3 e
der irreale Konditionalsatz 79/8; 272/3; 282/3 g
der irreale Wunschsatz = Satz, der einen nicht
erfüllten oder unerfüllbaren Wunsch enthält
79/8; 231/4
iterativ (zu lat. *iterare* = wiederkehren,
wiederholen) = die Wiederholung eines
Geschehens bezeichnend 75; 87/6–7; 269/8
das Iterativzahlwort (die Iterativzahl) ↗ das
Wiederholungszahlwort

K die Kardinalzahl ↗ die Grundzahl
der Kasus (lat. *casus* = der Fall), Plural: die
Kasus = der Fall [beim ↗ Deklinieren] 12/3;
106; 123/4; 142/2; 162/2; 170/2; 188/7;
212/1.1; 222; 233/2 u. 5; 237/3; 275/3
kausal (zu lat. *causa* = die Ursache, der
Grund) = begründend, ursächlich 183/2.3;
188/3 d; 191/1 c; 201/1 g; 205; 219/2; 243/7 i;
251; 280/3
der Kausalsatz = der Begründungssatz, der
Umstandssatz des Grundes 271
kausativ (= faktitiv) = etwas verursachend,
bewirkend 75; 86/5; 87/8; 89/9 b
das Kollektivum (zu lat. *collectus* = zusammengedrängt, zusammengefaßt), Plural: die
Kollektiva = der Sammelname, der Sammelbegriff 109/2 b; 111/10; 112/8; 120/2 i;
121/3 c; 137/1; 168/3; 173/6
das Kolon ↗ der Doppelpunkt
das Komma (zu griech. *koptein* = schlagen,
abtrennen) = der Beistrich 236/2; 247/7–8;
278/3; 279/2; 280/5; 290/3; 291
die Komparation (zu lat. *comparare* = vergleichen) = die Steigerung [von ↗ Adj. und
↗ Adv.] 12/4; 85/13; 143/11; 147ff.; 152/6; 186
der Komparativ = die 2. Stufe [bei der Steigerung, der ↗ Komparation], die Vergleichsstufe, die Steigerungsstufe (die Höherstufe)
147ff.; 149/9; 186/2 u. 4; 234/5 e; 270/3 b; 274/2
der Komparativsatz = der Vergleichssatz 79/8;
80/5; 256/2 b; 270/3–5
das Komplement (lat. *complementum* = die
Ergänzung, die Vervollständigung [des
Prädikats]) = die Begleitaussage, das
prädikative Attribut 15/7; 86/5; 89/9; 97/3–5;
204/2.8.2 a; 219; 226/4; 235/6; 237/7;
240/2–4; 242/3; 253/5; 254/3 d; 280/5 a
komplementär = die Satzaussage, d. h. das
Prädikat begleitend und vervollständigend;
als Komplement gebraucht 84; 142/1 c; 143/9

das komplementbezogene Verb 15/7; 216/3 b
der Komplementsatz 219/3 c; 253/6 f; 280/4
das komplex-verbale Prädikat (zu lat. *complexus* = umschlungen, verflochten) 217/6
das Kompositum (lat. *compositum* = zusammengesetzt) = das zusammengesetzte Wort, die Wortzusammensetzung, meist: das zusammengesetzte Substantiv (Nomen) 61/9; 138; 142/5; 234/2 u. 6; 235/5; 290/10
konditional (lat. *condicio, conditio* = die Verabredung, die Bedingung) = bedingend 201/1 g; 205; 243/7 m
Kond. = der Konditional = die Bedingungsform, die Aussageweise der bedingten Möglichkeit 16/5; 17/1; 79/5; 80; 261/6; 272/3 c
der Konditionalsatz = der Bedingungssatz, der Umstandssatz der Bedingung 80/5; 255/9; 256/3 b; 267/3; 272; 273/3–4
die Kongruenz (lat. *congruentia* = die Gleichförmigkeit, die Übereinstimmung) = die Übereinstimmung [von Prädikat und Subjekt im Satz] 222f.
die Konjugation (lat. *coniugatio* = die Verbindung, die Verknüpfung) = die Beugung [des Verbs] 12/2; 16ff.; 17/1; 75/3
konjugieren = beugen, ein Verb abwandeln
die Konjunktion (lat. *coniunctio* = die Verbindung) = das Bindewort 11; 12; 181/6; 192/3.2.3; 200ff.; 206; 247ff.; 252/4; 262/2; 280/3
der Konjunktionaladverb 168/4; 200/4; 203/2.5
der Konjunktionalsatz = Gliedsatz, der durch eine Konjunktion eingeleitet wird 252/4 a; 257/3; 259/3 a; 267
Konj. = der Konjunktiv (lat. *coniunctivus* = verbunden, abhängig) = die Möglichkeitsform 16/6 b; 32/2; 33; 35/6 u. 7 a; 38/2; 44/3; 45/9; 71/5; 78f.; 80/3–4; 81/7; 230/4; 231/4; 240/2 c; 260/4; 262f.; 271/5; 272/3; 273/2–3; 274/2–3; 282/2 a u. 3
der Konjunktiv der fremden Meinung 79/7
das Konkretum (zu lat. *concretus* = zusammengesetzt, verdichtet, fest, dinglich), Plural: die Konkreta = das konkrete Substantiv = das gegenständliche Hauptwort 109; 276/3 d
konsekutiv (zu lat. *consecutio* = die Folge) = folgend, folgernd; die Folge, die Wirkung berechnend 201/1 g; 205; 243/7 l; 251
der Konsekutivsatz = der Folgesatz, der Umstandssatz der Folge 274
der Konsonant (zu lat. *con* = mit + *sonare* = klingen, lauten) = der Mitlaut 283
die Konsonantenverbindung 283/2 c
kontrahieren (lat. *contrahere* = zusammenziehen) ↗ Kontraktion
die Kontraktion (lat. *contractio* = die Zusammenziehung, die Verkürzung) = die Zusammenziehung und Verschmelzung von Lauten 83/7; 107/6; 192/3.1
konzessiv (zu lat. *concedere* = nachgeben, zugestehen, einräumen) = einräumend 188/3 d; 201/1 g; 205; 242/7 n; 251; 267/3; 280/3

der Konzessivsatz = der Einräumungssatz, der Umstandssatz der Einräumung (des Gegengrundes) 79/7; 255/9; 256/3 b; 267/3; 272/4; 273; 282/3 h
koordinierend (zu lat. *coordinare* = beiordnen) = beiordnend, nebenordnend
die koordinierende (nebenordnende) Konjunktion = das nebenordnende Bindewort 201/4 a; 202–204; 205/2; 206/2–3; 247/5 a u. 6–7; 248f.
die Kopula (lat. *copula* = die Vereinigung, die Verbindung) = das Satzband, das Gleichsetzungsverb 17/4; 218/1
kopulativ (zu lat. *copulari* = verbinden, anreihen) = anreihend, anfügend 152/3; 201/1 a; 202/2.2; 246/2 a; 248f.
das kopulative Verb 17/4; ↗ auch: die Kopula
die kopulative Zusammensetzung = die Zusammenziehung 152/3
das Korrelat 270/5–6; 274; 291/14 d
korrelativ (zu lat. *con* = mit + *relatum* = zurückgebracht, zurückgewendet) = wechselbezüglich
das Korrelativpronomen = das wechselbezügliche Fürwort 171/7; 277/5
der Kurzsatz = die Ellipse (zu griech. *elleipsis* = die Auslassung) 214/2; 215/10; 224/1 d; 230/3; 231/3; 281/6

L die Leideform ↗ Pass.
lokal (zu lat. *locus* = die Stelle, der Ort) = örtlich, räumlich 182; 188/3 a; 191/1 c; 201/1 201/1 g; 203/2.5; 243/7 a–c; 244/3 a; 249/8 a
der Lokalsatz = der Umstandssatz des Ortes (oder Raumes) 267

M männlich ↗ mask.
das männliche Hauptwort ↗ das Maskulinum
mask. (m.) = maskulin(um) (lat. *masculinus* = männlich) = männlich 12/3 a
das Maskulinum = das männliche Substantiv (Hauptwort) 110; 117/1; 119/3 c; 121/3 f; 123/10; 124; 125; 126; 129; 133/1; 136/4 a
der mehrfach zusammengesetzte Satz 215/9; 281/5
die mehrgliedrige Konjunktion 200/3 d; 202/1; 203/2.4; 204/2.7.2 a; 223/10; 247/5 c; 273/4; 291/14 a
der mehrgliedrige Satz 224/1 d
das mehrgliedrige Subjekt 221/10; 223/9
das mehrwertige Verb 15/8; 95/5; 96/4; 97; 101; 103; ↗ auch: die Valenz
das mehrwertige Adjektiv 153/1; 155; ↗ auch: die Valenz
die Mehrzahl ↗ Plur.
der Mitlaut ↗ der Konsonant
der Mittelsatz ↗ der Instrumentalsatz
das Mittelwort ↗ Part.
modal (zu lat. *modus* = das Maß, die Art und Weise) = die Art und Weise bestimmend; auch die Art und Weise der Aussage, d. h. die Aussageweise bestimmend (↗ das Modalverb, ↗ modifizieren, ↗ der Modus) 184; 188/3 c; 191/1 c; 201/1 f; 204/2.7; 219/2; 243/7 g; 244/3 c

das modale Attribut 235/4
die Modalität des Satzes 282/1–3
der Modalsatz = der Umstandssatz der Art und Weise 270/1–2; 271/4
das Modalverb 15/16; 22ff.; 60/3; 70/1; 75/4; 76/5; 77/9 f; 81/7; 217/4; 218/4; 256/2 a; 282/2 b
modifizieren (lat. *modus* = Maß, Art und Weise + lat. *facere* = machen, bewirken) = die Art und Weise (den ↗ Modus) oder auch die ↗ Aktionsart [der verbalen Aussage] bezeichnen 185
das modifizierende Verb 15/17; 17/3; 22/5; 32f.; 75/4; 77/9 d; 217/5; 218/4; 282/2 c; 291/14 d
der Modus (lat. *modus* = das Maß, die Art und Weise), Plural: die Modi = die Aussageweise beim Verb, d. h. ↗ Ind., ↗ Konj. od. ↗ Imperativ 12/2; 16/4; 22/2; 30; 78ff.; 81/1; 262f.; 282/2 a
der Modus der Vermutung oder Erwartung 17/3 c; 33/8; 74/1 u. 6; 79/8
die Möglichkeitsform ↗ Konj.
das Multiplikativzahlwort (die Multiplikativzahl) ↗ das Vervielfältigungszahlwort

N das Nachfeld 257/5
das nachgestellte Attribut 165/5; 233/3–5; 234/2; 291/12 b
die nachgestellte Präposition 188/5; 189/5; 190/3
der Nachsatz 253/7 c; 257/5; 290/8
die Nachsilbe ↗ das Suffix
die Nachzeitigkeit, nachzeitig 74/9.4.2; 79/9; 80/2 a; 82/2 a; 203/2.6; 262/2; 269/6–7
das natürliche Geschlecht 110/2; 161/4
der Naturlaut ↗ die Interjektion
das nebengeordnete (gleichrangige) Satzglied 67/8; 281/2; 291/13 a
nebenordnend ↗ koordinierend
die Nebenordnung 144/3; 215/8; 246/1; 247/8; 281/1–2
der Nebensatz ↗ der Gliedsatz
die Negation (zu lat. *negare* = verneinen) = die Verneinung 17/3 a; 79/8; 81/3; 107/7; 149/11; 187/5; 224/2; 226/5; 228/3; 230/6; 241/3; 249/7; 250/2 b; 263/4; 264/3; 268/4; 274/2–4; 282/4–9
die Nennform ↗ Inf.
das Nennwort ↗ Subst.
neutr. (n.) = neutrum (lat. *ne utrum* = keines von beiden, d. h. weder ↗ mask. noch ↗ fem.) = neutral, „sächlich" 12/3 a
das Neutrum = das neutrale (sächliche) Substantiv (Hauptwort) 83/7; 112; 117/3; 119/3; 121/3 e–f; 123/12; 124; 128; 129; 133/1; 136/4 c; 170/4; 174/4; 179/8; 289/6
die nichtwörtliche Rede ↗ die indirekte Rede
nichtzielend ↗ intrans.
das Nomen = das Nennwort ↗ Subst.
die Nomengruppe 11; 12/1 u. 3
die Nominalform (zu lat. *nominare* = benennen) = die dem Nomen nahestehende Form [des Verbs] = die infinite Form [des Verbs] 16/8; 35/5; 82ff.; 226/4; 227/9 b; 254/3 c; ↗ auch: Inf., Part.
Nom. = der Nominativ (zu lat. *nominare* = benennen) = der 1. Fall (der Werfall, der Nennfall) 12/3 c; 95 [106/4; 144/1; 145/1; 146/1; 160/2; 163; 166/4; 167/5; 170/3; 172/2; 173/4; 174/2–3]; 220/1; 230/5; 277/7; 287/5
die Normrichtung ↗ Akt.
das Numerale (zu lat. *numerus* = die Anzahl, die Zahl) = das Zahlwort 11; 12; 140/4 a u. 5; 142/3; 176ff.; 218/3 e; 229/4 c; 234/5 c
der Numerus (lat. *numerus* = die Anzahl, die Zahl) = die Zahl, die Zahlform, d. h. ↗ Sing. od. ↗ Plur. 12/2–3; 16/1; 106; 107/4; 118ff.; 123/4; 142/2; 162/2; 170/2; 222f.; 233/2 u. 5; 275/3

O Obj. = das Objekt (lat. *obiectum* = das [dem Prädikat] Gegenübergestellte) = die Satzergänzung, die Ergänzung 14/4; 66/1; 153; 215/5; 225/1 b; 227/10; 237f.; 238; 242/1; 254/3 a; 278/6; 279/1 u. 4; 279/5 b
das objektbezogene Verb 14; 216/3 b
der objektive Genitiv 139/2 f; 141/1
der Objektsatz = der Ergänzungssatz 253/6 c; 260ff.; 265/5; 267/3; 275/8
die Ordinalzahl ↗ die Ordnungszahl
die Ordnungszahl = die Ordinalzahl (zu lat. *ordinare* = ordnen) 131/4.9.1; 178/1–4; 284/4; 290/5

P die Parenthese ↗ der Schaltsatz
die Partikel (lat. *particula* = das Teilchen) = das Füllwort 11
partitiv (zu lat. *partiri* = teilen) = teilend, einen Teil bezeichnend
der partitive Genitiv 139/2 b; 140/5
die Partitivzahl ↗ die Bruchzahl
Part. = das Partizip (zu lat. *participare* = teilhaben [am Verb wie am Adj.]) = das Mittelwort, und zwar als /Verlaufsform (Part. I od. Part. Präs.) oder als ↗ Vollzugsform (Part. II od. Part. Perf.) 16/8 b; 35/5; 36/3; 38/1; 44/2; 45/10; 81/8; 84f.; 108/7; 149/9; 158/6–7; 181/2; 226/4; 230/3; 278; 280
das Partizip Futur (Passiv) = das Gerundivum 85/11
die Partizipialgruppe = das erweiterte Partizip 84/3; 252/3 c; 259/3 c; 278; 280; 282/2 e
der Partizipialsatz ↗ die satzwertige Partizipialgruppe
Pass. = das Passiv (zu lat. *pati* = zulassen, dulden, leiden) = die Umkehrrichtung, die Leideform 15/11–12; 16/3 b; 17/6 a; 67/9; 70/2 d; 76f.; 84f.; 96/3; 151/3; 154/5
Perf. = das Perfekt (lat. *perfectum* = vollendet) = umschriebene Zeitform zur Angabe der Vergangenheit, insbes. der vollendeten Gegenwart (sog. 2. Vergangenheit oder Vorgegenwart) 16/4 b; 17/1; 22/5–6; 70; 72; 73/5; 74/5; 75/3
perfektiv = die Vollendung bezeichnend, die Vollendungsform 75; 88/6; 89/9

die Periode (zu griech. *periodos* = der Umlauf) = der mehrfach zusammengesetzte Satz in kunstvoller Fügung, der Gliedersatz 281/5; 282/2 e; 290/8
das persönliche Fürwort ↗ das Personalpronomen
Pers. = die Person (lat. *persona* = die Maske, die Rolle, die Persönlichkeit) 12/2; 16/2; 160f.; 162/2; 222f.
die Personalendung 16/2; 35/6–7; 38/2; 44/3
die Personalform (= das finite Verb, die finite Verbform) 16/2 u. 7; 35/6; 215/3 a; 222f.; 225; 226/1; 227/7; 254/1
das Personalpronomen = das persönliche Fürwort 160f.; 166/3; 168/3; 171/6; 236/7; 241/5 d; 263/7 a; 277/6
der Personenname 130f.; 151/1 b; 236/2–3
Plur. = der Plural (lat. *numerus pluralis* = die Mehrzahl) = die Mehrzahl 12/3 b; 16/1–2; 116; 118ff.; 120/2; 173/6; 223; 287ff.
Plusqpf. = das Plusquamperfekt (lat. *plus quam perfectum* = mehr als vollendet) = umschriebene Zeitform zur Angabe der vollendeten Vergangenheit (sog. 3. Vergangenheit od. Vorvergangenheit) 16/4 b; 17/1; 70/4; 73/6
der Positiv (zu lat. *positio* = Stellung, Lage) = die 1. Stufe [bei der Steigerung, der ↗ Komparation], die Grundstufe 147ff.
possessiv (lat. *possessivus* = Besitz habend) = besitzanzeigend 139/2 a; 140/2–3; 162ff.; 238/3 c
das Possessivpronomen = das besitzanzeigende Fürwort 162ff.; 166/3; 174/2; 177/4 b; 263/7 a; 278/6; 279/5 b
Präd. = das Prädikat (zu lat. *praedicare* = ausrufen) = die Satzaussage 14/2; 215/3; 216ff.; 222f.; 224/1 a; 229/5; 243/6; 251/1
prädikativ = aussagend, zum Prädikat (zur Satzaussage) gehörig 84; 100/6; 105/8; 142/1 b; 143/6–7; 147/5; 162/1 u. 3
das prädikative Attribut ↗ das Komplement
der Prädikativsatz 218/3 h; 253/6 c
das Prädikativum = das nicht-verbale Aussagewort [beim ↗ teilverbalen Prädikat] 17/4; 95/15.1; 218; 222/5; 226/4; 227/9 b; 229/4; 253/5; 254/3 c; 279/1 u. 4
das Prädikatsnomen 218/3*
das Präfix (lat. *praefixum* = das vorn Angefügte) = die Vorsilbe 13; 75/5; 88f.; 92/2–3; 137; 152/4.2
Präp. = die Präposition (lat. *praepositio* = die Voranstellung) = das Verhältniswort 11; 12; 181/4 a; 183/2.3.2; 188ff.
der präpositionale Infinitiv 82/3; 83/5–6
die präpositionale Rektion 140f.
der Präpositionalfall 12/3 c; 102f.; 188/7
das Präpositionalgefüge = der präpositionale Ausdruck, die präpositionale Gruppe 77/9 c; 100/4 b; 101/1–2; 108/7; 140f. 158/8; 188/7; 192/3.2.; 220/2 d; 244/2; 257/5; ↗ auch: der Präpositionalfall, das Präpositionalobjekt

das Präpositionalobjekt = die Verhältnisergänzung 14; 102f.; 103/6; 153/2 b; 155f.; 168/2 b; 238/4 u. 6; 239/4; 242/2; 260/2
Präs. = das Präsens (lat. *praesens* = gegenwärtig) = Zeitform zur Angabe der (hauptsächlich) der Gegenwart (= Gegenwartsform) 16/4 a; 17/1; 71; 73/4 d; 74/1
Prät. = das Präteritum (lat. *praeteritum* = das Vorübergegangene, das Vergangene) = Zeitform zur Angabe der Vergangenheit (= Vergangenheitsform, auch 1. Vergangenheit od. Imperfekt genannt) 16/4 a; 17/1; 36/2; 38; 45/7; 73/4–5; 75/3; 261/6
Pron. = das Pronomen (lat. *pro nomen* = für ein Nomen [stehendes Wort]) = das Fürwort 11; 12; 142/3; 159ff.; 183/2.3.2; 218/3 d; 220/2 b; 234/5 c; 237/5 a; 241/5 a; 257/4; 264/2 c; 265/4 b; 276/1–2
das Pronominaladjektiv 159/6
das Pronominaladverb = das Umstandsfürwort 102/1; 157; 159/6; 168f.; 171/5; 173/5; 181/4 a; 237/5 c; 259/2; 264/2 c; 265/4 b; 275/6; 276/3 c u. 4
der Proportionalsatz = der Verhältnissatz, der Umstandssatz der Verhältnismäßigkeit 270/6
der Punkt (lat. *punctum* = das Gestochene, der Einstich; ohne räumliche oder zeitliche Ausdehnung) 178/3; 225/6; 247/7; 290/3 u. 5; 291/14 a u. 15

Q die Qualität des Satzes 224/2; 282/4–9
die Quantität (zu lat. *quantitas* = die Menge) = die Zeitmenge, die man zur Aussprache einer Silbe braucht; die Zeitdauer einer Silbe; kurze oder lange Aussprache einer Silbe 47f.; 50f.; 283/4

R reflexiv (zu lat. *reflectere* = zurückwenden) = rückbezüglich 160/3
das reflexive Verb = das rückbezügliche Zeitwort 15/13; 66f.; 69/7; 70/1; 76/1 c u. 2; 76/5; 77/9 a; 85/10; 96/4; 99/6; 101/3; 104/4; 216/3 a; 239/3 c
das Reflexivpronomen = das rückbezügliche Fürwort 66f.; 174/2; 257/4; 263/7 a
die regelmäßige Konjugation ↗ die schwache Konjugation
der reine Infinitiv 82/3–4; 220/5
die Rektion (lat. *rectio* = die Lenkung, die Leitung) = die Einwirkung eines Wortes auf andere Wörter; die Fügung 95ff.; 139ff.; 153ff.; 189ff.; 237
relativ (zu lat. *relatum* = zurückgebracht, zurückgewendet) = bezüglich
das Relativadverb = das bezügliche Umstandswort 171/6; 259/2; 275/4; 276/4
das relative Pronominaladverb = das bezügliche Umstandsfürwort 171/5
der relativische Anschluß 277/10
das Relativpronomen = das bezügliche Fürwort 170f.; 252/4 b; 259/2; 275/3; 276
der Relativsatz = der Bezugssatz 166/2; 170/2; 192/3.1.2; 252/4 b; 259/2; 275ff.; 280/5 b

restriktiv (zu lat. *restrictus* = zurückgebunden, beschränkt) = einschränkend 201/1 f; 204/2.7.2; 251
der Restriktivsatz = der Einschränkungssatz, der Umstandssatz der Einschränkung 273/3; 267/3; 273/3
resultativ (zu lat. *resultare* = zurückspringen, herausspringen, übrig bleiben) = das Ende und Ergebnis eines Geschehens bezeichnend 75; 83/8; 85/7; 88/6 b; 89/9 b–10
das reziproke Pronomen (zu lat. *reci-procus* = rück- und vorwärts) = das wechselbezügliche Fürwort 67/10; 161/5
die rhetorische Frage 264/3
die römische Ziffer (Zahl) 284/4; 290/5
rückbezüglich ↗ reflexiv
das rückbezügliche Fürwort ↗ das Reflexivpronomen
das rückbezügliche Zeitwort ↗ das reflexive Verb
die Rückrichtung 76/1; ↗ das reflexive Verb, das Reflexivpronomen

S sächlich ↗ neutr.
das sächliche Hauptwort ↗ das Neutrum
der Sammelname, der Sammelbegriff ↗ Kollektivum
die Satzapposition 277/10
der Satzauftakt 220/3; 227/9 a; 254/2 b u. 3 a; 255/7 d; ↗ auch: der Vorläufer [des Subjekts]
die Satzaussage ↗ Präd.
das Satzband ↗ die Kopula
der Satzbauplan 95/5; 201/4; 257
die Satzbetonung 290/1–4
das Satzbild 95/5; 232/7
die Satzergänzung ↗ Obj.
das Satzgefüge = der zusammengesetzte Satz der Unterordnung 215/8–9; 252–281
der Satzgegenstand ↗ Subj.
der Satzgegenstandssatz ↗ der Subjektsatz
das Satzglied 170/2; 215/2 u. 8; 232; 252/1–2; 253/5; 257/2; 275/3; 278/10; 279/1; 282/2 e
die Satzinversion (lat. *inversio* = die Verdrehung, die Umkehrung) 274/3
der Satzkern 215/3 a
die Satzlehre ↗ die Syntax
der Satzrahmen 215/3 a; 216/2; 232/6; 257; ↗ auch: die Einbettung
die Satzreihe 249/6
die Satzverbindung = der zusammengesetzte Satz der Nebenordnung 215/8–9; 246–251; 255/5
die Satzverneinung 224/2 a; 226/5–6; 241/3; 282/7; ↗ auch: die Negation
die satzwertige Infinitivgruppe = der Infinitivsatz 252/3 c; 258/6; 260/5–7; 278f.
die satzwertige Partizipialgruppe = der Partizipialsatz 252/3 c; 278; 280/1–4
das Satzzeichen 225/6; 290f.
der Schaltsatz = die Parenthese (griech. *parenthesis* = der Zusatz) 247/6; 254/4; 282/2 e; 290/11; 291/14 b

das Scheinsubjekt 15/14; 68/4–5; 76/4; 83/5 c; 221/8–9
schw. = schwach, d. h. der Wortstamm bleibt unverändert, ist zu schwach, um andere Wortformen aus sich heraus zu bilden, braucht dazu also Hilfsmittel (zusätzliche Laute oder Silben)
die schwache Adjektivdeklination 142/3; 145; 147/4; 164/1; 166/4; 177/4 c u. 5
die schwache Konjugation 18/3; 38 ff.; 58 f.; 60/1; 67/7; 86/3; 90/4
die schwache Substantivdeklination 118/4; 119/1; 123; 124/1; 126; 127; 287 ff.
der selbständige Satz ↗ der Hauptsatz
das selbständige Satzglied 232/3–7; ↗ auch: Subj., Präd., Obj., adv. Best., das Komplement, das freie Satzglied
der Selbstlaut ↗ der Vokal
das Semikolon (lat. *semi* = halb + griech./lat. *colon* = das Stück, das Teil, der Doppelpunkt) = der Strichpunkt 247/7; 290/3; 291/14 a u. 15
Sing. = der Singular (lat. *numerus singularis* = die eine Zahl) = die Einzahl 12/3 b; 16/1–2; 83/7; 118 ff.; 121; 174/1; 223
der Stamm 12/2; 18/3–5; 34
die Stammerweiterung 39; 75/5; 86/5 c; 87/6 b u. 8
die Stammform [des Verbs] 34; 36; 78/3; 82/1
der Stammvokal 12/2; 38/1; 39/5; 44/1 u. 4; 46 ff.; 86/3 a u. 5
st. = stark, d. h. der Wortstamm ist veränderlich, also stark genug, um andere Wortformen aus sich heraus und ohne Hilfsmittel zu bilden
die starke Adjektivdeklination 142/3; 144; 147/4; 162f.; 164/2; 167/5–7; 172/3; 177/4 b u. 5
die starke Konjugation 18/5; 36/2; 44ff.; 58f.; 67/7; 77/8
die starke Substantivdeklination 83/7; 118/4; 119/1; 123; 124; 125; 128; 129; 189/3; 287ff.
die Steigerung ↗ die Komparation
die Steigerungsstufe ↗ der Komparativ
stimmhaft 283/5
stimmlos 283/3 u. 5
der Stoffname 108/3; 109/2 c; 121/3 b; 150
der Strichpunkt ↗ das Semikolon
Subj. = das Subjekt (lat. *subiectum* = das [der ↗ Satzaussage] Untergelegte) = der Satzgegenstand 14/2; 66/1; 215/4; 220ff.; 224/1 a; 227/7; 229/3; 252/1; 254/2 a u. 3 f; 258/1; 264/2 c; 278/6; 279/1–5; 280/2 a u. 5 a
subjektiv = vom persönlichen Standpunkt des Sprechers her gesehen, eine Stellungnahme des Sprechers angebend 78/2; 81/1
der subjektive Genitiv 139/2 e
der Subjektsatz = der Satzgegenstandssatz 253/6 a; 258; 265/5; 267/3; 275/8
subordinierend (zu lat. *sub* = unter + *ordinare* = ordnen) = unterordnend
die subordinierende (unterordnende) Konjunktion = das unterordnende Bindewort

201/4 a; 202/2.3.2; 203–204; 205/3; 206/5; 252/4 a; 255/5
Subst. = das Substantiv (lat. *nomen substantivum;* dies zu: *substantia* = der Stoff, das Wesen, das an sich Bestehende; das für sich selbst bestehende, selbständige [Wort]) = das Nomen, das Hauptwort, das Nennwort (das Dingwort) 11; 12; 81/8; 107/1; 109ff.; 181/2; 218/3 c; 219/3 b; 220/2 a; 237/5 a; 241/5 a; 244/2–4; 259/1; 276/1
die Substantivgruppe 107/1; 142/2–5; 168/4
das substantivierte Adjektiv 112/7; 121/3 e; 143/12; 146/2.5.2–3; 170/4; 174/5; 276/3 a
der substantivierte Infinitiv (= das Gerundium) 83/7–8; 112/7; 121/3 e; 220/5; 235/5
substantivisch = wie ein Substantiv gebraucht 164; 173; 177/3; 179/6–8; 220/2 b
das Suffix (lat. *suffixum* = das [hinten] Angefügte) = die Nachsilbe 13; 37/5.3.; 75/5; 134ff.; 150f.; 181/4 b; 184/2 c
der Superlativ (zu lat. *superlatum* = darüber hinaus getragen) = die 3. Stufe [bei der Steigerung, der ↗ Komparation], die Höchststufe; auch: der ↗ Elativ 140; 147ff.; 184/2.5.2; 186/2–4; 234/5 e; 274/2; 276/3 a
syndetisch (griech. *syndetos* = verbunden) = verbunden 246/3; 247; 248f.; 251
die syntaktische Einheit 232/5–7; 253/5; 255/6; 257/2 a
die Syntax (griech. *syntaxis* = Zusammenordnung) = die Satzlehre

T das Tätigkeitswort ↗ das Verb
die Tatform ↗ Akt.
der Teilsatz [in indirekter Rede] 261/3
das teilverbale Prädikat 216/1; 218f.; 253/6 e
temporal (lat. *temporalis* = eine Zeit während) = zeitlich 183/2.2; 188/3 b; 191/1 c; 201/1 e; 203/2.6.; 243/7 d–f; 244/3 b; 249/8 b; 267/3
der Temporalsatz = der Umstandssatz der Zeit 268f.; 281/4; 282/9
das Tempus (lat. *tempus* = die Zeit), Plural: die Tempora = die Zeitform 12/2; 16/4; 71ff.; 262
trans. = transitiv (zu lat. *transire* = hinübergehen) = [vom Verb] zielend (auf ein ↗ Akk. Obj.) 14/5; 15/9–11; 54/3; 59/5; 70/1 u. 3 a; 75/4; 85/8; 86/5; 89/8; 96; 239/1

U die Übereinstimmung ↗ die Kongruenz
die Umkehrrichtung ↗ Pass.
der Umlaut 13; 18/3; 44/1 u. 4 a; 58/1; 61/4; 75/5; 86/3 a u. 5; 87/6 a; 118; 123/1; 124/1 d; 125; 127; 128; 134/3 b; 137/1; 283/1; 284/1; 287ff.
die Umstandsbestimmung ↗ adv. Best.
das umstandsbezogene Adjektiv 105/8; 153/2; 158
das umstandsbezogene Verb 15/7; 104f.; 216/3 b
die Umstandsergänzung 15/7; 104f.; 158
das Umstandsfürwort ↗ das Pronominaladverb
der Umstandssatz ↗ der Adverbialsatz
der Umstandssatz der Absicht (oder des Zweckes) ↗ der Finalsatz
der Umstandssatz der Art und Weise ↗ der Modalsatz
der Umstandssatz der Bedingung ↗ der Konditionalsatz
der Umstandssatz der Einräumung ↗ der Konzessivsatz
der Umstandssatz der Einschränkung ↗ der Restriktivsatz
der Umstandssatz der Folge ↗ der Konsekutivsatz
der Umstandssatz des Gegengrundes ↗ der Konzessivsatz
der Umstandssatz des Grundes ↗ der Kausalsatz
der Umstandssatz des Mittels ↗ der Instrumentalsatz
der Umstandssatz des Ortes (oder Raumes) ↗ der Lokalsatz
der Umstandssatz der Verhältnismäßigkeit ↗ der Proportionalsatz
der Umstandssatz der Zeit ↗ der Temporalsatz
das Umstandswort ↗ das Adverb
die Umstellung = die Inversion (lat. *inversio* = die Verdrehung, die Umkehrung) 225/4; 227; 228f.; 229/4–6; 231/2 a u. 4; 241/4 u. 5 e; 245/1 u. 4; 254/2 b–4; 255/5–6; 256/3 a; 264/2 c
der unabhängige Genitiv 100/5–6
der unabhängige Satz ↗ der Hauptsatz
der unbestimmte Artikel 106/3–4; 146/2 a; 159/5; 167/7 c–d; 177/4 a
das unbestimmte Fürwort ↗ das Indefinitpronomen
das unbestimmte Zahlwort = das indefinite Zahlwort, die indefinite Zahl 145/2.3.1; 175; 180; 276/3 a
die unbetonte Vorsilbe 90f.; 92/3; 94; 137/1
das uneigentliche Objekt = ein ↗ Genitivobjekt oder ein ↗ Präpositionalobjekt 238/4; 245/5 c
der uneingeleitete Gliedsatz 252/3; 255/8–9; 256/3; 257/2; 258/5; 259/3 a; 260/3; 272/2–3; 273/1
das unfest zusammengesetzte Verb = das trennbar zusammengesetzte Verb 88/4; 92f.; 94; 98/2; 99/4; 181/4 a; 216/3 b; 226/3; 256/1
das unpersönliche Aktiv mit man 69/10; 77/9 b
das unpersönliche Passiv 15/12; 43/3; 69/9; 76/4; 77/7; 221/8
das unpersönliche Subjekt 69/10; 162/3; 260/6; 279/5 c
das unpersönliche Verb (= das Impersonale, Plural: die Impersonalia) 15/14; 67/12; 68f.; 70/1; 76/5; 96/5; 98/4; 101/4; 103/5; 216/3 a; 221/9
die unregelmäßige Konjugation 18/4; 36/2; 60
der unselbständige Satz ↗ der Gliedsatz
das unselbständige (abhängige, untergeordnete) Satzglied 232/4–7; 181/1; 233/1; 237/2; ↗ auch: das Attribut, Obj., adv. Best., der Gliedsatz

der untergeordnete Satz ↗ der Gliedsatz
unterordnend ↗ subordinierend
die Unterordnung 139; 215/8; 252/1
unverbunden ↗ asyndetisch

V die Valenz (zu lat. *valere* = stark sein, wert sein) = die Wertigkeit 95ff.; 153ff.; 237; 257/1
das Variativzahlwort (die Variativzahl) ↗ das Gattungszahlwort (die Gattungszahl)
das verallgemeinernde Relativpronomen (Fragewort) 170/4; 171/8; 273/2
das Verb (lat. *verbum* = das Wort) = das Zeitwort 11; 14ff.; 181/2; 215/3; 243/6
das verbale Prädikat 216f.; 253/5
der verbale Satzrahmen (Rahmen) = die verbale Klammer 232/6–7; 257/2; ↗ auch: die Einbettung
das Verbalsubstantiv 77/9 c; 83/8; 110/9, 134/3; 136
das Verbgeschlecht = ↗ die Aktionsrichtung
verbunden ↗ syndetisch
die Vergangenheit(sform) ↗ Prät., Perf., Plusqpf.
der Vergleich 143/11; 147; 149; 201/1 f; 218/3 g; 243/7 o; 249/8 c; 257/5
der Vergleichssatz ↗ der Komparativsatz
die Vergleichsstufe ↗ der Komparativ
die Verhältnisergänzung ↗ das Präpositionalobjekt
der Verhältnissatz ↗ der Proportionalsatz
das Verhältniswort ↗ Präp.
die Verhaltensrichtung ↗ die Aktionsrichtung
der verkappte Gliedsatz 256/3 a; 291/14 c
die Verkleinerung(sform) ↗ das Diminutiv
der verkürzte Gliedsatz 278/10; 280/3; 281/6; 291/13 c
die Verlaufsform = Partizip I (= Part. Präsens) 16/8 b; 35/5 c; 84/4; 278/7; mit Infinitiv: 83/7–8; auch: = Präteritum (= Imperfekt) 73/4–5; 75/3; im Passiv: ↗ Vorgangspassiv
die Verneinung ↗ die Negation
das Verteilungszahlwort (die Verteilungszahl) = das Distributivzahlwort (die Distributivzahl) 179/3
das Vervielfältigungszahlwort (die Vervielfältigungszahl) = das Multiplikativzahlwort (die Multiplikativzahl; zu lat. *multiplicare* = vervielfältigen) 178/7–8; 180/2 c
vielverknüpft ↗ polysyndetisch
der Vokal (lat. *vocalis* = klangvoll) = der Selbstlaut 283/1 u. 4
der Vokativ (zu lat. *vocare* = rufen, anrufen) = der Anredefall, die Anrede im ↗ Nominativ 230/5; 290/6 u. 8; 291/13 d
die vollendete Gegenwart ↗ Perf.
die vollendete Vergangenheit ↗ Plusqpf.
die vollendete Zukunft ↗ das Futur II; ↗ auch: 72/3 u. 262/2
die Vollendung in der Gegenwart ↗ Perf.
die Vollendung in der Vergangenheit ↗ Plusqpf.
die Vollendung in der Zukunft ↗ das Futur II

die Vollendungsform ↗ perfektiv, auch: Perf. und Zustandspassiv
der vollständige Satz 215/10
das Vollverb 15/17; 17/2; 18/6 b; 22/4; 23/5 a; 34ff.
die Vollzugsform = Partizip II (= Part. Perfekt) 16/8 b; 35/5 d; 85/7; 278/7; auch: = Perfekt 72/2; 73/5; 75/3; beim Passiv: ↗ Zustandspassiv
der Vordersatz 253/7 a; 255/6; 290/8
das Vorfeld 257/2
das Vorgangspassiv 75/3; 76/3 a u. 6
das Vorgangsverb ↗ das Bewegungsverb
die Vorgegenwart(sform) ↗ Perf.
der Vorläufer [des Subjekts] 258/2–5; ↗ auch: der Satzauftakt
die Vorsilbe ↗ das Präfix
die Vorvergangenheit(sform) ↗ Plusqpf.
die Vorzeitigkeit, vorzeitig 74/9.4.2; 79/9; 80/2 b; 82/2; 85/7; 203/2.6.; 262/2; 268/4; 269/5; 278/7; 279/4 b
die Vorzukunft ↗ das Futur II

W das wechselbezügliche Fürwort ↗ das Korrelativpronomen, das reziproke Pronomen
weiblich ↗ fem.
das weibliche Hauptwort ↗ das Femininum
der weiterführende Gliedsatz (Relativsatz) 253/g; 276/3 b; 281/4
der Wemfall ↗ Dat.
die Wemfallergänzung ↗ das Dativobjekt
der Wenfall ↗ Akk.
die Wenfallergänzung ↗ das Akkusativobjekt
der Werfall ↗ Nom.
die Wertigkeit ↗ die Valenz
der Wesfall ↗ Gen.
die Wesfallergänzung ↗ das Genitivobjekt
das Wiederholungszahlwort (die Wiederholungszahl) = das Iterativzahlwort (die Iterativzahl) 178/5–6; 180/2 b
die Wirklichkeitsform ↗ Ind.
die wörtliche Rede ↗ die direkte Rede
die Wortstellung, die Wortfolge 201/4; 206/1; 212/1.2; 226/4; 241; 245; 254–257; 278/9; 279/2; 280/2
die Wortverneinung 224/2 b; 282/7; ↗ auch: die Negation
der Wunschsatz 79/7–8; 225; 231; 255/7 c; 265/5.3.4; 282/3 b; 290/5–6

Z das Zahladverb 178/5–6; 179/1; 181/4 c
die Zahl(form) ↗ der Numerus
das Zahlfürwort ↗ das unbestimmte Zahlwort
das Zahlpronomen = das Zahlfürwort ↗ das unbestimmte Zahlwort
das Zahlwort ↗ das Numerale
die Zeichensetzung = die Interpunktion 290f.; 213/5; 290f.
das Zeitadverb 183/2.2; 185/2
die Zeitbestimmung 104/1; 245/4–5; 263/7 b
die Zeitenfolge ↗ die consecutio temporum
die Zeitform ↗ das Tempus
die Zeitstufe 16/4; 71ff.; 74/9.4.; 80/2; 82/2

das Zeitverhältnis 74/9.4.; 79/9; 80/2; 82/2; 84/3; 203/2.6.; 262/2; 278/7
das Zeitwort ↗ das Verb
zielend ↗ trans.
die Ziffer 176; 178/3; 179/8; 190/5; 284/3–4
die Zukunft(sform) ↗ das Futur I
das zusammengesetzte Prädikat 216/2
der zusammengesetzte Satz 215/7; 246ff.; 291/14; ↗ auch: Nebenordnung, Satzgefüge, Satzverbindung, Unterordnung
der zusammengezogene Satz 281/2
die Zusammenrückung 138/6
die Zusammensetzung 13/9 c; 61/9; 90/4; 138/4; 152/5; auch: das zusammengesetzte Adjektiv 85/13; 152; 153/2 c; 158; das zusammengesetzte Adverb 181/4 c; 184/2 d; die zusammengesetzte Konjunktion 200/3 c; das zusammengesetzte Pronomen 159/7 c; das zusammengesetzte Verb 61/9; 88ff.; das Kompositum
die Zusammenziehung ↗ die kopulative Zusammensetzung
das Zustandspassiv 57; 75/3; 76/3 a; 77/7
das Zustandsverb 14/1 a; 191/2
die Zweitstellung 220/3; 225/4; 226f.; 231/2 b u. 4; 241/2; 252/2; 254; 255/8; 256/3 a; 257/2 a; 258/5; 260/3; 264/2 c; 270/4 c
der Zwielaut ↗ der Diphthong
der Zwischensatz 253/7 b

8. Wortregister

Das Register enthält nicht nur Wörter, sondern auch Vor- und Nachsilben, Endungen und sonstige grammatisch wichtige Wortbildungselemente. Deshalb stehen auch Wörter, die außer diesen Merkmalen keine Besonderheiten zeigen, nicht im Register. Man findet sie beim Nachschlagen unter der entsprechenden Vor- oder Nachsilbe, der Endung oder dem sonstigen Wortbildungselement. Das gilt insbesondere für Substantive.

Die erste Zahl nach dem Stichwort nennt die Seite, die Zahl (oder Zahlen, auch Zahlen und Buchstaben) nach dem Schrägstrich (/) nennt die Nummer auf dieser Seite, wo das Wort zu suchen ist. Also: 204/2 b = Seite 204, Nummer 2 b; 205/3 b/3 c = Seite 205, Nummer 3 b und 3 c. Nach dem Semikolon folgt eine neue Stellenangabe.

A A a 36/2; 112/12; 283/1; 286
–a– 13/6 e; 44/4; 45/9
–a 117/2; 119/3 d; 131/2
Ä ä 36/2; 283/1; 286
–ä– 13/6 e; 44/4; 45/9
der Aal 125/2
der Aar 125/2
ab 190/2.2.1; 193
ab– 88/6 a; 99/4
abbestellen 92/3
abbrechen 70/3 a
–abel 151/4
am Abend 243/7 d
der Abend 125/1
abends 129/3 f; 181/4 b; 183/2
des Abends 129/3 f; 244/3 b
aber 200/3 a; 202/2.3.1;
206/2 b; 207; 211; 231/1;
247/5 a/7 c; 250/2 a/3;
251/2 c/2 d; 255/5 a;
291/12 e
Aber- 137/2
abfaulen 70/2 a
abfragen 97/1; 240/1
abhalten 103/4
abhanden 181/4 c
abhängen 102/3
abhängig 156/4
abhold 143/7
abhören 97/1; 240/1
das Abkommen 141/8
die Abneigung 141/8
abprallen 70/2 b
abraten 103/5
abreisen 88/3; 92/1 a
der/die Abscheu 113/2.5; 141/8
abschlagen 99/4
abschreiben 93/5
abseits 182/2; 188/6 b; 189/1; 195
absichtlich 184/2 b
abspenstig 143/7
sich abspielen 104/4
absteigen 70/2 b
die Alpen 120/2 b
abtreten 99/4
abtrünnig 154/3
ab und zu 183/4
abwendig 143/7
abwesend 84/6
ach! 212/2.2; 231/1

achten 102/2
achten auf 100/4 b
achtgeben 92/1 c
die Achtung 141/8
ächzen 213/6
der Acker 124/1 d
Ade! 214/1 a
–ade 136/3/4 b
der Adel 121/3 c
-age 136/3/4 b
ah! 212/2.2
aha! 212/2.2
der Ahn 126/6
ähneln 98/1
ahnen 68/4 b
ähnlich 154/3; 155/5.3
es ahnt 98/4
die Ahnung 141/8
ahoi! 213/3 a
ai 283/2 a
–al 117/3; 119/3 b; 151/4
die Alimente 120/2 g
all 165/3; 180/2
all- 145/2.3.2; 177/5
-all 117/3
alldieweil 271/1
alle 174/3
allein 143/7; 202/2.3.1; 206/2 a;
207; 233/4; 235/4; 247/5 a;
250/2 a; 255/5 a; 291/4
allemal 180/2 b
allenthalben 182/2
aller 165/3
aller- 148/4 c
allerdings 185/4; 250/2 a
allerhand 180/2 d
allerlei 180/2 d
allerorten 244/3 a
alles 170/4; 173/4
alle Wetter! 214/1 b
allzu 148/4 a; 184/2.5.2
(all)zu + Adjektiv 274/5.4.4.4.2
der, die Alp(e) 116/3
die Alp 120/2 b
als 73/4 a; 97/4; 149/5 b;
203/2.6.2 b; 204/2.7.2;
204/2.8.2; 206/5; 207;
219/3 a/3 b; 235/2; 240/3;
256/2 b; 268/3 b; 269/7 b;
270/3

als auch 200/3 c
als daß 208; 274/5.4.4.4.2
also 184/2 b; 204/2.7.2; 205/2 b;
206/3; 207; 251/2 b; 255/5 d
als ob 79/8; 200/3 c;
204/2.7.2; 207; 270/4
als wenn 207; 270/4
alt 147/3 b; 150/2; 155/5.4.2
von alters her 183/3
am 75/4; 107/6; 147/6; 186/2;
188/3 c; 192/3.1.1.
das Amt 128/1
an 181/4 a; 188/3 a/3 b;
188/6 a; 191; 193; 239/4
anbrennen 70/2 a
–an 151/4
an– 88/6 a; 99/4
–and 136/3/4 a
die Anden 120/2 b
der/die/das andere 175/7 b
alles andere als 149/11
alles andere denn 149/11
ändern 39/4
andernfalls 203/2.4; 205/2 d;
247/7 c; 250/2 c
anderntags 244/3 b
anders 149/5 b; 181/4 b;
184/2 b; 218/3 f; 270/3 b
anders als 149/11
anderswo 182/2
anderswoher 182/3
anderswohin 182/4
sich aneignen 66/4 b
anerkennen 93/5/6
der Anfang 125/3
von Anfang an 108/6
anfangen 88/6 a; 102/3; 260/5
anfänglich 248/2 d
anfangs 129/3 f; 181/4 b; 183/2
angeberisch 152/5
angeboren 154/3
angehören 98/2
angeln 102/3
angemessen 154/3
angenehm 154/3
angesichts 189/1; 193
der Angestellte 146/2.5.3
angewiesen 156/4
die Angst 127/2 b; 141/8
angst 143/7; 156/4

ängstigen 87/5 c
anhängig 158/4
anheischig 143/7
anklagen 101/2 b; 239/3 a
ankommen 70/2 b; 88/3; 92/1 a
anlangen 70/2 b
der Anlaß 125/3
anläßlich 189/1
sich anmaßen 66/4 b
anmaßend 84/6
die Anmut 138/2
annähernd 180/1
die Annalen 120/2 i
annehmen als 97/4
sich annehmen 101/3; 239/3 c
das Anrecht 141/8
ans 107/6; 192/3.1.1
ansässig 158/4
anscheinend 185/4; 242/5
der Anschluß 141/8
ansichtig 143/7; 153
sich ansiedeln 104/4
(an)statt 153; 188/3 d; 189/1
(an)statt+daß 192/3.2.3; 204/2.7.2; 208; 273/3
(an)statt zu 192/3.2.3; 204/2.7.2; 208; 273/3; 279/3; 291/13 d
anstelle 189/1; 193
anstößig 154/3
−ant 117/1; 136/3/4 a; 151/4
das Antlitz 137/2
der Antrag 125/3
antragen 99/4
antun 239/2 a
die Antwort 137/2
antworten 98/1; 103/5; 261/2
an...vorbei 190/2.2.1
−anz 117/2
sich anzünden 66/5 b
die Äonen 120/2 e
der Apfel 124/1 d
−ar 136/3; 151/4
−är 117/3; 136/3/4 a; 151/4
arbeiten 75/5 a; 86/3 b; 102/3
−arch 126/3
arg 147/3 b
der Ärger 141/8
ärgerlich 154/3; 156/4
ärgern 68/4 b
sich ärgern 102/2
der Arm 125/2
arm 147/3 b; 150/2; 156/4
die Armut 121/3 d
die Art 127/1
−arten 121/3 b
−artig 152/2
der Arzt 125/3; 129/2 c
der Ast 125/3
aß ↗ essen 62
−at 117/3; 129/3 d/5 a; 136/3; 151/4
−ata 119/3 d
−ät 117/2

der Atem 121/3 d
der Atlas 119/6
ätsch! 212/2.2
ätzen 86/5 b
Au, au 283/2 a
−au− 13/6 e; 44/4
Äu äu 283/2 a
−äu− 13/6 e; 44/4
auch 189/1; 200/3 a; 202/1; 235/4; 248/2 a; 255/5 c
auf 181/4 a; 188/3 a/3 b/6 a; 191; 193; 243/7 a/7 b
auf− 75/5 b; 88/6 a; 99/4
auf! 214/1 b
aufbürden 99/4
auf daß 205/3 c; 271/5
auferlegen 93/5/6
auferstehen 92/3
auffallen 98/2
auffordern 103/4; 260/6
aufgebracht 156/4
aufgrund 189/1; 196, 243/7 i; 244/2
sich aufhalten 66/5 a; 104/4
aufhören 102/3; 260/5
aufmerksam 156/4
aufrechterhalten 92/1 a
aufs 188/3 c; 192/3.1.1.
aufs (auf das) 147/6; 186/3
aufstehen 92/1 a
der Auftakt 141/8
aufwachen 70/2 a
aufwarten 98/2
aufzwingen 239/2 a
das Auge 128/3; 289
aus 140/5; 188/3 a/3 d; 190/2.2.1; 194; 218/3 c; 243/7 c/7 i; 244/2
sich ausbitten 66/4 b
der Ausdruck 125/3
die Ausfahrt 141/8
ausfindig 143/7
die Ausflucht 127/2 b
ausgeführt 158/6
ausgerechnet 235/4
ausgewandert 158/6
aushändigen 239/2 a
die Auskunft 127/2 b
die Auslagen 120/2 h
das Ausland 138/1
ausnehmend 184/2.5.2
(sich) ausruhen 66/6
aussehen 102/3
der Ausweg 141/8
der Auswuchs 125/3
sich auszeichnen 102/3
außen 182/2
außer 188/3 a/3 d; 190/2.2.2; 190/2.3.2; 194
außer daß 208; 273/3
außerdem 202/1; 247/5 a; 248/2 a
der äußere 148/3

außerhalb 189/1; 194
außerordentlich 148/4 a; 184/2.5.2
äußerst 148/4 a; 184/2.5.2
außer wenn 272/4; 273/3
autsch! 212/2.2
die Axt 127/2 b
ay 283/2 a
die Azoren 120/2 c; 132/1

B B b 283/1; 283/3; 286
der Bach 125/3; 134/2
die Backe 113/2.6
der Backen 113/2.6
backen 51/10; 61
das Bad 128/1
baden 15/9
badisch 142/4
bäh! 212/2.2; 213/4 a
die Bahamas 120/2 c
die Bahn 127/1
bahnen 87/5 c
bald 183/2; 186/4
bald...bald 200/3 d; 202/3; 247/5 c; 248/2 c
der Balkan 112/3
der Balkon 125/5; 287/3 f
der Ball 125/3
das/der Band 116/3; 134/3
die Band 116/3
das Band 116/3; 122/3.4; 128/3
band ↗ binden 61
bändigen 87/5 c
bang 147/3 b
bange 156/4
bange machen 181/4 d
bangen 68/4 b
es bangt 103/5
die Bank 122/3.4; 127/2 b
bar 150/2; 153
−bar 77/9 f; 151/3; 154/5
der Bär 126/6
der Barsch 125/2
der Bart 125/3
batsch! 213/4 b
der Bau 122/3.4; 125/2
das (der) Bauer 116/3
der Bauer 116/3; 124/1
der Baum 111/6; 125/3; 134/2
bauz! 213/4 b
der Bayer 124/1
Be− 128/2 b; 137/1
be− 37/1 b; 75/5 b; 86/5 c; 88/1 a; 89/9 b; 89/10; 90/2 a; 99/3; 152/4.2
beabsichtigen 260/5
der Beamte 146/2.5.3
beantragen 61/9
beauftragen 61/9
bechern 39/4
sich bedanken 102/2
bedecken 89/10

305

sich bedienen 101/3
bedürfen 14/6; 23/9; 100/2
bedürftig 153
sich beeilen 66/4 a
sich befassen 102/3
befehlen 48/2 a; 61; 99/3
sich befinden 66/5 a; 104/4
befindlich 77/9 e; 158/4
befleißen 49/5
sich befleißen 61
sich befleißigen 101/3
befreien 89/9 b
befrieden 87/5 c
befriedigen 87/5 c
sich begeben 66/4 a; 104/4
begegnen 70/2 b; 98/1
die Begegnung 141/8
begehren 100/4 a
begeistern 89/10
begeistert 156/4
begierig 156/4
zu Beginn 108/7
beginnen 49/3; 61; 102/3; 260/5
sich begnügen 66/4 a; 102/3
begreiflich 154/3
begrenzen 89/10
begriffen 77/9 e
behagen 68/4 b
behaglich 154/3
behalten 96/7
beheimatet 158/4
sich behelfen 66/4 a
behilflich 154/3
behufs 189/1
bei 188/3 a/3 b; 190/2.2.1; 194; 243/7 m/7 n
bei– 99/4
beide 145/2.3.2; 177/5
beiderseits 189/1; 195
beifügen 99/4
das Beil 128/2 a
beim 75/4; 192/3.1.1
beimischen 99/4
das Bein 128/2 a
beinahe 180/1; 184/2.5.2
beipflichten 98/2
beisammen 184/2 b
beistehen 98/2
beistimmen 98/2
beißen 49/5; 61; 86/2
der Beitrag 125/3
beitragen 102/3
beitreten 98/2
beiwohnen 98/2
beizeiten 181/4 c
beizen 39/5; 86/5 b
bekannt 154/3; 156/4
bekennen 240/3
sich beklagen 66/5 a; 102/3
bekommen 77/9 d; 96/7
bekömmlich 154/3
sich bekümmern 102/2
belasten 87/5 c

belästigen 87/5 c
sich belaufen 102/2
belehren 101/2 a; 239/3 b
belehrend 84/6
belesen 85/10
beliebt 156/4
es beliebt 98/4
sich bemächtigen 66/4 a; 101/3; 239/3 c
bemerken 82/4 c; 261/2
sich bemühen 66/5 a; 102/2; 260/5
bemuttern 39/4
benachbart 154/3
benutzen 103/4
bequem 154/3
berauben 101/2 a; 239/3 b
der/das Bereich 113/2.5
bereit 156/4
bereiten 99/3
bereits 181/4 b; 244/3 c
die Bereitschaft 141/8
bergab 181/4 c
bergauf 243/7 b
bergen 48/2 c; 61
der Bericht 125/1
berichten 99/3; 103/5; 239/2 b
die Bermudas 132/1
bersten 48/2 c; 61
berufen 88/2
sich berufen 102/2
beruhigen 89/9 b
besänftigen 87/5 c
beschämt 156/4
bescheiden 156/4
beschönigen 87/5 c
sich beschränken 102/2
beschuldigen 101/2 a; 239/3 a
sich beschweren 66/5 a
beschwerlich 154/3
sich besinnen 66/4 a; 101/3; 102/2
die Besinnung 141/8
besitzen 14/5; 75/5 a
besonders 148/4 a
besorgt 156/4
besser 148/1; 186/4
bessern 39/4; 87/5 d
es bessert sich 69/7
best 186/4
best– 148/1
–bestallt 158/7
bestehen 102/3
bestellen 88/2
sich bestellen 66/5 b
bestimmt 185/4; 242/5
bestürzt 156/4
der Besuch 125/2
besuchen 91/5
sich beteiligen 102/3
die Beteiligung 141/8
beteuern 39/4
der Betrag 125/3

sich betragen 66/5 a
betreffend 84/5
betreffs 189/1
der Betrug 121/3 d
das Bett 128/3; 289
sich beugen 99/6
bevor 203/2.6.2 b; 208; 211; 268; 282/9
bevorstehen 92/1 a
bewandert 156/4
bewegen 44/4; 51/9 a; 59/5; 61
sich bewerben 66/4 a; 67/7
bewilligen 99/3; 239/2 a
bewohnen 14/5; 14/6
bewundern 39/4
bewußt 153; 154/3
bezahlen 239/2 a
bezeichnend 156/4
bezichtigen 101/2 a; 239/3 b
sich beziehen 102/2
beziehungsweise 201/3; 202/2
bezüglich 189/1
biegen 50/8; 61; 86/2
bieten 50/8; 61; 99/2
das Bild 128/1
billig 154/3
bim bam! 213/4 b
binden 49/4; 61
binnen 188/3 b; 190/2.2.2; 194
bis 188/3 a/3 b; 190/2.3.1; 192/3.2.1; 192/3.2.3; 194; 195; 201/3; 203/2.6.2 b; 208; 268/4
bis dahin 183/3
bis daß 200/3 c; 203/2.6.2 b; 268/4
bisher 169/6 a; 183/3
bis in die Nacht 243/7 e
bis jetzt 183/3
bisweilen 183/4
ein bißchen 175/7 e
Bitte 221/7
bitten 47/1 b; 61; 97/2; 103/4; 240/1
bitzeln 86/5 b
blasen 50/7; 61
blaß 147/3 b; 156/4
das Blatt 128/1
die Blattern 120/2 f
das Blech 128/2 a
bleiben 50/6; 61; 69/6 a; 70/2 c; 75/5 a; 82/4 d; 95/15.1; 100/6; 216/1.1; 218
bleiben zu 217/5 a
bleichen 49/5; 59/5; 61; 87/5 c 87/5 c
bleiern 142/4
blind 156/4
blinzeln 39/4
es blitzt 68/3
der Block 122/3.4
bloß 185/4 c/4 g; 242/5

blühen 14/3; 75/5 a; 88/6 a; 89/6 b
der Bock 125/3
der Boden 124/1 d
der Bogen 122/3.4; 124/1 d; 134/3
bomben 39/5
das Boot 128/2 a
borgen 99/2
böse 150/2; 155/5.5.2; 156/4
der Bösewicht 125/5
der Bote 289
der Brand 125/3
braten 50/7; 61
der Brauch 125/3
brauchen 15/17; 23/6; 83/5 a; 260/5; 282/2 c; 291/13 d
brauchen zu 217/5 b
es braucht 100/3
brausen 69/6 c
die Braut 127/2 b; 134/2
bravo! 214/1 b
brechen 48/2 b; 61; 70/3 a
breit 155/5.4.2
brennen 58/1; 61; 88/6 a
das Brett 128/1
die Briefschaften 120/2 i
bringen 58/2; 61; 75/5 a; 99/2
bröckeln 39/4
die Bronze 112/5
das Brot 128/2 a
brr! 212/2.2; 213/3 d
der Bruch 125/3
der/das Bruch 113/2.5
der Bruder 124/1 d; 288
die Brunst 127/2 b
die Brust 127/2 b
sich brüsten 101/3
das Buch 128/1; 287/3 a
die Bucht 127/1; 134/3
bücken 87/6 a
sich bücken 66/4 a
der Bulle 114/1
die Bulle 114/1
der Bund 116/3; 125/3
das/der Bund 134/3
das Bund 116/3
die Burg 127/1
das Bürgertum 121/3 c
der Busch 125/3
die Butter 287/3 d
bzw. = beziehungsweise 290/5

C C c 283/1; 286
ch 283/2 b
–ch 136/4 a
der Charakter 119/6
die Chemikalien 120/2 i
–chen 75/5 b; 112/9; 124/2; 129/3 b/5 a; 135; 136/4 c; 161/4
der Chor 114/1
das, der Chor 114/1

Jesus Christus 131/4.9.3
n. Chr. = nach Christus 131/4.9.2
v. Chr. = vor Christus 131/4.9.2
chs 283/2 c
ck 283/2 b

D D d 283/1/3; 286
–d 35/5 c; 126/3; 147/3 b
da 167/5; 169/5 a/6 a/8 a; 171/6; 181/4 a; 182/2; 183/2; 185/2/4 c; 200/4; 201/2/3; 203/2.5/2.6.2 a/2.6.2 b; 205/3 a; 211; 243/7 a; 247/5 b; 249/8; 259/2; 267/5.4.1.2; 268/3 b; 269/7 b; 271/1; 274/5.4.5.2; 276/4
da(r) + Präp. 157/5.6; 168
dabei 182/2
das Dach 128/1
der Dachs 125/2
da drüben 235/3
dadurch 168/1; 169/8 d; 200/4; 208
dadurch, daß 204/2.7.2; 270/2; 271/3
dadurch, weil 271/3
dafür 159/6; 183/2.3.2; 251/2 c
dagegen 202/2.3.1; 250/2 d
daher 169/8 a/9; 182/3; 183/2.3.2; 200/4; 201/3; 203/2.5; 205/2 b; 251/2 b; 267/5.4.1.2; 271/2; 291/14
dahin 169/5 c/9; 182/4; 200/4; 203/2.5; 267/5.4.1.2
damals 183/2
damit 83/6; 168/1; 169/8 b/8 d; 205/3 c; 208; 271/5
der Damm 125/3
es dämmert 68/3
der Dampf 125/3
dampfen 87/5 c
danach 183/2; 183/2.3.2
daneben 182/2
dank 188/6 b; 190/2.2.1; 195
dankbar 154/3; 155/5.3
Danke 221/7
danken 98/1
danksagen 92/1 c
dann 169/6 a; 181/4 a; 183/2; 200/3 a/4; 202/1; 203/2.6.1 a; 208; 248/2 d; 262/2; 272/2; 274/5.4.5.2
dann und wann 169/6 b; 183/4
daran 181/4 c; 182/2; 247/5 b; 271/2
darauf 168/2; 169/6 a; 182/2; 183/2; 203/2.6.2 a; 248/2 d; 262/2
darben 86/3
darein 182/4

darin 182/2
darnach 183/2.3.2
darob 183/2.3.2
darstellen 92/1 a; 93/5
darüber 182/2; 183/2.3.2
darum 168/1; 169/8 a; 200/3 c/4; 205/2 b/2 c; 209; 247/5 a; 251/2 b/2 c; 271/2; 274/5.4.5.2; 291/14
darum doch 251/3
darunter 182/2; 183/2.3.2
das 68/5; 106; 159/3 d/5; 166/2; 170; 171/7 c/9; 220/4; 223/8; 247/5 b; 275; 276/1/3 d; 277; 291/13 d
daselbst 182/2
dasjenige 166/2/4
dasjenige, das 171/7 a
dasselbe 166/3
dasselbe, das 171/7 b
daß 81/8; 83/6; 204/2.8.2; 205/3 b/3 c; 208; 259/3 a; 260/2; 261/4; 271/2/5; 274/5.4.4.4.1
daß doch 185/4 e
dauern 104/3
es dauert 101/4
davon 168/1; 169/8 a; 271/2; 274/5.4.5.2
dazu 168/1; 169/8 b; 183/2.3.2; 200/4; 205/2 c; 251/2 c; 291/3 d
dazwischen 182/2
–de 111/9; 134/5.1
dein 146/2 b; 159/3 b; 160/2 a; 162; 163
deine 164/1
deiner 160/2; 164/2
deinige 164/1
deixel auch! 214/1 a
demnach 183/2.3.2; 205/2 b; 251/2 b
denkbar 148/4 c
denken 44/4; 58/2; 61; 102/2; 261/2
denn 185/3/4 c; 200/3 a; 204/2.7.2; 205/2; 206/2 a; 208; 211; 228/1; 247/5 a/7 c; 251/2 a; 255/5 a; 291/14
dennoch 202/2.3.1; 247/7 c; 250/2 d; 273/1
der 106; 159/3 d/5; 166/2; 170; 171/7 c/9; 275; 276/1/2; 277
derartig 274/5.4.4.4.1
deren 165/4
dergestalt 184/2 b; 274/5.4.4.4.1
derjenige 145/2; 166/2/4; 277/5
derjenige, der 159/3 d; 171/7 a
derjenige, welcher 170/4
dermaßen 274/5.4.4.4.1
derselbe 145/2; 166/3; 277/5

307

derselbe, der 159/3 d; 171/7 b
desgleichen 202/1; 248/2 a
deshalb 173/7; 183/2.3.2;
　200/3 c; 205/2 b; 209;
　251/2 b; 271/2; 291/14
dessen 160/2 c; 165/4
dessenungeachtet 200/3 c;
　273/1
desto 204/2.7.2; 270/6
deswegen 205/2 b; 209;
　251/2 b/3; 271/2; 274/5.4.5.2
deuten 99/2
die Diäten 120/2 g
dich 160/2
dick 155/5.4.2
dickköpfig 152/5
die 106; 159/3 d/5; 166/2;
　171/7 c/9; 275; 276/1/2; 277
diejenige 166/2/4
diejenige, die 171/7 a
dienen 98/1; 102/3
dienlich 154/3
dienstbar 154/3
es dient 103/5
dies 166/2; 220/4; 223/8
dieselbe 166/3
dieselbe, die 171/7 b
dieser 145/2; 159/3 c; 165/3;
　167/5
diesseits 182/2; 189/1; 195
dieweil 271/1
diktieren 39/5
das Ding 122/3.4; 128/3
dingen 49/4; 59/5; 61
dir 160/2
DM 290/5
doch 74/6; 185/3/4/4 e;
　200/3 a; 202/2.3.1; 205/2 a;
　206/3; 209; 228/3.1.3; 230/1;
　231/1/5; 242/5; 250/2 d;
　251/2 a/3; 255/5 b/7 d;
　273/1; 291/12 e/14
doch nur 231/5
der Docht 125/2
der Doktor 119/6; 125/5
der Dolch 125/2
der Dom 125/2
der Donner 121/3 d
es donnert 68/3
Donner und Doria! 214/1 a
doppelt 178/8
das Dorf 128/1
der Dorn 122/3.4; 125/5
dort 167/5; 169/5 a; 181/4 a;
　182/2; 235/3; 267/5.4.1.2;
　274/5.4.5.2
dorther 169/9; 182/3; 243/7 c
dorthin 169/5 c/9; 181/4 c;
　182/4
dortig 142/4
der/das Dotter 113/2.5
Dr. = Doktor 130/5
der Draht 125/3

dran 169/10; 182/2
drängen 39/5; 86/5 a; 103/4
die/das Drangsal 113/2.5; 288
drauf 169/10; 182/2
draus 169/10
draußen 182/2; 244/1
drei 144/2; 176; 177/6
drein 169/10
dreiviertel 285/2
dreschen 51/9 b; 61
drin 169/10; 182/2
dringen 49/4; 62
drinnen 182/2
zu dritt 177/6
droben 182/2
drohen 14/6; 98/1; 217/5 c;
　291/13 d
drüben 182/2
drüber 182/2
drum 169/10
drunten 182/2
drunter 182/2
du 159/3 a; 160; 161/1
der Duft 125/3
duften 69/6 c; 102/3
dumm 147/3 b
die Dummheit 121/3 d
das Dunkel 146/2.5.3
es dunkelt 68/3
dünken 58/2; 59/5; 62; 240/3
sich dünken 95/15.1; 218
der Dunst 125/3
durch 76/6; 96/3;
　188/3 a/3 b/3 d; 190/2.3.1
　195; 243/7 h
durch– 94/1
durchaus 185/4 f; 282/6
durchbohren 94/3
durchbrechen 94/2
durchschneiden 94/2
durchsetzen 94/2
dürfen 22/4 b; 25; 30/2;
　33/7 b; 60/3; 62; 79/8; 81/9;
　282/2 b
der Durst 121/3 d
dürsten 68/4 b
duzen 39/5

E E e 283/1; 286
–e– 13/6 f; 35/7; 44/4; 45/8;
　138/4
–e 111/9; 112/3; 117/2;
　118/3 b; 119; 125; 126/1/3;
　127/2; 128/2; 131/2;
　133/2/3; 134/5.1
eben 235/4
ebenbürtig 155/5.3
ebenfalls 184/2 b; 248/2 a
ebenso 149/5 a; 204/2.7.2;
　248/2 a; 249/8; 270/5
das Eck 113/2.6
die Ecke 113/2.6
die Effekten 120/2 h

ehe 203/2.6.2 b; 208; 211;
　268/4; 282/9
ehebrechen 88/3
ehemals 183/2
eher 149/6 a/7; 186/4;
　203/2.6.2 a; 211
ehest 186/4
ehrgeizig 156/4
Ei ei 283/2 a
das Ei 128/1
ei! 212/2.2
–ei 111/10; 112/3; 127/4; 136;
　136/4 b
eiapopeia! 212/2.2
der Eid 141/8
ei der daus! 214/1 a
eifersüchtig 156/4
eigen 165/2
das Eigentum 141/8
eigen(tümlich) 154/3
in Eile 188/3 c
eilen 69/6 d; 70/3 b
sich eilen 66/5 a
eilends 244/3 c
ein 106; 146/2 c; 177/4
ein– 75/5 b; 88/6 b; 99/4
einander 67/10; 153/3 a; 161/5
ein anderer 270/3 b
sich einbilden 66/4 b
die Einbuße 141/8
der/die/das eine 175/7 b
der eine – der andere 167/6
einer 159/5; 174/3; 175/7 b
einerlei 180/2 d
einerseits...ander(er)seits
　202/3; 247/5 c; 248/2 c
einesteils...anderteils
　248/2 c
einfach 156/4; 185/3
einfallen 98/2
sich einfinden 104/4
einführen 92/1 a
eingedenk 143/7; 153
eingeführt 158/6
der Eingriff 141/8
einhändigen 99/4; 239/2 a
einhergehen 92/1 a
einige 175/7 c; 180/2
einigemal 180/2 b
einiges 170/4; 175/7 c
einkehren 70/2 b
die Einkünfte 120/2 h
einladen 103/4
einleuchten 98/2
sich einnisten 104/4
sich einquartieren 104/4
eins 176; 177/4 d
einschlafen 70/2 a; 88/6 a
einschläfern 39/4
einschreiten 102/2
ein solcher 274/5.4.4.4.1
einst(mals) 183/2
einstweilen 183/3

eintragen 99/4
eintreffen 70/2 b
einverstanden 156/4
der Einwand 125/3
einwilligen 102/2
eisern 142/4
eitel 156/4
der Ekel 115/2
das Ekel 115/2
es ekelt 98/4; 103/5
–el 34/3; 110/11; 124/1 a/2; 127/3; 129/3 a/5 a; 131/1; 134/5.1; 136/4 a; 146/2.5.1; 147/3 a
die Elektrische 146/2.5.3
–ell 117/3; 151/4
–eln 39/4; 75/5 b; 86/3 d
die Eltern 120/2 a
–em 129/3 a/5 a
Emp– 137/1
emp– 37/1 b; 90/2 a
empfänglich 156/4
die Empfänglichkeit 141/8
empfehlen 48/2 a; 62; 239/2 b; 260/6
auf Empfehlung 108/7
empfinden 91/5
empfindlich 156/4
–en 34/3; 35/5 d; 44/2; 86/3 d/5 c; 110/11; 118/3 d; 119; 123/5 a; 124/1 b/2; 126; 127; 129/3 a/5 a; 131/1; 138/4; 146/2.5.1; 147/3 a; 150/4.1; 151/2
–end 84/2; 151/2/4; 278; 280
–(e)nd 36/1 c
das Ende 128/3
enden 87/5 c
endlich 183/2; 200/3 c; 202/1; 228/1; 248/2 d
Ent– 137/1
ent– 37/1 b; 75/5 b; 88/1 a; 89/7/9 b; 90/2 a; 99/3; 117/1; 136/3; 151/4
sich entäußern 101/3
entbehren 100/3
entbinden 101/2 b; 239/3 b
entern 39/4
entfallen 70/2 b
entfernen 89/9 b
sich entfernen 66/5 a
entfernt 155/5.4.2
entfliehen 70/2 b; 98/1
entfremden 89/9 b
entgegen 190/2.2.1/2.2.3
entgegen– 99/4
entgegengehen 98/2
entgegensetzen 99/4
das Entgelt 137/2
sich enthalten 101/3; 239/3 c
entheben 101/2 a; 239/3 b
entkleiden 101/2 a
entlang 190/2.3.2

sich entledigen 101/3; 239/3 c
entraten 100/2
entreißen 239/2 a
entrüstet 156/4
entsagen 98/1
der Entscheid 125/1
sich entscheiden 66/5 a; 102/2
sich entschließen 66/4 a
entschlossen 156/4
entsetzen 101/2 b
sich entsinnen 101/3
entsprechend 84/6; 190/2.2.3
entweder 206/3; 255/5 b; 291/13 a
entweder...oder 200/3 d; 203/2.4; 209; 250/2 c
entwenden 99/3
sich entwöhnen 101/3
entziehen 99/3
–enz 117/2
Er 161/1
er 159/3 a; 160
Er– 137/1/2
er– 37/1 b; 88/6 b; 89/9 a/9 b; 90/2 a
–er– 34/3
er– 75/5 b; 99/3; 110/11; 118/3 c; 119/3.2.1; 124/1 c/2; 125/4; 127/3; 128/1; 129/3 a/5 a; 131/1; 135; 136/4 a; 138/4; 146/2.5.1; 147; 147/3 a; 186
erarbeiten 89/6 b
sich erbarmen 101/3
es erbarmt 101/4
der Erbe 115/2
das Erbe 115/2
erbost 156/4
auf Erden 108/6
erdenklich 148/4 a
sich erdreisten 101/3
sich ereignen 66/4 a
erfahren 156/4
erfinden 14/5
der Erfolg 125/2
es ist erfolgt 70/2 a
sich erfreuen 66/5 a; 101/3; 102/3
ergeben 154/3
ergrimmt 156/4
erhaben 156/4
erhalten 77/9 d; 96/7
sich erheben 66/5 a
sich erholen 66/4 a; 102/3
erinnerlich 154/3
erinnern 39/4; 103/4
sich erinnern 66/5 a; 101/3; 102/2
die Erinnerung 141/8
sich erkälten 66/4 a
erkältet 85/10
erkennen 88/2; 103/4
das Erkenntnis 114/1

erklären 239/2 b; 240/3
erklären für 97/4
erkranken 70/2 a; 102/3
sich erkundigen 66/4 a
sich erkühnen 66/4 a
erlauben 99/3; 260/6
sich erlauben 66/5 b
–erlei 179/5
erlöschen 51/9 b; 62; 70/2 a
ermahnen 260/6
ermangeln 100/2
ermitteln 39/4
ermöglichen 89/9 b
ermüden 89/9 b
–ern 39/4; 75/5 b; 86/3 d; 87/6 b; 150/4.1
ernennen 103/4
ernennen zu 97/4
erpicht 156/4
erreichen 89/6 b
erröten 70/2 a
erschallen 51/9 b
erscheinen 218
erschlaffen 70/2 a
erschrecken 102/3
erschüttern 39/4
erst 202/1; 235/4; 248/2 d
erst...dann 247/5 c
erstarren 70/2 a
erstaunt 156/4
erstens 200/3 b; 202/3; 248/2 c
ersticken 70/3 a
erstlich 248/2 d
sich erstrecken 66/4 a; 104/4
ersuchen 260/6
ertrinken 89/6 b
sich erübrigen 66/5 a
sich erwehren 101/3
erweisen 99/3
der Erwerb 125/1
erwünscht 154/2
das Erz 128/2 a
Erz– 137/2
erz– 152/4.2
erzählen 99/3; 103/5
Es 161/1 d
es 68; 69; 76/4; 96/2/5; 99/5; 123/5 a; 138/4; 159/3 a; 160; 218/3 d; 220/3/4; 221/8/9; 223/8; 227/9 a; 241/5 d; 254/2 b; 255/7 d; 258; 260/2; 291/13 d
es sei denn 250/2 c; 272/4
es sei denn, daß 208
essen 47/1 b; 62; 86/2
–et– 38/1
–(e)t 35/5 d; 36/1 e
–et 151/2/4
etliche 175/7 c; 180/2
etlichemal 180/2 b
–ett 117/3
–ette 111/2
etwa 180/1; 185/4 c/4 d; 282/2 d

etwas 148/4 b; 170/4; 174/5; 175/7 e; 180/2; 184/2.5.2; 277/5
Eu eu 283/2 a
euch 160/2
euer 146/2 b; 159/3 b; 160/2; 162; 163
—eur 136/3/4 a
eure 164/1
eurer 164/2
eurige 164/1
—euse 111/2; 136/3/4 b
Ew. 165/6
ey 283/2 a

F F f 283/1; 286
das Fach 128/1
—fach 152/2; 178/8
der Faden 124/1 d
fähig 153; 156/4
—fähig 152/2
fahnden 102/3
das Fahren 83/8
fahren 51/10; 54; 55; 62; 70/3 b; 82/4 d; 86/1/2; 88/6 a; 104/3
die Fahrt 83/8; 127/1; 134/3
es fährt sich 69/7
der Fall 125/3
im Falle 272/1
im Falle (daß) 205/3 d; 208
fallen 50/7; 62; 70/2 b; 86/1/2; 88/1 b
fällen 39/5; 75/5 b; 86/1/3/5 a
falls 205/3 d; 209; 211; 272/1
— falls 181/4 c
— faltig 152/2
fangen 50/7; 62
fast 180/1; 184/2.5.2; 282/6
die Fasten 120/2 e
das Faß 128/1
die Faust 127/2 b
fechten 51/9 b; 62
fehlen 98/1
fehlschlagen 92/1 c
es fehlt 68/4 a; 103/5
feil 156/4
der Feind 125/1
feind(lich) 143/7; 154/3
das Feld 128/1
der Felsen 124/1 b
die Ferien 120/2 e
fern 154/3; 155/5.4.2; 190/2.2.1; 198
ferner 200/3 b; 202/1; 248/2 d
fertig 156/4
das Fest 128/2 a
fest 186/2
festbinden 92/1 b
festigen 39/5; 87/5 c
feuern 39/4
fiebern 102/3
filmen 39/5

der/das Filter 113/2.5
die Finanzen 120/2 h
finden 14/1 c; 14/5/6; 49/4; 56; 62; 75/5 a; 82/4 c; 97/5; 240/4
der Fink 126/6
der Fisch 125/1; 134/2
fischen 86/3 b; 102/3
flechten 51/9 b; 62
der Fleck 124/1 b
der Flecken 124/1 b
das Fleisch 121/3 b
fliegen 50/8; 62; 104/3
fliehen 62; 102/3
fließen 51/8 b; 62; 70/2 b; 86/2
flimmern 69/6 c
flirten 39/5
die Flitterwochen 120/2 e
das Floß 288
fluchen 98/1
die Flucht 134/3
flüchten 102/3
(sich) flüchten 66/6
flugs 181/4 b
der Flur 116/3
die Flur 116/3; 127/1
der Fluß 125/3
flüstern 261/2
die Flut 127/1
folgen 98/1
folglich 205/2 b; 247/7 c; 251/2 b
fordern 260/6
forschen 102/3
fort 182/4
fortfahren 260/5
forthin 169/6 a
fragen 62; 86/3; 97/2; 102/3; 103/4; 240/1
die Frau 127/1; 289
Frau 130/6
Fräulein 130/6
frei 155/5.5.2; 156/4
—frei 152/2
freigebig 156/4
freilich 185/4; 202/2.3.1; 250/2 a
freisprechen 92/1 b
fremd 154/3
fressen 47/1; 62
freuen 68/4 b
sich freuen 66/5 a; 102/2; 260/5
der Freund 125/1
freund 143/7; 154/3
freundlich 155/5.5.2; 156/4
der Friede(n) 124/1 b
frieren 50/8; 62; 68/4 b
es friert 68/3
die Frist 127/1
froh 153; 156/4
frohlocken 91/4 b

fromm 147/3 b
frömmeln 39/4
frommen 98/1
frönen 98/1
der Frosch 125/3
der Frost 125/3
frösteln 39/4; 68/4 b
die Frucht 127/2 b
früh 183/2
früher 183/2
frühstücken 90/4 a; 91/5
sich fügen 99/6; 102/2
fühlen 82/4 c; 97/5; 240/3/4
führen 82/4 d; 86/1/3/5 a; 88/1 b; 104/3; 105/5
füllen 87/5 c
der Fund 125/2
für 97/4; 154/2; 188/3 d; 190/2.3.1; 195; 219/3 a/3 b; 240/3
die Furcht 121/3 d; 141/8
sich fürchten 102/3; 260/5
die Fürsorge 141/8
die Furt 127/1; 134/3
fürwahr 185/4
zu Fuß 108/6; 125/3; 188/3 c
futtern 39/4
füttern 39/4

G G g 283/1/3; 286
gack gack! 213/4 a
gammeln 39/4
die Gans 127/2 b
ganz 180/2; 184/2.5.2
gänzlich 184/2.5.2
gar 148/4 a; 175/7 h; 184/2.5.2; 282/6
gar zu 184/2.5.2
gären 44/4; 51/9 a; 59/5; 62
der Garten 124/1 d; 287/3 b
der Gast 125/3
der Gau 125/2
Ge— 112/8; 121/3 c; 128/1 b/2 b; 137/1
ge— 13/6 a; 23/5 b; 37/1 b/5.3; 75/5 b; 88/6 b; 90/2 a; 92/2; 99/3; 152/4.2
gebacken ↗ backen 61
gebären 48/2 a; 62
geben 14/1 c; 47/1 a; 62; 99/2; 239/2 a
gebeten ↗ bitten 61
gebieten 102/2
das Gebirge 121/3 c
gebissen ↗ beißen 61
geblasen ↗ blasen 61
geblichen ↗ bleichen 61
geblieben ↗ bleiben 61
gebogen ↗ biegen 61
geboren ↗ gebären 62
geborgen ↗ bergen 61
geborsten ↗ bersten 61

geboten ↗ bieten 61
gebracht ↗ bringen 61
gebrannt ↗ brennen 61
gebraten ↗ braten 61
es gebricht 68/4 a; 103/5
gebrochen ↗ brechen 61
die Gebrüder 120/2
gebunden ↗ binden 61
gebürtig 158/4
gedacht ↗ denken 61
gedeihen 50/6; 62; 70/2 a
gedenken 14/6; 100/2
gedeucht ↗ dünken 62
gedieh ↗ gedeihen 62
gediehen ↗ gedeihen 62
gedroschen ↗ dreschen 61
gedrungen ↗ dringen 62
die Geduld 287/3 d
sich gedulden 66/4 a
gedungen ↗ dingen 61
gedurft ↗ dürfen 62
geeignet 155/5.5.2; 156/4
Gefahr laufen 217/6
sich gefährden 66/5 a
gefahren ↗ fahren 62
gefährlich 154/3
gefallen 68/4 b; 98/1
gefallen ↗ fallen 62
gefangen ↗ fangen 62
gefaßt 156/4
gefeit 156/4
geflochten ↗ flechten 62
geflogen ↗ fliegen 62
geflohen ↗ fliehen 62
geflossen ↗ fließen 62
gefochten ↗ fechten 62
gefragt ↗ fragen 62
gefressen ↗ fressen 62
gefrieren 70/2 a; 89/6 b
gefroren ↗ frieren 62
gefühllos 156/4
gefunden ↗ finden 62
gegangen ↗ gehen 62
gegeben ↗ geben 62
gegen (gen) 154/2; 188/3 a; 190/2.3.1; 195; 285/3
gegen– 89/7
gegenüber 182/2; 190/2.2.1/2.2.3; 195
gegessen ↗ essen 62
geglichen ↗ gleichen 62
geglitten ↗ gleiten 62
geglommen ↗ glimmen 62
es ist geglückt 70/2 a
gegolten ↗ gelten 62
gegoren ↗ gären 62
gegossen ↗ gießen 62
gegraben ↗ graben 62
gegriffen ↗ greifen 62
sich gehaben 89/6 b
gehabt ↗ haben 62
der Gehalt 115/2
das Gehalt 115/2

gehalten ↗ halten 62
gehangen ↗ hängen 62
gehauen ↗ hauen 62
geheißen ↗ heißen 62
gehen, geh(e)n 16; 44/4; 60/2; 62; 69/6 d; 70/2 b; 82/4 d; 104/3; 105/7
gehoben ↗ heben 62
geholfen ↗ helfen 62
gehorchen 98/1
gehören 98/1
gehorsam 154/3
es geht 98/4
es geht sich 69/7
der Geist 125/4; 289
gekannt ↗ kennen 63
geklommen ↗ klimmen 63
geklungen ↗ klingen 63
gekniffen ↗ kneifen 63
gekommen ↗ kommen 63
gekonnt ↗ können 63
gekoren ↗ küren 63
gekrochen ↗ kriechen 63
geladen ↗ laden 63
gelang ↗ gelingen 62
gelangen 70/2 b; 77/9 c; 104/3
gelassen ↗ lassen 63
gelaufen ↗ laufen 63
geläufig 154/3
das Gelb 146/2.5.3
das Geld 128/1
gelegen 154/3
gelegen ↗ liegen 63
–gelegen 158/7
gelesen ↗ lesen 63
geliehen ↗ leihen 63
gelingen 49/4; 62; 98/1
es gelingt 98/4
gelitten ↗ leiden 63
geloben 99/3
gelogen ↗ lügen 63
gelt? 213/3 c
gelten 48/2 c; 62
gelungen ↗ gelingen 62
es ist gelungen 70/2 a
gelüsten 68/4 b
es gelüstet 101/4
der Gemahl 125/2
gemahlen ↗ mahlen 63
gemäß 190/2.2.1./2.2.3
gemein(sam) 154/3
gemessen ↗ messen 63
gemieden ↗ meiden 63
gemocht ↗ mögen 63
gemolken ↗ melken 63
gemußt ↗ müssen 63
genannt ↗ nennen 63
genas ↗ genesen 62
genauso 149/5 a; 204/2.7.2
genehm 154/3
geneigt 156/4
der General 125/5

genesen 44/4; 47/1 a; 62; 70/2 a
eines Kindes genesen 100/5
genießen 51/8 b; 62
genommen ↗ nehmen 63
genossen ↗ genießen 62
genoß ↗ genießen 62
genug 83/6 b; 180/2; 184/2.5.2; 187/1; 233/4; 274/5.4.4.4.2
genügen 98/1
der Genuß 125/3
gepfiffen ↗ pfeifen 63
gepflogen ↗ pflegen 63
gepriesen ↗ preisen 63
gequollen ↗ quellen 63
gerade 235/4
gerade(n)wegs 244/3 a
geradezu 184/2 b; 204/2.7.2
gerannt ↗ rennen 63
das Gerät 121/3 c
geraten ↗ raten 63
geraten 70/2 a; 104/3
gerecht 156/4
es gereicht 103/5
es gereut 101/4
gerieben ↗ reiben 63
gerinnen 89/6 b
gerissen ↗ reißen 63
geritten ↗ reiten 63
gern/gerne 181/3/4 a; 184/2 b; 186/4
gerochen ↗ riechen 63
geronnen ↗ rinnen 63
der Geruch 125/3
gerufen ↗ rufen 63
gerungen ↗ ringen 63
gesalzen ↗ salzen 63
gesamt 180/2
gesandt ↗ senden 64
geschaffen 156/4
geschaffen ↗ schaffen 63
geschah ↗ geschehen 62
geschätzt 156/4
geschehen 47/1 a; 62; 69/6 d; 229/5
es ist geschehen 70/2 a
geschieden ↗ scheiden 64
geschienen ↗ scheinen 64
geschissen ↗ scheißen 64
geschlafen ↗ schlafen 64
geschlagen ↗ schlagen 64
geschlichen ↗ schleichen 64
geschliffen ↗ schleifen 64
geschlissen ↗ schleißen 64
geschlossen ↗ schließen 64
geschlungen ↗ schlingen 64
der Geschmack 141/8
geschmissen ↗ schmeißen 64
geschmolzen ↗ schmelzen 64
geschnitten ↗ schneiden 64
geschnoben ↗ schnauben 64
geschoben ↗ schieben 64

gescholten ↗ schelten 64
geschoren ↗ scheren 64
geschossen ↗ schießen 64
geschrieben ↗ schreiben 64
geschrie(e)n ↗ schreien 64
geschritten ↗ schreiten 64
geschunden ↗ schinden 64
geschweige (denn), daß 204/2.7.2
geschwiegen ↗ schweigen 64
die Geschwister 120/2 a
geschwollen ↗ schwellen 64
geschwommen ↗ schwimmen 64
geschworen ↗ schwören 64
geschwunden ↗ schwinden 64
geschwungen ↗ schwingen 64
gesehen ↗ sehen 64
gesessen ↗ sitzen 64
die Gesetzgebung 138/7
gesetz den Fall 272/1
das Gesicht 122/3.4; 128/3
gesinnt 49/3
gesoffen ↗ saufen 63
gesogen ↗ saugen 63
gesollt ↗ sollen 64
gesonnen 49/3
gesonnen ↗ sinnen 64
gesotten ↗ sieden 64
gespalten ↗ spalten 64
gespannt 156/4
gespie(e)n ↗ speien 64
gesplissen ↗ spleißen 64
gesponnen ↗ spinnen 64
gesprochen ↗ sprechen 64
gesprossen ↗ sprießen 65
gesprungen ↗ springen 65
gestanden ↗ stehen 65
gestatten 99/3
sich gestatten 66/5 b
gestehen 99/3
gesteckt ↗ stecken 65
—gestellt 158/7
gestern 183/2
gestiegen ↗ steigen 65
gestoben ↗ stieben 65
gestochen ↗ stechen 65
gestohlen ↗ stehlen 65
gestorben ↗ sterben 65
gestoßen ↗ stoßen 65
gestrichen ↗ streichen 65
gestrig 142/4
gestritten ↗ streiten 65
gestunken ↗ stinken 65
gesund 147/3 b; 156/4
gesunden 70/2 a
gesungen ↗ singen 64
gesunken ↗ sinken 64
getan ↗ tun 65
getragen ↗ tragen 65
getreten ↗ treten 65
getrieben ↗ treiben 65
getroffen ↗ treffen 65

getroffen ↗ triefen 65
getrogen ↗ trügen 65
getrunken ↗ trinken 65
der Gevatter 124/1
gewachsen ↗ wachsen 65
gewahr 143/7; 153; 155/5.4.1
gewahren 97/5
gewähren 99/3
gewährleisten 217/6
gewandt ↗ wenden 65
gewandt 156/4
gewann ↗ gewinnen 62
gewappnet 156/4
gewärtig 143/7; 153
gewaschen ↗ waschen 65
gewesen ↗ sein 64
gewichen ↗ weichen 65
gewiesen ↗ weisen 65
gewillt 143/7
gewinnen 49/3; 62
gewiß 153; 185, 4; 282/2 d
gewisse 159/6; 175/7 f
die Gewissensbisse 120/2 i
gewoben ↗ weben 65
gewogen 154/3
gewogen ↗ wiegen 65
gewogen ↗ wägen 65
gewöhnen 103/4
sich gewöhnen 102/2; 260/5
gewöhnlich 75/4
gewohnt 155/5.4.1
gewollt ↗ wollen 65
gewonnen ↗ gewinnen 62
geworben ↗ werben 65
geworden ↗ werden 65
geworfen ↗ werfen 65
gewrungen ↗ wringen 65
gewunden ↗ winden 65
gewußt ↗ wissen 65
geziehen ↗ zeihen 65
gezogen ↗ ziehen 65
gezwungen ↗ zwingen 65
es gibt 68/5; 96/5; 223/8
gieren 102/3
gießen 51/8 b; 62
der/die/das Gift 115/2; 128/2 a
glänzen 14/3; 69/6 c
das Glas 128/1
glatt 147/3 b
der Glaube 141/8
glauben 98/1; 102/2; 260/4/5
gleich 154/3
der, die, das gleiche 166/3
gleichen 49/5; 62; 98/1
gleichfalls 184/2 b; 248/2 a
gleichgültig 154/3; 156/4
gleich(sam) als ob 184/2 b; 207; 270/4
gleich(wertig) 155/5.3
gleichwie 204/2.7.2
gleichwohl 200/3 c; 202/2.3.1; 250/2 d; 273/1
gleiten 49/5; 62

das Glied 128/1
die Gliedmaßen 120/2 i
glimmen 51/9 b; 59/5; 62
glitzern 39/4
das Glück 121/3 d
glücken 98/1
glücklich 156/4
die Glut 127/1
gnädig 154/3
das Gold 121/3 b
gönnen 99/2
der Gott 125/4
Gott behüte! 214/1 b
das Grab 128/1
der Graben 124/1 d
graben 51/10; 62
der Grad 125/2
gram 143/7; 154/3
—graph 126/3
das Gras 128/1
grasen 86/3 b
grauen 68/4 b
grausam 156/4
es graut 103/5
greifen 49/5; 62; 102/3
grob 147/3 b
grollen 98/1
groß 147/3 b; 148/2; 150/2; 155/5.4.2; 186/2
größer 148/2
großmäulig 152/5
größt— 148/2
grübeln 39/4; 102/2
die Gruft 127/2 b
der Grund 125/3
der Gruß 125/3
die Gunst 134/3
günstig 154/3
das Gut 121/3 e; 128/1
gut 148/1; 150/2; 156/4; 186/4
der Gutenachtkuß 138/7

H H h 283/1; 286
ha! 212/2.2
das Haar 121/3 c; 128/2 a
haben 15/15; 17; 18; 19; 34/4 b; 35/5 b; 36/3; 37/5.2 b/5.2 c; 60/1; 62; 70; 75/3; 82/4 d; 83/5 a; 85/10; 86/3; 96/7; 97/5; 240/4; 256/2 a
haben zu 217/5 a
habhaft 143/7; 153
der/das Häcksel 113/2.5
der Hafen 124/1 d
—haft 151/3
der Hagel 121/3 d
es hagelt 68/3
haha! 212/2.2
der Hahn 125/3
häkeln 39/4
halb 285/2
halb— 179/7

–halb 189/5 a
halben 189/1/4/5 a
–halben 183/2.3.2
halber 188/3 d/5; 189/1/5 a
halb...halb 202/3; 247/5 c; 248/2 c
die Hälfte 179/7
der/die/das Halfter 113/2.5
hallo! 213/3 a
der Halm 125/2
der Hals 125/3
halt 185/3/4 h; 242/5
halt! 214/1 b
halten 50/7; 62
halten für 58/2; 97/4; 219/4
– haltig 152/2
haltmachen 92/1 c; 93/5
der Hammel 124/1 c
der Hammer 124/1 d
die Hand 127/2 b; 134/2; 288
an Hand 108/6; 189/1
Hand in Hand 108/5
rechter/linker Hand 244/3 a
der Handel 124/1 d
handeln 39/4
handgemein 143/7
hangen 50/7; 59/5; 62
hängen 59/5; 62; 86/5 a; 97/5; 104/3
har! 213/3 d
harren auf 100/4 b
hart 147/3 b; 156/4
der Harz 115/2
das Harz 115/2
hänseln 39/4
haschen 39/5
der Haß 121/3 d; 141/8
es hat 68/5
hauen 44/4; 50/7; 59/5; 62
häufeln 39/4
häufig 183/4
das Haupt 128/1
das Haus 128/1
Haus und Hof 108/5
nach Hause 108/6; 129/5 d
zu Hause 108/6
hausen 86/3 b; 104/3
haushalten 92/1 c
die Haut 127/2 b
heben 44/4; 51/9 a; 62; 104/3; 105/5/7
hecheln 39/4
heda! 213/3 a
das Heer 121/3 c
das Heft 128/2 a
hehe! 212/2.2
der Heide 114/1
die Heide 114/1
heidi heida! 212/2.2
heilen 70/3 a
heilsam 154/3
heim 182/4
heimkehren 70/2 b; 92/1 a

heisa! 212/2.2
heißen 23/7; 50/7; 62; 82/4 b; 97/3/5; 218; 240/2/3
heißen (= befehlen) 240/4
– heit 111/11; 127/4; 136; 136/4 b
der Held 126/6
helfen 14/1 c; 14/6; 23/7; 48/2 c; 62; 82/4 b; 83/5 a; 98/1; 260/6
das Hemd 128/3
henken 87/6 a
her 181/4 a; 182/3
her– 182/5
herab– 92/1 a
heran– 92/1 a
herauf– 92/1 a
heraus– 92/1 a
herbei– 92/1 a
herbeieilen 70/2 b
herbergen 104/3
herein– 92/1 a
hernach 169/6 a; 183/2; 202/1; 203/2.6.2 a
der Herr 126/6
Herr 130/6
Herrje! 214/1 a
die Herrschaft 141/8
herrschen 39/5
herstellen 88/3; 92/1 a
herüber 169/5 c
herum 182/2
herum– 92/1 a
das Herz 128/3; 134/2
frohen Herzens 244/3 c
herzu– 92/1 a
die Hetze 141/8
heuer 183/2
heulen 69/6 c
heute 181/4 a; 183/2
heute früh 183/2
heute morgen 183/2
heutig 142/4
hier 167/5; 169/5 a; 181/4 a; 182/2; 267/5.4.1.2
hie(r) und da 169/6 b
hier + Präp. 168
hierauf 168/1; 169/6 a; 181/4 c
hierdurch 168/1; 169/8 d
hierher 169/5 c; 169/9; 181/4 c
hierhin 169/9
hiermit 159/6; 168/1; 169/8 d
hierzu 168/1; 169/8 b
hiesig 142/4
hihi! 212/2.2
hin 181/4 a; 182/4
hin– 182/5
hinab– 92/1 a
hinan– 92/1 a
hinauf– 92/1 a
hinaus– 92/1 a
hindern 39/4; 103/4; 282/5
hinein– 92/1 a

hinfort 183/2
hingegen 202/2.3.1; 250/2 d
hinsichtlich 189/1
hinten 182/2
hinter 188/3 a/6 a; 191; 196; 243/7 a;
hinter– 94/1
hinterbringen 94/2
der hintere 148/3
hinterlassen 88/3; 90/2 c
hinterrücks 181/4 c
hinüber 169/5 c
hin und wieder 169/6 b; 183/4
hinweg 182/4
hinweisen 103/4
hinwieder 202/2.3.1
sich hinziehen 104/4
hinzu– 92/1 a
hinzufügen 261/2
die Hitze 121/3 d
hm? 213/3 c
hoch 147/3 b; 148/2; 155/5.4.2; 186/2
höchst 148/2/4 a
höchstens 181/4 b; 184/2.5.2
hocken 104/3
der Hof 125/3
das Hoffen 83/8
hoffen 102/2; 260/4; 260/5
hoffen auf 14/6
hoffentlich 242/5
die Hoffnung 83/8; 141/8
hofhalten 92/1 c
höher 148/2
hohnlachen 92/1 c
hokuspokus 214/1 a
hold 154/3
holdrio! 212/2.2
holla! 213/3 a
das Holz 128/1
hölzern 142/4
der Honig 121/3 b
die Honoratioren 120/2 i
hören 23/7; 82/4 c; 86/2; 97/5; 240/4
hopsen 39/5
das Horn 128/1
horsten 104/3
die Hosenträger 120/2 i
das Hospital 128/3
das Hotel 287/3 f
hott! 213/3 d
hü! 213/3 d
hüben 182/2
der Huf 125/2
huf! 213/3 d
das Huhn 128/1
huhu! 212/2.2
huldigen 98/1
der Hummer 124/1
der Hund 125/2
hundert 176; 177/6
an die Hundert 220/2 d

der Hunger 121/3 d
hungern 68/4 b
hurra! 212/2.2
hüsteln 39/4
der Hut 115/2; 125/3
die Hut 115/2
sich hüten 102/3

I –i– 13/6 f; 44/4
–i (–y) 131/2
iah! 213/4 a
–ibel 151/4
ich 159/3 a
–ich 110/10; 125/4.2; 160
–icht 125/4.2; 129/3 d/5 a;
   135; 150/4.1
–id(e) 151/4
–ie– 13/6 f; 44/4; 112/3; 117/2
–ier 136/3/4 a
–ieren 37/1 a; 39/5; 75/5 b;
   86/3 d; 87/8
–ifizieren 86/3 d; 87/8
–ig 110/10; 125/4.2;
   129/3 c/5 a; 136/4 a;
   150/4.1; 178/5; 181/6
–igen 39/5; 75/5 b; 86/3 d/5 c
igitt(egitt)! 212/2.2
ih! 212/2.2
ihm 160/2
ihn 160/2
Ihr 161/1; 162; 165/1
ihr 144/2; 146/2 b; 159/3 a/3 b;
   160/2; 161/1; 162; 163; 165/1
ihre 164/1
ihren 160/2
ihrer 160/2; 164
ihrige 164/1
–il 119/3 b; 151/4
im 107/6; 192/3.1.1; 243/7 d
im allgemeinen 188/3 c
immer 75/4; 183/2
auf immer 183/3
für immer 183/3
immerdar 183/3
immerfort 183/3
immer wenn 211; 268/3 a
die Immobilien 120/2 h
in 140/3; 188/3 a/3 b; 191;
   196; 243/7 a/7 b
–in 111/2; 127/4; 135; 136/4 b
in acht nehmen 88/3
indem 203/2.6.2 b; 204/2.7.2
   268/3 c; 270/2; 271/1/3
indes(sen) 202/2.3.1;
   203/2.6.2 a/2.6.2 b; 206/2 a;
   209; 250/2 d; 255/5 b;
   268/3 d
infolge 188/6 b; 189/1; 196
infolgedessen 205/2 b; 251/2 b
–ing 125/4.2; 129/3 c/5 a; 135;
   136/4 a
der innere 148/3
innerhalb 189/1; 194

inmitten 189/1
innen 182/2
ins 192/3.1.1
insbesondere 248/2 a
insgesamt 181/4 c
insofern 204/2.7.2; 210;
   247/5 a/7 c; 251/2 e; 270/5;
   274/5.4.5.2
insoweit 204/2.7.2; 210;
   251/2 e
instand 217/6
instandsetzen 88/3
sich interessieren 102/2
interessiert 156/4
(in)wiefern 204/2.7.2
inzwischen 183/3
–ion 117/2; 136/3/4 b
der Irak 112/3
der Iran 108/2; 112/3
irden 142/4
irgend 174/4; 181/4 a
irgendwann 169/6 a
irgendwelcher 145/2
irgendwie 169/7
irgendwo 169/5 a; 182/2
irgendwoher 182/3
irgendwohin 169/5 c; 182/4
irren 86/3 c
sich irren 66/5 a; 102/3
der Irrtum 125/4
–is 125/1/4.2
–isch 150/4.1
–isieren 86/3 d; 87/8
–ismus 119/3 c; 136/3
–isse 117/2
–ist 136/3/4 a
–it 136/3/4 a
–ium 117/3; 119/3 a
–iv 151/4

J J j 283/1; 286
ja 181/4a; 185/4/4g;
   204/2.7.2; 205/2 a; 206/2 b;
   228/3.1.2; 242/5; 248/2 a;
   251/2 a
die Jagd 127/1; 134/3
jagen 15/9
das Jahr 128/2 a; 288
jahraus/jahrein 181/4 c
jammern 68/4 b; 102/2
es jammert 101/4
ja sogar 248/2 a
jauchzen 213/6
je 179/3; 181/4 a; 204/2.7.2;
   270/6
jedenfalls 144/1; 282/2 d
jeder 145/2; 159/3 f; 175/7 a;
   180/2
jedermann 174/3
jedoch 202/2.3.1; 206/3; 209;
   250/2 d; 255/5 b
jedweder 145/2; 175/7 a;
   180/2

(ein) jeglicher 145/2; 175/7 a;
   180/2
jemand 159/3 f; 174/2/5
der Jemen 112/3
je nachdem 270/6
jener 145/2; 159/3 c; 165/3;
   167/5
jenseits 182/2; 189/11; 195
jetzt 183/2; 248/2 d
juchhe! 212/2.2
juchheißa! 212/2.2
der/das Juchten 113/2.5
jung 147/3 b; 150/2
der Junge 114/1; 126/1;
   146/2.5.3
das Junge 114/1
jüngst 183/2

K K k 283/1; 286
–k 126/3
der Kaffer 124/1
das Kalb 128/1
der Kalk 121/3 b
kalt 147/3 b
die Kälte 121/3 d
der Kamm 125/3
kämpfen 102/2
karg 147/3 b
die Karpaten 120/2 b
die Karre 113/2.6
der Karren 113/2.6
der Kasten 124/1 d
der Kasus 119/2
kauern 104/3
der Kauf 125/3
kaufen 239/2 a
sich kaufen 66/5 b
leichten Kaufs 244/3 c
kaum 180/1; 184/2.5.2; 282/6
kaum, daß 204/2.7.2; 208;
   269/7 c
der/das Kehricht 113/2.5
kehrtmachen 92/1 c
kein 107/7; 146/2 c; 180/2;
   187/5; 226/5; 282/5
keiner 149/5 b; 159/3 f; 174/3;
   175/7 h
keinerlei 180/2 d
keinesfalls 144/1; 242/5; 282/5
keineswegs 129/3 f; 185/4 b;
   282/5
keinmal 180/2 b
–keit 111/11; 127/4; 136;
   136/4 b
kennen 44/4; 58/1; 63; 219/4
kentern 39/4
der Kiefer 116/3
die Kiefer 116/3
kiesen 50/8; 63
kikeriki! 213/4 a
das Kind 128/1; 289
Kind und Kegel 108/5
das Kinn 128/2 a

kitzeln 39/4
der/die/das Klafter 113/2.5; 133/1
klagen 102/2; 239/2 b; 261/2
klagen über 14/6
das Kleid 128/1; 134/2
klein 150/2
kleinbürgerlich 152/5
der Klerus 121/3 c
klettern 39/4
klimmen 51/9 b; 59/5; 63
klingeln 39/4
klingen 49/4; 63
klipp klapp! 213/4 b
klirr! 213/4 b
klopfen 69/6 c; 105/6
das Kloster 288
die Kluft 127/2 b
klug 147/3 b
klügeln 39/4
km 290/5
knabbern 39/4
knacks! 213/4 b
knallen 75/5 a
knattern 39/4
der/das Knäuel 113/2.5
kneifen 49/5; 63
das Knie 128/2 a
knittern 39/4
die Knolle 113/2.6
der Knollen 113/2.6
der Knopf 125/3
kochen 15/9
der Kodex 119/2
der/das Koller 115/2
kommen 44/4; 48/2 b; 63; 69/6 d; 70/2 b; 75/5 a; 77/9 c; 78/4; 82/4 d; 92/4; 105/7
es kommt vor 98/4
können 22/4 a; 24; 30/1; 33/7 a; 60/3; 63; 265/5.3.4; 282/2 b
der Konsul 125/5
der Kopf 125/3
kopfüber 181/4 c
Kopf und Kragen 108/5
der Korb 125/3
das Korn 128/1
kosten 97/1; 240/1
die Kraft 127/2 b
kraft 188/3 d; 189/1; 196
krank 147/3 b; 156/4
kranken 86/3 c
das Kraut 128/1
das Kreuz 128/2 a
kriechen 63; 104/3
die Krim 112/3
krumm 147/3 b
ksch! 213/3 d
die Kuh 127/2 b
kund 143/7
der Kunde 115/2
die Kunde 115/2
kundig 153

künftig 183/2
küren (= kiesen) 50/8; 59/5; 63
kurz 147/3 b; 150/2
kürzen 87/5 c
kurzerhand 244/3 c
kürzlich 183/2
kurzum 181/4 c
der Kuß 125/3
küssen 105/6

L l 283/1; 286
lachen 86/2; 102/2; 261/2
lachen über 100/4 b
lächeln 39/4
der Laden 124/1 d
laden 51/10; 59/5; 63
lagern 104/3
lahmen 86/3 c
lähmen 86/5 a
das Lamm 128/1
die Lampe 287/3 c
das Land 122/3.4; 128/3
die Ländereien 120/2 i
lang 147/3 b; 150/2; 155/2; 181/4 d
lange 181/3/4 d; 183/3
längs 188/3 a; 189/2; 190/2.2.2/2.3.2
langweilen 90/4 a
der Lärm 83/8
das Lärmen 83/8
lassen 22/4 g; 23/2; 31/7; 50/7; 63; 77/9 f; 81/7; 82/4 a; 97/5; 239/2 a; 240/3/4; 282/2 b
die Last 127/1
lästig 154/3
das Laub 121/3 c
der Lauf 125/3
laufen 14/1 b; 50/7; 63; 70/2 b
die Laus 127/2 b
der Laut 125/2
laut 188/3 d; 189/1/2; 190/2.2.2; 196
läuten 69/6 c
–ld 129/2 b
leben 75/5 a
lebend 143/11
die Lebensmittel 120/2 i
das Lebewohl 138/7
es lebt sich 69/7
ledig 153; 156/4
legen 39/5; 86/3 a; 104/3; 105/7
sich legen 82/4 d
lehren 82/4 b; 83/5 a; 97/1/5; 240/1/4
leicht 154/3
das Leid 128/3
leid 143/7; 154/3
es tut leid 98/4
leiden 49/5; 63; 102/3
leider! 214/1 b

leihen 50/6; 63; 99/2
–lein 13/6 b; 112/9; 124/2; 129/3 b/5 a; 135; 136/4 c; 161/4
leise 150/2
leisten 99/2
der Leiter 116/3
die Leiter 116/3
–ler 135
lernen 82/4 b; 82/5 a
lesen 47/1 a; 63
letztlich 248/2 d
leuchten 87/5 c
leugnen 282/5
die Leute 120/2 i
–leute 120/1
das Lexikon 119/2
–lg 129/2 b
–lich 13/6 b; 77/9 f; 151/1 j/3; 154/5; 181/4 b; 183/4
das Licht 122/3.4; 128/1/3
das Lid 128/1
lieb 154/3
die Liebe 121/3 d; 141/8
lieber 186/4
der Liebhaber 138/7
liebkosen 91/4 b/5
lieblos 282/5
das Lied 128/1; 141/8
liefern 99/2
liegen 47/1 a; 63; 68/4 b; 97/5; 104/3; 105/7
es liegt 98/4; 103/5
es liegt sich 69/7
lila 143/11
lindern 39/4; 87/5 d
–ling 110/10; 125/4.2; 129/3 c/5 a; 135; 136/4 a
–lings 181/4 b; 184/2 c
links 143/11; 181/4 b; 182/2; 235/3
lirum larum! 212/2.2
der/das Liter 113/2.5; 133/1
loben 16; 40; 41; 82/2 a; 86/2
lobhudeln 91/4 b
lobsingen 88/3
das Loch 128/1
der Lohn 125/3
der Lorbeer 125/5
los! 214/1 b
los 155/5.4.1; 156/4
los– 75/5 b
–los 152/2
lösen 87/5 c
loslassen 92/1 b
lotsen 86/3 b
die Luft 127/2 b
lügen 50/8; 63
die Lust 127/2 b
lustwandeln 91/4 b

M M m 283/1; 286
machen 82/4 b; 86/5; 97/5;
　219/4; 229/5; 240/3/4
sich machen 102/2
machen zu 97/4
die Macht 127/2 b
mächtig 153
die Magd 127/2 b
der Magen 124/1 d
der Magnet 125/5
mäh! 213/4 a
mahlen 58/3; 63
mal 185/3/4 h; 230/1; 242/5
—mal 178/6; 183/4; 243/7 f
—mals 183/4; 243/7 f
man 69/10; 77/9 b; 81/7;
　159/3 f; 174/2; 279/5 c
manche 180/2
manch einer 175/7 d
mancher 145/2; 175/7 d
mancherlei 180/2 d
manches 170/4
manchmal 180/2 b; 183/4
der Mangel 116/3; 124/1 d;
　141/8
die Mangel 116/3
mangels 189/1
es mangelt 68/4 a; 103/5
der Mann 122/3.4; 125/4; 289
—mann 120/1
mannigfach 180/2 c
mannigfaltig 180/2 c
der Mantel 124/1 d
die Mark 115/2; 133/3
das Mark 115/2
die Marsch 116/3
der Maschinenbauer 124/1
maschinenschreiben 92/1 c
die Masern 120/2 f
der Mast 114/1; 125/5
die Mast 114/1
die Maß 114/1
das Maß 114/1; 128/2 a
—maßen 181/4 c
maßregeln 90/4 a
das Maul 128/1
die Maus 127/2 b
das Maximum 119/2
meckern 39/4
meck meck! 213/4 a
das Meer 128/2 a; 134/2
das Mehl 134/3
mehr 148/1; 149/6 a/7; 180/2;
　184/2.5.2; 186/4
mehr als 148/4 a
mehrere 175/7 c; 180/2
mehrfach 180/2 c
mehrmals 178/6; 180/2 b
meiden 50/6; 63
mein 146/2 b; 159/3 b;
　160/2 a; 162; 163
meine 164/1
meinen 260/4; 261/2

meinen zu 217/5 c
meiner 160/2; 164/2
meinetwegen 160/2 b
meinige 164/1
meist 149/6 b/7; 186/4
meist— 148/1
die meisten 175/7 f
meistens 181/4 b
die Meisterschaft 141/8
melden 99/2
melken 51/9 b; 59/4; 63
die Memoiren 120/2 i
eine Menge 140/6
der Mensch 116/3; 126/2;
　289
das Mensch 116/3
die Menschheit 121/3 c
—ment 117/1/3
merken 82/4 c
messen 47/1 b; 63
der Messer 114/1
das Messer 114/1
das Metall 112/5
der/das Meter 113/2.5; 133/1
miau! 213/4 a
miauen 213/6
mich 160/2
die Milch 121/3 b; 287/3 d
mildern 87/5 d
mildtätig 156/4
minder 148/1; 149/6 a;
　184/2.5.2; 186/4
mindern 39/4; 87/5 d
mindest 148/1
mir 160/2
Misse— 137/2
Miß— 137/2
miß— 37/1 b; 89/7; 90/2 a/3;
　152/4.2
mißbilligen 91/5
mißbrauchen 103/4
es ist mißglückt 70/2 a
mißlingen 49/4; 63; 91/5
es ist mißlungen 70/2 a
mißverstehen 91/5
mit 188/3 d/6 a; 190/2.2.1;
　196; 243/7 h
mitempfinden 93/5
mitfühlen 92/1 a
mithin 169/8 a; 205/2 b;
　251/2 b
mitnichten 185/4 b
mittags 129/3 f; 183/2
mittels(t) 188/3 d; 189/1; 196
der mittlere 148/3
der Mittwoch 138/2
mitunter 183/4
mitwirken 102/3
mögen 22/4 c; 26; 30/3;
　33/7 c; 60/3; 63; 81/7;
　265/5.3.4; 282/2 b
möglich 154/3

möglicherweise 282/2 d
der Molch 125/2
der Moment 114/1
das Moment 114/1
der Monat 125/1
der Mond 125/2
montags 244/3 b
das Moor 128/2 a
der Mord 125/2
morgen 183/2
morgen früh 183/2
morgens 181/4 b; 183/2;
　243/7 d
müde 150/2; 153; 155/5.4.1
der Muff 113/2.6
die Muffe 113/2.6
muh! 213/4 a
muhen 213/6
—mus 117/1
der Muskel 124/1
müssen 22/4 d; 27; 31/4;
　33/7 d; 60/3; 63; 77/9; 81/7;
　265/5.3.4; 282/2 b
der Mut 138/2
mutmaßen 88/3; 91/4 b/5
die Mutter 122/3.4; 127
die Mutter Natur 236/2

N N n 283/1; 286
—n 34/3; 118/3d; 119;
　123/5 a/b; 125/4.2; 126; 127;
　138/4; 150/4.1
na? 213/3 c
nach 182/4; 188/3 a/3 b/3 d;
　190/2.2.1/2.2.3; 192/3.2.1;
　196; 243/7 b
nach— 99/4
der Nachbar 126/6
nachdem 73/6; 203/2.6.2 b;
　262/2; 269/7 a
nachdenken 102/2
nachgeben 98/2
nachher 169/6 a; 183/2
nachlässig 156/4
nachsichtig 156/4
nächst 148/2; 188/3 a;
　190/2.2.1
nachstellen 98/2
nächstens 183/2
die Nacht 127/2 b
nachteilig 154/3; 156/4
nächtigen 104/3
des Nachts 244/3 b
nachts 181/4 b; 183/2; 244/3 c
nach und nach 181/4 a
nach vorn 235/3
nachweisen 99/4
der Nagel 124/1 d
nah 148/2; 155/5.4.2
nahe 147/3 b; 154/3
nahen 98/1
(sich) nahen 66/6; 99/6
näher 148/2

nähern 87/5 d
sich nähern 39/4; 87/5 d; 99/6
die Naht 127/2 b
namens 181/4 b
nämlich 202/2; 205/2 a;
 206/2 b; 248/2 b; 249/9;
 251/2 a; 255/5 a
der, die, das nämliche 166/3
nana! 212/2.2
nanu! 212/2.2
näseln 39/4
naß 147/3 b
–nd 129/2 b
neben 188/3 a; 191; 197
nebenbei 181/4 c
nebst 188/3 d; 190/2.2.1; 196
nehmen 48/2 d; 63; 88/1 b;
 99/2; 239/2 a
nehmen für 97/4
der Neid 121/3 d
neidisch 156/4
die Neigung 141/8
nein 185/4 b; 206/2 b; 228/3.1.2
nennen 58/1; 63; 82/4 b; 97/3;
 219/4; 240/2/3/4
–ner 135
das Nest 128/1
netzen 87/5 c
die Neugierde 141/8
neugierig 156/4
neulich 183/2
ng 283/2 b
nicht 185/4 b; 224/2; 226/5;
 230/6; 241/3; 250/2 b;
 282/5/7/8/9
nicht daß 273/3
nicht nur...sondern auch
 202/1; 223/10; 248/2 a
nichts 170/4; 174/5; 180/2;
 187/5; 282/8
nichtsdestoweniger 202/2.3.1;
 250/2 d; 273/1
nicht...sondern (vielmehr)
 202/2.3.1; 247/5 c
nicht wahr? 213/3 c
nicken 87/6 a
nie(mals) 181/4 a; 183/2; 282/5
der niedere 148/3
niederknien 70/2 b
die Niederlande 108/2;
 112/2.4.3; 120/3.3.2 c;
 132/1 b
niemals 178/6; 180/2 b; 187/5
niemand 159/3 f; 174/3/5;
 187/5; 282/5/8
es nieselt 68/3
nimmer 183/2
nirgend 181/4 a
nirgends 182/2; 282/5
nirgendwo 182/2
nirgendwoher 182/3
nis 112/10; 127/2 a; 128/2 c;
 135; 136/4 c

nk 283/2 b
noch 148/4 b; 183/3; 273/1
–nom 126/3
die Normandie 112/3
die Not 127/2 b
not 143/7
nötig 154/3; 155/5.5.2; 156/4
nötigen 103/4
notwendig 154/3
notwendigerweise 282/2 d
–ns 179/2
nun (da) 185/2/4 c; 205/3 a;
 228; 262/2
nun da 205/3 a; 271/1
nur 184/2.5.2;
 185/2/4 c/4 g/4 h;
 202/2.3.1; 206/2 b; 209;
 230/1; 231/1/5; 235/4;
 242/5; 250/2 a; 255/5 c
nur daß 204/2.7.2; 208
die Nuß 127/2 b
nutzen 86/5 b
nütz 143/7
nützen 14/6; 86/5 b; 98/1
nützlich 154/3; 156/4
es nutzt 103/5
es nützt 103/5

O O o oh 36/2; 112/12; 212/2.2;
 231/1; 283/1; 286
–o– 13/6 e; 44/4; 45/9
–o 131/2/3
Ö ö 36/2; 283/1; 286
–ö– 13/6 e; 44/4; 45/9
ob 190/2.2.2; 201/3;
 204/2.8.2; 209; 259/3 b;
 260/2; 261/4; 264/1; 265/4 a
ob...auch 205/3 e; 273/1
oben 181/4 a; 182/2; 244/1
der obere 148/3
oberhalb 189/1; 190/2.2.2; 194
der Oberst 126/6
obgleich 205/3 e; 209; 273/1
obliegen 94/3
ob...ob 265/4 a; 273/4
ob...oder 265/4 a; 273/4
obschon 200/3 c; 205/3 e;
 273/1
das Obst 121/3 c
obwohl 205/3 e; 209; 210;
 273/1
o daß doch 231/1/5
oder 201/2; 202/1; 206/2 a;
 209; 247/7 a/8; 250/2 c/4;
 255/5 a; 264/2 b;
 291/12 a/13 a/13 c
oder nicht 264/2 b; 265/4 a
der Ofen 124/1 d
offenbaren 90/4 a; 239/2 b
öffnen 87/5 c
oft 183/4; 186/4; 243/7 f
öfter 186/4
öfters 183/4

–og(e) 126/3
oh! 212/2.2
der Ohm 115/2
das Ohm 115/2
ohne 188/3 d; 190/2.3.1;
 192/3.2.3; 197
ohne daß 204/2.7.2; 205/3 b;
 208; 210; 274/5.4.4.4.3
ohnehin 181/4 c; 202/1;
 204/2.7.2; 205/3 b; 210;
 274/5.4.4.4.3; 279/3;
 291/13 d; 192/3.2.3
oho! 212/2.2
das Ohr 128/3
oje! 214/1 a
o jemine! 214/1 a
o. k. 214/1 a
olala! 212/2.2
der Onkel 288
opfern 99/2
der Ort 122/3.4; 125/5
–os 119/3 c; 151/4
–ös 151/4
die Ostern 120/2 d
der Otter 116/3
die Otter 116/3
o weh! 212/2.2

P P p 283/1; 286
–p 126/3
das Paar 128/2 a
ein Paar 177/5; 236/6
ein Paar 175/7 c; 180/2
pah! 212/2.2
das Pandschab 108/2; 132/1
der Pantoffel 124/1
papperlapapp! 212/2.2
parallel 143/11
die Parallele 146/2.5.3
pardauz! 213/4 b
parken 104/3
passen 98/1; 102/3
passend 156/4
patsch! 213/4 b
peinigen 87/5 c
der Peloponnes 112/3
per 190/2.3.1
die Personalien 120/2 g
der Pfad 125/2
der Pfahl 125
die Pfalz 112/3
das Pfand 128/1
der Pfau 125/5
pfeifen 49/5; 63; 69/6 c
der Pfennig 133/3
die Pfingsten 120/2 d
pflegen 15/17; 44/4; 51/9 a;
 59/5; 63; 100/3; 282/2 c;
 291/13 d
pflegen zu 217/5 c
die Pflicht 127/1; 141/8
pflügen 86/3 b
die Pfoste 113/2.6

317

der Pfosten 113/2.6
der Pfropf 113/2.6
der Pfropfen 113/2.6
pfui! 212/2.2
pfui tausend! 214/1 a
das Pfund 128/2 a
piepen 213/6
piep piep! 213/4 a
piff paff puff! 213/4 b
placken 87/6 a
plagen 103/4
der Platz 125/3
platzen 70/2 a; 75/5 a
plaudern 39/4
plitsch platsch! 213/4 b
plumps! 213/4 b
die Pocken 120/2 f
der Pol 125/2
die Polizei 121/3 c
der Pommer 124/1
die Posse 113/2.6
der Possen 113/2.6
die Post 127/1
potz! 214/1 a
potz Blitz! 214/1 a
potztausend! 214/1 a
prasseln 39/4
preisen 50/6; 63; 240/3
preisen als 97/4
preisgeben 88/3; 92/1 c
pro 190/2.3.1
probieren 39/5
der Professor 119/6; 125/5
das Proletariat 121/3 c
unter Protest 188/3 c
pst! 213/3 b; 230/3
das Publikum 121/3 c
puh! 212/2.2
der Punkt 125/2
putt! putt! 213/3 d
die Pyrenäen 120/2 b

Q Q q 283/1; 286
quak! 213/4 a
die Qual 127/1
qualmen 87/5 c
der Quell 113/2.6
die Quelle 113/2.6
quellen 51/9 b; 59/5; 63
quitt 143/7

R R r 283/1; 286
–r 125/4.2
das Rad 128/1
radebrechen 88/3; 91/4 b
radfahren 92/1 c; 93/5
der Rand 125/4
die Ränke 120/2 i
rasseln 39/4
der Rat 122/3.4
raten 50/7; 63; 99/2; 103/5;
    239/2 b; 260/6
rattern 39/4

rauben 99/2
rauchen 87/5 c
räuchern 39/4
rauf 169/10
der Raum 125/3
raus 169/10
rechnen 102/2
recht 148/4 a; 154/3
rechtfertigen 90/4 a
rechts 143/11; 181/4 b; 182/2
recken 86/2
reden 43; 86/2
der Regen 121/3 d
das Regiment 128/3
es regnet 68/3
reiben 50/6; 63
das Reich 128/2 a
reich 150/2; 152/4.3.1; 156/4
reichen 99/2
der Reichtum 125/4
reifen 70/2 a
rein 169/10
reine 181/3
reine machen 181/4 d
reinigen 87/5 c
der Reis 115/2
das Reis 115/2; 128/1
die Reise 141/8
reisen 42; 70/3 b
reißen 49/5; 63
reiten 49/5; 63; 82/4 d
reizend 84/6
rennen 58/1; 63; 70/3 b
reuen 68/4 b
–rich 135
riechen 51/8 b; 63; 69/6 c;
    102/3
das Rind 128/1
ringen 49/4; 63
rings 181/4 b
rinnen 49/3; 63
der Ritz 113/2.6
die Ritze 113/2.6
ritzen 39/5; 87/6 a
ritze ratze! 213/4 b
der Rock 125/3
das Rohr 113/2.6
die Röhre 113/2.6
der Rost 125/2
rosten 87/5 c
rot 147/3 b; 156/4
die Röteln 120/2 f
rüber 169/10
rücken 104/3
rudern 39/4; 70/3 b
der Ruf 125/2
rufen 14/1 c/5/6; 50/7; 63;
    97/3; 240/2
ruhen 14/1 a
ruhig 185/4 h
rühmen als 97/4
sich rühmen 101/3
runden 87/5 c

runter 169/10
rupfen 87/6 a
rußen 87/5 c
rütteln 39/4

S S s ß 283/1; 286
s– 283/5
–s– 138/4; 283/5
–ss– 283/5
–s 118/3 e; 119/4; 123/5 a;
    129/1; 130/2; 131/2; 132/3;
    140/2 a; 147/3 b
's 241/5 d
–st 147/3 b
–ß 129/1; 130/2; 132/3;
    140/2 a; 147/3 b; 283/1/5
der Saal 125/3
die Saat 127/1
sabbern 39/4
der Sack 125/3
sackerlot! 214/1 a
sackerment! 214/1 a
sagen 86/2; 99/2; 239/2 b;
    261/2
–sal 112/10; 127/2 a; 128/2 c;
    129/3 d/5 a; 135; 136/4 c
das Salz 128/2 a
salzen 58/3; 59/5; 63
–sam 151/3
sammeln 39/4
samt 188/3 d; 190/2.2.1; 196
sämtlich 175/7 f; 180/2
sämtlich– 145/2.3.2
sänftigen 87/5 c
sapperment! 214/1 a
satt 153; 155/5.4.1
der Sattel 124/1 d
sättigen 87/5 c
der Satz 125/3
die Sau 122/3.4; 127/2 b
saufen 51/8 b; 63
saugen 44/4; 50/8; 59/5; 63;
    86/2/3
säugen 86/5 a
sch 283/2 b
–sch 129/2 b; 147/3
der Schacht 125/3
schade 143/7
schaden 87/5 c; 98/1
schädigen 75/5 b; 87/5 c
schädlich 154/3; 156/4
schaffen 44/4; 51/10; 59/5; 63
–schaft 111/10; 127/4; 136/4 b
(er)schallen 63
schämen 67/7
sich schämen 66/4 a; 101/3;
    102/3
die Schar 127/1
scharf 147/3 b
schätzen 219/4
es schaudert 103/5
schaufeln 39/4

318

scheiden 50/6; 64
scheinbar 185/4 b; 242/5
scheinen 50/6; 58/2; 64;
    100/6; 216/1.1; 218; 260/5
es scheint 98/4
scheißen 49/5; 64
scheitern 70/2 a
schellen 86/5 a
schelten 48/2 c; 64; 97/3;
    102/2; 219; 240/2
–schen 39/5; 86/3 d; 87/6 b
schenken 99/2
die Scherbe 113/2.6
der Scherben 113/2.6
scheren 51/9 a; 59/5; 64
scherzen 102/2
sich scheuen 102/3
schicken 82/4 d; 99/2
schieben 50/8; 64; 88/6 a
schießen 51/8 b; 64
das Schiff 128/2 a
der Schild 116/3
das Schild 116/3; 128/1
schimpfen 97/3; 102/2; 240/3
schinden 49/4; 64
der Schirm 138/2
die Schlacht 127/1
der Schlaf 121/3 d
schlafen 14/3; 50/7; 64; 75/5 a
der Schlag 125/3
schlagen 14/5; 51/10; 64;
    69/6 c; 105/6
der Schlauch 125/3
schlecht 150/2
schlechterdings 185/4 f
schleichen 49/5; 64; 70/2 b
(sich) schleichen 66/6
schleifen 49/5; 59/5; 64
die Schliche 120/2 i
schliefen 51/8 b
schließen 51/8 b; 64
schließlich 202/1; 248/2 d
schlingen 49/4; 64
schlittern 39/4
das Schloß 128/1
die Schlucht 127/1
der Schluck 125/2
der Schluß 125/3
schmähen 97/3
schmal 147/3 b
schmälern 87/5 d
schmecken 98/1
es schmeckt 98/4
schmeicheln 98/1
schmeißen 49/5; 64
schmelzen 51/9 b; 59/5; 64
schmerzlich 156/4
der Schnabel 124/1 d
schnauben 44/4; 50/8; 59/5; 64
schnaufen 86/1
der Schnee 121/3 d
schneiden 49/5; 64
schneidern 86/3 b

es schneit 68/3
schnitzen 87/6 a
schnüffeln 39/4; 86/1
die Schnur 127/2 b
schon 183/2; 185/2/4 f; 230/1;
    235/4; 262/2; 273/1
schön 186/2
(be)schönigen 87/5 c
der Schrank 125/3
der Schreck 124/1 b
der Schrecken 124/1 b
(er)schrecken 48/2 b; 59/5; 64
das Schreiben 121/3 e
schreiben 50/6; 64; 103/4;
    239/2 b
schreien 50/6; 64; 261/2
schreiten 49/5; 64
die Schrift 127/1; 134/3
schrinden 49/4
der Schritt 125/1
der Schuh 125/2
die Schuld 127/1
schuld 143/7
schulden 99/2
schuldig 153; 154/3; 155/5.4.1;
die Schule 289
der Schurz 113/2.6
die Schürze 113/2.6
schustern 86/3 b
schütteln 39/4
schützen 103/4
schwach 147/3 b
schwächen 87/5 c
der Schwager 124/1 d
der Schwan 125/3
der Schwanz 125/3
schwänzeln 39/4
schwärmen 102/3
schwarz 147/3 b
das Schwarze Meer 132/4
der Schwarzwald 132/4
schweben 104/3
der Schwefel 112/5
schweigen 50/6; 64
das Schwein 128/2 a
die Schweiz 108/2; 112/3;
    132/1
schwellen 51/9 b; 59/5; 64
schwemmen 39/5; 86/5 a
schwenken 39/5; 86/3/5 b;
    87/6 a
schwer 154/3; 155/5.4.2
das Schwert 128/1
schwimmen 49/3; 64;
    70/2 b/3 b
es schwindelt 98/4
schwinden 49/4; 64
schwingen 49/4; 64
schwipp schwapp! 213/4 b
schwitzen 86/5 b
schwören 51/9 a; 64; 102/2
der Schwulst 115/2
die Schwulst 115/2

der See 114/1; 125/5
die See 114/1
sehen, seh(e)n 23/7; 45/6;
    47/1 a; 64; 82/4 c; 97/5;
    240/3/4
sich sehnen 66/4 a
sehr 148/4 a; 184/2.5.2; 186/4
die Seide 121/3 b
sei es, daß 273/4
sein 15/15; 17; 18; 20; 34/4 b;
    35/5 b; 36/3; 37/5.2 b/5.2 c;
    49/3; 60/2; 64; 69/6 a; 70;
    75/3/5 a; 77/9 f; 81/4;
    83/5 a/9; 95/15.1; 100/6;
    104/3; 104/3; 146/2 b;
    159/3 b; 160/2 a; 162; 163;
    173/4; 216/1.1; 218
seine 164/1
seiner 160/2; 164/2
seinerzeit 244/3 b
seinige 164/1
sein zu 85/11; 217/5 a
seit 188/3 b; 190/2.2.2;
    192/3.2.1/3.2.3; 201/3;
    203/2.6.2 b; 210;
    243/7 e; 269/7 d
seitdem 203/2.6.2 a/2.6.2 b;
    210; 269/7 d
seitens 181/4 b; 189/1
seither 183/3
–seits 181/4 c
–sel 112/9; 124/2; 135;
    136/4 c
selber 160/3; 161/3; 167/8
selbst 160/3; 161/3; 165/3;
    167/8; 235/4; 248/2 a
selbstverständlich 282/2 d
selten 183/4
–sen 39/5; 75/5 b; 86/3 d;
    87/6 b
senden 44/4; 58/1; 64; 99/2
senken 39/5; 86/5 a
seßhaft 158/4
setzen 39/5; 69/6 d; 86/5 a;
    104/3; 105/5/7
sich setzen 66/5 a; 104/3
sich 66; 67; 77/9 a; 96/4;
    159/3 a; 160/2/3; 161/2;
    257/4
sicher 74/6; 153; 156/4
sicherlich 185/4; 242/5; 282/5
Sie 81/3; 159/3 a; 161/1;
    221/6; 277/7
sie 159/3 a; 160
die Sieben 288
siedeln 104/3
sieden 51/8 b; 59/5; 64
silbern 142/4
der/das Sims 113/2.5
singen 49/4; 64
sinken 49/4; 64; 70/2 b
sinnen 49/3; 64; 102/2
sintemal, sintemalen 271/1

319

sitzen 14/1 a; 47/1 b; 64;
  75/5 a; 104/3
–situiert 158/7
es sitzt sich 69/7
so 149/5 a; 167/7 c; 169/7;
  181/2 b; 181/4 a; 200/3 a;
  204/2.7.2; 210; 248/2 a;
  251/2 b; 270/5; 272/1/2;
  273/1; 274/5.4.4.4.1;
  274/5.4.5.2
sobald 73/4 a; 211; 269/7 c
sobald als 269/7 c
die Socke 113/2.6
der Socken 113/2.6
so daß 205/3 b; 210;
  274/5.4.4.4.1
so doch 273/1
soeben 183/2
sofern 204/2.7.2; 205/3 d; 210;
  272/4; 273/3
sogar 165/3; 184/2.5.2; 235/4;
  248/2 a
der Sohn 125/3; 288
solange 203/2.6.2 b; 268/3 e
solange als 268/3 e
solch ein 167/7 e; 274/5.4.4.4.1
solcher 145/2; 167/7; 171/7 d
sollen 22/4 e; 28; 31/5; 33/7 e;
  60/3; 64; 77/9 f; 81/5/7;
  221/6; 265/5.3.4; 282/2 b
somit 169/8 a; 200/3 c;
  205/2 b; 251/2 b
sonach 251/2 b
sonder 190/2.3.1
sondern auch 200/3 c
sondern 206/2 a; 210; 250/2 b;
  255/5 a
sonst 169/8 c; 183/2; 203/2.4;
  205/2 d; 253/2 c
sooft 203/2.6.2 b; 211; 269/8
–soph 126/3
die Sorge 141/8
sorgen 102/2
–sorten 121/3 b
so sehr 274/5.4.4.4.1
so sehr...auch 273/1
soviel 273/3
so viel 204/2.7.2
soweit 204/2.7.2; 210; 272/4;
  273/3
so weit 267/5.4.1.1
so...wie 204/2.7.2
sowie 202/1; 268/3 c
so wie 204/2.7.2; 270/3
die Sowjetunion 108/2;
  112/3
sowohl...als auch 200/3 d;
  202/1; 223/10; 248/2 a
sp 283/2 c
der/die Spachtel 113/2.5
der Spalt 113/2.6; 125/2
die Spalte 113/2.6
spalten 58/3; 59/5; 64

spannend 84/6
der/die Spatel 113/2.5
später 183/2; 203/2.6.2 a;
  248/2 d
der Spatz 126/6
speien 50/6; 64
speisen 15/9
die Spesen 120/2 h
das Spiel 128/2 a
spielen 87/5 c
der/das Spind 113/2.5
spinnen 49/3; 64
das Spital 128/3
spleißen 49/5; 64
der Sporn 125/5
spötteln 39/4
spotten 100/3
sprechen 48/2 b; 64; 261/2
sprengen 39/5; 86/5 a; 88/1 b
sprießen 51/8 b; 65; 104/3
springen 49/4; 65; 70/2 b/3 b;
  104/3
die Sprosse 116/3
der Sproß 116/3
der Spruch 134/3
die Spur 127/1
spüren 82/4 c; 97/5
sich sputen 66/4 a
st 283/2 c
–st, –(e)st 111/9; 126/3;
  129/2 b; 147
–ste 178/2 b
–sten 186/2
–stens 186/3
der Staat 125/5; 289
der Stachel 124/1
die Stadt 127/2 b
der Stall 125/3
der Stamm 125/3
stammen 104/3
standhalten 92/1 c
stänkern 39/4
stark 147/3 b; 186/2
stärken 87/5 c
statt– 75/5 b
stattfinden 88/3; 92/1 c; 93/5
stattgeben 92/1 c
statthaben 92/1 c
stechen 48/2 b; 65
stecken 44/4; 47/1 b; 59/5; 65
stehen 44/4; 97/5; 104/3
steh(e)n 60/2; 65
stehlen 48/2 a; 65; 99/2
steigen 15/10; 50/6; 65; 70/2 b
der Stein 125/1
stellen 104/3; 105/5
sterben 48/2 c; 65; 70/2 a; 102/3
Hungers sterben 100/5
stets 181/4 b; 183/3
die Steuer 116/3
das Steuer 116/3
sticheln 39/4
sticken 75/5 b; 87/6 a

stieben 50/8; 59/5; 65
der Stiefel 124/1
der Stift 116/3
das Stift 116/3
stiften 99/2
stillschweigend 84/5
stinken 49/4; 65
die Stirn 127/1
stochern 39/4
der Stock 125/3
der Stoff 125/2
stolz 156/4
stop! 214/1 b
der Stoß 125/3
stoßen 50/7; 65
stottern 39/4
der Strahl 287/3 e
strahlen 69/6 c
der Strauß 122/3.4
streben 102/3
streichen 49/5; 65
der Streit 121/3 d;
  141/8
streiten 49/5; 65; 102/2
streng 156/4
die Strenge 141/8
die Strieme 113/2.6
der Striemen 113/2.6
der Strolch 125/2
stromauf 181/4 c
das Stück 128/2 a
stückeln 39/4
studieren 39/5
der Stuhl 125/3
der Sturm 125/3
es stürmt 68/3
stürzen 15/9
suchen 102/3
die Sucht 127/2 b; 141/8
der Sudan 112/3; 132/1
summ summ! 213/4 a

T T t 283/1; 286
–t– 13/6 c; 38/1
–t 111/9; 126/3; 147/3 b; 151/2
tack tack tack! 213/4 b
tadeln 39/4
der Tag 125/2; 288
tagaus, tagein 75/4
eines (schönen) Tages 244/3 b
es tagt 68/3
Tag und Nacht 108/5
das Tal 128/1
der Taler 133/1
tänzeln 39/4
tanzen 86/2
die Tat 127/1; 134/3
–tät 136/3/4 b
der Tau 115/2; 121/3 d
das Tau 115/2
taub 156/4
taufen 97/3; 240/2
taugen 102/3

der Taugenichts 138/7
tausend 176; 177/6
es taut 68/3
–te 178/2 a
der/das Teil 113/2.5; 114/1
teilhaben 92/1 c; 102/3
teilhaft(ig) 143/7; 153
teilnehmen 88/3; 92/1 c; 102/3
teils 181/4 b
teils...teils 200/3 d; 202/3; 223/10; 248/2 c
–tel 112/11; 179/8
der Tenor 125/5
teuer = lieb 154/3
Teufel auch! 214/1 b
die Textilien 120/2 i
–th 132/3
der Thron 125/2
tick tack! 213/4 b
tief 155/5.4.2
–tion 117/2
der Tisch 125/1
titulieren 240/2
die Tochter 127; 288
des Todes sein 100/7
tollen 86/3 c
der Ton 125/3
topp! 212/2.2
der Tor 116/3
das Tor 116/3; 128/2 a
tot 143/11
töten 87/5 c
die Tracht 127/1
trachten 102/3
tragen 51/10; 65
der Trank 134/3
tränken 39/5; 86/5 a
trappeln 39/4
trari trara! 212/2.2
trauen 98/1
trauern 102/2
der Traum 125/3
träumen 68/4 b; 102/3
traurig 156/4
treffen 48/2 b; 65; 75/5 a
treiben 50/6; 65
treten 47/1 a; 65; 105/6
treu 154/3
triefen 51/8 b; 59/5; 65
es trifft sich 69/7
trinken 49/4; 65; 86/2
trippeln 39/4
trocknen 70/3 a
tröpfeln 39/4
der Trotz 141/8
trotz 188/3 d; 189/2; 190/2.2.2; 197; 243/7 n
trotzen 98/1
trotzdem 202/2.3.1; 205/2 e/3 e; 209; 210; 247/5 a/7 c; 250/2 d; 251/2 d; 273/1
trüben 87/5 a

trübselig 152/5
trügen 50/8; 65
die Trümmer 120/2 i
der Trunk 134/3
der Trupp 113/2.6
die Truppe 113/2.6
Tschüs! 214/1 a
das Tuch 122/3.4; 128/3
tüchtig 156/4
–tum 112/10; 128/1 c; 136; 136/4 c
tun 60/2; 65; 227/9 b; 229/5
der Tunichtgut 138/7
die Tür 127/1
die Türkei 108/2; 112/3
der Turm 125/3
turteln 39/4
–tz 129/1; 130/2; 283/2 c

U U u 36/2; 112/12; 283/1; 286
–u– 13/6 e; 45/9
Ü ü 36/2; 283/1; 286
–ü– 13/6 e; 45/9
über 188/3 a/3 b/6 a; 191; 197; 239/4
über– 94/1
überall 182/2/3/4
überaus 148/4 a; 184/2.5.2
der Überblick 141/8
überbrücken 88/3
überdies 200/3 c; 202/1; 248/2 a
überdrüssig 153; 155/5.4.1
überführen 101/2 a; 239/3 a
über(ge)führt 158/6
überhaupt 175/7 h; 181/4 c; 235/4; 242/5
überheben 101/2 a
überholen 94/2
überlegen 155/5.3
übermorgen 181/4 c; 183/2
übernachten 104/3
überreichen 239/2 a
übersetzen 94/2
übersetzt 158/6
übersiedeln 94/3
übertreffen 103/4
übertreten 94/2
überzeugen 101/2 b; 103/4
überzeugt 156/4
übrigens 181/4 b; 200/3 b; 202/1
die Uhr 127/1
die Ukraine 112/3
um 188/3 a/3 b/3 d; 190/2.3.1; 192/3.2.3; 197; 243/7 d; 285/3
um– 94/1
–um 117/3; 119/3 a
umgehen 102/3
umgekehrt 149/5 b
umher 182/2
umher– 92/1 a

umherirren 70/2 b
um...herum 197; 285/3
umkleiden 94/2
um so 204/2.7.2; 270/6
um so mehr (weniger) als 205/3 a; 210; 271/1
umsonst 184/2 b
die Umtriebe 120/2 i
umwandeln 94/2
um...willen 188/3 d; 189/1/4/5 c; 197
umziehen 70/2 b
um zu 83/6; 192/3.2.3; 205/3 b/3 c; 210; 271/6; 274/5.4.4.4.2; 279/3/6; 281/4; 291/13 d
Un– 137/2
un– 84/2; 152/4.2; 154/4
unabhängig 156/4
unbekannt 156/4
unbeliebt 156/4
unbeschadet 189/1
unbescheiden 156/4
unbewandert 156/4
und 200/3 a; 202/1; 206/2 a; 210; 247/5 a/7 a/8; 248/2 a; 249/3/4/5; 251/2 b/2 c/2 d/2 e; 255/5 a; 291/12 a/13 a/13 c
und das 291/12 a
und zwar 202/2; 211; 248/2 b; 249/9; 291/12 a
unempfänglich 156/4
unempfindlich 156/4
unentschlossen 156/4
unfähig 156/4
unfern 189/1
unfertig 156/4
unfreundlich 156/4
–ung 13/6 b; 111/11; 127/4; 136; 136/4 b
ungeachtet 188/3 d; 189/1/5 b; 197; 205/3 e
ungeeignet 156/4
ungefähr 180/1
ungemein 148/4 a; 184/2.5.2
ungleich 148/4 b
das Unglück 121/3 d
unglücklich 156/4
uninteressiert 156/4
die (Un)kosten 120/2 h
unlängst 183/2
unnachsichtig 156/4
unpassend 156/4
unpaß 143/7
uns 160/2
unser 146/2 b; 159/3 b; 160/2; 162; 163
unsre 164/1
uns(e)rer 164/2
unsrige 164/1
unschädlich 156/4
unteilbar 143/11
unten 181/4 a; 182/2

321

unter 140/5; 149/5 c; 188/3 a/3 b; 191; 198
unter– 94/1; 99/4
unterdes 268/3 d
unterdessen 183/3
der untere 148/3
sich unterfangen 101/3
unterhalb 189/1; 194
unterhalten 94/2
unterlegen 155/5.3
unterliegen 98/3
unterschieben 99/4
unterschlagen 94/2
der Untertan 126/6
untertan 143/7; 154/3
unterwegs 244/3 c
sich unterwerfen 99/6
sich unterwinden 101/3
unverrichteterdinge 244/3 c
unweit 188/3 a; 189/1; 198
unwesentlich 156/4
unwichtig 156/4
unzufrieden 156/4
unzureichend 84/6
unzutreffend 84/6
Ur– 137/2
ur– 152/4.2
–ur 117/2; 136/3/4 b
urteilen 90/4 a
–us 117/1; 119/3 c; 136/3/4 a
die USA 108/2; 112/3

V V v 283/1; 286
der Vater 124/1 d
der Vater Staat 236/2
Ver– 128/2 b; 137/1
ver– 37/1 b; 75/5 b; 87/5 d; 88/6 b; 89/7/9 a/9 b/10; 90/2 a; 99/3
die Verantwortung 141/8
sich verbeugen 66/4 a
verbieten 99/3; 260/6; 282/5
sich verbitten 66/4 b
verblühen 70/2 a
verbracht 158/6
verbrennen 89/6 b
verbringen 14/5
verbunden 154/3
verdächtig 153
verderben 48/2 c; 59/4; 65; 70/3 a
verderblich 154/3; 156/4
der Verdienst 115/2
verdrießen 51/8 b; 65
veredeln 39/4
die Verehrung 141/8
die Vereinigten Staaten 120/2 b
verfaulen 70/2 a
verfügen 102/2
vergeben 99/3
vergebens 184/2 b

vergessen 47/1 b; 65; 100/4 a; 260/5
sich vergewissern 101/3; 239/3 c
der Vergleich 125/1
vergleichbar 156/4
vergolden 89/10
sich vergreifen 102/3
vergrößern 87/5 d; 89/9 a
es verhält sich 69/7
verhaßt 154/3
verheimlichen 239/2 b
verheiratet 156/4
verhelfen 103/5
verkaufen 103/4
verkleinern 39/4; 87/5 d; 89/9 a
sich verkriechen 104/4
verlagert 158/6
sich verlassen 102/2
verleiten 103/4
verliebt 156/4
verlieren 50/8; 65
verlobt 156/4
verlocken 103/4
sich verlohnen 101/3
verlorengeben 219/4
der Verlust 125/2
verlustig 143/7; 153
verlustig gehen 100/2
vermienen 39/5
vermitteln 39/4
vermittels(t) 189/1; 196
vermöge 188/3 d; 189/1; 198
vermögen 15/17; 23/8
vermögen zu 217/5 b
vermuten 260/4
vermutlich 74/6; 242/5
vernarrt 156/4
sich verneigen 66/4 a
die Vernunft 287/3 d
verpflichten 103/4
verraten 103/4; 239/2 b
das/die Versäumnis 113/2.5
verschaffen 99/3
verschieden 156/4
verschiedene 159/6
verschleiern 89/10
verschleißen 49/5
verschönern 39/4; 87/5 d
verschollen 59/4
verschroben 59/4
verschweigen 239/2 b
verschwenderisch 156/4
sich versehen 101/3
versichern 101/2 b
sich versichern 101/3
versprechen 99/3; 239/2 b
versprechen zu 217/5 c
der Verstoß 125/3
verstoßen 102/2
der Versuch 125/2
versuchen 260/5

verteilen 103/4
sich vertiefen 102/2
das Vertrauen 141/8
vertrauen 98/1; 102/2
vertraut 156/4
verurteilen 103/4
sich verwandeln 102/2
verwandt 156/4
verwehren 99/3
verweigern 99/3; 239/2 b
verweilen 104/3
verweisen 101/2 b
verwenden 103/4
verwesen 70/2 a
verwittern 39/4
verzeihen 50/6; 99/3
verzichten 102/2
verziehen 104/3
verzogen 158/6
der Vetter 124/1; 289
das Vieh 121/3 c
viel 180/2; 186/4
vielerlei 180/2 d
vieles 170/4
vielfach 180/2 c
vielfältig 180/2 c
vielleicht 185/4 d; 282/2 d
vielmals 178/6; 180/2 b
vielmehr 200/3 c; 250/2 b
alle viere 177/6
zu vieren 177/6
Viertel 285/2
der Vogel 124/1 d
das Volk 121/3 c; 128/1; 289
voll 153; 156/4
voll– 37/1 c; 75/5 b; 90/2 b
–voll 152/2
vollauf 181/4 c
vollbringen 88/3
vollenden 88/3
vollends 184/2.5.2; 244/3 c
vollfüllen 93/5
völlig 184/2.5.2
vollstrecken 91/5
vollziehen 88/3
vom 107/6; 192/3.1.1
von 76/6; 96/3; 140; 149/5 c; 182/3; 188/3 a/3 b; 190/2.2.1; 192/3.2.1; 198; 218/3 c; 234/4; 235/2; 239/4
von...an 190/2.2.1
von...auf 190/2.2.1
von...an/auf/ans 198
(von) daher 169/5 b
von dort (her) 169/5 b
von früh bis spät 243/7 e
von hier (aus) 169/5 b
von oben 249/8
von seiten 189/1; 198
von...wegen 189/1/5 c; 198
vor 188/3 b/3 d; 191; 198; 243/7 i; 244/2

vor– 99/4
vor allem 235/4
voraus 181/4 c
voraussagen 93/5
voraussichtlich 242/5
vorbehaltlich 189/1
vorbereiten 93/5
vorbeugen 98/2
der vordere 148/3
vorgestern 183/2
vorhalten 99/4
vorher 169/6 a; 203/2.6.2 a
vorkommen 58/2
vorlegen 99/4
vorlesen 88/3; 92/1 a
die Vorliebe 141/8
der Vormund 125/4
vorn 143/11; 182/2
sich vornehmen 66/5 b
Vorschub leisten 217/6
sich vorstellen 66/5 b
vorteilhaft 154/3
vortragen 99/4
vorüber 181/4 c; 218/3 f
das Vorurteil 141/8
der Vorwand 125/3

W W w 283/1; 286
die Waagrechte 146/2.5.3
wachen 102/2
wachsen 14/1 b; 51/10; 65; 70/2 a
wackeln 39/4
wagen 260/5
wägen 51/9 a; 59/5; 65
die Wahl 127/1
wählen zu 97/4
wähnen 240/3
während 73/4 a; 188/3 b/6 b; 189/1; 192/3.2.3; 199; 201/2/3; 202/2.3; 203/2.6.2 b; 211; 268/3 e
währen 104/3
wahrhaftig 185/4
wahrlich 185/4
wahrnehmen 92/1 b; 93/5
wahrscheinlich 185/4 d; 242/5
der Wald 121/3 c; 125/4
walten 100/3
wälzen 86/5 a
die Wand 127/2 b
wandeln 39/4
wann 96/8; 181/4 a; 200/4; 265/4 b; 268/3 a
wann auch (immer) 273/2
ward 21/3; 41/7; 48/2 c; 53/7; 55/7
–waren 120/2 i
warm 147/3 b
wärmen 87/5 c
warnen 103/4; 260/6; 282/5
warten 102/2
–wärts 181/4 b; 182/4

warum 183/2.3.2; 200/4; 265/4 b
was 12/3 c; 159/3 d; 170/4; 174/5; 258/4; 265/4 b; 275/6; 276/3
was? 159/3 e; 173; 229
was auch immer 79/7; 171/8; 273/2
was für ein? 159/3 e; 172
waschen 51/10; 65
sich waschen 66/5 a
das Wasser 121/3 b
wau wau! 213/4 a
weben 44/4; 51/9 a; 59/5; 65
weder...noch 200/3 d; 202/1; 211; 223/10; 247/5 c; 249/7; 282/5
der Weg 141/8
weg 182/4
weg– 75/5 b
wegen 188/3 d/5/6 b; 189/1/4/5 b; 190/2.2.2; 199; 239/4; 243/7 i
–wegen 183/2.3.2
des Weges 244/3 a
–wegs 181/4 c
wehe! 212/2.2
die Wehen 120/2 f
wehklagen 90/4 a
die Wehr 116/3
das Wehr 116/3
sich wehren 102/2
das Weib 111/1; 128/1; 161/4
weichen 49/5; 59/5; 65; 70/2 b
sich weigern 66/4 a
die Weihnachten 120/2 d
weil 205/3 a; 208; 211; 271/1/2
weilen 104/3
der Wein 121/3 b
weinen 102/2
der/die Weise 114/1
–weise 181/4 c; 184/2 d; 244/3 c
weisen 50/6; 65
weissagen 91/4 b
weit 148/4 b; 155/5.4.2; 184/2.5.2
weitaus 148/4 c
bei weitem 184/2.5.2
weit entfernt (davon), daß 273/3
weit entfernt (davon) zu 273/3
weiter 149/7; 202/1; 248/2 d
weitgereist 85/10
welch 172
welche 159/3 d
welcher 145/2; 159/3 d; 170; 172; 265/4 b; 276/1; 277
welcher? 159/3 e
welches 159/3 d; 220/4
welch letzterer 277/10
die Welt 127/1; 134/2
wem 173/4
wen 173/4
wenden 58/1; 65

wenig 148/1/4 b; 175/7 e; 180/2; 184/2.5.2; 186/4
weniger 149/6 a/7
wenigstens 184/2.5.2
wenn 200/9 a; 201/2; 203/2.6.2 b; 205/3 d; 209; 211; 268/3 a; 269/7 b; 272/1
wenn...auch 205/3 e; 273/1
wenn doch (nur) 185/4 e; 231/5
wenngleich 205/3 e; 273/1
wenn...nur 273/3
wennschon 273/1
wer 12/3 c; 159/3 d; 170/4; 174/3; 220/2 e; 258/4; 265/4 b; 276/2
wer? 159/3 e; 173; 220/4; 229
wer auch immer 79/7; 171/8; 273/2
werben 48/2 c; 65
werden 15/15; 17; 18; 21; 33/8; 34/4 b; 36/1 b; 37/5.2 d; 45/6; 48/2 c; 65; 69/6 a; 70/2 c; 74; 76/3 a; 80/2; 81/4/6; 89/9; 95/15.1; 100/6; 218; 256/2 a
werfen 48/2 c; 52; 53; 65
das Werk 128/2 a
wert = lieb 154/3
(un)wert 153; 155/5.4.2
–wert 152/2
wes? 173/7
wesentlich 156/4
westfälisch 142/4
weshalb 173/7; 205/3 b
wessen 173/4
weswegen 205/3 b
wetteifern 90/4 a
wetterleuchten 91/4 b
es wetterleuchtet 68/3
wichtig 156/4
wickeln 39/4
wider 190/2.3.1; 195
wider– 89/7; 94/1
widerfahren 98/3
widerlich 154/3
widerraten 98/3
sich widersetzen 66/4 a; 99/6
widerspiegeln 92/1 a
widersprechen 90/2 c; 91/5; 98/3
der Widerspruch 141/8
widerstehen 98/3
widerstreben 98/3
widerstreiten 98/3
widmen 99/2
widrigenfalls 203/2.4; 250/2 c
wie 149/5 a; 181/4 a; 184/2 b; 202/1; 203/2.6.2 b; 204/2.7.2/2.8.2; 211; 218/3 g; 219/3 b; 235/2; 240/3; 243/7 o; 244/2;

257/5; 259/2; 260/2;
265/4 b; 268/3 c; 269/7 b;
270/3; 275/4; 276/4
wie? 229/4 d
wieder– 94/1
wiederholen 88/3; 90/2 c; 94/2
wiegen 50/8; 59/5; 65
wie lange 96/8; 265/4 b
wie oft 96/8
wieviel (?) 96/8; 229/4 c
wie viele 96/8
wie weit 96/8
wie wenn 204/2.7.2; 207; 270/4
wiewohl 200/3c; 205/3e; 273/1
der Wille(n) 124/1 b
–willen 183/2.3.2
willfahren 91/4 b; 98/3
willkommen 154/3
wimmeln 69/6 c
winden 49/4; 65
winken 98/1
wir 81/7; 144/2; 159/3 a; 160
wirklich 185/4; 282/2 d
die Wirren 120/2 i
wirtschaften 87/5 c; 90/4 a;
91/5
wissen 15/17; 60; 65; 79;
217/5
wittern 39/4
witzeln 39/4
wo 96/8; 171/6; 181/4 a;
200/4; 201/3; 203/2.5; 264/1;
265/4 b; 267/5.4.1.1; 272/1;
273/1; 275/4; 276/4
wo(r) + Präp. 157/5.6; 171/5;
173/5
wo auch (immer) 273/2
die Woche 138/2
wo...doch 205/3 e; 267/3
wodurch 200/4
wofern 205/3 d; 272/1; 273/3
woher 96/8; 200/4; 201/3;
203/2.5; 265/4 b; 267/5.4.1.1
wohin 96/8; 169/5 c; 181/4 c;
200/4; 203/2.5; 265/4 b;
267/5.4.1.1
wohingegen 202/2.3.2
wohl 74/6; 185/4 c/4 d; 186/4;
228/1; 242/5
wohl...aber 205/2 e; 250/2 a
wohnberechtigt 158/4
wohnen 104/3
wohnhaft 158/4
die Wolle 121/3 b
wollen 22/4 f; 23/2; 29; 31/6;
33/7 f; 60/3; 65; 74/4; 81/6;
282/2 b
womit 265/4 b; 275/4
wo nicht 205/3 d
worden 18/6 a; 76/3 a
das Wort 122/3.4; 128/3
worüber 181/4 c
wozu 200/4; 265/4 b

wringen 49/4; 65
der/die Wulst 113/2.5
das Wunder 288
(sich) wundern 39/4; 68/4 b;
102/2
der Wunsch 125/3
wünschen 260/5
würde + Infinitiv 16/5; 19/3;
24/3; 38/2; 40/3; 52/3;
78/3 b; 80; 261/6
(un)würdig 153
würdigen 101/2 a
der/das Wurm 114/1; 125/4
wurmen 68/4 b
die Wurst 127/2 b

X X x 112/12; 283/1/2 c; 286
–x 129/1; 130/2; 132/3;
140/2 a; 147/3 b

Y Y y 283/1; 286

Z Z z 112/12; 283/1/2 c; 286
–z (–tz) 129/1; 130/2; 132/3;
140/2 a; 147/3 b
die Zacke/der Zacken 113/2.6
die Zahl 127/1
zahm 150/2
der Zaun 125/3
der Zeh/die Zehe 113/2.6
zeigen 99/2; 239/2 b
zeihen 50/6; 65; 101/2 a
die Zeit 127/1
zeit 189/1
eine Zeitlang 183/3
zeitlebens 183/3
–zen 39/5; 75/5 b; 86/3 d;
87/6 b
der Zentner 133/1
Zer– 137/1
zer– 37/1 b; 75/5 b; 87/5 d;
88/6 b; 90/2 a
zerfließen 70/2 a
zergehen 70/2 a
zerkleinern 87/5 d
ziehen 15/9; 50/8; 65
das Ziel 128/2 a
ziemlich 148/4 a; 184/2.5.2
die Zinke/der Zinken 113/2.6
zittern 39/4
zögern 39/4; 102/3
der Zoll 122/3.4
zornig 156/4
zu 22/3; 23/6; 82/3; 83/5;
92/2; 96/2; 99/5; 148/4 a;
181/4 a; 184/2.5.2;
188/3 a/3 b/3 d; 190/2.2.1;
199; 218/3 f/3 h; 219/3 b;
220/5; 235/5; 237/5 b;
243/7 k; 260/6; 271/6;
274/5.4.4.4.2; 278; 279
zu + Adj. 83/6 b
zu– 88/6 b; 99/4

zu...als daß 205/3 b
der/das Zubehör 113/2.5
zücken 87/6 a
zudecken 89/10
zudem 202/1; 248/2 a
zuerst 181/4 c
zufällig 184/2 b
zufolge 188/3 d; 189/2/5 b;
190/2.2.2/2.2.3; 199
zufrieden 156/4
zufrieren 70/2 a
zufügen 239/2 a
der Zug 125/3
der Zugang 141/8
zugehören 98/2
zugetan 154/3
zugleich 181/4 c; 203/2.6.2 a
zugunsten 189/2; 190/2.2.2/
2.2.3; 199
zuhören 98/2
zukommen 98/2
zuletzt 202/1
zuliebe 188/3d/5; 190/2.2.1; 199
zum 107/6; 192/3.1.1; 218/3 c;
243/7 l
zumal (da) 205/3 a; 211; 271/1
zum besten 188/3 c
zum einen...zum andern
248/2 c
zum ersten 202/3
zum mindesten 186/4
es ist zumute 98/4
zumuten 99/4; 239/2 a
zunächst 190/2.2.1/2.2.3
die Zunft 127/2 b
züngeln 39/4
zur 107/6; 192/3.1.1
zureden 98/2
zurück 181/4 c
die Zurückhaltung 141/8
zürnen 98/1
zusagen 98/2
zusammen 184/2 b
die Zusammenkunft 127/2 b
die Zutaten 120/2 i
zuträglich 154/3
zuvor 203/2.6.2 a; 211
zuvorkommen 98/2
zuweilen 181/4 c; 183/4
zuwenden 99/4
zuwider 154/3; 188/3 d/5;
190/2.2.1; 199
zwar 185/4; 205/2 e; 211
zwar...aber 207; 250/2 a
zwecks 189/1
zwei 144/2; 176; 177/5/6
zweifeln 14/6; 102/3
zweifelsohne 181/4 c
die Zwiesprache 141/8
zwingen 49/4; 57; 65; 103/4;
260/6
zwischen 188/3 a/6 a; 191; 199
zwitschern 69/6 c